本シリーズは、主に日本の古代から中世にかけての時代を対象として、「生活と文化」という言葉で括られうるいくつかのテーマを設定し、それぞれのテーマが内包する諸問題に関する最新の歴史学の研究成果を論集としてまとめたものである。

「生活と文化の歴史」というテーマは、往々にして政治史・社会経済史などのような既存の歴史学の分野に対置されて理解されがちである。しかしこのシリーズにおいては、「生活と文化」を政治や社会経済といった問題とも直接に切り結ぶ人間の営みととらえ、それ自体が歴史の変化の要素であることを直視した論考を集めることを意図した。

人間の様々な「生活と文化」の具体相としては、信仰・呪術・年中行事・神事・仏事・富裕・貧困・戦争・ライフサイクル・災害・疾病・移動・漂泊などといった事柄をとりあげ、それらの歴史的変遷の検討を通して、従来にはない切り口から歴史像の再構成を目指すものである。そのような方法によって、このシリーズの企画が、全体史として過去を復元する成果の一つとなれば幸いである。

監　修　上杉　和彦

編集協力　小峯　和明

小嶋菜温子

目　次

序　「学芸と文芸」編集にあたって　福島　金治　8

Ⅰ　国家と家学

中世国家の官人と学問
——中世大学寮官人と釈奠儀礼——　井原　今朝男　19

鎌倉時代の文章道大業の家
——勤める官職と活躍の場——　永井　晋　69

朝廷・公家の文庫
——諸家本の所蔵と三条西家文庫——　菅原　正子　94

中世公家の「家学」の継承
――九条家から一条家へ――　渡辺　滋　120

Ⅱ　和漢書の伝来と集積

『本朝書籍目録』の伝本と分類　久保木　秀夫　153
慧萼鈔南禅院本白氏文集の巻数とその正統性について
――日本伝来漢籍旧鈔本による原典籍の復元に関する一考察――　陳　翀　182
『令集解』所引漢籍の性格に関する一断面
――『論語義疏』を中心に――　髙田　宗平　205
『原中最秘抄』の性格
――行阿説への再検討を基点として――　松本　大　228

Ⅲ　寺院と僧の学びの形

中世南都の教学と問答・談義　蓑輪　顕量　261

室町期南都寺院における和書のひろがり　武井　和人　285

中世における僧の外典学習
――仮託文献の内典化と修学――　鈴木　英之　310

韻類書をめぐる断章
――五山僧習学の一面――　住吉　朋彦　336

Ⅳ　伝授と新たな法の創生

真言密教の伝授・口伝と抄物・聞書　西　弥生　351

中世歌学秘伝と歌学書の創出と伝授
——『和歌古今灌頂巻』『悦目抄』を中心に——　舘野　文昭　383
式盤を用いる密教修法の成立と展開　西岡　芳文　415
戦国期における兵法書の伝授と密教僧・修験者　福島　金治　432

V　知識伝授の場と学習技法

談義所における聖教と談義書の形成　渡辺　麻里子　459
称名寺の神祇書形成の一端　高橋　悠介　483

琉球における漢籍受容と漢文の学習　高津　孝　504
キリシタン版の刊行と日本語学習　白井　純　526

用語索引　566
執筆者一覧　567

序　「学芸と文芸」編集にあたって

福島　金治

学芸と文芸の意味は、学芸が『日葡辞書』に学問と技芸、文芸が『塵袋』に文章生の条件とある。中世において学芸・文芸とは学問の技能をさしていた。現在、こうした分野において、歴史学では文章博士家などの官人の家と国家の問題、国文学・漢籍・仏教などの諸分野ではテキスト研究を基礎におきながら多岐にわたる研究が蓄積されている。個別の分野ごとの成果の巨大さを承知しつつ、「生活と文化の歴史学」の一冊として「学芸と文芸」を編集するにあたって、本書では中世における学問に関わる技能・技術とその伝授のありかたに骨格をおいて論文集を構成することにした。

言葉と論理で事象を説明する学問は、公家社会では家業、寺院社会では師資相承で継承された。具体的には、儒学に通じた明経博士家、歌学に秀でた公家の一流などがその一例で、相伝した漢籍や和書などの書籍の伝写と加点・訓点などが家学として血縁で継承された。また、天台・真言密教では、独自の流儀・作法などを一結の聖教や抄物にまとめ口伝等で師匠から弟子に血脈相承で伝授された。書物や聖教に集約された知識は、専門的に解説できる人を必要としたため、書物と「師匠・弟子」の関係はセットの関係となっていた。このため、儒学・和歌などを専業とする家、法会に関わった僧に保存されたマニュアルを伝授・継承する院家は、中世社会という体を維持するのに必要な器官となった。

蓄積された書物・聖教は、公武にあっては文庫、寺社では経蔵に保存され、所領や家財等とともに譲与される財産となった。そして、蓄積された書籍や聖教は目録などにまとめられ、その目録は個別の学問を専業化した家や門流のそれぞれの知識の体系を見通す一覧となった。やがて、真言密教を例に取ると、法会では他の門流との相違が所作や法具類の置き方や尊像の種字の違いなどとしてあらわれ、醍醐寺三宝院流憲深方・仁和寺西院流宏教方などと独立した門流が形成され、さらに僧は複数の法流を師資相承で継承することで新たな法流が派生するようになった。さまざまな門流の秘伝を一人が多くを受けていることは、その僧の寺院社会内での地位を高めることともなった。そして、聖教・記録を集積することは家や院家の存続の条件でもあった。

右のような状況のなかで、自身の門流や家の優位性を示す目的から多くの著述が生まれてきた。叙述の形態をみると、経文を引用した問答体での著述も多くみられる。仏教寺院での論義では、特定のテーマを経典等から相応する文を取り出して問い、これに対応する文言を同じく抄出して答える手法がとられた。著述をなす場合にはこうした問答体で引用を繰り返し、時に「私云」等と自身の見解を付す形で新たな注釈書が形成されていった。こうした方法は和書にも見られ、広く通用した学問の形態であった。公家の場合でも類似した要素がみられ、藤原経光の日記『民経記』など当主歴代の日記を相伝した広橋家を例にみてみたい。広橋家は改元の際の勘文を撰進した家でもあるが、原日記から該当年号の改元の部分のみを抄出した改元部類記、候補となった年号の選択状況を年号に使用された文字順や撰進者などごとにまとめたものなど、活用の場を考慮してさまざまに切り分けされたマニュアル書が作成された。これらは家の存続に必須の道具であった。一方、現在に残る漢籍・和書そのものは遺跡の土層の重なりに似ている。漢籍の場合、中国本土では版本がほとんどで、日本には輸入された版本とともに多くの写本が伝来している。『白氏文集』などの写本には現存の版本では知られない古いものが残っており、近時、中国本土でも日本に残る写本に関心がよせられるようになった。版本という一時期に固定されたモノに対し、写本には現状最古の版本以前の伝来本、また異本などとの校注があり、これによって現存の版本で窺えない古態を知ることができるのである。

次に、本の読み方と学び方をみよう。これには、一個人、第三者への教授、そして不特定多数への広がりという形態がある。清原家の場合、家学の儒学を相伝するなかで、鎌倉中期に教隆が鎌倉に下向し複数の人物に漢籍を伝授した。やがて、鎌倉に蓄積された清原家相伝の書物は第三者に伝授され御家人所領の各地に拡散していった。また、真言密教の場合、相伝された聖教は安達泰盛にも伝授されたが、血脈には法名ではなく「泰盛」と俗人でみえる。僧侶のあいだで師資相承で相伝された密教聖教が、俗人に伝授される新たな事態が発生した。また、鎌倉期には初学書と位置づけられていた『和漢朗詠集』を所持して諸国を移動する僧もいた。鎌倉幕府の成熟は京都から人と書物を呼び込み、これを鎌倉から地方へ拡散させるようになった。公家や院家に独占されていた旧来からの知識は、本来の聖教や書物がもっていた対象と場を離れて存在できるようになっていった。

読書の一例を国立歴史民俗博物館所蔵『備急千金要方』からみよう。同書は唐代成立の医学書で宋版、「金沢文庫」の蔵書印があり金沢北条氏の旧蔵書だった。版が傷み文章の欠けた部分には氏寺・称名寺の釼阿の筆とみられる文字の補入がある（巻二七）。朱点・朱線は養生・肝臓・傷に関わる内容に限定され、淫蕩・酒害に関わる事項が中心である。このことから、鎌倉末期の鎌倉には同一書で校合できる環境が整っており、それを読んだ氏寺の僧は主人や一門の要望に応えて話す立場にあったとみてよい。同時期に鎌倉にあった梶原性全との関係からみても、その読書の周辺からは新たに編集された医書や家訓などが派生することとなったろう。仏書の奥に和歌が書き込まれたりするのも、こうした問題と関わることで、僧が和書を、公家が仏書を、武士に聖教が伝授されるといったことを通して新たな書物や教学の変化が生まれたであろう。

専門的な知識が一般に広がる媒介には談義所があり、天台・真言・浄土の地方寺院の談義所は教義を世俗に説く場として機能した。また、一五世紀以降の戦乱の中で、公家は地方武士に家伝来の物語・和歌集を書写して提供したり、和歌秘伝書などを伝授し、連歌師などは地方の武士などと連歌会などを開き生活の糧を得ていった。秘密とされた相伝の知識は世俗と限りなく近づいていった。その一例は、陰陽道と密教の融合したダキニ天法の形成と稲荷信仰の結合などや兵法書の生成にみられる。島津家文書の一連の兵法書を例にとると、それ自体は仁和寺御流に関わる密教の一結の形態をとり師資相承で伝授されたものが世俗に伝授され、やがて世俗内での兵法書としての伝授に変わっていった。また、兵法書の『訓閲集』自体が易・宿曜等の集成といったすがたをとり、示現流の書は密教の単語で書かれていることは、事象を説明する単語がこれらに含まれる用語の他になかったからだろう。伝統的な学芸を極端な形にすすめたといえ、中世前期の秘伝の開放されたすがたを示すのではなかろうか。

こうした中で、キリスト教徒が来日すると、宣教師らはこの土地の人には書き留める必要もない日常の常識的用語を書物にまとめ、自身の布教の素材とした。彼らの学習のスタイルと普及に関わる活動は談義所などのスタイルと共通するのではあるまいか。また、琉球では日本と中国の交流の必要から、それにみあう漢文等の修得が行われた。実用的側面での漢学の習得が行われたであろう。

私自身の「学芸と文芸」についての見解は以上のようなものである。こうした観点から、本書は（Ⅰ）国家と家学、（Ⅱ）和漢書の伝来と集積、（Ⅲ）寺院と僧の学びの形、（Ⅳ）伝授と新たな法の創生、（Ⅴ）知識伝授の場と学習技法、で構成し論文の執筆をお願いした。以下、収録した論文について、簡略に紹介しておきたい。

「Ⅰ　国家と家学」には、中世国家と学問に関わる官人の地位・職能・儀礼、公家・朝廷の文庫と家学の継承に関する論考を収めた。

井原今朝男「中世国家の官人と学問――中世大学寮官人と釈奠儀礼――」は、一二世紀末から一五世紀中期にかけての釈奠の執行状況から、その儀礼が大学寮焼失後は太政官官庁で実施され、鎌倉期は大学寮官人家が全般を管掌し、南北朝期以降はこれらの家の家人等を使用して執行されるシステムに変わっていたことを指摘した。そして、室町中期の釈奠廃絶の要因が財政等の衰微ではなく釈奠会場の官庁・孔子廟の破損・焼失にあったと述べている。また、永井晋「鎌倉時代の文章道大業の家――勤める官職と活躍の場――」は、菅原家・藤原南家など文章道大業の家の極官は式部大輔であったが、朝廷内での家ごとの競争の中で従三位の地位にのぼる儒卿が増加し、勘文等の作成などに従事する一方、南家茂範流は幕府と結合して地位を維持したことを述べている。

菅原正子「朝廷・公家の文庫――諸家本の所蔵と三条西家文庫――」は、朝廷・公家の文庫の資料・蔵書の概要を示し、その中で各所に散在する三条西家本の概要と『実隆公記』等から一六世紀以降の同家の文庫の状態を記している。そして、公家文庫と家学との関係について、渡辺滋「中世公家の『家学』の継承――九条家から一条家へ――」は、九条道家後の九条・一条・二条家の分立の様相と家の継承と蔵書の収蔵状況を述べて、室町期の一条兼良の出現の背景に一条家の桃華坊文庫の存在を示した。

「Ⅱ　和漢書の伝来と集積」には、和漢書の目録として著名な『本朝書籍目録』の性格検討に関わる論考と、『白氏文集』『令義解』『原中最秘抄』を例に伝本・引用と他の類書との関係など中世の学問の形に関わる論文を収めた。

久保木秀夫「『本朝書籍目録』の伝本と分類」は、鎌倉期の書籍一覧として知られる『本朝書籍目録』について天皇家もしくは朝廷の蔵書とする推論を示すとともに、その諸本の調査にもとづいて九条家系の伝本について書誌情報を示された。

日本文学等に大きな影響を与えた『白氏文集』について、陳翀「慧萼鈔南禅院本白氏文集の巻数とその正統性について――日本伝来漢籍旧鈔本による原典籍の復元に関する一考察――」は、九条家と関わる豊原奉重の書写奥書を有する金沢本『白氏文集』等の写本は慧萼鈔南禅院本がその祖本とされ、これが日本で尊重された背景には慧萼が白居易と親交のあった唯一の入唐僧であったことが背景にあると述べている。また、律令の注釈書として知られる『令義解』に引用された漢籍について、高田宗平「『令義解』所引漢籍に関する一断面――『論語義疏』を中心に――」は、『令義解』に引用された文章の中に『論語義疏』旧鈔本（中国から伝わった本の書写本）からの引用を確認しつつ、類書等からの引用の問題を指摘している。最後に、河内本『源氏物語』を遺した鎌倉ゆかりの源光行一流の源氏解釈について、松本大「『原中最秘抄』の性格――行阿説への再検討を基点として――」は、行阿著『原中最秘抄』が、河内方の権威復興をめざしたものではなく、行阿の独自の説のみで成り立っているわけでなく四辻善成著『河海抄』との間に密接な関係が成立することを指摘している。

「Ⅲ　寺院と僧の学びの形」には、中世寺院での学習の形態と著作との関係に関する論文を収めた。問答体論義のありかたと南都寺院の教学の重要性、また、寺僧の学習スタイルと教学との関連、五山僧の詩作・修学のマニュアルについての論考を収めた。

論義について、蓑輪顕量「中世南都の教学と問答・談義」は、それがインド以来の様式をもち、一対一の問答を基本とし複数に及ぶものは談義とよび学問的研鑽の方法だったこと、また、南都の教理に称名念仏、禅の影響、覚盛発案の三聚浄戒を具足戒の受得方軌に位置づけた影響等を指摘し、南都の教学の果たした意味を明確にしている。

次に、仏教書には和歌などが書き付けられたり漢籍などの外典の引用がみられるなど、僧は多様な関心を持ち著作したと考えられる。和書との関係について、武井和人「室町期南都寺院における和書のひろがり」は、室町期の菩提山正暦寺・内山永久寺で活動した尊俊が和歌・連歌に通じ、その種の書を収集していたことを明らかにし、その背景に京都の宮家・貴族・寺院等との交流があることを指摘している。また、鈴木英之「中世における僧の外典学習――仮託文献の内典化と修学――」は、浄土宗における仮託文献（偽書）が祖師等の教学の権威付けや寺院内での修学において重要な意味をもっていたこと、その一方で教学を継承するものに深刻なジレンマを与えたことを指摘し、これらの文献研究の重要性を指摘している。一方、五山禅僧の詩文作成に関して、住吉朋彦「韻類書をめぐる断章――五山僧習学の一面――」は単語の音韻や用例を広く集めた韻類書が禅僧の読書習学・作文註解において広く利用され、虎関師錬の『聚分韻略』を基礎にして作成されていったと指摘している。

「Ⅳ　伝授と新たな法の創生」は、密教の口伝・抄物の伝授と規範、その影響を濃厚にうけた伝授物について歌学秘伝書・兵法書の伝授に関する論考を収めた。

西弥生「真言密教の伝授・口伝と抄物・聞書」は、師資相承で伝授される真言密教の法会の口伝について、伝授にあたっては厳格な規制を守ることが前提で、諸尊法の内容を記した多くの抄物は門流ごとに軽重が異なること、口伝は師匠との面受で価値が担保されていたことを指摘している。

右のような事情は中世の歌学書・兵法書にも濃厚にみられる。歌学書については、舘野文昭「中世歌学秘伝と歌学書の創出と伝授――『和歌古今灌頂巻』『悦目抄』を中心に――」が、鎌倉後期に成立した歌学秘伝書が、京都の歌学の家からの伝授という外皮をまとい密教的色彩を濃厚にもって口伝・秘決として伝授されながら、その実態は和歌を作る基本的技術のマニュアルとなっていることを指摘している。一方、西岡芳文「式盤を用いる密教修法の成立と展開」は、陰陽道の式占が密教と融合し、院政期以降にダキニ天式法などの新たな法を生成し、やがて天皇の即位灌頂のダキニ法に至る様相と、これが師資相承の一結類の別相伝として伝授されたことを述べている。また、兵法書が密教聖教と関連して生まれることについて、福島金治「戦国期における兵法書の伝授と密教僧・修験者」は、『島津家文書』の兵法書を例に、大唐流等の兵法書は密教聖教と類似し、師資相承で伝授されていたものが、やがて俗人に伝授され島津家の軍師の兵学書となったこと、島津家家中では「兵法秘術一巻書」を核におき密教等の祈祷に専念することが倫理規範となっていたことを指摘している。

「V　知識伝授の場と学習技法」は、中世の学問の一般への普及において重視された談義所の実態、伝授を通して新しい教義の生まれる様相を明らかにした論考を収めた。また、日本語文化圏の境界域にあった琉球における漢語・日本語、キリシタンにおける一般の口語の学習方法についての論考を収めた。

鎌倉期以降の僧の修学の場となった談義所の様相について、渡辺麻里子「談義所における聖教と談義書の形成」は天台談義所における能化・所化の関係、談義によって作られた談義書のありかたとその移動、蔵書管理の実態について詳述している。また、高橋悠介「称名寺の神祇書形成の一端」は、称名寺に残る秀範の神祇書を通して、神祇灌頂の流儀が仁和寺の能任の聖教に付加されて成立してくる様相を示している。

最後に琉球・キリシタンの漢文、日本語学習について二つの論考を収めた。高津孝「琉球における漢籍受容と漢文の学習」は、近世の琉球では明清と薩摩との交流の必要から久米村・那覇・首里居住の士族の学習・教養に違いがみられ、久米村では南浦文之の訓読法とともに中国音に基づく高度な中国語学習が行われ、那覇では中国系漢学と和学が学習されたことを指摘している。また、白井純「キリシタン版の刊行と日本語学習」は、キリシタン版について宣教師の日本語習得の必要から口語による文献を基本に刊行されたこと、仏教の用語などを刊行しなかったのは教義的理由ではなく、日本語として特殊との認識があったこと、口語を正確に音としてローマ字で表記することに重点があったこと等を指摘している。

この三十年ほど、多くの寺院や文庫の調査がすすみ、本書に収めたような成果が現れてきた。今後、各分野で個別にすすんでいる研究が統合されてより高い視野で見渡せるようになることだろう。

I 国家と家学

中世国家の官人と学問
——中世大学寮官人と釈奠儀礼——

井原　今朝男

はじめに

本稿の課題は、中世国家の大学寮と釈奠儀礼の実態をあきらかにすることによって中世国家の官人と学問が、どのような歴史的状況に置かれていたかをあきらかにすることである。このような研究課題の設定は、古代国家の官僚機構である大学寮や太政官庁など中央官衙が中世においても廃絶することなく、一定の機能を保持しながら国家権力を行使していたと考えるからである。

今日、通説とされる黒田俊雄『日本中世の国家と宗教』（岩波書店、一九七五）の権門体制論や佐藤進一『日本の中世国家』（岩波書店、一九八三）の官司請負制論では、中世国家の行政事務は官職を寡占した特定の家が家職として代行または請負したとする。官職の世襲化を重視して、請負側の家権力が主体的で、国家機能を授権して中央国家権力の「理念」を諸地域で実現していったとする。[注1] 中世大学寮は廃絶して、四道の博士・助教・直講など官職は、藤原南家・式家・日野家・菅原家などの博士家に家学として世襲化されたという。[注2] とりわけ、明経道

の中原清原両家は外記局の官職を世襲化・寡占化し、算道の小槻壬生大宮両家が官史局の官職を寡占したとする。[注3]

しかし、これらの分析手法では、中世国家の大学寮や太政官庁など古代国家から継承した官衙が、中世において官人の家とは別に、独自の行政的機能をどのように発揮していたかという問題設定がなしえない。国家的官僚制と家産的官僚制とを区別しながら、両者の関係を解明しようとする研究課題を提起・設定しえない。

筆者は、中世においては古代国家から引き継いだ国家的官僚制に依拠した国家権力と、次第に台頭してきた摂関家や院・女院・将軍家などの家政権力とが、分裂と抗争をくりかえしながら、両者が統合して統治行為を果たしていたと主張してきた。室町期朝廷においても、天皇制を支える国家的官僚制の機構として上卿・参議・弁・両局務・六位外記史らによって構成される中央官僚機構が機能し、その構成員が室町殿・摂家・女院の家産的官僚制を兼任し、三位の公卿や敷奏・准大臣（儀同三司）に昇進した実態を指摘してきた。[注4]

本稿では、その視点から、中世の大学寮や太政官庁など中央官衙がどのような社会的機能を独自に発揮していたのかを史料群に即して解明したい。

「釈奠は儒教教育を基調とする大学寮の根幹ともいうべき行事であり、その衰退はそのまま大学教育の荒廃を示すもの」[注5]と評価されてきた。そこで、第一章では、寮試・献策による官人登用システムと釈奠儀礼の実施という大学寮の二つの国家的機能が、鎌倉期・南北朝期・室町期を通じて、どのような状態になっていたのか、概要をあきらかにしたい。二章以下で、中世釈奠儀礼の実施状況を解明して、展開過程と廃絶した時期とその歴史的背景をあきらかにして、中世国家における大学寮の機能や学問・漢学の位置について、検討する糸口をつかみとりたい。紙幅の制約から典拠史料の提示は最小限にとどめざるをえないことを最初にことわっておきたい。

一　中世大学寮の官人登用制度と釈奠儀礼の実施状況

1　院政期における大学寮の衰微・焼失

まず、院政期の大学寮に関する研究成果の到達点を確認しておこう。律令国家の大学寮制度は、平安時代には寮試や省試など試験制度が形骸化し、諸道年挙という推薦制導入で官人登用制も事実上衰微したという。[注6]中国から導入した釈奠も、平安期には形骸化して、①饋享（未明祭）・先聖先師再拝（拝廟）②論義　③百度座　④宴座の四段階の行事となった。仲秋釈奠の翌日博士・学生が参内して内宴・内論義を行う慣行も後朱雀院のとき中絶し、賦詩や三道竪義の場である宴座停止が多くなり、廃された。院政期には、内論義は廃絶したものの、釈奠自体は従来通り執行されて、頼長による釈奠晴儀や大学寮の復興がなされたとする。[注7]

「大学衰微」は「保元の乱をもって大きな落差を示し、その後はほとんど実態のないものになり、ただ朝儀としての除目における文章生の任官のごとき」も、「数年後には源平争乱のうちに跡をたどれない」という。釈奠も、「釈奠式場である廟堂院は雨漏りするまま補修もされずに保安三年（一一二二）には倒壊し」「大学寮正庁も仁平四年（一一五四）にはすでに顚倒して」「安元三年（一一七七）四月二十八日の大火で大学寮の諸施設は焼失した。同時に焼失した勧学院や諸官衙はまもなく再建されたが、ついに大学寮は再興されることがなかった。以後も大学寮には教官・学生がおかれ、試験も実施されているが、いずれも形式上のものに過ぎず、大学寮の教育機関としての実質は安元三年の大火以後まったく失なわれた」と評されている。[注8]

これまでの研究業績によると、安元年間には大学寮の機能は失われ、廟堂での釈奠はなくなったものというのが今日の通説になっている。鎌倉・室町時代の文章生の任官事例や釈奠儀礼の執行状態に関する専論は管見に入らない。

2　鎌倉・室町期の文章生任官システム

では、桃裕行が源平争乱のあと跡をたどれないとした除目での文章生の任官事例を探索してみよう。院政・鎌倉期から戦国期に大学寮の文章生や文章得業生が方略宣下や対策（献策）をへて任官して公卿にまで昇進した文人を『公卿補任』の尻付等で探してみれば、表1のとおりである。

表1　中世における文章生・策試による官人登用と公卿化の事例一覧

	天皇	人名	父	儒者七家	文章生	学問料	文章得業生	方略宣下	策試（対策・献策）	主要な官職	公卿
1	高倉天皇	平信範	知信二男	平氏高藤流	保安2・3・23					蔵人・左中弁・蔵人頭	承安2・1・18
2		藤原俊経	顕業二男	藤原日野流		長承3・8・5勧学院	保延3・8―		保延5・3・13	蔵人・弁・御書所別当・文章博士	承安4・4・26
3	安徳天皇	藤原兼光	資長男	日野実光流		保元元・8・27勧学	保元3・4・9		永暦元・1・20	蔵人・弁・蔵人頭	寿永2・12・10
4	後鳥羽天皇	藤原光範	永範二男	藤原南家		仁平3・5・27穀倉	久寿元・12・24		久寿3・3・27	蔵人・大内記・文章博士・侍読	建久4・1・28
5		藤原範季	範兼男	藤原南家		久安6・12・30穀倉	仁平2・12・30		久寿元・4・20	蔵人・皇太后宮亮・侍読	建久9・12・15
6	土御門天皇	藤原親経	俊経一男	藤原日野流		永万元・3―氏院	仁安3・3・2		嘉応2・2・9	蔵人・右中弁・御書所別当・侍読	正治2・3・6
7		藤原資実	兼光一男	日野実光流		承安2・3・24学問料	承安4・正―		安元2・10・8	蔵人・右中弁・蔵人頭・侍読	建仁元・8・19
8		藤原範光	範兼男	藤原南家		長寛元・2・19	長寛2・2・2		仁安元・11・19	式部権少輔・権中弁・春宮亮	建仁元・1・29
9		菅原在高	在茂男	菅原家		安元元・1・20穀倉院	治承2・1・26		治承4・1・14	蔵人・刑部大輔・文章博士・侍読	承元4・12・20
10		藤原頼範	光範男	藤原南家		治承2・1・26	治承4・1・29		寿永元・1・23	民部権大輔・東宮学士・	承元4・12・26
11	順徳天皇	藤原宗業	実重猶子	日野資業流	保元4・3・10	寿永元・11・7穀倉院	寿永2・1・28		文治元・1・25	大内記・内御書所開闢・文章博士	建保5・1・6
12		藤原範時	範季一男	藤原南家		養和2・2・3穀倉院	元暦元・1・29		文治5・10・20	蔵人・左少弁・東宮学士・左中弁	承久元・1・22
13		藤原範基	範光二男	藤原南家	年月日					蔵人・治部卿	承久元・4・8
14		藤原家宣	資実一男	日野実光流		建久9・6・10穀倉院	正治3・1・30		建仁3・1・9献策	蔵人・右中弁・修理右京城	承久3・8・29
15	後堀河天皇	藤原頼資	兼光四男	日野勘解由	建仁元・9・29登省			建仁2・11・27	建仁2・10・17策	蔵人・右中弁・蔵人頭	元仁元・12・17

16		藤原家光	資実三男	日野実光流	元久2・4・5		承元3・1・13		建暦元・3・4	蔵人・東宮学士・右中弁・蔵人頭	嘉禄元・12・22
17		菅原淳高	在高一男	菅原家	寿永元・12・26	建久6・5・27穀倉院	建久9・6・8		正治元・1・3	式部少輔・文章博士・侍読	貞永元・2・27
18		藤原長倫	光輔二男	藤原式家		建久7・5・27穀倉院	正治元・2・6		建仁元・1・10	式部少輔・文章博士・東宮学士	貞永元・12・2
19	四条天皇	藤原信盛	盛経一男	日野広業流	承元2・7・10			承元2・5・29	同・6・26	蔵人・少弁・文章博士・蔵人頭	延応元・10・28
20		藤原経光	頼資一男	日野勘解由		承久3・1・9穀倉院	承久4・1・6		貞応2・2・7	蔵人・春宮権大進・蔵人頭	仁治2・2・1
21	後嵯峨天皇	藤原光兼	長倫男	藤原式家		建暦元・5・24氏院	建保3・1・22		建保5・1・4	大内記・大学頭・文章博士・学士	寛元4・11・23
22	後深草天皇	藤原経範	孝範一男	藤原南家	建久8・5・16	建暦3・1・12穀倉院	建保3・1・23		建保5・1・4	宿直内御書所・大学頭・文章博士	建長元・1・24
23		菅原公良	為長男	菅原家		建暦3・1・12穀倉院	建保5・1・11		建保7・1・6	大内記・大学頭・文章博士	建長2・9・16
24	亀山天皇	菅原在章	淳高二男	菅原家		貞応3・4・16穀倉院	元仁2・1・20		嘉禄3・5・4	修理権大夫・大学頭・文章博士	文応元・9・8
25		菅原高長	為長四男	菅原家	元仁元・10・2	元仁2・1・20穀倉院	嘉禄3・2・6		安貞2・1・4	大内記・大学頭・文章博士	弘長2・12・21
26		藤原光國	資実四男	日野実光流		貞応3・4・13勧学院	嘉禄元・8・1		安貞元・1・4	蔵人・左中弁・東宮学士・蔵人頭	文永元・6・2
27		菅原在宗	資高二男	菅原家	元仁元・12・2	安貞3・2・3穀倉院	寛喜4・2・5		文暦元・2・13	大学頭・文章博士	文永5・11・9
28		藤原資宣	家光二男	日野実光流		天福2・3・1氏院	嘉禎3・1・27		延応元・3・7	文章博士・蔵人弁・蔵人頭	文永8・4・7
29		藤原茂範	経範一男	藤原南家	建保4・12・28			嘉禎元・9・5	嘉禎元・10・4	宿直御書所・大内記・文章博士	文永11・1・5
30	後宇多天皇	藤原経業	信盛男	日野廣業流		嘉禎元・12・27穀倉院	嘉禎3・1・21		嘉禎4・3・27	蔵人・弁・東宮学士・蔵人頭	建治元・10・8
31		藤原基長	長倫猶子	藤原式家		延応元・12・1穀倉院	仁治3・8・2		寛元・3・26	大内記・東宮学士・文章博士	弘安6・4・5
32		菅原在公	公輔男	菅原家	元仁元・12・1	寛喜2・1・22穀倉院	貞永2・1・24		文暦2・3・23	大内記・文章博士・式部権大輔	弘安8・3・6
33		藤原親業	信盛二男	日野廣業流	寛元元・8・10			寛元3・5・―	寛元3・12・29	修理大夫・右京大夫	弘安9・2・3
34	伏見天皇	菅原高能	義高男	菅原家		嘉禎3・9・20穀倉	年月日		仁治2・1・10課試	大学頭・式部権大輔	正応元・1・5
35		菅原在嗣	良頼男	菅原家			年月日		建長元・12・20課試	蔵人・民部少輔・文章博士	正応元・3・8
36		藤原明範	経範二男	藤原南家			年月日		建長3・12・29課試	文章博士・式部権大輔・大学頭	正応元・6・1
37		菅原清長	長成男	菅原家		建長4・2・6	建長6・3・25			蔵人・少納言・右京大夫	正応元・1・5
38		菅原長経	高長男	菅原家			康元元・2・8		正嘉3・2・15策試	式部少丞・刑部卿	正応3・1・13
39		大江重房	信房男	大江家		建長2・1・9	建長7・5・6		康元2・1・5課試	大内記・式部権大輔	正応3・1・19
40		藤原兼仲	経光二男	日野勘解由	建長7・9・25 登省			康元2・3・6	康元2・4・8	蔵人・左中弁・蔵人頭	正応5・11・5

41	後伏見天皇	菅原資宗	在宗男	菅原家		正嘉3・2・20穀倉院	弘長元・3・28		弘長3・1・4	文章博士・東宮学士・大学頭	正安2・壬7・14
42		菅原在輔	在公男	菅原家				弘長元・3・28	弘長3・1・4	大学頭・文章博士・式部権大輔	正安2・12・2
43	後二条	菅原在兼	在嗣男	菅原家		弘長元――穀倉院	弘長3		文永2・10・8	東宮学士・大学頭・文章博士	乾元元・1・5
44		菅原季長	長経男	菅原家				建治4・2・12		大内記・少納言・宮内卿	嘉元3・1・23
45		藤原経雄	俊国男	日野廣業流			文永6・3・27		文永7・2・10	宮内大輔・東宮学士・左中弁	嘉元3・4・5
46	花園天皇	藤原淳範	経範四男	藤原南家	建長5・12・1			文永4・10・13	同・11・7	蔵人・大内記・御書所覆勘・博士	延慶2・2・19
47		藤原敦継	兼倫男	藤原式家		文永7・4・9穀倉院	建治元・1・22		建治3・5・10	大内記・文章博士	延慶3・1・5
48		藤原範雄	範長男	藤原南家		文永12・1・26穀倉院	建治2・6・8		弘安2・1・9	皇后宮権大進・左馬助・刑部卿	延慶3・1・5
49		菅原忠長	長経二男	菅原家		弘安5・4・25	弘安7・6・28		弘安9・2・12	兵部権少輔	応長元・3・30
50		菅原長宣	清長男	菅原家	建治4・1・10			弘安10・12・30	正応元・2・19	治部権大輔・皇后宮少進・左馬助	応長元・5・10
51		藤原俊範	明範男	藤原南家		正応2・2・3	正応4・5・8		正応6・2・2	大内記・東宮学士・内御書所別当	正和5・1・5
52		藤原藤範	廣範男	藤原南家	永仁元・3・20		永仁2・12・21 課試		永仁3・1・5献策	東宮学士・治部卿・大蔵卿	正和5・8・12
53	後醍醐天皇	藤原光業	兼仲次男	日野勘解由	永仁3・9・28	永仁1・5・8勧学院			永仁5・2・7対策	治部大輔・蔵人・左中弁・蔵人頭	元応2・12・9
54		菅原茂長	長経二男	菅原東坊城	正応3・3・28	正応4・2・7穀倉院	正応6・2・13		永仁3・2・13	中務大輔・治部卿	元徳2・3・5
55		菅原長冬	季長男	菅原五条	永仁3・3・10		補秀才	二年策宣	永仁4・1・29	宮内少輔・右馬頭・左京大夫	元徳2・3・5
56		藤原行範（氏）	種範男	日野実光流		永仁4・2・12穀倉院	正安元・5・19		正安3・1・18	大内記・大学頭・文章博士	元弘元・1・5
57		藤原範嗣	範雅男	藤原南家	永仁3・3・28			永仁4・4・6	永仁5・2・29	治部大輔・右馬頭	建武2・2・―
58	光明天皇	菅原在雅	在輔猶子	菅原唐橋	正応2・3・―			永仁5・3・9	永仁5・3・16	兵部権少輔・大膳大夫	建武4・3・29
59		菅原公時	在兼猶子	菅原家	嘉元1・8・5			嘉元元・11・1	嘉元元・11・5	大学頭・文章博士・勘解由長官	建武4・7・20
60		菅原房長	長経三男	菅原家		正安2・2・20穀倉院	嘉元4・2・10	嘉元4・2・22	嘉元4・3・18	式部権少輔・右京大夫	康永2・11・6
61		菅原為視	季長二男	菅原五条	乾元2・8・5			嘉元4・3・23	同・10・8	右兵衛権佐・弾正正弼	康永2・12・22

62		藤原家倫	兼倫男	藤原式家		嘉元4・3・28穀倉院	徳治3・2・14	延慶元・12・30策試宣旨	延慶2・1・3献策	中務少輔・文章博士・東宮学士	康永2・12・22
63		菅原在嗣	在登弟	菅原家	徳治2・6・―			延慶2・1・―方略宣	同・1・26献策	東宮学士・大学頭・文章博士	貞和元・3・19
64		藤原房範	俊範男	藤原南家	徳治3・3・7			延慶2・6・―方略宣	同・7・8献策	治部大輔・文章博士・刑部卿	貞和元・4・16
65		菅原在成	在兼二男	菅原家	延慶3・4・28	延慶2・3・27穀倉院		延慶2・5・20方略宣	同・6・2献策	大学頭・東宮学士・文章博士	貞和元・4・16
66		菅原国長	長宣男	菅原高辻	延慶3・4・28			延慶3・5・18方略宣	同・6・3献策	左馬頭・大膳大夫	貞和3・4・23
	崇光天皇										
67	後光厳天皇	菅原為成	長宣二男	菅原高辻	延慶3・4・28			正和元・7・17方略宣	正和3・1・26献策	治部権少輔	文和3・6・15
68		菅原康長	長冬男	菅原五条	正和3・12・22			正和4・12・―	同・12・26献策	中宮権大進・宮内卿	文和3・10・22
69		藤原兼綱	光業男	日野勘解由		元亨3・7・1勧学院	正中元・12・29		正中3・2・28対策	蔵人・東宮学士・蔵人頭	文和4・8・13
70		藤原有範	藤範男	藤原南家	年月日					大学頭・東宮学士・治部卿	延文2・11・13
71		菅原長綱	茂長男	菅原東坊城	――補					蔵人・大内記・大学頭・文章博士	延文3・8・12
72		藤原忠光	資明四男	日野柳原	康永2・3・27			康永2・6・25方略宣	同・7・8献策	蔵人・文章博士・右中弁・蔵人頭	延文6・3・27
73	後円融天皇	藤原仲光	兼綱男	日野勘解由	延文3・1128登省				延文3・12・23対策	蔵人・左中弁・蔵人頭	永和4・3・24
74	後小松天皇	藤原兼宣	仲光男	日野広橋		貞治7・1・25学問料	応安3・11・11		応安6・8・19対策	蔵人・文章博士・右中弁・蔵人頭	応永7・12・20
75	称光天皇	藤原宣光	兼宣男	日野広橋	応永16・壬3・23			応永17・2・3方略	応永17・2・22対策	蔵人・右中弁・蔵人頭	応永32・6・7
	後花園天皇	藤原綱光	兼郷男	日野広橋					享徳2・3・14対策	蔵人・左中弁・蔵人頭・右大弁	享徳3・3・23
	後土御門										
76	後柏原天皇	菅原和長	長清男	菅原東坊城		文明8・2・13穀倉院	文明11・4・22	文明14・9・19課試宣	同・10・2対策及第	文章博士・大内記・大学頭	明応10・2・17

77		菅原章長	長直男	菅原高辻		文明10・月日穀倉院	年月日補		長享2・2・17課試及第	侍従・文章博士・侍読	永正4・4・17
78		菅原為学	為親男	菅原五条		文明16・6・20学問料	長享元・後11・29		長享3・2・16献策	少納言・大内記・文章博士	永正11・5・13
79	後奈良天皇	菅原長淳	和長次男	菅原東坊城		永正9・6・9燈燭料				大内記・少納言・式部大輔	天文6・12・30
80		菅原為康	為学男	菅原五条		永正9・2・15燈燭料	永正11・1・9諸道			大内記・文章博士・式部大輔	天文9・5・8
81		菅原長雅	章長男	菅原高辻		永正18—学問料			得業生及第	式部大輔・大内記・文章博士	天文16・2・24

一例をみれば、土御門天皇の代では、藤原親経・資実・範光・菅原在高・藤原頼範の五人が文章得業生から任官し、公卿にまで昇進している。鎌倉期では藤原式家・南家・日野流・大江家・菅原家など学問の家とされた諸家が、やはり進士・秀才から任官して、しかも公卿にまで昇進する事例が存在している。南北朝期の後光厳天皇の代では、菅原為成・康長・藤原兼綱・有範・菅原長綱・藤原忠光の六人が文章生や得業生から方略宣旨・献策によって任官し、公卿に昇進している。得業生及第で任官して公卿にまで昇進した文人は、後柏原天皇の代でも菅原和長・章長・為学がおり、博士家の東坊城・高辻・五条の菅原三家は、大学寮の献策制度を利用して公卿の三位にまで昇進していた[注9]。

文章生・文章得業生から大学寮の献策をうけて任官して、公卿にまで昇進した文人の事例は、すくなくとも院政期の高倉天皇から、織豊期の後奈良天皇まで八一人を確認できた（表1）。詳細な分析は別稿によらざるをえないが、古代大学寮が制度化した試験制による官人登用制度は形式化したとはいえ、中世国家機構の中で五位六位の文章生や秀才が任官して三位の公卿にまで昇進しえるシステムとして、文治から天文年間まで制度的に存続していた。中世国家の中で任官昇進システムとしての大学寮制度は変質しながらも廃絶することなく、一定の機能を果たしていたとみなければならない[注10]。

3　中世釈奠儀礼の実施状況

では、次に安元の大火で釈奠会場の大学寮が焼失して再建されなかったとされる釈奠の実施状況を調べてみよう。『史料綜覧』・『大日本史料』・『読史愚抄』から釈奠の実施・延引・追行や宴座・穏座の停止などの記事を個別に確認・整理すると表2の通りである。

表2　中世における釈奠の実施状況

久安2	1146	2・8	本朝世紀
		8・10	本朝世紀
久安3	1147	2・3	本朝世紀
		8・6	本朝世紀
久安4	1148	2・8	本朝世紀
久安5	1149	2・14	本朝世紀
久安6	1150	8・4	本朝世紀
仁平元	1151	2・6	本朝世紀
		8・10、11	本朝世紀
仁平2	1152	2・2	本朝世紀
		8・5、6	本朝世紀
仁平3	1153	2・8	本朝世紀
		8・10	台記
仁平4	1154	8・6	台記
仁安2	1167	8・3	兵範記
仁安3	1168	2・3廟拝4延	兵範記
		2・14追行	兵範記
嘉応元	1169	2・10	兵範記
嘉応3	1171	2・2	玉葉
承安2	1172	2・8	玉葉
		8・1	玉葉
承安3	1173	8・7	玉葉
承安5	1175	2・5	玉葉
安元元		8・9	玉葉
安元2	1176	2・1	玉葉
		8・2停止	師守記
治承元	1177	8・10	玉葉
治承3	1179	2・9	玉葉・山槐記
治承4	1180	8・7	玉葉
寿永元	1182	8・9	吉記
寿永2	1183	2・2	玉葉・吉記
元暦2	1185	8・17	玉葉
文治2	1186	2・9	玉葉
		8・3	玉葉
文治3	1187	2・5	玉葉
建久元	1190	8・5	玉葉
建久2	1191	8・1	玉葉
建久4	1193	8・3中丁延	百錬抄
建久5	1194	2・5	玉葉
		8・9	玉葉
建久6	1195	8・5	三長記
建久7	1196	2・7	玉葉
建久9	1198	2・9宴座無	三長記
建久10	1199	2・5	猪隈関白記
正治元		8・7	猪隈関白記
正治2	1200	2・1予定	猪隈具注暦
		2・1	猪隈関白記
		8・4	猪隈具注暦
正治3	1201	2・6	猪隈具注暦
建仁元		8・10	猪隈関白記
建仁2	1202	2・2	猪隈関白記
		8・6	猪隈関白記
建仁3	1203	2・4延引	明月記
		2・8延18追行	猪隈関白記
		8・2	猪隈関白記
建永元	1206	8・8	三長記・明月記
承元元	1207	8・4	猪隈関白記
承元2	1208	8・10	猪隈関白記
承元3	1209	8・6	猪隈関白記
承元5	1211	2・4延14追行	猪隈関白記
建暦2	1212	2・10　宴座無	玉蘂
		8・4	玉蘂
建保5	1217	8・3献胙	猪隈具注暦
承久元	1219	8・8	猪熊具注暦
嘉禄2	1226	8・4	明月記、民経記
嘉禄3	1227	2・18宴座無	明月記
		8・1	民経記

寛喜3	1231	2・10	民経記
		8・4、5学生見参	民経記
寛喜4	1232	2・6	民経記
貞永元		8・10学生見参	民経記
貞永2	1233	2・2宴座無	民経記
嘉禎2	1236	2・10宴座無	百錬抄
嘉禎3	1237	2・5	玉蘂
仁治3	1242	2・5停止	百錬抄
		8・7宴座無	平戸記
寛元元	1243	2・10宴座有	百錬抄
寛元4	1246	2・7	民経記暦記
		8・1	民経記暦記
		8・2学生見参無	百錬抄
宝治元	1247	8・7延17追行	百錬抄
宝治2	1248	2・9	百錬抄
宝治3	1249	2・2	百錬抄
建長元		8・9宴穏座無	百錬抄
建長3	1251	2・7	百錬抄
建長6	1254	2・14	百錬抄
正嘉元	1257	8・25宴座有	経俊卿記
弘長2	1262	2・1	仁部記
弘長4	1264	2・2	外記日記
文永元		8・6	外記日記
文永2	1265	8・2	外記日記
		8・3学生見参	外記日記
文永3	1266	2・3	外記日記

		8・7	外記日記
文永4	1267	2・9	民経記暦記
		8・3	民経記暦記
文永5	1268	8・9学生見参	吉続記
文永7	1270	8・10	吉続記
文永8	1271	8・6	吉続記
文永10	1273	8・8	吉続記
文永11	1274	2・10	文永代始公事抄
		8・10	文永代始公事抄
建治2	1276	2・1	師守記
弘安5	1282	2・16	勘仲記
		8・10宴穏座無	勘仲記
弘安7	1284	2・8	勘仲記
		8・2	勘仲記
弘安10	1287	2・6宴座無	勘仲記
弘安11	1288	2・2	勘仲記
		8・4宴穏座	勘仲記
正応2	1289	2・7宴穏座	勘仲記
正応6	1293	8・4	勘仲記・実躬卿記
永仁2	1294	8・6	実躬卿記
永仁3	1295	2・2	実躬卿記
		8・5	実躬卿記
永仁4	1296	2・8停止	師守記
永仁7	1299	2・5	園太暦
正安2	1300	2・1延11追行	歴代編年集成
乾元2	1303	8・2	実躬卿記
嘉元2	1304	2・25停止	師守記

		8・27参議不参	師守記
嘉元4	1306	2・6興行沙汰	実躬卿記
		8・4延引	園太暦
徳治2	1307	8・25停止	師守記
徳治3	1308	2・17停止	師守記
延慶2	1309	8・7宴穏座無	園太暦
延慶4	1311	2・5	園太暦
応長元		8・9	康富記・師守記
応長2	1312	2・1	花園院日記
正和2	1313	2・7、8・19	花園院日記
正和3	1314	2・3	花園院日記
正和4	1315	8・1宴穏座無	公衡公記
正和5	1316	8・7参議不	師守記
文保元	1317	3・10	園太暦
文保2	1318	2・10	園太暦
元応元	1319	8・5宴止	園太暦
元亨元	1321	8・6	康富記
暦応2	1339	2・18	中院一品記
		8・1延、11追行	師守記
暦応3	1340	2・4延、14追行	師守記
		8・6参議不参	師守記
暦応4	1341	2・9宴止、8・2	師守記
暦応5	1342	2・5宴止	通冬卿記
康永3	1344	8・10延、20	師守記・園太暦
康永4	1345	2・3宴穏座無	園太暦

貞和元		8・6停止	師守記
貞和2	1346	2・8	園太暦
		8・1延引	園太暦
貞和3	1347	2・14	師守記
		8・7延引下丁	園太暦
貞和4	1348	8・3延引	園太暦
貞和5	1349	2・6	師守記・園太暦
		8・9	師守記
観応2	1351	2・7停止、8・10	園太暦
観応3	1352	2・13	園太暦目録
文和2	1353	2・9延引	園太暦
文和4	1355	8・4延、14追行	園太暦
文和5	1356	2・16追、	園太暦
延文元		8・9延	
延文2	1357	2・2延12追行	愚管記・園太暦
延文3	1358	2・8宴座停止	愚管記
		8・11宴座停止	愚管記・園太暦
延文4	1359	2・4止14追行	愚管記・園太暦
		8・17追、宴止	愚管記
延文5	1360	2・9延引中丁	愚管記
延文6	1361	2・5延、15追行	愚管記
康安2	1362	8・4延、14追行	愚管記
貞治2	1363	2・7延、17追行	師守記

貞治3	1364	2・2延	師守記
		2・12追行	師守記
		8・6停止宣旨	師守記
貞治6	1367	8・3延引	師守記
		8・13追行	師守記
貞治7	1368	2・16追行	愚管記
応安元		8・9延、19追行	愚管記
		8・19追行宴止	愚管記
応安2	1369	8・15追行	愚管記
応安4	1371	2・13追行	愚管記
応安4	1371	8・7延引	師守記
		8・17追行	師守記
応安6	1373	8・18追行	愚管記
応安8	1375	2・7延	愚管記
		2・17宴穏座有	愚管記
永和2	1376	2・13	愚管記
永和3	1377	2・19宴止	愚管記
永和4	1378	2・14	愚管記
永和5	1379	2・9延引	愚管記
		2・19追行	読史愚抄
康暦元		8・13追行	愚管記
康暦2	1380	2・15宴穏停止	愚管記
永徳元	1381	8・5延引	後愚昧記
永徳3	1383	8・5延引	読史愚抄
		8・16追行	読史愚抄
嘉慶3	1389	2・7延引	兼宣公記
康応元		2・17追行	読史愚抄
応永2	1395	8・7	荒暦
応永3	1396	8・12	荒暦
応永5	1398	2・9	迎陽記
応永6	1399	8・9	迎陽記
応永7	1400	8・5	兼敦朝臣記
応永8	1401	2・8	吉田家日次記
応永9	1402	2・14追行	兼宣公記
応永10	1403	2・9	吉田家日次記
応永13	1406	2・6	荒暦
応永15	1408	8・1	読史愚抄
応永20	1413	2・7	兼宣公記
応永24	1417	8・4	康富記
応永25	1418	8・9	康富記
応永26	1419	2・2延引、	康富記
		2・12追行	
		8・5	中原師胤記
応永27	1420	8・11追行	薩戒記目録
応永29	1422	2・9延引、2・19追行	康富記・中原師胤記
応永30	1423	2・5、8・9	兼宣公記・康富記
応永31	1424	2・11、8・5	薩戒記・兼宣公記
応永32	1425	2・6延引2・16、8・11	中原師胤記
応永33	1426	2・2延12追、8・6延16追	薩戒記
応永34	1427	2・8延引、2・18追行	薩戒記目録
		8・1延引8・11追行	兼宣公記
正長元	1428	8・4停止宣下	薩戒記目録
正長2	1429	2・10、8・3	康富記
永享2	1430	8・9	師郷記
永享3	1431	2・12追行、8・15追行	師郷記
永享4	1432	2・17追行、8・11追行	師郷記
永享5	1433	2・13追行、8・7	師郷記
永享6	1434	2・9停止	師郷記
永享7	1435	2・5、8・8	師郷記
永享9	1437	2・17追行、8・9	師郷記
永享10	1438	2・3、8・5	師郷記
永享11	1439	2・9、8・11追行	師郷記
永享12	1440	2・4延引、2・14追行、8・7	師郷記・建内記
嘉吉元	1441	2・19追行、8・13追行	師郷記・建内記
嘉吉2	1442	2・5	師郷記
		8・9	康富記
嘉吉3	1443	2・1、8・5停止	建内記・康富記
文安元	1444	2・7延引、2・17追行、8・11追行	康富記・師郷記
文安2	1445	2・3、8・6	師郷記
文安3	1446	2・9、8・11追行	師郷記
文安4	1447	2・5延引、8・8	師郷記・康富記
文安5	1448	2・11、8・3宴止	康富記・師郷記
文安6	1449	2・6、	康富記・師郷記
宝徳元		8・9	
宝徳2	1450	2・12追行、8・6	康富記
宝徳3	1451	2・7	師郷記
		8・1延引、8・11追行	康富記
宝徳4	1452	2・13、8・17	師郷記
享徳2	1453	2・9延引、2・19追行、8・13追行	康富記・師郷記
享徳3	1454	2・5停止、8・18止	康富記・師郷記
享徳4	1455	2・11追行、8・14宴止	康富記・師郷記
康正2	1456	2・17、8・20追行	師郷記
康正3	1457	8・6	読史愚抄
長禄2	1458	2・9延引、2・19追行	師郷記
寛正2	1461	8・9	管見記

院政期（久安～元暦）に三二回、鎌倉期（文治～元弘）に一〇一回、南北朝期（元弘～明徳）に五四回、室町前期（明徳～嘉吉）に五四回、中期（文安—延徳）に二九回をかぞえる。通時代的に釈奠儀礼が二月・八月の上丁・中丁のいずれかに実施されていたことが確認できる。室町後期（明応～永禄）には、釈奠の開催史料を確認することができない。永正十年～大永六年の外記日記『中原康貞記』（歴博所蔵）でも、分配や二月の春日祭はみえるのに、釈奠はない。天文十五年～天正六年の『中原康雄記』（歴博所蔵）にもみえない。享徳—寛正年間・一四五〇年代までは定期開催されていたが、室町中期に禁裏年中行事から釈奠が脱落・廃絶したとみてまちがいない。

こうしてみると、安元の大火で焼失した大学寮は廃絶し、釈奠も衰微したとする通説は、根本的な反省が必要である。大学寮の試験制度による官人登用システムと釈奠儀礼の実施という大学寮の国家的機能は、少なくとも鎌倉期から応仁の乱直前の一四五〇年代までは盛衰をくり返しながら機能していた。中世国家においても大学寮など中央官僚機関が廃絶することなく、一定の国家的機能を果たしていたのである。中世では大学寮が廃絶し、学問は博士家の家学として細々と存続したという歴史像を再検討する必要があろう。以下、中世の釈奠儀礼の実施状況の時代的変遷を追いながら、中世国家の大学寮官人と学問の関係について分析し直してみよう。

二　鎌倉時代釈奠儀礼の時代的特質

1　安元大火から鎌倉期の釈奠儀礼の復興

表2によれば、確かに安元二年（一一七六）二月二日の釈奠のあと、同年八月の中秋釈奠は、建春門院が死去し停止された（『師守記』貞治3・8・3条）。しかし、治承元年（一一七七）八月十日に中秋釈奠が実施されている。この間に、安元三年（一一七七）四月廿八日の大内裏大火で大学寮が焼失しており（『玉葉』同日条）、八月四日改元となる

から、安元の大火のあとも釈奠儀礼は連続して開催された。治承三年（一一七九）二月九日にも釈奠上卿や参議以下の官行事所の担当役員のほか、大学寮の儒士がつとめる題者・序者・講師・読師・座主や四道博士の出席者名が記載されている（『玉葉』）。安元の大火で大学寮が焼失しても通常の釈奠儀礼は連続して行われていたのである。

では、釈奠はどこの会場で実施されたのか。大火直後の治承年間をみると「此日釈奠也、於㆓官庁㆒被㆑行㆑之」（『玉葉』治承元・8・10条）、「此日釈奠也、於㆓官庁㆒被㆑行㆑之、上卿実定卿云々」（『同』治承3・2・9条）とある。釈奠上卿以下の官行事所が開催主体となり、大学寮ではなく、太政官の官庁で開催されている。

この点に言及したのは、和島芳男で、後白河法皇が仮屋で行うか太政官庁か、右大臣兼実に諮問し、太政官庁での実施を決めたとする。寿永二年の釈奠では兼実の息良通が上卿で太政官庁の場にあわせて装束を改め「廟の中興」と称されたと指摘する。[注11] 和島は「大学寮廟堂の再造などはもちろん夢であり、わずかに残る廟倉もまた退廃の度を加え再び盗賊の侵略するところとなった」（四六頁）と評価する。安元大火の後も官庁で釈奠を実施したことに特別の歴史的意義を見出していない。

2　釈奠継続の国家意思

筆者は、大学寮の焼失後になおも太政官庁を会場にして釈奠儀礼を実施したことに、古代釈奠から中世釈奠への時代的転換があると考える。以下、安元の大学寮焼失にもかかわらず治承元年（一一七七）八月十日中秋釈奠実施の国家意思はどのように決定されたのかみよう。

大火三か月後の七月十八日、高倉天皇の蔵人勘解由次官平基親が右大臣兼実宅を訪ねた。蔵人がもたらした勅問は「釈奠於㆓何処㆒可㆑被㆑行哉、立㆓仮屋㆒可㆑被㆑行哉、将移㆓官庁㆒可㆑被㆑行哉」であった（『玉葉』安元3・7・18条）。兼実の回答・意見具申を要約する。①天徳四年（九六〇）南堂・竿堂が焼失時も釈奠を行った、長元七年

（一〇三四）の顚倒時も八月に修覆・遂行した、仮屋の憚りは陰陽寮に諮問すべきである。②大外記中原師尚の申状によるべきではない、行事繁多で終日の公事であり、風雨の難が心配なので仮屋は立てるべきである。③官庁に移行する案は準拠すべき先例が多く、列見・定考《こうじょう》は民部省に移された、凡そ本司障りある時、其の所の公事他司に移されるは其の例勝計すべからず。官庁の外に諸司なし、とした（『玉葉』同日条）。右大臣兼実は、太政官の二大公事の移動事例をあげて、大学寮廃燼のうえは官庁以外に実施可能な諸司はないとして、官庁移行案を支持した。

　蔵人基親は勅問が、前相国藤原忠雅、太相府師長、中宮大夫隆季、左大臣経宗、右大臣兼実、内大臣平重盛、大納言源定房、藤原実定らに「尋問」されたこと、「一今日、自レ院被二仰下一云、大極殿、八省等修造事、申二関白一可レ致二沙汰一、年内可レ有二事始一云々」（『玉葉』安元3・7・18条）と兼実に伝達している。高倉天皇が大臣・公卿らの意見を聴取し、後白河院が大極殿と八省などの修造事業を関白基房に命じて年内に行事所始を行うように指示したことがわかる。

　この間、官庁での釈奠実施案に、大学寮が反対したのは当然である。本寮に幄を立て都堂とし、聖像は倉屋に懸けて実施すべきだという意見、大学寮は本より内裏内に立てられない由緒があるのか、布政之庭に聖像を安置すべきでない、などの意見を「諸儒」が主張したという（『玉葉』同・7・28条）。

　結局、最終決定は、院御使右中弁平親宗が兼実に「釈奠事、於二官庁一可レ被レ行之由、昨日頼業所レ申也云々」（同・7・29条）と伝えている。局務清原頼業が廿八日に後白河院に釈奠を官庁で実施する旨申し入れて国家意思の決定がなされた。

　以上から、釈奠を太政官庁で実施する案は、高倉天皇の蔵人平基親が中心になって、太政大臣・三大臣・大納言等と大学寮の意見を聴取した上で、治天の君・後白河院によって決定された。釈奠会場の大学寮から太政官庁への移行は、中世国家の国家意思として決定されたことが判明する。

3 中世釈奠儀式の新作法

釈奠が太政官庁を会場にして実施されると、旧来の大学寮とは会場がちがうので、当然、儀式内容の作法も、会場に即して中世的なものに変容せざるをえない。

治承年間は官庁で本寮の儀を模して実施されたが、寿永二年（一一八三）二月二日の右大将九条良通が釈奠上卿をつとめたとき、右大臣兼実は「愚案」によって「一改装束事」等の改革を実施した。「仍模二本寮之儀一間、有下失二便宜一之事等上、仍仰レ官、任二愚案一、所二改直一也、子細在レ左」（『玉葉』同日条）とある。兼実による釈奠の新作法を要約するとつぎのようになろう。

①南門を以て廟門と擬す：官庁は正庁東西に回廊あり、列孝の時は東廊北面を公卿座にする、釈奠では南門を廟門に用いるので、北廊に上卿座や参議座を設営する。②釈奠の奉行弁・少納言以下の上官座は、御斎会の如く、東廊東面に設営。③東庁跡に幄を打ち大学寮庁として用いる。④西庁を以て都堂と擬す：都堂の西南北面に講論座と百度座を儲ける。⑤助教や直講が問者を勤める定例が、近代異様であるので旧例にもどす。⑥近例では百度座に六位上官が参加するが、異例であるので誡める。

兼実は「仰二官外記本道等一、所二誡沙汰一也」といい、改革案を官・外記と大学寮の明経道等に命じて、新作法を定めたことが判明する。中世の釈奠儀礼は、会場も作法も新しいものに改変されたことを意味している。

4 中世釈奠の内実

寿永二年二月二日釈奠の詳細史料は『玉葉』と『吉記』に残り、両者と平安儀式書とを比較することで、院政期の釈奠から中世釈奠儀礼の変化の詳細をあとづけることができる。紙幅の関係から、要点のみを指摘しておきたい。

良通は待賢門で牛車をおり郁芳門から参入して「官東門」に入った。『吉記』には前々は南門を往反したが、今度は「以二東門一可レ為二通路一之由被レ定云々」（『玉葉』同日条）と割注を記している。東庁跡に幄を立て寮庁とした事も、「前々以二西庁一用レ庁」慣行であり、安元以後は先例がないので、上宣を蒙らずに年来の装束使らが相計って装束を決めてきたにすぎなかった、と大外記中原師尚がいう。今回は右大臣兼実が小槻隆職を召して「装束儀を定」たもので、前源中納言雅頼卿、左中弁兼光朝臣、弁光長等が参会して「今度被レ定歟」という。

このとき、釈奠上卿は右大将良通、参議に源通親、奉行弁に左少弁光長と右少弁兼忠、少納言重綱、有家、局務清原頼業、大外記中原師尚、大夫史隆職らが官行事所の担当官であった。兼実が参会した人物は前中納言雅頼と兼光を除いて、釈奠官行事所の当事者であったことがわかる。大学寮を会場として本寮の寮官が官行事所と協力して実施されてきた院政期までの釈奠儀礼と、寿永二年「定」の「装束儀」とは大きく変化したのである。

なお、『吉記』から当日の式次第をみれば、経房が参入する以前に、廟門座の上卿座と参議座は官庁東廊北戸につくられ「廟拝」があった。次いで「都堂」とした西庁東北間に着座、博士以下も着座「講論如例」「百度座」に移り「三献」では大学頭在茂の勧盃、有家の二献、兼忠の三献があった。次いで「宴座」。奉行弁や紀伝博士・三道博士・学生が入って「三道竪義」のあと学生らが退出。寮官が聡明を据え、紙筆を進上、上卿が文章博士を召して出題を催促。上卿が題を披閲し参議通親に渡し、寮官が順次伝達。この間、掃部が北一間に「穏座」を準備。上卿らが移動。左少史が読師を勤め、寮官が漢詩の筥を講師の前に置いて「講詩」と「講頌」を行う。講師・序者・秀才などから四位、参議、上卿の順に漢詩を披露。頌の声が未了のうちに上卿は退出、参議以下が順次東門から退出した。「今日儀式、復二旧規一」と経房は右大将良通の努力を高く評価している。

この鎌倉期の釈奠次第を『西宮記』『北山抄』『江家次第』などと比較すれば、①饋享（未明祭）と拝廟、②論義　③百度座　④宴座穏座の四段階の行事の基本構成は、全く同一であるが、釈奠上卿以下官行事所の担当者の歩き方、大学寮の儒門方の廟堂、都堂での座席や床子の設営方法・並び方などの装束作法が改変されざるをえなかったことがわかる。

5　暦注と釈奠の年中行事化

『猪熊関白記』正治二年（一二〇〇）二月一日具注暦に「釈奠論語」、二日条に「献胙」とあり、事実、日記二月一日条に「此日釈奠也」とある。『民経記』安貞元年（一二二七）八月一日の具注暦にも「釈奠尚書」、二日条には「献胙　内論義」とあり、一日条に「今日釈奠也、題云、以康四海〈尚書第十二、序者蔵人文章得業生菅原高長〉」とある。暦注に釈奠で輪読する儒学の経典が「尚書」として事前に割り振られ、仲秋釈奠の翌日に博士学生参内と内裏で「献胙」と「内論議」が年中行事になっていた。一日釈奠では尚書の輪講読・論義が実施され、尚書から漢詩の作文の題「以康四海」が出題され、序者を文章得業生菅原高長が勤めたことがわかる。『民経記』の天福元年（一二三三）二月二日の具注暦にも「釈奠　孝経」とあり、七経の配分が暦注に記載されている。[注12]

釈奠では毎年順番に七つの経書を輪読・講書・論議したことは、弥永論文があきらかにしており、鎌倉時代には暦注に記載され、禁裏の年中行事に制度化されていた。建仁二年（一二〇二）釈奠の賦詩では、「上卿源大納言通資、参議親経、弁左少弁長兼、少納言信定云々、題云、徳音是茂毛詩、云々」（『猪熊関白記』同8・6条）とあり、建暦二年（一二一二）年八月四日の釈奠の出題は「必得其名礼記文」（『玉蘂』同日条）とある。講書で輪読された「毛詩」や「礼記」から作文の題が出題される作法が守られていた。中世釈奠儀礼の保守性が顕著であった。あわせて、宴座・三道竪義・穏座が、大学寮の儒門方や官行事所の上卿以下公家官人等による経書の理解能力のみならず、漢詩文の作文能力を主とした漢学知を公開する学術的学問的な場であったと評価できよう。中世の学問は古代儒学よりも文章道を含んだより広範囲な漢学になっていたといえよう。

6　官庁朝所の修理事業

中世釈奠は、太政官の官庁を会場として実施したから、官庁の朝所や正庁・西庁を釈奠で用いられる廟堂や都堂としてその都度装束を改めて儀式を執行した。[注13] したがって、官庁の修復工事や顚倒では、絶えず修理職・木工寮の手を煩わせる事が必然化した。中世釈奠は、中央諸司寮の共同国家事業となっていた。

勘解由小路経光が釈奠奉行をつとめた寛喜三年（一二三一）二月には、太政官庁の朝所《あいたんどころ》の板敷が盗人に剝ぎ取られた。修理職年預安部親直が辞職したため、工事が未着手となった。経光は関白九条道家に申し入れ、修理大夫基定が呼ばれて蔵人所出納中原職仲を修理職年預に補任して修理を実施したという事件があった（『民経記』同・2・10条）。鎌倉前期の修理職の大夫と年預は持ち出し型ポストで、中期以降に後院領豊原荘などの所領が給付されたとする。[注14] ここでは、官庁の朝所が孔子御影を飾る廟堂として用いられ、その拵方が弁官から修理職に指示されて修理が命じられる行政手続きに注目したい。大学寮が子細を申上し、学士中原師兼の「執申」によって「任レ例自レ官相二触職一」て修理職に要請した。下からのボトムアップ方式では修理事業が進展せず、奉行弁経光は殿下道家に家司有長を介して申し入れて、関白—修理大夫—新年預に下知が下るというトップダウンによって修理工事が実行された。

このことは、鎌倉中期における禁裏公事の儀式の会場修理事業でさえも、国家意思決定に参加できる関白からのトップダウンの行政権限によらずには実現しえなかったといえる。しかも修理工事は大学寮の発議によるとはいえ、「官より職に相触れる」手続きで弁官局の主導性になっていた。中世釈奠の行事主体が官行事所と大学寮だとはいえ、弁官局の比重が大きくなりつつあったことがわかる。

7　官庁・大学寮の実態

大学寮廟堂の再造は現実には不可能で度々盗賊の被害を受け「大学寮の衰微」の事例とされてきた。[注15] しかし、現実に官庁とともに大学寮が再建され、顚倒と修造をくり返していたことを論証しよう。

安元三年（一一七七）七月十八日に後白河院の命によって「大極殿、八省等修造事」が「年内」に「事始」ができるように沙汰が下った（『玉葉』）。大内裏造営は承久年間までないから、部分的な修理造営がなされたことはまちがいない。治承四年（一一八〇）六月の福原遷都で平重盛子息清経・維盛が京都の留守警固をした史料に「大内留守伊豆守通資勤仕、其中外記局、官文殿、内蔵寮、大学寮等之類、殊被レ差二副別兵士一〈武勇侍家之輩、廷尉仕官之者、各随レ躰云々〉」（『親経卿記』同・6・2条）とある。治承年間の大内裏のうち外記局・官文殿・大学寮等は一定の再建工事がなされ、遷都での留守中の警固が必要な状況にあり、武士・兵士輩が警備していたことが判明する。

［元久元年の官庁・外記庁・大学寮再建］

文治五年（一一八九）二月には後白河院が頼朝に「大内裏修理造営」を院宣で命じ、建久九年（一一九八）正月十一日に新帝土御門が閑院内裏に渡御した（『百錬抄』）。閑院内裏の造営は有名であるが、大内裏の八省や大学寮の再造営は不明である。ただ『百錬抄』元久元年（一二〇四）十二月廿六・廿七日条には「朱雀門」に額が懸けられ、「官外記庁」に椅子が立てられ「天皇遷幸大内」と「造営行事賞」が行われた。朱雀門と官庁・外記庁の再造営をはじめ大内裏の再建造営がほぼ完了したとみるべきであろう。

ただ、大学寮では廟堂院・都堂院・文章院等どこまで再建されたか不明であるが、廟倉は再建されたと確認できる。建暦二年（一二一二）三月五日に内裏から大学寮に「孔子御影」が渡され書写された（『百錬抄』）。大学寮の廟倉に孔子御影や先師・十哲の聖像を保管するためであり、廟倉の再建が行われた証拠である。

和島説は、承久元年（一二一九）七月大内守護源頼茂謀反による殿舎炎上で「再造の命令はあったが承久の乱によってはかどらず、荒廃した大内裏には盗賊も侵入しやすく、以後大学寮に再三盗難にあった」（四五頁）とする。しかし、焼失は「宜陽殿、校書殿、塗籠累代御物為二廃燼一」（『百錬抄』）とあり、同月廿一日の大風で神祇官南庁が倒壊したものの、同年十月十八日には「大内殿舎門廊等立柱上棟」があった（『百錬抄』）。承久二年三月一日には道家が焼失したはずの宜陽殿北第一間に入っている（『玉蘂』同日条）。宜陽殿は再建されたことがわかる。

安貞元年（一二二七）四月廿二日に「土御門町辺」で火事が発生し火延が大内に及んだ。「承久回禄之後、僅新立之伝舎、葺二桧皮一、敷二捧屋一、皆以為二灰燼一、外記庁雖レ免二余焔一、結政南所已焼了、遷都以後未焼之所也、大内雖二半作一、炎上」（『百錬抄』同日条）とある。承久火災のあと新立の殿舎が増え大内裏も「半作」状態になっていた。それらが「炎上」し、結政南所《かたなしみなみところ》も焼けたが、外記庁は難をまぬがれたことがわかる。内裏や大内裏の殿舎は、国家儀礼や国政運営上に必要な殿舎ほど、顛倒・焼失後にも再建・造営されていたものとみるべきであろう。

元仁元年（一二二四）三月廿六日にも「竊盗等打二破大学寮廟倉一、放二取孔子御影裏絹一云々、御影等多破」（『百錬抄』）とある。再建された廟倉に建暦二年に再表具された廟像が保管されたが、またも盗賊が破壊し「裏絹」だけを盗んだ。この時期神祇官御厨子（嘉禄元・2・27条）や大学寮廟倉（嘉禄2・12・12条）で「放二取御影浦絹一、一年盗人後、新二調絹裏等一也」（『百錬抄』）とあり、裏絹だけを盗んだもので、大学寮の衰微の史料とはいえない。

8　閑院大内裏再建と寛元四年の官庁修造

貞永元年（一二三二）十月に閑院内裏で受禅した四条天皇が同年十二月五日に「於二官庁一即位」（『百錬抄』）とい

い、延応元年（一二三九）九月十六日の斎宮群行では「太政官庁に行幸」が行われた。伊勢神宮外院火事の時、左大弁経光による神宮禰宜等への「推問」が「官庁に於いて」実施された（『百錬抄』）。官庁と内裏を往復して国家儀礼を実施している。

四条天皇死去の仁治三年（一二四二）に清涼殿代が破棄され幕府支援で閑院大内裏新造工事がはじまった（『百錬抄』寛元2・7・26条）。後深草天皇に譲位され、後嵯峨院政がはじまった寛元四年（一二四六）一月十三日に「御譲位已後、政始也……今日官庁修造日時定也、被レ寄二讃岐国一可レ被レ作云々」（『百錬抄』同日条）とある。大内裏の殿舎修造は、太政官庁の修造から開始され、造営国として讃岐国が宛てられた。後深草天皇の即位式は同年三月十一日で「主上御即位也、于時自二閑院一行二幸官庁一、中宮御同輿儀也」（『百錬抄』同・3・11条）とあり、完成した官庁で即位式をおこなった。官庁の修造こそ、国家事業としての閑院大内裏修造の表象であったことがわかる。

大嘗会の執行でも、大嘗会御禊装束司行事所始が「官庁東庁跡為二其所一」（『百錬抄』同9・24条）とある。官庁東庁跡は釈奠上卿九条良通のとき東庁跡に幄を打ち大学寮庁とした場所である（『玉葉』）。結局、天皇は十一月廿一日に官庁に行幸して廿四日大嘗会を行い、廿八日に閑院殿に還幸した（『百錬抄』）。後深草天皇も太政官庁と閑院内裏とを往来して、即位式・御禊・大嘗会を執行した。鎌倉期の国家行事が太政官庁と内裏を中心に執行されたことが実証しえたといえよう。鎌倉時代の朝廷公家政治を内裏中心に理解している通説に反省を迫る史実といえよう。

閑院大内裏の造営事業はその後も継続しており、幕府援助で完成をみるのは建長三年（一二五一）六月である。[注16]

9　正嘉の官庁炎上と再造営

『百錬抄』正嘉元年（一二五七）二月十日条に「太政官庁炎上、朝所之外皆悉焼失」とある。後嵯峨院は十七日に院議定を開き、軒廊御卜・山陵使派遣のあと三月二日には官庁木作始となり「四条大納言隆親卿、給㆓安木国㆒造㆑之」（『百錬抄』）とある。朝所を除く正庁・西庁舎等を焼失した太政官庁は、鎌倉期の公家政治が太政官と内裏を中核に運営されていたので、迅速な再建工事が行われ、行事上卿に四条隆親が任命され、造営国として安芸国が与えられた。寛元四年（一二四六）官庁修造で讃岐国が宛てられた先例による。

四条家は、善勝寺を菩提寺とした一門で家成―隆季―隆房―隆衡とつづいた。後鳥羽院の近臣隆衡が、承久二年（一二二〇）にも祇園社造営に従事して安房と若狭の造営国と不足分として左馬寮領を与えられた。[注17] 隆衡は信濃の知行国主で、隆仲が信濃国司となった。隆衡には、一男隆綱・二男隆親と長女貞子らがおり、二女灑子《さいこ》は関白良実の北政所となった。貞子が太政大臣西園寺実氏の室で、大宮院（後嵯峨天皇の中宮嬉子）と東二条院（後深草天皇の中宮公子）の母で、北山第で九十御賀を営んだ最高権力者であった。隆衡の弟隆弁法印が三井寺僧で、北条時頼・時宗と結んだ政僧であり、鶴岡八幡宮別当で宗尊親王擁立に功績をあげ、関東寺社縁起の編纂にも大きな功績を残した。[注18] 今林准后を号した貞子が、弘安六年（一二八三）に内裏二条殿を造営したとき、二棟御所・常御所・黒戸・諸門などは、彼女の所領の知行者藤原朝昌らが担当し、寝殿・透渡殿・東中門などは、四条隆綱の嫡男隆行が造営した（『勘仲記』弘安6・10・10条）[注19]。四条隆親は建治元年（一二七五）九月にも春日社手水屋造営の造国司になり、和泉国を宛てられた（『中臣祐賢記』同・9・3条）。四条家が修理職・右馬寮や知行国・造営国を確保して、内裏・大内裏造営に従事していたことがわかる。

正嘉元年（一二五七）八月二十五日には「今日被行釈奠、……於㆓官庁㆒被㆑行㆑之、五旬以後不幾、然而官庁造営以後、依㆑為㆓初度㆒、被㆑行㆓宴座㆒、上卿按察良教、右宰相中将伊頼参行云々」（『経俊卿記』同日条）とある。二月十日に炎上した太政官庁は五ヶ月後には再建され、官庁を会場に「造営以後初度」として宴座も行われている。

文永十年（一二七三）八月八日の釈奠は、前京極院の御忌月で「宴座竪義等停止」となったが、頭注に「朝所被二造畢一云々」（『吉続記』同日条）とある。文永年間に官庁が破損したときも、文永十年に官庁の朝所が再び造営されたことが確認できる。

大内裏や大学寮の衰微を強調するこれまでの通説は、中世太政官庁の重要性を無視しており再検討されなければならない。釈奠は二・八月の上丁を開催日とした年中行事として、官庁を会場にして、大学寮と太政官庁との共同行政事務によって執行された国家儀礼であった。鎌倉期の官庁は、即位式や大嘗会など臨時行事と恒例行事の釈奠などが行われる国家儀礼の表象の場であったことはまちがいない。内裏中心の公家政治史研究の分析手法も見直しが必要である。

10　釈奠料足の調達

釈奠料足に関係する史料はほとんど登場しない。わずかに『妙槐記』寛元二年（一二四四）正月十八日条につぎのような興味深い史料がある。

明経道申釈奠廟器礼服已下事、依二破損一賜二任官功一、可レ調之由、仰含之処、當道貧儒難二構得一、付二官行事所一可レ調之由申レ之、何様可レ候哉、殿仰、重可レ奏、勅定、猶募二任官一可レ調之由可レ仰二本道一

これは、後嵯峨天皇の蔵人基邦が関白二条良実への内覧と、伊勢内侍に付けて天皇に奏聞した奏事目録で、前右大臣花山院師継が日記に写したものである。大学寮の明経道から、釈奠での廟器や序者の礼服礼冠など破損修理経費を任官功によって調達しているが、明経博士や助教・直講らの儒士は「貧儒」で任官功に応募する資力がない、官行事所の経費で調達してほしい、との改革案を提出した。関白良実は奏聞するように内覧の許可を出し

たが、後嵯峨天皇は、再度任官功で経費を調達するように勅定した。

ここから、鎌倉期の釈奠行事用途は、官行事所と大学寮の寮役・任官功の二本立てで、天皇は任官功重視であったことがわかる。大学寮の儒中のうち、明経道の儒者が着る礼服礼冠は、未明祭での先献役と宴座での序者役が着するもので、別々に用意する高価なものであった（『師守記』貞治3・2・12条）。大学寮の寮役や儒中の経済的負担を、官行事所に転嫁しようとした大学寮本道の改革案は、大学寮が財政面からも官行事所の主導性に依存しつつあったことを示す。

11 釈奠後朝の学生見参

中秋釈奠の翌日に博士・学生が内裏に見参して大学寮献胙（宴座）と内論義を行い、敷政門外で出納小舎人から禄物を給う行事があった。通説では院政期に廃絶したことはすでにみた。

しかし、鎌倉時代にも学生見参が行われている。寛喜三年（一二三一）八月四日中秋釈奠の翌五日「大学頭経範朝臣・大外記頼尚等祇候、……今日釈奠学生見参也」（『民経記』同・8・4条）とある。貞永元年（一二三二）にも「学生見参事、予奉行……学生禄事、内蔵寮勤㆑之、可㆓尋沙汰㆒由仰㆓行綱㆒」（『民経記』同・8・10条）とある。経光が釈奠奉行弁として、式（規定）にそって学生禄についても内蔵寮との行政事務を命じている。文永五年（一二六八）八月九日条にも「釈奠学生見参奏……先付㆔学生見参於㆓蔵人㆒、内々奏聞、蔵人置㆓置物御厨子㆒」（『吉続記』）とある。学生見参を蔵人が亀山天皇に内々奏聞し、蔵人が御厨子に置物をおいて学生に下賜したことがわかる。文永十年（一二七三）八月八日釈奠の翌九日に「釈奠学生見参奏、権中納言参陣云々、以㆓蔵人㆒被㆑奏歟、可㆑尋」（『吉続記』同日条）とある。釈奠翌日の大学寮の学生見参は、鎌倉時代にも実施されており、蔵人が天皇にその旨を奏聞する行事が残っていたことがわかる。

寛元元年（一二四三）八月二十日にも「近年絶久無二此事一」といわれた大学寮の文章生登省が、式部大輔菅原為長や関白良実・後嵯峨院による合議で「継レ絶興レ廃之条尤可レ然」（『民経記』同日条）として復活した。文章生登用の試験である省試が再興された。国家制度は興廃をくり返した点に注意が必要である。[注20]

ところが、弘安七年（一二八四）中秋釈奠の翌三日に「釈奠後朝学生見参」のあと、蔵人が敷政門前において博士学生等に給禄する行事が「但近年給禄事中絶了、只被レ奏許也、蔵人方給禄博士交名一通外記送二蔵人所一、為レ令レ召三禄於二内蔵寮一也、近年付三交名於二蔵人方一事猶無二陵夷一云々、給禄事中絶了、為之如何」（『勘仲記』同・8・3条）とある。学生見参で近年給禄が中絶して只奏聞の儀式だけになったという。博士学生交名注文を外記が作成して蔵人所に送り、内蔵寮から禄を召す行政手続きも省略されたことが判明する。中秋釈奠の翌日に学生見参の儀式だけは継続して奏聞がなされた。ただし、大学寮の博士・学生への給禄は弘安年間に廃止され、財政負担の大きい儀式の形骸化・省略化が進展した。

三　南北朝期の釈奠儀礼の変質

1　釈奠儀礼の中絶

表2によれば、元亨元年（一三二一）年から暦応二年（一三三九）仲春釈奠までの間、釈奠開催史料が全くみえない。『康富記』（宝徳元・8・9条）によれば「旧記」として「官方御装束抄」が残り、「元亨元年八月六日記」があったとする。これが鎌倉期最後の釈奠開催記録である。『史料綜覧』も「読史愚抄」を典拠にした嘉暦元年（一三二六）から「中院一品記」の暦応二年二月十八日まで釈奠史料を欠いている。したがって、幕末の嘉暦二年から暦応二年二月までの間で、南北朝内乱によって国家儀礼の釈奠は中絶を余儀なくされたとみてまちがいない。

2　釈奠の延引・宴座停止・不参

ところが、暦応二年に復興されてからは、南北朝期（元弘～明徳）の釈奠儀礼は、基本的には二月・八月の上丁・中丁・下丁に禁裏年中行事として実施されていることが確認できる。記事内容から、この時期の釈奠儀礼の変質の特徴は三つになろう。

第一は、上丁の日の実施が「延引」され中丁の日に追行される事例が増加する。「今日釈奠延引、可レ為二中丁一云々」（『師守記』暦応2・8・1条）とか「釈奠延二引下丁一事」（『園太暦目録』貞和3・8・7条）などの事例が増加する。康永三年（一三四四）に釈奠上卿洞院公賢が下丁の釈奠例を不吉とした先例の勘文を要求した。大外記中原師茂の返事は「下丁例一通謹注申候、度々例不庶幾候之間、中丁延引之時、大略被二停止一候歟」とし、去々年（一三四二）八月下丁廿八日が停止された事例を指摘している（『師守記』同・8・11条）。中丁延引の場合の下丁の釈奠は不吉とされる風潮があったらしい。

『師守記』暦応三年（一三四〇）二月十三日条には「釈奠停止年々」の勘文があり、仁和三年（八八七）から延慶元年（一三〇八）まで一三件の事例があるにすぎない。理由は、天下穢・世間穢が一〇件、世間火事一件、下丁例不吉一件、廟器難調出一件となっている。南北朝期も「天下穢に依る也」の停止（貞和元・8・6、観応2・2・7条）が散見される。

釈奠の停止は、「今日北野祭幷釈奠停止事被二宣下一候」（『師守記』貞治3・2・2条）「北野祭・釈奠停止事、昨日被レ仰二職事一候了、只今　宣旨到来」（同　貞治3・8・4条）とあり、いずれも、宣旨が発給され、局務の請文が出された。釈奠儀礼を停止できるのは、天皇の決定を待たなければならなかった。作法が異例でも、勝手に停止することは不可能であった。

第二に、釈奠の廟拝・講書論義・百度座などは実施されるが、宴座・三道竪義・穏座が停止される事例が増加している。すでに弘安七年（一二八四）八月二日には圓明寺入道関白の死去にともなって宴穏座が停止された。「兼仰二奉行翰林在嗣朝臣一了、穏座停止宣下之条、雖レ為二本儀一、近年者不レ及二宣下一、仰二奉行翰林一許也云々」（『勘仲記』同日条）とある。宴・穏座の停止は、宣旨の発給が「本義」であったが、近年は儒門方の奉行翰林（文章博士）菅原在嗣に仰が下されるだけになった。ここから大学寮への宣旨発給手続きが省略されるのは鎌倉末期以降からと見るべきである。

南北朝期には「宴穏座停二止之一、依二神木動座一也」（『師守記』暦応3・2・14条）、「被レ止二宴座一、依二神輿事東大寺八幡宮一也」（『愚管記』延文4・2・14条）、「宴穏座幷三道竪義等停止、依二日吉神輿七基動座一」（『師守記』貞治2・2・17条）、「依二山門事一不レ被レ行二宴座一云々」（『愚管記』応安元・8・19条）、「釈奠被止宴座、依二仙洞炎上一也云々」（『愚管記』永和3・2・19条）等とある。南都・北嶺の神輿・神木動座や八幡訴訟・院御所炎上などでの宴座穏座の停止事例が多くなっている。鎌倉期には摂関・大臣や院・女院などの薨去・中陰や忌日など法事による宴座停止が慣習であった。それに加えて、神木・神輿動座による宴穏座停止の増加こそ、南北朝〜室町期の時代的特徴といえる。

三つ目の特徴は、釈奠上卿・参議や奉行弁・外記など官行事所や儒中・儒門の不参のまま、代官や兼官による行事の執行事例が多くなっている。暦応三年（一三四〇）仲春釈奠では奉行の蔵人左少弁柳原宗光が「弁行事例幷停止之例」勘申を外記方に命じて、弁のみによる行事は所見不詳であった（『師守記』同・2・13条）。しかし、貞和五年（一三四九）八月九日の勘文（『師守記』）によれば「釈奠参議不参例」としては、弘安5・8・10、嘉元2・7・27、正和5・8・7、暦応3・8・6、暦応4・8・2条の五例をあげ「此外多二存例一」としている。弘安年間以降から南北朝期に釈奠上卿・参議の不参事例が増加しており、上卿・参議や少納言・外記史さらには翰林不参でも、釈奠の行事は実施の事例が慣行化している。

延文三年（一三五八）中秋釈奠では、助教清原教氏が官庁で「未明祭」を行ったが、上卿松殿忠嗣や参議・少納言・六位外記史が不参でその後の儀式次第は中止・分散してしまった。小槻量実の調査では、「永観二年（九八四）春」以来の出来事だという（『師守記』延文3・8・13条）。

頗る異例な公事に対して、公家社会内部から批判もおきる。関白近衛道嗣は、「依二東大寺神輿在洛一、朝廷之礼儀、於二事省略一、頗凌違之基歟、云レ彼云レ是不レ可レ然事歟」（『愚管記』延文4・8・17条）とのべ、朝廷の礼儀が事において省略され、凌違之基と批判する。釈奠が廟具類の不調達で延引され、祈年祭が不沙汰になることを「近日公事如レ此」（『愚管記』康安元・2・5条）と嘆息している。だが、国家儀礼の官行事所の担当者は、異例儀や新儀との批判を受けても、勘文で先例を探して行事を完遂することをなにより重要視していたのである。

3　釈奠料足の下行遅延

南北朝期のこうした変質は、平安期に釈奠行事の形骸化・省略化といわれた現象のくり返しといえよう。いつの時代にもみえるもので、むしろ、その原因に時代的特質があるのか検討しなければならない。

釈奠の延引・追行の原因は第一に、料足や廟供や廟器の調達不具があげられる。「釈奠延引、料足不具之故也」（『師守記』康永3・8・10条）「上丁依二廟供以下料足不具一延引」（同・8・20条）、「上丁依二料足以下不具一延引」（同、貞治2・2・17条）、「釈奠延引……依三料足不レ被二沙汰出一也」（同、貞治3・2・2条）「今日釈奠延引、可レ為二中丁一云々、料足不レ被二沙汰出一之上、序者無二領状一故云々」（同、貞治6・8・3条）などとある。鎌倉期にはこうした史料はみられない。南北朝期になって、釈奠の経費や廟供・廟具などの不足や調達準備が間にあわずに延引を余儀なくされていたのである。

4　官庁・朝所の顚倒

第二は、釈奠の会場である太政官庁の正庁や朝所、外記庁の顚倒により、延期・停止・雨停止の事例が多くなる。暦応三年（一三四〇）に外記庁が顚倒して、政始を官庁で行い「近年之儀」とある（師守記、暦応3・2・3条）。康永三年（一三四四）に「大学寮・官庁等破壊之後」先聖先師以下御影が仙洞御所の念誦堂に安置された。八月二十一日念誦堂修理のため孔子御影等が「官庁」に「入御」することになり還御の次いで西小堂に懸けて光厳上皇が拝見した（『園太暦』同・8・20〜21条）。貞治二年（一三六三）にも「釈奠来七日必定候哉、朝所造営事其沙汰候歟」（『師守記』2・5条）とか「去年朝所顚倒以後未ㇾ被二造営一之間、以二正庁一被ㇾ用二廟堂一」（『師守記』2・17条）とみえる。貞治元年（一三六二）にも官庁の朝所が顚倒し、貞治三年中春釈奠でも造営が間に合わず、官庁の正庁を廟堂として転用・実施した（『師守記』貞治3・2・12条）。官庁・大学寮・外記庁が相互に再建・顚倒をくり返していたが、毎年の釈奠儀礼執行のために官庁など必要庁舎の再造営がおくれ気味になったとみるべきであろう。

5　釈奠儀礼の兼任執行

第三の特徴は、宴座・穏座の停止が恒例化し、儒門方の不参が多くなると、釈奠儀礼の初献と座主役の兼任が当然視され「近代儀」や「俄儀」という作法が登場してくる。

暦応四年（一三四一）仲春釈奠で、「廟拝」と「講書左伝」と「座主直講清原直方、初献同兼行〈近年儀也〉、酉剋被二始行一」（『師守記』暦応4・2・9条）とある。廟堂での廟拝、都堂での座主による講書は官行事所の行事といえ、未明祭の初献役を座主役の直講が兼行することが「近年儀」になっていた。康永三年（一三四四）八月廿日は酉剋に「未明祭」を行い、座主直講中原師連が「座主初献兼行近年例也」（『師守記』）とある。延文三年（一三五八）中秋釈奠でも「未明祭初献助教師国執行」（『愚管記』同8・11条）、貞治二年（一三六三）仲春釈奠では「初献博士清原宗季勤二仕之一〈着礼服云々〉、亜献、終献、博士不参、為レ代明法博士章世沙汰進レ之、……座主直講清原良賢勤二仕之一」（『同』同2・7条）とある。初献は文章博士清原宗季が束帯から礼服に着替えて、亜献・終献は算・明経博士不参のため明法博士中原章世が代行し、都堂での座主は直講清原良賢が別々につとめた。ここから、初献は亜献・終献と並ぶもので、延喜式大学寮釈奠にみえる饋享（未明祭）での廟供献上のこととわかる。南北朝期には、未明祭の初献役と都堂での講書・問答の座主役を直講が兼行する新しい作法が登場した。大学寮の儒門方の儀礼である宴座・三道竪義・穏座が省略される慣例の中から、①未明祭（饋享）と②座主問者の講書・問答のみで釈奠儀礼を短縮して行うようになり、問答の座主が未明祭の初献役を兼行する作法が生まれたのである。

6　儀礼の保守性護持

南北朝期における釈奠儀礼の詳細は『師守記』貞治三年（一三六四）二月十二日条がもっとも詳しい。助教中原師秀が座主役と初献役を勤仕した。まず、束帯から礼服に着替えて初献役をつとめ亜献・終献のあと祝文を読んでいる。未明祭が終ると、師秀は正庁で休息して、初献用の礼服を脱して座主の礼服に着替える。上卿権中納言坊城俊冬、少納言東坊城秀長、大外記中原師茂以下の六位外記史ら官行事所の役員が廟堂に入る。参議・弁は不参。廟堂での先聖先師への廟拝をして退室。西庁の都堂に移動し、上卿以下と座主師秀が弟子・学生を引率して高座に昇る。座主が尚書からとった発題を読み講書、問者との論議、披講を行って高座を降りて装束を着替える。この間、百度座が用意され、造酒司の役で三献となる。宴座も行われ、上卿らが着座し、本道学生・明法道学生・算道学生の各二人が問答して三道竪義を行う。次いで、題者・序者が席につくと、上卿の合図で紙墨筆が配られ、聡明が供えられる。題者は出題を懐中から取り出して、上卿に献じ、序者以下に賦す。次いで、西庁北東一間での穏座に移り、少納言秀長が講師、権外記中原師興が読師をつとめ、上卿の漢詩から順次披講していく。上卿らは途中退出して、丑剋に終了（『師守記』貞治3・2・12条）。このときも、官庁の正庁の建物は北西の壁が破損して、風が吹き込んで休息所とするため、小屛風や障子で仕切ったにすぎなかった。

こうしてみると、南北朝の釈奠でも、平安期の次第書をほぼ遵守した伝統的儀式の保持が行われていた事例もあった。儀礼の形骸化・省略化の一方で儀礼の保守性護持という二面性が維持されていた。

7 料足の調達体制

料足不具が儀礼延引の一因であったから、南北朝期の料足調進システムを検討しよう。貞和五年（一三四九）中秋釈奠で「史生国継参入申云、料足自二武家一可レ致二沙汰一之処、遅々之間、以二大学寮々田一可□範朝臣被レ申之間、無為被二遂行一云々」（『師守記』貞和5・8・9条）とある。大学寮史生清原國継の云うには、料足の「武家より沙汰」が遅れたため「大学寮々田」から支出するように「□範朝臣」の指示が出て、無事に釈奠が遂行された。「大学寮々田」の管轄者は大学頭であるから、探索すると藤原有範は貞和二年二月廿一日に大学頭に任じられ、同四年十二月四日に治部卿のまま兼任して「文和二年十月廿九日止二大学頭一」とある（『公卿補任』延文二年条尻付）。「□範朝臣」は大学頭藤原有範とみてまちがいない。「当時の寮領が実体」なしのため「武家とのパイプが物を言った好例」とみる見解[注21]もある。しかし、武家が大学寮田に関与することはありえないので、大学頭が大学寮田の料物を釈奠料足に補塡したものとすべきである。

ここから、南北朝期の釈奠用途は新たに武家沙汰という幕府からの用途支払システムが登場し、大学寮田からの寮役との二本立てに再編成されたことが判明する。

まず武家沙汰は、貞治二年（一三六三）にも「料足且三百疋自二三宝院光済僧正許一被二下行一、史生助豊、残ハ被二相語一歟、」（『師守記』同・2・17条）とある。釈奠料足の三貫文が、醍醐寺三宝院の光済僧正によって下行され、大学寮史生和気助豊が財務処理した。貞和三年（一三四七）に朝廷の公事用足が三宝院賢俊を経由して内々に武家より下行された事例がある（『賢俊僧正日記』[注22]）。したがって、三宝院光済の場合も武家方から三宝院を介しての御訪料の支出といえる。さらに、貞治三年（一三六四）に「史生助豊沙汰進レ之、料足自二公方一被レ下二-行之一云々」（『師守記』同・2・12条）とみえる。将軍義詮の代で「公方」より料足の下行という武家支払システムが機能していたことがわかる。最近、松永和浩は、延文から貞治年間に、武家御訪によって禁裏の恒例公事の朝儀が再興されていたと指摘している。[注23] 釈奠儀礼にもその指摘は当てはまるといえよう。

諸司寮田の寮役調進制度についても、貞治二年（一三六三）に「大炊寮饗膳如レ形被二用意一了、其外年預役御粟延兼渡二目代一〈但半分也、今半分者目代国尚可レ致二沙汰一也〉」（『師守記』同・2・17条）とある。百度座の饗膳が大炊寮の寮役として用意され、大炊寮年預役として「御粟」半分が、延兼の手から目代である清原国尚に渡された。残り半分は大炊寮目代清原国尚が調進した。大学寮が酒食を用意し、大炊寮・大膳職が百度座の饗膳を調進したことは、『江家次第』『三代実録』などにみえ（弥永論文）、平安期以来の慣行が遵守されていた。

貞治三年（一三六四）二月仲春釈奠の料足も「今度料足五百疋内三疋大膳職、百疋木工寮、其外三百七疋、史生方被二下行一云々、大炊寮饗膳如レ形被レ用二-意之一」（『師守記』同・2・12条）とある。惣用下行帳から料足五貫文が支出され、大膳職、木工寮や大学寮史生方に支払われるとともに大炊寮からも饗膳が用意された。「今日釈奠寮役事、官方廻文到来、可レ加二下知一之旨、被レ載二散状一」（同、貞治6・8・1条）とある。寮役は官方＝弁官局の官務が廻文で大炊寮や大学寮・大膳職など諸司寮に催促文を下知したことが確認できる。なお「料足五百疋〈自二一条庁一下二-行之一云々〉内百疋木工寮、三十疋大膳職、其外三百七十疋史生方被レ下二-行之一」（『師守記』貞治6・

8・13条）ともある。釈奠での料足が「一条庁」から下行された。これがなにを指すか不明であるが禁裏方の庁であろう。武家下行と公家要脚の二本立てのシステムであった。

8　南北朝期の大学寮官人

外記局の中原六角家では、大学寮・大炊寮・穀倉院の五位や六位以下の官職や諸国受領の官職を兼官していた。[注24]釈奠行事での地下官人らについて『師守記』で探すと、わずかではあるが確認できる。

大学寮史生	清原国継	大炊寮役を受け取る、鳥目三連	『師守記』暦応4・2・8
厨女	犬	聡明三合を進む	『師守記』康永3・8・21
厨女代	儒牒を持ち来る		『師守記』貞和3・2・11
史生	国継	廟堂に入るとき洗手の役	同　貞和5・8・9
史生	助豊	料足の下行	同　貞治2・17
助豊代官	助興	聡明三合を持参	同　貞治2・2・18
学生	弾正忠清原□兼、大炊允源国隆、同清原国雄		同
史生	助豊	文殿兼、儒牒を持ち来る	同　貞治6・8・2

大学寮の史生清原国継は、亡父師右遠忌法会で家君師茂と師守・音博士師興とともに霊山殿に墓参に出向いた人物「清左衛門尉国継」（『師守記』貞和5・2・6条）とみえる。清原国継・国兼は中原六角家局務中原師茂家の青侍とみてまちがいない。貞治二年（一三六三）釈奠で座主役を勤めた助教中原師秀が引卒した弟子学生三人は「弾正忠清原□兼・大炊允源国隆・大炊允清原国雄」（同貞治2・2・18条）とある。大炊允国隆と息女三歳は、師守の

関係者（『師守記』貞治3・4・29条）で六角家の青侍であろう。[注25]

大学寮史生助豊は「兼文殿」（同、貞治6・8・2条）、「召使和気助豊」（同、同・8・13条）とみえ、太政官の文殿・召使を兼任していた。「但史生助豊依二所労一不参、舎弟助興為二代官一参二役之一」（同、貞治3・2・12条）ともある。和気助豊と助興とは兄弟で、病気欠勤のときは弟を代官として出仕させ、地下官人の役職も和気家で代行していたことがわかる。

釈奠で大炊寮の年預役として御栗の半分を調進した「目代国尚」（同　貞治2・2・17条）は、「今日和泉左衛門尉国尚参入、今年未二出仕一」（同、貞和3・2・15条）とみえるから、和泉国尚も中原六角家に「出仕」する青侍で、大炊寮務の目代を兼官していたとみてまちがいない。

こうしてみると、外記家の局務中原六角家の「家中下女・中間幷青侍等下部」が、大学寮の史生・史生代・学生や厨女・厨女代を兼任し、大炊允・年預目代などを勤めることによって、釈奠の行政実務が執行されていた。これらの現象は、官司請負制や知行官司制として説明される。まさしく、局務の中原家や清原家の家中＝家産官僚制の職員が外記局・大炊寮・大学寮など官制の地下官人を兼官して、国政機関に入り込んで運営を行っていたと評価すべきであろう。

四　室町期釈奠儀礼の盛衰と終焉

1　応永年間の釈奠

応永年間の釈奠の実施状況をみれば、表2のごとく、大きな変化はみられない。儒門方の未明祭と、官方の廟拝・都堂での問答に二分化しつつ儀式の省略化が見られる一方で、次第書の通り、未明祭・廟拝、都堂での講書・論議、百度座の饗膳・三献、宴座で序者の聡明・出題と賦詩、穏座で読師講師の詩頌がすべて実施される事例（『康富記』応永25・8・9条）もみえる。ただ、未明祭が官庁正庁を廟堂として行われる場合には廟門座が閾内《しきいのうち》にあり、朝所の場合には閾外とする作法が逆になるなど不法が多い。翌年二月の釈奠でも、未明祭では正庁を廟堂として先聖・先師像を南面して懸け、九哲像を東西に分けて懸け、廟供の饗膳は高杯に盛り、九哲の廟供は豆を入れた（『康富記』応永26・2・12条）。官行事所の上卿清閑寺家俊、奉行弁が権右少弁広橋盛光、両局務の中原師胤・小槻為緒、少納言の文章博士菅原長政らが廟拝。都堂での礼記の講論、百度座と聡明を居へ献盃と二献のみで、宴座と穏座は伊勢月読宮火事で省略になった。こうしてみると平安期の枠組みが守られている。だが、宴座穏座が行われた場合でも、三道の博士と弟子学生による竪義が省略されている。

2　応永の分配文と釈奠官行事所

官行事所が毎年分配で制度的に決められたことは、弘安七年（一二八四）に「今日釈奠也、蔵人方事予配分、上卿已下事兼日所二相催一也、官外記同下知也」（『勘仲記』同・8・2条）とある。室町期でも、中原家の分配文の原本によってそれが確認できる。歴博所蔵『中原師胤記』は、史料纂集『師郷記』の闕巻部分に該当し、その紙背文書が応永二十六・二十八～三十一年の分配文の実物史料である。[注26] 応永二十八年の分配文をみると、「二月四日　釈奠　蔵人左少弁」「八月七日　釈奠　頭右大弁」と記され、担当の奉行弁が配分されている。二月四日条には、異筆で「依二祈年祭一十四日被レ行云々」と追記され、実施結果の書き込みもある。一年間の分配文が官行事所による禁裏年中行事の管理台帳の役割を果たしていた。

禁裏年中行事が分配による官行事所を担当者として執行されたのは道長期以後のことで、鎌倉期から室町期を通じてその行政システムが遵守されていた。[注27] 暦注や分配文に釈奠の行事が記載され、上卿以下の官行事所が編成されたのは、釈奠が国家行事として制度化されていたことを示している。

3　大学寮の儒中減員

応永二十九年（一四二二）二月釈奠では、甘露寺兼長の「所労危急」により蔵人左少弁甘露寺房長が釈奠奉行を辞退して、後小松院の仰で蔵人弁広橋宣光が申沙汰した（『兼宣公記』同・2・5条）。明経博士中原師勝書状は「釈奠明経道堂監幷学生功人事」について任官功の宣下を要求し、堂監功人として「申　権律師　大法師慶有」、学生功人として「申　権僧都　権律師祐恵」などを記載している。「大学寮廟師史生行継申状」の学生功人交名にも、「来九日釈奠祭算道堂監学生代二人御訪功人事」として「申　隼人佑　橘吉安、申右京亮　藤原正光……右学生者、近年依レ無二其仁一、毎度被レ下二任官功一、致二無為沙汰一上者、忩被二宣下一、為レ全二所役一、注進言上」とある（『兼宣公記』同・2・6条）。大学寮の学生が近年其仁無きにより釈奠での堂監・学生役を任官功で募集し、儒学者とは無関係な僧官や官職の功人の中から調達されていたことがわかる。堂監・問者学生の任官功が宣下されて、召使行継が吹挙した事例も多い（『師郷記』正長2・8・3、『同』永享3・2・12条）。功人七人の中に「僧官一人」が含まれたため、「六人被レ宣二下之一」と僧侶が任官料を出したものは除外された事例もある（『師郷記』）。鎌倉期の大学寮任官功は「貧儒」が応募していたが、室町期には僧侶や一般人の応募になり、任料が釈奠の「料足」を補塡していた。

大学寮儒門方も人手不足になっている。少納言菅原長政が文章博士でもあったので、宴座での題者として出題し、穏座の時には少納言床に着し、さらに儒林床子に移行して講師として講頌を終えた。釈奠参議の菅原宰相長遠卿も「儒林無二人数一之時、公卿令二講頌一之条先例云々」（『康富記』応永29・2・9条）として、声を出して講頌した。大学寮の儒門方も人数が不足して、官行事所の少納言や外記局の官人らが大学寮の儒林の役を掛け持ちした。[注28]

正長二年（一四二九）二月十日の釈奠では、「今度儒中師孝一人之外無之間、大儒師世朝臣不レ出二儒牒一云々」（『師郷記』）とある。大学寮の儒中＝漢学者が直講の中原師孝一人だったので、座主と問者の交名注文である儒牒を大儒（文章博士）中原師世は提出しえなかった。

永享四年（一四三二）年の釈奠では「弟子学生略レ之、依レ無二其仁一也」とか「大儒座主勤仕例、五・六ヶ度有レ之」という不正常な有様で、「俄儀」とよばれている（『師郷記』永享4・2・17条）。「於二問者一者局務ニ雇レ之」（『同』永享5・2・13条）「於二問者一々申二清外史一（清原業忠）雇レ之、康富家人也」（『同』永享7・8・8条）「問者西小路（中原師世）小者雇レ之、堂監清外史（清原業忠）青侍勤二仕之一……弟子学生官務青侍相二語之一、同勤二謁者一了、堂監・問者者賜二破子、十疋一」（『同』永享9・2・17条）、などの史料が散見される。座主と論議する問者の学生が調達困難になると、官務家小槻家の青侍や、局務中原六角家や清原家の家人や青侍・小者など家政職員を雇用して「破子」や「十疋」＝百文を支給した。釈奠行事執行のために、弁官局や外記局の漢学官人の家政職員が、大学寮儒中の役員を兼任していたのである。

4　宴穏座停止の政治判断

文安五年（一四四八）八月三日釈奠では、後崇光院妃の敷政門院が四月に死去したので、宴穏座を停止するか否かが問題になった。女院が後花園天皇の実母・准母ではなく、養母であったので、執柄の近衛房嗣は宴穏座は常の如く行う予定であった。ところが「翰林継長朝臣、為二儒中奉行一致二其用意一之処、今日自二禁裏一以二菅相公益長卿一、為二勅使一、被レ申二合執柄一之間……任二建長文永例一可レ被二停止一之由、執柄被レ定二申之一、仍不レ被レ行二宴穏座等一」（『康富記』同日条）とある。後花園天皇は先帝後小松院の猶子として即位した関係から、養母との関係を重視しようとした。禁裏から勅使菅原益長を関白家に派遣して、宴穏座の可否を相談し直した。鎌倉期の先例に準拠することで、宴穏座を停止した。ここから、釈奠での宴穏座停止か否かは、禁裏や執柄らが院・女院・執柄・大臣らの薨去、四箇大寺の神木動座などに対して、礼を尽くす国家意思を世間に知らしめる政治的意図があったことを示している。

あわせて、宴穏座は儒中奉行である翰林＝文章博士の大学寮が用意するものであり、開催の可否は禁裏と執柄の合議で決まる原則は、室町期にも厳守されていた。釈奠の宴穏座が天皇・関白の合議で決められる国家儀礼であったことがここでもわかる。

5　儒門方への御訪下行

大学寮の学生や儒中が不足・衰微が明瞭になる中で、大学頭・博士・助教・直講など儒中の経済的困窮に対する禁裏の対応策がまったくなかったわけではない。[注29]

『康富記』文安元年（一四四四）八月十一日条には「今日序者、窮困之由歎申之間、被レ下二御訪参百疋一云々、座主同可レ下二御訪一之由被レ仰レ之」とある。序者をつとめた菅原在茂は、困窮を歎き申して御訪料三貫文を獲得した。座主役の直講中原師幸にも下行するように仰が下った。大学寮の儒中が、困窮を理由に禁裏に申文を提出すると、禁裏方から釈奠の序者や座主役に御訪料が支払われるシステムが存在した。

享徳二年（一四五三）八月十三日の釈奠の序者は菅原長直であったが、「序者為二初参計会一由被レ申之間、自二内裏一御訪五百疋被レ下之由、父三位先日入来之時、被レ語レ之」（『康富記』）とある。高辻長直が初めて序者に出仕したとき計会（困窮）を理由に申文を出して、「内裏」から「御訪五貫文」を下行された。「父三位」＝従三位高辻継長がこの話を康富に語ったという。

そもそも、室町期朝廷の財政運営は、諸司寮領や禁裏御領からの禁裏沙汰と、幕府からの武家沙汰（武家下行）の二本立てになっていた。前者は、諸司寮領の再興や禁裏御領の肥大化がすすめられ「公家御料所」からの「公家御要脚」の支出システムを指し、長橋局（勾当内侍）が管理した。後者は、惣用下行帳の管理による支出で、惣用伝奏の切符に惣奉行摂津氏ら武家奉行の下書をもらって公方御倉から下行される公武共同財政であった。[注30] ここでは「内裏より御訪」と明記されているから前者を指し、釈奠での大学寮の儒門方の公家官人には、禁裏から御訪の支払システムが機能していたのである。室町戦国期の禁裏財政を貧困・窮乏化のみで理解することが今猶つづいている。[注31] 奥野高広につづく研究業績があるにもかかわらず、正しい理解が広がっていない。

6　大学寮と廟倉の焼失

室町期にも大学寮廟倉が享徳年間まで存在していた。『康富記』享徳四年（一四五五）三月二十九日条に興味深い記事が残る。この夜、近衛猪熊西頰《つら》で失火して堀川猪熊東西までと、勘解由小路北から堀川近衛と堀川西頰一町が悉く焼亡。大判事中原明世家と、「召使文殿宗左衛門行寛宅」・「史生職国宅」が焼け、「其外両局公人家少々在レ之」とある。この一帯に、明法家中原明世や宗岡行寛宅・官史生紀職国宅など局務や官務の「公人家」が密集していたことがわかる。付近に太政官厨家のあった地域である。

「行寛宅」について「勘解由小路堀川与猪熊間、北頰中程、大学寮坐二此内一」との割注があり、「抑行寛宅、堺内大学寮御影雖レ奉二安置一、件御社、令二顚倒一之間、雨露不レ拘、仍先年毀レ之積二置之一、未及二御修理一時分也、於二先聖先師御影一者、官史生氏郷文庫奉二納之一云々」とある（『康富記』享徳4・3・29条）。第一に、勘解由小路堀川と猪熊の間、北頰の中程に宗岡行寛宅があり、「大学寮」が「此内に坐す」というから、大学寮の敷地等が部分的とはいえ享徳四年まで存在していたことが判明する。第二に、行寛宅の「堺内」には、大学寮御影等が置かれた「御社」があったが、顚倒して雨露に晒され未修理で、「先聖先師御影」のみを官史生島田氏郷が官文庫に奉納していたという。大学寮御影等がおかれた「御社」とは大学寮廟倉のことで、学問の神として崇拝されたことを物語る。永享九年（一四三七）の釈奠で、「本道座廟倉北儲レ之」（『師郷記』同・2・18条）とあり、官庁の付近に「廟倉」が移転していたことがわかる。室町期の官庁と大学寮の廟倉は近接する地に移転していた。

官文庫は小槻大宮長興・時元の屋敷内にあった。[注32] 官史生島田氏卿が官文庫に奉納した御影が焼失か否かは不明である。

享徳四年（一四五五）に焼失した大学寮は、部分的とはいえ敷地と破毀状態の廟倉が「御社」とよばれて勘解由小路堀川と猪熊の間に存在していた。大学寮の敷地・廟倉跡の御社はともに官史生行寛宅の境内に存在しており、両者は一体化していたことがわかる。室町後期の太政官庁と大学寮官人とが一体化していたことの表象といえよう。

7　宗岡行寛宅と大学寮廟師史生行継

では、「召使文殿宗左衛門行寛宅」とは、いかなる系譜の地下官人なのであろうか。ここで思い出してほしい史料が、応永二十九年（一四二二）二月日に堂監学生の任官功申文をだした「大学寮廟師史生行継」である（『兼宣公記』）。大学寮史生の宗岡行継が「廟師」の役職にあり、行賢宅に孔子御影＝孔子廟像があったことからすれば、両人の職務は廟像の管理で共通しており、血縁関係があっても不思議ではない。

文正元年（一四六六）に「行事官事、宗岡行寛子改二姓中原行賢一、可レ補二史生一之由、可レ加二下知一候」（『親長卿記補遺』同・7・12条）とあり、行事官宗岡行寛の子息行賢が中原に改姓して官史生に補任された。官史生となった宗岡行賢の父行寛こそ、「召使文殿宗左衛門行寛宅」とみてまちがいない。

『地下家伝』第二冊の「召使青木姓宗岡」には、右史生行事官重吉―末子行助―男行継―男行寛―男行仲―男

行宣という一族がみえる。行継は行助の男で従六位下の任左衛門少尉ともみえるが年次は不明。行継男の行寛は応永二十六年三月十五日任雅楽少允とみえる。　宗岡行寛子息である行賢は『地下家伝』にみえないが、後柏原天皇の文亀惣用下行帳に「行事官史生中原行賢」とあるから、実在が確認できる。注33

以上から、宗岡行継―行寛父子は、鎌倉～室町期に一貫して太政官の召使や史生となり、行事官をつとめ、行継は大学寮史生や廟師を勤めており、子行寛は宅の敷地内に大学寮廟倉跡の御影等を祀った「御社」を保持していた。永享九年仲春釈奠では、廟倉北に本道座が儲けられていたから、大学寮廟倉は官庁に隣接していたはずである。とりわけ、大学寮の廟倉が朽ちるまで孔子御影があったから崇敬の対象になって「御社」とよばれていたのであろう。太政官の史生・行事官を世襲した宗岡行継・行寛父子の屋敷地に、大学寮廟倉が移転されて宅と大学寮の一体化が起きたのではあるまい。むしろ、大学廟倉の堺内に維持管理のために廟師として住み込んでいた宗岡氏が、大学寮の衰微や廟倉の破損・倒壊の中で寮内の敷地一部を購入して自分の私宅として拡張し、次第に両者の一体化が進展したもの、つまり宗岡氏による寮地の私領化と推定される。

8　官庁の破損

文安四年（一四四七）二月五日の釈奠では「官司近年破損之間、今度風雨難レ被レ行、自然延引可レ然事也」（『師郷記』）とある。いよいよ太政官庁の正庁・朝所・西庁などの建造物の破損が激しくなり、雨天の場合には延引を余儀なくされていた。同年八月八日中秋釈奠では「近年官庁東登廊東廊等、無二其形一、仍修理職、二間四方立二仮屋一為二東登廊一」（『康富記』同日条）とある。「毎度木工寮に仰せ、纔に廟門座東廊分として仮屋を打ち」（『康富記』文安5・8・3条）という状態で、宝徳三年（一四五一）二月四日にも、釈奠上卿正親町三条中納言公綱が「為二官司一見一、可レ相二伴之一」との命が掃部頭中原師富と外記師郷に下った（『師郷記』）。官庁の東登廊や東廊も倒壊して形無き状態で、官行事所として破損状態を「一見」して行事遂行に備えなければならなくなっていた。十五世紀中葉に官庁は破損状態のまま放置され、使用不能となった。

享徳二年（一四五三）二月十九日の釈奠では「及晩、雨止之間、可レ被レ行二釈奠一之処、官司破損以外之間、依二深泥一難レ被レ行レ之、仍被二停止一了」（『師郷記』）とある。ついに、太政官庁の破損・倒壊状態がひどく、甚雨になると庭が深泥状態になって釈奠も停止を余儀なくされた。享徳年間には、太政官庁の建造物の倒壊・破損状態がひどく、修理職や木工寮の修繕では間に合わなくなっていた。官庁の再建・再造をなし得ないことは禁裏の財政状況の悪化が原因ではなかろう。室町中期の国政運営や国家儀礼において太政官官庁の果たす役割が低下して、内裏を会場とした年中行事への比重が高まっていたため、官庁再建事業が国家意志の決定に至らなかったと評価すべきであろう。

9　享徳年間の釈奠停止

享徳二年（一四五三）八月十三日の中秋釈奠は東坊城益長が釈奠上卿、少納言五条為賢、大外記清原宗賢らの官行事所と、文人唐橋在治、講師菅原在永、序者菅原長直、座主に直講中原師富らによって実施された（『師郷記』同日条）。しかし、「官司正庁西庁之葺板破損之間、降雨之時被レ行之事、不レ叶、若今夜叉雨下者、被二停止一之処、入夜雨休無為被二遂行一了、幸甚々々」（『康富記』同日条）とある。官庁の正庁・西庁屋根の葺板が破損・雨盛がひどく、降雨では実施できなかったが、偶然にも夜になって雨下が止んだので実施されたという。

享徳三年（一四五四）二月五日丁亥に「釈奠被レ停二-止之一」（『康富記』）、十五日丁酉にも「釈奠不レ被レ行云々、依二穢中一也」（『師郷記』）となった。中秋釈奠も八月八日丁亥に「釈奠延引云々」（『康富記』）とあり中丁の十八日「釈奠停止也」（『康富記』）とある。この年は春秋とも釈奠がなかった。中原康富は、近衛禅閤良嗣が六月廿八日に死去した「故歟」としながら、通例では宴穏座停止のみが慣行なのに「如何」と疑問視している（『康富記』）。中原師郷は、「釈奠停止　依₂世上物忩₁也」（『師郷記』同・8・18条）とする。畠山持国と政長の紛争が管領細川勝元と将軍義政との対立に結びついて、室町殿警固の武士と中御門河原で合戦や放火事件を記している（『師郷記』同・8・21〜28条）。応仁の乱の前哨戦がはじまり、京中の治安悪化によって官庁での釈奠は停止された。国家儀礼の釈奠の会場である官庁が倒壊・破損状態になり、さらに大内裏の官庁周辺の治安悪化という二つの理由で、ついに釈奠は春秋連続の停止となった。

10　釈奠の断絶

釈奠の開催史料がいつまでみられるか、その終末については先学の研究を知りえない。『史料綜覧』でも、『読史愚抄』や『師郷記』『管見記』により、康正元年（一四五五）二月一日釈奠延引・四日追行、康正二年二月七日釈奠延引・追行をあげているのみである。それ以外の事例を探しても、長禄二年（一四五八）二月九日延引となり十九日に釈奠上卿勧修寺教秀らと、座主の直講中原師有が毛詩の講書で実施している（『師郷記』）。『管見記』寛正二年（一四六一）八月七日条に「明後日九日釈奠此次可ㇾ申₂拝賀₁云々」との伝聞史料が残る。これを最後に、二月・八月の上丁・中丁での定期的開催の史料がみえなくなる。いわば、中秋釈奠は寛正二年（一四六一）八月九日、仲春釈奠は長禄二年（一四五八）二月十九日を最後のものと推測される。

以上の検討から、釈奠行事が享徳〜寛正年間に廃絶した理由は、釈奠上卿や参議・奉行弁以下の官行事所という行事主体の問題ではなかった。中世釈奠会場となった官庁の朝所・正庁・西庁など官舎の倒壊・破損状態悪化が第一要因である。第二は、大学寮も破損激しく、孔子御影を祀った「御社」も老朽したままで享徳四年に焼失した。大学寮の儒門方も衰微が激しかったことがあげられる。中世釈奠の会場で行事主体となった太政官庁と大学寮の二つの建造物が倒壊・破損・焼失・放置されたことが、釈奠儀礼断絶の社会的原因であったといえる。
もはや、後花園天皇の政府は、太政官庁や大学寮などの建造物修理に国費を投入する必要性と重要性を認めなかった。中世釈奠儀礼や大学寮の国家的機能は、十五世紀後半には必要とされなくなったといえよう。

むすびに

本稿の検討から、文章生・秀才の策試による任官と公卿への昇進事例は、高倉天皇の時代から後奈良天皇の代まで存続し、五位六位の博士家は、室町期博士家の菅原五家や清原家の如くいずれも三位の公卿家に昇進する家柄となった。安元の大火のあと、中世釈奠は儀式会場を太政官庁の朝所・正庁・西庁に移行させて、官行事所と大学寮との共同事業として実施された。南北朝内乱で釈奠は中絶されたが、暦応年間には復興されて、室町中期の享徳・寛正年間まで実施されつづけていたことを実証しえたと考える。再編された中世大学寮は廃絶することなく、存続・機能していたのである。

この事実は、鎌倉期から南北朝期にかけて、内裏と官庁・外記庁や大学寮・大炊寮・木工寮などの中央官衙庁との共同行動によって、中世国政運営行政事務としての釈奠儀礼が執行されていたことと対応する。中世公家政治史研究では天皇の内裏を中心にして運営されたとする見解が通説ではあるが、本稿でも見た如く、四条・後深草天皇が即位式や大嘗会・由奉幣・御斎会などでは内裏と官庁（大内裏）を往復しながら国政運営にあたった。改めて、中世における太政官機構の場所と建造物での行政事務の実態を見直してみる必要があろう。早川庄八『中世に生きる律令』（平凡社、一九八六）の問題提起に即して、古代から継承した国家的官僚機構の中世における機能と実態を解明することが、今なお重要な研究課題だと思い知らされる。中世では大学寮の国家的機能が十五世紀中頃まで効力を維持していた。

中世釈奠や大学寮が、安元から享徳・寛正年間まで、ほぼ中世を通じて長期にわたって継続された理由は、大きく二つの理由をあげることができよう。

第一の要因は、中世国家意思の決定によって二月八月の上丁・中下丁のどちらかで釈奠儀礼の実施を太政官官庁で実施することが国家儀礼となったことである。暦注や分配文に、年中行事として立項され、毎年官行事所が編成され、大学寮の儒中も翰林奉行が決められ、行事執行主体が行政組織として確立する国家制度となっていた。行事用途調達制度も、官行事所の調達と大学寮等の寮田・寮役からの調達制度が機能した。南北朝内乱の中絶後は、武家沙汰による公方からの惣用下行帳による公武一体の支払システムと、禁裏御領・諸司寮領の公家御要脚から長橋局による内裏の支払システムの二本立てによって国家的な財政措置がとられた。中世釈奠の実施体制は国家的保障がなされていたといえる。

第二の要因は、釈奠会場が大学寮から官庁に移行したことによって、官行事所と大学寮の儒門方漢学官人とが共同開催する体制が国家的に準備された。大学寮の儒門方の漢学官人である文章生・秀才が策試・献策によって任官して公卿に昇進する者が出て、釈奠上卿や参議になって釈奠儀礼を支えた。大学寮の三道博士である中原・清原両家は局務職を、算道博士の小槻氏は官務職を寡占化して、官・外記局を事実上管轄した。南北朝から室町期には大学寮の学生・廟師や史生など寮官人までを官外記局の清原・中原・小槻家の家人・青侍・小者らが雇用され兼官した。とりわけ、官庁の召使・史生を家職とした宗岡行継・行寛・行賢三代が行政事務を請負って大学寮の敷地内に私宅を構え、廟倉跡も孔子御影を祭る「御社」としていた。太政官庁と大学寮の官人が国政と家政を一体化しえたことが釈奠の推進主体となったといえよう。

中世釈奠儀礼の執行が、中世の学問や漢学官人に与えた影響については、二つの点を指摘しておきたい。

第一に、中世釈奠では七つの経書の輪読とともに、漢詩文の作文が重視された。中世の学問は、経学を核とした儒学よりも、紀伝道・漢詩文を含んだ漢学の学問世界へと拡大した。元・宋・明の漢籍や文学書・医書の輸入を推進し、唐物趣味を国内に浸透させる役割を果たした。鎌倉期には御書所別当による芸閣作文（内裏御作文）や上丁御会が盛んになった。禁裏の上丁御会は「来月上丁准二釈奠御会一可レ参之由」（『勘仲記』弘安9・9・29条）と命じられた。作文会は釈奠に準ずるものとして公家社会の家行事として受容された。三席御会（漢詩・管絃・和歌のセットの御会）の開催が増加し、公卿・諸大夫・官人による漢学・漢詩を社会教養とする学問への嗜好がひろがった。[注34] 亀山院政の漢学振興策が幕府により中絶されても、南北朝期には持明院殿詩御会がくり返され、御書所作文も復活した。「四書集成」（『愚管抄』延文4・2・29条）や「禁裏詩御会」（同・3・3条）が定期的開催され、大臣・参議らの家行事での「荘子談義」「左伝談義」（『同』延文5・2・18～20条）も定期的にくり返された。こうして中世公家・官人世界では、漢籍や漢学への学習熱が高揚したといえよう。

第二に、中世漢学官人らは大学寮任官昇進システムによって、官庁・外記庁・内記庁という中央官僚機構の中枢に進出し、中世天皇制の知の体系を支えたから、公家官人層の中に、儒教信仰や孔子崇拝を流布させた。近衛道嗣は応安二年（一三六九）二月十九日、八月十一日にも「参聖廟」（『愚管記』）とあり、応安六年（『同』・2・25条）も聖廟参詣をくり返している。この聖廟がどこか不明である。平安時代には、「仍毎年元正参二大学寮一、奉レ拝廟像一」（『平知信記』天承3・2・15条）と公家らは大学寮廟倉に参詣したが、鎌倉期には勘解由小路兼仲は「参二北野聖廟一」（『勘仲記』弘安9・9・19条）と北野聖廟に参拝している。近衛道嗣も北野聖廟の可能性が高い。中世公家官人らに孔子御影や廟像信仰が広がっていたことはまちがいない。

『拾芥記』長享二年（一四八九）二月十六日条に菅原章長と記者の為学二人の献策が行われた記事があり、文章院に参じたあと西庁に参じている。文章院について「家記云、本院顛倒之後者、以二大学寮廟倉之盛殿一、擬二彼院一也矣〈近代是モ又無之〉」とある。廟倉の盛殿《もりとの》とは勘解由小路堀川与猪熊間にあった大学寮廟倉跡の「御社」とみてまちがいない。応仁の乱以後も、文章院に擬せられ、「儒官経歴ノ度ニハ参拝也」と参拝の対象になっていた。献策の試衆や菅原為学は、郁芳門で下車して東門から正庁に入り西庁に参じており、献策会場の「仮屋」の図が書写されている。応仁の乱後にも太政官庁に「仮屋」が再建されて、儒門官人登用のため献策の試験がなされたことがわかる。大学寮廟倉跡は文章院に擬せられ、官庁の正庁・西庁は献策の会場として信仰や儀礼の場として生き続けていく。

永正二年（一五〇五）八月五日には、菅原為学は「為二上丁一之間、為二先聖先師釈奠法楽一、於二三条西一有二詩会一」（『拾芥抄』）と、三条西実隆家で家行事としてはじめられた釈奠法楽詩会に参加している。[注35] 中世釈奠儀礼は、官庁での開催は廃絶したが、公家の家行事として釈奠法楽の漢詩御会に継承されたのである。近世朱子学発展の社会基盤が室町後期につくられていったのである。

中世漢学は、中世国家の学問＝国学の役割を果たし、漢学官人は国家の中央官僚機構（太政官庁・外記庁・内記庁等）の構成員として中世天皇制の知の体系を支えたといえよう。

注

1 遠藤基郎『中世王権と王朝儀礼』（東京大学出版会、二〇〇九）

2 和島芳男『中世の儒学』（吉川弘文館、一九六五）、『日本宋学史の研究増補版』（吉川弘文館、一九八八）、永井晋（『金沢北条氏の研究』八木書店、二〇〇六）、小川剛生『中世の書物と学問』（日本史リブレット　山川出版社、二〇〇九）

3 松薗斉『日記の家』（吉川弘文館、一九九七）、中原俊章『中世王権と支配構造』（吉川弘文館、二〇〇五）、遠藤珠紀『中世朝廷の官司制度』（吉川弘文館、二〇一一）

4　拙著『日本中世の国政と家政』（校倉書房、一九九五）、同『室町廷臣社会論』（塙書房、二〇一五）

5　武田比呂男「大学寮について」（山中裕・鈴木一雄編『平安貴族の環境』至文堂、一九九四）。

6　久木年男『日本古代学校の研究』（玉川大学出版部、一九九〇）、桃裕行『上代学制の研究』（桃裕行著作集第1巻　思文閣出版、一九九四）。最近の大学寮については、岸野幸子「文章科出身の任官と昇進」（『お茶の水史学』四二、一九九八）、玉井力「道長時代の蔵人に関する覚書」、同「平安時代の除目について」（『平安時代の貴族と天皇』岩波書店、二〇〇〇）、二星潤「日本古代の官人と官人登用」（『ヒストリア』一九八、二〇〇六）

7　弥永貞三「古代の釈奠について」（『日本古代の政治と史料』高科書店、一九八八、初出は一九七二）、倉林正次「釈奠内論義の成立」（『饗宴の成立』桜楓社、一九八七）、翠川文子「釈奠」（『川村短期大学研究紀要』一〇、一九九〇）、戸川点「院政期の大学寮と学問状況」（服藤早苗編『王朝の権力と表象』森和社、一九九八）。

8　桃裕行「古代末期の大学」（『上代学制論攷』桃裕行著作集第2巻　思文閣出版、一九九三）、武田比呂男「大学寮について」（前掲注5）。

9　伊藤慎吾『室町戦国期の公家社会と文事』（三弥井書店、二〇一二）、拙論「天皇の官僚制と室町殿・摂家の家司兼任体制」（『室町廷臣社会論』塙書房、二〇一四）

10　鎌倉時代の大学寮の再建史料や寛元元年（一二四三）八月の大学寮の文章生登省・省試再興（『民経記』）、釈奠のあと大学寮から宴座での供御である「聡明」を分配する大学寮史生の職務（『建内記』）、学問料についての申文と宣下（『師守記』）、廟像を大学寮頭菅原在淳が預かる職務（『園太暦』）、長享年間に入ってからの献策の実態や廟倉跡の盛殿を文章院に擬して行われる儒者参拝儀礼（『拾芥記』）など、中世の大学寮の献策システムの実態などは、別稿参照。

11　和島芳男「博士家とその家学」（『中世の儒学』前掲注2書、四三～四四頁）

12　暦注については、遠藤基郎「年中行事認識の転換と『行事暦注』」（十世紀研究会編『中世成立期の政治文化』東京堂出版、一九九九）、遠藤珠紀「局務中原氏と公事情報」（『中世朝廷の官司制度』吉川弘文館、二〇一一）を参照。なお、実躬卿記具注暦の暦注には年中行事の記載がみられない。遠藤珠紀「中世における具注暦の性格と変遷」（『前掲書』）も参照。

13　藤井恵介『密教建築空間論』（中央公論美術出版、一九九八）は、内裏や貴族住宅・密教寺院建築は母屋・庇構造をもつが、「内部には何も置かれていなくてまさにそれは空洞」であり、種々の修法・法会にあわせて、本尊である絵像が舗設され終れば撤収され、臨時性・多様性・流動性に富んだものであったとする。官庁の朝所・正庁・西庁の建築物も、政始・大嘗会・即位式・釈奠・御斎会など諸行事にあわせて、官方と木工寮がその都度、廟堂・都堂などに擬せて調度具や装束を変えて臨時で多様で流動性ある空間をつくった。それが「官方御装束抄」（『康富記』宝徳元・8・9条）という記録であったと考えられる。

14　本郷恵子「公家政権の経済的特質」（『中世公家政権の研究』東京大学出版会、一九九八）

15　和島芳男『中世の儒学』（前掲注2書、四四～四七頁）

16　川上貢『日本中世住宅の研究』（中央公論美術出版、二〇〇二）、野口孝子「閑院内裏の空間領域」（『日本歴史』六七四、二〇〇四）、同「閑院内裏の空間構造」（高橋昌明編『院政期の内裏・大内裏と院御所』文理閣、二〇〇六）

17　本郷恵子『中世公家政権の研究』（前掲書、二五五頁）

18　拙稿「信者と経典1」（『月刊住職』二〇一六年一月号）、同「鎌倉期の諏訪神社関係史料にみる神道と仏道」（『国立歴史民俗博物館研究報告』一三九、二〇〇八）

19　本郷恵子『前掲書』二七二～二七六頁

20　近年、中世前期の公家政治構造研究も、本郷恵子・遠藤基郎・遠藤珠紀・市沢哲『日本中世公家政治史の研究』（校倉書房、二〇一一）などが蓄積されてきた。しかし、天皇家の追善法会・御願寺・徳政・知行伝領・王権論などのテーマに限定され、内裏中心主義で中世の大内裏や太政官・外記庁・八省など官制の実態についてはほとんど未開拓の研究分野である。

21　小川剛生「藤原有範伝の考察」（長谷川端編『論集太平記の時代』新典社、二〇〇四）

22　松永和浩「室町期における公事用途調達方式の成立過程」（『室町期公武関係と南北朝内乱』吉川弘文館、二〇一三、三九頁）。

23　松永和浩「南北朝期公家社会の求心構造と室町幕府」（『前掲書』）。

24　遠藤珠紀『中世朝廷の官司制度』前掲書、同「中世前期下級官人の年中行事」（遠藤基郎編『年中行事・神事・仏事』竹林舎二〇一三）

25　大炊允国隆と息女三歳については、遠藤珠紀「中世前期下級官人の年中行事」（前掲注24、三七九頁）でも言及している。中原家の家行事と大学寮・大炊寮・穀倉院・外記局の官行事が論じられて参考になる。

26　拙著『室町廷臣社会論』前掲書、三〇一頁、『科研成果報告書　古記録の史料学的な研究にもとづく室町文化の基層の解明』（研究代表榎原雅治二〇一一）。

27　土田直鎮「上卿について」（『奈良平安時代史研究』吉川弘文館一九九二）、棚橋光男「行事所」（『中世成立期の法と国家』塙書房一九八三）、今江廣道「公事の分配について」（『国史学』一二三、一九八四）。拙論「廷臣公家の職掌と禁裏小番制」（『室町廷臣社

会論』塙書房、二〇一四、二九九～三〇四頁）

28　室町期に大学寮の文章得業生の献策や学問料の宣下がなくなったわけではない。『師郷記』永享十二年八月七日・九日条には、菅原重長が去々年穀倉院学問料の宣下を受け、宣旨作成の手続きがなされた。大学寮の寮官や儒中の定員が不足した理由については別に検討が必要である。

29　室町期の公家・諸大夫・官人の参仕催促と御訪料の支出制度については、桃崎有一郎「中世後期における朝廷・公家社会秩序維持のコストについて」（『史学』七六、二〇〇七）、久水俊和「朝廷公事における参仕催促と所役任命」（『室町期の朝廷公事と公武関係』岩田書院、二〇一一）参照。

30　拙著『室町廷臣社会論』（第一章、第四章、塙書房、二〇一四）、久水俊和「室町期朝廷儀礼の支出構造――恒例公事を中心に――」（『ヒストリア』二二六、二〇一一）

31　渡辺大門『戦国の貧乏天皇』（柏書房、二〇一二）

32　拙稿「年未詳十二月二五日大宮時元書状土代」（『日本歴史』七四八、口絵解説、二〇一〇）

33　科研報告書『室町期禁裏・室町殿統合システムの基礎的研究』（井原今朝男、二〇一二）

34　拙論「中世儀礼における漢詩・管絃・和歌と社会教養」（『中世の国家と天皇・儀礼』校倉書房二〇一二）

35　三条西家の釈奠詩会は、和島芳男「清家学の展開」（前掲注2書、一八五頁）参照

本論は国立歴史民俗博物館公募型共同研究「高松宮家伝来書籍等を中心とする漢籍読書の歴史とその本文に関する研究」（代表・静永健九州大学大学院准教授）の成果の一部である。とりわけ静永健『唐詩推敲――唐詩研究のための四つの視点――』（研文出版、二〇一二）の方法論に多大の御教示をえた。

鎌倉時代の文章道大業の家
――勤める官職と活躍の場――

永井　晋

一　はじめに

文章道は、大学寮に設置された学科紀伝道（文章道）・明経道・明法道・算道の四道のひとつである。大学寮の学制の中で、文章道は一般職の技官文章生を養成する課程と、専門職の技官文章道大業を養成する文章得業生の課程に分かれた。

一般職の課程を修了した者を諸道の者といい、朝廷はそれぞれの分野の特技を活かした官職に優先的に補任した。文章生を補任する官職としては内記局の少内記があり、太政官弁官局や八省の三等官・四等官も諸道の者を優先的に補任した。

文章道大業（以下、大業と略す）は、文章得業生の修了試験「対策（献策）」を合格したものである。朝廷には大業を補任する技官の官職があり、正月五日の叙位儀では対策に及第した者を年労で昇級させる「策労」の枠があった。策労は六年一級ぐらいの間隔で配分されたので、大業は専門家として職務を続けていれば、四位の位階に昇ることができた。

鎌倉時代初期の官職補任の慣例をまとめた平基親の「官職秘抄」（『群書類従』第四輯）は、大業が勤める技官の官職として式部大輔・式部権大輔・式部少輔・式部権少輔・文章博士・東宮学士・大学頭・大内記をあげる。これらの官職は、五位で補任されて四位に昇る時には離れる式部少輔・式部権少輔・大内記、五位で補任されて四位まで在職できる大学頭、四位で補任されて三位に昇る時に離れる文章博士・式部権大輔、四位で補任されて権中納言補任まで勤められる式部大輔と官位相当の幅が分かれた。

中世の式部卿は親王任官の名誉職なので、式部大輔が式部省の省務を執った。式部省は、文官の叙位と儀礼の管理を行う役所である。大業の家は、式部大輔の官職を寡占したことで、式部省の省務を執る集団として朝廷の中で地位を確立した。それと共に、朝廷や権門寺院が儀式に用いる文章を起草する文筆の専門家として、朝廷の中で技官の地位を確立させた。式部大輔を勤めた家は、文章道大業を家業とする藤原南家・菅原氏・藤原式家と、儒者弁として弁官局で活躍した藤原北家日野流に限られていた。式部大輔に空席が生じると、この四流の人々が申文が提出し、その中から除目で選考が行われた。[注1]

文章道大業は、朝廷の政務や儀式で読まれる文書、朝廷の公請によって行われる修法や法会で詠み上げる諷誦文・願文・祭文など、公的な場で詠み上げられる文章を起草した。大業が職務として起草した文章は、彼らの才学が評価される場でもあった。この依頼を受けるための要件は、式部大輔・式部権大輔・文章博士といった四位以上の技官に在職するか前職であること、参議・従三位以上の官位にある儒卿であることなど厳しい条件があった。四位の大業の作文は職務として割り振られるものなので、朝廷の官位は彼らが活躍する必須の前提となってくる。この仕事を勤める官位に就けないことは、専門家としての才能が評価される機会を逸することを意味した。大業の家が朝廷の中で保持する技官の官職をめぐって官職補任の競争を繰り返したのは、この競争から脱落することが家の存続する基盤を失うことを意味したからである。
本稿は、大業が勤めた技官の官職補任の状況から明らかになる諸家の動向を分析し、大業の家が存続していくための条件や、置かれた状況を明らかにしていく。

二　式部大輔をめぐる競合

1　藤原永範の長期在任が示した課題

鎌倉時代に活動した大業の家は、平安時代から続く藤原南家・藤原式家・菅原氏・大江氏の四流と、儒者弁として活動を続けた藤原北家日野流があった。そこに、鎌倉幕府三代将軍源実朝の側近として頭角を現した宇多源氏が加わる。ただ、宇多源氏は建保七年正月に源仲章が源実朝と共に鶴岡八幡宮で暗殺されたことで、その子遠章までの二代で終わっている。本稿が分析するのは、以上の家である。

式部大輔補任の慣例は、「官職秘抄」に「大業之中撰人、於大輔者雖昇参議散三位不去」と記されている。式部大輔は四位で補任の要件を満たすが公卿に列した後も補任・留任が可能な官職であり、権中納言昇進の時に離れる先例となっていた。大業の中で権中納言に昇るのは儒者弁の北家日野流だけであり、大業の家は非参議のまま昇る従二位が官位の上限となっていた。式部大輔が公卿に昇っても勤められる官職に官位相当を上げたことで、大業はこの官職を終身勤めることが可能になった。

表1―1は、この時期の式部大輔を一覧にしたものである。この表は、承久三年を境に藤原南家から菅原氏へと在任者の出自が大きく変化したことを示している。承久三年は、南家の藤原頼範が薨去した年である。頼範の嫡子忠範は文章道大業になれず、家業を継ぐ資格のない「非職」とされた。非職は技官を補任する官職に就けな

表1―1　式部大輔補任表

人名	期間	位階	年数	門流
藤原永範	仁平二年(一一五二)～治承四年(一一八〇)	従四位上～正三位	29	南
藤原俊経	治承四年(一一八〇)～文治元年(一一八五)	従三位～正三位参議	6	北
藤原光範	文治元年(一一八五)～元久二年(一二〇五)	正四位下～従二位	21	南
藤原親経	元久二年(一二〇五)～建永元年(一二〇六)	正三位～権中納言	2	北
菅原在高	建永元年(一二〇六)～承元四年(一二一〇)	正四位下～従三位	5	菅
藤原宗業	承元四年(一二一〇)～承久元年(一二一九)	正四位下～従三位	10	北
藤原頼範	承久元年(一二一九)～承久三年(一二二一)	従三位～正三位	3	南
菅原為長	承久三年(一二二一)～寛元四年(一二四六)	正三位～正二位	26	菅
菅原淳高	寛元四年(一二四六)～建長二年(一二五〇)	従二位	5	菅
藤原経範	建長二年(一二五〇)～康元元年(一二五六)	従三位	6	南
藤原光兼	正嘉元年(一二五七)～弘長元年(一二六一)	正三位～従二位	5	式
菅原長成	弘長元年(一二六一)～弘長三年(一二六三)	正三位～従二位	3	菅
菅原良頼	弘長三年(一二六三)～文永八年(一二七一)	従二位	9	菅
菅原高長	文永八年(一二七一)～建治元年(一二七五)	正三位～従二位	5	菅
藤原経業	建治元年(一二七五)～弘安四年(一二八一)	従三位～正三位	7	北
藤原茂範	弘安四年(一二八一)～正応五年(一二九二)	従三位～従二位	12	南
藤原兼倫	正応五年(一二九二)～永仁四年(一二九六)	正三位～従二位	5	式
菅原在嗣	永仁四年(一二九六)	従二位	1	菅
藤原明範	永仁四年(一二九六)～正安三年(一三〇一)	従二位	5	南
菅原在輔	正安三年(一三〇一)	従三位	1	菅
菅原資宗	正安三年(一三〇一)～乾元元年(一三〇二)	従三位	2	菅
藤原広範	乾元元年(一三〇二)～嘉元元年(一三〇三)	従三位	3	南
菅原在輔	嘉元元年(一三〇三)～元応二年(一三二〇)	従三位～正二位	18	菅
菅原在兼	元応二年(一三二〇)～元亨元年(一三二一)	正二位	2	菅
藤原藤範	元亨二年(一三二二)～嘉暦三年(一三二八)	従三位～正三位	7	南
菅原在登	嘉暦三年(一三二八)～元徳二年(一三三〇)	従三位	3	菅
菅原長員	元徳二年(一三三〇)～康永元年(一三四二)	正三位～従二位	13	菅

いので、文章博士を勤めた永範の猶子孝範が南家の筆頭に位置するようになった。[注2]しかし、朝廷は孝範に対して、南家嫡流の待遇を与えなかった。[注3]藤原頼範の後任に菅原為長が就任したことで、南家から菅原氏への勢力交代が起こったのである。まず、この経緯をみていこう。

藤原永範は、仁平二年に補任されてから治承四年に薨去するまで、二十九年間式部大輔に在任した。その間、永範の位階は従四位上から正三位まで上昇している。昇った位階は、越階を含む四階である。永範の経歴で重要なのは、仁安三年に従三位に昇った時に式部大輔叙留が認められたことである。大業の家が式部大輔在任のままに従三位に昇ったのは、永範が最初である。[注4]南家の家格が公卿に昇ったことは、式家・菅原氏・大江氏の三流にとっては式部大輔補任の道が狭まることを意味した。

表1―2　藤原永範・菅原為長が式部大輔在任時の文章博士・大学頭

	文章博士	大学頭	家
藤原永範式部大輔在任中に四位の大業の官職を勤めた人物一覧			
藤原茂明	天養元年（一一四四）～久寿二年（一一五五）		式
藤原長光	仁平二年（一一五二）～永万元年（一一六五）		式
菅原公賢	保元二年（一一五七）		菅
藤原俊経	保元三年（一一五八）～承安四年（一一七四）		北
藤原成光	仁安元年（一一六六）～嘉応元年（一一六九）		式
藤原敦周	承安四年（一一七四）～寿永二年（一一八三）		式
藤原光範	承安四年（一一七四）～文治元年（一一八五）		南
大江維順		久安四年（一一四八）～久寿二年（一一五五）	大
藤原範兼		保元元年（一一五六）～応保二年（一一六二）	南
藤原有光		応保二年（一一六二）～治承元年（一一七七）	式
菅原在茂		治承元年（一一七七）～正治二年（一二〇〇）	菅
菅原為長式部大輔在任中に四位の大業の官職を勤めた人物一覧			
菅原淳高	承久元年（一二一九）～嘉禄元年（一二二五）		菅
藤原長倫	承久三年（一二二一）～嘉禄二年（一二二六）		式
大江周房	嘉禄元年（一二二五）～寛喜三年（一二三一）		大
菅原長貞	嘉禄二年（一二二六）		菅
菅原資高	嘉禄二年（一二二六）～嘉禎元年（一二三五）		菅
藤原信盛	貞永元年（一二三二）～天福元年（一二三三）		北
藤原経範	天福元年（一二三三）～建長元年（一二四九）		南
藤原光兼	嘉禎二年（一二三六）～寛元元年（一二四三）		式
菅原良頼	寛元二年（一二四四）～建長二年（一二五〇）		菅
藤原孝範		貞応元年（一二二二）～寛喜二年（一二三〇）	南
藤原経範		寛喜二年（一二三〇）～天福元年（一二三三）	南
藤原光兼		天福元年（一二三三）～嘉禎二年（一二三六）	式
藤原正光		仁治二年（一二四一）	式
藤原忠倫		寛元元年（一二四三）	式
菅原公良		寛元元年（一二四三）～寛元二年（一二四四）	菅
菅原長成		寛元二年（一二四四）～	菅

南家が式部大輔を占めた影響は、文章博士の現場に表れた。藤原永範が式部大輔を勤めていた時期、文章博士は定数二名のうち一名を式家が占めていた。式家は、式部大輔に欠員が生じた時に申文を出せる地位を確保していたが、その機会は訪れなかった。式家と並んで文章博士を勤めたのは、南家の藤原光範、菅原氏の菅原公賢、儒者弁の藤原俊経で、大江氏は式部大輔・文章博士・大学頭といった四位の官職に就くことができなかった。表1―1の式部大輔補任表が示すように、南家は永範・光範の父子二代で仁平から元久にいたる五十年の大半を、式部大輔に在職した。この間、式家は文章博士までの官職に多くの人を補任させたが、文章博士や式部権大輔で昇進の上限となった。式部権大輔は公卿に進む官職とは認められておらず、省務を執らない官職であった。式部権大輔は、式家が菅原氏・

大江氏よりも上席であることを示す名誉職の意味しか持たなかった。南家が栄えた五十年の間に、藤原明衡の末裔として多くの家を分出させていた式家は式部大輔補任の競争から脱落し、鎌倉時代になると公卿に進むことのできた長倫の一流が残るのみとなっていた。

九条兼実は、治承四年七月十八日に七十歳で卒去した式家の藤原成光を「儒士之中、云才学文章、云口伝故実、於当世頗得其名、可惜可哀」[注5]と評している。成光は文章博士を勤めたので漢詩文の才能を披露する機会も多く、当代一流の学者と認められていた。しかし、式部大輔に補任される機会は訪れず、南家に続いて公卿に昇る機会を逸した。治承三年十一月十七日に藤原範季が式部権少輔を解官された時、欠員を補充する治承四年春除目で成光を式部権大輔に補任する案が出されたが、[注6]結果は藤原範季の再任であった。永範・成光が動かなくなったことで、大業の家を対象とした朝廷の人事はさらに停滞することになった。南家が式部大輔を占めた結果、昇進が頭打ちになった式家も文章博士で地位が固定化され、残る定員は文章博士一名と大学頭一名になったのである。表1―2が示すように、式家・北家・菅原氏・大江氏で競望するので、競争は厳しいものとなる。

そのような状況の中で、低迷する菅原氏の苦境が治承元年十一月十五日の京官除目で明らかになる。

『玉葉』治承元年十一月十五日条

（前略）即長方発語云、成光朝臣、為位階上﨟之上、名誉年久、尤当其仁、已上之人皆同之〔実房、実宗、引添光盛〕、関白被申云、成光雖可然、辞文章博士、浴加級恩、何強拝大学頭、在茂、雖位浅、為菅氏之長者、未任一官、尤可被登用云々、関白重命諸卿云、一同可被定申、各申成光可任之由、此間、実綱卿参、加挙敦任、人以不為可、又申云、在茂可任、是随形勢所申歟、他人不言、只以目、議定不一決之間、徒経時刻、天已曙了、関白寄簾下、窃被申云、人々在茂当任之由令申、可任歟云々〔此事如何、諸卿一同挙申成光、今被奏之旨、未得其意、可弾指之世也」、不聞勅答、此間、余窃申云、在茂若任者、上﨟儒士皆可愁之、一人之愁、猶人主之所痛給也、況諸儒哉、能可有思量歟［此事、雖不可申出、中心所思、不可不上奏、縦雖為菅氏神、不享非礼、豈失道理也」、関白頗被思煩歟、（後略）、

この日、大学頭の補任が行われている。会議の口火を切った藤原長方は、式家の藤原成光が対象者の中で位階上﨟であり、適任であると推挙した。反対する人々は、成光は文章博士を離れる時に位階一級を給わったのだから、大学頭に補任する必要はないと主張した。成光は治承三年に正四位下在級が確認できるので[注7]、従三位に昇れる官職に転任しない限り、官位は据え置かれることになる。大業が公卿に昇ることのできる官職は式部大輔しかないので、藤原永範が在職する限りは道が閉ざされていることになる。

成光に反対する人々は、成光を大学頭に補任しても横滑りであり、菅原氏の長者でありながら、五位の官職に甘んじている菅原在茂を抜擢すべきだと主張した。この時、菅原在茂は五十七歳、永万元年（一一六五）の対策に及第したので、大業の職歴は十二年である。この時、在茂は従五位上の位階と、式部少輔の官職に着いていた。

この人事は、先任後任の序列を重んじた多くの公卿が成光を推し、関白松殿基房が菅原氏の衰微を憐れんで在茂を抜擢しようとした。そこに、藤原実綱が式家の藤原敦任を推したことで議論は混乱したが、最終的には関白基房の意向が通り、在茂が上﨟の者七人を超越して大学頭に補任された。在茂の抜擢により、菅原氏は保元二年以来二十年ぶりに四位で勤められる大業の官職に就くことができた。この人事が、菅原氏が勢力を回復していく足がかりとなっていく。

大江氏は、久寿二年に維順が大学頭を離れてから嘉禄元年に周房が文章博士に補任されるまでの七十年間、四位の大業の官職を勤めていない。菅原氏より厳しい状態で、南家が優勢を誇った時代を生き延びたのである。

四位で勤めることのできる大業の官職は、式部大輔・文章博士二名・大学頭である。[注8]大業の家は、五位で式部少輔や大内記などの技官の職を勤めることが、四位の官職に附く際に有利になる。官位相当を守るので、五位の位階の間に五位の官職申文を出せる回数は限度があった。菅原氏と大江氏は、南家が式部大輔を占めるようになった影響を受けた除目で撰に漏れ続け、文章道大業の家として地位を失いかけていた。

2　南家と式家の競望と儒卿への昇格

次に、承久三年に菅原為長が式部大輔に補任されたことによって始まる菅原氏台頭の時期を起きたことを見ていこう。

菅原為長が式部大輔に長期にわたって在任したことで、大業が勤める四位の官職補任に変化が生じた。この時期の文章博士をみると、菅原氏から淳高・資高・公良の三人が補任され、十八年在任している。この間に、為長は参議に補任されているが、式部大輔の兼任が認められている。[注9]菅原為長が式部大輔を勤め、文章博士の一名を菅原氏が勤めるようになると、他家の人々に残るのはもう一人の文章博士と大学頭になる。ただ、南家の藤原経範と式家の藤原光兼の競望は熾烈であり、菅原氏が優勢を占める状況の中で、この二人の動きは人事の波乱要因となっていた。

建長元年、南家の藤原経範が文章博士を辞任して従三位に昇った。式家の藤原長倫は貞永元年十二月二日に東宮学士の労で正四位下から従三位に昇った時に式部権大輔留任が認められたので、[注10]傍流とされた孝範の系統は、経範が式家に続いて儒卿の地位に昇ったことになる。長倫は式部権大輔から従三位に昇る道を開き、経範は文章博士から従三位に昇る道を開いた。昇ることのできなかった他家は四位の殿上人で頭打ちになり、文章道大業の家が次々と公卿に家格を上昇させていく中で地位を失い、消えていくことになる。

南家の藤原経範は文章博士から従三位に昇ることで儒卿に列し、従三位の位階で式部大輔が空くのを待つことになった。経範と同日の位記を持つ式家の光兼も、文章博士から東宮学士に遷って従三位に進み、経範の後任として式部大輔に補任された。菅原為長が式部大輔を長期的に勤めたのを機に菅原氏優勢の時代が始まっている中で、南家と式家の競望が両流に公卿昇格の道を開いた。藤原永範・光範父子が式部大輔を勤めた時期には正四位下から上に昇れずに失速していったが、式家と南家は式部権大輔・文章博士を儒卿に昇る官職とする先例を開いた。この変化は、菅原氏が優勢を誇る時期に起きた大業の家の大きな変化である。

次に、この時期に起きた南家の変化を見ておこう。

承久三年に薨去した藤原頼範が嫡子忠範を後継者にできなかったことで、南家の嫡流は断絶する。孝範は南家の宿老として筆頭の地位にいたが、嫡子経範を大業の官職に就けようとした時に、朝廷が孝範を嫡流とみていないことが明らかになる。

嘉禄二年春除目で、藤原経範は大内記補任の撰に洩れた。『明月記』嘉禄二年正月十八日条は、「経範大内記世以雖許、範輔朝臣挙源遠章、範輔兼帯也、不可申妨由、誹謗近臣等也、無術計之世歟」とその事情を伝える。この年は、大内記菅原長貞が正月五日の叙位儀で従四位下に昇進したので、大内記を離れることが確実であった。藤原経範は大内記を希望する申文を提出し、孝範は頭中将藤原為家を通じて経範補任の根回しを行った。[注11] 一方、頭弁平範輔は妻の兄弟源遠章を大内記に推挙し、遠章の補任に話をひっくり返した。源遠章は正五位下、藤原経範は従五位上なので、位階から遠章が上臈となる。この除目で撰に漏れた経範は、刑部少輔に補任された。八省の少輔は公卿・殿上人の子弟が五位で勤める官職なので、家格にはふさわしい。しかし、大業の職歴にはならない。経範は、安貞二年正月五日に策労で正五位下に昇進した。次の叙位で従四位下に進むので、遠章が四位に昇った時に大内記に補任されなければ、五位の大業の官職を勤められないことになる。

寛喜二年正月六日の叙位で源遠章が従四位下に昇進したのを受け、藤原孝範は嫡子経範の大内記補任を藤原定家に相談した。藤原定家は、「当時、壮年儒之中、抜群之器量歟」[注12]と『明月記』の中で経範の才能を評価している。しかし、四十二歳になっても大業の官職を勤めていないことは、家の行事として催される詩歌の会で文才を示せても、朝廷の年中行事のような公的な空間で才能を発揮する機会が訪れないことを意味する。しかし、閏正月四日の除目で大内記に補任されたのは、式家の藤原光兼であった。撰に洩れた経範は、刑部少輔のままである。[注13]経範と光兼は建保三年正月に文章得業生に補任された同期であり、この選考は経範が光兼に超越されたことを意味する。[注14]孝範は、文章道大業の家が重代の職として勤める大内記に嫡子を就けることができなかった。孝範の率いる南家は、大業の家として存続できるか否かの瀬戸際に立たされていたことになる。

3　譲任と辞官申任

寛喜二年の春除目の後、孝範は嫡子経範が大業の家を継承していくためには、大学頭を譲任するしかないと考えた。孝範は藤原定家の支持をとりつけ、九条家に事前の相談を行ったことが『明月記』に記されている。大学頭を譲ろうとする孝範は七十三歳、受ける経範は四十二歳である。寛喜二年四月十四日の除目で、この譲任は朝廷に認められた。[注15]

大学頭に補任された後、経範は大学寮が担当となる年中行事釈奠を奉行するようになった。また、同年十二月三十日には、文章得業生の修了試験対策の審査を行う耆儒に列している。[注16]経範が策労で従四位下に昇進したのは、大学頭に補任された翌年、寛喜三年正月六日の叙位である。大内記補任の機会を待っていたら、大業の官職に就かずに四位に昇ることになった。

天福元年十二月二十二日、大業の官職で大きな入れ替えが行われた。[注17]式家の藤原長倫が式部権大輔を辞任し、嫡子光兼を大学頭に推挙する辞官申任を行った。式部権輔は大少いずれかに置くので、後任として菅原良頼が式部権少輔に補任された。この日、北家の藤原信盛は権右中弁の兼務として帯びていた文章博士を辞任した。信盛の後任に、藤原経範が大学頭から移った。四位の位階と文章博士の官職を持ったことで、経範は大業の家として存続する条件を満たしたことになる。経範の大学頭在任は四年、大内記補任で超越された藤原光兼を抜き返している。

文章博士に補任されたことで、藤原経範は天福二年十一月五日の改元定に年号勘文を提出した。年号の勘申は、朝廷から勘文の提出を求められた式部大輔・式部権大輔・文章博士・儒卿が行う。経範は、文章博士の立場から嘉禎改元から宝治改元まで七度改元勘文を提出した。[注18]改元定に出席する公卿は、提出された勘文を審査して年号を選ぶので、勘文を通じて提出した人物の見識が評価されることになる。

「改元部類記」四条院　岩崎文庫所蔵（『大日本史料』嘉禎元年九月十九日条）

勘申年号事

応安

毛氏正義曰、四方既已平、王国之内世応安定、

延仁

維城典訓曰、好学延於智、力行延於仁、

徳治

後魏書曰、明王以徳治天下、

右、依宣旨勘申如件、

左記の勘文は、年号に推薦する言葉と、典拠とした古典を示している。この改元では、儒卿の立場から藤原頼資・藤原家光が勘文を提出し、大業の家から式部大輔菅原為長・文章博士藤原経範・同菅原資高が勘文を提出した。改元定に参列した人々の意見を踏まえ、大内記菅原公良が嘉禎と定めた詔書を起草した。

文章博士に補任された後、経範は嘉禎元年九月二十五日付で石清水八幡宮に奉納された石清水八幡宮神人と春日社領の住民との相論に関する九条道家願文を起草している。[注19] 十一月二十三日には、疱瘡と判断された九条家の姫君の看病のため側に居て出仕しなかったことが『明月記』に記されている。[注20] この一件は、九条家と経範の関係が職務を越えたものであったことを示している。この時期になると、経範は、文章博士に在職する専門家として朝廷からの諮問を受け、家司として摂関家の家務を勤めていた姿が明らかになる。その勤め方は、後述する摂関家が家政に取り込んだ公務を受け持つために任じた職員ではなく、九条家に仕える家司であった。

経範は、嘉禎三年正月五日に策労で従四位上に昇進し、翌暦応元年正月五日には嘉陽門院嘉禎二年未給で正四位下に昇進した。連年の昇進により、経範は父孝範と同じ官位に到達していた。ここから先は、経範が南家嫡流を継いだと見なされる地位に昇れるか、藤原永範の孫として南家庶流の地位に留まるかの分かれ道になっていく。

経範は、詩歌の会を通じて文人貴族の評価を得ていたが、大業の官職補任では競望に敗れ続け、公的な空間で活動する機会が廻ってくるのは遅れた。経範が公的な場で活躍しだすのは、孝範から大学頭を譲られた後である。大学頭に補任された経範は、四年で文章博士に転任し、大業として公的な空間で才能を示し始めた。

三　南家の拡大と鎌倉

1　従三位藤原経範

鎌倉時代中期になると、鎌倉幕府は鎌倉で行われる儀式・法会で用いられる漢詩文を担う文章道大業を京都から求めるまでに文化的な成熟を遂げた。鎌倉幕府の求めに応じて鎌倉の漢詩文を担ったのが、将軍宗尊親王の侍読として鎌倉に下った南家の藤原茂範である。南家と鎌倉幕府が結びつく端緒は、後嵯峨天皇が侍読として重く用いた藤原経範であった。

鎌倉に常駐した大業は、五代将軍九条頼嗣の侍読として派遣された式家の大学頭藤原正光が最初である。ただ、正光の鎌倉滞在は九条頼嗣の将軍職就任から寛元四年に起きた宮騒動までの短期と思われる。その後、将軍家の侍読として鎌倉に常駐したのが、後嵯峨天皇の長子で六代将軍に就任した宗尊親王の侍読を命じられた藤原茂範である。

文章博士に補任された経範が求めたものは、天皇の側で仕事をする機会であった。仁治元年十一月二十六日、藤原経範は四条天皇の昇殿と侍読を申請し、翌日に昇殿のみ聴されている。[注21]

仁治三年三月八日、菅原淳高は式部権大輔を辞任し、子息在章を修理権大輔に申請した。その後任として、経範の嫡子茂範が式部権少輔に補任された。この除目で提出された申文は三通、茂範は三人の中で最末であったが、経範は諸方に働きかけて補任に持ち込んだ。[注22]南家の後継問題は、順調な滑り出しをみせた。

寛元元年十二月二十九日、経範は後嵯峨天皇の侍読に補任された。[注23]翌寛元二年正月十七日の読書始めで、経範は『史記』を講義している。[注24]花山院師継は、父孝範が侍読を勤めていないことから過分の沙汰と批判する文章を日記に書き残した。師継は、経範が永範・光範・頼範と続いた南家嫡流の地位を継承したと考えず、経範の先例を孝範に求めて判断している。師継の批判は、上流貴族が経範をどのように見ていたかを判断する材料となる。

寛元四年正月二十九日に後嵯峨天皇が後深草天皇に譲位すると、経範はそのまま後嵯峨院の殿上人に移り、併せて後深草天皇の侍読となった。[注25]宝治二年十二月十三日には、後嵯峨院の院宣により、宗尊親王の侍読を命じられている。同月二十五日の宗尊親王読書始では、経範は侍読として出席し、茂範は地下文人として参列した。[注26]このつながりが、南家と宗尊親王を結びつけていく端緒となる。

経範と摂関家との関係は、摂関家に出仕する文章道の専門家で、後に五摂家とよばれることになる個々の家と結びつきを形成しないことが特徴である。摂関家に仕える者として当主に出仕し、文章道の専門家として分担すべき役割を勤める関係である。宝治二年閏十二月二十二日に行われた近衛兼経の属星供では、経範の起草した祭文が読まれている。[注27]

宝治三年正月五日、経範は従三位に叙された。[注28]経範はこの叙位で文章博士を離れることになるが、正月二十四日の除目で嫡子茂範が大内記に転任した。茂範は順調に職歴を重ねているので、南家は滞りなく後継者の育成が行われているといえる。この年、経範は鎌倉で行われる永福寺供養の願文起草を依頼されている。[注29]

翌建長二年九月十六日、経範は式部大輔に補任された。薨去した菅原淳高の後任である。この補任により、経範は南家の嫡流が家格とした式部大輔を勤める非参議公卿の地位に就くことができた。南家は、孝範・経範の二代をかけて、承久三年に断絶した嫡流の地位を回復させたのである。その南家をさらに発展させていく好機が、将軍家侍読としての鎌倉進出である。

2　宗尊親王侍読

建長四年四月、後嵯峨院の第一皇子宗尊親王が、将軍家として鎌倉に下向した。翌建長五年三月、藤原経範の嫡子茂範が、後嵯峨院から宗尊親王侍読を命じられて鎌倉に下向した[注30]。茂範の父経範は後嵯峨院・宗尊親王・後深草天皇と後嵯峨院の家族の侍読を勤めたので、経範に対する信頼が茂範の鎌倉派遣を実現させたといえる。茂範は、建長五年から文章博士に補任された文永元年まで、将軍附として鎌倉に滞在することになる[注31]。茂範が鎌倉で文筆の専門家として行った最初の仕事が、建長五年十一月十五日に行われた建長寺供養の願文起草である[注32]。この後、茂範は鎌倉に常駐したままで、康元元年正月六日の叙位で従四位上に昇っている[注33]。

京都では、式部大輔を勤める経範が、法勝寺阿弥陀堂供養の願文起草など朝廷や天皇家が主催する法会の願文や諷誦文を起草していた[注34]。経範は康元元年十二月二十五日に出家を遂げ、翌二年正月十八日に薨去している。

藤原経範が薨去したことにより、鎌倉にいた嫡子茂範は服仮に入った。その期間中、茂範の嫡子広範が鎌倉に下り、正嘉元年十月一日に行われた大慈寺供養願文を起草している。広範が鎌倉で茂範の代理を務めたことは、南家が将軍家附の文章道大業の立場を他家に譲らないことを示している[注35]。広範は文章得業生であったが、対策を修了していたことが選考の理由となった。鎌倉は文章道大業に仕事をしてもらえばよいが、南家はこの地位を他家に渡したくないと考えていたことを示している。弘長三年六月二十六日、茂範は明経道の清原教隆とともに、将軍御所で宗尊親王に『帝範』・『臣軌』の談義を行った[注36]。

茂範は、正嘉二年に能登国大町保地頭職を給わっている[注37]。この間、北条実時は藤原茂範が所持する『群書治要』を閲覧し、明経道清原氏所持本を底本とする金沢文庫本『群書治要』と対校している[注38]。この時期の南家の学問は、藤原孝範が編纂した「柱史抄[注39]」や、南家の訓点が反映された金沢文庫本によって今日に伝えられている。

文永元年、茂範は文章博士に補任されて帰洛した。鎌倉には、広範や諸範といった子供達が滞在するようになった。藤原諸範は弘安三年に安達泰盛に『文選』の訓説を授け[注40]、弘安八年の霜月騒動では茂範の子刑部卿相範（諸範カ）が安達泰盛与党として討たれた[注41]。霜月騒動後も南家が鎌倉を離れなかったことは、鎌倉に滞在する広範が年号勘申を提出しなかった事例からもうかがえる[注42]。『太平記』巻五「相模入道弄田楽幷闘犬事」では、北条高時の側にいた南家の儒者藤原仲範が、北条高時にまとわりついた怪異を天王寺のあたりから国を滅ぼす動乱の予徴と読解している。楠木正成登場の前振りとなる一段であるが、この段に登場する藤原仲範は鎌倉に常駐した実在の人物である[注43]。茂範の鎌倉下向に始まる南家と鎌倉幕府の関係は、鎌倉幕府滅亡まで続いている。

四　年号勘申にみる諸家の動向

表2にまとめたように、藤原永範が式部大輔に就任した最初の改元となる保元改元から鎌倉時代最後の改元となる正慶改元まで、六四回の改元が行われている。この間に大業が年号勘申を行った回数は二八二回、大業は一回の改元で平均四・四本の勘文を提出した。朝廷が年号勘申を求めたのは式部大輔・式部権大輔・文章博士と儒卿で、大学頭は鎌倉時代末期に菅原家高が提出した一例なので例外とみてよい。式部権大輔は式部権少輔といずれかに一名を置く権官なので勘申の回数は少ないが、勘文の提出を求められる官職に含まれていた。勘文を提出する職員は式部大輔・式部権大輔・文章博士で、彼らが全体の三分の二を占める。一方、儒卿の勘申は二八二通のうち九四通、全体の三分の一である。この選抜基準は、大業が朝廷の中で活躍する場を得るには、文章博士以上の専門職に就くか、儒卿とよばれる専門知識を持つ公卿に列しなければならないことを示している。

次に、年号を勘申した人々の具体的な姿を一覧から見ていこう。

表2　年号勘申一覧

年号	式部大輔		式部権大輔		文章博士				儒卿						大学頭	
保元	藤原永範	南			藤原長光	式										
平治	藤原永範	南			藤原長光	式	藤原俊経	北	藤原俊憲	南						
永暦	藤原永範	南			藤原長光	式	藤原俊経	北								
応保	藤原永範	南			藤原長光	式	藤原俊経	北			藤原資長	北				
長寛	藤原永範	南			藤原長光	式	藤原俊経	北	藤原範兼	南						
永万	藤原永範	南			藤原長光	式	藤原俊経	北			藤原資長	北				
仁安	藤原永範	南			藤原長光	式	藤原俊経	北								
嘉応	藤原永範	南					藤原俊経	北			藤原資長	北				
承安	藤原永範	南			藤原長光	式	藤原俊経	北			藤原資長	北				
安元					藤原敦周	式	藤原光範	南	藤原俊経	北						
治承	藤原永範	南			藤原敦周	式	藤原光範	南			藤原資長	北				
養和	藤原俊経	北			藤原敦周	式										
寿永	藤原俊経	北			藤原敦周	式	藤原光範	南								
元暦	藤原俊経	北			藤原光輔	式	藤原光範	南	藤原兼光	北						
文治	藤原俊経	北			藤原光輔	式	藤原業実	北	藤原兼光	北						
建久	藤原光範	南			藤原光輔	式			藤原兼光	北						
正治	藤原光範	南			菅原在茂	菅	菅原長守	菅								
建仁	藤原光範	南			藤原宗業	北					藤原資実	北	藤原親経	北		
元久	藤原光範	南			藤原宗業	北			藤原範光	南	藤原資実	北	藤原親経	北		
建永	菅原在高	菅			藤原宗業	北	菅原為長	菅	藤原光範	南	藤原資実	北	藤原親経	北		
承元	菅原在高	菅			藤原宗業	北	菅原為長	菅	藤原光範	南	藤原資実	北	藤原親経	北		
建暦	藤原宗業	北	菅原為長	菅	菅原公輔	菅	藤原孝範	南			藤原資実	北				
建保	藤原宗業	北	菅原為長	菅	菅原公輔	菅	藤原孝範	南	菅原在高	菅						
承久	藤原宗業	北			菅原淳高	菅	藤原孝範	南	菅原在高	菅	藤原頼範	南	菅原為長	菅		

貞応	菅原為長	菅			菅原淳高	菅					藤原家宣	北				
元仁	菅原為長	菅			菅原淳高	菅	藤原長倫	式	菅原在高	菅						
嘉禄	菅原為長	菅			菅原淳高	菅	藤原長倫	式	菅原在高	菅	藤原頼資	北				
安貞	菅原為長	菅			菅原資高	菅	大江周房	大	菅原在高	菅	藤原頼資	北	藤原家光	北		
寛喜	菅原為長	菅			菅原資高	菅	大江周房	大	菅原在高	菅	藤原頼資	北	藤原家光	北		
貞永	菅原為長	菅			菅原資高	菅	藤原信盛	北	菅原在高	菅	藤原頼資	北	藤原家光	北		
天福	菅原為長	菅			菅原資高	菅	藤原信盛	北								
文暦	菅原為長	菅			菅原資高	菅	藤原経範	南	菅原淳高	菅	藤原頼資	北	藤原家光	北		
嘉禎	菅原為長	菅			菅原資高	菅	藤原経範	南			藤原頼資	北	藤原家光	北		
暦仁	菅原為長	菅			藤原光兼	式	藤原経範	南	菅原淳高	菅	藤原長倫	式				
延応	菅原為長	菅	菅原淳高	菅	藤原光兼	式	藤原経範	南			藤原長倫	式				
仁治	菅原為長	菅	菅原淳高	菅	藤原光兼	式	藤原経範	南			藤原長倫	式	藤原信盛	北		
寛元	菅原為長	菅			藤原光兼	式	藤原経範	南								
宝治	菅原淳高	菅					藤原経範	南	藤原経光	北						
建長	菅原淳高	菅			菅原公良	菅	菅原長成	菅	藤原経光	北	藤原経範	南				
康元	藤原経範	南	菅原公良	菅			大江信房	大	藤原経光	北			藤原信盛	北		
正嘉	藤原光兼	式	菅原公良	菅	菅原在章	菅	大江信房	大	藤原経光	北						
正元	藤原光兼	式	菅原公良	菅	菅原在章	菅	大江信房	大			菅原長成	菅				
文応	藤原光兼	式			菅原在章	菅	大江信房	大								
弘長	藤原光兼	式			菅原高長	菅	大江信房	大	藤原経光	北	菅原長成	菅				
文永	菅原良頼	菅	菅原在章	菅	菅原在公	菅	藤原茂範	南	藤原経光	北	菅原長成	菅				
建治	菅原高長	菅			菅原在公	菅	菅原在匡	菅	藤原資宣	北	菅原長成	菅				
弘安	藤原経業	北			菅原在公	菅	菅原在嗣	菅	藤原資宣	北	菅原長成	菅	藤原茂範	南		
正応	藤原茂範	南			菅原長輔	菅			藤原資宣	北	菅原在嗣	菅	藤原経業	北		
永仁	藤原兼倫	式			菅原在輔	菅	菅原在兼	菅	藤原兼仲	北	菅原在嗣	菅	藤原茂範	南		
正安	藤原明範	南			藤原淳範	南	藤原敦継	式	藤原兼仲	北	菅原在嗣	菅				

乾元					藤原淳範	南	藤原敦継	式	藤原俊光	北	菅原在嗣	菅	菅原在兼	菅		
嘉元					藤原淳範	南	藤原敦継	式	藤原俊光	北	菅原在嗣	菅	菅原在兼	菅		
徳治	菅原在輔	菅			藤原淳範	南	藤原敦継	式	藤原俊光	北	菅原在嗣	菅				
延慶	菅原在輔	菅			藤原淳範	南	藤原敦継	式	藤原俊光	北						
応長	菅原在輔	菅			菅原在登	菅	藤原資名	北	藤原俊光	北			菅原在兼	菅		
正和	菅原在輔	菅			菅原在登	菅	藤原種範	北	藤原俊光	北			菅原在兼	菅		
文保	菅原在輔	菅					菅原家高	菅			藤原資名	北	菅原在章	菅		
元応	菅原在輔	菅			菅原在登	菅	藤原資朝	北	藤原俊光	北			菅原在兼	菅		
元亨					藤原資朝	北	菅原家高	菅								
正中	藤原藤範	南	菅原在登	菅	藤原行氏	北	藤原有正	北							菅原家高	菅
嘉暦	藤原藤範	南	菅原在登	菅	藤原行氏	北	藤原家倫	式							菅原家高	菅
元徳	菅原在登	菅			藤原行氏	北	菅原在淳	菅								
元弘					菅原在成	菅	菅原在淳	菅								
正慶	菅原長員	菅			菅原在成	菅	菅原在淳	菅	菅原在登	菅	菅原公時	菅				

式部大輔の勘申は五九回、文章博士の勘申は一一七回である。式部大輔の定数は一名、文章博士の定数二名なので、文章博士の勘申は式部大輔のほぼ二倍になる。在任者一人あたりで考えれば、ほぼ同数である。

一覧表から明らかなように、式部大輔・文章博士が勘申をしなかった事例はごく少数である。正当な辞退の理由がなければ、式部大輔・文章博士の三人は勘文を提出したと考えてよい。このことは、式部大輔・文章博士に多くの人材を送り込み、かつ長期の在任をした家が、勘文提出の依頼を受ける回数が多いことになる。藤原永範や菅原為長が十回を越す勘申を行ったのも、式部大輔と文章博士を長期に勤めた結果である。文章博士の立場で藤原式家が数多くの勘申を行ったのも、式部大輔を他家に占められて留任を続けた結果である。一方で、式部大輔・文章博士の撰に洩れた人は儒卿に昇るしかないので、公卿に昇れない家は年号勘申を依頼する対象者から外されることになる。大業の家が家業を継承していくためには、朝廷が人選をする範囲にある式部大輔・文章博士を勤めることが重要なことは明らかである。

五　摂関家との関係

保元・平治の乱の後、摂関家は、近衛基通の近衛家・松殿基房の松殿家・九条兼実の九条家に分立していくことになる。そのうち、松殿家は木曽義仲に協力して松殿師家を摂政に就けたことが原因で衰微し、摂関家は近衛・九条の二流に絞りこまれた。鎌倉時代中期、近衛・九条の二流は五摂家とよばれる近衛・九条・鷹司・一条・二条の五家に分立していく。

摂関家の政所は、それぞれの家の家政だけでなく、天皇の後見として国政を担う家が持たなければならない機能をも家務に含めていた。朝廷の文殿・院の文殿・摂関家の文殿がそれぞれに設置されたように、摂関家は分掌する国政の一端を担うために必要な家司を家政機関に取り込んでいた。摂関家に政所家司として出仕した人々は、現在の当主から次の当主へと歴代の当主を渡っていく人々と、重代の者として個々の家に附く人々に分かれていた。前者は官務家小槻氏や局務中原氏・清原氏のように家業による関わりで摂関家に仕えた人々で、後者は重代の諸大夫のように家に仕えた人々である。文章道も、摂関家が公務や儀式で用いる儀礼的文書を作成したり、摂関家が催す仏事・法会の文章を起草したりと、文才を披露することになる文書作成の機会は多かった。

摂関家が近衛・松殿・九条の三流に分かれていた時期の大業の家司には、次のような人々がみえる。近衛基通の政所には式家の藤原敦綱（『山槐記』治承三年十一月十八日条）・北家の藤原資実（『猪隈関白記』建久八年六月二十三日条）・南家の藤原永範（『兵範記』保元三年八月十一日条）、松殿基房の政所には式家の藤原敦綱（『玉葉』

治承元年七月十一日条）・藤原有光（『兵範記』仁安三年正月二日条）・藤原光輔（『玉葉』治承元年七月十一日条）・南家の藤原光範（『玉葉』治承元年七月十一日条）、九条兼実の政所には式家の藤原業実（『鎌倉遺文』一二二号）・藤原光輔（『玉葉』文治二年十一月十七日条）・北家の藤原親経（『玉葉』文治二年三月二十八日条）・南家の藤原範光（『玉葉』文治二年七月二十七日条）・藤原光範（『鎌倉遺文』五六一号）である。

摂関家の三人は、近衛基通が平氏政権支持から後白河院の寵臣へと立場を変えていき、松殿基房が平氏政権への反感から後白河院寄りの立場をとり、九条兼実が藤原道長の摂関政治を理想として源頼朝と提携したように、摂政・関白の職をめぐって競合関係しただけでなく、政治的にも対立する立場をとっていた。三家の対立と分立にもかかわらず、藤原敦綱と藤原光範は基房から基通に渡り、藤原光輔は基房から兼実に渡りと、文章道大業は現職から次の任命者へと移っている。大業は公務の一環として摂関家の政所に出仕するので、摂政・関白とのつながりは職務上のものと割り切れる。摂関家の当主と私的なつながりに発展させない立場を取るが故に、対立する諸家を渡って家司を勤めることが可能となると考えてよいだろう。

六　終わりに

鎌倉時代の大業の家は、式部大輔をはじめとした文章道専攻課程修了者を技官として補任する官職を勤めること、専門家として朝廷の依頼する勘文の提出や儀式に用いる文書を起草することで漢詩文の才能で評価された。この仕事が集中するのは式部大輔と文章博士の官職にある者と文章道の専門家として公卿に昇った儒卿であり、家学と家業の継承は、この地位を重代のものとして朝廷に認めさせる活動を続けていくことを意味していた。大業が勤める技官の官職は特定の数家による寡占なので、地位の継承に失敗した家は排除されてしまう。

大業は、式部省の次官式部大輔を極官とするので、式部省の省務を執る人々として朝廷の中での立場を明らかにしていた。大業を補任する四位・五位の官職は、式部大輔に就くための階梯とみなすことができる。大業と認められるための必須の条件は文章得業生の修了試験「対策」を及第することで、大業の資格をえた者は対策修了者に与える叙位の恩典「策労」によって四位の位階に昇ることは約束されている。その上で、大業の者が競うのは式部省の省務を執れる技官としての力量と、文章道の専門家として要求される学識及び文才である。

大業の家格は、平安時代末期から鎌倉時代にかけて順次上昇していった。その大きな原因は、文章道大業の家の極官式部大輔補任をめぐる競争の激しさに求められる。平安時代後期までは、儒者弁を家業とする日野家が中納言を極官とする家となっていたが、大業の家は式部大輔を正四位下で勤めることが極官極位となっていた。それが、藤原南家・藤原式家・菅原氏と従三位に昇る家が順次増えていった。それと共に、式部大輔は従三位以上の位階でも勤められるようになり、続いて式部権大輔・文章博士が従三位に昇れる官職に変わっていった。この変化の結果、大業の官職を勤めて従三位に昇る儒卿が増えた。儒卿に列すれば、式部大輔の官職に就かなくても朝廷に提出する勘文の作成や儀式用文書の起草を依頼されるようになるので、公卿に列する複数の家が文章道の専門家の家として存続できるようになった。

鎌倉時代の新たな展開としては、藤原茂範が将軍宗尊親王の侍読として鎌倉に下向したのを機に、鎌倉の文章道を担う家という新たな立場を独占したことがあげられる。南家は、将軍附の文章家として将軍御所や鎌倉幕府が行う儀礼の文書を作成するとともに、金沢文庫を創建した北条氏一門金沢氏や鎌倉幕府の重臣安達氏とも交流を持ち、鎌倉幕府滅亡までこの立場を維持した。

鎌倉時代の文章道大業は、式部大輔・文章博士といった技官の立場や文章道の専門家として認められた公卿「儒卿」の立場を地位に就き、その地位で学識や文才を発揮することで専門家としての地位が評価された。その地位に就くためには、文章道の専門職に就くための修了試験「対策」に及第して官職補任の資格を得た後、五位の技官の官職、四位の技官の官職を順次勤めていく必要があり、朝廷の技官として官位を高めていく必要があった。四位の技官の官職に就くと、朝廷が公務として依頼する勘文の提出や儀式用文書の起草といった仕事を受けるようになるので、朝廷が認める文章道の専門家となるためには式部大輔・文章博士の官職に就くことは必須であった。文章道大業は複数の家による寡占の状態でこの地位を維持していたので、朝廷の技官として四位の大業の官職に就くことは家学や家業の継承の上で必須の条件になっていた。この立場の継承に失敗した家は、大業を補任する専門職の官職をめぐる人事の争いで勝ち抜くことは難しく、重代の家の地位を失って衰微していくのである。

注

1 鎌倉時代に文章道大業を専任とした官職は、鎌倉時代初期に平基親が撰んだ『官職秘抄』と南北朝時代に北畠親房が撰んだ『職源抄』の二書を読み比べることで、大筋を理解することができる。詳細な解説は、拙著『式部省補任』（八木書店、二〇〇八年）で行っている。具体的な人事の記録も同書で復元している。個別の事例は、同書でご確認いただきたい。また、藤原南家の動向については、拙稿「平安・鎌倉時代の南家儒流」（『栃木史学』九号、一九九五年）がある。参考として、お読みいただきたい。

2 『吉記』承安四年三月七日条。

3 『式部省補任』の補任表から承久三年の状況を推測すると、文章博士二名のうち、一名は承久元年から嘉禄元年まで在職した菅原淳高になる。もう一名は、承久二年まで在職の確認される藤原孝範から、承久三年四月十六日に補任された藤原長倫への交代の可能性が高い。孝範は翌年の貞応元年には大学頭の在任が確認されるので、長倫が文章博士に補任された日に大学頭に遷った可能性が高い。

4 儒者弁は、藤原顕業が天養元年十二月二十八日に従三位の位階で式部大輔に補任されている（『公卿補任』天養元年条）。この時、顕業は参議左大弁である。儒者弁は、「弁官補任」（『群書類従』第四輯）に「儒」の傍注がある。

5 『玉葉』治承四年七月十八日条。

6 『玉葉』治承四年正月二十八日条。

7 『玉葉』治承三年四月十六日条。

8 この数え方では、非常置の春宮坊に置かれた東宮学士を含んでいない。東宮博士は四位・五位を相当の位階とするが、昇進の形式において他官との連関性が緩いために、東宮学士を選ぶ条件、東宮学士から渡っていく官職の縛りがゆるいためである。

9 『公卿補任』嘉禎元年条。『明月記』嘉禎元年三月廿六日条には、為長が客星を観測したことを、参議補任の理由にあげている。

10 『公卿補任』貞永元年条。

11 『明月記』嘉禄二年正月十八日条・二十日条。

12 『明月記』寛喜二年正月九日条。

13 『明月記』寛喜二年閏正月五日条。

14 『明月記』寛喜二年二月十三日条。藤原光兼の正五位下昇進は経範と同日の安貞二年正月五日、横並びの人物に先を越されたことになる。刑部権大輔も後進の人物ということなのであろう。

15 『公卿補任』・『明月記』同十五日条。

16 『公卿補任』建長元年条。

17 拙著『式部省補任』補任表天福元年条及び人名考証の関連人物項。

18 表1―1参照。

19 『鎌倉遺文』四八二八号「藤原道家願文」。

20 『明月記』嘉禎元年十一月二十四日条。

21 『平戸記』仁治元年十一月二十二日条・同二十三日条。

22 『平戸記』仁治三年三月八日条。

23 『百練抄』寛元元年十二月二十九日条。

24 「妙槐記」寛元二年正月十七日条・同二十二日条

25 『経俊卿記』・『葉黄記』同日条。
26 『葉黄記』宝治二年十二月十三日条、同二十五日条。
27 『岡屋関白記』宝治二年閏十二月二十二日条。
28 『公卿補任』建長元年条。
29 「関東評定衆伝」建長元年条（『群書類従』第四輯）。経範の官職を式部大輔としているが、この年にはまだ文章博士である。後代の編纂物故の誤記とみてよいだろう。
30 「藤原茂範啓状」（『鎌倉遺文』七七一三号）。
31 『吾妻鏡』建長五年十一月二十五日条。
32 『公卿補任』文永十一年条。
33 『吾妻鏡』建長五年十一月二十五日条。
34 『経俊卿記』建長五年十二月二十二日条。
35 『吾妻鏡』正嘉元年八月二十一日条・「関東評定衆伝」（『群書類従』第四輯）
36 『吾妻鏡』弘長三年六月二十六日条。
37 『鎌倉遺文』二七九一七号。
38 『金沢文庫古文書　識語篇』四七八号。
39 『群書類従』第七輯
40 九条家本『文選奥書』（小林芳規編「漢籍古點本奥書識語集」『平安鎌倉時代における漢籍訓読の国語史的研究』所収、東京大学出版会、一九六七年）。
41 「鎌倉年代記裏書」弘安八年条（『続史料大成　鎌倉年代記・武家年代記・鎌倉大日記』）。
42 「元秘抄」（『続群書類従』第十一輯上）
43 納富常天「東国仏教における外典の研究と受容」（『金沢文庫研究』二三九号、一九七六年）。牧野和夫「中世漢文学の一隅――南家ノ儒者刑部少輔仲範を例として――」（『和漢比較文学叢書』六号、一九八七年）。注1拙稿。仲範は、重要文化財「称名寺聖教」や『聖徳太子伝暦』の奥書など、鎌倉仏教の人々が外典の知識を求める時に情報源となった文章道の専門家として資料に残っている。

朝廷・公家の文庫

――諸家本の所蔵と三条西家文庫――

菅原　正子

はじめに

朝廷・公家の文庫に伝来した文書・記録・典籍等は、現在ではその多くが諸機関に所蔵されている。朝廷（天皇家）・宮家の文庫については、小野則秋氏[注1]の文庫研究からさらに発展して、近年の田島公氏[注2]を中心とした諸研究により、全体像が明らかにされつつある。また、公家の文庫に関しては、柳原家の蔵書群を考察した吉岡眞之氏[注3]の研究が新しい。しかし、公家文庫の伝来本は複数の所蔵機関に分散している場合が多く、その全体像を把握することは容易ではないため、まだ研究が少ないといえよう。

本稿では、朝廷・宮家・公家の各家伝来本の現所蔵先を総体的に明らかにして提示するとともに、具体的な公家文庫として三条西家の場合を取り上げて考察する。現存の三条西家本としては、宮内庁書陵部・学習院大学文学部日本語日本文学科研究室・早稲田大学中央図書館・国文学研究資料館所蔵の各史料群、三条西実義氏原蔵本の影写本がある。また、三条西家の文庫については、戦国期の三条西実隆による文庫の設立と、江戸時代の加賀藩主前田綱紀による同文庫・蔵書の修復から、同家の文庫の様子がわかる。これらから三条西家の文庫の特徴について考えてみたい。

一　朝廷・宮家・公家本の所蔵

朝廷本としては、京都御所の伝来本が京都御所東山御文庫と宮内庁書陵部にあり、宮家の伝来本には伏見宮本・桂宮本・高松宮本等がある。これら朝廷本・宮家本については前述の田島氏等による諸論考がある。公家については、近世に多くの家が創設されているので、ここでは近世以前から存在した家を取り上げる。公家の家伝来の史料に関しては、学習院大学史料館が旧華族家を対象に、各家の関係史料の所蔵・数量等に関する調査を行ない、その成果を目録化した『旧華族家史料所在調査報告書』[注4]（本編1～4、附編）が参考になる。

以下、朝廷・宮家・公家の家に近代以前から伝来し、まとまった史料群として所在が明確な史料の所蔵先・数量などについて、前述の諸研究、『旧華族家史料所在調査報告書』、各所蔵機関の所蔵目録や解説、筆者の史料調査などから明らかにした結果を、所蔵機関別に提示する。なお原則的には、明治政府関係の史料群[注5]、数量が少数または不明確な史料群[注6]、非公開の史料群は取り上げておらず、また、数量の単位を統一していない。

京都御所東山御文庫　古代～近世の典籍・記録・古文書が約六万部あり、近世前期の後陽成天皇・後水尾天皇によって収集された書籍が基礎になっているという[注7]。

京都大学附属図書館　公家史料として、近衛文庫、菊亭文庫（菊亭家は中世の今出川家）、中院文庫、清家文庫（儒学の清原〔舟橋〕家）がある。近衛文庫は、明治・大正期に近衛家の陽明文庫の典籍が同図書館に寄託されたが、一九三八年に財団法人陽明文庫が創設され、同図書館に寄託されていた典籍はこの陽明文庫に返還された。しかし、寄託されていた典籍のうち三一五〇冊（主に漢籍）が同図書館に恵贈されて近衛文庫として残った。菊亭文庫は、一九二一・一九二三年に菊亭公長氏から同図書館に永久寄託されたもので、和書が二三五七冊ある。清中院文庫は、一九二三年に住友吉左衛門氏が中院通規氏から一括購入して寄贈したもので、一〇四一冊ある。清家文庫は、一九五一〜五三年に舟橋清賢氏から寄贈された二三六五冊と、同図書館が同氏より購入した「清原家家学書三四種」を含む二八九冊の、合計二六五四冊から成る。[注8]

京都府立総合資料館　柳原家文書が一一三点、土御門家（陰陽道の安倍氏）の家司若杉家に伝わった若杉家文書のなかに土御門家文書が七五九点ある。[注9]

宮内庁書陵部　御所本（主に京都御所旧蔵本）が約一万点、伏見宮本が一六六六点（別に楽書類が六〇〇点以上）、桂宮本が九七二〇点、飛鳥井家本が一七五点、九条家本が一万点以上、久我家本が四〇一点、四条家本が七三点、白川家本が一一二八点、鷹司家本が約八四〇〇点、高辻家本が九四九点、土御門家本が五〇三点、庭田家本が一八二一点、葉室家本が約四〇〇〇点、日野家本が八八〇点、柳原家本が三六六八点ある。[注10]

國學院大學図書館　久我家文書が約二八〇〇点ある。一九三一年以来三回にわたり久我常通氏から同大學に久我家文書の大部分が寄託され、一九五一年に正式に譲渡された。[注11]

国文学研究資料館（旧国文学研究資料館史料館）　三条家文書が七七点、清水谷家文書が八〇九点、三条西家文書が九六二点、徳大寺家文書が一二七九点、二条家文書が四五四点あり、いずれも古書店から購入したものである。[注12]

国立公文書館内閣文庫　甘露寺家旧蔵本三二〇八冊、中御門家記録一六四冊、坊城家記録類一四三五点、万里小路家記録類三二二冊・四軸と万里小路家回章留一〇冊、山科家日記七五冊などがある。[注13]

国立国会図書館　儒学の清原家の伝本が八〇冊あり、一九二〇・一九二四年に購入したものである。[注14]また、滋野井家記録が二三一冊ある。[注15]

国立歴史民俗博物館　高松宮家伝来禁裏本が一九七一点（一九八〇年に文化庁に寄託され、一九八七年に同博物館に移管）あり、また、旧東洋文庫（岩崎文庫）所蔵の広橋家旧蔵記録文書典籍類が七六一件ある。[注16]

専修大学図書館　菊亭文庫に三四四八点がある。[注17]

東京大学史料編纂所　特殊蒐書の公家史料として、伏見宮本が約六九〇点、徳大寺家本が約四四〇〇点（一九五四年に徳大寺実厚氏から購入）、正親町家本が約六〇〇点ある。[注18]

名古屋市蓬左文庫　大炊御門家文書が約四〇〇点あり、一九四九年に大炊御門経輝氏から寄贈されたものである。[注19]

西尾市立図書館岩瀬文庫　柳原家旧蔵本が約二〇〇〇点あり、岩瀬文庫を創設した岩瀬弥助氏が一九一〇年に京都帝国大学附属図書館から一括購入したものである。[注20]

明治大学博物館　二条家文書が二三八点ある。[注21]

陽明文庫　一九三八年に設立された近衛家の財団法人の文庫で、古文書・記録・典籍・絵画・工芸品が約二十万点ある。[注22]

立命館大学図書館　西園寺文庫があり、西園寺公望氏が寄贈した和漢書に、その後に補充された図書・資料を加えて、約七〇〇〇冊（和漢書約六八〇〇冊、洋書二一〇冊）がある。[注23]

冷泉家時雨亭文庫　一九八一年に設立された冷泉家の財団法人の文庫で、典籍・古文書等が約六万点ある。[注24]

早稲田大学中央図書館（早稲田大学総合学術情報センター中央図書館）　三条西家旧蔵本が一五一点、中御門家文書（一九五三年に中御門経恭氏から早稲田大学社会科学研究所に譲渡され、一九七一年に同大学図書館に移管）が一五三二点ある。[注25]

二　三条西家本の所蔵

具体的な家ごとの史料群として、三条西家本の場合を取り上げて考察する。同家本の史料群は宮内庁書陵部・学習院大学文学部日本語日本文学科研究室・早稲田大学中央図書館・国文学研究資料館にあり、また、一九三〇年代に作成された影写本（三条西実義氏原蔵）が東京大学史料編纂所と大倉精神文化研究所にある。

影写本は、一九三〇年代当時、東京帝国大学史料編纂所で全国の古文書等の影写本を作成し、大倉精神文化研究所も史料編纂所内に大倉精神文化研究所附属の日本古文書古記録副本作製部を設置して、一九三八年に閉室するまで影写本等の副本を作成したという。[注26] 現在、東京大学史料編纂所には影写本の「三条西家重書古文書」[注27]七冊（一九三九年影写）があり、三一点の史料が収められている。大倉精神文化研究所には二〇点の影写本（一九三〇年代後半に影写）がある。[注28] いずれも三条西実義氏原蔵で、両所の影写本は同時期に作成されており、一括して表1に掲出した。

宮内庁書陵部は一九五〇年に三条西家から蔵書を購入している。[注29] 宮内庁書陵部『和漢図書分類目録 増加一』（一九六七年）にはこの時に購入した書籍が含まれているので、この目録に三条西本とあるものを一覧表にして表2に示した。日記、官職・位階、朝廷儀式関係が多い。前述の影写本の原本と思われる本も複数ある。ここにみえる四五点のなかの二一点は三条西実隆が書写した写本で、実隆の子公条の書写本も四点ある。

学習院大学文学部日本語日本文学科研究室所蔵三条西家本は、学習院大学国文学科の開設にあたり、同大学教授の松尾聰氏が学習院の卒業生である三条西公正氏から一九四八～四九年に大学の図書費で購入したもので、特に物語関係のものを譲渡していただいたという。[注30] 全部で一〇七点あり、このうち、「伊勢物語」（伝定家筆本[注31]）・

「枕草子」（能因本）・「色葉字類抄」の三点は学習院大学図書館にある。筆者は同研究室でこの三条西家本の目録[注32]を見せていただき、同研究室の了解を得て、この目録から同研究室所蔵三条西家本の一覧表を作成して表3に示す。このなかの「伊勢物語」関係の二三点については松尾檀氏[注33]の目録・解説がある。

早稲田大学中央図書館（早稲田大学総合学術情報センター中央図書館）には三条西家旧蔵本の史料が一五一点あり、このうち一九点が荻野三七彦研究室収集文書、一点が中村俊定文庫、一点が伊地知鐵男文庫である。これらを表4に一覧表で示した。[注34]このなかの文学書については井上宗雄・柴田光彦氏[注35]が目録を作成している（表4の請求番号へ2／4867／1~58に相当）。

国文学研究資料館には三条西家文書が九六二点所蔵されており、同館史料館作成の詳細な文書目録[注36]があるので、ここでは簡単に内容について触れておく。同目録の解題によれば、この三条西家文書は一九四八年に三条西家から史料館に譲渡されたもので、作成年代は江戸時代が中心である。同目録ではこの史料群を次の五つの内容に分類している。すなわち、1三条西家の当主とその家族による狭義の家組織（五〇二点）、2同家の家政（一二一点）、3同家の大臣家としての家職（三二四点）、4神宮司庁（一二点）、5三条西家を本来の出所としない記録文書（三点）である。

このほかに所蔵されている三条西家旧蔵の重要な個別史料をいくつか挙げておく。

東京国立博物館所蔵（梅沢記念館旧蔵）の三条西家旧蔵の『栄花物語』は、十三世紀に作成された写本で、一九五五年に国宝に指定された。『栄花物語』の古体を残した古本系統で、諸刊行本の底本になっている。[注37]

三条西実隆の自筆日記『実隆公記』（一〇七巻、四四冊、一枚）が東京大学史料編纂所に所蔵されている。一九五一年に同所が購入したもので、一九九五年に重要文化財に指定された。[注38]

宮内庁書陵部所蔵の三条西家旧蔵の『和泉式部日記』は三条西実隆筆と考えられている。『和泉式部日記』の

最古の写本で、最も原形に近いとされ、諸刊行本の底本になっている。[注39]
日本大学総合図書館（日本大学総合学術センター）に三条西家旧蔵の『源氏物語』の証本（藤原定家が証本として定めたもの）が所蔵されており、三条西実隆・公順・公条が書写した本とされている。[注40]

三　三条西家の文庫

三条西家は南北朝時代末期に正親町三条実継の次男公時が起した家で、近衛大将にならずに大臣に至る大臣家である。戦国期の三条西実隆が同家の文庫を設立したことについては芳賀幸四郎氏[注41]も記しており、宮川葉子氏[注42]はこの文庫の二階の存在に触れている。ここではこの文庫の建物の構造・様子について、実隆の日記『実隆公記』[注43]からさらに詳しくみてみよう。

実隆が邸宅の敷地内に文庫の設立を決めたのは享禄元年（一五二八）八月三十日で、十月三日に文庫事始めを行ない、柱五本を礎に立てた。しかし作事はしばらく中断し、翌年七月十日に再開して文庫造作始めが行なわれた。この文庫には「圊城・小便所」（大便・小便の厠）もあり（『実隆公記』同二年八月十日条）、壁は白壁にしたらしく（十一月三十日条）、文庫の前には庭と竹垣があった（十二月五日条）。二階は同二年十二月七日に構築している。十三日には文庫の南方の敷板を置き、二十三日に「文庫南二間座敷戸等事」を大工に申しつけているので、文庫の南方には二間の座敷が付いていたことがわかる。座敷の敷板には畳一帖と差筵が置かれ、小壁は萱で編まれており、広縁とその前の杉障子（引手がある）も作られている（同三年二月十二日、三月二・十二日条）。文庫の安鎮行法は定法寺僧正が行ない（同二年十二月十五日条）、二階には五大力菩薩等の札が貼られた（同三年二月二十一日条）。実隆は同三年三月二十日に、出来上がった文庫で摂取院真盛（実隆の母方の従姉妹、甘露寺親長娘）等と盃酌している。

これらによれば実隆の文庫は、厠・二階があり、南方には座敷・広縁が付随した建物で、庭・竹垣もあった。実隆はこの文庫を書庫としてだけではなく、読書や執筆などの場としても使ったと考えられる。

実隆の書籍の書写・購入の記事は『実隆公記』に頻出する。前節で示した宮内庁書陵部等の三条西家旧蔵本にも実隆の書写本が多くあり、実隆・公条書写とされている『源氏物語』証本（日本大学総合図書館所蔵）等もある。実隆の書籍の書写・購入は蔵書を増加させ、文庫の必要を生じさせたのであった。

江戸時代における同家文庫の様子は、加賀藩主前田綱紀が同家の文庫・蔵書の修復を行なった時の書簡を収めた、前田育徳会尊経閣文庫所蔵「書札類稿」七〜九の「三条西蔵書再興始末記」[注44]と、金沢市立図書館所蔵「松雲公採集遺編類纂　書籍部」[注45]所収「三条家蔵書古本名記国史等之儀付往復親簡写」[注46]からうかがえる。綱紀は、「東寺百合文書」にみられるように諸家の文庫・蔵書を修復したが、三条西家の場合は、同家の蔵書が朽ちかけていて損亡の危機にあるという風聞を綱紀が聞き、三条西実教が没した元禄十四年（一七〇一）の翌年から、同家の家司河村権兵衛や実教の子公福などと書簡のやりとりをしながら同家の文庫・蔵書の修復作業を進めていった。[注47]前述の「三条西蔵書再興始末記」には、元禄十五年から享保五年（一七二〇）までの往復書簡が年代順に写されて収められている。一方、「松雲公採集遺編類纂　書籍部」所収「三条家蔵書古本名記国史等之儀付往復親簡写」の方には、宝永年間の往復書簡が一二通写されており、これらの書簡は「三条西蔵書再興始末記」にも収められているが、写し方に少々違いがみられる。

これらの書簡のなかから、当時の三条西家の文庫の状態がわかる部分を取り上げてみよう。宝永元年（一七〇四）の三月十八日前田綱紀書状写[注48]（河村権兵衛宛）には、同家文庫の「西宮記」「北山抄」「三代格」「日本後紀」「医陰系図」「鷹百首」「執政所抄」「禁秘抄」のことがみえる。「日本後紀」については、

日本後紀最早不相見之旨、残念至極候、細字故、紙葉少候間、何之内江紛候茂難計儀候、元来充棟之御書物候条、猶更御捜索尤存候、

とあり、「日本後紀」が見当たらないことを綱紀は残念がっており、追而書にも、

猶以後紀之儀承届候得共、外江紛失可仕御本とハ不存候間、必定御文庫之内ニ者可有御座候間、必々不被捨置一紙半葉ニ而茂被取出候ハヽ、早々可参給候、以上、

と書き、きっと文庫内にあるはずであるから一紙・紙片でも取り出してほしいと述べている。また綱紀は文庫の蔵書のために、巻物を入れる箱や樟脳も用意し、

巻物等之箱、不入事之様ニ各可被存候得共、ケ様之御本者、已来何様ニ御尋候而茂無之物ニ候故、末永相続申様ニ与、箱等申付進之候、樟脳茂此方より認遣候通、一両年ニ一度宛被取替之、可被入置之候、

として蔵書の保存方法を河村権兵衛に教示し、樟脳は二年に一度取り替えるようにと書いている。

なお、この三条西家本の「日本後紀」は、現在は天理図書館に所蔵されており、[注49] 前述の大倉精神文化研究所所蔵影写本にもある。

右の前田綱紀書状写からは、三条西家の文庫内には重要な古書が多くあったにもかかわらず、整理・管理が不

十分なために行方不明になる書物があり、虫食い予防のための樟脳も用意されていない状態であったことがわかる。同家文庫の蔵書の伝来には綱紀の修復事業が大きな役割を果たしていた。

おわりに

本稿ではまず、朝廷・公家伝来の各史料群が所蔵されている諸機関を提示してその分散状況を明らかにした。一つの家の蔵書が複数の機関に分かれて所蔵されている現状は、朝廷・公家の各家に関する研究の方法をより複雑なものにしている。三条西家伝来の史料群の場合、宮内庁書陵部等の数ヵ所に分散して所蔵されており、本稿ではそれらの所蔵機関別の目録化も試みた。

三条西家の場合、戦国期の三条西実隆は書籍の書写・収集に熱心で、彼が敷地内に建てた文庫は、厠、二階、座敷・広縁、庭・竹垣が付いており、読書・執筆活動等で長時間籠ることが可能な、いわば小図書館のような建物であった。その後、江戸時代に加賀藩主前田綱紀が同家の朽ちかけた文庫・蔵書を修復したこともあり、三条西家の貴重な蔵書群が今に伝えられるに至ったのである。

三条西家伝来の蔵書には、実隆が書写したものが少なくない。実隆は宗祇から『源氏物語』等の古典文学を学んで研究し、宗祇からは『古今和歌集』の注釈の秘訣を伝える古今伝授も授けられている。[注50] 古典文学・歌学の研究に励んだ実隆が書写・収集した『源氏物語』『伊勢物語』や『古今和歌集』関係書等が文庫に伝来し、今日の古典文学研究に大きく寄与していることは確かである。これら三条西家伝来の古典文学関係書は、同家の蔵書群の特徴の一つであるといえよう。

注

1　小野則秋『日本文庫史研究』（大雅堂、一九四四年、改訂新版、臨川書店、一九七九年）。

2　田島公「禁裏文庫の変遷と東山御文庫の蔵書――古代・中世の古典籍・古記録研究のために――」（大山喬平教授退官記念会編『日本社会の史的構造　古代・中世』思文閣出版、一九九七年）、田島公編『禁裏・公家文庫研究』第一～五輯（思文閣出版、二〇〇三～一五年）所載の諸論文等。

3　吉岡眞之「柳原家旧蔵書籍群の現状とその目録――蔵書群の原形復原のための予備的考察――」（田島公編『禁裏・公家文庫研究』第五輯、二〇一五年）。

4　学習院大学史料館『旧華族家史料所在調査報告書』本編1～4、附編（学習院大学史料館、一九九三年）。

5　国立国会図書館憲政資料室所蔵の史料など。

6　数量が不明な史料群として、宮内庁書陵部の西園寺家本・三条家本・中御門家本、有職文化研究所（旧高倉文化研究所）の高倉家伝来の史料群（『衣紋道高倉家秘蔵展』〔多摩市文化振興財団、一九八七年〕に一部の写真を掲載）などがある。

7　田島公「近世禁裏文庫の変遷と蔵書目録――東山御文庫本の史料学的・目録学的研究のために――」（同編『禁裏・公家文庫研究』第一輯、二〇〇三年）。東山御文庫については小倉慈司編「東山御文庫本マイクロフィルム内容目録（稿）」（田島公編『禁裏・公家文庫研究』第一～三、二〇〇三～九年）、『京都御所東山御文庫所蔵 地下文書』（史料纂集 古文書編）（末柄豊校訂、八木書店、二〇〇九年）等がある。

8　『京都大学附属図書館六十年史』（京都大学附属図書館、一九六一年）、『旧華族家史料所在調査報告書』本編1～4（前掲注4）。京都大学蔵書検索 kuline で画像をみることができる史料もある。

9　京都府立総合資料館歴史資料課編『京都府立総合資料館所蔵 改訂増補文書解題』（京都府立総合資料館、一九九三年）五〇・五四頁、拙稿「陰陽道土御門家旧蔵の中世文書――中世の土御門家領について――」（『古文書研究』七二、二〇一一年）。

10　小倉慈司「宮内庁書陵部所蔵京都御所旧蔵本の由来」（『国立歴史民俗博物館研究報告』一八六、二〇一四年）、飯倉晴武「中・近世公家文庫の内容と伝来」（同『日本中世の政治と史料』吉川弘文館、二〇〇三年）、同「伏見宮本の変遷――書陵部での整理と書名決定――」（『禁裏・公家文庫研究』第三輯、二〇〇九年）、『旧華族家史料所在調査報告書』本編1～4（前掲注4）、『図書寮叢刊 書陵部蔵書印譜』上（宮内庁書陵部、一九九六年）参照。

11　國學院大學久我家文書編纂委員会編『久我家文書 別巻』（國學院大學、一九八七年）「解説」、『特別展観 中世の貴族――重要文化財久我家文書修復完成記念』（國學院大學、一九九六年）。

12 国文学研究資料館史料館『史料館所蔵史料目録 第六十三集 山城国諸家文書目録（その一）』（一九九六年）、同『史料館所蔵史料目録 第六十八集 山城国諸家文書目録（その二）』（一九九九年）。

13 『旧華族家史料所在調査報告書』本編1〜4、『改訂内閣文庫国書分類目録』上・下（国立公文書館内閣文庫、一九七四・一九七五年）。

14 国立国会図書館参考書誌部編『国立国会図書館所蔵貴重書解題　第七巻　古写本の部　第一』（国立国会図書館、一九七五年、復刻版、フジミ書房、二〇〇六年）。

15 「国立国会図書館デジタルコレクション」で画像をインターネット公開している。

16 小倉慈司「「高松宮家伝来禁裏本」の形成過程」（『国立歴史民俗博物館研究報告』一七八、二〇一三年）、『岩崎文庫和漢書目録』（東洋文庫、一九三四年）、『国立歴史民俗博物館 館蔵資料概要』（国立歴史民俗博物館・資料委員会管理部資料課、一九九一年）。

17 『専修大学図書館所蔵菊亭文庫目録』（専修大学図書館、一九九五年）。

18 東京大学史料編纂所ホームページの所蔵史料紹介の特殊蒐書の各解説参照。

19 名古屋市蓬左文庫編『名古屋市蓬左文庫古文書古絵図目録』（名古屋市教育委員会、一九七六年）。

20 島津忠夫・長友千代治・森正人・矢野貫一・瓜生安代編『岩瀬文庫本調査おぼえがき　付　柳原家旧蔵本目録』（一九八〇年）、『第2回 岩瀬文庫希覯本展　公家 柳原家の世界』（西尾市資料館、一九八二年）、西尾市岩瀬文庫編「西尾市岩瀬文庫　柳原家旧蔵資料目録（Ａ）（Ｂ）」（田島公編『禁裏・公家文庫研究』第四輯、二〇一二年）、吉岡眞之「柳原家旧蔵書籍群の現状とその目録——蔵書群の原形復原のための予備的考察——」（前掲注3）。

21 『明治大学刑事博物館目録』一五（一九五九年）、同四八（一九七八年）に二条家文書の目録がある。

22 東京国立博物館・ＮＨＫ・ＮＨＫプロモーション編『陽明文庫創立七〇周年記念特別展 宮廷のみやび——近衛家一〇〇〇年の名宝』（ＮＨＫ・ＮＨＫプロモーション、二〇〇八年）、『陽明叢書国書篇』『陽明叢書記録文書篇』（思文閣出版）。

23 藤井松一「西園寺公望関係文書について」（立命館大学『人文科学研究所紀要』二七、一九七九年）、『立命館大学図書館蔵　西園寺文庫目録』（立命館大学図書館、一九九〇年）。

24 ㈶冷泉家時雨亭文庫・ＮＨＫ編『京の雅・和歌のこころ 冷泉家の至宝展』（ＮＨＫ・ＮＨＫプロモーション、一九九七年）、『冷泉家時雨亭叢書』（朝日出版社）。

25 早稲田大学図書館の蔵書検索ＷＩＮＥ ＯＰＡＣ、井上宗雄・柴田光彦「早稲田大学図書館蔵三条西家旧蔵文学書目録」（『国文学研究』三二、一九六五年）、早稲田大学社会科学研究所編『中御門家文書』上・下巻（早稲田大学社会科学研究所、一九六四～六五年）、同編『中御門家文書目録』（早稲田大学社会科学研究所、一九六六年）、柴辻俊六『早稲田文庫の古文書解題』（岩田書院、一九九八年）六〇・二三二頁。

26 大倉精神文化研究所『古文書古記録影写副本解題』（一九四三年）序（大倉邦彦）。

27 東京大学史料編纂所「所蔵史料目録データベース」を利用した。

28 筆者は大倉精神文化研究所で影写本（三条西実義氏原蔵）の一部を閲覧した。

29 宮内庁書陵部『展示目録 貴重史料の世界――家別け蔵書群から――』（一九九八年）二頁によれば、一九五〇年に五七点を購入し、その後も購入を続けて総数が九〇点になっている。

30 松尾聰「本学蔵三条西家旧蔵本由来」（学習院『輔仁会雑誌』一九九、一九七六年）。

31 藤原定家が天福二年（一二三四）に孫女に与えた天福本を書写したもので、『新編日本古典文学全集12』（小学館、一九九四年）、『新日本古典文学大系一七』（岩波書店、一九九七年）等の底本になっている。

32 この日本語日本文学科研究室所蔵三条西家本の目録には、手書きで作成された「三条西家より譲受本目録」と、この手書きの目録から近年にパソコンで作成された三条西家本目録とがあり、両方を参照して表2を作成した。なおこの手書き作成の目録は、二〇一三年六月に学習院女子大学で開催された中古文学会春季大会の時の貴重書等特別展示で配付された関係資料に所載されている。

33 松尾檀「学習院大学国語国文学研究室蔵三条西家旧蔵本攷㈠――伊勢物語其一――」（『学習院大学国語国文学会誌』九、一九六六年）。

34 早稲田大学図書館の蔵書検索ＷＩＮＥ ＯＰＡＣ、早稲田大学図書館編『早稲田大学所蔵荻野研究室収集文書 上巻』（吉川弘文館、一九七八年）、早稲田大学図書館『創立百周年記念貴重書展図録』（一九八二年）に依り作成した。三条西家旧蔵本は蔵書検索ＷＩＮＥ ＯＰＡＣで画像も見ることができる。

35 井上宗雄・柴田光彦「早稲田大学図書館蔵三条西家旧蔵文学書目録」（前掲注25）。

36 国文学研究資料館史料館『史料館所蔵史料目録 第六十八集 山城国諸家文書目録（その二）』（前掲注12）。

37 『新編日本古典文学全集31 栄花物語①』（小学館、一九九五年）解説。

38 東京大学史料編纂所「所蔵史料目録データベース」、東京大学史料編纂所『第三十一回史料展覧会列品目録「実隆公記」と三

39 条西家』（一九九五年）、同『三条西実隆画像と実隆公記』（一九九六年）。

40 『新編日本古典文学全集26 和泉式部日記 紫式部日記 更級日記 讃岐典侍日記』（小学館、一九九四年）解説。

41 『校註証本源氏物語きりつぼ』（三条西公正校註、武蔵野書院、一九四八年）、『日本大学蔵源氏物語（三条西家証本）』一～一一巻（八木書店、一九九四～九六年）。

42 芳賀幸四郎『三条西実隆（人物叢書）』（吉川弘文館、一九六〇年、新装版一九八七年）八「古代・中世的なものの終焉」。

43 宮川葉子『三条西実隆と古典学』（風間書房、一九九五年）第一部「三条西実隆の評伝」第五章「実隆の晩年期」。

44 『実隆公記』巻七・八（高橋隆三編、続群書類従完成会、第二刷一九七九年）。

45 近藤磐雄『加賀松雲公』中巻（羽野知顕、一九〇九年）に書簡の一部が翻刻されている。筆者は前田育徳会尊経閣文庫で「書札類稿」七～九（「三条西蔵書再興始末記」）を写真帖で閲覧した。

46 山崎誠「「松雲公採集遺編類纂」書籍部とその研究」（岡雅彦編『調査研究報告』一二、国文学研究資料館文献資料部、一九九一年）で解説。

47 東京大学史料編纂所架蔵写真帳（請求記号六一〇一／一／五五―一六）を閲覧した。

48 近藤磐雄『加賀松雲公』中巻（前掲注44）二三八～二五四頁。

49 「松雲公採集遺編類纂 書籍部」所収「三条家蔵書古本名記国史等之儀付往復親簡写」には「付札 右宝永五年也」とあるが、「三条西蔵書再興始末記」には宝永元年の書簡のところに収められており、内容的にも宝永元年の方が妥当である。ここには、原形の文書の形式に近い形で写されている前者（注46の東京大学史料編纂所架蔵写真帳）に依って翻刻し、後者を参照した。

50 『天理図書館善本叢書和書之部第二十八巻 日本後紀』（天理大学出版部、一九七八年）。解題（堀池春峰）参照。現存する唯一の「日本後紀」の写本で、重要文化財。

原勝郎『東山時代に於ける一縉紳の生活』（創元社、十版一九四二年）、横井金男『古今伝授の史的研究』（臨川書店、一九八〇年）第二篇第六章「切紙伝授と御所伝授の成立」参照。

【付記】本稿の作成に関しては、大倉精神文化研究所・学習院女子大学図書館・学習院大学文学部日本語日本文学科研究室・東京大学史料編纂所・前田育徳会尊経閣文庫・早稲田大学中央図書館特別資料室に、史料閲覧やレファレンス・サービスなどでお世話になった。記して感謝申し上げる。

表1　三条西家本影写本目録

No.	史料名	冊数	備考	所蔵機関	所収の書名	請求記号
1	九条師輔記（五月節分事）		天慶七年五月	東京大学史料編纂所	三条西家重書古文書	3001-6-1（1[上]）
2	経信卿記		延久四年一二月	東京大学史料編纂所	三条西家重書古文書	3001-6-1（1[上]）
3	除目記篇目上		長治二年～治承四年	東京大学史料編纂所	三条西家重書古文書	3001-6-1（1[上]）
4	中右記抄出			東京大学史料編纂所	三条西家重書古文書	3001-6-1（1[上]）
5	中外抄		藤原忠実述	東京大学史料編纂所	三条西家重書古文書	3001-6-1（1[上]）
6	小右記断簡		寛仁元年一〇月、長和三年一一月、治安元年正月	東京大学史料編纂所	三条西家重書古文書	3001-6-2（1[中]）
7	御即位記			東京大学史料編纂所	三条西家重書古文書	3001-6-2（1[中]）
8	西郊亜相殿御記		藤原公氏、建保五年正月	東京大学史料編纂所	三条西家重書古文書	3001-6-2（1[中]）
9	開元[部類記]			東京大学史料編纂所	三条西家重書古文書	3001-6-2（1[中]）
10	元秘抄目六			東京大学史料編纂所	三条西家重書古文書	3001-6-2（1[中]）
11	伏見院宸記		弘安一一年正月～三月、永正一六年（一五一九）写	東京大学史料編纂所	三条西家重書古文書	3001-6-3（1[下]）
12	永仁六年記		藤原実躬、別題：八条内相府殿（藤原公秀）記（六月～一一月）	東京大学史料編纂所	三条西家重書古文書	3001-6-3（1[下]）
13	御禊行幸記			東京大学史料編纂所	三条西家重書古文書	3001-6-3（1[下]）
14	道平公記		元亨四年正月～二月	東京大学史料編纂所	三条西家重書古文書	3001-6-3（1[下]）
15	建保六年仮名暦			東京大学史料編纂所	三条西家重書古文書	3001-6-3（1[下]）
16	自然抄		康永二年正月～二月	東京大学史料編纂所	三条西家重書古文書	3001-6-3（1[下]）
17	忠光卿記		康安元年六月	東京大学史料編纂所	三条西家重書古文書	3001-6-3（1[下]）
18	中黄記		中御門宣秀、永正九年九月	東京大学史料編纂所	三条西家重書古文書	3001-6-3（1[下]）
19	峯殿春日社御願文			東京大学史料編纂所	三条西家重書古文書	3001-6-4（2[上]）
20	維摩会表白		良信、嘉元元年一〇月一〇日	東京大学史料編纂所	三条西家重書古文書	3001-6-4（2[上]）
21	造宮使本解		暦応二年八月	東京大学史料編纂所	三条西家重書古文書	3001-6-4（2[上]）
22	宣賢少納言所望事			東京大学史料編纂所	三条西家重書古文書	3001-6-5（2[中]）
23	叙位成柄		天文五年二月二一日	東京大学史料編纂所	三条西家重書古文書	3001-6-5（2[中]）
24	左経記抄出		長元五年四月～六月	東京大学史料編纂所	三条西家重書古文書	3001-6-5（2[中]）
25	改元定陣儀御下行方之事		寛永元年二月三〇日	東京大学史料編纂所	三条西家重書古文書	3001-6-6（2[下]）
26	夏日同詠百首和歌		藤原実継	東京大学史料編纂所	三条西家重書古文書	3001-6-6（2[下]）

27	群書治要巻30 晋書下			東京大学史料編纂所	三条西家重書古文書	3001-6-6（2[下]）
28	楽所系図		狛氏・多氏・山村氏・豊原氏・戸部氏・大神氏・玉手氏・安陪氏・中原氏	東京大学史料編纂所	三条西家重書古文書	3001-6-7（3）
29	医陰系図		和気氏・丹波氏・惟宗氏・賀茂氏・安陪氏	東京大学史料編纂所	三条西家重書古文書	3001-6-7（3）
30	文亀四年仮名暦			東京大学史料編纂所	三条西家重書古文書	3001-6-7（3）
31	匡衡集抜萃		江吏部集 巻上・中・下	東京大学史料編纂所	三条西家重書古文書	3001-6-7（3）
32	改元部類記	1冊	大永八年（一五二八）の書写奥書	大倉精神文化研究所		イイ 77
33	下目鈔 愚要抄	1冊	愚要抄に実隆の書写奥書	大倉精神文化研究所		イイ 78
34	執筆抄	1冊	延徳四年（一四九二）の実隆の書写・加点奥書	大倉精神文化研究所		イイ 79
35	諮問抄	1冊		大倉精神文化研究所		イイ 80
36	春玉秘抄 初夜	1冊	実隆の書写奥書	大倉精神文化研究所		イイ 81
37	叙位記	1冊		大倉精神文化研究所		イイ 82
38	叙位次第	1冊		大倉精神文化研究所		イイ 83
39	除書	1冊		大倉精神文化研究所		イイ 84
40	除目書	1冊		大倉精神文化研究所		イイ 85
41	除目部類	4冊		大倉精神文化研究所		イイ 86
42	除目部類記	1冊	表紙・見返しに、明応六年（一四九七）の実隆の記	大倉精神文化研究所		イイ 87
43	禅中記抄	1冊	至徳元年（一三八四）の員外散木の奥書	大倉精神文化研究所		イイ 88
44	続教業記	1冊	延徳三年（一四九一）の実隆の書写奥書	大倉精神文化研究所		イイ 89
45	大間書 文安元年	1冊		大倉精神文化研究所		イイ 90
46	殿上淵酔部類記	1冊	延徳三年（一四九一）の実隆の書写奥書	大倉精神文化研究所		イイ 91
47	日本後紀	6冊	大永四年（一五二四）の書写奥書、天文二年（一五三三）の一見・加点奥書	大倉精神文化研究所		イイ 92
48	任大臣節会并大饗記 室町殿	1冊	長享二年（一四八八）の書写奥書	大倉精神文化研究所		イイ 93
49	非職事雲客所役秘抄	1冊	長享二年（一四八八）の実隆の書写奥書（書写は重種）	大倉精神文化研究所		イイ 94
50	諷誦文故実	1冊		大倉精神文化研究所		イイ 95
51	諒闇終条	1冊	奥書の最後に、長享三年（一四八九）の宣胤の書写奥書	大倉精神文化研究所		イイ 96

＊史料の原蔵は伯爵三条西実義氏。
＊東京大学史料編纂所「所蔵史料目録データベース」、大倉精神文化研究所『古文書古記録影写副本解題』と筆者の閲覧調査（奥書等）に依り作成した。
＊備考では、書写の年月日は年のみを記して西暦を付けた。紙背文書に関する注記については省略した。

表2　宮内庁書陵部所蔵（増加分）三条西家本目録

No.	史料名	冊数	著者	成立・書写等	函架番号
1	遠情抄　未来記 雨中吟聞書	1冊	宗祇注	明応四年（一四九五）写、三条西実隆	415－288
2	古今和歌集真名序註	1冊	東常縁説、宗祇聞書	永正一五年（一五一八）写、三条西公条	509－39
3	拾遺愚草　上下（中員外欠）	2冊	藤原定家	室町写	150－732
4	三条西家着到百首和歌	1冊	尭空・公条・実世	大永五年（一五二五）各自筆	503－253
5	江吏部集抜萃	3巻	大江匡衡	大永六年（一五二六）写	415－271
6	吾妻鏡抜書　寿永三～文治六 第三～一〇（五欠）	1冊		室町写	415－272
7	園太暦　建武四～延文二（有欠）	5冊	洞院公賢	三条西実隆等写	415－259
8	改元部類記　治暦～文治（有欠）	1冊		大永八年（一五二八）写、三条西公条	415－274
9	改元部類記	1冊		室町写	415－278
10	愚昧記　仁安二	3冊	三条実房	三条西実隆等写	415－257
11	後愚昧記　延文六～永徳三	22冊	三条公忠	写	262－28
12	後愚昧抄　延文六～永徳三（有欠）	3冊	三条公忠	三条西実隆等写	415－260
13	後常瑜伽院御室永助法親王御記　抄出　永享四、五	1冊		三条西実隆写	415－262
14	後深草院宸記　正応三・二・一	1冊		大永七年（一五二七）写、三条西実隆	415－258
15	薩戒記　永享元・一〇、一一抄出	1冊	中山定親	永正八年（一五一一）写、三条西実隆	415－264
16	除目部類　弘安六・三～元応元・正（有欠）	1冊	三条実躬	三条西実隆写	415－282
17	叙位除目記　応永三三・正～一〇	1冊	中山定親	室町写	415－281
18	禅中記抄　応保二　嘉応三　安元元	1冊	藤原長方	至徳元写	415－285
19	即位女叙位記　正安三・四	1冊	万里小路宣房	室町写	415－292
20	即位竝由奉幣部類記　順徳 後深草 光厳　称光天皇	1冊		室町写	415－290
21	即位部類記　後嵯峨天皇 仁治三・二～四	1冊		永正一五～一六年（一五一八～九）写、三条西公条	415－275
22	親長卿記　抄出　文明四～八、一六 延徳四 明応二	1冊	甘露寺親長	室町写	415－266
23	殿上淵酔部類記　長元四～元亨三（有欠）	1冊	綾小路敦有	延徳三年（一四九一）写、三条西実隆	415－269

24	満基公記　応永九・一〇、一一　抄出	1冊	二条満基	三条西公条写	415-263
25	宗賢卿記　享徳元～文明一一（有欠）	3冊	船橋宗賢	室町写	415-267
26	室町殿足利義満直衣始記　康暦二・正・二〇	1冊		三条西実隆写	415-261
27	明月記抄出　歌道事	1冊	藤原定家	室町写	415-297
28	康富記　宝徳二・五、六抄出	1冊		永正三年（一五〇六）写、三条西実隆	415-268
29	野府記　天元元～長元五抄出（有欠）	2冊		室町写	415-295
30	野府記　寛弘八・正	1冊		室町写	415-294
31	西北雑抄　西宮記 北山抄 抜書	1冊		室町写	415-299
32	縣召除目成柄　明応二	1冊		三条西実隆写	415-293
33	縣召除目成柄　天文七	1冊		室町写	415-286
34	叙位次第	1冊	三条実房	延徳三年（一四九一）写、三条西実隆	415-289
35	叙位除目執筆抄　仁和三～天文一四	1冊		三条西実隆等写	415-270
36	叙位略次第	1冊		三条西実隆写	415-279
37	女叙位次第　大永元	1冊		三条西実隆写	415-287
38	女叙位次第　康正三	1冊	二条持通	室町写	415-291
39	行類抄　改元定	1冊	洞院実熙	延徳元年（一四八九）写、三条西実隆	415-284
40	元秘別録　承平～慶長	1冊	甘露寺親長	三条西実隆写	415-277
41	弘長度革命諸道勘文案等	2冊		三条西実隆写	415-273
42	正中度革令諸道勘文	1冊		三条西実隆写	415-298
43	天養度革令諸道勘文	1冊		三条西実隆写	415-283
44	諮問抄　抄出	1冊	三条公忠	宝徳二年（一四五〇）写、三条西公保	415-276
45	諮問抄	1冊	三条公忠	室町写	415-280

＊宮内庁書陵部『和漢図書分類目録 増加一』に依り作成した。

表3　学習院大学日文研所蔵三条西家本目録

No.	資料名	体裁・数	備考	*
1	伊勢物語	1冊	伝定家筆（二重記入）実隆附	○
2	伊勢物語	1冊		
3	伊勢物語	1冊	永正三年（一五〇六）奥書	
4	伊勢物語	1冊	武田本	
5	伊勢物語聞書	袋綴・1冊	文禄四年（一五九五）書写	
6	伊勢物語聞書（肖聞抄）	1冊		
7	伊勢物語肖聞抄	1冊	文明庚申夢菴子筆	
8	伊勢物語抄	1冊		
9	伊勢物語惟清抄	1冊	実隆六八才の筆	
10	称名院禅府伊勢物語御聞書	1冊		
11	伊勢物語御抄	2冊	称名院殿　上下	
12	伊勢物語（註釈）	1冊		
13	伊勢物語（註釈）	1冊		
14	伊勢物語愚見抄　下	1冊		
15	伊勢物語聞書	折本・1束		
16	伊勢物語（註釈）	1冊		
17	伊勢物語註釈	2冊	天文五年（一五三六）仲秋日	
18	伊勢物語聞書	折本・1束		
19	尹少（伊勢物語抄）	折本・1束		
20	伊勢物語聞書	横小本・1冊	無題	
21	伊勢物語聞書	折本・1冊		
22	伊勢物語惟清抄	1冊	実隆筆本の写し	
23	光源氏物語（註釈）	14冊		
24	澪蓬関屋（註釈）	1冊	源氏物語注釈	
25	橋姫（註釈）	1冊	源氏物語注釈	
26	若菜下（註釈）	1冊	源氏物語注釈	
27	源氏物語（註釈）総角	1冊	源氏物語注釈	
28	源氏（桐壺帚木註釈）	1冊	源氏物語注釈	
29	源氏和歌抄　上下	2冊		
30	源氏聞書	5冊	後陽成院御講談	
31	源氏聞書	1冊		
32	源氏御談義（千鳥抄）	3冊		
33	源氏若菜	1冊		
34	源氏物語（あかし）	1冊		
35	源氏物語（須磨巻）	1冊		
36	源氏詞書	1冊		
37	桐壺註	大本・1冊		
38	覚性院抄	1冊		
39	源氏（玉鬘初音註釈）	1冊		
40	源氏聞書	1冊	永正・大永年間	
41	光源氏系図	折本・1冊		
42	源氏系図	袋綴小本・1冊		
43	光源氏物語系図	1冊		
44	源氏物語聞書	1冊		
45	源氏物語	1冊	諸巻年立	
46	光源氏物語系図	1冊		
47	秘々（源語秘訳）	1冊	実隆自筆	
48	珊瑚秘抄	1冊		
49	河海抄	2冊		
50	河海抄	2冊		
51	花鳥餘情	3冊		
52	花鳥餘情	1冊	巻二七～三〇	
53	源氏註釈	折本・1束		

＊図書館所蔵

54	拾遺百番歌合	1冊		
55	大和物語	1冊		
56	枕草子（能因本）	2冊		○
57	狭衣物語	1冊		
58	鴨長明方丈記	1冊		
59	方丈記	1冊		
60	経国集	1冊		
61	倭漢朗詠集	1冊		
62	倭漢朗詠集	1冊		
63	山家集　上中	2冊		
64	三代集	箱入・5冊	古今1冊、後撰2冊、拾遺2冊	
65	萬葉聞書	1冊	70と対、万葉抄出	
66	萬葉集佳詞	1冊		
67	万葉和歌難儀集	1冊		
68	万葉註（巻第十六以下）	1冊	無題	
69	万葉集　註釈（全）	1冊		
70	万葉抄出	1冊	65と対	
71	御着到百首	1冊		
72	水無瀬法楽	1冊		
73	千五百番歌合	1冊		
74	石清水社	1冊		
75	百首和歌	1冊	大永三年（一五二三）	
76	建仁歌合	1冊		
77	宋雅千首和歌	1冊		
78	詠百寮和歌	1冊		
79	基綱卿百首和謌	1冊	〈基綱卿ヵ〉	
80	内裏御歌合	1冊	康正元年（一四五五）	
81	法皇千首和歌	1冊	享保一六年（一七三一）	
82	公事五十番歌合	1冊	判者為秀	

83	五十番歌合	1冊	貞治五年（一三六六）	
84	五十番歌合	1冊		
85	詠百首和歌	1冊	無題	
86	謌合　遠嶋	1冊	無題	
87	光広卿百首	1冊		
88	遠嶌御百首	1冊		
89	内侍所御法楽千首和歌	1冊	貞享三年（一六八六）	
90	渓雲院　御着到二百首	1冊	元禄二年（一六八九）	
91	殿上根合	1冊	永承六年（一〇五一）	
92	五百番歌合	1冊	源資氏分	
93	安永十年詠草	1冊	（一七八一年）　無題	
94	詠歌大概（注釈）	1冊		
95	懐見秘々抄	1冊	古今序註秘書	
96	古今集註	1冊	無題、大永四年（一五二四）写	
97	東野州集			
98	基俊家集	1冊		
99	和謌御会記	1冊		
100	自讃歌	1冊		
101	新古今集　註釈	1冊		
102	大嘗会悠記主基和歌作者	1冊		
103	新式和歌集	1冊		
104	諷誦文故実	1冊		
105	従安政六年十二月和歌御会写	1冊	（一八五九年）	
106	源氏目録次第	1冊	残闕	
107	色葉字類抄			○

＊学習院大学文学部日本語日本文学科研究室の三条西家本の目録に基づいて作成した。〈　〉は筆者が加えた。

＊学習院大学図書館所蔵のものは図書館所蔵欄に○を付した。

表4　早稲田大学図書館所蔵三条西家旧蔵本目録

No.	史料名	形態	成立	著者	書写奥書	請求記号	備考
1	実条公雑記	1冊	（慶長年間）			ヘ2/4867/1	
2	幽斎聞書	1冊	（文禄・慶長頃）			ヘ2/4867/2	
3	僻案集	1冊		藤原定家	文禄三年（一五九四）（三条西実条カ）	ヘ2/4867/3	
4	三鈔〈三秘抄〉	1冊			天文元年（一五三二）（三条西公条カ）	ヘ2/4867/4	
5	古今集注	1冊				ヘ2/4867/5	
6	古今集注	1冊				ヘ2/4867/6	
7	古今伝授書	1巻		宗祇	永正七年（一五一〇）（三条西実隆カ）	ヘ2/4867/7	
8	古今相伝人数分量	1冊			（三条西実隆カ）	ヘ2/4867/8	
9	古今伝授書	1冊				ヘ2/4867/9	
10	万葉集抜書	1冊				ヘ2/4867/10	
11	実兼公集	1冊	（元亨二年〈一三二二〉以前）	西園寺実兼		ヘ2/4867/11	
12	三条西実連詠草	1巻	享徳四年（一四五五）	（自筆）		ヘ2/4867/12	
13	三条西実連詠草	1巻	長禄元年（一四五七）頃	（自筆）		ヘ2/4867/13	
14	実条公御詠草：丹州に於ける，文禄三	1冊	文禄三年（一五九四）	（自筆）		ヘ2/4867/14	
15	実条公御詠草，文禄三 八月一二	1冊	文禄三年（一五九四）	（自筆）		ヘ2/4867/15	
16	実条公御詠草，文禄四年	1冊	文禄四（一五九五）～五年	（自筆）		ヘ2/4867/16	
17	実条公御詠草，慶長二年	1冊	慶長二年（一五九七）	（自筆）		ヘ2/4867/17	
18	実条公御詠草，慶長三年	1冊	慶長三年（一五九八）	（自筆）		ヘ2/4867/18	
19	[実条公御詠草]	1冊	（慶長五年頃）	（自筆）		ヘ2/4867/19	
20	実条公御詠草，慶長八～九年	1冊	慶長八（一六〇三）～九年	（自筆）		ヘ2/4867/20	
21	実条公御詠草，慶長一四年	1冊	慶長一四年（一六〇九）	（自筆）		ヘ2/4867/21	
22	実条公御詠草，慶長一五～一七年	1冊	慶長一五（一六一〇）～一七年	（自筆）		ヘ2/4867/22	
23	東国名所在名ニ付雑々覚	1冊	慶長一九年（一六一四）	三条西実条（自筆）		ヘ2/4867/23	
24	[寛永五年八月中院法楽詠草]	1枚	寛永五年（一六二八）	三条西実条（自筆）		ヘ2/4867/24（1）	

25	実条公御詠	1冊	寛永九（一六三二）～一四年	（自筆）		く 2/4867/24（2）	
26	愚詠并染毫物事	1冊	慶応三年（一八六七）	（自筆）		く 2/4867/25	
27	季知卿記	1冊	慶応四年（一八六八）～明治二年（一八六九）	（自筆）		く 2/4867/26	
28	東京行幸供奉之時読ル歌	1冊		三条西季知（自筆）		く 2/4867/27	
29	［三条西季知歌稿］.	1冊	明治三（一八七〇）～一一年	（自筆）		く 2/4867/28	
30	明治天皇御製：明治七年至十二年月次并当座歌稿	1冊	明治七年（一八七四）			く 2/4867/29	
31	明治天皇御製皇后御歌：明治十一年同十二年	2冊	明治一一（一八七八）～一二年			く 2/4867/30（1~2）	
32	三条西季知歌稿	1巻	（明治初期）	（自筆）		く 2/4867/31	
33	百首和歌	1冊	（大永六年〔一五二六〕以前）	冷泉為広		く 2/4867/32	
34	良恕百首	1巻	（寛永二〇年〔一六四三〕以前）	良恕（自筆）		く 2/4867/33	
35	澄覚着到百首	1冊	（安永三年〔一七七四〕以前）	冷泉為村		く 2/4867/34	
36	夏日同詠五十首和歌	1巻	（慶長年間）	三条西実条（自筆）		く 2/4867/35	
37	寛永三年御月次：自二月至六月	1冊	寛永三年（一六二六）			く 2/4867/36	
38	正徳四年八月廿一日吉田社御法楽	2枚	正徳四年（一七一四）			く 2/4867/37	
39	享保四年六月廿四日月次和歌御会	1冊	享保四年（一七一九）			く 2/4867/38	
40	享保十三年十一月六十賀	1枚	享保一三年（一七二八）			く 2/4867/39	
41	九月廿三日愛宕社御法楽	1枚				く 2/4867/40	
42	泉州佐野十二景：［和歌］	1枚				く 2/4867/41	
43	遥看伏見眺：［和歌］	1枚		職仁，公福など		く 2/4867/42	
44	松延齢友：［和歌］	1枚		直仁，職仁，公福など		く 2/4867/43	
45	歌道之事：人々内談和歌并雑々	1冊				く 2/4867/44	
46	三条西実条懐紙	10枚	天正一九年（一五九一）～文禄二年（一五九三）	（自筆）		く 2/4867/45（1~10）	
47	三条西実条懐紙	10枚	文禄二（一五九三）～五年	（自筆）		く 2/4867/45（11~20）	
48	三条西実条懐紙	10枚	慶長五（一六〇〇）～八年	（自筆）		く 2/4867/45（21~30）	
49	三条西実条懐紙	10枚	慶長九（一六〇四）～一六年	（自筆）		く 2/4867/45（31~40）	

50	三条西実条懐紙	10枚	元和二(一六一六)~六年	(自筆)		く 2/4867/45(41~50)	
51	三条西実条懐紙	10枚	元和八(一六二二)~九年	(自筆)		く 2/4867/45(51~60)	
52	三条西実条懐紙	10枚	元和九年(一六二三)~寛永四年(一六二七)	(自筆)		く 2/4867/45(61~70)	
53	三条西実条懐紙	10枚	寛永九(一六三二)~一〇年	(自筆)		く 2/4867/45(71~80)	
54	三条西実条懐紙	10枚	寛永一〇(一六三三)~一三年	(自筆)		く 2/4867/45(81~90)	
55	三条西実条懐紙	10枚	寛永一三(一六三六)~一六年	(自筆)		く 2/4867/45(91~100)	
56	三条西実条懐紙	10枚		(自筆)		く 2/4867/45(101~110)	
57	三条西実条懐紙	10枚		(自筆)		く 2/4867/45(111~120)	
58	三条西実条懐紙	11枚		(自筆)		く 2/4867/45(121~130)	
59	三条西実条懐紙	10枚		(自筆)		く 2/4867/45(131~140)	
60	三条西実条懐紙	6枚		(自筆)		く 2/4867/45(141~146)	
61	三条西諸家懐紙	10枚	寛永九年(一六三二)~享保八年(一七二三)	実教,公福(自筆)		く 2/4867/46(1~10)	
62	三条西諸家懐紙	11枚	享保八年(一七二三)~元文五年(一七四〇)	公福(自筆)		く 2/4867/46(11~20)	
63	三条西諸家懐紙	10枚	元文五年(一七四〇)	公福(自筆)		く 2/4867/46(21~30)	
64	三条西諸家懐紙	10枚		公福,実称(自筆)		く 2/4867/46(31~40)	
65	三条西諸家懐紙	10枚		実称(自筆)		く 2/4867/46(41~50)	
66	三条西諸家懐紙	10枚		実称(自筆)		く 2/4867/46(51~60)	
67	三条西諸家懐紙	10枚	天明四(一七八四)~六年	実称,廷季(自筆)		く 2/4867/46(61~70)	
68	三条西諸家懐紙	10枚		廷季,実勲(自筆)		く 2/4867/46(71~80)	
69	三条西諸家懐紙	10枚		実勲,季知(自筆)		く 2/4867/46(81~90)	
70	三条西諸家懐紙	11枚		季知,公盛,公広,有顕,栄丸(自筆)		く 2/4867/46(91~101)	
71	五条三位九十の賀の記	1冊	(貞治三年〔一三六四〕書写)			く 2/4867/47	
72	哥雑々	1冊	(慶長年間)	三条西実条(自筆)		く 2/4867/48(1)	
73	[三条西実勲和歌誓紙]	1枚	文政三年(一八二〇)	(自筆)		く 2/4867/49	
74	撰要目録	1冊	(仁治元年〔一二四〇〕以降)	明空,月江	(室町末期)	く 2/4867/50	
75	[源氏物語]	54冊			(伝三条西実枝筆)	く 2/4867/51(1~54)	
76	桐壺(明星抄)	1冊	天文三年(一五三四)	三条西公条(聞書)		く 2/4867/52	
77	細流抄,一,五	2冊	(永禄六年〔一五六三〕以前)	三条西公条		く 2/4867/53(1~2)	
78	源氏物語筆者	1冊			天文八年(一五三九)	く 2/4867/54	

79	井上通女紀行	1冊	（元禄一三年〔一七〇〇〕の題跋）	井上通女		〈 2/4867/55	
80	慶応二年日記	1冊	慶応二年（一八六六）			〈 2/4867/56	
81	先秘言談抄 〈先秘言談抄・本朝世紀〉	1冊	（先秘言談抄：平治元年〔一一五九〕以前）	先秘言談抄 ：藤原通憲	先秘言談抄：大永八年（一五二八）三条西公条	〈 2/4867/57	
82	仮名遣近道集	1冊				〈 2/4867/58	
83	寛平法皇系図・中納言長良系図	1巻			（外題に「三条西実隆筆」）	〈 2/4867/59	
84	［公卿殿上人補任控］	1枚				〈 2/4867/60	
85	［三条実房以下系譜］	3枚				〈 2/4867/61(1~3)	
86	年々日次記：慶長五年	1冊	慶長五年（一六〇〇）	三条西実条（自筆）		〈 2/4867/62	
87	今上御伺事留	1冊	元和五年（一六一九）～寛永四年（一六二七）	三条西実条（自筆）		〈 2/4867/63	
88	実条公御覚書	1冊	元和九年（一六二三）～寛永二年（一六二五）	（自筆）		〈 2/4867/64	
89	寛永二状并文の留	1冊	寛永二（一六二五）～三年	三条西実条（自筆）		〈 2/4867/65	
90	禁裏様并院御所様女中方御知行訴訟之御公家衆御書付之留	1冊	寛永七年（一六三〇）			〈 2/4867/66	
91	寛永十三年日光東照大権現造替条々事	1冊		三条西実条（自筆）		〈 2/4867/67	
92	三条西季知記録	1巻	天保九年（一八三八）	（自筆）		〈 2/4867/68(1)	
93	三条西季知記録	1巻	天保一〇年（一八三九）	（自筆）		〈 2/4867/68(2)	
94	三条西季知記録	1巻	天保一二年（一八四一）	（自筆）		〈 2/4867/68(3)	
95	三条西季知記録	1巻	天保一四年（一八四三）	（自筆）		〈 2/4867/68(4)	
96	三条西季知記録	1巻	天保一五年（一八四四）	（自筆）		〈 2/4867/68(5)	
97	家伝：自去年四月一日到去月三十日	1枚		（自筆）		〈 2/4867/68(6)	
98	三条西季知記録	1巻	弘化三年（一八四六）三月二八～二九日	（自筆）		〈 2/4867/68(7)	
99	三条西季知記録	1巻	弘化三年（一八四六）三月三〇日～五月	（自筆）		〈 2/4867/68(8)	
100	三条西季知記録	1冊	弘化三年（一八四六）七～九月	（自筆）		〈 2/4867/68(9)	
101	三条西季知記録	1巻	弘化三年（一八四六）一〇～一二月	（自筆）		〈 2/4867/68(10)	
102	三条西季知記録	1巻	弘化四年（一八四七）正月	（自筆）		〈 2/4867/68(11)	
103	三条西季知記録	1巻	弘化四年（一八四七）四月	（自筆）		〈 2/4867/68(12)	
104	三条西季知記録	1巻	弘化四年（一八四七）一〇月一〇～一三日	（自筆）		〈 2/4867/68(13)	

105	三条西季知記録	1巻	弘化四年（一八四七）一〇月一二日	（自筆）		く 2/4867/68（14）	
106	三条西季知記録	1巻	弘化四年（一八四七）一〇月一五日〜一一月	（自筆）		く 2/4867/68（15）	
107	三条西季知記録	1冊	文久二年（一八六二）二〜六月	（自筆）		く 2/4867/68（16）	
108	［三条西季知記録］	1冊	文久二年（一八六二）五月〜	（自筆）		く 2/4867/68（17）	
109	［教部省大教院関係覚書］	1冊	明治六年（一八七三）	（自筆）		く 2/4867/68（18）	
110	季知卿記	1冊	明治九年（一八七六）	（自筆）		く 2/4867/68（19）	
111	季知卿記	1冊	明治一三年（一八八〇）	（自筆）		く 2/4867/68（20）	
112	三条西季知記録	3枚		（自筆）		く 2/4867/68（21）	
113	三条西季知記録	1巻		（自筆）		く 2/4867/68（22）	
114	三条西季知記録	1巻		（自筆）		く 2/4867/68（23）	
115	三条西季知記録	1巻		（自筆）		く 2/4867/68（24）	
116	三条西季知記録	1巻		（自筆）		く 2/4867/68（25）	
117	三条西季知記録	1巻		（自筆）		く 2/4867/68（26）	
118	歩兵練法	1冊	慶応三年（一八六七）	三条西季知		く 2/4867/68（27）	
119	［三条西季知記録］	4枚		（自筆）		く 2/4867/68（28）	
120	御用備忘：従明治三年三月［至六月］	1冊	明治三年（一八七〇）	（自筆）		く 2/4867/69	
121	三条西実義日誌	7冊	明治四〇（一九〇七）〜大正三年（一九一四）	（自筆）		く 2/4867/70（1〜7）	
122	［除目手控］	8冊				く 2/4867/71（1〜8）	
123	直衣始部類記	1枚				く 2/4867/72	
124	官職和名唐名	1冊				く 2/4867/73	
125	［記録類目録］	17枚				く 2/4867/74	
126	地代年貢受取帳，文久二年至明治八年	1冊	文久二年（一八六二）〜明治八年（一八七五）			く 2/4867/75	
127	金銭出納控帳，明治六至一〇年	1冊	明治六（一八七三）〜一〇年			く 2/4867/76	
128	御宸翰之御写	1巻	慶応四年（一八六八）			く 2/4867/77	
129	［知藩事被任状］	1枚	明治二年（一八六九）			く 2/4867/78	
130	古今和歌集，巻第一〜二〇	1冊			天文二二年（一五五三） 三条西公条	く 4/6080	
131	高倉永家奉書案	1通				文庫 12/23	荻野研究室収集文書

132	万里小路惟房奉書案	1通				文庫12/23	荻野研究室収集文書
133	三条西実隆書状（後欠）	1通	（永正七年（一五一〇））			文庫12/56	荻野研究室収集文書
134	三条西実隆書状	1通	（永正七年（一五一〇））二月七日			文庫12/56	荻野研究室収集文書
135	県召除目聞書 ：明応二年二月	1巻	明応二年（一四九三）			文庫12/57/1	荻野研究室収集文書
136	揚名介事計歴事勘文	1巻			天文八年（一五三九） 三条西公条	文庫12/57/2	荻野研究室収集文書
137	県召除目聞書 ：天文八年二月	1巻	天文八年（一五三九）			文庫12/57/3	荻野研究室収集文書
138	十年労勘文	1巻	天正六年（一五七八）			文庫12/57/4	荻野研究室収集文書
139	兼国例勘文	1巻				文庫12/57/5	荻野研究室収集文書
140	年給勘文	1巻				文庫12/57/6	荻野研究室収集文書
141	細川幽斎書状	1通	四月二七日	（自筆）		文庫12/100/1~2	荻野研究室収集文書
142	細川幽斎書状	1通	一〇月二四日	（自筆）		文庫12/100/3	荻野研究室収集文書
143	細川幽斎書状	1通	五月二八日	（自筆）		文庫12/100/4	荻野研究室収集文書
144	細川幽斎書状	1通		（自筆）		文庫12/100/5	荻野研究室収集文書
145	細川幽斎書状礼紙	1通		（自筆）		文庫12/100/6	荻野研究室収集文書
146	細川幽斎書状	1通	七月晦日	（自筆）		文庫12/100/7	荻野研究室収集文書
147	細川幽斎書状	1通	一二月二三日	（自筆）		文庫12/100/8	荻野研究室収集文書
148	細川幽斎書状	1通	一二月九日	（自筆）		文庫12/100/9	荻野研究室収集文書
149	細川幽斎古今集伝授契状	1通	慶長九年（一六〇四）	（自筆）		文庫12/238	荻野研究室収集文書
150	和歌之条々〈栄雅記和歌条々／池永清甫聞書永正之日記〉	1冊	和歌之条々：永禄六年（一五六三）／永正日記：永正一七年（一五二〇）	栄雅	享保八年（一七二三）社司	文庫18/1012	中村俊定文庫
151	老のすさひ	1冊	文明一一年（一四七九）	宗祇	元禄一〇年（一六九七）	文庫20/163	伊地知鐵男文庫

凡例

(1) 史料名は、早稲田大学図書館の蔵書検索WINE OPACの表記に依る。〈 〉は筆者が加えた。

(2) 形態、成立、著者は、基本的には早稲田大学図書館の蔵書検索WINE OPACの表記に依り、筆者の補足を少々加えた。成立の年月日は、書状以外は年のみを記した。

(3) 書写奥書は、その写本の作成者の執筆と考えられるものについて記し、年月日は年のみを記した。

(4) 書写奥書の執筆者等の推定は、井上宗雄・柴田光彦「早稲田大学図書館蔵三条西家旧蔵文学書目録」、早稲田大学図書館『創立百周年記念貴重書展図録』に依る。

中世公家の「家学」の継承

――九条家から一条家へ――

渡辺　滋

はじめに

本稿では、九条家が鎌倉中期に三家に分立するまでの経緯や、分立の際に嫡流と位置づけられた一条家のその後などを、おもに「家学」の継承という側面から分析する。「家」が存続する過程で保持される要素は、家格・人的関係・経済的権益・邸宅をはじめ、レガリア的な動産（先祖の道具・家記）から、父祖の口伝、あるいは他家で作成された日記・有職書などの各種文字情報まで多岐にわたる。[注1]今回は、これらのうち学芸的な要素の継承過程を中心に検討していきたい。

一　九条家の成立

まずは、本稿における主要な検討対象である九条家の成立について見ておこう。九条家の初代兼実[注2]（一一四九～一二〇七）

は、藤原忠通（一〇九七～一一六四）の息子で、母は加賀（藤原仲光女）である。同母弟には慈円（一一五五～一二二五）などがいる。信子（源国信女）を母とする近衛基実[注3]（一一四三～六六）や、国子（源国信女）を母とする松殿基房（一一四五～一二三〇）などは、異母兄弟に当たる。この三者は、治承・寿永の内乱のなか、いずれが忠通の後継者としての地位を確立するか、真剣勝負を繰り広げた。最終的には、木曽義仲らと結んだ基房が失脚し[注4]、近衛・九条の二家が残ることになるのだが、その結果は複雑な政治情勢を巧みにわたり切るための努力の賜物というだけでなく、様々な偶然の産物でもあった。

こうした息子たちの行く末に関する、父忠通の意向を明確に示す史料は存在しない。先行研究では、院政期の摂関家の嫡子の名前の付け方のパターンから、忠通によって「実」字を付けられた二人の男子（基実・兼実）が共に嫡子として位置づけられていたとする分析や[注5]、この見解に基づき、忠実の代までに集積された摂関家領が基実・兼実という二人を嫡子に分割相続されたという見解がある[注6]。一方、忠通には摂関家領を分割するような構想はなく、逆に彼自身は財産の大部分を氏長者が伝領する共有財産とするつもりだったと考える論者もある[注7]。ともあれ結果として、旧来の摂関家領の多くは近衛家領と化し、分け前の少なかった九条家は鎌倉期を通じて積極的な所領集積の努力を求められることになる[注8]。

忠通の死後、摂関家に伝来した各種レガリアの類を、最終的に受け継いだのも近衛家だった。その結果、氏長者に管理権のある朱器台盤などを除き、先祖の遺品は九条家で必要な場合も貸出されない状況すら現出した[注9]。『御堂関白記』をはじめとする家記に関しても、その後の伝来状況から考えて、この時点でまとめて近衛家の管理下に入った可能性が高い[注10]。こうした両家の差は、当時の政治状況だけでなく、近衛基実が九条兼実の兄に当たることとも関係していよう。早世した基実の子に当たる基通は、実務官僚の平信範に「摂政（近衛基通）不レ知二和漢事一」（『玉葉』治承五年（一一八一）三月二十日条）と、批判を受けている。後白河法皇からも「摂政（近衛基通）不レ熟二政事一之由、人

○五摂家系図（二重線＝下線を付された人物は養子）

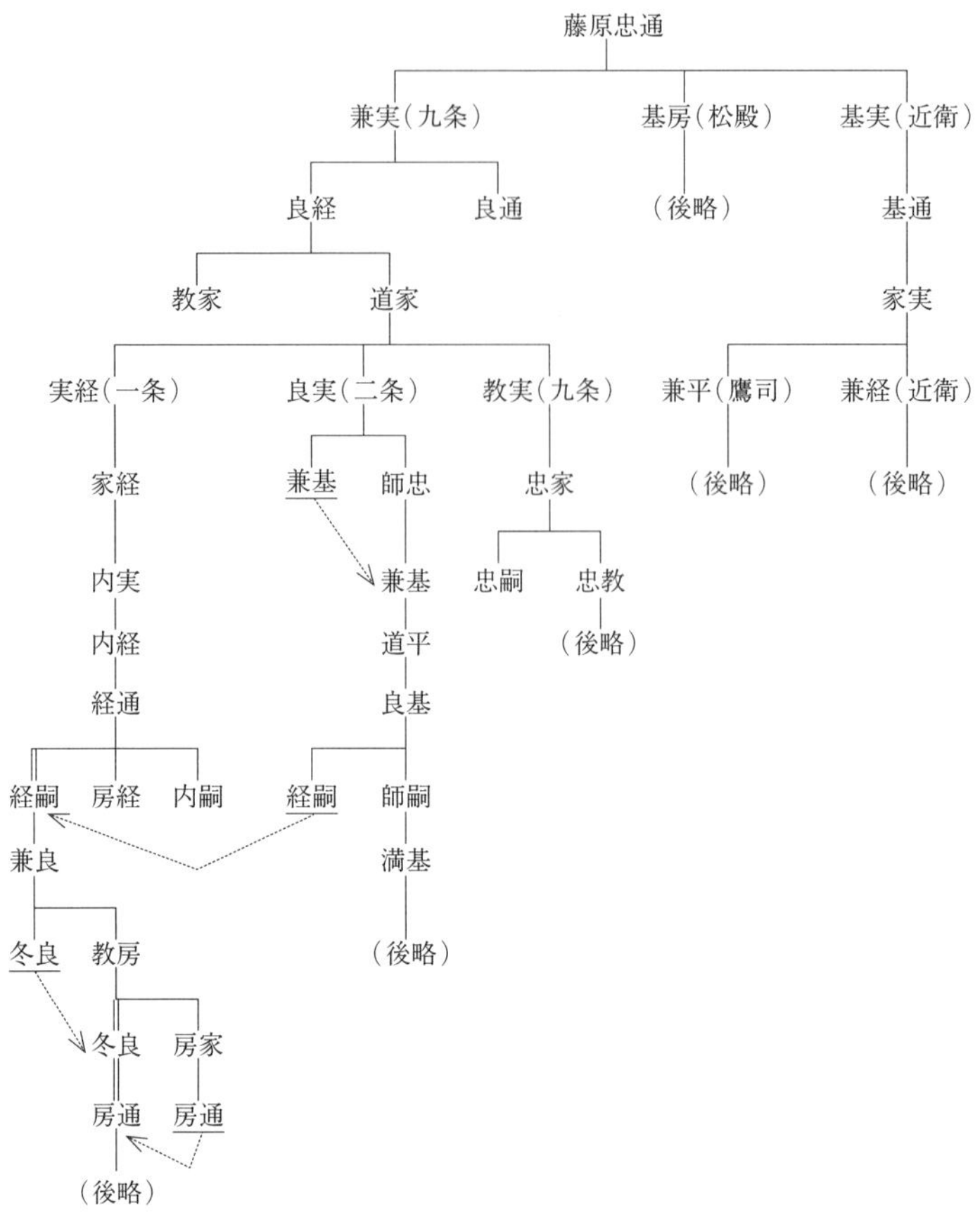

口難レ塞歟」（『玉葉』文治元年（一一八五）十一月二十三日条）といわれ、のちには「摂録臣始マリテ後、是程ニ不中用ナル器量ノ人ハイマダナシ」（『愚管抄』巻五）とまで評されている。こうした人物が長く当主を務めていたにもかかわらず、当時の社会において血統上の優位は動かしがたかったのである。

　ともかく九条家にしてみれば、出発地点から各種の条件で優越する近衛家に対抗して、家の政治的立場を確保するため、様々な努力が必要となってくる。まず重要なのは、先例を確認するために用いる蔵書群である。兼実が、

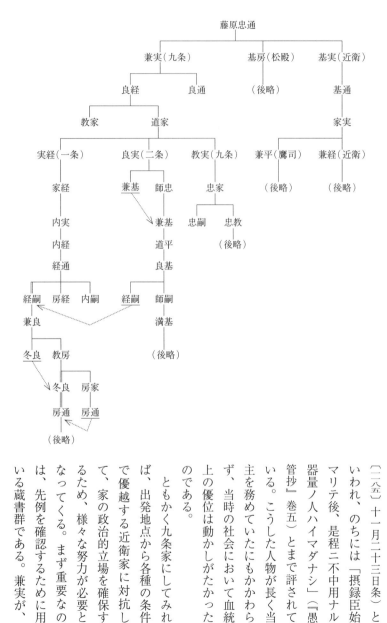

治承三年（一一七九）頃から精力的な蒐書活動をはじめ、翌年には文庫も新造するなど蔵書の充実に力を注ぐようになったのも、[注11]十数年にわたって自分を右大臣に止め置く原因となっていた平氏政権に動揺が生じつつある状況下、新たな政治的役割を果たすための準備作業という側面があろう。そもそも兼実自身が、前後の時期の摂関家当主のなかで質・量ともにずば抜けた日記『玉葉』を残したのも、また後述するように良経・道家ら代々の当主が様々な著作を精力的に生み出し続けたのも、持たざる家の当主としての意識の表れである。[注12]こうした努力は実を結び、のちには「近衛ハ、系図之面、雖レ為二宗領一、名記無之。九条ハ、雖レ為二庶流一、峯関白（九条道家）・月輪禅閤（九条兼実）・後京極（九条良経）摂政之御記、是ヲ三代ノ正記ト号シテ、為二天下之鏡一。然間、九条ハ正嫡ト見ヘ候哉」（三条西実枝『三内口決』）という評価すら出てくる。

兼実が『魚秘抄』と題する除目書を著したのも、[注13]同様の背景からと想定される。「此一巻御抄者、故禅定殿下（一条兼良）御筆也。魚秘抄〈月輪殿御抄／納二大宗伯櫃一〉」（宮内庁書陵部本『魚秘抄』本奥書）・「大宗伯　又除目抄也。記録抄等幷魚秘抄〈月輪御筆〉納之」（『桃華蘂葉』当家相伝十二合文書事）などと明記されるように、中世後期まで「月輪（九条兼実）」自筆本が存在し、三家分立後は一条家で「大宗伯」の櫃に納められ相伝されていた。

三家分立の際に「後京極」＝九条良経の作成した『魚秘抄』の写が一条・九条の両家に分有されたことが、「除目抄〈号魚秘　納二牡丹手箱一〉後京極殿御抄也。閑ニ了見之、不レ可レ有二不足一。不レ可二他見一。努々々、当家幷一条之外、不レ可レ有二他所一。家之秘書、不レ可レ過之」（「九条忠教秘蔵記録覚書」『鎌倉遺文』二三八〇五）という記載からも確認できる。実際、「小司徒　除目抄也。大間成文抄〈後京御抄〉・魚秘抄写本〈後京御筆〉納之」（『桃華蘂葉』当家相伝十二合文書事）という記載は、一条家でも同書が「小司徒」の櫃に納められていたことを示している。ここで注目されるのは、『魚秘抄』が「後京極殿御抄」（「九条忠教秘蔵記録覚書」）とも称される点である。九条家には、兼実の作成した原本だけでなく、そこに良経が何らかの増補改訂を加えたものも併存していたと考えるべきだろう。実際、九条道家（良経息）は、「故殿《良経》魚秘」（『玉蘂』承元四年〔一二一〇〕二月二十四日条）を身近において参照している。

ところで現存する『魚秘抄』の写本には、さらに複数回にわたって改訂が加えられている。これを性格の異なる前半と後半に分けて分析すると、前半には寛喜二年〔一二三〇〕を下限とする事例が繰り返し挙げられており、道家の代までの事例を実経（孫）の時期に整理した形跡がうかがえる。一方で後半には、おおよそ十三～十五世紀の事例が列挙されており、年代分布からして一条兼良が大幅な増補を加えたと考えられる。このように、兼実が作成した除目書『魚秘抄』は盛んに利用されただけでなく、良経・実経・兼良といった歴代の当主によって増補・改訂を加えられていった状況も明らかとなる。

話を元に戻すと、このほか新たな家を確立するためには、「家司」も揃えなければならない。摂関家としての家格を維持するために、経験豊かな家司を一人でも多く確保することは喫緊の課題だったに違いない。中世前期における摂関家の年中行事は平安後期のものをほぼそのまま継承しており、[注14]そうした行事の運営には父祖の代から摂関家に仕えていた家司たちの協力が不可欠だったからである。

一家を立ち上げるに当たって、兼実には父忠通の判断で源行頼をはじめとする何名かの家司が付けられている。[注15]こうした中核的な家司だけでなく、兼実は積極的なリクルートを展開していた。ところが家司の側にも色々な立場や思惑があり、かならずしも兼実の要望が受け入れられるわけではなかった。[注16]たとえば保元の乱で藤原頼長が敗死した後、その家政機関で働いていた源雅亮は徳大寺家の家司となったが、兼実は彼に対して嫡子良経の童殿上の際に総角を行わせるなど（『玉葉』承安五年〔一一七五〕三月六日条）、奉仕を求めている。雅亮は、曾祖父高房（師実）→祖父清実（師実・師通・忠実）→父雅職（忠実・忠通・頼長）と代々摂関家主流に仕えてきた一家の末流に当たる。父雅職は院政期における摂関家の年中行事を記録した『執政所抄』の編者と目される人物であり、[注17]彼自身も『雅亮装束抄』を編纂したほどの有職に関する知見を持っていた。兼実としては、是非とも傘下に組み込みたい人材であったに違いない。そうした働きかけの甲斐もあり、たとえば治承二年に九条良経が春日祭使として出立する際、雅亮は諸大夫の一人として出立所に来会するなど（『玉葉』治承二年〔一一七八〕十月二十九日条）、九条家と一定の関係を持つようになってくる。

なお、以上見てきたとおり出発点においては、近衛家に対してほぼ全面的な劣位にあった九条家だが、父祖から九条家のみに伝わった要素も確認できる。たとえば兼実の父忠通は、前代の藤原行成の書風に力強さを加えた「法性寺流」の開祖と位置づけられる。この書風を忠実個人が開発したのか、あるいは同時代に一般的なものだったのかについて評価は分かれる。[注18]とはいえ、文和元年（一三五二）に成立した尊円法親王『入木抄』に、「法性寺関白出現之後、天下皆一向此様に成て、後白川院以来、時分如レ此。剰、後京極摂政相続之間、弥此風盛也。後嵯峨院比までも此体也。其間に、弘誓院入道大納言等、聊又体替て、人多好用歟。是も凡は法性寺関白の余風也」とあるところによれば、この流派が十二〜十三世紀の書道界を席巻していたことは明らかである。[注19]同書の説明によると、法性寺（藤原忠通）以降、この流派は後京極（孫：九条良経）・弘誓院（曾孫：九条教家）[注20]などの名人を輩出したことが分かる。藤原忠実と九条良経の間に位置する九条兼実（良経父）についても、法性寺流の名手と評価されており、また九条道家（良経子）についても同様である。[注21]こうした点からは、忠実—兼実—良経—道家と四代にわたり、法性寺流の書風が九条家当主に受け継がれ、各人が当代の名手と評価された状況が判明する。このように近衛・九条家の分立段階で、九条家のみに伝承された要素もあったのである。この点については、近衛家に対抗する必要性から、父祖の遺産を意図的に継承・発展させた側面も否定できない。とはいえ、歴代の九条家当主が一流の書家としての素養を持っていたことは、注目に値する。また新たな「家」を創設し、その社会的地位を確立するにあたり、九条家の当主たちが採った戦略は、あきらかに大きな成果を生み出したといえよう。

二　九条家の立場

このような苦難のなかから立ち上げられた九条家だったが、当初の近衛家が政治的よりどころとしていた平氏政権は、次第に動揺を生じる。その傾向が顕著になる治承年間から、九条兼実が積極的行動を起こしたことは、前述のとおりである。この後、源頼朝との提携を実現した兼実は、近衛・松殿の両家を押しのけ、摂政・関白などを歴任することになる。

このように、藤原忠通の三人の子（基実・基房・兼実）は政治的な対抗関係にあった。たとえば近衛・松殿両家の場合、基通が「故殿（近衛基実）宿意」（『玉葉』承安二年〔一一七二〕十二月二十日条）を理由として基房（叔父）へ警戒的な態度を取るなど、明確に敵対関係にあった。九条兼実の場合、ここまで敵意を明確せず、両家とは「競争意識を儀礼の衣に包んだというべき関係」[注22]にあった。とはいえ兼実は、長兄基実に対して明らかに敬愛の情を懐いていたし、次兄基房に対しては尊敬の念を隠さない[注23]。たとえば基房が平清盛によって政界から追放された際、「年来之間、無二会釈一事甚多」（『玉葉』治承三年〔一一七九〕十一月十六日条）と不仲が続いていたことを記したうえで、「雖レ然、執筆已下事、在二彼脣吻一。臨二此時一、今一度面拝、中〔裏〕心所レ庶也」と述べ、自分を鍛えてくれた兄のことを素直に懐かしんでいる。このように、個人としての兄たちに兼実が敵意を懐いていたとは考えにくい。とはいえ現実世界において、三家は政治的な対抗勢力である。他家が窮地へ陥った際も、当然ながら手を差し伸べたりはしない。建久七年（一一九六）に兼実が関白を、兼房（同母弟）が太政大臣を、そして慈円（同母弟）[注24]が天台座主を辞職し、絶頂期にあった九条家の勢力が総崩れになった際（建久七年の政変）、失脚した兼実の後を襲ったのは

近衛基通だった。[注25]

こうして失脚した兼実は、その後、政界に復帰することなく、承元元年（一二〇七）に世を去った。晩年の兼実を最も悩ませたのは、跡継ぎ問題だった。というのも、長男で才能を嘱望されていた良通（一一六七〜一一八八）が、すでに二十二歳の若さで急死していたからである。[注26]良通の死の翌日の『玉葉』には、父親としての悲痛な心情が吐露されている（『玉葉』文治四年二月二十日条）。兼実と法然の交渉が翌年頃から始まるのも、偶然ではあるまい。[注27]良通の日記は個別の部類記などのほか、まとまった形では残っていないが、『玉葉』に「大将記」・「内府記」などと言及されるように、おそらく少なからぬ分量の日記が作成されていた。[注28]これも、すでに見たような、伝来の家記をほとんど所持しない九条家の現状を踏まえ、未来の当主として家の充実を目指す努力の一環だろう。残念ながら、その営為は始めて間もなく打ち切られ、父兼実の悲嘆を誘うことになるのだった。

こののち、九条家当主としての地位を引き継ぐのが、次男良経（一一六九〜一二〇六）である。彼は性格が温和で和歌などに秀でていたことから、父兼実の政敵である土御門通親（一一四九〜一二〇二）とも悪くない関係を築いており、建久七年の政変で一族が失脚した際も、出仕を止められながら内大臣の地位を守り、[注29]正治元年（一一九九）には閉門を解かれ左大臣となり、建仁二年（一二〇二）には氏長者・摂政まで至っている。

九条家一門が失脚した際、良経のみが官職を剝奪されないままに済み、また三年を経て左大臣への昇進も果たした背景については、後鳥羽上皇（一一八〇〜一二三九、在位一一八三〜一一九八）との関係も重視される。建久九年（一一九八）、三歳の土御門天皇に譲位した後鳥羽上皇は、院政を開始する。和歌などを通じて後鳥羽から高い評価を得ていた良経は、[注30]早速、政界へ復帰し、通親の死去とともに摂政に就任することになる。

後鳥羽上皇の良経に対する評価の高さは、承久の乱に破れて隠岐島に流された後、上皇が著した歌論書『後鳥羽院口伝』[注31]で良経を絶賛していることからも確認できる。

故摂政は、たけをむねとして、諸方をかねたりき。いかにそやみゆる詞のなき、歌ことによしあるさま、ふかしきなりき。百首などのあまりに地歌もなく見えしこそ、かへりては難ともいひつべかりしか。秀歌のあまり多くて、両三首などはかきのせかたし。

ここで後鳥羽院は、「故摂政」（良経）が、歌人として「諸方」（あらゆる方面）に秀でていたことや、「地歌」（平凡な歌）がまったくなく、代表的な作品を挙げようとしても二・三には絞り切れないことなどを述べている。良経の歌人としての能力は、歌人として名高い藤原俊成（一一一四〜一二〇四）などからも高く評価されており、[注32]上皇の良経評はあながち贔屓というわけでもない。九条家は、兼実の代から藤原俊成・定家父子を傘下に擁し、数々の歌合わせを主催するなど、歌壇を主催することで自家の社会的地位の確立を目指していた。[注33]これは、近衛家（嫡流）と異なるスタンスで、新たな地歩を築く必要のあった九条家ならではの戦略の一環と考えられるが、父のそうした期待を受け、良通・良経兄弟も作歌にいそしみ、とくに弟の良経は高い評価を受けるに至ったのである。良経の和歌からは厭世観や無常観が感じ取れるとも評価されるが、[注34]彼は彼なりに家の存続を図って父親の引いた路線のうえで精一杯の努力をし続けていたのである。

ところが、この良経も父の死の前年に急死を遂げる。兼実はすでに出家して日記も付けておらず、当時の感慨は確認のしようもない。しかし、自らが必死で作り上げた家を継承させるべき適齢期の跡継ぎをすべて失った悲しみが、長男良通を失った際のものを上回ったであろうことは想像に難くない。これ以降の彼は、十四歳で父を失った嫡孫道家（良経の長男）へ、無事に九条家を存続させることのみに思いを巡らし続けていたろう。この点について、兼実は良経の生前、すでに良案を編みだしていた。「元久元年（一二〇四）八月二十三日　九条兼実処分状」（『鎌倉遺文』補四六六）によると、政治的立場が安定していない良経には主要な所領を譲らず、現時点ではより安定している女院に一期分として九条家領を託し、孫道家が一定の地位を占めた後でそれを継承するというシナリオが想定できる。[注35] もしこの後、良経が長命すれば兼実の配慮は杞憂に終わった可能性も高いが、現実には良経の不慮の死によって、処分状に示されたプランが九条家を存続させるための唯一のシナリオとなる。このの ち承元元年（一二〇七）、兼実が次男の後を追うように死去すると、良輔（兼実三男）・良平（兼実四男）たち傍流が大臣クラスの地位を占めるに止まり、承久三年（一二二一）、道家が摂政に就任するまで、九条家は雌伏の時期を過ごしていく。

三　九条道家の登場と九条流の分立

兼実の嫡子（良通・良経）は、いずれも父に先立ってしまった。そのため事実上の後継者は、次男良経の長男道家（一一九三～一二五二）といえる。そうした関係もあり、道家は祖父の存在を大きく意識していた。たとえば彼の日記『玉蘂』の呼称は、兼実の『玉葉』に対し、「葉」よりも末端の「蘂（しべ）」という関係が想定される。[注36]

さて道家は、従一位関白に至る官歴のなかで、『大饗御装束雑例』・『踏歌節会次第』・『任大臣兼宣旨次第』を始めとする著作を残しつつ、政界の大物として精力的な活動を繰り広げる。しかし彼自身が晩年に回顧するとおり、「八歳にして悲母にをくれ、十四歳にして慈父にもす。十五歳にして祖父にわかれ奉る。養育の恩なを二親にこえたり、孤露にしてたのむ方なし」（「寛元四年（一二四六）七月十六日 九条道家願文」『鎌倉遺文』六七一三）と、その幼年期は悲しみに満ちたものだった。両親との死別や、「養育の恩なを二親にこえたり」と感謝を捧げる祖父兼実との別離は、前半生における苦難の始まりと言ってよい。

祖父の死の翌年、権中納言として除目の場に臨んだ道家（十六歳）は、まさに「孤露にしてたのむ方なし」という状況に置かれていた。ところがこの時、道家は先任者の誤りをさり気なく直す気配りを見せ、周囲が「みなし子の御身にて、あはれに目出御事かな」と感心したという逸話が伝わる（「光明峰寺左大将道家、除目に前人の置誤れる硯筥を置改むる」『古今著聞集』巻三）。通常は、儀式の前に父から指導を受けたり、先祖伝来の家記を精読したりして公事に関する知識を身につけるのだが、いずれの条件も十分に満たせない立場に置かれていた道家が、一人前の行動を取ったことに周囲が感嘆したのである。

この出来事は、道家が晩年の兼実から十分な訓練を受けた結果、あるいは『玉葉』を始めとする家記を自力で読解した結果と捉える余地もなくはない。たしかに、兼実に孫を教育する意図はあったらしい。たとえば良経の死の翌月、道家の元を訪れた三条長兼（家司）は、兼実が道家に対して「五十日以後、常可㆑参。可㆑有㆓御庭訓㆒」（『三長記』元久三年（一二〇六）四月十八日条）と指示したと聞いている。しかし健康状態の思わしくなかった晩年の兼実が[注37]、こののち孫に体系的な公事・有職に関する訓練を施せたとは考えにくい。

ここで注目されるのが、松殿基房（一一四五～一二三〇）である。失脚後の基房は、父忠通直伝の公事情報を保持する有職の大家と見なされていた。[注38]そもそも「執筆已下事、在㆓彼脣吻㆒」（『玉葉』治承三年（一一七九）十一月十六日条）とあるように、兼実自身が有職の訓練を基房から受けた過去を持っている。その兼実が死に臨んで、いまだ健在な次兄に対し幼孫道家の領導を懇願したことは、十分にあり得る。実際、基房の有職学の精髄が九条道家に伝えられていたことを示す伝受系譜も現存する。[注39]承元二年（一二〇八）の段階で基房は六〇歳代前半だったが、子孫から摂関を輩出することはかなわない状況に至り、すでに諦観の境致に達していたものと思われる。こうしたなか、現役時代に近衛家とは感情的に相容れなかった基房が、同家による摂関独占をさける布石として、比較的良好な関係にあった弟兼実の幼孫に公事情報を伝授することは自然な対応だろう。とくに基房の蓄積した公事情報は、自家を摂関家として確立するために集めたものである。すでに自家では役立たなくなってしまったこれらの情報を、体系的に継承してくれる存在が現れたとすれば、伝授する行為自体に充足感を覚えたとしても不思議ではない。

こうして、おそらくは基房の指導も得て研鑽を積み重ねた道家は、その甲斐あって安貞二年（一二二八）十二月に関白となる。それ以降、自身の再任期も含め、九条教実（長男）・近衛兼経（婿）・二条良実（次男）・一条実経（四男）が政権の座を占め続け、さらに藤原頼経（三男）が鎌倉に下向して征夷大将軍に就任するなど、我が世の春を謳歌する。[注40] ところが、この栄華は寛元四年（一二四六）に勃発した「宮騒動」で、前将軍頼経が京都に送還されたうえに、道家自身が関東申次を更迭されたことで終焉を迎える。その結果、九条家一門は政治的に逼塞を余儀なくされる。[注41]

道家の一門には前述した四人の息子がおり、鎌倉に下向した三男を除く三名が、家のなかで摂関候補者としての地位を確保しうる人物だった。ところが失脚の数年前に起草した遺誡で、道家は次男良実を「不孝」・「悪性」・「構二媒〔謀〕略一、竊令レ達二子細於関東一」などと罵っている（「仁治三年〔一二四二〕九条道家遺誡土代」『鎌倉遺文』六〇四四）。こうして後継者レースから脱落した良実は「於二前関白子孫一者、縦雖レ有二其仁一、莫レ交二此家領一」（「建長二年〔一二五〇〕十一月九条道家惣処分状」『鎌倉遺文』七二五〇）とされ、相続にも預かれない立場に追いやられてしまった。[注42]

この「九条道家惣処分状」によって、道家の遺産は教実（長男）と実経（四男）の二系統が分割相続することになるが、これは同家が政治的危機に直面している状況を踏まえ、リスク分散のための処置と推定される。[注43] この二家のうち、どちらが本流かについて、先行研究では、見解が分かれる。たとえば道家自身が子孫に書き残した文章の表現分析から、「子孫のうち特定の一つの家系を優遇しようという意志はもたなかった」[注44] とする見解もある。たしかに、分立後の九条家・一条家の間で氏寺の管轄権をめぐる相論が発生するのは[注45]、道家が両家間の格差について明言していないからであろう。

しかし洞院公定（一三四~一三八三）が、九条流の三家の位置づけについて「当門三流内、以二一条殿流一為二嫡家一」（「摂家相続孫〈一条〉」（『尊卑分脈』巻二）の「実経」項）と記すように、道家が「実経とその子孫とを一族の嫡家としようとした」[注46]とする論者も多い。実際、道家から譲与された所領数を比較すると、九条家への譲与は一条家への譲与と比べて圧倒的に少ない[注47]。当初の両家間に格差がなかったとは言いがたかろう。

なお、分立後の九条家は多難な時期が続く。同家の呼称は、兼実以来の本邸だった九条第を継承したことによるが、初代教実（一二一〇~一二三五）の夭折後ふるわず、忠家（教実息、一二二九~一二七五）は短期間だけ関白・摂政を務めるに止まった。この時期の九条家の家格は降下し、摂関就任への途を閉ざされた庶流の扱いを受け、忠教（忠家息、一二四八~一三三二）は摂関就任を望めない昇進コースを歩むなど、辛酸をなめている[注48]。

ところで、分立後の九条家文庫の状況を伝えるのが、「正応六年（一二九三）三月十七日 九条家文庫文書目録」（『鎌倉遺文』一八一二五）・「延慶二年（一三〇九）九条忠教秘蔵記録覚書」（『鎌倉遺文』二三八〇五）である。これらを一条家文庫と比較した結果、「九条家には兼実以来の九条流の家記のかなりの部分が相伝されていない」ことや、「九条流の「家」の嫡流であることを象徴する狭義の家記の「正本」（自筆本）がほとんどこちら（一条家）に相伝されている」ことなどが指摘されている[注49]。

この点を、もう少し詳しく検討しておこう。二種の史料のうち、「九条家文庫文書目録」は、本文が忠嗣（弟、一二五三~?）、奥への加筆が忠教（兄、一二四八~一三三二）による。「九条忠教秘蔵記録覚書」は名称のとおり、それより少し後の時期に忠教が作製したものと判断される。これらの史料と、一条家が代々相伝してきた家記のラインナップを示す史料（『桃華蘂葉』・『大乗院寺社雑事記』）を比較したのが以下の表1である（煩雑にならないよう、一条家に関しては九条家の目録と対応する項目に限って掲示した）。

表1　一三世紀の段階で一条家・九条家に所蔵されていた家記

	一条家			九条家		
	桃華蘂葉 当家相伝正記事	大乗院寺社雑事記 応仁二年閏十月二十四日条	大乗院寺社雑事記 某年某月十八日条	九条家文庫文書目録 本文	九条家文庫文書目録 奥	九条忠教秘蔵記録 覚書
九条兼実（一一四九～一二〇七）	玉葉〈八合〉。月輪禅閤自筆御記〈初写本也〉	玉葉八合〈正本〉	月輪殿〈号後性寺〉記、曰玉海、玉葉	玉葉〈一合〉	玉葉〈一合月輪殿御記〉	月輪入道殿御双子（冊子）記〈号玉葉、納菊八葉手箱一合〉
九条良通（一一六七～一一八八）			九条内大臣記、曰九槐			
九条良経（一一六九～一二〇六）	殿御記〈一合〉。後京極摂政自筆御記	殿御記一合〈正本〉	後京極殿記、曰殿御記			
九条道家（一一九三～一二五二）	玉蘂〈七合〉。光明峯寺禅閤自筆記	玉蘂七合〈正本〉	光明峯寺殿〈号峯殿〉記、曰玉蘂	一合〈殿暦…光明峯寺禅閤御記〉		峯殿御記〈正本三・四巻在之〉
九条教実（一二一〇～一二三五）			洞院殿記、曰洞林	一合　洞御記		
九条忠家（一二二九～一二七五）				一合〈後九条〉暦記	後九記〈一合故殿御記〉	
九条忠教（一二四八～一三三二）				三合　暦記〈上中下〉	暦記〈愚老記〉	
一条実経（一二二三～一二八四）	口筆〈五合〉。円明寺殿御記	口筆五合〈正本〉	円明寺殿記、曰口筆	一合　暦記〈後一条〉		
一条家経（一二四八～一二九三）	愚暦〈五合〉。後光明峯寺摂政御記。	愚暦五合〈正本〉	後光明峯〈号一条〉殿記、曰愚暦			
一条内実（一二七六～一三〇四）	棲心院殿…御記等一合在之		棲心院殿記			

この表で、まず注目すべきは、分立当初の九条家では九条流の始祖に当たる兼実の日記『玉葉』を、「双子（冊子）」装で「手箱」に入る分量（数冊程度）しか所持していない点である。冊子装の日記が日次記（正本）とは考えがたく、写本と考えるのが妥当だろう。これに対し、一条家では「正本」「八合」を所持しており、その優位は歴然といえる。

なお現在、九条家本（宮内庁書陵部蔵）として伝わる冊子本（五〇冊）は、建暦二年（一二一二）の九条良平の書き込みなどから、早い時期に原本から直接写された可能性が推定される。この九条家本『玉葉』の所有の変遷について、先行研究では、二つの可能性が提示されている。一つは、この本が良平に譲られた後、没落した子孫の手元から流出し九条家へ入った可能性、もう一つは正本・複本の二種を所持していた九条道家が、三家分立の際に正本を一条家に、複本を九条家に分与した可能性である。[注50] しかし「秘蔵記録覚書」で「手箱」に納めていたと記す「双子記」は、分量からしてもこれと別物の可能性が高い（「文庫文書目録」で「玉葉〈一合〉」と書かれるものも、「手箱」一合と対応する記載であろう）。つまり、分立当時の九条家にはまとまった分量の『玉葉』写本は存在しなかった。「旧表紙には九条道教（一三一五～四九）の筆跡で年次が直書きされており、この表紙を付したのも道教であると思われる」[注51] という指摘も踏まえれば、分立後の九条家が現在「九条家本」と呼称される写本群を入手したのは、一三〇九年（「秘蔵記録覚書」の作製以降）～四九年（九条道教の生前）と想定すべきだろう。[注52]

ついで注目されるのは、九条家が良通・良経らの日記を所持していない点である。分立前の最後の当主である道家の日記も、九条家には『玉蘂』「正本三・四巻」（三～四巻程度の意か）が分与されるに止まった。一方で一条家には、自筆本が「七合〈正本〉」も分与されており、両家の格差は明白である。

このほか興味深いのは、分立時の当主一条実経（後一条関白）と九条教実（洞院摂政）の日記[注53]を相互に共有していた点である。九条家では『殿暦』とあわせて一合に納めているので分量は少なそうだが、教実は若年で亡くなったので完本とも考えられる。こうした状況は、分立時の両家の良好な関係を物語っている。ただし両家とも、勘当された二条良実の日記は所有しておらず、二条家はこのネットワークから排除されていたと考えられる。

以上、見てきたところによれば、家記の所蔵について、一条家と九条家の置かれた状況には明確な差が確認できた。分立時の当主の日記を共有する状況などからして、当初は一定の協力関係もあったようだが、代替わり以降はそれぞれの当主の日記を共有するような状況は見られなくなる。また核心的な先祖の家記については、質・量ともに一条家が九条家を圧倒している。こうした差は、道家の遺志によって生じたと考えるのが妥当であり、彼のなかで一条・九条両家の位置づけに明確な違いが存在したことを物語っている。

四　一条家の創設から南北朝期まで

さて一条家[注54]の初代当主は、九条道家の四男実経（一二二三〜八四）である。設立当初の一条家が、九条流諸家のなかで優位に立っていたことは、すでに分析したとおりである。とくに明確な庶流である二条家と比較した場合、その差は隔絶していた。

父道家から勘当され、九条流に伝わった各種の特典を一切継承できなかった二条家では、家外の旧家などを対象に情報収集を繰り広げていた。そのなかで最も誇るべき成果とされるのが、松殿基房の旧蔵文書である。たとえば二条良実（初代、一二一六〜一二七〇）の実子で、兄師忠の養子として跡を継いだ兼基（三代、一二六八〜一三三四）は、三条実躬（一二六四〜?）との会話のなかで「故菩提院《（松殿基房）》入道関白談自筆。此抄他家又不レ持也。正本令二所持一者也」（『実躬卿記』嘉元三年〔一三〇五〕四月八日条）と述べている。兼基の孫に当たる良基も「二条太閤《良基公》御教書云、…愚身、月輪関白《（九条兼実）》幷松殿関白《（松殿基房）》両家説相伝之」（『原中最秘抄』）と、基房から伝わる情報を保持していることを誇っている。このほか良基は、三条実冬（一三五四～一四一一）に対しても「摂政《（二条良基）》於二黒戸一談話条々」の一つとして「一、摂政云「…」。又申云「是踏様如何、其様ハ不レ被レ称。凡松殿ハ摂政有職人不レ過レ此、其文書数十合相伝」云々。申云「月輪殿〈兼実公〉モ同御事歟」。被レ答云「其モ雖二数寄一、不レ可レ及。六条摂政〈基実公《（近衛）》〉早生《（世）》之間、口伝断絶。松殿寿考之間、一家人被レ問レ彼」云々。…」（『実冬公記』嘉慶元年〔一三八七〕正月某日条）と述べている。この談話によれば、所蔵する「文書」（典籍類）の総量は「数十合」に及んだという。

この相伝文書の具体的な内容は、近世前期の火災で二条家文庫が焼失したことで[注55]、確認できない。しかし肝心の内容は、実は大したものではなかったらしい。たとえば二条良実が一条実経と『源氏物語』の三大難義の一とされる「揚名介」に関して議論した際、良実は「松殿御書置」に依拠して見解を語っている。しかし実経にとって、良実の見解は「諸家記所レ見許歟」、つまり大した内容でなかった（『口筆』弘長三年〔一二六三〕十二月十五日条・『魚秘抄』所引）。こうしたやりとりからは、九条流の正嫡として豊富な家伝を持っている一条実経と、傍流として有力な情報を伝承しない二条良実の違いを確認できる[注56]。

ところで、こうしたやりとりは、松殿基房のまとめた有職学の内容が低レベルだったことを意味するわけではない。おそらく、二条家の把握している基房の研究成果は、その精髄ではなかった。基房の主要な教えを受け継いだのは、実は一条家だったのである。十二世紀後半の九条家で作成された『大嘗会叙位除目等雑注文』には、道長から忠通まで継承された「御堂流」の口伝の継承が、近衛家は兼経で、二条家は良実で、九条家は教実で途絶え、松殿基房を通じて九条道家に伝えられたものが一条実経や家経に継承されたと記されている[注57]。基房自身の著作をいくら所持していようと、口伝の継承を欠いている以上、二条家はそれを充分に運用するための条件を満たせていない。つまり松殿基房とのつながりを積極的にアピールする二条家は核心的な情報を持たず、それを取り立てて主張しない一条家にこそ主要な情報が伝来していたのである。

勿論、一条家も、この種の過去の有力者の蔵書はあつめていただろう。たとえば九条兼実が藤原師長（頼長長男）の失脚の際に押取した文車七輌は、九条道家をへて一条実経へ伝わった（『文机談』巻四）[注58]。師長の父頼長の旧蔵書は保元の乱の後に没官されたと考えられるが、それにしても重要な蔵書群である。だからといって、一条家では、この点をアピールしたりはしない。二条家の歴代当主たちが、松殿基房の旧蔵書に関して誇りつづけることは、逆に彼らの九条家三家のなかでの劣等感の裏返しといってもよかろう。

ともかくも、こうした蔵書群を背景として、実経以降の一条家の歴代当主は、文芸の分野においても着実に成果を蓄積し続けていった。たとえば『日本書紀』に関しては卜部兼文との質疑応答が実経や家経らの代から繰返されていたし、『源氏物語』については実経の手になる高度な注釈書が存在したと推定される。和歌の分野においても、「九条家歌壇の最後の光芒」と評される活躍を見せる[注59]。このように見てくると、後に一条兼良がまとめる各種の成果が、数代前からの一条家当主たちの営みの結晶であるという側面は看過すべきでなかろう。

こうして政界だけでなく文芸分野における活躍も確認できる実経だったが、彼以降の一条家は、南北朝期に入る頃まで低落傾向に陥る。跡を継いだ家経（一二四八〜一二九三）は、右大臣・左大臣などを経て、文永十一年（一二七四）に後宇多天皇の摂政などを勤めた後、四十五歳で死去する。その後を継いだ長男内実（一二七六〜一三〇四）は内大臣に至るが、嘉元二年（一三〇四）十二月に後二条天皇から内覧宣旨を蒙った当日、二十九歳の若さで死去してしまう。その長男内経（一二九一〜一三二五）も内大臣を経て、文保二年（一三一八）十二月に後醍醐天皇の関白となるが、三十五歳で死去する。このように内実・内経の二代にわたり左・右大臣を勤める年齢まで生存できず、内経は関白を経験しているとはいえ、内実など死去の直前に内覧に任じられたにすぎない状況である。偶然の連続とはいえ、この時期の一条家の政治的地位は前後の時期と比べて明らかに遜色がある。このような状況が改善されるには、次代の経通の登場を待たねばならなかった。

五　南北朝期から室町期にかけての一条家

南北朝期を迎えた際の一条家の当主は、一条経通（一三一七～一三六五）である。鎌倉幕府の滅亡以前、すでに権大納言に至っていた彼は、建武新政下では皇太子（後の後村上天皇）傅などとして後醍醐天皇に近い立場にあった。一方、北朝の時代となっても、光明天皇の建武五年（一三三八）五月には関白に就任するなど、順調な官歴を歩んでいく。

ところが長男内嗣（一三二六～一三六二以降）は、権大納言在任中の延文二年（一三五七）に、「二月日逐電。後聞、参二南山一云々」（『公卿補任』延文二年条　一条内嗣項尻付）・「依二父公不和一出奔、参二南朝一出家」（『尊卑分脈』摂家相続孫〈一条〉内嗣項）とあるように出奔してしまう。この事態について経通は、当初、洞院公賢（舅）へ「日来遁レ俗之由、深存候処、無二其儀一、参二南方一之由風聞云々」（『園太暦』延文二年二月三十日条）と説明しているが、近衛道嗣によれば「伝聞。一条大納言、非二隠遁之儀一、被レ参二南方一云々。且者、此由父公（経通）被二奏聞一云々」（『後深心院関白記』延文二年三月一日条）だった。北朝は小除目（三月二十八日）で内嗣の官位を停止したが、『南朝公卿補任』などによれば、内嗣は南朝で大納言の地位を占め、正平十七年（一三六二）に至って出家したらしい。

この事件を、当主経通との「不和」で出奔したのだから、ここに一条家門が分裂したと理解する論者もある。[注60]しかし、この「不和」・「出奔」を額面通りに受け取るべきではない。というのは、経通自身にも南朝側と継続的に連絡を取っていた形跡があるからである。たとえば現存する『大間成文抄』の写本によると、一条家所蔵の九条良経自筆本（現存せず）には、「正平十九年四月六日、静一見之。依二前関白〈経〉所進一也」（『大間成文抄』巻一上 奥書）・「正平十九年四月六日、於二灯下一静一見之。依二前関白〈経〉所進一也。此書除目之要枢、公務之管轄者也。朕(後村上天皇)以受二彼一流之正説一殊執之。進覧尤為レ報レ国之忠矣」（『大間成文抄』巻一下 奥書）などの書き込みがあった。これらの奥書からは、正平十九年（一三六四）に北朝の「前関白」（一条経通）が「朕」（南朝の後村上天皇）へ家伝の秘書を貸出していたと判明する。かつて経通は皇太子傅として即位前の後村上天皇に仕えており、そうした関係が、両統分立後まで維持されていたのだろう。南北朝合一後の応永十三年（一四〇六）、一条経嗣が南朝に伝わっていた後醍醐天皇宸筆の『建武年中行事』を借り出して書写した際、一条家にはすでに「予元来所持本」という別の写本が存在していた（その子写本に当たる東山御文庫本の奥書による）。これら一条家に存在した南朝関係の典籍も、過去の吉野朝廷との交流のなかで入手された可能性が想定できよう。[注61]

ともあれ南朝に移った長男を嫡子として遇することは出来ず、次男房経（一三四七〜一三六六）が跡を継ぐことになる。ところが房経は、父の死の翌年、風邪をこじらせて急死してしまう。「今日、一条大納言〈房経卿〉卒去〈年廿一〉云々。無二子息一云々」（『後愚昧記』貞治五年（一三六六）十二月二十七日条）・「大略一流之断絶歟。珍事々々」（『吉田家日次記』同日条）とあるとおり、この事件により、実経以来の一条家の血筋は途絶えてしまった。

こうして断絶した一条家へ養子に入ったのが、二条良基（一三二〇〜八八）の三男だった。この際、二条良基は「一条経通の末子＝房経の弟」という触れ込みで話を押し通したようだが、「後聞之。此若君事、一切非二後芥陀利華院殿(一条経通)御実子一也。…殿下〈二条殿良―(基)〉、以二彼御末子一、号二大納言殿御舎弟一」（『吉田家日次記』貞治五年（一三六六）十二月二十五日条）とあるように、この裏事情はすぐに周囲へ知れ渡ってしまった。

こうした経緯のすえ、一条家の新当主となったのが一条経嗣（一三五八〜一四一八）である。いうまでもなく、幼年の当主に家政を担えるはずもない。そのため、「大納言殿(一条房経)去年薨去之後、閣レ之了。而彼御家門事、二条殿(良基)毎事御扶持之間、可レ申二二条殿一之間、用意目安持来」（『師守記』貞治六年四月二一日条）とあるように、一条家当主が決裁すべき訴訟は、経嗣が貞治六年三月に元服して以降も、二条良基が代行していた。

この時期、良基は一条家の重宝を勝手に持ち出したり、人に与えたりもしていた。たとえば四辻善成（一三二六〜一四〇二）は、かつて一条家伝来の『源氏物語』古写本を二条良基から与えられたと白状し、経嗣へ返却している。これに対し経嗣は、日記[注62]のなかで「京極北政所自筆水源小巻〈箒木〉一巻持参之、被レ授レ予。件一部、当家相伝本也。而二条故太閤抑留、当時紛失、不レ知二行方一云々」（『荒暦』応永四年〔一三九七〕九月二十四日条・『類聚抄〈密宴事〉』所引）と、実父の行為に不快感を示している。このほか良基は、応安五年（一三七二）に「一条殿御宝蔵」にあった弘法大師直筆の『金剛場陀羅尼』を醍醐寺三宝院へ寄付するなど[注63]、同様の行為を長期にわたって続けていた。『桃華蘂葉』（広橋家旧蔵本）の「当家相伝十二合文書事」に見える、「此本一合者、自二以前一於二二条家門一被二借失一畢」という注記も、同時期の出来事を記したものだろう。

家成立の段階で一条家・九条家の後塵を拝し、とくに古い時期の情報を体系的に保持できなかった二条家の当主にとって、九条流の三家のなかで最も充実した情報を継承してきた一条家の文庫を自由に使用できることは想像を絶する喜びだったはずである。その結果、良基は若い頃から積み重ねてきた公事・有職研究における結論の少なからぬ部分が、情報不足などに起因する誤解[注64]だったことに、ようやく気付いたはずである。

さてこの間、二条家が一条経嗣に対して何の援助も与えなかったかというと、そんなことはない。たとえば、『姓名録抄』（続群書類従 巻九二六）の本奥書には、「故准后閣下〈成恩寺関白経嗣公〉、以二菅諫議大夫〈秀長卿〉一真筆之本被二書写一訖。件本申二出二条故摂政殿下〈後普光園良基公〉一御本令二模写一云々」とあり、二条良基所蔵本を一条経嗣が東坊城秀長（二条家家司、経嗣義父）に書写させた経緯が確認できる。つまり公事・有職一般の教習に関しては、ある程度の情報提供などが確認できるのである。

しかし二条家の真価を示すために必要な重要情報に関しては、教示を渋ったようである。たとえば「後福照院（二条満基）関白消息〈即位秘密事〉」（東山御文庫）は、二条満基（良基の二代後）は、二条良基から一条経嗣への教示は一般知識に限定されており、主要な情報は二条家の嫡流にしか伝えられていないことや、良基の経嗣への教示は経嗣が養家の「文書」を良基へ差し出したことへの反対給付にすぎないと指摘している。[注65]実際、室町期の摂関が地位の正当性を示すために行う「即位灌頂」を天皇に授ける役割を、称光天皇の即位の際、関白一条経嗣は果たせなかった。それは、即位灌頂の権威である二条良基が必要な口伝を授けていなかったからと考えられる。[注66]

このように経嗣は、必要な知識を実父や過去の一条家当主から継受できず、一条家伝来の書籍[注67]を博索することで習得せざるをえない立場に置かれていた。主要な情報を口伝と文字情報の併用によって伝授していく中世社会のあり方を念頭に置くと、かなり過酷な状況といわざるをえない。とはいえ彼は着実に精進を重ね、応永二十五年（一四一八）十一月に死去した際には、「御才智勝㆓於世㆒、誉及㆓四海㆒給」（『康富記』同月十七日条）・「有職漢才等抜群」（『看聞日記』同月十七日条）などと評されている。こうして彼が、一条第の火災（応永十六年（一四〇九）四月二十四日）などにもめげずに積み重ねた研鑽の成果は、息子の兼良に継承されていく。

六　一条兼良の登場から伝統の崩壊まで

経嗣の長男経輔は、応永十八年（一四一一）に権大納言を辞し、同二十三年に出家した。その結果、次男兼良（一四〇二〜八一）が跡を継ぐことになる。兼良は、若年時の『公事根源』から、応仁の乱（一四六七〜）をさけて奈良に下向した時期の『花鳥余情』・『源語秘訣』などをへて、晩年の『桃華蘂葉』に至る膨大な著作群を生みだし、それによって歴代当主のなかで最も著名な存在となった。[注68] ただしその一連の著作を生み出す前提として、彼の父親や彼自身の猛烈な研鑽だけでなく、さらに前代の先祖たちが営々と蓄積してきた高度かつ膨大な情報体（桃華坊文庫）の存在にも注目する必要がある。つまり九条兼実以降の当主たちの努力の成果が、最終的に一条兼良によって集大成されたと見るべきだろう。

　兼良が当主だった時期、一条家は応仁の乱によって壊滅的な危機に陥る。乱や、その後の余燼のなかで、同家の桃華坊文庫は次第に蔵書を減少させていった。[注69] また一条教房（長男、一四二三〜八〇）は応仁二年（一四六八）に幡多荘（土佐国）に下向したまま死去し、政房（教房長男）は下向先の福原荘（播磨国）で殺害されてしまう。[注70] なお土佐の拠点は、教房死後に房家（教房次男）が継承し土佐一条家が展開していく。[注71] この時期、畿内に残った兼良は経済的な困窮状態にあり、大乗院の尋尊（子）や土佐一条家からの支援だけでは足りず、各地の戦国大名に対して献金を求め続けていた。とくに死の二年前、文明十一年（一四七九）に朝倉氏館（越前国）を訪れた際の行動については、「依二一旦之潤沢一、招二末代之恥辱一、嘆存之処。今摂家之大老、兼二備才識之誉一、而公武皆尊敬之処、如レ此御進退、以外次第歟。莫レ言々々」（『晴富宿禰記』文明十一年八月二十三日条）などの非難を浴びたほどである。こののち兼良は冬良（二男、一四六四〜一五一四）へ『桃華蘂葉』（文明十二年）を著して与え、当主として必要な素養を伝えたうえ、翌年に死去する。

　こうして偉大な父の跡を継いだ冬良は、父譲りの学才を発揮する。彼に対する周囲の評判は高く、たとえば三条西実隆（一四五五〜一五三七）からも兼良直伝の律令学について教示を求められている。その際は、「伝受事、幼稚之昔、受二庭訓一候間、一向無二正体一候。殊不下終二一部功一候上間、相伝之事、恥二曽子三省之語一候。中々不レ可レ叶候」（『実隆公記』永正六年（一五〇九）六月十三日条）・「幼年之昔、端両三巻受二庭訓一候き。不レ及二鍛錬一打置候之間、一向無二正体一候。仮読さへ不審候。法曹之末釈、共紛失候。無念候」（同 永正七年二月十七日条）と断っているが、相当の評価を受けていたことは間違いない。

ただし、ここで「紛失」とされた注釈書は、写本が近世に出回っている。現存本の奥書には、冬良自筆の講義録を菅原顕長が書写し、その転写本を四条隆量が延徳四年（一四九二）に作成したとある。[注72] つまり「紛失」という説明が嘘でない場合、菅原顕長による書写の下限（文明十三年〈一四八一〉出家）以降に失われたことになる。ここで想定される紛失の契機が、一条殿が全焼した明応九年（一五〇〇）七月の大火である。『家伝〈深秘〉』（大倉精神文化研究所所蔵）に掲載される「燼余文書」は、「明応九年七月、家門炎上之時紛失」として、失われた典籍を列挙したものである。[注73] この後、冬良は近衛家から『践祚記録次第』を借り出したり（『後法興院記』明応九年十月七日・九日条）、三条西家から『白氏文集』を借り出したり（「永正四年（一五〇七）七月二十二日 一条冬良書状」『実隆公記』永正四年七月紙背文書）、『文選』の貸出を所望したりと（「永正四年十二月？ 一条冬良書状」『実隆公記』永正四年十二月紙背文書）、蔵書の再建を図る。

このように精力的な活動を進めた冬良だったが、跡継ぎ不在のまま永正十一年（一五一四）に死去してしまう。その結果、土佐一条家の房通（一五〇九～一五五六）が養子として跡を継ぐことになるのだが、この辺りから学問の家としての一条家の地位は揺らぎ始める。たとえば天文三年（一五三四）、連歌師の宗牧が「成恩寺所持本」（一条兼良旧蔵本）の『源氏物語』写本を「感得」（入手）して、三条西実隆へ見せている（『実隆公記』天文三年閏正月十日条）。桃華坊文庫からの流出本と推定されるもので、こうした現象の発生は房通の代における「一条家の学問断絶の一面を語る」可能性が高い。[注74] 同時期に房通は、広橋兼秀へ九条兼実自筆本『玉葉』を書写させたり、家伝の秘書『魚秘抄』の抜書を提供したりしている。[注75] 中世から近世に移行する過程で、かつてほど秘説・秘書を重視しない社会状況が生まれつつあるとはいえ、恥も外聞もかなぐり捨てて一条家を支えることに尽力した晩年の兼良が、こうした状況を目にしたとすれば、どの様に感じただろうか。

おわりに

以上、九条兼実に始まり、三家分立を経て、一条家が近世に至るまでの過程を概観した。「学問は一日にしてならず」という言葉を地で行くような歴代当主の営々とした積み重ねが、一条兼良の代に大輪の花を咲かせた有様は、五摂家のなかでも異彩を放っている。

飯尾宗祇『竹林抄』に兼良が付した「序」で、桃華坊文庫の蔵書を「七百合」と称したところから、本居宣長「桃花坊のふみぐらのふみの事」（『玉勝間』巻九）は、全盛期の蔵書数を「七百余合の書は、合《ハコ》ごとに、五十巻とはかりで、三万五千余巻のふみ也」と想定している。こうして集積された蔵書は、応仁の乱以降も、それなりの部分が現存し続けていた。[注76] しかし、これらは学界の本格的な調査を経る以前、東京大空襲で全焼してしまう。[注77] 戦後、焼け残りと思しき断片が姿を現すこともあったが、中核部分が消滅したことは間違いない。本稿で憶測混じりに書いたことも、もし一条家文庫が健在であれば簡単に確認できたであろうことを憾みつつ、とりあえず筆を置くこととしたい。

注

1 たとえば高橋秀樹「貴族層における中世的「家」の成立と展開」（『日本中世の家と親族』吉川弘文館、一九九六年、初出一九九一年）は、中世的「家」の指標として、①父祖の政治的地位、②家記・家文書、③可視的象徴（物具）の三点が父子継承される現象を重視する。

2 「九条家」の呼称の由来となったのは、皇嘉門院聖子（崇徳后、忠通女）の九条御所を中心とする第宅群で、北殿と南殿とに分れる広大な敷地からなっていた。詳しくは高群逸枝「五摂家篇」（『平安鎌倉室町家族の研究』国書刊行会、一九八五年）を参照。

3 近衛家の呼称の由来となった近衛殿の伝領については、高群注2論文を参照。

4　この事件については、武久堅「征夷大将軍源義仲と入道前関白松殿基房」（『平家物語・木曽義仲の光芒』世界思想社、二〇一二年、初出二〇〇八年）などを参照。なお松殿の呼称は、基房が新造した邸宅に由来している（『玉葉』承安三年十二月十六日条）。

5　飯沼賢司「人名小考」（竹内理三先生喜寿記念論文集刊行会編『荘園制と中世社会』東京堂出版、一九八四年）

6　野村育世「家領の相続に見る九条家」（『家族史としての女院論』校倉書房、二〇〇六年、初出一九八八年）

7　西谷正浩「平安末・鎌倉前期の家と相続制度」（『日本中世の所有構造』塙書房、二〇〇六年、初出一九九一年）

8　川端新「摂関家領荘園群の形成と伝領」（『荘園成立史の研究』思文閣出版、二〇〇〇年、初出一九九四年）・巽昌子「九条家の相続にみる「処分状」の変遷と衰退」（『史学雑誌』一二一―八、二〇一二年）。このような家領の分割が固定化した結果、各種の行事を実施する際、九条家が不都合を味わっていたことは、樋口健太郎「鎌倉期摂関家の「家」と権門」（『中世摂関家の家と権力』校倉書房、二〇一一年）を参照。

9　渡部史之「藤原師輔の野剣「小狐」と摂関家」（『東風西風』六、二〇一一年）・同「摂関家累代御物の成立」（『東風西風』八、二〇一三年）。こうした、道長以来の歴代当主を意識すれば近衛家の後塵を拝さざるをえない状況ゆえに、兼実は九条家について忠通を祖とする新しい家と位置づけるようになったと考えられる。たとえば彼が、父忠通所伝の舎利を用い、父の忌日に舎利講を行なっていたのは（谷知子「九条家の舎利講と和歌」『中世和歌とその時代』笠間書院、二〇〇四年、初出一九九二年）、そうした意識の具体的な表れだろう。

10　たとえば、兼実次男の「良経の著作『春除目抄』において、実例となる記録の引用が忠実（『殿暦』）から始まる」（吉田早苗「『大間成文抄』と『春除目抄』」土田直鎮先生還暦記念会編『奈良平安時代史論集　下』吉川弘文館、一九八四年）のは、この頃の九条家に先祖の家記がまとまった形で所蔵されていなかったことも一因だろう。

11　池上洵一「読書と談話――九条兼実の場合――」（『説話と記録の研究』和泉書院、二〇〇一年、初出一九八〇年）

12　松薗斉「摂関家」（『日記の家――中世国家の記録組織――』吉川弘文館、一九九七年、初出一九九三年）

13　『魚秘抄』に関しては、渡辺滋「広橋兼秀の有職研究――中世貴族社会における「揚名介」認識の一例として――」（『国立歴史民俗博物館研究報告』一九〇、二〇一五年）を参照。本書を良経の著作『春除目抄』の別称と見なす吉田早苗「『春除目抄』と『秋除目抄』」（『日本歴史』五一六、一九九一年）の見解もあるが、『桃華蘂葉』の記載や、『魚秘抄』奥書に見える情報を否定するに十分な根拠は示されていない。

14　佐藤健治「鎌倉時代摂関家の年中行事」（遠藤基郎編『年中行事・神事・仏事』竹林舎、二〇一三年）

15 宮崎康充「右大臣兼実の家礼・家司・職事」（『書陵部紀要』六一、二〇〇九年）

16 摂関家分立の際、両属性を持つ家司が発生したことは、井原今朝男「鎮西島津荘支配と惣地頭の役割」（『日本中世の国家と家政』校倉書房、一九九五年、初出一九七七年）が指摘する。また家司側の思惑だけでなく、摂関家からの圧力で両属性が生じる実態については、石田祐一「諸大夫と摂関家」（『日本歴史』三九二、一九八一年）を参照。

17 渡辺滋「『執政所抄』の成立と伝来について――院政期摂関家の家政運営マニュアルに関する検討――」（田島公編『禁裏・公家文庫研究 三』思文閣出版、二〇〇九年）

18 たとえば川上大隆「法性寺流書法の一考察」（『書道学論集』一、二〇〇三年）は、「忠通は三跡の書を基調とし、当時日宋貿易でもたらされた宋代の書蹟を学んで、自らの書風を築き上げた」とするが、山本信吉「藤原忠通」（『書と人物 四』毎日新聞社、一九七八年）は、「忠通独特のものではなく、当時の貴族層が日常に用いる書体」とする。

19 中世後期に法性寺流が低調となる現象については、「独自の書論書」が存在しないことを大きな背景とする宮崎肇「中世書流の成立――世尊寺家と世尊寺流――」（鎌倉遺文研究会編『鎌倉期社会と史料論』東京堂出版、二〇〇二年）の指摘も参照。

20 九条教家（良経次男）は尊円法親王『入木抄』にも言及される能書家で、『教家摘句』などの編著も持つ。今村みゑ子「藤原（九条）教家――教家と増補本『月講式』――」（『鴨長明とその周辺』和泉書院、二〇〇八年、初出二〇〇〇年）などを参照。

21 春名好重「藤原忠通・良経 消息」（『上代能書伝』木耳社、一九七二年）・古谷稔「後京極良経『詩懐紙』と法性寺流書法の展開」（『中国書法を基盤とする日本書道史研究』竹林舎、二〇〇八年、初出一九九二年）・丸山猶計「九条道家の書について」（『青山杉雨記念賞 第一回学術奨励論文選』実行委員会、一九九八年）

22 多賀宗隼「藤原兼実」（『中世文化史 上』法藏館、一九八五年、初出一九六八年）

23 加納重文「九条兼実――玉葉――」（『明月片雲無し 公家日記の世界』風間書房、二〇〇二年、初出一九九八年ほか）

24 慈円自身が九条家の出身者であることを強く意識し、その政治的立場を補強するよう努めていたことについては、たとえば彼の著作『愚管抄』の分析から指摘される（石田一良「『愚管抄』の歴史思想の構造」『愚管抄の研究』ぺりかん社、二〇〇〇年、初出一九六九年・多賀宗隼「愚管抄」『慈円の研究』吉川弘文館、一九八〇年）。

25 橋本義彦『源通親』（吉川弘文館、一九九二年）

26 良通の死去や、その後の葬儀の様相については、島津毅「中世の葬送と遺体移送――「平生之儀」を中心として――」（『史学雑誌』一二二―六、二〇一三年）に詳しい。

27 田村圓澄『法然』（吉川弘文館、一九五九年）

28 松薗斉「家記の構造」（『日記の家――中世国家の記録組織――』吉川弘文館、一九九七年、初出一九八五年）。たとえば『元暦改元定記』（続群書類従 巻二八七）は、九槐記（良通の日記）から関連記事を抄出したものとされる。なお、良通の日記は「〇九条内大臣記、曰九槐」（『大乗院寺社雑事記』某年某月十八日条に掲載される「一、家門御記名〈合点分、今度大乱ニ紛失了〉」と題されるリストの内）とあるところによれば、応仁の乱の前までは一条家に現存していたようである。

29 この時期に、良経はさまざまな研鑽を積んでいた。たとえば『大間成文抄（除目大成抄）』・『春除目抄』などの著作を執筆したのも、この頃と推測される（吉田注10論文）。

30 山崎敏夫「藤原良経」（久松潜一ほか編『中世の歌人Ⅱ』弘文堂、一九六八年）・小山順子「解説」（『藤原良経』笠間書院、二〇一二年）

31 本文は『校本後鳥羽院御口伝』（和歌文学輪読会編、一九八二年）による。

32 桜田芳子「初学期の後京極良経――兄の死をめぐって――」（『言語・文学研究論』五、二〇〇五年）

33 多賀宗隼「九条家の業績」（『中世文化史 上』法藏館、一九八五年、初出一九七〇年）・深沢徹「偽書の青春――九条家に見る草創期の「家」の文化戦略――」（『『愚管抄』の〈ウソ〉と〈マコト〉――歴史語りの自己言及性を超え出て――』森話社、二〇〇六年、初出二〇〇三年）

34 たとえば谷知子「良経の「隠遁」志向」（『中世和歌とその時代』笠間書院、二〇〇四年、初出一九九一年）を参照。こうした指向性を重視する論者からは、藤原良経が妻の死によって逐電を計るほど精神的に脆弱な人物だったという想定も提起されている（塚本邦雄「藤原良経」『塚本邦雄全集 一四』ゆまに書房、一九九九年、初出一九七五年・小林理恵「良経逐電――後京極良経小考――」『成蹊国文』二四、一九九一年）。しかし根拠として挙げられる『明月記』正治二年（一二〇〇）七月十三日条・同十五日条などによれば、逐電したのは「白川法印」（良経の兄弟の良尋）であり、再考の要があろう（五味文彦「九条家と定家」『明月記の史料学』青史出版、二〇〇〇年・田渕句美子「藤原良経」『中世初期歌人の研究』笠間書院、二〇〇一年、初出一九九三年）。

35 飯倉晴武「九条家領の成立と道家惣処分状について」（『日本中世の政治と史料』吉川弘文館、二〇〇三年、初出一九七七年）・西谷注7論文

36 花田雄吉「九条道家とその日記「玉蘂」」（『二松学舎論集 国文学編』同大、一九七七年）

37 死の前年、すでに「入道殿御不例御増気」（『三長記』建永元年九月二十三日条）などの記事が見えるので、かなり前の時期から体調不良が恒常化していたと考えられる。

38 細谷勘資「摂関家の儀式作法と松殿基房」（『中世宮廷儀式書成立史の研究』勉誠出版、二〇〇七年、初出一九九四年）・松薗斉「治承三年のクーデターと貴族社会――花山院流と藤原基房――」（『人間文化』二三、二〇〇八年）

39 田島公「「公卿学系譜」の研究――平安・鎌倉期の公家社会における朝儀作法・秘事口伝・故実の成立と相承――」（同編『禁裏・公家文庫研究 三』思文閣出版、二〇〇九年）

40 本郷和人「九条道家の執政」『中世朝廷訴訟の研究』（東京大学出版会、一九九五年）

41 井上幸治「九条道家――院政を布いた大殿――」（平雅行編『公武権力の変容と仏教界』清文堂出版、二〇一四年）

42 この後、幕府が二条家の経済的基礎をつくろうと介入してきたことについては、金沢正大「二条摂関家の成立と幕府」（『政治経済史学』一二五、一九八四年）を参照。

43 飯倉注35論文

44 西谷注7論文

45 樋口健太郎「摂関家九条流における「氏寺」の継承と相論」（『神戸大学史学年報』二九、二〇一四年）

46 高群注2論文

47 高木葉子「九条道家物処分状について」（『政治経済史学』二二五、一九八四年）

48 三田武繁『鎌倉幕府体制成立史の研究』（吉川弘文館、二〇〇七年）

49 松薗斉「鎌倉時代の摂関家について――公事師範化の分析――」（鎌倉遺文研究会編『鎌倉期社会と史料論』東京堂出版、二〇〇二年）

50 高橋秀樹「解説」（『玉葉精読――元暦元年記――』和泉書院、二〇一三年）

51 宮内庁書陵部「解題」（『九条家本玉葉 一四』宮内庁書陵部、二〇一三年）

52 九条家による入手時期について、高橋注50論文は「忠基卿母、尼（藤原兼子）光浄真所帯文書等、偸取沽却逃失。依二不義不孝一、祖母義絶、経二公義〔儀〕一追却畢」（『尊卑分脈』良澄項）という記事から、良平子孫による典籍の売却→九条家への流入と想定する。しかし「所帯」の目的語には、経済的権益を保障する表現が置かれるのが通常なので、再考の余地があろう。

53 九条教実の日記は、自筆本が大乗院（興福寺）に伝来していた。その理由については、円実（教実弟）が大乗院門跡だった時期に流入した可能性や、一条家所蔵本が応仁の乱の際に持ち込まれたまま返却されなかった可能性などが想定されている（荻野三七彦「巻子本篇 洞院摂政教実記」『『大乗院文書』の解題的研究と目録 上』お茶の水図書館、一九八五年）。もし後者とすれば、一条家が九条家当主の自筆記を保管していたことになる。

54　一条家の名称の由来となった一条室町殿については、川上貢「一条殿の考察」（『日本中世住宅の研究 新訂』中央公論美術出版、二〇〇二年）を参照。
55　二条家文庫の焼失については、橋本政宣「即位灌頂と二条家」（『近世公家社会の研究』吉川弘文館、二〇〇二年、初出一九九八年）・細谷理恵ほか「延宝三年京都大火――日記史料に見るその状況――」（『同志社大学歴史資料館館報』一三、二〇一〇年）を参照。
56　このように松殿基房に由来する（と称される）公事情報は、その真正性の如何に関わらず、他家の摂関家に対して優位を占めるための決定打とはならない。そこで生み出されたのが、中世二条家の十八番「即位灌頂」であるという、松薗注49論文の指摘は興味深い。
57　田島注39論文
58　この説話については、岩佐美代子「菊亭本構成推考」（『文机談全注釈』笠間書院、二〇〇七年）を参照。
59　順に、佐藤洋一「釈日本紀」（『国史大系書目解題 下』吉川弘文館、二〇〇一年）・落合博志「『原中最秘抄』小見――一・二の人物と逸文資料など――」（『法政大学教養部紀要』九三、一九九五年）・井上宗雄「一条実経について」（『鎌倉時代歌人伝の研究』風間書房、一九九七年、初出一九九三年）を参照。
60　森茂暁「北朝と室町幕府」（『増補改訂 南北朝期公武関係史の研究』思文閣出版、二〇〇八年）
61　所功「『建武年中行事』の成立と影響」（『宮廷儀式書成立史の再検討』国書刊行会、二〇〇一年、初出一九八九年）は、二条良基（経嗣の実父）から提供された写本と推定するが、根拠は示されてない。
62　一条経嗣の日記については、桃崎有一郎「『荒暦』永徳元年・二年記の翻刻」（『年報三田中世史研究』一二、二〇〇五年）・同「『経嗣公記抄』（荒暦）永徳三年春記――翻刻と解題――」（『年報三田中世史研究』一三、二〇〇六年）なども参照。
63　小川剛生「四辻善成の生涯」（『二条良基研究』笠間書院、二〇〇五年、初出二〇〇〇年）・同「室町後期一条家の蔵書について――兼良・冬良・兼冬による保管と活用――」（『室町時代研究』二、二〇〇八年、初出二〇〇六年）
64　渡辺滋「「揚名介」をめぐる中世の諸言説」（『国語と国文学』九〇―二、二〇一三年）
65　小川剛生「即位灌頂と摂関家」（『二条良基研究』笠間書院、二〇〇五年、初出一九九八年）
66　石原比伊呂「室町時代の将軍と摂関家――足利義持と一条経嗣を中心に――」（『ヒストリア』二〇九、二〇〇八年）
67　この時期の一条家文庫の蔵書総量は確定できないが、ほぼ全巻揃いの『類聚国史』をはじめ、かなりの充実を誇っていた。吉岡眞之「類聚国史」（『国史大系書目解題 下』吉川弘文館、二〇〇一年）を参照。

68　福井久蔵『一条兼良』（厚生閣、一九四三年）・永島福太郎『一条兼良』（吉川弘文館、一九五九年）・田村航『一条兼良の学問と室町文化』（勉誠出版、二〇一三年）、武井和人『一条兼良の書誌的研究』（桜楓社、一九八七年）・同『中世古典学の書誌的研究』（勉誠出版、一九九九年）・同『中世古典籍学序説』（和泉書院、二〇〇九年）などを参照。

69　大森金五郎「応仁の大乱と一条家の蔵書」（『日本中世史論考』四海書房、一九二八年）・小野則秋「中世に於ける文庫」（『日本文庫史研究 上』大雅堂、一九四四年）・池田晧「一条兼良と桃華坊文庫について」（『水茎』一八、一九九五年）・小川注63論文

70　安西欣治「一条家三代他にみる家領への下向」（『崩壊期荘園史の研究――直務運動と代官請負――』岩田書院、一九九四年）

71　池内敏彰「『桃華蘂葉』に見る土佐国幡多庄と『大乗院寺社雑事記』」（『土佐史談』二四二、二〇〇九年）・同「土佐一条家当主房基と『桃華蘂葉』の奥書」（『土佐史談』二四七、二〇一一年）

72　水本浩典「一条冬良著『令書聞書』について」（『神戸学院大学教養部紀要』二七、一九八九年）

73　辻彦三郎「藤原忠通書状案・藤原良経書状案と九条道房」（『藤原定家明月記の研究』吉川弘文館、一九七七年、初出一九六三年）・小川注63論文

74　宮川葉子「実隆の晩年期」（『三条西実隆と古典学』風間書房、一九九五年）

75　渡辺注13論文

76　応仁の乱後の段階でも、『延喜式』奏覧本が一条家に伝来していた可能性を指摘する田島公「『延喜式』諸写本の伝来と書写に関する覚書――平安中期から江戸前期までを中心に――」（同編『禁裏・公家文庫研究 五』思文閣出版、二〇一五年）なども参照。

77　平井誠二「江戸時代の公家の精神生活――一条兼輝を中心として――」（『大倉山論集』二五、一九八九年）

II 和漢書の伝来と集積

『本朝書籍目録』の伝本と分類

久保木　秀夫

『本朝書籍目録』は、現存伝本の多くが有する永仁二年（一二九四）の本奥書によって、それ以前の成立たることが確実視されており、よって和書の総合目録として、現存最古にして最重要のひとつと言える。ただしその目録としての性格――いつ、誰・何処の、誰による、何のための、など――は、従来必ずしも明らかとされてはおらず、早く和田英松[注1]は蓮華王院に関わる目録かとし、所功氏[注2]はもと十二世紀末期頃の宮中の目録かとし、また近年では五味文彦氏[注3]が、奥書に名の見える滋野井実冬の家、乃至はその周辺の目録かとした。

ところでそれらの先行研究において、常に解釈の仕方が問題とされてきたものに、『本朝書籍目録』の前述、

A（本奥書）以仁和寺宮本書之、普広院被尋之時注文云云、

B（識語）此抄入道大納言実冬卿密々所借賜之本也、

C（本奥書）永仁二年八月四日書写之、師名在判

という本奥書と識語とがある。うち、特に「実冬卿密々所借賜之本」という一節中の「借」字を、借りるの意と

取るか、貸すの意と取るかで解釈が分かれ、そのため『本朝書籍目録』の性格については結局、曖昧なところがなお残されたままとなっていた。

そうした研究状況下、論者は先般、この問題にあらためて取り組んでみた[注4]（以下「前論」と呼ぶ）。結果、

1　奥書類A～Cについては従来、BCがひとまとまりの本奥書であるという大前提で、BC→A、という時間軸として読まれてきたが、BとCとは本来別々の識語であり本奥書であって、C→B→A、と読むことができるのではなかろうか。

2　その場合、まず永仁二年八月四日に、とある一本を親本として「師名」＝中原師名が転写した。その後、師名本そのものか、同本からの派生本かが、何らかの経緯により「入道大納言実冬卿」＝滋野井実冬の所持するところとなっており、その実冬本を某人が借り受けて、Bの識語を追加した。さらにその後、BCを有する実冬本そのものか、同本からの派生本かが、何らかの経緯により「仁和寺宮」＝永助親王（この人物比定は小川剛生氏からのご教示）の所持するところとなっていた。そうしたところ、「普広院」＝足利義教の命があったため、あらためて永助親王本を親本として、某人が再転写し、かつその際にAの本奥書を追加した。といった解釈が、成り立たないであろうか。

3　もし成り立つ場合、永仁二年に転写した師名は中原氏であり、かつ本目録にも師名以前の中原氏歴代による著作が少なからず見出される。これは本目録の編纂に、何らかの形で中原氏が関与していた可能性を示すものではなかろうか。

4　それと同時に、本目録掲載の書目のうちの相当数が、いわゆる『信西入道蔵書目録』掲載の書目と一致している点、かつ『信西入道蔵書目録』が近年、天皇家もしくは朝廷の文庫に関わる蔵書目録だったのではな

いかという説が、田島公氏[注5]によって提示されている点、などからすると、本目録もまた、天皇家もしくは朝廷の蔵書に関わるものだったのではなかろうか。

といった諸点の指摘を試みた。ただしこれらの多くは状況証拠に拠るものであり、実証的に論証し終えたとは論者自身も考えていない。のみならず、とりわけ2において、Bの識語の「借賜」――問題の「借」字を含む――を「借り受けて」と解釈するに際し、具体的な証拠を挙げることなく、小川剛生氏のご教示のみに拠る形としてしまった。しかも公刊後ようやくその失態に気づくといった為体で、まったく恥じ入るばかりであった。いずれ何らかの機会を得て訂正を、と考えていたところ、論者の不用意さを見るに見かねたのか、どうか、前論を踏まえつつ、小川氏が次のように論を進めて下さった。[注6]

5　奥書Bの「借賜」について、『玉葉』『明月記』などの用例からすると、その意は「いずれも単に持ち主が自分の持ち物を記主に貸し与えた、と明確に判断できる。よって奥書Bは実冬が貸してくれた、というだけで、「又貸し」というような解釈は採る必要はない」。

6「奥書CとBの間は時間的に離れず、嘉元元年（一三〇三）に没した実冬の生前と見られる」。

7　奥書「Cはこの目録の成立を示すか、成立に極めて近いと思われる。中原師名は」「伏見天皇の治世はじめ権少外記に任じられ」ており、「親政時に雑訴を審議する記録所の構成員であったと考えられ」、「天皇家財産の管理にも当たった」。また、かつての中原氏も「後白河院による蓮華王院宝蔵の蔵書管理」に「当たり、目録も編纂したよう」でもあった。そうした点、「永仁頃も中原氏の人々がその事に当たっていた筈である」。さらに『本朝書籍目録』に中原氏関係者の著作が目につくことを考え合わせれば、「正応・永仁の頃、伏見天皇が積極的に書物を集めたことに、本朝書籍目録の成立の動機を求められるか」。とした上で、『本朝書籍目録』は「記録所の構成員が、当時天皇家に伝わる書目を書き上げたか、あるいは新たに文庫に備えるために作った目録ではないか、と推定できる」と結論づけた。この小川氏の見解は、前論のうち4で述べたような憶測を補強し、かつ本目録の性格をより具体的に定位したものであり、論者自身、大変納得させられた次第である。

現存伝本とその大分類

ところで、前論では紙幅の都合もあり、『本朝書籍目録』の伝本がどれほど現存しているのか、及びそれらをどのように分類し得るのか、かつどれを善本と認め得るのか、といった問題[注7]について、ごく簡潔にしか触れられなかった。よって本論においてあらためて詳述していくこととする。ただし、論者はこれまでに七十本近くの伝本を確認したが、全点の実地調査をしたわけではなく、マイクロフィルム・紙焼写真・デジタル画像といった図版資料を介する形で、言わば間接的に、形態の一端と本文のみしか見られていない、という場合も多い。またそれすらできていない伝本もなお少なからず残してもいる。理想的には、所在の判明している現存伝本すべての書誌調査をきちんと成し遂げたのち、このような論に取り組むべきであり、本論にはそうした不備不足のあることを、あらかじめ断っておかねばならない。ただ、現時点までの感触からすると、少なくとも次述する有注本に関しては、書誌的な特徴と本文資料的な価値とが、さほど連動はしていないように判断される。それは有注本のほとんどすべての伝本が、時代の下る・転写を重ねた・模写などではない、近世写本であるためなのかもしれないが、ともあれその点、今後実地に調査することがあっても、おそらくのところ本文それ自体に関しては、書誌的な特徴によって判断の変更を迫られるようなことは少ないように見通している。ただしもちろん、図版資料すら未確認の未調査伝本を含め、今後も実地調査の機会を得て、情報の精度は高めていかなければと考えている。

では本題に入る。今日『本朝書籍目録』の本文を用いようとする場合、一般的にはどの活字テキストに拠るであろうか。群書類従本か、それとも別のどれかであろうか。あるいはまた記載書目等につき、より詳細に知りたい場合には、和田英松『本朝書籍目録考証』をも併せ参照するであろうか。ちなみに同書は凡例によると、主底本は特に定めていない由である。

ともあれ群書類従本でも『本朝書籍目録考証』でも、記載されている書目の多くには、巻数表示に加えて（ここでは群書類従本に拠りつつ、一部私に校訂も施した）、

・天書　十巻〈大納言藤原浜成撰〉（「神事」部）
・旧事本紀　十巻〈開闢以来、推古天皇以往、聖徳太子・蘇我馬子大臣撰〉（「帝紀」部）
・本朝月令　六巻〈或四巻歟、記年中公事本縁、公方撰〉（「公事」部）
・江談　六巻〈江匡房〉（「雑抄」部）

といった山括弧内のように、作者や撰者、内容その他に関する注記が施されている。こうした注記は現存伝本のほとんどが共有しているが、わずか四本ながらも、これらの注記を一切持たず、またその他の本文部分でも、注記を持つ伝本に対する異文を共有している、いう伝本が現存している。よって本目録の伝本についてはまず、書目に注記の類が施されていないⅠ無注本と、施されているⅡ有注本、及びいずれとも判別しがたいⅢその他、の

ように大別できそうである（これを「大分類」と呼んでおく）。

なお、以下の論述を為すのに先立ち、論者既知の有注本の略書誌一覧を作成した。当初計画ではツケタリとして、本論のあとに掲載するつもりであったが、それだけで結構な分量となったため、本論とは切り離し、『国文鶴見』第五十号に別途掲載しておいた。[注8] これから言及していく、例えば1(1)①といった伝本番号は、上記『国文鶴見』掲載拙論のそれと対応するものであるので、甚だ恐縮ではあるが、併せてご参照いただければ幸いである。

有注本の中分類・小分類

さて便宜上、Ⅱの有注本からみていきたい。現存伝本のほとんどは、この有注本に属しているが、しかし有注本、と一口に言ってみても、その内実は（当初の予想を遙かに超えて）まことに複雑多岐であり、よって伝本の分類も、細分化しようと思えばかなりのところまで行える。しかしそもそも伝本の分類とは、当然ながら分類それ自体が目的ではなく、あくまで各伝本や各本文の資料的価値や性格、優劣、などを明らかにするためのものだろうから、あまりに細分化し過ぎてしまうと、かえって研究の支障となりかねない。かと言って大局的に過ぎたら過ぎたで、使えない代物となるばかりであろう。ではどの程度が適切なのかと言われれば、それも正解があるようなことではないので、なかなかに難しい。結局は論者の判断で、このくらいが穏当か、と思えた程度ということとなろう。このあたりの適否についてもご批正をお願いしたいと考えている。

ところで多くの場合において、伝本分類に際しての大きな基準となるのはやはり、奥書・識語類の有無と、有である時のその種別であろう（これを「中分類」と呼んでおく）。また『本朝書籍目録』に関してはさらに加えて、本文中や本文の前後に、別種のどのような目録類をどの程度付載しているか、という点も、分類上の手掛かりとなる。と言うのも、本目録の内容のみで完結している伝本は、ごくわずかであり、有注本ではほとんどすべて、本目録の途中に挿入するなり、後に付け加えていくなり、といった形で、別種の何らかの目録類を付載しているからである。それらは例えば、

・「諸家名記」（古記録一覧、「李部王記　式部卿兼明親王」〜「厳記　権中納言顕俊」）
・一条経嗣・同兼良・二条良基の著作目録（「経嗣ほか著作目録」と仮称）
・「勅撰集目録」（仮称）
・「源氏物語古注目録」（仮称）
・「本朝書籍目録外録」
・その他諸々

のようである。これらのうちのどれをどれだけ、どの位置に、どのような順序で付載しているかによって、さらに下位分類していくことができるようになってくる（これを「小分類」と呼んでおく）。

では奥書・識語類に基づく中分類はどうなるか、先に簡潔に示しておけば、

1　永仁二年奥書本…前掲A〜Cの奥書・識語を有する伝本。
2　内題注記本…1の永仁二年奥書も、3の康安二年奥書も有さない伝本。ただし内題（巻首題もしくは目録題）近くに、永仁二年奥書Aの「以仁和寺宮本書之」「普広院被尋之時註文云々」を注記のように記載（この二文は前後入れ替わることがある）している伝本。よってこのように仮称した。
3　康安二年奥書本…永仁二年奥書を有さず、代わりに「右、以冷泉大納言為富卿本書写之、以准后本令一校

者也／康安二年正月七日　刑部侍郎光之」という奥書を有する伝本。

4　その他

のようになりそうである。

永仁二年奥書本とその小分類

まず1の永仁二年奥書本は、前述したとおりの奥書・識語を持つ伝本群だが、『本朝書籍目録』だけを書写したものはほとんどなく、いずれも「諸家名記」という古記録一覧と合写されている。これは各伝本が偶々それぞれ別個に取り合わされていった、というようなことではなくて、すでに合写されていたとある一本が、永仁二年奥書本の共通祖本だった、ということを示しているかと思われる。ただ、さらに細かくみていくと、永仁二年奥書の後に「諸家名記」を載せるものと、前に載せるものとで、また二分し得ることに気がつく。後に載せているのは、石川武美記念図書館（旧お茶の水図書館）成簣堂文庫本（1⑴①）・宮内庁書陵部本（五〇一―五〇六、1⑴②）・正教蔵文庫本（神書四―二二、1⑴③）などであり、前に載せているのは、東京大学史料編纂所の二本（写本―四一〇五―五、1⑷①／写本―四一〇五―一三、1⑷②）などである。こうした場合、『本朝書籍目録』と「諸家名記」とは、本来異なる成立事情だろうから、単純に考えれば、そもそもは『本朝書籍目録』の永仁二年奥書の後に「諸家名記」が付け足された、とみるのがよかろう。そしてその後の転写のとある段階で、「諸家名記」が『本朝書籍目録』の一部と扱われるようなことがあり、結果、「諸家名記」が永仁二年奥書の前に移されたのではなかろうか。実際、鶴見大学図書館本（〇二五・一・H／一〇五八八四三、1⑾③）のように、「諸家名記」が独立した目録として扱われておらず、「諸氏」という見出しに改変された上で、『本朝書籍目録』の本文の一部として取り込まれてしまったような伝本もある。これは極端な事例なのかもしれないが、それでもこうした事例がある以上、「諸家名記」を奥書の前に載せているよりは、後に載せている方が、まだ古態を保っていると判断できるのかもしれない。

そこで後に載せている方を(1)としてみると、「諸家名記」で終わるそれらの本文のそのあとに、さらに種々の書籍目録を増補している伝本がある。これを(2)とする。「本朝書籍目録外録」や「経嗣ほか著作目録」、「源氏物語古注目録」、また「神事」「人々伝」といった見出しを有する目録など、伝本によって様々である。神宮文庫本（一一門一八五号、1(2)②）・鶴見大学図書館本（〇二五・一・H／〇三四二四七一、1(2)④）などの八本がそうである。また右とは別に、永仁二年奥書のうちAのみを欠き（なお後述）、BCの後に「諸家名記」「経嗣ほか著作目録」を増補した伝本もある。これを(3)とする。神宮文庫本（一一門二一一号、1(3)①）・無窮会神習文庫本（一四三一五、1(3)②）の二本がそうである。なお神習文庫本では『本朝書籍目録』の本文の前に、「諸家名記」とは別種の小規模目録をも記載している。

これらに対して既述のとおり、「諸家名記」を永仁二年奥書の前に載せている伝本がある。これを(4)とする。東京大学史料編纂所の二本（写本―四一〇五―五、1(4)①／写本―四一〇五―一三、1(4)②）がそうである。また「諸家名記」を前に載せている方でもやはり、奥書で終わる本文のそのあとに、種々の書籍目録を増補している伝本がある。かつこちらでは、『本朝書籍目録』本文中の「雑抄」部と「仮名」部との間に、「経嗣ほか著作目録」をも取り込んでいる。これを(5)とする。茨城県立歴史館本（外山家・和一―一、1(5)①）などの三本がそうである。

一方、同じ永仁二年奥書本ではありながら、「永仁」を「永正」と誤写・誤刻している伝本がある。これを(6)

とする。そのうちのひとつが群書類従本（1⑹①）である。『本朝書籍目録』有注本で、他の書籍目録を含めない、数少ない伝本のひとつである。

また「永正」二年奥書本でも、「諸家名記」が奥書の前後に増補されているものがある。うち、先の⑴同様、後にあるものを⑺とする。静嘉堂文庫本（七九―五五①、1⑺①）・賀茂別雷神社三手文庫本（国文―巳―一三一、1⑺②）の二点がそうである。

対して奥書の前にあるものを⑻とする。宮内庁書陵部本（二〇六―九七、1⑻①）・京都大学附属図書館谷村文庫本（四―四九／ホ／一貴、1⑻②）の二本がそうである。

また同じく奥書の前に「諸家名記」があり、さらに奥書の後に「本朝書籍目録外録」を増補したものがある。これを⑼とする。寛文十一年板本（1⑼①）、及び板本写しの鶴見大学図書館本（〇二五・一・H／〇三二四一八八、1⑼②）の二本がそうである。ちなみに鶴見大学図書館本では、『本朝書籍目録』本文の前に「日本後紀」などの書目四十一点を列挙していたり、それに関わる識語等も有していたりする。ただし奥書の「永正二年」を「永正一年」とさらに誤写したりもしている。

ほか静嘉堂文庫本（七九―五四、1⑽①）は群書類従本と同じく、『本朝書籍目録』のみの単行本となっている。かつ万治二年（一六五九）に「久我右大将広長卿自筆本」に基づき書写したという、それなりの由緒を思わせる本奥書もある。であればその本文も、かなり古態を保っているのでは、と期待されてもくるのであるが、しかし永仁二年奥書の、例えばAが「公方普広院被尋之時、以 仁和寺宮直《?》本書之」のように改変されており、なかなか一筋縄ではいかない。現時点では本文未精査でもあるため、判断保留としつつ、一応他伝本と区別して⑽とする。

また奥書改変という点からすると、今の⑽と共通するが、その改変の度合いが比較にならない程甚だしい、という伝本がある。これらは永仁二年本奥書自体は持たない代わりに、

本朝書籍目録一巻跋曰、普光公尋王室之秘冊、予受命記之、且加仁和寺所蔵之目編、為一小冊、以塞其命、
右書、大納言実冬卿私借得読之、聊加禿筆、以為後証如此、永正二年八月四日　大外記中原師名跋

という跋文を載せている。一読して永仁二年奥書に基づいた偽跋であると知られよう。これを⑾とする。静嘉堂文庫の二本（五〇七―二一、1⑾①／七九―五五③、1⑾②）・無窮会神習文庫本（一四三二一、1⑾⑤）などの五本がそうである。うち神習文庫本は、偽跋の後に「経籍通」（「外録」を増訂したものか）を増補してもいる。

内題注記本の小分類

次に2内題注記本は、先に簡潔にまとめたとおり、前述1の永仁二年奥書も、次述3の康安二年奥書も持たない代わりに、巻首題ないしは目録題の近くに、永仁二年奥書Aの「以仁和寺宮本書之」と「普広院被尋之時註文云々」（その掲載順は前後入れ替わることがある）とを、注記のように記載しているという伝本である。また、いまだ精査はできていないが、この内題注記本に属する伝本の多くでは、永仁二年奥書本と比較するに、書目の数量や、書目に対しての注記が省略されていたり、逆に独自に記載されていたりする事例が散見されるようである。

さらに「和歌」部に関しては、1永仁二年奥書本や、3康安二年奥書本に属する伝本の多くに、

勅撰以下、別有目録、勅撰・家集等外、如鈔物・打聞之類、七十部有之、然而見懐中抄歟之間、略之、

という注記（ちなみに「然而」以下、文意不明）があるが、この内題注記本ではそれが「勅撰・家集・百首・歌

合・打聞・抄物等類」となっている。これも前者からの改変とみてよいだろう。

右のような特徴が大局的にはある中で、ここでも小分類を試みてみると、次のようになりそうである。

まず『本朝書籍目録』の本文のみで、他の目録類は一切増補していない伝本がある。これを(1)とする。金沢市立玉川図書館「松雲公採集遺編類纂」本（一六〇―一九〇―一八、2(1)②）や、神宮文庫本（一一門二二〇号、2(1)③）などの五本がそうである。

また『本朝書籍目録』の本文の後に、種々の目録等を増補した伝本がある。増補の内実は伝本によって様々であるため、ここに一括しておいた。これを(2)とする。國學院大學図書館本（貴―七四七、2(2)①）・天理大学附属天理図書館本（〇一九―イ五、2(2)③）などの六点がそうである。

また種々の目録類を含む中に、永仁二年奥書本と同様、「諸家名記」をも増補しているものがある。内題注記本のすべてではないため、直接的な書承関係の有無などについては不明であるが、今後何らかの手掛かりになる可能性も皆無ではないので、ひとつのまとまりとしておいた。これを(3)とする。静嘉堂文庫本（五〇一―一、2(3)①）・多和文庫本（八・七、2(3)④）などの八本がそうである。

康安二年奥書本の小分類

さて、ここまでにみてきたような、1の永仁二年奥書本の奥書・識語や、2の内題注記本の内題注記のいずれをも持たず、まったく別種の、

D右、以冷泉大納言為富卿本書写之、以准后本令一校者也、

　E康安二年正月七日　刑部侍郎光之

という本奥書を持つ伝本がある。よってこれを3康安二年奥書本、としたのであるが、ただこのDとEとをひとまとまりの奥書とみた際に、矛盾が生じてしまうこと、夙に和田英松が指摘するとおりである。すなわちDには「冷泉大納言為富卿」とあるが、冷泉為富は応仁二年（一四六八）正月十八日から文明十二年（一四八〇）三月二十九日まで権大納言だったのであり（『公卿補任』）、Eの「康安二年」（一三六二）という年次とそれは相容れない、という指摘であり、まったく異論の余地がない。そこで和田は種々の可能性を掲げた上で、康安二年時の「冷泉大納言」としては洞院公泰が最も相応しいと論証し、Dの「冷泉大納言為富卿」については、

　或はもと、「以冷泉大納言本書写之、」とありしが、後に何人か「為富卿」の三字を傍註し、いつしか、本文の中にまぎれ入りたるものならん。

と指摘した。かつDのその下の「准后」についても、康安二年ならば北畠親房が該当しよう、とも指摘した。和田のこの見解をまとめれば、康安二年正月七日に「刑部侍郎光之」が、洞院公泰の本を以て書写し、さらに北畠親房の本を以て校合せしめた、という一本が、この康安二年奥書本の祖本である、ということである。なお、これもまた早くに和田が言及していたとおり、康安二年奥書のEが、『勅撰作者部類』の伝本中、例えば宮内庁書陵部本（一五四―一一八）などに見出される、

　書写了　刑部侍郎光之

風雅集・新千載集作者等、失錯多端、疑殆非一、就而拭老眼、書入本部了、

康安二年正月七日　和歌所旧生光之

のように見出される本奥書（ただし伝本によって文言に小異あり）の、傍線部とほぼ一致しているといった問題もある。そうしてみると、あるいは何らかの事情によって、この傍線部が、『本朝書籍目録』康安二年奥書本の奥書Dの続きの位置に竄入し、結果として、康安二年奥書というひとまとまりとなったのではなかろうか、換言すれば、本来の奥書はDのみだったのではなかろうか、と考えてみたくならないでもない。が、実際問題としてそれは、あまり現実的ではないようにも思われるので、ひとまずは竄入などの想定はしておかないこととする。

ではこの康安二年奥書を持つ伝本をみていくと、「雑抄」部と「仮名」部との間に、これまでにあったような「経嗣ほか著作目録」ではなく、「成恩寺殿御作」という経嗣の著作三点のみ増補しているものがある。これを(1)とする。温故堂文庫旧蔵の東京大学史料編纂所本（写本―四一〇五―一六、3(1)①）がそうである。一本のみではあるものの、一種として数え上げるべきように思われたので、このように措置しておいた。

また「雑抄」部と「仮名」部との間に「経嗣ほか著作目録」を増補、康安二年奥書の前に「諸家名記」を増補したものがある。これを(2)とする。国文学研究資料館鵜飼文庫本（九六―七六四、3(2)①）などの三本がそうである。

またこの(2)に加えて、康安二年奥書の後に「源氏物語古注目録」を増補したものがある。これを(3)とする。石川武美記念図書館（旧お茶の水図書館）成簣堂文庫本（3(3)①）・鶴見大学図書館本（〇二五・一・H／〇三一四一八六、3(3)③）などの四本がそうである。

問題点いくつか、及び「その他」の伝本

以上、やや無機質で単調な論述を続けざるを得なかったが、あらためて有注本の分類案をまとめてみると、おおよそ次のようになる。

1永仁二年奥書本

(1)永仁二年奥書の後に「諸家名記」を増補。
(2)永仁二年奥書の後に「諸家名記」ほか種々の目録類を増補。
(3)永仁二年奥書のうちA「仁和寺宮本…」のみなし、B「此抄入道…」C「永仁二年…」の後に「諸家名記」「経嗣ほか著作目録」を増補。
(4)永仁二年奥書の前に「諸家名記」を増補。
(5)永仁二年奥書の前に「諸家名記」ほか種々の目録類を増補、かつ「雑抄」「仮名」間に「経嗣ほか著作目録」を増補。
(6)永仁二年奥書を「永正二年」と誤写。
(7)永仁二年奥書を「永正二年」と誤写、かつ奥書の後に「諸家名記」を増補。
(8)永仁二年奥書を「永正二年」と誤写、かつ奥書の前に「諸家名記」を増補。
(9)永仁二年奥書を「永正二年」と誤写、かつ奥書の前に「諸家名記」、後に「本朝書籍目録外録」を増補。
(10)永仁二年奥書・注記を一部改変・省略。

(11)永仁二年偽跋本

2内題注記本

(1)『本朝書籍目録』本文のみ。

(2)『本朝書籍目録』の後に種々の目録類を増補。

(3)『本朝書籍目録』の後に「諸家名記」ほか種々の目録類を増補。

3康安二年奥書本

(1)「雑抄」「仮名」間に経嗣の著作三点のみ増補。

(2)「雑抄」「仮名」間に「経嗣ほか著作目録」を増補、康安二年奥書の前に「諸家名記」を増補。

(3)「雑抄」「仮名」間に「経嗣ほか著作目録」を増補、康安二年奥書の前に「諸家名記」を増補、後に「源氏物語古注目録」を増補。

現時点ではこのように整理してみたその上で、なおいくつかの問題点を指摘しておきたい。まず何よりもこの分類作業を今回進めていった過程で、初めて気づいた点であるのだが（前論の段階では完全に見落としていた）、1の永仁二年奥書本のうち、

(1)①石川武美記念図書館（旧お茶の水図書館）成簣堂文庫本

⑥内閣文庫本（二一八—九九）

(2)⑦東北大学附属図書館狩野文庫本（狩—第一門—六〇）

⑩無窮会神習文庫本（一四三一八）

という四本においては、ＡＢＣと並んでいる奥書・識語のうち、Ｂに、

此《イ》抄入道大納言実冬卿密々所借賜之本也、

のような他本注記が施されていたのであった。これは大変重大な問題であって、この「イ」とあるのを仮に信じるとするならば、このＢの本奥書と、おそらくはそれに続くＣの識語とはともに、Ａの本奥書を持つ伝本には、本来なかったものであり、のちに他本から、そうと明記される形で転載されてきたものだった、ということになるはずである。換言すれば、もともとはＡだけを有する伝本と、ＢＣだけを有する伝本とが別個にあって、比較的早い段階で両者が合流し、奥書も一方からもう一方へと転載されて一緒になった、それでも当初は他本注記が施されていたため区別はできていたものの、以後の転写過程で他本注記が略されてしまい、結果ＡＢＣでひとまとまり、としか見えないような伝本が、多くを占めるようになってしまったのではなかろうか、ということである。

　これは論者自身、本論をまとめ始めるまで、まったく予期していなかった見方である。よって今でも、１永仁二年奥書本のＡＢＣはひとまとまりのものとして読むべきである、という固定観念は、なかなか揺るがせないでいる。しかしながら、仮にその、ＡとＢＣとを分ける見方に基づきながら見直してみると、それと呼応するかのように、まさしく１(3)などは、永仁二年奥書のうちＢＣだけあり、Ａがない、という伝本となっていることに気がつく。と同時にそう言えば、２の内題注記本にしても前述のとおり、永仁二年奥書のうちのＢＣがなく、Ａのみが内題近くに転載されていたのであった。この点なども論者はこれまで、内題注記本はほぼ間違いなく、永仁二

年奥書本からの派生本、と推測していたのであったが、もし本当にそうだったならば、なぜBCがなくなっており、Aの変形版だけが存しているのか、という点に、わずかな不審を覚えもしていた。しかし、それも右述のとおりであったのならば、元々はAだけを持った伝本があり、BCを持った伝本とは接触することのないまま、Aが注記的に転用されるようになっていったと考えられることになるので、確かに納得できるのである。

このように、永仁二年奥書本のABCを、ひとまとまりとみるのではなく、Aを持つ伝本と、BCを持つ伝本とが、とある時点で合わさった結果生じたもの、とみるならば、これは自ずと、1永仁二年奥書本、2内題注記本、といった中分類自体が無効となるため、対案を示さなければならなくなろう。その場合は大局的に（一部名称としてこなれないものの）、

1'永仁二年奥書本
(1)永仁二年奥書本（BCあり、Aのみなし＝分類案Ⅱ1(3)）
2'「仁和寺宮本」転写本
(1)「仁和寺宮本」転写本（Aのみあり、BCなし、現存伝本中にはいまだなし）
(2)内題注記本（＝分類案Ⅱ2、右2'(1)からの派生本）
3'「仁和寺宮本」転写本＋永仁二年奥書本
(1)「仁和寺宮本」転写本
＋永仁二年奥書本（他本注記の「イ」あり＝分類案Ⅱ1(1)①⑥・(2)⑦⑩）
(2)「仁和寺宮本」転写本
＋永仁二年奥書本（他本注記の「イ」なし＝分類案Ⅱ1(1)①⑥・(2)⑦⑩を除いたすべて）

4’康安二年奥書本

のようになろうか。のみならず、この有注本における中分類・小分類に基づきつつ、さらに細分化させていくことにもなろうか。ただし2’(1)に該当するような伝本そのものが見出されておらず、1’(1)や3’(1)の伝本数も少ない現状、この対案の方を強く提案ないし採用するのはさすがに拙速に過ぎるため、本論では可能性の指摘にとどめておくこととしたい。

また別の問題点として、有注本の伝本中に、「和歌」部の見出しと、同部の書目を略した旨の注記とが記載されていなかったり、あるいは「仮名」部の見出しの下に、他本には同部のないものがある旨、注記されていたりするものがある。例えば1(2)に属する①京都帝国大学旧蔵本では、「和歌」部の見出しとその注記がなく、代わりに直後の「雑抄」部の見出しの下に「一本／△（朱）和謌／勅撰以下…」と加筆されている。加えて「仮名」部の見出しの下には「或本、此仮名無目録」と注記もされている。1(8)に属する②京都大学附属図書館谷村文庫本（ちなみに右に挙げた京都帝大旧蔵本とは別本とみられる、念のため）もほとんど同じで、「雑抄」部の見出しの下の注記がないだけである。あるいは、両方ではなくいずれか片方、という場合も存する。その中では、「和歌部」に関する問題だけを抱えている伝本もあれば（3(2)に属する①国文学研究資料館鵜飼文庫本など）、「仮名」部に関する問題だけを抱えている伝本もある（2(2)に属する③天理大学附属天理図書館本など）。

ともあれこうした本文や注記から、『本朝書籍目録』伝本中には、「和歌」部と「仮名」部の両方もしくは片方につき、見出しからして含んでいなかったものがあったと知られる。しかし前論までの調査では、そのような伝本は見出されなかったのであるが、本論までの調査により、果たして一点、そうと思しき伝本を発掘し得た。すなわち東京大学史料編纂所徳大寺家本（〇五―二一―二）がそれであり、本文を点検すると、確かに「和歌」

部の見出しも注記も、また「仮名」部の見出しも書目も、すべて有していないのである。その他、巻首題が「本朝書籍」であったり、各書目についての注記がほぼなかったり、数量もままなかったりする。さらに有注本の各種奥書・識語類もないという点、Ⅱ有注本に属させることはできそうになく、かと言って次述するⅠ無注本とも、特徴のほとんどすべてが重なっている、というほどでもなさそうである。そうした点、当該本についてはひとまず、Ⅲその他、と別扱いにしておきたい。

ただし、では当該本の出現によって、先の「和歌」部や「仮名」部にまつわる問題のすべてが解決するかと言えば、必ずしもそうとはならない。例えば右のうち、いずれか片方の問題のみ持つ伝本がある点については、当該本のみを以て説明することはできないだろう。このように当該本の本文と、右に取り上げたいくつかの伝本の本文とは、何らかの関連性がおそらくはありそうだ、と推定されてはくるのだけれども、しかしながらそうと言い切ることもできない曖昧な点、もどかしい点が残ってしまう。

そしてそのような曖昧さやもどかしさは、実のところ、右にまつわる問題だけでは決してなくて、これまで本論において概観してきた、有注本に属する伝本のほとんどすべてに関しても、言えることではないかとみられる。

すなわち有注本を、本論のように1～3とか(1)～(x)とかと、いわば表層的に分類していくことそれ自体は、比較的容易と言ってよいだろう。しかしそれら分類された伝本同士、本文同士が一体どのような関係にあり（もしくはなく）、どのように派生していき、あるいは混成していったのか、という具体的な様相については、部分的には論証できそうなところはあるにせよ、伝本全体を視野に入れての、伝本相互の関係性なり派生・混成状況なりについては、具体的にこうと指摘していくことは、甚だ困難なのではないかと言わざるを得ない。

さらに付け加えれば、伝本分類の大きな目的のひとつに、底本たり得る善本を見つけ出し、提示する、ということがあろうが、有注本に関してはそれもまた、やはり相当な難問のように今回あらためて実感された。前論では相対的善本として、1(1)に属する③正教蔵文庫本を挙げておいたが、本論の準備段階や執筆段階で、必要に応じ諸伝本を見直したり比較し直したりしているうちに、以前に増して、正教蔵文庫本の本文にも少なからぬ不備がありそうだ、と思われてきた。それでも基本的には、この1永仁二年奥書本の(1)に属する伝本が、比較的古態を保っているとは言えようか、ともみていたが、しかしそれも今回気づくところのあった、永仁二年奥書本が、実はAの伝本とBCの伝本との混成本だった、という可能性を考慮に入れると、そんな単純な把握もできなくなってくる。

ここに至って和田英松が、『本朝書籍目録考証』において主底本を特に定めなかった理由（の一端）を、論者なりに深く得心できたという次第である。が、ともあれそのようであるならば、やはり和田が採った方針と同じく、有注本の伝本中から、何らかの基準を設けて数本ないし十数本ほど選出し、書目や注記、数量などに関してその都度、各本文を点検し、適切な本文に整定していくのが次善の策かと思われる。このあたり、論者が普段対象としているような古典文学の本文とは異なって、基本的には歴史的な、揺れ幅の少ない情報（という言い方が適切かどうか…）を取り扱った本文であり、かつ外部徴証も相応に現存するため、整定の結果「正解」もしくは「正解に近いもの」にまで辿り着ける可能性は、比較的高いと推定される。

また、本論では煩瑣になるので分類基準からは外したが、有注本に属する伝本同士であっても、書目や注記、数量に関する本文異同が少なからず見出される。中には独自注記とおぼしきものもあり、そうした点でも今後のさらなる精査の必要性を痛感している。

無注本について、及び有注本との関係について

さて、Ⅱの有注本の分類案といくつかの問題点は以上のようであった。続けてⅠの無注本についてまとめたのちに、有注本との関係、及び今後の全般的な問題を論じて本論を締め括りたい。

無注本に関しては、前論執筆時までに見出していたのは次の三本であった。なお有注本に較べて伝本数は限られているので、各本ごとに、やや詳しく紹介しておきたい。

①国立国会図書館本（ＷＡ一六―四九）

九条家旧蔵（蔵書印あり）。巻子本一軸。室町時代後〜末期頃写か。後補表紙に外題（後補題簽）「本朝書策目録〈九條家本〉」。本文料紙は十三紙継ぎ。ほか軸巻紙あり。縦二九・七㎝×横全長五五〇㎝ほど。また裏打補修あり。ただし巻首部分の料紙破損により、巻首題は有無を含めて不明。続く「神道」部の見出しもほぼ読めず、同部冒頭の「天書十巻」「古語拾遺一巻」という書目二点も、残画から判読される程度である。そのため当該本においては、破損部分に別種の料紙が補われ、他伝本によって「本朝書策目録」という巻首題と、部立の「神道」、及び「天書十巻」〜「同機殿儀式二巻」の書目六点とが補写されている。この後補料紙の右上に「九條」の朱方印一顆があるので、いまだ九条家に蔵されていた時点での補写とみられる（なお後述）。それと、後補料紙の紙背左上にも「本朝書籍目録」という墨書のあるのが、裏打の下に透けて見えている。おそらくは後補料紙の紙背が共紙表紙とされていたことがあり、その時期の外題がこれだったのだろう。さて、虫損・破損は二紙目以降にも相応にあり、例えば「公事」部の「節□

抄十五《六歟》巻「禁□日中行事一巻」（次掲の鶴見大学図書館本では「節会」「禁省」）、「人々伝」部の「淳和第二親王□□」（鶴見本「二巻」）といった判読不可・困難部分が存する。奥書・識語類はなし。巻末に「月明荘」の朱方印一顆。ちなみに国会図書館HPのうち「電子図書館」→「デジタル資料」→「国立国会図書館デジタルコレクション」で全丁のデジタル画像閲覧可（二〇一六年六月現在）。

②鶴見大学図書館本（〇二五・一・H／〇三四二〇四二）

宝玲文庫旧蔵（蔵書印あり）。巻子本一軸。後補表紙、外題なし。本文料紙は一二紙継ぎ。縦三一・四cm×横全長五八〇cmほど。ほか軸巻紙あり。裏打ち補修もあり。巻首題「本朝書策目録」。書写年代自体は江戸時代前期頃かとおぼしいが、ただしその筆蹟は相当に古そうであり、鎌倉時代末期～南北朝時代頃の古写本を模写したものかと判断される。であれば当然ながら当該本は、現存伝本中でも実質的に最古写本の、極めて重要な一本であると位置づけてよいはずである。ただその本文は残念ながら、墨付き最終料紙の最終行に書写された、（「仮名」部の）「紫式部日記二巻」「清少納言枕草□巻」という二書目までとなっている。国会本（また有注本）では、続けて「同（枕草子）注十巻」～「楽府和歌二巻」という書目四十点が記載されている点、おそらくは本文料紙一紙分（当該本では一紙につき二十一行で二段組、書目四十二点まで記載可能）が脱落したものとみられる。そのほか当該本における料紙の欠損により、「公事」部の書目五点（国会本の「江次第廿一巻」「蓬莱抄一巻」「里雲図抄二巻」「使《（ママ）》儀論一巻」「備忘抄六巻」に該当）や、「雑々」部の「□野宮教命一巻」（国会本では「小野宮」）、「仮名」部の「□津嶋物語」「□蛉記一巻」（同じく「秋津嶋」「蜻蛉」）といった判読不可・困難部分も存する。また書写時の誤脱を補ったものか（他本との校合によったものではなさそうである）、行間に細字で書き込まれた書目も存する。「帝紀」部の「元慶二年私記」「延喜四年私記」「（帝）王系図二巻」（次の行に「帝朝世紀」とあるのに依存して、「王系図二巻」とだけ追加し「帝」字を省略）、「詩歌」部の「日（本）佳句（二帖）」（同前）「□文草十巻」（国会本では「菅家御文草」）「類聚近代作文百廿巻」がそうである。ほか「諸家」部の「続本《日》朝秀《佳句》二帖」や「管弦」部の「類聚楽鈔《録》」といったミセケチ訂正などもある。奥書・識語類はなし。巻頭に「宝玲文庫」の朱方印一顆あり。

③東洋文庫岩崎文庫本（一〇―九九一）

巻子本一軸。室町時代後～末期頃の写か。本文料紙は一四紙継ぎで、一四紙目に「合十四終」という朱筆注記あり。縦二六・四×横全長六四六cmほど。ほか軸巻紙あり。後補表紙に「本朝書籍目録異本〈首闕〉」と墨書した紙片貼付。また同紙片の右側に「・《和》漢書目録」と打付書。「類聚」部冒頭から「雑抄」部末尾までの残欠本。有注本とほぼ同じ注記を有しているが、後代の別手による加筆であり、本来的なものではないと判断される。なお東京大学史料編纂所ＨＰのうち「所蔵史料目録データベース」（http://wwwap.hi.u-tokyo.ac.jp/ships/shipscontroller）において、和田英松による令写本のデジタル画像の閲覧が可。

これら三点、いずれも完本ではない残欠本であり、特に東洋文庫本は欠落部分がより多く存する。よって国会本と鶴見大学本とを主としつつ、東洋文庫本の現存部分も補助資料とした上で、整定本文を作成するしかなかろうか、と、前論の段階では考えていた。

ところがその後、幸いにして、無注本に属する一本を新たに見出すことができた。すなわち九条家旧蔵・宮内庁書陵部現蔵の一本（Ｂ六―六〇三）である。近年まとめられた小倉滋司氏「宮内庁書陵部蔵九条家旧蔵本目録（稿）」[注9]によって初めて知られた伝本であり、最近では「書陵部所蔵資料目録・画像公開システム」（http://toshoryo.kunaicho.go.jp/）でも、書目自体は検出できるようになっている。ちなみに次述の書誌情報は実地調査に拠るものである。

④宮内庁書陵部本（B六―六〇三）

九条家及び宝玲文庫旧蔵（蔵書印あり）。巻子本一軸。寛永十九年（一六四二）具注暦の紙背に書写されているので、同年以後そう離れていない、江戸時代初期頃の写か。ただし筆蹟には古態性が認められるので、それなりの古写本を模写したものかと憶測される。本文料紙は十三紙継ぎ。縦二八・〇㎝×横全長六二九㎝ほど。ほか軸巻紙あり。虫損多々あるも判読不能な本文は些少。深緑色地窠紋等織出の後補布表紙、見返しは金銀切箔散らし。外題なし、巻首題「本朝書策目録」。現在は紙背となっている具注暦のほとんどの部分に裏打ちあり。また具注暦の界線・罫線がそのウラ面（現状のオモテ面）に透けて見えており、『本朝書籍目録』の本文も、その界罫に合わせて書写されている。奥書・識語類はなし。

まず興味深いのは、この書陵部本が、①の国会本と同じ九条家旧蔵本ということである。またその国会本には前述のとおり、冒頭欠落部分に補写があったが、それと書陵部本とを比較してみると、有注本では「神事」とあった見出しが、ともに「神道」となっていること、などをはじめとして、両者の本文は一致している。もっとも「神道」という本文は②の鶴見大学本とも一致するので、有注本に対する無注本の共有異文と言えようが、同じ九条家蔵だったという点、国会本の補写にこの書陵部本が用いられていた可能性は高そうである。

ただし国会本ばかりでなく、鶴見大学本でも、また有注本でも、「帝紀」部において列記されている「養老五年私記」「弘仁四年私記三巻」というふたつの書目が、書陵部本には見出されない。国会本及び鶴見大学本で、この二書目は二段組の一行で書写されているので、おそらくは書陵部本の書写時における、一行分の誤脱とみてよいのだろう。

例えばそうした瑕疵もありつつ、しかし一方でこの書陵部本が頗る注目されるのは、末尾の「仮名」部において、同部のまだ途中であるはずの「発心集」「宝物集」という一行で、本文が終わってしまっていることである。ここは無注本の他伝本でも、あるいは有注本でも、以下なお「義孝日記二帖」〜「楽府和歌二巻」とまだまだ続いていくところである。確かに無注本の鶴見大学本など、「仮名」部の途中から欠けている、という伝本もあるにしろ、それは前述のように、料紙の脱落が原因であるとみられた。対してこの書陵部本は、料紙の継ぎ目を境として本文が途切れているわけではなくて、料紙の途中に「発心集」と「宝物集」との一行が書写されたきり、余白はあるのに本文自体が終わっているという状態となっている。これが一体何を意味するのか、何らかの事情なり理由なりで、書陵部本においては「仮名」部後半が省略された、ということだろうか。それとも逆に、『本朝書籍目録』の「仮名」部には、実は本来は「宝物集」までしか記載されておらず、現状それに続いている「義孝日記」〜「楽府和歌」の書目は、成立後に追補されたものだった、ということなどに、なるのだろうか。これもまた現時点では、どのようにも確定できない問題であり、だからこそこれから注意していくべき点であろう、と問題提起しておきたい。

ともあれこれらのような無注本が、有注本と顕著に異なっている点としては、注の有無はもちろんとして、巻首題が「本朝書策目録」となっている（ただし③東洋文庫本は不明）、見出し・書目名・数量単位それぞれに相応の異同がある、奥書・識語が一切ない、などが挙げられる。うち見出しに関しては、有注本の「神事」が、無注本では「神道」となっていることと、無注本では「和歌」部の見出しそのものがないこと、などである。特に「和歌」部の見出しの有無は、先に取り上げた有注本におけるそれと、何らかの関係があるのかもしれない。

また書目名に関する異同としては、例えば有注本の「撰摂養要決」が、無注本では「擬摂養要決」となっていいること、などが挙げられる。詳しくは前論をご参照願いたいが、とりわけこの「撰」か「擬」かという点に関しては、『本朝書籍目録』の書目が「当事現存したるもの、みならず、古書に見えたるものを採録したるもののある事」（和田英松）の論拠のひとつとされてきたものだった。従って、それが無注本において「擬」字になっているというのは、一見たった一文字に過ぎない異同であっても、右の見解の根幹を揺るがす、非常に重要な異同と言えよう。

また数量単位に関しても、やはり前論で指摘したとおり、「巻」「帙」「帖」「冊」といった使い分けが、有注本よりも無注本の方で、より徹底されているようにみられる。無注本と有注本の先後関係という、前論では判断保留としておいた問題につき、あらためてこれら諸点を考え合わせてみるならば、すでに和田英松も「著者、及び内容」に関する注記は「後年何人か追記したるものなるべし」と論じていたとおり、無注本が先であり、有注本が後だったという可能性が、かなり高くなってくるのではなかろうか、と思われる。

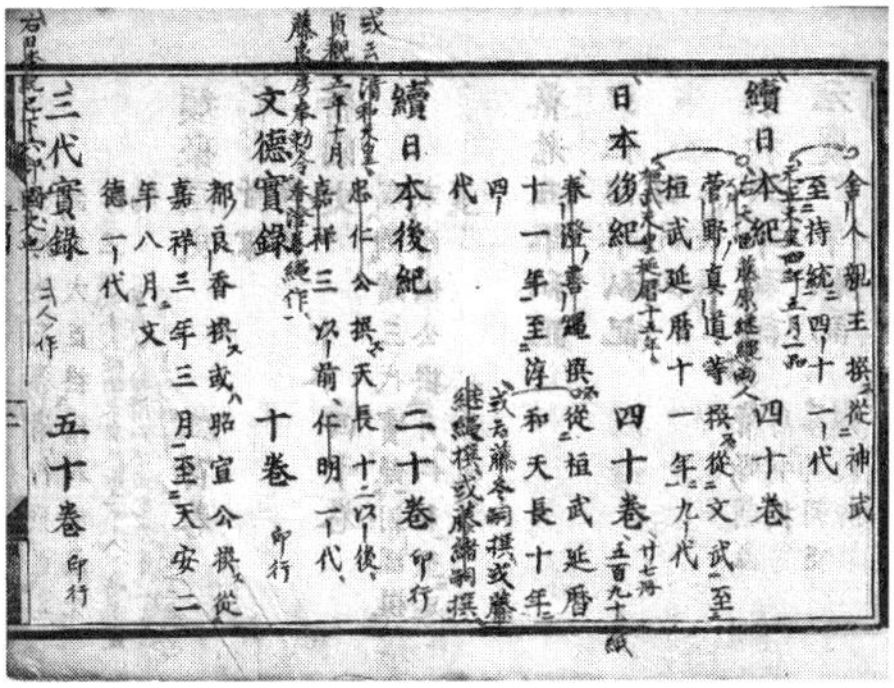
續日本紀 四十卷
日本後紀 四十卷
續日本後紀 二十卷
文德實録 十卷
三代實録 五十卷

挿図１　寛文板本（架蔵）

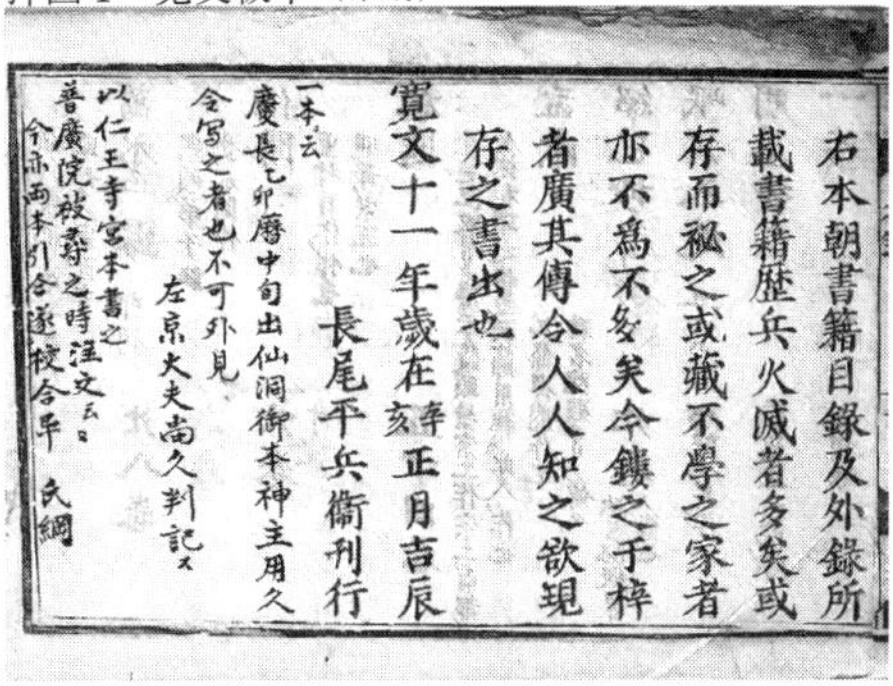
右本朝書籍目録及外録所載書籍歴兵火滅者多矣或存而秘之或藏不學之家者亦不爲不多矣今鏤之于梓者廣其傳令人人知之欲見存之書出也
寛文十一年歳在辛亥正月吉辰　長尾平兵衛刊行

挿図２　同上

以上、『本朝書籍目録』の伝本とその分類、性格等について、これまでの調査結果に基づく範囲で私見を述べてみた。繰り返すが未調査の伝本もなお多く、また図版のような寛文板本（架蔵）がある以上、同板本をも調査対象として、こうした書き入れの有無も確認していく必要があろう。それに応じて分類案に関しても、必要が生じれば再考し修訂しつつ、無注本に属する伝本・有注本に属する伝本それぞれの校合作業を行い、整定本文を作成し提示した上で、さらに整定本文に基づいた、無注本と有注本とのより綿密な比較検討、などを進めていかなければなるまい。また有注本に追加された種々の目録類のうち、珍しい情報を含むいくつかについても、翻刻紹介していきたい。課題は山積だけれども、やはり『本朝書籍目録』は何と言っても、学問領域を越えて有益な第一級資料であるだけに、どれほど時間がかかろうとも、継続的に取り組み続けていかなければと考えている。

注

1 和田英松『本朝書籍目録考証』（一九三六年十一月、明治書院）。以下和田の説は同書に拠る。
2 所功氏「『本朝書籍目録考証』に関する覚書」（『国書逸文研究』第十九号、一九八七年六月）。
3 五味文彦氏「書物史の方法 『本朝書籍目録』を軸に」（『書物の中世史』所収、みすず書房、二〇〇三年十二月）。
4 拙論「『本朝書籍目録』再考」（『中世文学』第五十七号、二〇一二年六月）。
5 田島公氏「典籍の伝来と文庫 古代・中世の天皇家ゆかりの文庫・宝蔵を中心に」（石上英一氏編『日本の時代史30 歴史と素材』所収、吉川弘文館、二〇〇四年十一月）。
6 小川剛生氏「伏見院の私家集蒐集とその伝来について」（『斯道文庫論集』第四十八集、二〇一四年二月）。
7 和田英松以後、伝本の問題に真正面から取り組んだのは、浜田久美子氏「『本朝書籍目録』について――奥書の検討と系統整理――」（阿部猛氏編『中世の支配と民衆』所収、同成社、二〇〇七年十月）のみであったかと思われる。
8 拙論「『本朝書籍目録』披見伝本一覧稿」（『国文鶴見』第五十号、二〇一六年三月）。なおこの拙論では、本論において提示する分類案のうち、Ⅰ無注本ともⅡ有注本とも為し得なかった「Ⅲその他」を、誤って「Ⅱ4その他」と挙げてしまっていた。ここに訂正しておきたい。

9　小倉滋司氏「宮内庁書陵部蔵九条家旧蔵本目録（稿）」（田島公氏編『禁裏・公家文庫研究　第四輯』所収、思文閣出版、二〇一二年三月）。

【付記】『本朝書籍目録』伝本の調査に際し、種々ご高配賜ったご所蔵機関・ご所蔵者に厚く御礼申し上げる。なお本論は、

・二〇一三〜一五年度・日本学術振興会・学術研究助成基金助成金・基盤研究（C）「文献学的方法による平安時代仮名文学の定説再検討と新見創出」（課題番号二五三七〇二四三、研究代表者久保木）

・二〇一四〜一五年度・日本学術振興会・学術研究助成基金助成金・基盤研究（C）「中近世期における九条家蔵書の形成と流伝に関する研究」（課題番号二六三七〇二〇九・研究代表者石澤一志氏）

・二〇一四〜一五年度・東京大学史料編纂所・一般共同研究「『隠心帖』を中心とする古筆手鑑の史料学的研究」（研究代表者久保木）

に基づく成果の一部である。

慧萼鈔南禅院本白氏文集の巻数とその正統性について
――日本伝来漢籍旧鈔本による原典籍の復元に関する一考察――

陳　翀

一　はじめに

本稿は、①江戸文人の考証を踏まえながら、中世公家日記に見える白氏文集に関連する記録を整理し、金沢文庫旧蔵本（以下金沢本と称す）をはじめとする日本現存の旧鈔本白氏文集資料群の祖本である慧（恵）萼鈔南禅院本は、従来考えられている六十七巻の未完結本ではなく、白居易が自ら選定した最終定本の七十巻系統本であり、紛れもなく白居易手定本の正統性を維持していたことを実証する。②天海校那波本に見られる白居易の名作「賦得原上草送別」詩の文字異同に関する書入れを取り上げ、現存諸本に収録される該詩の本文は、実は後人によって改竄されたものであることを明らかにする。さらに、白居易受容史研究において最重要視されてきた当詩に関連する少年白居易と顧況との交遊をめぐる逸話も、後人が改竄したこの本文に基づいて編出された架空の話であることを論証し、従来蓄積された白居易青少年期に関する研究を、今後大きく見直す必要があることを指摘する。これによって、日本伝来漢籍旧鈔本による原典籍の復元作業は、中国文学史の研究においても、重要な意義を有していることを、具体的な考証を通して示したい。

二　新見正路と市川寛斎における慧萼鈔本に関する考証

日本に現存する金沢本をはじめとする旧鈔本白氏文集資料群が、唐代に伝承された白居易自撰文集の復元及び解読に当たって、最も重要な価値を有していることは、すでに周知の通りである。また、該当領域に関する研究は、故太田次男氏の一連の重厚な考証を嚆矢として、[注1]さらに神鷹徳治、静永健、謝思煒、杜暁勤ら多くの日中の学者によって推進され、現在は、中国古典文学ないし東アジア古典文献学の最も注目される研究分野の一つにまで成長してきたのである。[注2]

ところが、現存する金沢本をはじめとする旧鈔本資料群を用いて唐鈔本白氏文集の原貌を復元する際に、一つ大きな疑問が残されているのも事実である。周知のように、日本に伝承されている旧鈔本の祖本は、入唐僧慧萼が会昌四年（八四四）に蘇州南禅院本を転写して将来したものである。南禅院本については、白居易の「蘇州南禅院白氏文集記」（巻六十一）によると、開成四年（八三九）二月、南禅院に奉納する際に、六十七巻までしか到達していなかったことがわかる。果たして会昌四年に慧萼が抄写した際に七十巻に到達していたのかどうか不明である。[注3]掉尾三巻（六十八・六十九・七十）の存否はともかく、もし慧萼が抄写した南禅院本が、そもそも白居易が編纂した最終定本の七十巻本でないのであれば、現在宋本系統の諸本に見られる旧鈔本との種々の異同は、白居易が自ら七十巻本を編成した際に再度修正したものである可能性を排除できない。換言すれば、もし金沢本をはじめとする旧鈔本白氏文集資料群が、最終の定本を継承したものでなければ、その版本上における正統性と優越性も、勿論一概に肯定できなくなる。

さて、この入唐僧慧蕚によって将来された南禅院本は、果たして何巻本であるのか。実はこの問題については、早くも江戸の文人によって結論が出されていた。例えば、『白氏文集』の諸本を多く蒐集して校訂を加えた新見正路は、その『賜蘆書院儲蔵志』（大東急記念文庫蔵本）に、次のような詳細な解題を書き綴ったのである。注4

白氏文集七十一巻三十冊　那波氏活字本

唐白居易撰。前ニ長慶四年元微之カ序ヲ載セ、次ニ目録ヲ記セリ。目録ニ云、白氏長慶集五帙都五十巻凡二千一百九十一首。第一帙詩七巻摠三百三十首、第二帙七巻摠四百七十二首、第三帙七巻摠六百十五首、第四帙七巻摠七十九首、第五帙七巻摠二百十三首、第六帙七巻摠二百五十八首、第七帙七巻摠一百五十六首、第八帙七巻共五百五十四首。以下後集ト為ス。第九帙七巻共三百二十八首、第十帙七巻共五百七十八首、已上十冊共七十巻摠三千五百九十四首トアリテ、七十一巻ヲ載セス。七十一巻ニハ首題ノ次行ニ刑部尚書致仕太原居易ト記シテ、前七十巻ノ體例ト違ヘリ。此一巻若クハ續後集ノ殘篇ヲ後人ノ足成シタルニテモアラン歟。簡明目録四庫全書提要共ニ七十二巻ニ作レリ。盧文弨カ羣書拾補ニハ、七十一ヲ三十七ノ巻ト為シ、七十ヲ七十一ノ巻ト為シテ、全部七十一巻ナリ。按ニ、文集巻數ノ事、菅家後草昌泰三年庚寅五十六延喜帝恩賜ノ聖製ヲ載ス。其御自注ニ曰、平生所愛白氏文集七十巻是也ト宣ヒ。都氏文集白樂天讃ニモ集七十巻盡是黄金ト云ヒ。江吏部集ニハ、近日蒙綸命點文集七十巻ト云ヒ。又藤佐世カ撰スル所日本國見在書目録ニモ、白氏文集七十巻ト載ス。皇宋類苑ニ楊文公談苑ヲ引テ、日本僧奝然問答ヲ載ル中ニモ有白居集七十巻云云。宗（宋）史日本國脩（條）下ニモ、奝然カ事ヲ記シテ白居易集七十巻得自中國ト云リ。我邦傳ル古代通行ノ文集ハ必七十巻ニ止ル事顯然タリ。此本元和四年那波道圓活字刷印スル所ニシテ、摠邊縦九寸五分、横六寸六分。内郭縦七寸五分、横五寸五分。毎葉半頁九行十六字ナリ。其體例唐朝傳来ノ侭ニ舊體ヲ存スル事ト知ラル。其故ハ定家卿詠歌大概、雖非和歌先達時節之景氣、世問（間）之盛衰為知物由白氏文集第一帙第二帙、常可握翫深通和歌之心ト云リ。此本目録ニ第一帙第二帙ト編次シタル所ヲ見ルニ、一二ノ帙ニハ諷諭閑適感傷等ヲ載ス。其中ニ新樂府謌行等ノ詩、長恨歌琵琶行モアレハ、最和歌ニ採用シ易キニ依テ斯ハ謂ルナルヘシ。是即古代通行本ニ符合スル一證也。然ニ流布ノ明刊本ハ、正集後集ヲ分タス、白氏長慶集ト題シ、前ニ總目録二巻ヲ載テ帙ヲ分タス。是當初ノ體ニ非ルカ知ヘシ。又清ノ汪立名カ校セル白香山詩集ノ序ニモ、被（彼）土今時ハ宋本モ傳ハス、世ニ行ハル丶銭氏馬氏等ノ本ハ、皆詩文分埒シテ古本ノ体裁ヲ失ヒシ事ヲ歎スルヨシヲ記セリ。然ルニ此活本ノ文集ハ恵蕚将来ノマ丶ニテ完然トシテ傳来セル古本ニ根據セル者ナレハ、是ヲ置テ亦何ヲカ論セン。抑白氏文集本朝ニ渡リシ始ヲ攷ルニ、江談抄云、閇閤唯聞朝暮皷、登樓遥望往来舩。行幸河陽館弘仁帝御製故賢相傳云、白氏文集一本詩渡来在御所、尤被秘蔵、人敢無見、此句在彼集、叡覧之後即行幸此觀、有此御製也、召小野篁令見、即奏曰、以遥為空㝡美者。天皇大驚、勅曰、此句樂天句也、試汝也、本空字也、今汝詩情與樂天同也者。文場故事尤在此事、仍書之ト見ユ。然レトモ弘仁御製ト而已有テ年月ヲ記サス。河陽行幸ノ時、弘仁帝ノ御製凌雲、文華ノ二集ニ見ユ。凌雲集ノ撰述ハ弘仁五年ナレハ、江談抄ニ云ル河陽行幸ハ其已前ニヤ。日本史ニモ弘仁中トノミ記サレタリ。白氏文集五十巻書ヲ為シハ長慶四年ノ冬ニテ、元稹ノ序ニ見エテ、本邦淳和帝ノ天長元年ニ當レリ。然者弘仁帝河陽館行幸ハ白氏文集書ヲ為サル已前ニ、秘府ニ収ラレシ事不審ナリ。白氏文集一本詩渡来在御所ト書ルハ全集ニハ非シテ詩鈔ニテモヤ有ケン。全集ナラハ白氏文集一本詩トハ書マシキニヤ。亦文徳實録巻第三曰、藤原朝岳守傳云、承和五年出為大宰少貳、因撿校大唐人貨物、適得元白詩筆。奏上、帝甚耽悦、授従五位上云云。承和ハ仁明帝ノ御宇ニシテ、嵯峨帝弘仁ヲ去事不遠。白氏文集既ニ御府ニ有上ハ、岳守ニ官爵ヲ授ラル丶モ餘リノ事ニヤ。恐ラクハ、此時初テ舶来セシ者ナランカト意ハルレハ、江談抄ノ説疑ヒ無ニシモ非ス。其僧恵蕚七十巻ノ文集ハ齎シタル也。按ニ、輪池屋代翁ノ白集考ニ曰、惠蕚文集齎来ノ年紀不詳。元亨釋書ヲ撿閲スルニ、両度入唐ノ事ヲ載ルト雖モ、其年月ヲ記サス。異称日本傳云、金澤文庫所蔵文集巻第三十三後書曰、會昌四年五月二日夜奉為日本國僧惠蕚上人寫此本云云。是ヲ以テ考レハ、承和十二年ヨリ後ニ歸朝セシナルヘシ。釋書所謂以大中十二年歸本邦ト云モノハ、後ノ歸朝ヲ云ルナラン。會昌四年ヨリ大中十二年マテハ十五年ヲ歴ル、故ナリト記セリ。此活字本ハ堀南湖カ舊蔵ニシテ、毎巻首ニ平安堀氏時習齋ト云ル朱印記アリ。金澤文庫古本ヲ以テ校訂シ、巻尾ニ舊本ノ識語ヲ寫セリ。

巻第九後書シテ云、金澤文庫點本跋云、唯寂房書寫之。寛喜三年辛卯二月廿日寂有。同廿三日點了、右全（金）吾校尉原泰（奉）重。

巻第十一古本云、大唐呉郡蘇州南禪院日本國裏頭僧惠蕚自寫文集。時會昌四年三月十四日、日本承和十一年也。寒食三月八日断火。居士惠蕚。

巻第十七完（寛）元三年三月十三日書寫之、唯寂房書之。同日校畢、右衛門尉康（豊）重奉重。又云、嘉禎二年三月十四日以唐本聊比校了。又云、建長四年正月五日傳下貴所之御本重校了。

巻第廿二點本跋云、萬壽（寛喜）三年三月廿六日書寫了、右衛門少尉豊原奉重。又云、貞永二年五月五日朱點了。又云、嘉禎二年三月十七日以唐本比校之、但唐本之文字所々摺乱銷幽也、字體髣髴之所、老眼難見解。

巻第三十三寫本跋云、會昌四年五月二日夜奉寫（為）日本國僧惠蕚工（上）人寫此本、且緣忩々、夜間睡眠、用筆都不堪任。寛喜三年四月十八日唯寂房書寫畢。

巻第四十四寫本跋云、四月廿日為過海設齋於白樂天禅院、一勘畢、惠蕚。

巻第四十九會昌四年四月十九日寫過。神俊男等白舍人院中設齋、曰僧二百人之。勘耳、空無申。（巻）五十二、時會昌四祀夏月廿九日寫畢、惠蕚。ト記セリ。

右此跋語ニテ當初ノ古本傳来ノ正シキ事ヲ知ヘシ。又巻中詩文ノ數ヲ考ルニ、長慶集五十巻詩文計二千百九十一首ト元微之ノ序に見ユ。活板五十巻ノ總計ハ二千百八十九首ニテ元序ニ二首不足スル所。金澤文庫古本校讐シテ巻四十二答一篇、巻四十二ニ狀一篇補入有テ、舊數ト符合ス、弥重ト云ヘシ。又按ニ、四庫全書提要云、銭曽讀書敏求記称所見宋刻居易集、両本皆題為白氏文集、不名長慶集。注（汪）立名校刻香山詩集亦謂寶歷以後之詩不應槩題曰長慶。又云、唐志載白氏長慶集七十五巻、宋志亦載白氏長慶集七十一巻、而白氏文集之名轉不著録。其巻帙之數、晁公武謂前集五十巻後集二十巻續五巻、今亡三巻、則當有七十二巻。陳振孫謂七十一巻之外、又有外集一巻、亦當有七十二巻。而所標總數乃皆仍為七十一巻、與今本合。其故不可得詳。至彭叔夏文苑英華辨證謂集中進士策問第二道、俗人妄有所增。又馮班才調集評亦稱毎巻首古調律語（詩）格詩之目為重到（刻）改竄、則今所行本已廻（迴）非當日之舊矣。敏求記云、樂天自杭州刺史以右庶子詔還、排纂其文成五十巻、號長慶集、微之為之序。又成外集二十巻、自為之序。嘗録一部置廬山東林寺經蔵院、北宋時鏤諸板所謂廬山本是也。絳雲樓蔵書中有之、惜乎不及繕寫。庚寅一炬、此本種子断絶、世無有知廬山本者矣トアリ。是即七十巻本ニシテ本邦傳ル所ノ古本巻數ト符合セリ。其他宋本校寫ト云ヒ、或ハ廬（盧）文弨羣書拾補中収ル所宋本影鈔ト謂ルモ共ニ當日ノ舊ニ非ス。

右記のように、新見正路は、江戸初期に刊刻された那波道円本及び金沢本を用いて、中国現存の諸本と比較し、日本現存の白氏文集諸本が、より唐鈔本の旧貌を維持していることを明らかにし、さらに、金沢本の底本である慧蕚鈔本についても、「其僧惠蕚七十巻ノ文集ハ齎シタル也」という明確な見解を示したのである。

また、かの清代の学者を驚嘆させた『全唐詩逸』の著者である市川寛斎も、新見正路と同様の見解を示していた。彼は、屋代弘賢に与える書状において、「集全部七十巻我邦に伝へ候は、恵蕚上人をもつて初めと致し候事」と明言し、さらに、「活板後集の摠計千四百三十五首有之候ゆへ、九十四首の不足に相成候」と、那波本白氏文集にも大きな不備があったことに言及した。[注5] 周知のように、新見正路と市川寛斎は、いずれも和漢の書籍に精通する高名な学者であり、その見解は恐らく的を射ている。但し、両氏の考証は何れも決定的な文献的根拠を提示しておらず、なお疑いの余地がある。

三　中世の公家日記にみえる白氏文集の転写記録

そもそも、寛平年間に編成された『日本国見在書目録』にみえる『白氏文集』は、七十巻本であると著録されている。但し、同書においては、二十九巻本の「白氏長慶集」も著録されており、また、後述するように、実は摺本の『白氏文集』も早く寛弘年間に北宋より将来されかつ天皇家に進納されていた。果たして平安鎌倉期に伝承されていた白氏文集は、如何なる系統の本であるのか。従来の研究においては、必ずしも究明されていない。

さて、この問題を考えるに、現存する中世公家日記類の史料は、最も信頼できる第一級の文献であると言えるだろう。以下、これら古記録にみえる白氏文集の閲読・転写に関する記述を整理して年代順に並べ直し、併せて些かの考察を加える。[注6]

A【藤原道長・御堂関白記】

①［寛弘三年（一〇〇六）八月六日］參内、奉文集鈔・扶桑集小葉子、是御手筥料也。

②［寛弘三年十月廿日］己丑參内、着左仗座、唐人令《(曾)》文所及蘇木・茶院《垸》等持来、五臣注文選・文集等持来。

③［寛弘七年（一〇一〇）八月廿九日］作棚厨子二雙、立傍、置文書、三史・八代史・文選・文集・御覧《(修文殿御覧)》・道〻

書・日本記（紀）具書等、令・律・式等具、幷二千餘巻。
④［寛弘七年十一月廿八日］次御送物、摺本注文選・同文集、入蒔繪筥一雙、袋象眼包、五葉枝。
⑤［長和二年（一〇一三）九月十四日］癸卯、入唐僧寂昭（照）弟子念救入京後初来、志摺本文集幷天台山啚等、召前問案内、有所申事、又令覽従天台（國清寺）送延暦寺物、天台大師（智顗）形・存生時袈裟・如意・舎利壺等牒等、亦獻寂昭・元澄書、又天台僧二人・在太宰府唐人等書。

B【藤原実資・小右記】

⑥［寛仁二年（一〇一八）六月廿日］土御門殿寝殿以一間始自南庇至北庇之間也、簀子・高欄相加、（中略）文集雜興詩云、小人知所好、懷寶四方來、姧邪得籍（藉）手、從此幸門開、古賢者遺言仰以可信。
⑦［寛仁二年六月廿六日］又止養水田之水強壅入家中、嗟呼〻〻、不念水稲苗死欤、可詠文集雜興詩、尤爲鑒誡。
⑧［寛仁四年（一〇二〇）十一月三日］清談次云、昨日皇太后宮權大夫經房（源）・修理大夫通任（藤原）・左三位□（中）將道雅（藤原）・宰相「資平」來訪、左衛門督賴宗（藤原）、使師道朝返文集葉文一帖又借一帖、第五・六□□巻、宰相『資平』來云、去夜候内。
⑨［長元二年（一〇二九）四月四日］壬辰、兵庫頭内（橘）住（位カ）云、關白度祭主輔親（大中臣）六條宅之後、一日設饗饌、獻模（本）廣韻葉子・同玉篇葉子・新書文集葉子・宅券文、納螺鈿箱。

C【藤原師通・後二条師通記】

⑩［應徳三年（一〇八六）十月廿七日］天晴、巳刻召文集江家書點、家中移點被示也、承了、時範傳自殿下十二料小屏（本）風召云〻、師平（太政大臣）返書給了。
⑪［寛治七年（一〇九三）十月十日］文集第六十八　千年鼠化曰（白）蝙蝠、黒洞深藏避綱羅、遠客（害）全身誠得計、一生幽闇又如何。

⑫［永長元年（一〇九六）十二月五日］天晴、爲地震奉幣使被立、廿二社也、上卿中宮大夫也、江中納言來臨、受文集説一二六七帙許所讀也、自餘所披閲也。

D【藤原宗忠・中右記】

⑬［嘉保元年（一〇九四）九月五日］未時許參院、次參院關白殿(師通)、次參大殿、新中納言通俊卿被參會、數剋言談、被命云、文集古調詩ハ格詩也、新調詩ハ律詩也者。

E【藤原忠実・殿暦】

⑭［康和三年（一一〇一）十一月廿日］文集一部暫送中宮大夫(源師忠)許、彼大夫此間被住山階。

F【近衛家実・猪隈関白記】

⑮［建久九年（一一九八）五月廿六日］癸亥、陰、召使來云、來月四日可有御方違行幸、可供奉者、申承由了、講詩、賦文集七德舞也。

G【藤原経光・民経記】

⑯［嘉禄二年（一二二六）五月廿八日］入夜九條大納言殿(藤原基家)有詩會、九條中納言御會、予不參、題云、野蟬催暑氣、各分一字、夏日讀白氏文集、賦琵琶行詩。文人大府卿以下少〻云〻。

⑰［天福元年（一二三三）五月十三日］天晴、昨日終日奔波、無術之間、不出仕、所休息也、稽古之外無他、自去年文集抄出、于今未事行之間、終日伺見之、・風骨之故也。此間天變・恠異瀫相示、可恐之世也、爲之如何。

H【近衛兼経・岡屋関白記】

⑱［建長二年（一二五〇）十月十四日］次有御贈物事、（中略）取御手本、道風筆、白氏文集云〻、入箱以青地錦裹之、以玉爲緒付銀打枝、跪御前簀子、余揖進寄、跪搢笏取之、於(×猶)透渡殿授頭中實尚朝臣復座。

さて、前掲の新見正路解題に指摘されているように、東林寺本白氏文集の系譜を継承した北宋の諸刊本そのものは、すでにこの世から消えている。そのため、現存する旧鈔本白氏文集資料群との比定ができない。但し、白居易が自ら編纂した文集は、七帙七十巻（一帙十巻）という構成であるのに対して、北宋刊本が上梓された際に、これを十帙七十巻（一帙七巻）と改めたのである。まさにこの帙編成上の相違が、現存する平安鎌倉時代から伝えられてきた旧鈔本資料群の性質を判断する上で重要な指針となる――Cの藤原師通の記録によれば、彼が大江匡房から伝授を受けた白氏文集は、⑫「受文集説一二六七帙許所讀也、自餘所披閲也」との一文からみると、正しく七帙本であることがわかる。これによって、大江家及び藤原家に伝承されていた白氏文集は、白居易が手定した帙構成の旧貌が保たれており、十帙七十巻構成の宋刊本（摺本）ではないことが判明する。

一方、⑪には「文集第六十八」に収録されている「中山五絶句」の第五首「洞中蝙蝠」詩の本文が抄録されている。奇しくも金沢本巻六十八が現存しているため、藤原師通が抄写した詩を金沢本と比べてみると、本文が全く同一であることがわかる。[注7] なお、「害」という字は、「𡨧」という俗字で記されていたため、恐らく『後二条師通記』を翻字する際に「客」という字に誤認されたのであろう。

ちなみに、この巻六十八の存在こそは、金沢本の祖本である南禅院本白氏文集が最終定本の七十巻本に到達した動かぬ証拠である。ここで一旦、七十巻本白氏文集の成立経緯を確認してみよう。

①東林寺六十巻本　前集五十巻と後集十巻。太和九年（八三五）に東林寺に奉納。（「東林寺白氏文集記」・巻六十一）

②聖善寺六十五巻本　前集五十巻と後集十五巻。開成元年（八三六）に聖善寺に奉納。（「聖善寺白氏文集記」・巻六十一）

③南禅院六十七巻本　前集五十巻と後集十七巻。開成四年（八三九）に南禅院に奉納。（「蘇州南禅院白氏文集

記」・巻六十一）

④東林寺七十巻本

最後の三巻（巻六十八・六十九・七十）を補って「後集」を選定し、会昌二年（八四二）に東林寺に再奉納。（「送後集往廬山東林寺兼雲皐上人」・巻六十九）

前述のように、一部の先行研究においては、白居易「蘇州南禅院白氏文集記」を根拠とし、慧萼鈔本の祖本である南禅院本が六十七巻にまでしか到達していなかったという見解が示されている。しかしながら、金沢本に巻六十八の転写本が残されていたことは、南禅院本も確実に六十七巻を超えていたことを意味する。ちなみに、筆者はかつて中国側の文献に基づき、「東林寺で転写された『白氏文集』は、最終的に七十巻に到達した。廬山では、併せて三本を作り、洛陽の聖善寺、蘇州の南禅院、そして東林寺に分蔵した。つまり、白居易が各寺院に奉納した三本の文集は、全て東林寺の僧侶が転写したものであり、何れも最終的に七十巻までであった」という見解を示した。[注8] このように、日中両国の文献を併せて判断すれば、慧萼が南禅院本に基づき転写して将来した白氏文集が、白居易の最終手定の七十巻本であることは、もはや疑う余地がない。

なお、大江家に伝えられた白氏文集について、かつて大江匡衡は、その「述懐古調詩一百韻」詩に、次のように詠じている。

執巻授明主　従容冕旒褰　　巻を執りて明主に授く、従容たる冕旒の褰

尚書十三巻　老子亦五千　　尚書　十三巻、老子　亦た五千

文選六十巻　毛詩三百篇　　文選　六十巻、毛詩　三百篇

加以孫羅注　加以鄭氏箋　　加ふるに（公）孫羅の注を以てし、加ふるに鄭氏の箋を以てす

捜史記滞疑　追謝司馬遷　　史記の滞疑を捜し、司馬遷を追謝す
叩文集疑關　仰慙白樂天　　文集の疑関を叩き、白楽天に仰慙す

これによって、大学寮の大江家に伝承された白氏文集点注本は、天皇の侍読のために奉勅編纂したものであることが看取できる。[注9]だとすれば、上記の公家記録に記されている白氏文集も、とくに藤原家に伝えられていた白氏文集は、大江家本と同一系統であると想定できる。いずれにせよ、平安鎌倉時代の公家の間に伝承されていた白氏文集は、白居易が手定した南禅院本を祖本とする七帙七十巻系統本であったと、ほぼ断定できる。

四　那波本白氏文集校注の校勘価値

さらに、旧鈔本白氏文集資料群のほかに、江戸文人の校注を加えた那波本白氏文集も、白氏文集を復元するに当たって欠かせない貴重な資料群であると思われる。太田次男氏は、該当資料群に関する研究の必要性について、次のように述べている。[注10]

林家校本は、その後、多くの転写本（那波本）により、広く伝えられたが、校注のある那波本は、例えば、尊経閣蔵本の如く、必ずしも林家本系統のもののみではなく、また、林家本注に後補の加えられた蓬左文庫蔵本なども あり、更に、陽明文庫本・内閣文庫本・内閣文庫蔵塙家校本・東大東洋文化研究所蔵菅家校本もあり、校注等の書入のある那波本については、猶、今後の調査に俟つ所が少なくない。

太田氏によって指摘された那波本諸校注本の中で、とりわけ尊経閣蔵天海校本の価値が高いと思われる。実は、天海校那波本の書入れには、鎌倉時代の名医である梶原性全が抄写した白氏文集と校訂した文字異同が多く記されている。梶原性全は、鎌倉幕府第十五代執権金沢貞顕の知遇を得て当時の医学の前進に大いに貢献した人物である。しかも、性全が抄写した白氏文集は、現存する豊原奉重によって抄写・校勘された金沢本とは異なるもう一本の慧萼鈔南禅院重鈔本であることが、天海校本の巻十一、巻十三の巻末に転写された性全奥書によって明らかにされる。[注11]

周知のように、慧萼鈔南禅院本の転写本である金沢本は、二十七巻（残頁を含めば三十三巻）しか残されておらず、現在は、大東急記念文庫、国立歴史民俗博物館、天理図書館などに分蔵されている。そのため、天海校本に記されている慧萼鈔南禅院重鈔本に関する文字異同は、金沢本の欠巻になっている南禅院本を垣間見ることのできる数少ない貴重な資料であると言える。ちなみに、天海校本をはじめとする那波本校注を利用して南禅院系統本欠巻が復原可能であることは、すでに拙稿の「慧萼鈔南禅院本白氏文集巻十三復原稿」によって実証された。[注12]以下は、天海本巻十三に見られる白居易の「賦得原上草送別（原上の草を賦して得たり、友人を送る）」詩（以下、「原上草」詩と略称）の文字異同を取り上げて該詩に関連する逸話の真偽を明らかにし、白居易文学を研究する際に、日本に現存する旧鈔本資料の確認が如何に重要な意味を有しているかを、具体的な考証を通して示したい。

さて、少年白居易の詩才に言及する際に、次の一段の逸話が有名であるのは周知の通りである。

白樂天初舉、名未振、以謌詩謁顧況。況謔之曰、「長安百物貴、居大不易。」及讀至「賦得原上草送友人」詩曰、「野火焼不盡、春風吹又生。」況歎曰、「有句如此、居天下有甚難。老夫前言戲之耳。」

白楽天初めて挙げらるるや、名未だ振はず、歌詩を以て顧況に謁す。況之に謔れて曰く、「長安に百物貴し、居るに大いに易からざらん」と。読みて「原上の草を賦して得たり、友人を送る」詩に至るに及び、曰く、「野火焼けども尽きず、春風吹きて又生ず」と。況歎じて曰く、「句の此の如き有らば、天下に居るも甚の難きことあらんや。老夫の前言は之に戯れしのみ」と。

全く無名な少年白居易は、僅か一佳句によって、著名詩人である顧況を即座に脱帽させてしまう、という美談である。多少の文字異同がみえるものの、この逸話は、唐末五代の文人王定保が撰した『唐摭言』をはじめ、同じく唐末五代期に成立した張固（生没年不詳）撰『幽閑鼓吹』や、宋代の文人尤袤撰『全唐詩話』など、多くの詩話類書籍によって喧伝され、やがて白居易の文才詩情を語るに欠かせない史料になる。

ちなみに、現存する南宋紹興年間『白氏長慶集』を繙いてみると、逸話に引用されている「原上草」詩が、確かに前集の巻十三に収録されている。また、この詩の前に配列されている「江南送北客因憑寄徐州兄弟書（江南にて北客を送り、因つて憑んで徐州の兄弟に書を寄す）」詩の下に、「時年十五（時に年十五）」という自注がある。さらに、後ろ二番目の「病中作」詩の下に、「年十八」という自注がみえる。よって、「原上草」詩は、白居易の十五歳から十八歳の間の作品であると推測できる。

しかし、史実を確認してみると、白居易が初めて科挙に応じたのは、二十七歳の時のことである。これは、明らかに該詩の系年と齟齬する。さらに、白居易を大いに賞賛した顧況も、実は貞元五年（七八九）ごろには長安に居らず、饒州司戸参軍という長江中流地域（現在の江西省上饒市一帯）の地方閑職に追われていたのである。

ところが、このように大きな矛盾があったものの、少年時代の白居易に関する史料が少ないこともあって、結局殆どの研究者はこの逸話を無視できなかったのである。例えば、朱金城氏は、白居易の年譜を編成した際に、この詩を貞元三年（七八七）の条に配列し、さらに上記の逸話を引用して次のような考証を書き添えている。[注13]

『摭言』記事多誤。貞元四年（七八八）以前、居易無赴長安之可能。貞元五年後、顧況卽因嘲謔貶官饒州司戸（其知交李泌卒於貞元五年）、復至蘇州、與蘇州刺史韋應物、信州刺史劉大真相往還。如謂居易有謁顧況之事、或相遇饒州及蘇州。

『唐摭言』の記事には誤りが多い。貞元四年（七八八）以前、居易が長安に赴いた可能性はない。貞元五年の後、顧況は戯れの発言で饒州司戸に左遷され（其の親友の李泌は貞元五年に亡くなった）、そして蘇州に行き、蘇州刺史の韋應物、信州刺史の劉大真と交遊した。もし居易が顧況に謁見したというのであれば、饒州もしくは蘇州で出会ったのであろう。

右記のように、朱金城氏は、『唐摭言』の記事が一部の誤りを有していることを認めた上で、少年白居易が、長安ではなく、江南の饒州或いは蘇州で顧況に謁見したのではないかという見解を示した。また、謝思煒氏は朱氏の考証を踏まえ、「貞元五年居易従父任在衢州、顧況貶官饒州取道蘇、杭、睦州、隨後即經衢州、故此時居易極有可能拜謁、傳説或即由此生發（貞元五年、居易は父の任に従って衢州に居た。顧況は饒州に左遷され、蘇（州）、杭（州）、睦州を経由し、後に衢州を通る。故に此の時居易が彼に謁見した可能性は極めて高い。或いは伝説もこのことによって生まれたのであろう）」と、二人が会った場所は衢州である可能性もあるという新観点を提示した。[注14]

実際に白居易が顧況と会ったかどうかという問題はさておき、結論から言うと、記事そのものは、間違いなく唐末五代時期の作り話であると考えられる。なぜならば、この逸話の成立に欠かせない「野火焼けども尽きず、春風吹きて又生ず」の一句は、そもそも白居易本人の作ではなかったことがわかったからである。

先にも言及したように、現存する白居易の詩文集――南宋紹興本をはじめとする明刊本、和刻本などの『白氏文集』に、何れも該詩が収録されている。しかも、諸本における文字異同は珍しく皆無である。ちなみに、該詩の全文は、以下の通りである。

離離原上草　一歳一枯榮　　離離たり　原上の草、一歳に一たび枯栄す
野火焼不盡　春風吹又生　　野火焼けども尽きず、春風吹いて又た生ず
遠芳侵古道　晴翠接荒城　　遠芳　古道を侵し、晴翠　荒城に接す
又送王孫去　萋萋滿別情　　又た王孫を送りて去り、萋萋たるに別情満つ

「青々と茂る野原の草は、一年に一度枯れては又花が咲く。野火も焼き尽くすことはできず、春風が吹けばまた生えてくる。遠く連なる芳草は古い道路まではみ出して茂り、色あざやかな草原の緑草は荒れた城壁にまでも続く。今、またも旅立つ貴公子を見送り、離別の情が胸にいっぱいになる」と、淡い離愁を醸しだしながらも前向きな姿勢を巧みに文字に織り込む。とくに「野火焼けども尽きず、春風吹いて又た生ず」の一文は、文学の世界に限らず、後世の禅僧に高く評価され禅語としてもよく唱えられるようになる。[注15]

ところが、宋刊本に記された「原上草」詩は、後世の文人によって修正されたものである。天海校本に記された慧萼鈔南禅院本の文字異同によって復原される該詩の原文は、以下の通りである。

離離原上草、一歳一枯榮。夜火焼欲盡、春風吹又生。野芳侵古道、晴翠接荒城。又送王孫去、萋萋滿別情。

些か信じがたいことではあるが、古来人口に膾炙してきた「野火焼不盡」の一句は、白居易の原作ではない。

天海本の書き入れによれば、南禅院本に記された白居易の原詩は、「夜火焼欲盡」に作る。また、「野芳侵古道」の一句も、後に「遠芳侵古道」に書き換えられたことがわかる。これによって、白居易研究で重視されてきた顧況・白居易交遊の逸話は、唐末五代以後の人によって作られたものであるとほぼ断定できる。

「夜火」とは、「軍営の烽火」を意味する言葉である。例えば、『晋書』巻二十七「五行志上」に、「夜火起時、百姓避寇満城（夜火起くる時、百姓寇を避けて城に満つ）」と、また、『文苑英華』巻二九九「軍旅一」所収の張喬（晩唐の詩人、生没年不明）「書邊事二首　其二」詩にも、「分營夜火焼雲遠、教猟秋鵰掠草輕（分営の夜火雲を焼きて遠し、猟を教へし秋鵰　草を掠めて軽し）」などの用例が窺える。[注16] これによって、白居易の元来の詩が、戦争を題材とするものであった可能性が浮上する。今後は、該詩の内容及び制作年などについて、再認識する必要がある。

さらに、前述した「原上草」詩の前後に配列される「江南送北客因憑寄徐州兄弟書」詩の「時年十五」という題下注と、後ろ二番目「病中作」詩の「年十八」と題下注も、天海校本をはじめとする諸校本には見られなかった。[注17] つまり、この二つの題注は、白居易の自注ではなく、北宋以後の人が、『唐摭言』などの記事を踏まえて挿入した偽注である可能性が極めて高い。だとすれば、「原上草」詩のみならず、巻十三所収の全詩作の編年は、これから再考されなければならないだろう。

五　むすびにかえて

すでに筆者が指摘していたように、宋刊系統本の祖本である東林寺本は会昌法難で廬山の石室に隠された末、一部に脱落・破損が生じてしまったのである。のちに斉己や匡白ら東林寺僧の修補を経てようやく再公開されるに至った。[注18] 本稿末に添付している「清朝以前書籍〈子部・集部〉における白居易「原上草」詩及び逸話収録状況一覧表」からみると、北宋初頭に編纂された『文苑英華』や『太平広記』などの書籍に記されていた「原上草」の本文が、南宋刊系統本と一致することから推測すれば、恐らく「原上草」本文の改訂も、五代の斉己や匡白らによるものであると推測できる。つまり、忠実に白詩の原貌を伝える『白氏文集』は、晩唐五代期においてすでに散佚していた。それ故、斉己らの修訂本は、唯一の『白氏文集』のテキストとして受容され、多くの白居易をめぐる伝説や逸話の底本になったのである。

実はこの事実に関しては、金沢本の抄写者豊原奉重も把握していたようである。ちなみに、金沢本巻二十二の巻末には、次のような奥書が記されている。[注19]

寛喜三年三月廿六日書寫了。右衛門少尉豊原奉重。
貞永二年五月五日朱點了。嘉禎二年三月十七日以唐本比校了、但唐本之文字所々摺乱銷幽也、字體髣髴之所、老眼難見解出仉者、石室多相殆者也。
建長四年正月十二日傳下貴所之御本移點了。

右記のように、豊原奉重は、校勘用の摺本が「文字所々摺乱銷幽」の原因として、「石室多相殆者」という説明を行った。「石室多相殆者」との一語は、右記の奥書のみでは理解し難いが、中国側の文献と照合すれば、正しく北宋刊本の祖本である東林寺本が会昌法難中に廬山の石室に隠された際に欠落・破損したことを指していることがわかる。

ではなぜ、平安鎌倉時代から江戸時代にわたって、日本の貴族文人たちは慧萼鈔南禅院本を尊重し続けてきたのか。もちろん、後出の宋刊本と比べ、慧蕚鈔南禅院本が遥かに白居易手定の最終本の原貌を維持していたのは最重要な原因として考えられる。しかしながら、実は、慧蕚鈔南禅院本がそこまでの権威性を持つに至ったのは、ほかにも重要な理由が存在する。つまり、慧蕚は、恐らく白居易と親交した唯一の入唐僧であり、しかも、その名前も、『白氏文集』に記されていたのである。白居易の「唐東都奉国寺禅徳大師照公銘　並序」（那波本巻七十）には、次のような文章が記されている。

大師號神照、姓張氏、蜀州青城人也。始出家於智凝法師、受具戒於惠蕚律師、學心法於惟忠禅師。

大師は神照と号し、姓は張氏、蜀州青城の人なり。始め智凝法師に出家し、具戒を慧蕚律師に受け、心法を惟忠禅師に学ぶ。

現段階で把握している資料からみると、右記の「唐東都奉国寺禅徳大師照公銘」の序文にみえる「惠蕚律師」は、南禅院本を抄写した入唐僧慧蕚と同一人物である可能性が極めて高い。つまり、慧蕚は、鑑真和尚の法統を維持していた廬山の大林寺で幼い頃から修業していたと思われる。そのため、彼は、廬山僧団ないし江南仏教界において特殊な地位を与えられたのであろう。だとすれば、従来疑問視されてきた嵯峨帝河陽館詩話などの問題も氷釈する。これらの問題に関する詳細な考証は、別稿に譲る。

注

1　太田氏の研究は、のちに『旧鈔本を中心とする白氏文集本文の研究』（全三冊、勉誠出版、一九九六年）及び『空海及び白楽天の著作に係わる注釈書類の調査研究』（全三冊、勉誠出版、二〇〇七年）に収録されている。

2　神鷹氏の主な研究は、『白氏文集諸本の系譜』（博士論文）に纏められている。静永氏の研究は、主に『漢籍伝来――白楽天の詩歌と日本』（勉誠出版、二〇一〇年）と『唐詩推敲――唐詩研究のための四つの視点』（研文出版、二〇一二年）に見える。謝氏の研究成果は、『白居易詩集校注』（全六冊、中華書局、二〇〇六年）と『白居易文集校注』（全四冊、中華書局、二〇一一年）との両校注本に反映される。杜氏には、「『白氏文集』前集の編纂体裁と詩体分類について――日本現存の旧鈔本を中心に――」（秋谷幸治訳、『白居易研究年報』第十四号、二〇一三年）、「『白氏文集』「古体」與「古調詩」之関係」（『陝西師範大学学報　哲学社会科学版』二〇一三年第四期）、「『秦中吟』非「新楽府」考論――兼論白居易新楽府詩的体式特徴及後人之誤解」（『文学遺産』二〇一五年第一期）などの研究がある。

3　なお、太田次男氏は、「惠萼将来の六十七巻本」という考えを示している。前掲『旧鈔本を中心とする白氏文集本文の研究』第二章「(C)巻五十四について」を参照。また、花房英樹氏は、慧萼は、蘇州南禅院で巻五十九までしか抄写しなかったのではないかという見解を提示した。『白氏文集の批判的研究』（彙文堂書店、一九六〇）第一部「二　旧鈔本の源流」を参照。なお、慧萼が南禅院本を抄写した経緯については、拙著『白居易の文学と白氏文集の成立――廬山から東アジアへ――』（勉誠出版、二〇一一年）第六章「慧萼と蘇州南禅院本『白氏文集』の日本伝来――会昌四年識語を読み解く――」を参照。慧萼の事跡及び関連文献に関しては、田中史生編『入唐僧恵萼と東アジア』（勉誠出版、二〇一四年）を参照。

4　新見正路の白氏文集諸本に関する解題は、拙稿「新見正路と『白氏文集』――『白氏文集題跋』及び『賜蘆書院儲蔵志・白氏文集（附元氏長慶集）』（翻刻）――」（『白居易研究年報』第十四号、二〇一三年）を参照。

5　市川寛斎書状の本文は、新見正路『打聞』（国会国立図書館蔵新見正路自筆本）巻七所収の『白氏文集題跋』によって転写されている。書状の紹介及び先行研究については、前掲拙稿「新見正路と『白氏文集』――『白氏文集題跋』及び『賜蘆書院儲蔵志・白氏文集（附元氏長慶集）』（翻刻）――」を参照。

6　ここの引用文は、何れも『大日本古記録』本に基づく。なお、白氏文集の転写記録ではないが、『仙洞御移徙部類記』巻二「建長七年十月二十七日」条に、「此御所御障子唐絵被画文集」という記述がある。また、『鎌倉遺文　古文書編第二十巻』（東京堂書店、一九八一年）所収「一五三四二　某書状追而書〇金澤文庫所蔵釋摩訶衍論私見聞第九第十裏文書」に、「又覺靜觀房候皮籠に入候文集抄と申候物」とある。

7　なお、現存する南宋刊紹興本（巻三十五）の該当部分は、後人によって抄補されたものである。

8　前掲拙著『白居易の文学と白氏文集の成立』第五章「『白氏文集』の成立と廬山――匡白「江州徳化王東林寺白氏文集記」を中心に――」を参照。なお、会昌二年に白居易が七十巻本を編成した経緯については、拙稿「仏教信仰に捧げる絶唱――

七十巻本白氏文集の成立経緯をめぐって――」（『白居易研究年報』第十六号、二〇一五年）を参照。

9　大江家の漢籍注釈活動については、拙稿「『集注文選』に関する平安史料の解釈を巡って――日本漢籍受容史に対する一考察」（『中国四国歴史地理学協会年報』第十号、二〇一四年）を参照。また、大江家の学問については、井上辰雄『平安儒者の家　大江家のひとびと』（塙書房、二〇一四年）に詳しい。

10　前掲『旧鈔本を中心とする白氏文集本文の研究』第二章「（4）金沢文庫本巻三の存否について――新見正路本を繞って――」を参照。なお、宮内庁書陵部所蔵の那波本白氏文集は、下定雅弘・神鷹徳治の編輯によって影印出版された。『宮内庁所蔵　那波本　白氏文集』（勉誠出版、二〇一二年）を参照。

11　ちなみに、巻十一奥書は、以下の通りである。

元頑（稹）我有三寶一日僧、偉哉生公道業弘。金聲玉振神跡遠、古窟霊龕天香滕。石龕中置影像。此一首詩不是集内數。

時會昌四年三月十四日、〻本承和十一年也。寒食三月八日断火。居士惠蕚九日遊呉王釼池、武岳東寺、到竺道生法師昔講涅槃經時五百阿羅漢化出現聴經座石上、分明今在。生公影堂裏影側牌詩。

保安五年初二月中旬以平祐俊之證本自以移點了。于時春風帯寒、入膚如釼、羊家獸盡、手胼龜了。藤宗重。

元亨三年仲商下澣以藤宗重之本朱點了。

また、巻十三の奥書は、以下のとおりである。

元亨三年九月十八日拭老眼朱點了。依為秘點謡本、為多〻壽、凡寫點了、乞常讀常吟、虚襟虚事、須為詩聖耳。性全判。

本奥云

唐會昌四年三月廿三日勘校了。此集奇絶、借得所以者何、白舍人従東都出下來蘇州、回茲尓耳。他難見、叵得之、賛和尚之力此十巻密寫得可。

壬寅之歳以平祐俊之本自點了、藤宗重。

三月八日抄出了云〻。

12　天海校本に関する考証は、拙稿「慧蕚鈔南禅院本白氏文集巻十三復原稿」（『域外漢籍研究集刊』第九輯、二〇一三年）を参照。

13　朱金城『白居易集箋校』（上海古籍出版社、一九八八年）第六冊所収『白居易年譜簡編』を参照。

14　前掲謝氏『白居易詩集校注』第一冊を参照。

15　『續傳燈録』（大正大蔵経第五十一冊所収）巻八「大鑑下第十二世天衣懷禅師法嗣・東京法雲寺法秀圓通禅師」、『楊岐方會和尚語

録』（大正大蔵経第四十七冊所収）などを参照。

16 『晋書』（中華書局、一九七四年）巻二十七「五行志上」、『文苑英華』（中華書局、一九六六年）第二冊巻二百九十九を参照。

17 前掲拙稿「慧萼鈔南禅院本白氏文集巻十三復原稿」を参照。

18 前掲拙著『白居易の文学と白氏文集の成立』第七章「唐末五代における『白氏文集』の伝承――詩僧斉己の活動を中心に――」を参照。

19 川瀬一馬監修『金澤文庫本　白氏文集』（勉誠社、一九八四年）を参照。なお、ここの翻字は、新見正路の転写を参考にしたものである。前掲拙稿「新見正路と『白氏文集』――『白氏文集題跋』及び『賜蘆書院儲蔵志・白氏文集（附元氏長慶集）』（翻刻）――」を参照。ちなみに、川瀬氏は、「老眼難見解出仉（「掌」の俗字）者、石室多相殆者也」の一文を、「老眼難見解於彼者審多相殆者也」と翻字している。

附【清朝以前書籍〈子部・集部〉における白居易「原上草」詩及び逸話収録状況一覧表】

時代	作者及び書名	巻数・章名・篇名	引用形態
唐末	張固『幽閑鼓吹』	白尚書	逸話・前四句
五代	王定保『唐摭言』	巻七・知己	逸話・前四句
宋代	李昉ら『文苑英華』	巻二百八十五・送行二十・賦得古原草送別	全詩八句
	李昉ら『太平広記』	巻一百七十・知人二・顧況	逸話・前四句（注引『幽閑鼓吹』）
		巻二百五十・詼諧六・顧況	逸話・前四句（注引『唐摭言』）
	祝穆『古今事文類聚』	後集巻三十二・花卉部・絶句	前四句
		別集巻三十六・人事部・先慢後敬	前四句
	陳景沂『全芳備祖』	後集巻十・卉部・草・五言絶句	前四句
	蔡正孫『詩林廣記』	巻十・白楽天・咸陽原上草	前四句・後引『復齋漫録』逸話
	呉曽『能改齋漫録』	巻八・沿襲・野火焼不盡	逸話・野火二句
		巻八・沿襲・海風吹不断江月照還空	逸話・野火二句
	曾慥『類説』	巻四十三・北夢瑣言・米価方貴居亦不易	逸話・前四句
	王讜『唐語林』	巻三・贊誉	逸話・前四句

	呉幵『優古堂詩話』	野火焼不盡	逸話・前四句
		海風吹不断江月照還空	逸話・野火二句
	阮閲『詩話総亀』	巻四・詩進門・楽天初挙	逸話・野火二句
		後集巻二十・警句門・唐朝人士	野火二句
	葛立方『韻語陽秋』	巻四・唐朝人士	野火二句
	胡仔『漁隠叢話』	後集巻十三・酔吟先生	逸話（引『復齋漫録』）
	魏慶之『詩人玉屑』	巻十・含蓄・白楽天	逸話・野火二句（引『古今詩話』）
		巻十六・香山・草詩	逸話・野火二句（引『復齋漫録』）
	劉克荘『後村詩話』	巻十四・白居易原上草	野火二句
	呉子良『荊渓林下偶談』	巻二・詩人以草為諷	野火二句
	范晞文『對床夜語』	巻三・呉融	野火二句
	普済『五燈会元』	巻十六・青原十世下・東京法雲寺法秀圓通	野火二句
	朱子『晦庵集』	巻四十三・書・答林擇之	野火二句
	朱子『南嶽倡酬集』	附録・答林擇之書・其三十	野火二句
元代	陶宗儀『説郛』	巻二十二上・後山談叢（陳師道）・詩人以草為諷	野火二句
	辛文房『唐才子傳』	巻四・白居易	逸話・前四句
	方回『瀛奎律髓』	巻二十七・着題類・賦得古原草送別	全詩八句
明代	曹学佺『石倉歴代詩選』	巻六十一・中唐十五白居易・賦得古原草送別	全詩八句
	陸時雍『古詩鏡・唐詩鏡』	巻四十四・中唐第十六白居易三・賦得古原草送別	全詩八句
	高棅『唐詩品彙』	巻六十七・草・賦得古原草送別	全詩八句
	彭大翼『山堂肆考』	巻二百二・草卉・焼不盡	前四句
	徐蛤『徐氏筆精』	巻四・詩談・詠草	逸話
	馮時可『雨航雑録』	巻上・白居易	野火二句
	葉盛『水東日記』	巻三十六・詩林広記・白楽天咸陽原上草詩復齋漫録云云	野火二句
	李東陽『懐麓堂詩話』	厳滄浪	野火二句
	顧憲成『涇皐藏稿』	巻四・與諸敬陽儀部	野火二句

『令集解』所引漢籍の性格に関する一断面
――『論語義疏』を中心に――

髙田 宗平

はじめに

我が国古代には、幾多の漢籍が舶載された。[注1]正倉院文書[注2]に漢籍の名が見え、更には漢籍が書写された木簡や漆紙文書が宮都のみならず、地方の遺跡からも出土している。[注3]このことから、漢籍は古代に於いて、地方の官人層にも広範に浸透していたと言える。中世に於いても多くの漢籍が舶載され、また五山版や古活字版が刊行される[注4]等、伝存する漢籍刊写本[注5]も尠なくない。

此の如く、我が国は古代より、漢籍を講究・伝写していた。漢籍講究は、古代中世を通じて、書写、講読、校合・校訂（校勘）、訓点伝授、証本作成、注釈、蒐集、引用、抄撮、等の営為によって成り立っていた。このような漢籍講究の中で、我が国に伝来した唐鈔本を祖本もしくは親本として、日本人によって伝写されていった漢籍が、旧鈔本[注6]と呼称されるものである。

平安時代中期、藤原道長が宋版を所蔵していたが[注7]、それは漢籍講究に供されたのではなく、稀覯の書籍を美術品・財宝として、愛蔵していた[注8]と考えられる。古代の漢籍講究の場では旧鈔本が用いられ、伝写されていた。中世に至ると、旧鈔本を伝写しながらも、新渡の宋版と校合し、その校異注が旧鈔本の行間等に施されたことにより、伝写の過程で校異注が本文内に竄入し、部分的には唐鈔本に由来する本文が改変を受けたり、他方、宋元版を親本に伝写されていた。中世では、このような特有の現象が見られた[注9]。

本稿では、右の如き漢籍講究のうち、引用に着目する。ここで言う「引用」とは、日本人が典籍（日本古典籍）を撰述する際に、唐鈔本あるいは旧鈔本漢籍を藍本として、引用することを示す。日本古典籍に漢籍を引用することも漢籍講究の営為の一つと言える。

稿者は、嘗て拙著に於いて、『令集解』所引『論語義疏』（以下、『論語義疏』を『義疏』と略称する）の性格を解明するため、所引『義疏』「五常」の条（子張問十世可知也章の疏）に対象を絞って、当該条文と古代から中世の典籍、旧鈔本『義疏』、敦煌本『論語疏』とを比較検討した[注10]。

本稿では、古代に於ける漢籍講究の一斑として、『令集解』所引『義疏』の性格の解明を企図しているが、拙著では対象としなかった『令集解』所引『義疏』のうち、先行研究[注11]では典拠不明とされた一箇条を含む、二箇条に焦点を当てて、その性格を検討する。

ここで日本古典籍所引漢籍の特徴を簡単に述べておく。日本古典籍所引漢籍は、引用文と言う性質上、部分的なものであって、節略等の改変を受けていることも尠なくない。ただし、旧鈔本漢籍の多くが中世の書写であることに対し、奈良時代に撰述された典籍にも漢籍の引用が認められることから、部分的な引用とは言え、対象漢籍によっては旧鈔本漢籍を溯る本文を有することがある。

一　『令集解』及び『論語義疏』について

本節では、本稿の検討対象である『令集解』と『義疏』について概観する。

1　『令集解』

『令集解』は、明法博士惟宗直本（生歿年不詳）が貞観年間（八五九〜八七七）に編纂したもので、養老令の私的注釈書である。[注12]直本は『令集解』編纂に際し、大宝令の注釈書の「古記」、養老令の注釈書の「令釈」、等の明法諸家の説を引用している。

『令集解』には多くの漢籍が引用され、輯佚学・校勘学、日本古代漢籍受容史・漢学史等の多方面の研究に裨益する。

本稿の検討対象である、『令集解』に引く『義疏』は全一三箇条認められ、これらを明法諸家の説に分けると、「古記」が七箇条、「令釈」が五箇条、「讃記」が一箇条となる。[注13]明法家諸説の成立時期は、「古記」が天平一〇年（七三八）頃、「令釈」が延暦六〜一〇年（七八七〜七九一）頃、「讃記」が弘仁・貞観期（八一〇〜八七七）頃とするのが通説とされている。[注14]してみれば、『令集解』の「古記」・「令釈」・「讃記」の各々に引用される『義疏』は、唐鈔本に由来する本文を遺存していると言える。

以上のようなことから、『令集解』所引『義疏』は、『義疏』研究の観点から見るに、日本古代『義疏』受容史、『義疏』の校勘・復原、の両面から看過し得ない文献であると言える。

2　『論語義疏』

『義疏』は、中国六朝梁の皇侃（四八八〜五四五）が撰した『論語』の注釈書で、三国魏の何晏（生年不詳〜二四九）の『論語集解』の再注釈書である。『義疏』は、晋の江熙の『集解論語』に集成された晋の一三家の説を参考にし、『論語集解』を敷衍したもので、既に散佚した魏晋以来の諸家の説が数多く引用され、魏晋六朝経学の研究資料として資する。[注15]

佚存書として周知の『義疏』であるが、いつ頃、中国で散佚したのだろうか。佚存を窺う手がかりとなる、書目・解題への著録状況を見ていくと、北宋前期の慶暦元年（一〇四一）成立の王尭臣等の『崇文総目』、南宋前期の紹興二一年（一一五一）成立の晁公武の『郡斎読書志』、淳熙四年（一一七七）成立の陳騤の『中興館閣書目』、尤袤の『遂初堂書目』の各々には著録されるが、南宋後期の陳振孫の『直斎書録解題』には著録されていない。以上の著録状況から、『義疏』は南宋頃に散佚したと推される。

二　『令集解』所引『論語義疏』と旧鈔本『論語義疏』との比較検討

本稿は、古代に於ける漢籍講究の一斑として、『令集解』所引『義疏』の性格の解明することが目的であることは前述の通りである。従って、引用文や文字の異同を調査するには、的確なテキストを選定する必要がある。『令集解』所引『義疏』と旧鈔本『義疏』との比較検討に先立って、以下、テキストについて若干述べておく。

『令集解』諸本の系統については、石上英一・水本浩典両氏による詳細な研究[注16]がある。石上氏作成の『令集解』諸写本の系統略図[注17]によれば、依拠すべき写本[注18]は、

1. 国立歴史民俗博物館所蔵田中本（以下、田中本と略称する） 江戸時代前期写本
2. 宮内庁書陵部図書寮文庫所蔵鷹司家本（以下、鷹司家本と略称する） 江戸時代写本
3. 国立国会図書館所蔵清家本（船橋本）（以下、清家本と略称する） 慶長二年（一五九七）～同四年（一五九九）写本
4. 国立公文書館内閣文庫所蔵紅葉山文庫本（以下、紅葉山文庫本と略称する） 江戸時代初期写本

の四本で、これらをテキストに選定した。更に、容易に閲覧し難い事情から、研究が進んでいない東山御文庫本もテキストに加えた。

5. 宮内庁侍従職所管東山御文庫本（以下、東山御文庫本と略称する） 江戸時代写本

旧鈔本『義疏』諸本は、全三六本（北京大学図書館所蔵の足利学校遺蹟図書館所蔵本の影鈔本を含めると三七本）存するが[注19]、〈1〉現存最古の年紀を有する前田育徳会尊経閣文庫所蔵応永三四年朱筆書入本、〈2〉武内義雄氏が『論語義疏坿校勘記』[注20]の底本に選定した龍谷大学大宮図書館写字台文庫所蔵文明九年本、〈3〉武内・高橋両氏が高く評価した[注21]天理大学附属天理図書館所蔵清熙園本、の三本[注22]をテキストに選定した。

〈1〉前田育徳会尊経閣文庫所蔵応永三四年（一四二七）以前写 応永三四年朱筆書入本（以下、応永三四年本と略称する）
〈2〉龍谷大学大宮図書館写字台文庫所蔵文明九年（一四七七）鈔本（以下、文明九年本と略称する）
〈3〉天理大学附属天理図書館所蔵清熙園本 室町時代鈔本（以下、清熙園本と略称する）

唐鈔本である敦煌本『論語疏』[注23]（P. 3573）がパリ国立図書館に蔵されている。ただし、該本は学而・為政・八

佾・里仁の四篇が伝存するのみの残巻である。本稿の該当箇所である、皇序・先進篇は散佚しているので、比較検討の対象とはならない。

また、旧鈔本『義疏』の他に、『論語総略』及び『論語集解叙鈔』には各一箇条、〈一〉『令集解』巻六　後宮職員令・書司・古記と対応する『義疏』引用文を見出すことができる。両書も比較検討の材料に加えた。

〈4〉『論語総略[注24]』　曼殊院門跡所蔵　鎌倉時代後期南北朝時代写

〈5〉『論語集解叙鈔[注25]』　慶應義塾図書館（慶應義塾大学三田メディアセンター）所蔵　室町時代末期江戸時代初期写

以上の『令集解』五本、旧鈔本『義疏』三本、『論語総略』、『論語集解叙鈔』を検討材料とし、比較検討していく。

なお、『令集解』所引『義疏』と旧鈔本『義疏』、『論語総略』、『論語集解叙鈔』の比較検討に際し、対応箇所のうち、何晏集解には破線、義疏には傍線を施した（本稿の比較検討対象には経文はない）。

〈一〉『令集解』巻六　後宮職員令・書司・古記

当該条は、『令集解』巻六　後宮職員令・書司の令本文「尚書一人」の本注「几案」に施注された「古記」に引用される。

『令集解』

田中本

論語疏云門人痛大山長毀①梁木永摧隠机②非昔離③索行伯④徴⑤言一⑥絶⑦置行莫書⑧也⑨卽⑩几隠机一種耳

鷹司家本

論語疏云門人痛大山長毀①梁木永摧隱机②非昔離③索行伯④徵⑤言一絶⑥置⑦行莫書⑧也⑨郎⑩凢隱机一種耳

清家本

論語疏云門人痛大山長毀①梁木永摧隱机②非昔離③索行伯④徵⑤言一絶⑥置⑦行莫書⑧也⑨郎⑩凢隱机一種耳

紅葉山文庫本

論語疏云門人痛大山長毀①梁木永摧隱机②非昔離③索行伯④徵⑤言一絶⑥置⑦行莫書⑧也⑨郎⑩凢隱机一種耳

東山御文庫本

論語疏云門人痛大山長毀①梁木永摧隱机②非昔離③索行伯④徵⑤言一絶⑥置⑦行莫書⑧也⑨郎⑩凢隱机一種耳

『論語総略』

夫子没微⑤言一絶⑥景⑦行莫彰⑧於⑨是弟子僉陳往訓…

『論語集解叙鈔』

侃云隱几②非昔③离索行汨④微⑤言一終⑥景⑦行莫書⑧於⑨是弟子僉陳往訓…

旧鈔本『義疏』巻一　皇序

応永三四年本

門人痛大山長毀哀①梁木永摧隱机②非昔離③索行汨④微⑤言一絶⑥景⑦行莫書⑧於⑨是弟子僉陳往訓…

文明九年本

門人痛大山長毀哀①梁木永摧隱几②非昔離③索行汨④微⑤言一絶⑥景⑦行莫書⑧於⑨是弟子僉陳往訓…

清熙園本

門人痛大山長毀哀①梁木永摧隱几②非昔離③索行汨④微⑤言一絶⑥景⑦行莫書⑧於⑨是弟子僉陳往訓…

当該条は、「論語疏云」と典拠を記して引用する。高橋均氏は当該条について「旧抄本からこの文を見出すことはできないので、皇侃とは別の「論語疏」かも知れない」[注26]とし、注で『日本国見在書目録』に褚仲都『論語疏』が著録されていることを述べている。しかし、当該条は、「古記」を介しての『義疏』皇序からの引用文と認められる。

①『令集解』五本は字句がないが、旧鈔本『義疏』三本は「哀」が存する。『令集解』五本の脱字かと推定される。なお、『論語総略』及び『論語集解叙鈔』には当該箇所の引用はない。

②『令集解』五本、旧鈔本『義疏』応永三四年本は「机」に作るが、『論語集解叙鈔』は「几」に作り、旧鈔本『義疏』文明九年本・清熙園本は「几」に作る。「机」と「几」は通用する。『論語集解叙鈔』の「几」は「几」と字形が近似しているゆえの誤写かと推定される。なお、『論語総略』には当該箇所の引用はない。

③『令集解』五本、旧鈔本『義疏』三本は「離」に作るが、『論語集解叙鈔』は「离」に作る。両字は通用する。なお、『論語総略』には当該箇所の引用はない。

④『令集解』五本は「伯」に作るが、旧鈔本『義疏』三本、『論語集解叙鈔』は「泪」に作る。『令集解』五本の「伯」は「泪」に字形が近似しているゆえの誤写かと推定される。なお、『論語総略』には当該箇所の引用はない。

⑤『令集解』五本、旧鈔本『義疏』文明九年本は「徴」に作るが、『論語総略』、『論語集解叙鈔』、旧鈔本『義疏』応永三四年本・清熙園本は「微」に作る。『令集解』五本及び旧鈔本『義疏』文明九年本の「徴」は「微」と字形が近似しているゆえの誤写かと推定される。

⑥『令集解』五本、『論語総略』、旧鈔本『義疏』三本は「絶」に作るが、『論語集解叙鈔』は「終」に作る。

『論語集解叙鈔』の「終」は「絶」と字形が近似しているゆえの誤写かと推測される。
⑦『令集解』五本は「置」に作るが、『論語総略』、『論語集解叙鈔』、旧鈔本『義疏』三本は「景」に作る。
『令集解』五本の「置」は「景」と筆写体が近似しているゆえの誤写かと推測される。
⑧『令集解』五本、『論語集解叙鈔』、旧鈔本『義疏』三本は「書」に作るが、『論語総略』は「彰」（右傍に「アラハル、コト」と附訓あり）に作る。『論語総略』は自筆本成立後からさほど時を経ておらず、[注27]『論語総略』成立時の本文と大きく隔たったものではないと推される。このことに鑑みると、この異同は、誤字・誤写等の単純な要因によるものとは考え難いように思われる。これについては後述する。
⑨『令集解』五本は「也」が存するが、『論語総略』、『論語集解叙鈔』、旧鈔本『義疏』は「也」がなく、「於是弟子僉陳往訓」以下の文が存する。『令集解』五本の「也」は、（一）「於是弟子僉陳往訓」以下の文を節略するために、「古記」の撰者、もしくは『令集解』の撰者惟宗直本が、文末に「也」を附加し改変したものか、（二）『令集解』の伝写の過程による改変か、等の要因が推測されるが、俄には断じ難い。
⑩『令集解』五本は「卽凢隱机一種耳」の一文が存するが、『論語総略』、『論語集解叙鈔』、旧鈔本『義疏』三本には同文や類似する文を見出すことはできない。『令集解』五本に存する一文は、皇疏ではなく、「古記」の撰者によるものか、『令集解』の撰者惟宗直本によるものか、等と窺測される。

〈二〉『令集解』巻十三　賦役令・孝子条・古記
当該条は、『令集解』巻十三　賦役令・孝子条の令本文「凡孝子順孫」に施注された「古記」に引用される。
『令集解』
田中本

論語先進篇曰何晏注曰先進後進謂士先後之①輩王侃疏曰輩②猶徒也

鷹司家本

論語先進篇曰何晏注曰先進後進謂士先後之①輩王侃疏曰輩②猶徒也

清家本

論語先進篇曰何晏注曰先進後進謂士先後之①輩王侃疏曰輩②猶徒也

紅葉山文庫本

散佚して伝わらない

東山御文庫本

論語先進篇曰何晏注曰先進後進謂士先後之①輩王侃疏曰輩②猶徒也

旧鈔本『義疏』巻六　先進第十一　子曰先進於禮樂野人也章

応永三四年本

（経）子曰先進於禮樂野人也後進於禮樂君子也

（疏）此孔子將欲還淳反素吾重古賤今故稱禮樂有君子野人之異也…

（注）孔安國曰先進後進謂士先後①輩也禮樂因世損益

文明九年本

（経）子曰先進於禮樂野人也後進於禮樂君子也

（疏）此孔子將欲還淳反素○(1)重古賤今故○(2)禮樂有君子野人之異也…

（注）○(3)先進後進謂士先後①輩也禮樂因世損益

（1）補入符を附し、欄上に本文と同筆の墨筆にて「吾ィ」と注記される。

（2）補入符を附し、「禮」の右傍に本文と同筆の墨筆にて「稱ィ」と注記される。

（3）補入符を附し、欄上に本文と同筆の墨筆にて「孔安國曰ィ」と注記される。

清熙園本

（経）子曰先進於禮樂野人後進於禮樂君子也

（疏）此孔子將欲還淳反素重古賤今故禮樂有君子野人之異也…

（注）先進後進謂士先後①輩也禮樂因世損益

旧鈔本『義疏』巻六　先進第十一　子路曾皙冉有公西華侍坐章

応永三四年本

（経）唯赤則非邦也與宗廟之事如會同非諸侯如之何

（疏）又引赤證我不咲子路志也…

（注）孔安國曰明皆諸侯之事與子路同徒

（疏）②ゝ猶黨輩也…

文明九年本

（経）唯赤則非邦也與宗廟之事如會同非諸侯如之何

（疏）又引赤證我不咲子路志也…

（注）孔安國曰明皆諸侯之事與子路同徒

（疏）②ゝ猶黨輩也…

清熙園本

（経）唯赤則非邦也與宗廟之事如會同非諸侯如之何

（疏）又引赤證我不咲子路志也…
（注）孔安國曰明皆諸侯之事與子路同徒
（疏）〻猶黨輩也…②

当該条は、「古記」を介して引用文である。まず「論語先進篇曰何晏注曰」と記し、何晏集解に引く孔安國注（『論語孔氏訓解』[注28]）を引用する。その後、「王侃疏曰」と記して引用する。「論語先進篇曰何晏注曰先進後進謂士先後之輩」の文は、先進篇冒頭の「子曰先進於禮樂野人也」章の集解に認められるものの、「王侃疏曰輩猶徒也」は先進篇の同章（もしくは周辺の章）に見出すことはできない。ただし、先進篇末尾の「子路曾晳冉有公西華侍坐」章の疏に、比較的類似する「〻〔徒〕猶黨輩也」を見出すことができる。

①『令集解』四本は「之」が存するが、旧鈔本『義疏』三本は当該箇所に字句がない。異同が生じた要因は不明である。

②『令集解』四本は「輩猶徒也」に作るが、旧鈔本『義疏』三本は「〻〔徒〕猶黨輩也」に作る。現時点では両者の間に異同が生じた具体的な要因について、鄙見を示すことはできない。ここでは、ひとまず右に掲出した、先進篇の疏文「徒猶黨輩也」の可能性を指摘しておくに留める。

三　『令集解』所引『論語義疏』と旧鈔本『論語義疏』との相異の要因

前節では、〈一〉『令集解』巻六　後宮職員令・書司・古記、〈二〉『令集解』巻十三　賦役令・孝子条・古記、

の二箇条に引く『義疏』と旧鈔本『義疏』とを比較検討した。〈一〉では『論語総略』、『論語集解叙鈔』も加え、比較検討した。

前節での比較検討の結果を踏まえて、以下、相異の要因を示していく。

〈一〉『令集解』巻六　後宮職員令・書司・古記

①『令集解』五本の脱字か。

②『令集解』五本、旧鈔本『義疏』応永三四年本の文字と旧鈔本『義疏』文明九年本・清熙園本の文字が通用の関係。『論語集解叙鈔』の誤写か。

③『令集解』五本、旧鈔本『義疏』三本の文字と『論語集解叙鈔』の文字が通用の関係。

④『令集解』五本の誤写か。

⑤『令集解』五本、旧鈔本『義疏』文明九年本の誤写か。

⑥『論語集解叙鈔』の誤写か。

⑦『令集解』五本の誤写か。

⑧その他

⑨（一）節略するため、「古記」の撰者、もしくは『令集解』の撰者惟宗直本による改変か、（二）『令集解』の伝写の過程による改変か等。

⑩皇疏ではなく、「古記」の撰者によるものか、『令集解』の撰者惟宗直本によるものか等。

以上の異同が生じた要因のうち、①～⑦・⑨・⑩は本文系統の相異に起因するものではない。

これに対し、⑧の差異は、本文系統に関わる可能性がある。これは、『論語総略』の撰者が『義疏』を、（一）引用する際の親本ないしは祖本の性格が異なっていた、（二）引用する際に改変した、等の可能性が想定されようが、俄には断じ難い。

なお、武内氏は、『論語総略』の「彰」について、「「景行莫書」の書の字総略彰に作る、蓋し皇疏原本は章に作つたのを誤つて書とうつしたのであろう、彰は章と相通ずる[注29]」と、また「景行無《ママ》書の書の字総略には彰に作る、恐らく書の字は章の誤で、章は彰の義であらう[注30]」と述べる。高橋氏は、旧鈔本『義疏』皇序の「微言一絶景行莫書」の諸本間の校勘に際し、まず右に示した武内氏の見解を引いた上で、「今みることのできる古鈔本（『論語義疏』――稿者注）はいずれも書に作つていて、章に作るものを見ないが、章のほうが文義はより明らかとなるであろう[注31]」と、また『論語総略』の検討に於いて、「「彰」と「昬（書）」との異同については、その異なる根拠を明らかにすることはできない[注32]」と述べ、この後に右に示した武内氏の見解を引く。

〈二〉『令集解』巻十三　賦役令・孝子条・古記

①その他

②その他

以上の異同のうち、①は本文系統の相異に起因するものではないと考えられるが、②は本文系統を考察する上で重要な問題を含んでいる可能性がある。

②の該当文『令集解』所引『義疏』「輩猶徒也」に、旧鈔本『義疏』中の類似する文として、先進篇の疏「徒猶黨輩也」を指摘した。ただし、『令集解』所引「何晏注曰先進後進謂士先後之輩王侃疏曰輩猶徒也」に対応す

る何晏集解に引く孔安國注（『論語孔氏訓解』）「先進後進謂士先後輩也」は、先進篇冒頭の「子曰先進於禮樂野人也」章に認められるが、『令集解』所引「輩猶徒也」に比較的類似する疏「徒猶黨輩也」は、先進篇末尾の「子路曾皙冉有公西華侍坐」章に存する。更に、『令集解』所引『義疏』「輩猶徒也」と旧鈔本『義疏』「徒猶黨輩也」との異同は、他の『令集解』所引『義疏』と旧鈔本『義疏』との比較から見ても、やや差異が大きい。このことを勘案すると、あるいは、『令集解』所引『義疏』「輩猶徒也」は、旧鈔本『義疏』では佚した、旧態を遺存する『義疏』の引用文である可能性があろう。注33

むすびにかえて

如上、日本古代に於ける漢籍講究の一斑を解明するため、『令集解』に引用される『義疏』の性格を、巻六後宮職員令・書司・古記、巻十三　賦役令・孝子条・古記に対象を絞って、比較検討してきた。考察及び行論の過程に於いて、次の点を明らかにした。

第一に、『令集解』所引『義疏』と旧鈔本『義疏』は、大局的に見て、本文系統を異にすると言い得るような相異はないことが確認できた。すなわち、旧鈔本『義疏』は、唐鈔本に由来する本文を有していると言える。これは拙著の結論と一致し、矛盾しない。

第二に、〈一〉『令集解』巻六　後宮職員令・書司・古記に引く『義疏』は、先行研究では典拠不明とされ、褚仲都『論語疏』からの引用である可能性が指摘されていたが、当該引用文は旧鈔本『義疏』皇序に認められた。拙著にて、(イ)旧鈔本『義疏』は唐鈔本に由来する本文を有していること、(ロ)『政事要略』所引『義疏』には旧鈔本『義疏』では佚した、旧態を遺存する『義疏』の引用文が認められること、(ハ)『政事要略』所引

『義疏』と旧鈔本『義疏』との相異は、唐鈔本内に於ける小系統の相異であって、『政事要略』所引『義疏』は、旧鈔本『義疏』に比して、より旧態を遺存していること、を明らかにした。[注34]（ロ）は、『政事要略』所引『義疏』の事例であって、『令集解』所引『義疏』の事例ではないが、現存旧鈔本『義疏』内では既に佚して見出すことができない疏文が存在すると言うことを示している。

以上の点に鑑みると、〈二〉②の『令集解』所引「王侃疏曰輩猶徒也」は、先進篇の疏「徒猶黨輩也」（「子路曾皙冉有公西華侍坐」章）から引用したかと目することも可能であるが、旧鈔本『義疏』では佚した、旧態を遺存する『義疏』の引用文と推測することも可能であろう。[注35]そして、この推測が妥当だとするならば、当該箇所の『令集解』所引『義疏』と旧鈔本『義疏』との相異は、唐鈔本内に於ける小系統の相異であり、『令集解』所引『義疏』は、旧鈔本『義疏』に比して、より旧態を遺存していることになろう。これが第三の点である。

第四に、『令集解』所引『義疏』は旧鈔本『義疏』等に比して、誤写が多く認められた。これは、『令集解』諸写本が近世の写本であることに起因すると推される。

しかしながら、考察及び行論の過程に於いて出来した課題が存する。すなわち、〈一〉⑧で言及した「書」（『令集解』・『論語集解叙鈔』・旧鈔本『義疏』）と「彰」（『論語総略』）の異同である。『論語総略』所引『義疏』について、次の如く両説が併存する。武内氏[注36]は、『論語総略』所引『義疏』は遅くとも鎌倉時代末期を降らぬ本文を有しており、旧鈔本『義疏』の訛誤を補正し、皇疏の原形を知ることができるものと述べる。これに対し、高橋氏[注37]は、『論語総略』の成書時期から判断して、『論語総略』が引いた『義疏』が室町時代より溯ることを認めつつ、『論語総略』所引『義疏』と旧鈔本『義疏』との異同は、『論語総略』の撰者が撰述の際に改めたことに起因すると述べる。「書」と「彰」との異同について、武内氏[注38]は、「書」は「章」の誤りで、「章」と「彰」が通ずることを述べるが、高橋氏[注39]は、その要因について不明とする。右に先学の説を掲げたが、「書」と「彰」

との異同の要因について、現時点では鄙見を提出することはできない。異同が生じた要因の解明には、『論語総略』の精査・検討、及び他の日本古典籍から当該箇所の引用文の捜索を要すると思われる。『論語総略』は、中世に於ける『義疏』受容、更には中世漢学の実態解明の点からも重要な典籍資料である。今後の課題としたい。

本稿では触れることができなった問題として、『令集解』所引漢籍が類書等からの転引の可能性が指摘されている点がある。[注40] 鄙見によれば、『令集解』所引『義疏』は、唐鈔本、ないしはそれを親本あるいは祖本とする鈔本『義疏』から直接引用した可能性があると考えられる。[注41] このことから、『義疏』以外の『令集解』所引漢籍にも、直接引用した可能性が考えられ、検討の余地があると思われる。[注42] 類書等からの転引の問題は、『令集解』所引漢籍に限らず、日本古代中世の典籍所引漢籍が、原典からの直接引用か、それとも類書等からの転引か、日本古代中世の漢籍受容史・漢学史上に於ける大きな課題でもある。

注

1 九世紀後半以前に舶載された漢籍を窺う手がかりとなるものが『日本国見在書目録』である。『日本国見在書目録』〈古典保存会事務所、一九二五年。後に『日本国見在書目録 宮内庁書陵部所蔵室生寺本』〈名著刊行会、一九九六年〉に書名変更〉を参照。『日本国見在書目録』の編纂事情と意義については、太田晶二郎①「日本の暦に於ける「蜜」標記の上限――石田幹之助先生に献ぐ――」(『日本歴史』七二号、一九五四年。後に『太田晶二郎著作集』第一冊〈吉川弘文館、一九九一年〉所収)、同②「日本漢籍史札記」(『季刊図書館学』二巻四号〈通巻七号〉、一九五五年。後に加筆して『書誌学月報』六号、一九八〇年。『前田育徳会尊経閣文庫小刊』一九八〇年。『太田晶二郎著作集』第一冊所収)、同③「日本見在書目録　解題」(『群書解題』二〇〈続群書類従刊行会、一九六一年〉所収。後に訂正し『群書解題』八巻〈続群書類従刊行会、一九七六年〉所収。『太田晶二郎著作集』第四冊〈吉川弘文館、一九九二年〉所収)を参照。

2 正倉院文書の天平二年(七三〇)七月四日「写書雑用帳」(續修十六裏書)(『大日本古文書』一、三九三頁)、天平年中(七二九~七四九)「讀

誦考試歴名」（續々修二十六帙五裏）（『大日本古文書』二四、五五五頁）に複数の漢籍の名が見える。その他、正倉院文書に現れる漢籍については、石田茂作『写経より見たる奈良朝仏教の研究』（一九三〇年、東洋文庫）「附録　奈良朝現在一切経疏目録」所収「〔附〕漢籍」を参照。

3　漢籍が書写された木簡については、佐藤信「習書と落書」（岸俊男編『日本の古代14巻　ことばと文字』〈中央公論社、一九八八年〉所収。後に佐藤信『日本古代の宮都と木簡』〈吉川弘文館、一九九七年〉所収）を参照。
漢籍が書写された漆紙文書は、例えば、胆沢城跡から漆紙文書『古文孝経』が出土している。平川南「漆紙・第二十六号（『古文孝経』断簡ＳＫ八三〇土壙出土）」（『岩手県水沢市佐倉河　胆沢城跡――昭和五十八年度発掘調査概要――』所収、一九八四年、岩手県水沢市教育委員会。後に「第六章　古文孝経写本――胆沢城跡第二六号文書――」に改題して平川南『漆紙文書の研究』〈吉川弘文館、一九八九年〉所収）を参照。その他の漢籍が書写された漆紙文書や漢籍の名が記された墨書土器、『論語』木簡についての先行研究は、拙著『日本古代『論語義疏』受容史の研究』（塙書房、二〇一五年）「序章　日本古代中世『論語義疏』研究序説――先行研究の整理と本書の分析視覚――」を参照。以下、『日本古代『論語義疏』受容史の研究』を拙著と略称する。

4　五山版や古活字版については、川瀬一馬①『日本書誌学之研究』（大日本雄辯会講談社、一九四三年）、同②『五山版の研究』（日本古書籍商協会〈Antiquarian Booksellers Association of Japan〉、一九七〇年）、同③『増補古活字版之研究』（日本古書籍商協会〈Antiquarian Booksellers Association of Japan〉、一九六七年）を参照。

5　我が国に現存する、漢籍古鈔本については、阿部隆一「本邦現存漢籍古写本類所在略目録」（一九六〇年代前半稿。後に『阿部隆一遺稿集　第一巻　宋元版篇』〈汲古書院、一九九三年〉所収）、漢籍宋元版については、長澤規矩也①「関東現存宋元版書目　第二稿」（『長澤規矩也著作集　第三巻　宋元版の研究』〈汲古書院、一九八三年〉所収）、同②「関西現存宋元版書目（未定稿）」『長澤規矩也著作集　第三巻　宋元版の研究』所収）、阿部隆一①「宋元版所在目録」（『阿部隆一遺稿集　第一巻　宋元版篇』所収）、同②「日本国見在宋元版本志経部」（『阿部隆一遺稿集　第一巻　宋元版篇』所収）を参照。

6　我が国に伝存する旧鈔本漢籍の文献学的な意義については、阿部隆一「漢籍」（『文化財講座　日本の美術15　典籍Ⅱ』〈第一法規出版、一九八三年。後に『阿部隆一遺稿集　第三巻　解題篇二』所収）を参照。

7　道長が記主である『御堂関白記』寛弘七年（一〇一〇）一一月二八日条に「次御送物、摺本注文選・同文集、入蒔繪筥一雙、袋象眼包、五葉枝、事了御入」と、同長和二年（一〇一三）九月一四日条に「入唐寂昭（照）弟子念救入京後初来、志摺本文集幷天台山啚（圖）等」とあり、また、藤原行成が記主である『権記』寛弘七年一一月二八日条に「又大臣（藤原道長）獻御書、余（行成）幷左金吾（藤原頼通）取之、右大臣（藤原顕光）間、何物、余申摺本文選、金吾稱摺本文集」とある（波線は私に施した）。右に掲出した古記録三箇条に見える「摺本」とは版本（刊本）を示し、中国刊本であることが想定される。長澤規矩也「わが国における漢籍の翻刻について」（『神田博士還暦記念書誌学論集』〈神田博士還暦記念会、一九五七年〉所収）。後に『長澤規矩也著作集　第二巻　和漢書の印刷とその歴史』〈汲古書院、一九八二年〉所収）によると、仏典を除く、我が国で刊行された現存最古の漢籍は、正中二年（一三二五）禅尼宗沢刊本『寒山詩』で、これを釈家の作として除くと、延文四年（一三五九）春屋妙葩刊本『詩法源流』であると言う。長澤氏の説に従うと、我が国に於ける漢籍の刊行は鎌倉時代末期以降となる。『御堂関白記』寛弘七年一一月二八日条、長和二年九月一四日条、『権記』寛弘七年一一月二八日条に見える「摺本」とは、中国刊本で、北宋版であると推定される。

『御堂関白記』は〈大日本古記録〉『御堂関白記』中（岩波書店、一九五三年）、『権記』は〈史料纂集106〉渡辺直彦・厚谷和雄校訂『権記』第三（続群書類従完成会、一九九六年）によった。

『御堂関白記』は、陽明文庫に近衛家伝襲の自筆本が存するが、当該注所引の箇所は散佚している。なお、〈陽明叢書　記録文書篇　第一輯〉『御堂関白記』三　古写本自寛弘元年至長和元年（思文閣出版、一九八四年）、『御堂関白記』四　古写本自長和二年至長和五年（思文閣出版、一九八四年）、〈増補史料大成5〉『権記二　師記』（臨川書店、一九六五年）も各々参照した。

8　平安時代中期、宋版が稀覯の書籍であって、一種の財宝として、一部に秘蔵されていたに過ぎないことは、既に太田次男氏が『旧鈔本を中心とする白氏文集本文の研究』上（勉誠社、一九九七年）「第二章　旧鈔本諸本の研究（上）一、その受容を繞る諸問題」で指摘している。

9　中世特有の現象については、阿部隆一「古文孝経旧鈔本の研究（資料篇）」（『斯道文庫論集』六輯、一九六八年）、太田次男①『旧鈔本を中心とする白氏文集本文の研究』上（前掲注8）、同②『旧鈔本を中心とする白氏文集本文の研究』中（勉誠社、一九九七年）、同③『旧鈔本を中心とする白氏文集本文の研究』下（勉誠社、一九九七年）、山城喜憲『河上公章句『老子道徳経』の研究　慶長古活字版を基礎とした本文系統の考索』（汲古書院、二〇〇六年）を参照。

10　拙著「第一章　『令集解』所引『論語義疏』の性格――「五常」の条をめぐって――」を参照。

11　先行研究とは、高橋均「論語義疏の日本伝来について」（『鎌田正博士八十寿記念漢文学論集』〈大修館書店、一九九一年〉所収。後に「『論語義疏』の日本伝来とその時期」に改題し高橋均『論語義疏の研究』〈創文社、二〇一三年〉所収）、山口謠司「『論語義疏』の系統に就いて」（『東洋文化』復刊六七号〈通刊三〇一号〉、一九九一年）。

12 井上光貞「日本律令の成立とその注釈書」（〈日本思想史大系3〉井上光貞・関晃・土田直鎮・青木和夫校注『律令』「解説」〈岩波書店、一九七六年〉所収。後に『井上光貞著作集　第二巻　日本思想史の研究』〈岩波書店、一九八六年〉所収）を参照。

13 前掲注10拙著第一章及び拙著「第五章　日本古代に於ける『論語義疏』受容の変遷」を参照。

14 前掲注12を参照。

15 『義疏』については、武内義雄『論語義疏坿校勘記』（懐徳堂記念会、一九二四年。後に『武内義雄全集　第一巻　論語篇』〈角川書店、一九七八年〉所収）皇序、呉承仕『経典釈文序録疏証』（中文出版社、一九八二年）、〈書物誕生――あたらしい古典入門〉橋本秀美『『論語』――心の鏡』（岩波書店、二〇〇九年）等を参照した。なお、日本古代中世の『義疏』に関する研究史の現状と課題については、前掲注3拙著序章を参照。

16 『令集解』諸本の系統については、石上英一①「『令集解』金沢文庫本の行方」（『日本歴史』三七一号、一九七九年。後に石上英一『日本古代史料学』〈東京大学出版会、一九九七年〉所収）、同②「『令集解』金沢文庫本の再検討」（『史学雑誌』八八編九号、一九七九年。後に『日本古代史料学』所収）、水本浩典①「『令集解』諸本所在目録」（『古代文化』三一巻四号、一九七九年。後に水本浩典『律令註釈書の系統的研究』〈塙書房、一九九一年〉所収）、同②「『令集解』写本に関する一考察―内閣文庫本と菊亭文庫本――（上）」（『続日本紀研究』二〇二号、一九七九年。後に「『令集解』写本に関する一考察――紅葉山文庫本と菊亭文庫本――」に改題し『律令註釈書の系統的研究』所収）、同③「『令集解』写本に関する一考察――内閣文庫本と菊亭文庫本――（下）」（『続日本紀研究』二〇三号、一九七九年。後に「『令集解』写本に関する一考察――紅葉山文庫本と菊亭文庫本――」に改題し『律令註釈書の系統的研究』所収）、同④「『令集解』諸本に関する基礎的研究」（『法制史研究』二九号、一九八〇年。後に「『令集解』諸本の系統的研究」に改題し『律令註釈書の系統的研究』所収）、同⑤「ハーバード大学法学部所蔵『令集解』について――無名の国学者山川正彬との関係から――」（『神戸学院大学教養部紀要』二二号、一九八六年。後に「江戸期における『令集解』研究の一例――ハーバード大学法学部所蔵『令集解』を中心に――」に改題し『律令註釈書の系統的研究』所収）、同⑥「解題」（律令研究会編『訳註日本律令十一　令義解訳註篇　別冊』〈東京堂出版、一九九九年〉所収）がある。

17 前掲注16石上『日本古代史料学』「第二編古代史料の基本構造――線条構造と時系列的重層構造――　第二章『令集解』金沢文庫本の再検討　結語」の図2・2・2を参照。

18 本稿で『令集解』のテキストに選定した諸写本の請求番号等は、次の如し。

1．田中本（H―七四三―二三二）

2．鷹司家本（二六六―七三四）
3．清家本（WA16-37）
4．紅葉山文庫本（特一一〇―一二）
5．東山御文庫本（勅封番号 七四―三）

なお、東山御文庫本は明治大学中央図書館所蔵の紙焼き写真『令集解（東山本）』1～11（三二二．一三／八〇／／H）を使用し、これ以外は原本によった。

19 『義疏』諸本については、影山輝國①「『論語義疏』校定本及校勘記――皇侃自序」（『別冊 年報』X、実践女子大学文芸資料研究所、二〇〇六年）、同②「『論語義疏』校定本及校勘記――何晏集解序疏――」（『年報』26号、実践女子大学文芸資料研究所、二〇〇七年）、同③「まだ見ぬ鈔本『論語義疏』（一）」（『実践国文学』七八号、二〇一〇年）、同④「まだ見ぬ鈔本『論語義疏』（二）」（『実践国文学』八〇号、二〇一一年）、同⑤「まだ見ぬ鈔本『論語義疏』（三）」（『実践国文学』八二号、二〇一二年）、同⑥「まだ見ぬ鈔本『論語義疏』（四）」（『実践国文学』八四号、二〇一三年）、同⑦「まだ見ぬ鈔本『論語義疏』（五）」（『実践国文学』八六号、二〇一四年）、同⑧「まだ見ぬ鈔本『論語義疏』（六）」（『実践国文学』八八号、二〇一五年）、同⑨『「論語」と孔子の生涯』（中央公論新社、二〇一六年）「第二章　『論語義疏』の話」を参照。

20 文明九年本は、前掲注15武内『論語義疏坿校勘記』の底本に選定されている。

21 清熙園本は、武内義雄「論語皇疏校訂の一資料――国宝論語総略について――」（『日本学士院紀要』六巻二・三合併号、一九四八年。後に前掲注15『武内義雄全集　第一巻　論語篇』所収）及び高橋均「旧抄本論語義疏について――邢昺の論語正義の竄入を中心として――」（『日本中国学会報』四一集、一九八九年。後に「旧抄本『論語義疏』成書過程の解明」に改題し、前掲注11高橋『論語義疏の研究』所収）で高く評価されている。

22 本稿で旧鈔本『義疏』のテキストに選定した三本の請求番号等は、次の如し。
〈1〉応永三四年本（函架番号なし）
〈2〉文明九年本（〇二一―二〇―五 写字台）
〈3〉清熙園本（一二三・三―イ一七）
応永三四年本及び文明九年本は原本により、清熙園本は紙焼き写真を使用した。なお、『義疏』三本の書誌事項は、前掲注3拙著序章を参照。

23 敦煌本『論語疏』については、王重民『敦煌古籍叙録』（中文出版社、一九七九年）、許建平『敦煌経籍叙録』（中華書局、二〇〇六年）等を参照。なお、敦煌本『論語疏』は、東洋文庫所蔵紙焼き写真 Pelliot chinois Touen-houang 3573 を用いて調査した。

24 『論語総略』は、拙稿「曼殊院門跡所蔵『論語総略』影印・翻印」（『国立歴史民俗博物館研究報告』一七五集、二〇一三年）の影印によった。なお、『論語総略』の概要や研究史については、当該注所引の拙稿を参照。

25 『論語集解叙鈔』は紙焼き写真を使用した。『論語集解叙鈔』については、『慶應義塾図書館蔵和漢書善本解題』（慶應義塾図書館、一九五八年）を参照。『論語集解叙鈔』の調査・研究は、今後の課題としたい。

26 高橋氏は、同様の趣旨の「褚仲都撰『論語疏』である可能性もあるのである」とも述べている。何れも、前掲注11高橋氏論文にて言及している。

27 阿部隆一「室町以前邦人撰述論語孟子注釈書考（上）」（『斯道文庫論集』二輯、一九六三年）を参照。

28 清の馬国翰は、「孔安国注」を『論語孔氏訓解』と呼称する（『玉函山房輯佚書』）。

29 前掲注21武内氏論文。

30 武内義雄「国宝論語総略について」（『関西大学東西学術研究所論叢』一、一九五三年）。

31 高橋均「論語義疏皇侃序札記」（『漢文学会会報』三〇号、東京教育大学漢文学会、一九七一年）。

32 前掲注11高橋氏論文。

33 高橋均氏は、前掲注11論文にて、「疏文がそれほど長くない。旧抄本論語義疏として改編される以前の転写の過程で脱落してしまったかも知れない。この一句が旧抄本に見えないことに、あまり拘らなくても良いのかもしれない」と述べる。

34 （イ）は拙著第一章（前掲注10）・「第二章『弘決外典鈔』所引『論語義疏』の性格」・「第三章『政事要略』所引『論語義疏』の性格」・「第四章『令義解』「上令義解表」注釈所引『論語義疏』の性格」、（ロ）及び（ハ）は拙著第三章で明らかにした。

35 拙著第一章（前掲注10）及び第五章（前掲注13）では、『令集解』巻十三 賦役令・孝子条・古記に引く『義疏』の典拠として、先進篇のみ指摘したが、旧鈔本『義疏』では佚した、『義疏』引用文と推測可能であることも加える。

36 前掲注21及び30武内氏論文を参照。

37 高橋均①「論語総略について（一）」（『大妻女子大学紀要―文系―』三三号、二〇〇一年）、同②「論語総略について（二）」（『大妻女子大学紀要―文系―』三五号、二〇〇三年）を参照。なお、後に①と②を合併させ、「『論語総略』と『論語義疏』」に改題し前掲注11高橋『論語義疏の研究』所収。

38 前掲注21及び30武内氏論文を参照。
39 前掲注37を参照。
40 『令集解』所引漢籍が類書等からの転引である可能性は、小島憲之①「平安朝述作物の或る場合――「類書」の利用をめぐって――」(『大阪市立大学文学部紀要 人文研究』二一巻六冊〈国語・国文学〉、一九六九年。後に小島憲之『国風暗黒時代の文学 中(上)――弘仁期の文学を中心として――』〈塙書房、一九七三年〉所収)、同②「上代に於ける学問の一面――原本系『玉篇』の周辺――」(『文学』三九巻一二号、一九七一年。後に『国風暗黒時代の文学 中(上)――弘仁期の文学を中心として―』所収)、同③『国風暗黒時代の文学 中(上)――弘仁期の文学を中心として――』、同④『上代日本文学と中国文学 上――出典論を中心とする比較文学的考察――』(塙書房、一九六二年)、同⑤『国風暗黒時代の文学 上――序論としての上代文学――』(塙書房、一九六八年)、同⑥「原本系『玉篇』佚文拾遺の問題に関して」(『大坪併治教授退官記念国語史論集』〈表現社、一九七六年〉所収)、同⑦「上代官人の「あや」――「類書」をめぐって――」(伊藤博・渡瀬昌忠編『石井庄司博士喜寿記念論集上代文学考究』〈塙書房、一九七八年〉所収。後に「上代官人の「あや」その二――「類書」をめぐって――」に改題し小島憲之『万葉以前』〈岩波書店、一九八六年〉所収)に於いて指摘されている。
41 前掲注34拙著第三章を参照。
42 池田昌広「「古記」所引『漢書』顔師古注について」(『京都産業大学論集 人文科学系列』四七号、二〇一四年)は、「古記」に引く『漢書』顔師古注が師古本からの直接引用であることを説く。

『原中最秘抄』の性格
――行阿説への再検討を基点として――

松本　大

一　問題の所在

『原中最秘抄』[注1]は、河内方四代（源光行・親行・義行（聖覚）・知行（行阿））にわたる源氏学の秘説集成である。書名の「原」とは、光行の死後、親行によって編纂された注釈書『水原抄』を指し、『水原抄』の最も秘すべき箇所をまとめた書という意味となる。[注2]ただし、『水原抄』の秘説部分を頑なに固持するものではなく、不足部分には適宜訂正や加筆を施していったことが認められる。加筆に関しては、聖覚の関与を認めるか否かの見解の相違はあるものの、[注3]現存する『原中最秘抄』の成立に親行の孫にあたる行阿が深く関与していることは、現在では自明のこととされている。[注4]

この行阿の加筆に関して、河内方宗家の権威復興を企図した所作であったとする岩坪健氏の指摘がある。氏は河内方宗家は聖覚のとき、他流に対抗するため権門を始め多くの門人を抱え、家学の権威を保持するのと引き替えに伝授が盛んに行われた結果、秘事を収めたはずの『原中最秘抄』の勘物が行阿の頃には他家にも知られるようになり、善成に至っては河内方の説は『河海抄』に収め『珊瑚秘抄』には載せていない。そこで行阿は『原中最秘抄』を再び秘伝書とするため新しい項目を設けたり、重代の説でも既に世に知られたのには異見を唱えたりしている。従って秘密を保つには、累代相承の奥義を墨守するのみならず、絶えず改変しなければならないのである。

と述べ、[注5]河内方の宗家として、行阿が新たに注釈書を創出させていく営為を紐解かれた。また、同時期に成立した『河海抄』への対抗意識を読み取る指摘も存在する。[注6]これらの点を鑑みると、現存する『原中最秘抄』は行阿の源氏学が表出した注釈書として位置付けられよう。『原中最秘抄』に見られる行阿説、とりわけ「行阿云」として示された注釈は、この行阿の意識を強く反映した部分と捉えられる。これまでの先行研究においても、「行阿云」と提示された注釈内容は、すべて行阿が独自に生み出した新説、という解釈で定着しているようである。
ただし、行阿の独自説であることを疑問視せざるをえない箇所も存在する。以下に一例を示す。

『原中最秘抄』梅枝巻

女のことにてなむかしこき人むかしもみたるゝためしありけるさるましき事に心をつけて人の名をもたて身つからも罪おふなんつゐのほたしとなりける

唐玄宗楊貴妃漢武帝李夫人等事歟

行阿云文選曰丞相欲以贖子罪盗跖汚而公孫誅丞相公孫賀之子敬声帝につみせられたてまつる時丞相大に嘆く于時陽渓の朱安世と云者あり京師の大便也御門大におとろきてめすに安世にけて帰る世の人挙て求時公孫賀安世をとらへてたてまつる良ありて賞をゝこなはるゝ時に敬声をゆるして安世を禁らる夜安世獄の中にてありて哈云南山竹斜谷木直と公孫賀か枷にはたらしすなはち敬声か驕りのあまり陽石公聖式帝汚之書を作て奉る御女大にいかりて父子公孫敬声ともに誅せられぬつゐのほたしなりけりとは又行阿云獄

中の囚人の事に付てほたしと云詞くひかせによせある歟　無同文字哥
古今集　世のうきめ見えぬ山路へいらむにはおもふ人こそほたし也けれ
後撰集興風哥　山風の花のかさそふたもとには春の霞そほたしなりける

右は梅枝巻の注記である。傍線部の直前に「行阿云」とあるように、「文選曰」以下が行阿説ということになる。しかし、この傍線部と同様の注記が、実は『光源氏物語抄』[注7]『紫明抄』[注8]『河海抄』[注9]にも確認出来る。

『光源氏物語抄』梅枝巻

女の事にてなむかしこき人昔もみたる、ためしありけるさるましきことに心をつけて人の名をもたてみつからも恨おふなむつゐのほたしとなりけるといふ事

丞相欲以贖子罪陽石汚而公誅
丞相公孫賀子敬驚(ママ)御門につみせられたてまつる時父丞相大に嘆く其時陽陵の朱安世京師の大■(侠カ)也御門大ニおとろきてめす安世にけてかくるよの人こそりて求る時公孫賀　安世をとらへてたてまつるすなはち賓(ママ)をゝこなはるゝ時敬聲をゆるして安世を禁せらる安世獄の中にてありてあさはら(ママ)ひて云南山の竹斜谷の木なを公孫賀かくひかせにはたらしすなはち　敬聲はおこりのあまり陽石公主武帝母(ママ)を■(本マヽ、汚カ)よし書を作て奉る御門大にいかりて父子公孫敬聲ともに誅せらる
素寂

『紫明抄』梅枝巻

女の事にてなんかしこき人むかしもみたるゝためしありけるさるましき事に心をつけて人の名をもたてみつからもうらみおふなんつゐのほたしとなりける
文選云、丞相欲以贖子罪、陽石汚而公孫誅
丞相公孫賀子敬聲、みかとにつみせられたてまつる時、丞相おほきになけく、于時陽陵の朱安世といふ

ものあり、京師の大使なり、みかとおほきにおとろきてめす、安世にけてかくる、世の人こそりてもとむる時、公孫賀安世をとらへて奉る、すなはち賞を、こなはる、時、敬聲をゆるして安世を禁せらる、安世獄の中にてありてあさわらひていはく、南山の竹斜谷の木、なを公孫賀かくひかせにはた、し、すなはち敬聲をこりのあまり陽石公主武帝女を汚よし書をつくりて奉る、みかとおほきにいかりて、父子公孫、敬声ともに誅せらる漢書

『河海抄』梅枝巻

女のことにてなむかしこき人むかしもみたる、ためしありけるさるましき事に心をつけて人の御名をもたて身つからうらみをおふなむつゐのほたしとなりけるとりあやまりつ、みん人のわか心にかなはす見しのはん事かたきふしありとも

丞相欲㆔以贖㆓子罪㆒陽石汚而公孫誅文選

丞相公孫賀か子敬声御門につみせらる父丞相おほきになけくその時陽陵の朱安世京師の大使也御門めすに安世にけてかくる世挙てもとむるに公孫賀安世をとらへてたてまつるすなはち賞をおこなはる、時に敬声をゆるして安世を禁せらる安世獄の中にてあさわらひていはく南山の竹斜谷の木なを公孫賀かくひかせにはたらしと敬声おこりのあまりに陽石公主武帝女を汚よし書をつくりてたてまつる武帝怒て父子公孫敬声ともに誅せらる漢書にみえたり

寛平遺誡云左大将時平先年於女事有所失とあり前に注了（後略）

右に示した各注釈書の傍線部が該当箇所である。注記の文言に若干差異はあるものの、同文関係と認定出来る。『光源氏物語抄』は傍線部を「素寂」説として提示している点、および、『紫明抄』『河海抄』の注記が『文選』『漢書』の二書を出典として示すのに対して『原中最秘抄』では『文選』としか示されていない点、この二点を

鑑みると、傍線部を行阿説と認めることは難しい。この部分は、『紫明抄』で示された素寂説の引用と捉えるべきであろう。[注10]「行阿云」としながらも、明らかに自説ではない箇所が存在しているのである。

そこで本稿では、『原中最秘抄』の「行阿云」と提示される注釈箇所について、今一度悉皆的な調査を加え、行阿の注釈姿勢・注釈方法を再検討したい。

二 『原中最秘抄』の「行阿云」「行阿」

『原中最秘抄』には、管見の限り八八箇所の「行阿云」「行阿」が存在する。これらの箇所について、先と同様に『光源氏物語抄』『紫明抄』『河海抄』の三書との比較を行った。すると、どの注釈書にも見られない内容を持つ部分、つまりは行阿によって作成されたと判断出来る注記も存在する一方、行阿自説とは考えにくいものも認められた。以下では、それらの中から特徴的な数例を取り上げながら、行阿説とされる注釈の性格を考えていきたい。

まずは、幻巻「そこにこそ此門はひろけ給はめとなとの給ふ」の注記である。

『原中最秘抄』幻巻

一そこにこそ此門はひろけ給はめとなとの給ふ

行阿云 蒙求注（光行作）云于公高門とは于公人之子于定国か家門の破たるを父子共につくろひけり于公云此門をたかく大にして駟馬の高蓋をいか程に建へしわれ獄の司として事を行に陰徳大なるか故にわか子孫かならす家をおこすへしといへりさて大に高く立けり其後定国大臣になる其子御史大夫に成てけり

行阿云 駟馬宝車事或一乗四馬あり或梁王四馬あり是は馬四疋にてひく高広なる車也御史大夫とは和国

の大納言也そこにこそとは行阿云此詞は源氏のいへるなりそことは夕霧の事也

右に示した注記は、三つの行阿説が提示されている。傍線部は、『蒙求』を出典とする説話を『蒙求和歌』によって示したものである。この部分に対応する箇所を、他の注釈書で確認すると、以下の通りとなる。

『光源氏物語抄』幻巻

そこにこそこのかとはひろけ給はめト云事

于公高門 素寂

『紫明抄』幻巻

そこにこそこのかとはひろけ給はめ

于公高門

『河海抄』幻巻

そこにこそこのかとはひろけ給はめなとの給

于公高門の心歟夕霧大臣子息おほけれは也

「于公高門」という指摘自体は、『光源氏物語抄』に「素寂」とあるように、『紫明抄』から存在していたものである。これらの注記と比較するならば、行阿は説話そのものを提示したことになり、この点が新たな注釈部分ということになる。当該注記の傍線部は、原典である『蒙求』を直接引用するのではなく、和訳された『蒙求和歌』を用いるという特徴を持つ。原典の漢籍が直接参照されたのではなく、その和訳が享受を担っていたという点は、当時の学問のあり方を示す興味深い事例であるが、当該注記においては別の要因をも考慮すべきである。

すなわち、『蒙求和歌』が光行の著作であるという点である。自家の学問を用いた点は、まさしく河内方の学問を継承するという姿勢が見出せる。稲賀氏は、同様の傾向が『百詠和歌』についても確認出来ることを指摘した上で、「光行に始まる河内源氏学の周辺では絶対視されていた」と述べる。[注11] 行阿が曾祖父にあたる光行の著作を用いたこと、そしてそれが「光行作」であることをわざわざ示したことは、河内方の宗家として、自身こそが河内方の学問の正統なる継承者であることを、高らかに宣言したものと捉えられよう。この幻巻の注記のみを比較するならば、そのような結論でも問題ない。

しかし、『光源氏物語抄』『紫明抄』『河海抄』には、『原中最秘抄』該当注記と全く同じ注記が、全く別の薄雲巻に施されているのである。

『光源氏物語抄』薄雲巻

なを此かとひろけさせ給て侍らすなりなんのちもかすまへさせ給ト云事《けり》

于公東海人之子于定国字曼青家の門の破たるを父子共につくろひ○于公云此門をたかくおほきにして駟馬高蓋いかほと〱（ママ）ニたつへしわれ獄の御つかさとしてことをこなふに隠徳おほきかゆへにわか子孫必家をおこすへしといへりさて大に高く立てけり其後定国大臣ニ成其子永ハ御史大夫ニなりにけり　素寂

『紫明抄』薄雲巻

このかとひろけさせ給て侍らすなりなん後もかすまへさせ給へ

于公高門

于公東海人之子、于定国、字曼青、家の門の破たるを父子ともにつくろひけり、于公云、この門をたかくおほきにして駟馬高蓋いるほとにたつへし、われ獄のつかさとしてことをゝこなふに隠徳おほきか故に、わか子孫かならす家をおこすへし、といへり、さておほきにたかくたてゝけり、其後定国大臣になる、其子永は御史大夫に成にけり

『河海抄』薄雲巻

このかとひろけさせ給て

于公高門事歟蒙求在之

于公東海人之子于定国字曼倩家の門の破たるを父子ともにつくろひけり于公かいはくこの門を高くおほきに駟馬高蓋いるほとにたつへしわれは獄の司としてことをおこなふに隠徳おほきかゆへに我子孫かならす家をおこすへしといひけりさて門を大にたかく立はたして定国大臣になり其子永は御史大夫に成にけり御史大夫は大納言ニあたる也弾正を御史といへ共いまの心にはすこしかはるへき歟

『光源氏物語抄』に「素寂」とあることから、薄雲巻の注記は素寂によって付せられたものと考えられる。右の傍線部は『原中最秘抄』幻巻の注釈と同一の内容であり、出典こそ示されていないが『蒙求和歌』からの引用と認められる。『紫明抄』幻巻の注釈が「于公高門」としか記さなかったことは、既出の注記内容の重複を避けるための省略と捉えるべきである。素寂の段階においても『蒙求和歌』は使用されているのであり、素寂がそれを光行の著作として尊重していたかどうかは不明ではあるものの、『原中最秘抄』幻巻の『蒙求和歌』提示が行阿のオリジナルであるとは認められまい。別の箇所に施されていた注記を転用したものと捉えるべきである。

また、波線部の「行阿云此詞は源氏のいへるなりそことは夕霧の事也」についても、再考の余地がある。「そこ」が夕霧を指すことについては、既に『河海抄』が「夕霧大臣子息おほけれは也」という注釈を施している。『河海抄』が『原中最秘抄』に先行するのであれば、多少の文言は異なれど、『河海抄』で既に指摘された内容を受け継ぐものとなってしまう。この点は、行阿の注釈方法の実態が、従来指摘されてきた、新たな注釈の創出によって河内方の権威復興を目指す姿勢のみではなかったことを示唆しよう。両者が似通う注記を持つ点については、その成立の問題も含めて後述する。ともあれ、行阿が注釈を施す際に、先行する注釈書を利用したであろうことは十分に窺える。

他の箇所についても、この傾向は確認出来る。

『原中最秘抄』明石巻

一かのそちのむすめの五節あいなく人しれぬ物思さめぬる心ちしてまくなきつくりてさしをかせたり

行阿云太宰帥事或親王任之或大中納言為二帥大弐一之時者宰相弁也（都督九州管領之職也）

聖武天皇御宇神亀年中被如置之

行阿云五節事天武天皇十年（辛未）為二大友皇子一入二吉野山一或時日暮弾レ琴夜閑風冷之時霊気忽起如二高康一神女髣髴応レ曲而舞他人無レ見挙レ袖五変故謂二之五節一五節は丑日より始て舞妃参入帳台試童御覧所々推参殿上渕酔同肩脱露台乱舞はての日は豊明節会毎日次第年中行事於可見なり年中行事と云は五節次第十月中の辰日より始まる当日の夜舞姫参入同巳日帳台之儀童御覧午日所々之推参未日殿上渕酔露台乱舞申日豊明節会

まくなきつくりてとは定家説云また丶き歟可二尋勘一と云々基長卿説云瞵レ目ましろかす心なり経範卿説云尓雅嚎者小虫の飛乱也但つくると云詞不審也云々

（後略）

これは、明石巻における五節舞姫をめぐる注記である。注記後半部は省略したが、その部分は『光源氏物語抄』に見える西円説を用いたものであるとの指摘がなされている。[注12]

ここでは、注記の前半部分に見られる、五節の濫觴について言及した傍線部の行阿説にも注目したい。明石巻の該当箇所を諸注釈書で確認すると、行阿が指摘するような五節舞姫の濫觴を扱った注釈は見出せない。しかしながら、『光源氏物語抄』の少女巻の注釈には、傍線部との類似が認められる。[注13]

『光源氏物語抄』少女巻

すきにし年五せちなと丶まりにしかさう〳〵しかりしと云事
五節停止事諒闇年儀也去年薄雲女院崩仍停止也　教隆
村上天皇康保二年十月廿三年行幸朱雀院御題於蔵人所被行之飛葉共舟軽勒澄氷魚膺（ママ）七言四韻及第又（ママ）■（橘カ）倚平字
宣日向守式部丞飛駄守従五位下是輔　位（ママ）従下子登省記　素寂
うへの五節事
五節ハ恒年ハ公卿二人殿上受領二人四所也代の始ニハ公卿二人殿上受領三人五所也其ヲ受領ノ分ハ殿上人
にてまいらすれはうへの五節ト云　教隆
五節　天武天皇御吉野宮日暮弾琴有興　儀《シハラク》（ママ）尓之間前岫之下雲気忽赴（る）凝（ママ）如高康（ママ）神女髣（鬅カ）髴應曲而舞獨入
天臚《矚イ》他人無見挙袖五変故謂之五節　西円

『光源氏物語抄』は、傍線部を西円説とする。『原中最秘抄』の傍線部と比較すると、「十年辛未為二大友皇子一」の有無や、「夜閑風冷之時」と「有興儀尓之間前岫之下」といった文言の差異も存在はするが、内容の根幹をなすであろう神女が袖を五度翻したという部分は一致する。これほどまでの文言の一致を鑑みると、行阿が『光源氏物語抄』を見ずに、しかし『光源氏物語抄』と全く同様の注記を作り出した、とは考えにくい。『原中最秘抄』の成立よりも明らかに先行する『光源氏物語抄』にも同文らしき注記が存在することを踏まえると、やはり『光源氏物語抄』に見られるような西円説を用いたと判断すべきであり、行阿の独自説とは認定しがたい。『原中最秘抄』の当該注記は、注記の後半部だけではなく、前半部、その中でもとりわけ重要な「行阿云」すらも、西円説の流用であったということになる。

もう一例を示したい。

『原中最秘抄』玉鬘巻

一仏の御中にはつせなん日の本にあらたなるしるしあらはし給もろこしにも聞えあなり

長谷寺大和国高市群に建立元正天皇御時養老七年道明法師造之同供養之事聖武天皇御時天平八年導師行基菩薩（水鏡見之）長谷寺流記云唐信宗皇帝之時千人の后をもち給へり第四の后を馬頭夫人をいへり（文宗皇帝孫玄成太子娘）顔長して面馬に似たり仍馬頭と名つくしかあれとも心に情ふかくして帝の寵愛二心なしそれを猜て自余の后妃評定して云馬頭夫人は夜なよな御門にまいり給へるはかりにて面貌をあさやかに見給はさるによりて御景色無双なり白昼に彼顔を叡覧あらは定て疎む御心いてきなむといひ合て陽州の錦羅園と云所に花の盛を得ていま十五日ありて彼所へ花見の行幸行啓あるへしと定まる然間后達面々にいてたちけはひ給けり此夫人は吾面人に似さることを嘆医師をめしての給様我顔陋事療なをしてえさせたらは千両の金をあたへんといへり医師申て云御顔は生得なり治するに不可叶と申其時国の中に穀城山と云所に千歳を経たる仙人あり行果薫修して通力自在なり此仙人をめして綺由をの給に我むかし宝志和尚といひし時他心智を得飛行自在なりき其時世界をかけり見しに大日本国長谷寺観音は極位の大薩埵也次を凡衆に同して利生をほどこし給彼国は是より東方也たとひ行程を隔つといふとも彼仏を向奉二祈請一ましまさは定感応たち所に侍なむと申仍骨髄をくたき礼拝をいたし数反名を唱ていのり給に七日をふる暁夢うつゝともなく東方よりあやしき老僧香の袈裟を着たるか紫雲に乗て手に水瓶を持来り近付て顔にそゝくと思ふに心歓喜して已に利生に預ぬとおもふ則鏡をとりて形をみれは本の容顔にあらす瑞厳美麗になれりしかも匂かうはしく相近く者奇異のおもひをなす其後三日を経て后妃侍女の中に交に上下挙目を嚬め随喜せすと云者なし公弥寵愛日来にこえ芳絢異レ于レ他是偏泊瀬観音の利生なりと悦給て大唐国乾符三年（丙申）七月十八日諸侍女眷属を率して日域ちかき所なりとて明州の津に出て十種之宝物を被レ送本朝に　仏具　錫杖　如意　鐃鉢　金剛鈴　玉幡　牛王　法螺　唐皮　孔雀尾

已上行阿勘文

右の玉鬘巻の注記は、これまで確認してきた「行阿云」という文言ではなく、注記末尾に二重傍線部「已上行阿勘文」とあることによって、行阿説を窺い知ることが出来る。当該注記のように注記末尾に行阿説であることを示す注記は、当該箇所も含めて三箇所見られる。「行阿云」と「行阿勘文」とを同一視して良いかという問題は残るが、ここでは両者とも行阿説として存在していることを重く捉え、ひとまず同一の行阿説とする。行阿説であることを示す方法が異なる点については、その流入経路・時期・誰の手によるのか等、『原中最秘抄』の成立事情とも関わる問題を孕む可能性があるが、これについては後考を俟ちたい。

当該注記の内容は、長谷寺の建立時期と、馬頭夫人の説話によって成り立っている。「已上」がどの範囲を指すのか、注記全体なのか、直前の馬頭夫人の説話のみなのか、判断に迷うが、少なくとも直前の馬頭夫人の説話は行阿説の範囲に含めてよかろう。当該箇所の注釈に馬頭夫人の説話を用いるものは、『原中最秘抄』の他に、『紫明抄』と『河海抄』が挙げられる。[注14]

『紫明抄』玉鬘巻

うちつきてはほとけの御なかにははつせなん日のもとのうちにあらたなるしるしあらはし給ともろこしにもきこえあなり

大唐僖宗皇帝、千人の后あり、そのなかに馬頭夫人と申は文宗皇帝の孫、玄成大子の御娘なり、面なかくして馬にに給へり、しかれとも心になさけふかくして帝の寵愛すくれて夜な〳〵御心さしをこたらす、これによりて傍輩の后そねむ心ありて、相儀していはく、われら花のもとに衆会して彼夫人を王にみせたてまつりなは、さためて愛心うとからん歟とて、花見会あるへきよし奏聞せしかは、いま十五ヶ日をへはさためて花のさかりならん歟、陽州錦羅園の花のそのに会合すへきになりぬ、これによりて女御きさきたまのかさりをとゝのへて、われおとらしといてたち給に、馬頭夫人かたちの見にくき事をなけきて、行業としふりて千歳をへたる仙人あり、これを請して面顔のたゝしからん事をいのらしむるに仙人のいはく、大日本国長谷寺の観音こそ利生広大におはしませ、東方にむかひて御祈請あらは定感応あらん歟、と申す、すなはち骨髄をくたきて祈請し給に七ヶ日をへて夢の中に、一人の貴僧紫雲にのりて東方よりきたれり、手をのへて瓶水をおもてにそゝくと見てさめぬ、すなはち鏡をとりて面をみるにもとのかたちにあらす、異香たくひなし、三ヶ日をへて衆会にましはる時、上下こそりて馬頭夫人をうしなへり、こゝにみかと、かの夫人これなりとていたさしめ給時、天人影降のかたちといふへし、薫香人にすくれたりしかは、みかといよ〳〵鍾愛たくひなかりき、夫人長谷寺の観音をあふきたてまつりて、乾符三年丙申七月十八日侍女眷属をひきゐて明州の津にいてむかひて、十種の物ならひにさま〳〵のたから物をたてまつる　仏具、錫杖、如意、鐃鉢、金剛鈴、玉帳、牛玉、法螺、虎皮、孔雀尾

『河海抄』玉鬘巻

はつせなむ日のもとにあらたなるしるしあらはし給ふともろこしにもきこえあなり

長谷寺観音十一面二丈六尺

文武天皇御宇徳道上人造立之記也法道仙人是也

縁起云長谷神河浦北豊山峯徳導聖人建立十一面観世音菩薩之利生道場也

神亀元年公家被建立堂宇同四年三月廿日供養　講師　行基菩薩

大唐僖宗皇帝后馬頭夫人文宗孫玄成太子娘形のみにくき事を歎給けるに仙人のをしへによりて東に向て日本国長谷寺観音に祈請し給けるに夢中に一人の貴僧紫雲に乗て東方より来て手をのへて瓶水を面に灑と見て忽に容顔端正になりにけり因茲乾符三年丙申七月十八日侍女を引率して明州の津にいてむかひて十種の宝物を

たてまつらると云々

又吉備大臣入唐時長谷寺観音住吉明神に祈請して野馬台を読けるに霊瑞あるよし江談にみえたり

『紫明抄』の注記は、内甲本系統の諸本にしか存在しないものであるが、『紫明抄』を基盤として作成された『河海抄』にその部分を縮小した注記が見えることから、『紫明抄』に確かに存在していたことが窺える。『原中最秘抄』と『紫明抄』とを比較すると、末尾に十種の宝物を示す点などの特徴的な共通点があること等から同一の説話と認められるが、『原中最秘抄』に見られる説話の方がより詳細であり、『紫明抄』は必要な部分のみを述べた感を受ける。同一の説話を、異なる出典によって記した可能性も考えられる。

しかし、ここで重要な点は、文言の一致や出典の在処ではなく、行阿の指摘する注釈内容が行阿以前に既に提示されているという点である。『紫明抄』や『河海抄』の注記と文言は違えど、指し示す内容はほぼ変化していない。むしろ、『河海抄』の注釈の方が列挙する事例は多く、行阿説の優位性はそこまで認められない。この部分が先行する注釈に対する訂正であったとしても、結果的にその行為は自らの注釈が『紫明抄』や『河海抄』に追随したものであることを意味してしまう。この意味で、河内方の宗家の権威補強という役割は見込めなかろう。

ここまで四例を取り上げ、行阿説が独自注記ではないことを指摘してきた。この他にも疑義は残るものの、これらと同様に一概に行阿独自説とは認めがたい注記も複数存在する。[注15] これらの注記について、稿者は、たまたま一部の注記が何らかの要因で後に紛れ込んだものではなく、行阿の手によって施されたものと今のところ考えている。

『原中最秘抄』の施注方法として、他の学問分野の成果・注釈書等を源氏学に援用する場合がまま見える。たとえば楽書や有職故実書の引用、当時の有識者からの聞書等、その範囲は多岐に及ぶ。援用する対象は源氏学すら例外ではない。現に、『原中最秘抄』に「私」として示される部分には、親行・素寂・西円の説が利用されていることが指摘されている。[注16] また、「私」と示された説以外であっても、たとえば夕顔巻「一しひらひたつものかことはかりひきかけて」の注記は、注記全体が『光源氏物語抄』か『河海抄』（もしくは両書に先行する注釈書）からの引用と考えられ、明らかに他書の利用が認められる。

このような点から『原中最秘抄』の性格を鑑みると、他書を存分に利用しながら注釈を編纂していく註釈方針が存在していたであろうことが見えてくる。先に述べたように、この方針は源氏学においても適用されたようである。ここでの大きな問題は、源氏学において『紫明抄』（素寂説）への依拠が確認出来る点である。書名は明示されていなくとも、明らかに踏まえられ、ある時はそのまま引用されている。河内方の宗家として傍流にあたる素寂を排斥しようとした、という意識は少なくとも注記内容からは窺えない。独自説ではないことも押さえるべき要点ではあるが、河内方宗家の権威化のためならば行われないであろう行為が確認出来ることこそ、重く捉えるべきであろう。

『原中最秘抄』の行阿による奥書には、「光源氏物語相伝事、自㆓曾祖光行㆒至㆓行阿㆒四代所㆑令㆓相続㆒也、随而此物語五十四帖同水原抄五十四巻并原中最秘鈔上下二巻其外口伝故実当道之庭訓悉令㆓伝授㆒者也……」とある。この奥書からは、確かに河内方宗家の継承者が自身であることを示し、その権威を保たんとする行阿の意気込みが読み取れる。しかし、注釈内容は必ずしも河内方宗家代々の説や自説のみで構築されているわけではない。ここまで見てきたように、行阿による他書の転用は確かに存在する。ただし、行阿は他説を隠蔽しながら自説をあざとく創出した、と規定することには、なお慎重でありたい。むしろ、当時の学問のあり方を考えるならば、諸注集成にならざるをえなかったのではないか。現存の『原中最秘抄』には、素寂も含めた、河内方源氏学の集成という側面が認められ、これこそが源氏注釈史上で大きな意味を持つものと思われる。行阿の意図がどの程度であったかは不明であるものの、結果的に河内方の源氏学が結晶化した注釈書と位置付けるべきであろう。

三 『河海抄』との関係

ここまで、行阿の源氏学を『原中最秘抄』から探ってきた。行阿による『原中最秘抄』への加筆を考える際、『河海抄』との関係を考慮せずに論ずることは出来ない。

行阿加筆後の『原中最秘抄』は、その奥書により、貞治三年の九月には成立を認めることが出来、また同年十二月には二条良基にも献上されている。[注17]『原中最秘抄』の成立時期は明確に特定可能である一方、『河海抄』の成立時期に関しては問題が残る。『河海抄』の秘説集成である『珊瑚秘抄』には貞治年間初期に作成されたことが示されているものの、[注18]現存諸本の注記内容には明らかに貞治五年以降の記事も確認出来る。[注19]そのため、現在我々が見ている『河海抄』が、行阿加筆の『原中最秘抄』よりも先行しているとは、一概には言い切れない。

これまでの先行研究においては、『河海抄』が先行し、ほぼ同時期ではあるものの、やや遅れて行阿加筆の『原中最秘抄』が編まれたと捉えられてきた。しかし、先にも少し触れたように、行阿加筆後の『原中最秘抄』を『河海抄』より後の成立とするならば、すべての注記ではないものの、明らかに『河海抄』よりも内容が減少した注釈内容をわざわざ自説として提示したことになる。何より、自説の正当性や権威性を主張するのであれば、『河海抄』に引用されているような注記を用いることが、あるのであろうか。これらの点を考えるべく、以下では『河海抄』との関係について僅かではあるが検討を加えたい。

注記内容から両者の関係を窺うことの出来る例として、まずは以下の例を挙げたい。

『原中最秘抄』幻巻

一さもこそはよるへの水にみくさゐめけふのかさしよ名さへわするゝ

続日本紀に

古今よるへなみ身をこそ遠くへたてつれ心は君かかけと成にき

私云俊成卿申されしはよるへの水の事社頭の水なるへき歟此物語に賀茂の祭の比に引よせてよるへの水もみくさゐめとあり此外は古哥の中に読たる不覚云々今の證哥に引載古今の哥もよるへなみとそへよめる也猶可勘之也

行阿云顕昭説云さもこそはよるへの水にかけたえめかけしあふひを忘へしやはといへる哥をは社頭に瓶をゝきたるにたまりたる水なり神にはよるへといふ事おほし託宣とは神人の口によりての給事也よりきよりましとは巫女を申也と云々又万葉には神依板にするといふ哥あり又古哥に神さひのよるへにたまるあま水のみくさゐるまていもをみぬ哉とよめり又奥義抄云如以前之儀社頭に瓶を置たる神水なりたゝすの社なとにいまもありと云々然間賀茂社にことよせてあふひをした賦物に詠するか又八雲御抄云是は社頭に水あるか源氏によめる心は必不然そのたより也と云々心に引よせてよるへの水もみくさゐめとはそのよるへの事にたとへたるよしかとおもふに嘉応に住吉歌合とて人々おほくよめるに社頭月の心を清輔

月影はさえにけらしな神かきやよるへの水につらゝゐるまてとよめるを俊成卿判云よるへの水と云事源氏物語にこそ賀茂祭の日の哥にさもこそはよるへの水にみくさゐめとよめると見たまひしさらてはふるき哥にも見及侍らすこの水おろ〳〵承るにたとへはいつれの社にも侍らめと先当社御前の月には海の面凍をみかき浜の沙地をしけらむをはをきてよるへの水はかりにむかひて月はさえにけらしなとおもはん事はいかゝといへり作者と云判者と云子細難レ定之 又云古哥

月清み梢をめくるかさゝきのよるへもしらぬ身をいかにせん
我身のよるへもしらぬによせたるこのかさゝき非無由緒　武帝　月明星稀烏鵲南飛繞レ樹三匝何枝可レ依
云心也此両説八雲御抄在之　此段はよるへはかり也水そはすたゝ色はかりに行阿所書二戴之一也

『河海抄』幻巻

さもこそはよるへの水にみくさゐめけふのかさしよ名さへわするゝ

さもこそはよるへの水にかけたえめかけしあふひをわするへしやは古哥袖中抄
此よるへの水の事先達色々に申めり或は賀茂一社にかきると云々　或又余社にもありと云々　八雲御抄に
も社頭にある水かと云々

嘉応住吉社哥合に社頭月を清輔朝臣詠云
月影はさえにけらしな神垣やよるへの水につらゝゐるまで
判者俊成卿云よるへの水といふ事は源氏物語には賀茂の祭の日の哥に　さもこそはよるへの水にみく
さゐめとよめると見給也さらてはふるき哥にも見及侍らす此水をろ〳〵承にたとへはいつれの社にも
侍らめと当社御前の月には海の面凍をみかき浜の沙玉をしけらんをゝきてよるへの水はかりにむかひ
て月をさえにけりと思はん事いかゝと云々　清輔朝臣陳云よるへの水なとはいつれの社にも侍にこそ又
哥によめる事源氏のみにあらす和泉式部か集なとは御らむせさりけるにや云々
和泉式部集云稲荷祭見しにかたはらなる車のちまきなととりいれて見くるしきをくるまにとりいれし
ときんのふの少将蔵人少将いひけるときゝしを一日まつりみるとてくるまのまへをすくるほとゆふか
けてとりいれさせし
いなりにもいはるときゝしなき事をけふはたゝすの神にまかする

返し

なに事としらぬ人にはゆふたすきなにゝたゝすの神にかくらん

といひたれはみてくらのやうにかみをしてかきてやる

神かけて君はあらかふたれかさはよるへにたまる水といひけん

此哥を袖中抄に顕昭源氏哥といへり俊成卿の申されたるは源氏見さらん哥読にやといへり袖中抄にはよりへの水といへり顕輔卿説云々　顕昭云よりへの水とは神社にかめをきたるにたまれる水也そのかめをよりへといふ歟神にはよるといふ事おほかり詫宣には神人の口によりてつき給事也よりきとみこを申すも神のつきて物をおほせらるゝ物也されはよりへの水といふもこのかめの水に神のたより給て神水とてのみつれはなき事の慥にあらはるゝ心也又物つきをよりましといふも同心也又寄占とかきてはよへらとよめり神のより給占にこそ万葉に神依板するすきといふ哥あり

古哥云

神さひのふるえにたまるあま水のみくさゐるまていもをみぬかも

雨なとのふり入てたまる水の事也天水の心歟

奥義抄云神社に瓶をゝきてそれなる水をなき事おひたる物は神水とてこれをのむ也たゝすの社なとにはいまもありと云々

右は幻巻に見られる「よるべの水」に関する注釈であり、傍線部と波線部において歌学書引用が認められる。傍線部は、「顕昭」や「袖中抄」といった文言が見えるように、『袖中抄』を用いた箇所である。『原中最秘抄』では「行阿云」としているが、『河海抄』にも同様の引用が認められる。ここで『袖中抄』の該当箇所を確認しておく。[注20]

『袖中抄』巻四

○ヨリベノミヅ　付カミヨリイタ

サモコソハヨリベノミヅニカゲタエメカケシアフヒヲワスルベシヤハ

顕昭云　ヨリベノミヅトハ神社ニカメヲオキタルニタマレルミヅナリ　ソノカメヲヨリベトイフハ　神ニハヨルトイフコトオホカリ　託宣トハ神人ノクチニヨリテツキノタマフコトナリ　ヨリキトミコヲマウスモカミノツキテモノヲホセラル、モノナリ　サレバヨリベノミヅトイフモ　コノカメノ水ニカミノタヨリタマヒテ神水トテ　ノミツレバアルコトナキコトノタシカニアラハル、コ、ロナリ　又モノツキヲヨリマシトイフモオナジコ、ロナリ

又寄占トカキテハヨツラトヨメリ　神ノヨリタマフウラニコソ

又万葉ニ神依板《カミヨリイタ》ニスルスキトイフ哥アリ　サヤウノ心ニコソ

カミナビノカミヨリイタニスルスギノオモヒモスギズコヒノシゲキニ

又源氏哥云　神カケテキミハアラガフタレカサハヨルベニタマル水トイヒケム

此哥ニツキテヨルベノミヅト申人モアリ

又古哥云　神サヒノフルベニタマルアマミヅノミクサヰルマデイモヲミヌカモ

此哥ニツキテフルベノ水ト申人モアリ　フルベニタマルアマ水トイヘバ雨ナドノフリイリテタマレル水ニコソ　アマ水ハ天水ノコ、ロニテモアリヌベシ

故左京兆ハヨリベノ水トゾ侍シ　コノ水ノコトヲクハシクシリテ　ヨリベトイフコトノ義ヲタ、ウガミニカキテ　顕昭ニアヅケテ　隆縁チト申僧ニイカニトイフコトゾトタヅネラレシカバ　ソノ申シ義　京兆ノ義ニアヒテ侍シカバ感テ絹トリイデ、纏頭ニセラレシカバ　名利キハマリヌトコソヨロコビタヘリシカ

奥義抄云　コレハ神社ニカメヲ、キテ　ソレナル水ヲ　ナキコトトナドオヒタルモノハ神水トテコレヲノム

ナリ　タヾスノカミナドニイマモアリ
今云コレモヨリベト云名ヲバ釈セネド　ウケタマハリシコトニテ注申也

傍線部が『原中最秘抄』『河海抄』の両者に引用されている箇所、点線部は『河海抄』のみに引用されている箇所となる。原典と思われる『袖中抄』の記事と比較すると、『原中最秘抄』では点線部が省略されていることからも分かるように、もとの注釈を抜粋する形態が採られている。『河海抄』では、文言の提示順が一部変更されているものの、『袖中抄』の注記前半部分をほぼそのまま引用している。『原中最秘抄』は要点のみを、『河海抄』は全文を、という両者の注釈姿勢の差が窺える。

しかし、この姿勢が別の歌学書引用においても共通するわけではない。波線部の引用では、全く正反対の結果になる。『原中最秘抄』の波線部は、直前に「八雲御抄云」とあるように、『八雲御抄』からの引用である。該当部分の『八雲御抄』を以下に示す。[注21]

『八雲御抄』巻第四

よるべの水

これは社頭にある水歟。源氏によめる心は不二必然一。其たよりなどいふ心にひきよせて、よるべの水もみくさゐめとは、其よるべの事たとへたるよしかと思ふに、嘉応住吉歌合とて、人々多くよめるに、社頭月の心を、清輔、月かげはさえにけらしな神がきやよるべの水につらゝゐるまでとよめるを、俊成判云、「よるべの水と云事は、源氏物語にぞ賀茂祭の日の歌に、さもこそはよるべの水にみくさゐめとよめる見給し。さらではふるき歌にもえ見および侍らず。この水おろ〳〵承に、たとへばいづれの社にも侍らめども、まづ当社御前の月には、海の面こほりみがき、浜のいさご玉をしけらんをばおきて、よるべの水ばかりにむかひて、月はさえにけらしなとおもはん事いかゞ」といへり。作者云、判者子細難レ定。

ここに示したように、『原中最秘抄』の『八雲御抄』引用は全文引用であったことが分かる。これに対して『河海抄』では、「八雲御抄にも社頭にある水かと云々」と一応の言及はあるものの、その後の波線部は『八雲御抄』からの直接的な引用とは考えにくい。『河海抄』が何によったかは明確には分からないが、『和泉式部集』への言及やその該当本文の提示を考慮すると、『夫木和歌抄』などを用いたかと思われる。[注22]

当該箇所における『袖中抄』と『八雲御抄』の引用・利用に関しては、『河海抄』と『原中最秘抄』とで相反的な注釈方法であったことが浮かび上がって来る。どちらかの注釈書がすべて引用、もう一方が簡略化、といったような、注釈書内で一貫した注釈姿勢・施注方法が採られていない点には注意を要しよう。見方を変えるならば、歌学書引用という注釈方法は同一であり、また内容に関しての大まかな方向性も似通い、時には文言の一致も含みながら、細かな点において差異が見られるということである。

しかし、ここでは、細かな差異よりも、施注方法や注釈の方向性が同一であることを重視したい。注釈方法や施注意識が似通う点は、注釈が発生していく過程を考える上で見逃せない要素である。これは成立時期が近いというだけで片付ける問題ではない。両者の前後関係についてはなお慎重に考えるべきではあるが、当該注記の比較からは、両者の関係が相互補完的なものであった可能性すら窺え、一方通行的ではない関係性も示唆されよう。[注23]つまり、両者は互いに意識しながら、一方が言及していない点をもう一方が増補していった、という関係である。これは、両者がともに、二条良基の周辺で成立したことと大きく関わろう。

両者の関係を窺い知る注釈を、最後にもう一つだけ示したい。

『原中最秘抄』若紫巻

一　あつまをすかゝきてひたちには田をこそつくれといふ哥を

和琴伊弉諾伊弉冉尊御代に令作二出給一云々凡菅の根をあつめてその音をかき出してすかゝきの秘曲とす和琴のその形弓を六張たてならへてその姿をもて作れり本はせはく末はひろくして末に総角をむすひ付たるは末代繁昌たるへき瑞相なりひたちには田をこそつくれとは

常陸哥

常陸には田をこそつくれあたこゝろかぬとや君は山をこえ野をこえあまよきませる

あつまと申名は和琴をはたゝ申せとも是東調とて申て道の秘事也ひたちには田をこそ作れは風俗の秘事四首内第一なりあつまのしらへにてすかゝきて此風俗をはうたふ事にて候を今は委しりたる人も稀なるにや

『原中最秘抄』常夏巻

一ことつひいとになくいまめかうおかし

（中略）

行阿云是は非レ箏和琴をいへるなり和琴は伊弉諾伊弉冉御代に令二作出一給と云々菅根をあつめて物にかけて其音をかき出して造出云々仍此秘曲にすかゝきといふことあり弓を六張もとはせはくすゑひろくして末に総角をむすひ付たるは末代繁昌たるへき心也と云々（後略）

『河海抄』帚木巻

よくなるわこんを

和琴に能鳴調ありそれによそへていへる也

和琴は伊弉諾伊弉冉尊御時令二作出一給ト云々仍諸楽器の最上に置之也あつまことゝもあつまとも云也

鴨長明記云和琴元弓六張を引並て用けるを後に琴に作たる也件弓は上総国の古済物也彼国古注文云弓六

張神楽科矣

『河海抄』若紫巻
あつまをすか丶きてひたちには田をこそつくれといふ哥を
ひたちには田をこそつくれたれをかね山をこえ野をこえ君かあまたきませる風俗常陸哥
あつまは和琴の惣名なれとも又東調トテ秘曲あるなり常陸哥風俗の秘事四首の其一也東調にてすか丶きて此哥をうたふ也今世ニ知人稀也云々

『河海抄』常夏巻
ひとのくにはしらすこ丶にてはこれをもの丶おやとしたるにこそあめれ
和琴は伊弉諾伊弉冉尊御代に令作出給云々仍諸楽器の最上にをかる丶也

『河海抄』若菜上巻
心にまかせてた丶かきあはせたるすか丶きに
和琴和名曰日本琴万葉集俗用和琴二字也末止古止
（中略）
或説云和琴の濫觴は弓六張ヲもちてひきならしてこれを神楽にもちゐるを後人琴につくりうつせりと申つたへたるを上総国の済物のふるきしるし文に弓六張とかきて注に御神楽料とかけりとそいみしき事也鴨長明抄

『原中最秘抄』からは若紫巻と常夏巻、『河海抄』からは帚木巻・若紫巻・常夏巻・若菜上巻の各注記を取り上げた。これらの注釈は、和琴に関わる注釈である。これらを比較すると、たとえば傍線を付した箇所、『河海抄』若紫巻の注記が『原中最秘抄』の該当注記後半とほぼ同一と認められるように、複数の類似注記が存在していることが分かる。

最も顕著な例は、二重傍線部「和琴は伊弉諾伊弉冉尊御代に令作出給」の注記である。この文言は『紫明抄』や『光源氏物語抄』では見られないことから、『紫明抄』以降に施された注記ということになる。『水原抄』等の河内方の注釈書からの引用の可能性も捨てきれないが、現段階では出典は不明である。『原中最秘抄』『河海抄』ともに複数箇所で扱っており、一種の常套句としての使用が認められる。和琴の濫觴を示す目的で施されたものと考えられるが、施注する巻が両者で重ならない点は留意すべきである。常夏巻では両者ともにこの文言を用いているが、帚木巻においては『河海抄』のみが言及し、『原中最秘抄』ではこの注記自体が存在していない。若紫巻においては『原中最秘抄』のみが言及するばかりで、『河海抄』には全く見られない。[注24] 常夏巻の注釈をもとに、両者がそれぞれ異なる箇所（和琴への注釈を最初に施す箇所）に転用していったとも考えられようが、はっきりとした編集過程は窺えない。やはり、当該注記群に関しても、先と同様に、注記の編集過程や流入経路よりも、両者が共通する文言を利用している点に注目すべきではなかろうか。

これまで、『河海抄』と『原中最秘抄』の関係については、そこまで重要視されてこなかった。しかし、注記内容からは両者の近似が指摘出来る。すべての箇所で近接するわけではないが、一部の注記においては流入や利用が考えられる。それは、『河海抄』が先行し、『河海抄』から『原中最秘抄』に流入した、とするのでは捉えきれない様態である。一部の注記においては、『原中最秘抄』から『河海抄』という流れも十分想定すべきであろう。一方通行的な影響関係や書承関係では捉えられない関係こそ、両者のあり方なのではなかろうか。両書ともに成立や増補の過程についての問題はなお残るが、現存本が示す内容の限りでは、両者は競い合うかのような存在であったと見て取れよう。

『河海抄』に関して補足するならば、『原中最秘抄』からの説の流入は一回的でなかった可能性が指摘出来る。

『原中最秘抄』の国立歴史民俗博物館蔵本・前田家本・金子氏本には図を提示する注記が存在し、末摘花巻「一きやうたいからくしけか丶けのはこ」に唐櫛笥と掻上箱、絵合巻「一えならぬ御よそひにも御くしのはこうちみたりかうこなとやうの箱とも」に香壺箱が描かれている。これと同じ図が『河海抄』絵合巻「御くしのはこうちみたりのはこかうこのはことも」の注釈に見え、『河海抄』では三図を一箇所にまとめて示している。実は、『河海抄』におけるこの図の提示は、一部の伝本にしか見られない特徴的な増補箇所と認められる。当該注記を持つ伝本は、龍門文庫蔵伝正徹筆本・東北大学附属図書館狩野文庫蔵本・学習院大学蔵二十冊本・國學院大學附属図書館蔵温故堂文庫旧蔵本・島根県立図書館蔵本である。これらの伝本は、拙稿において指摘したC類第Ⅱ種におおよそ該当する。[注25] この伝本群の特徴として、明らかに後人の増補が含まれているという点が挙げられる。ごく限られた伝本のみにしか見られない注記である点と、その伝本群が後人の増補を経ている点を考え合わせると、当該注記に見られる図は後人による補入と判断すべきであろう。『河海抄』が『原中最秘抄』を利用している形跡は複数箇所で確認出来るが、この例は善成の編集以後にも両者が接触していたことを証明する点で、極めて大きな意味を持つ。『河海抄』と『原中最秘抄』の接触は、善成や行阿の手を離れた後にも行われていたのである。

両書の関係については、成立時の編集段階だけでなく、成立後の享受も含めて、これまで以上に慎重に考慮すべきである。耕雲が『原中最秘抄』を増補する際に『河海抄』を用いたという事象も、この経緯とは無関係ではあるまい。

四　まとめ

以上、本稿では、『原中最秘抄』を対象として、行阿の源氏学や『河海抄』との関係について、従来の見解に再検討を促した。本稿の骨子は、行阿説が行阿独自説のみで成り立っているわけではないこと、『河海抄』との密接な影響関係を想定すべきこと、以上二点である。ここまでに導いた結論は、『原中最秘抄』がどのように受容されてきたか、という問題と強く結び付く。この点は『原中最秘抄』に限ったことではないが、注釈書の性格を把握するためには、成立当時の姿だけでなく、成立後の姿にまで目を向けるべきである。本稿の諸例はあくまで現存諸本の注記に依拠したものであり、『原中最秘抄』や『河海抄』の成立当時の姿とはかけ離れた部分も含まれていようが、その姿で現存していることの意味こそ重く捉えるべきと考える。

繰り返し述べてきた通り、『原中最秘抄』は『源氏物語』注釈史上、再定義されるべき存在となった。今後更なる検討が施されることを期待したい。

注

1 『原中最秘抄』の本文は、池田亀鑑編『源氏物語大成 資料篇』（中央公論社、一九五六）によった。なお、『源氏物語大成』は底本に広本系統の平仮名本である阿波国文庫本を用いているため、本稿では適宜、同じく広本系統の片仮名本である国立歴史民俗博物館蔵本（『国立歴史民俗博物館貴重典籍叢書』文学篇第十九巻〈物語4〉臨川書店、二〇〇〇）をも参照し、一部私に改めた。『原中最秘抄』の本文系統については、田坂憲二「『原中最秘抄』の完本と略本」（『源氏物語享受史論考』風間書房、二〇〇九。初出同題〈『文藝と思想』第五一号、一九八七・二〉）、岩坪健「家伝書の享受――『原中最秘抄』の系統――」（『源氏物語古注釈の研究』和泉書院、一九九九。初出「『原中最秘抄』の系統――中世における秘書の享受――」〈『国語国文』第五七巻第三号、一九八八・三〉）に詳しい。

2 源氏注釈史における『原中最秘抄』の特徴・意義については、田坂憲二「『原中最秘抄』の基礎的考察」（注1前掲書。初出同題〈『中古文学』第三七号、一九八六・六〉、同「中世源氏物語享受の一面――『原中最秘抄』を中心に――」（注1前掲書。初出同題〈『語文研究』第六四号、一九八七・十二〉）を参照のこと。

3　池田亀鑑「珊瑚秘抄とその学術的価値」(『物語文学Ⅱ』至文堂、一九六九。初出同題〈『国語と国文学』第九巻第五号、一九三二・五〉)や曽沢太吉「原中最秘鈔聖覚の奥書について」(『国語と国文学』第四五巻第三号、一九六八・三)等は、聖覚の加筆がほとんど無かったとする立場をとる。これに対して、稲賀敬二「中世源氏物語注釈の一問題――『正和集』から『原中最秘抄』へ」(秋山虔編『中世文学の研究』東京大学出版会、一九七二・七)では、現在では散逸してしまった聖覚の『正和集』という注釈書を基盤として、それに行阿が加筆を加えていったものが現行の『原中最秘抄』であると説く。

4　ただし、現存する広本系統の『原中最秘抄』にあっても、行阿以後の加筆訂正が見られ、行阿所持本とは様相を異にするとの指摘もある。詳しくは、落合博志「『原中最秘抄』小見――一、二の人物と逸文資料など」(『法政大学教養部紀要』第九三号、一九九五・二)を参照のこと。どこまでが行阿の手による注釈で、どこからが後人の増補なのか、一瞥して判定することは不可能である。同様に、「行阿云」「行阿」とする部分に関しても、誰が施したものかはっきりと断定は出来ない。本稿では、誰の手によるものかという点よりも、行阿説として示されるのかという点を重視し、ひとまずすべて行阿による注釈と規定し、論を進めていく。

5　前掲注1の岩坪氏論考。

6　早いものでは、前掲注3の池田氏論考に、以下のような言及がある。

行阿が、かく全巻にわたって大増補をなし、奥書に堂々たる家学の一大宣伝を試みた理由は、自らの門地を高くし、伝統に権威あらしめる事によって、忠守・善成等の新興第三勢力に対し、防備挑戦する意思であったかも知れない。善成が「河海抄」において行阿説にふれず、行阿が「原中最秘抄」において善成の説にふれていないのは、新学派としての善成と、旧学派としての行阿とが、互いに門戸を張って対立した結果と見ることはできないであろうか。

7　『光源氏物語抄』の本文は、中野幸一・栗山元子編『源氏釈 奥入 光源氏物語抄』(源氏物語古註釈叢刊第一巻、武蔵野書院、二〇〇九)によった。

8　『紫明抄』の本文は、『河海抄』成立に深く関わった考えられる内閣文庫蔵十冊本(内甲本)系統の本文を示す田坂憲二編『紫明抄』(源氏物語古注釈集成18、おうふう、二〇一四)によった。なお、同系統の島原図書館松平文庫蔵本を参照し、一部私に改めた。『河海抄』と関係については、拙稿「『河海抄』における『紫明抄』引用の実態――引用本文の系統特定と注記の受容方法について――」(『語文(大阪大学)』第九六輯、二〇一一・六)を参照のこと。

9　『河海抄』の本文は、大きな異同が無い限り、玉上琢彌編、山本利達・石田穣二校訂『紫明抄 河海抄』(角川書店、一九六八。

以下、角川版とする）を便宜的に使用した。なお、諸本校合の上、一部私に改めた。

10　当該部分の注記は、現存する『紫明抄』の中では内甲本系統の諸本にのみ見られ、京大本や内閣文庫蔵三冊本（内丙本）には存在しない。ただし、公孫賀の説話を用いる注記は、当該注記の他に少女巻「みかとの御いつきむすめもをのつからあやまつためしむかし物語にもあり」の注記にも存在し、こちらは京大本にも確認出来る。そのため、『紫明抄』の注釈として確立していたであろうという判断を下した。

11　前掲注3の稲賀氏論考。この他にも、池田利夫『河内本源氏物語成立年譜攷――源光行一統年譜を中心に――』（貴重本刊行会、一九七七）や同『日中比較文学の基礎研究　翻訳説話とその典拠』（笠間書院、一九七四）等に言及がある。また、近年では、田坂憲二「『蒙求和歌』と『源氏物語』」（小山利彦・河添房江・陣野英則編『王朝文学と東ユーラシア文化』武蔵野書院、二〇一五・一〇）、小山順子「『蒙求和歌』『百詠和歌』の表現――歌人としての源光行――」（『京都大学国文学論叢』第三五号、二〇一六・三）等により、光行の学問における『蒙求和歌』の位置付けが明らかにされている。

12　前掲注3の稲賀氏論考。氏は「「私云」という、いかにも親行あたりが述べた説のようによそおって、『最秘抄』に書き入れられたもの」と述べる。

13　なお、『河海抄』にも『光源氏物語抄』とほぼ同様の注記が存在するが、今回は紙幅の都合で省略した。

14　『光源氏物語抄』には、「はつせなむ日のもとのうちにあらたなるしるしあらはし給ともろこしにも聞えあなりと云事」の見出し本文があるものの、注記部分は「今案」としか記されておらず、具体的な注釈は見えない。

15　絵合巻「一さしくしのはこのこゝろはに」、真木柱巻「一この世になれぬまめ人せしもこれそなくとてめてゝさめきさはくこゑいとしるし」等。

16　前掲注3の稲賀氏論考。

17　なお、行阿による加筆は、この献上以降も行われていったようである。詳しくは、小川剛生「「揚名介」――除目の秘事、および『源氏物語』の難儀として」（『二条良基研究』笠間書院、二〇〇五。初出「二条良基と「揚名介」――除目の秘事、および『源氏物語』の難儀として」（『三田國文』第二二号、一九九五・六））を参照のこと。

18　『珊瑚秘抄』跋文には「往日貞治初、依故寶篋院贈左大臣家貴命、令撰献河海抄廿巻」とある。

19　拙稿「『河海抄』の注記形成と二条良基――『年中行事歌合』との接点から――」（『国語と国文学』第九一巻第八号、二〇一四・八）。

20　『袖中抄』の本文は、橋本不美男・後藤祥子『袖中抄の校本と研究』（笠間書院、一九八五）によった。なお、声点等は省略した。

21 『八雲御抄』の本文は、片桐洋一編『八雲御抄の研究 枝葉部・言語部 本文編・索引編』（和泉書院、一九九二）によった。

22 参考として『夫木和歌抄』の該当箇所（巻第二十六雑部八・一二五五七番歌）を示す。

嘉応二年十月住吉社歌合、社頭月　清輔朝臣

月かげはさえにけらしな神がきやよるべの水につららゐるまで

此歌判者俊成卿云、左歌、よるべの水につららゐるまでなどいへる、文字つづきよろしくはみゆるを、おぼつかなき事どもぞ侍るめる、まづよるべの水といふことは、源氏の物がたりにも、かものまつりの日の歌に、さもこそはよるべの水もみくさゐめとよめる、みたまへし、さらではふるき歌にもえ見および侍らず、この水をおろおろうけ給はるに、たとへばいづれの社にも侍らめど、まづ当社のおまへの月には、うみのおもて氷をみがき浜のまさご玉をしけらんをばおきて、よるべの水にむかひて月はさえにけらしなど思はん事やいかがと云云作者清輔朝臣云、よるべの水はいづれの社にも侍るにこそ、又歌によめる事源氏のみにあらず、和泉式部が集などは御覧ぜざりけるにや、又月よむべき所はおほかれど風情に随ひてこそよめるかし、をばすて山などをとりあつめてつくすべしと不存事なり、をばすて山たかき名なりとて、月の歌ごとにそれをよみて余の山をよむまじきにやと云云

『夫木和歌抄』の本文は、『新編国歌大観 第二巻』（角川書店、一九八四）によった。

23 稿者はかつて『河海抄』における歌学書引用を考察したことがある（「『河海抄』における歌学書引用の実態と方法――顕昭の歌学を中心に――」〈『詞林』第五〇号、二〇一一・一〇〉）が、源氏学における歌学書引用については、『河海抄』だけの問題ではなく、『原中最秘抄』も含めた当時の学問体系との接触として再検討すべきであろう。

24 なお、同じく和琴の濫觴を提示する『河海抄』若菜上巻において、この文言が見られないことへの疑問は残る。この現象は、単に依拠した先行諸注釈書の影響というだけではなく、同一の文言を繰り返し提示する注釈方法とも関わる問題であろうと考えている。これについては今後の課題としたい。

25 拙稿「『河海抄』巻十論――後人増補混入の可能性を中心に――」（『語文（大阪大学）』第一〇三輯、二〇一四・一二）。なお、島根県立図書館蔵本は巻八と巻十で別の本文系統ということになる。

Ⅲ　寺院と僧の学びの形

中世南都の教学と問答・談義

蓑輪　顕量

はじめに

日本の仏教の教理的な発展は、法会の場における論義と唱導によって大きく展開したと言っても過言はない。それは、日本に伝えられた仏教が、中国の南朝の仏教を継承した点にその起源がある。仏教は一種の学問として導入されたのである。たしかに、聖徳太子や聖武天皇の事例などから考えれば、誓願のための仏教の側面も否定できないが、伝来当初より学問的な営みが、大きな比重を占めたことは間違いない。

その学問的な研鑽の中で、論義と呼ばれる仏教教理の議論を行う営みが形成された。論義そのものは、インド仏教の時代からすでに存在していたものであった。今でもチベット仏教の中には、論義形式の修学が存在し継承されている。この論義は、東アジア世界に導入されると、ある一定の形式を伴って、独自の形態を作り上げて発展した。

その背景には、中国において、紀元前後の頃から、天子が儒教の典籍を講説する習慣が存在したことが挙げられる。儒教世界の中では、仁や孝などの大事な徳目を表現するために、ある一定の行動様式が要求され、礼が大事にされた。ある一定の行動様式は、すぐさま儀礼的なものに繋がる。『孝経』を講説する場合にも、ある一定の形式が伴った。たとえば、講説の内容を、聴聞の者に分かり易く理解してもらうために質疑応答が存在した。この質疑応答を行うことが、やがて定式化したのであろう、事前に質問をする者を決め、その質問者が、講説の時には、必ず質問するようになった。これが経典講説における問者に繋がったと推定される。

また、講説の全体を統べる者として都講という役職も存在した。都講は、中国における講説の資料では一般的なようであるが、日本では殆ど目にすることがない。なお、中国の南北朝時代（五～六世紀）の南朝に、盛んに行われたという「清談の風」も、仏教の講説や論義に、大きな影響を与えたと推定される。

さて、講説においては、あらかじめ質問者が決められ、講師との間で質疑応答が行われたのであるが、このような質疑応答が、やがて公式に論義と呼ばれるようになった。実は、この論義と呼ばれる質疑応答の営みが、東アジア世界における学問的な研鑽の基礎を造ったものと思われる。もちろん、論義だけが学問的な研鑽の基礎であったということはできないが、大きな役割を果したことは間違いない。

なお、論義には、若手の僧侶の試験を兼ねるものもあり、それは竪義論義と呼ばれた。竪義論義に対し、経典の講説の論義は、講師と問者の間で交わされるので、講問論義と呼ばれた。また、経典の講説の際には、初期には「注」と呼ばれる注釈書が作成された。これはやがて「疏」と呼ばれる注釈書に発展した。どちらも講説を前提にして作られた資料と考えられる。また講説の際の台本となったような資料は、やがて「経釈」と呼ばれる資料に発展した。経釈は、経典の大意と釈題目と入文解釈とよばれる三部構成からなるものが一般的であるが、そこにも学問的な研鑽の迹を見ることができる。どのように経典を理解するのか、宗の基本的な理解と結びつけられており、制作者の宗の所属を具体的に示す資料と言っても良い。しかし、この種の資料は、どちらかと言えば、美辞麗句など、修辞上の技法を競うている部分に力が注がれているようにも見える。

このように、法会の場を介して展開した営みである経典の講説や論義は、教理的な発展を推し進める役割を担ったと考えられるのである。ここでは、一対一で行われることの多かった論義を、別の言葉で置き換えて「問答」と表現し、また、複数の人々の間で交わされた問答を、「談義」と表現し、中世の南都での状況を考察する。また、中世も、実際には十二世紀の頃から注目される活動が見えるので、その頃からを対象にしていきたい。

一　中世南都の法会と修学の過程――寺内法会から格式の高い法会へ

日本の仏教が、平安期以降、法会を中心として展開し、様々な儀礼や僧侶の昇進システムを構築したことは既に多くの研究者が指摘するところである。そして、中世の時代の仏教界の特徴は、法会が再整備されて、新たな秩序が生まれたことであろう。平安時代の初期には、南都を代表する法会として、興福寺維摩会、宮中御斎会そして薬師寺最勝会が存在し、一般に南都三会と呼び習わされていたことは、周知の通りである。この南都三会は、当初は、南都出身の僧によって占められていたが、やがて、天台宗出身の僧侶が出仕するようにもなった。天台宗の僧侶で初めて僧綱の仲間入りをし、南都僧と肩を並べた最初は、僧正遍昭（八一六～八九〇）であった。遍昭は出自の良さも手伝って、初めて僧綱に入った天台僧侶であった。

ところが、しばらくすると、南都の法会は、再び南都出身の僧侶に独占されるようになった。このような事態を受け、新たな法会が整備されることとなった。その切っ掛けは、十世紀に宮中で行われた応和の宗論が、その一つであったろう。応和の宗論は、村上天皇の御代、応和三年（九六三）に行われた。天台の良源（九一二～九八五）と法相の仲算（生没年不詳）が、『法華経』方便品に登場する「無一不成仏」の記述に対する解釈で意見が分かれ、仲算が「無の一は成仏せず」と主張したことが知られている。

この宗論は、天台と法相の間で激しい議論が交わされたことで注目されているが、天台系と南都系の僧侶が、朝廷に揃って出仕し、肩を並べて議論をしている点が重要である。やがて、南都三会に匹敵する北京三会（円宗寺最勝会、同法華会、法勝寺大乗会）が設けられるようになり、その上に三講と呼ばれる新たな僧侶の交流の場が設けられていったのである。

このように、格式の高い、公的意味合いを持った法会や講が追加され、それらの法会や講に出仕することが、僧侶世界の名誉と考えられるに至っていく。しかも、これらの格式の高い法会や講に出仕することが、僧侶世界のヒエラルキーを表すに至っていた僧綱位に任命されるための条件となっていたのである。十四世紀初頭頃の記録である『釈家官班記』によれば、顕宗と密宗に分けられてはいるが、顕宗の僧侶の昇進の次第は、法会や講と密接に結びついていたことが知られる。

換言すれば、中世の時代は、古代から継続する仏教が大きく花開いた時期であって、そこにおいては、仏教の教理や義理の研鑽が大きな意味を持っていた時代であった。また、格式の高い法会に出仕するためには、天皇の推挙による公請《くしょう》や院の推挙である御請《ごしょう》が必要であった。そのために僧侶は、寺院に入るとともに仏教の教理の修学に努めることが求められた。寺院の内部に設けられた研鑽の場が、奈良に栄えた東大寺や興福寺、北京の郊外に存在した延暦寺や園城寺には、多種多様に設けられた。これらを寺内法会と呼び習わしている。つまり、中世の時代は、寺内の法会を歴て、格式の高い法会や講に、公請や御請によって出仕することが、僧侶世界の出世として存在していた時代とも言えるのである。寺内法会における典型は、三十講と命名された、それぞれの経論を主にかつ集中的に学ぶ場であった。

たとえば、興福寺の例が、良遍の『護持正法章』から知られるが、そこにおいては「三箇院の三十講、幷びに両講等の出仕、懈怠すべからず」（鈴木・日本大蔵経六四、二〇一下）との記述が見出される。三箇院とは大乗院と一条院、菩提院を指すと考えられ、両講とは、「観菩講師」との表現も見出されるので、観禅院の淄洲講と菩提院の撲揚講であろう。いずれも寺院内に行われる講であり、研鑽の場であった。東大寺においては、倶舎三十講や世親講などが知られ、同じく寺内法会において研鑽を積んだことが知られる。そして、やがては公請により、南都の僧侶が集まる南都三会に出仕したのであった。

しかし、このような制度も、僧侶の貴種・良家・凡人という出自が影響を与えるようになり、僧侶の職掌においても、学侶と禅侶、または学衆と行人と呼ばれるような、僧侶の階層が出現することによって、大きな変化を蒙らざるを得なかったこともまた事実である。このような変化は、院政期の頃より確認されるので、中世の時代は、古代の仏教が花開くとともに、大きな変化が同時に生じていた、複雑な時代であったと言わなければならない。僧侶の中に、僧侶の出世の階梯から離脱する「遁世」という現象が生じるのも、このような背景があったからと考えられ、彼らはやがて次の時代（戦国期以降）に、仏教界の主流に成長していくのである。

二　中世南都の教学の展開

中世南都における教学の振興は、十二世紀の初頭頃から始まった。まずその嚆矢になるのは、中川実範（?～一一四四）であろう。実範は、興福寺の出身、律宗の寺院として重要な、しかし当時は荒廃していた唐招提寺を復興する切っ掛けを作っている。やがて実範は、真言宗に関心を示し、醍醐寺の厳覚から真言密教を学び、真言宗の中でも重要な人物となる。実範は、戒律の上で大乗戒を授受する方軌と、具足戒を授受する方軌、いわゆる「実範式」を作成し、現在に伝えたところに大きな意義があると言われるが、実は真言宗の展開の上でも重要である。彼は、晩年は奈良の郊外の中川に成身院を創建し、そこに住した。

その次に、南都出身の僧侶で注目される人物は、東大寺に活躍し、後に東大寺の別所である光明山寺に活躍した永観（一〇三三～一一一一）である。永観は、浄土教者として後世に名前を残したが、東大寺の東南院を拠点として活躍し、一時期は東大寺の別当に上り詰めた人物である。永観は、その浄土教に関する著作である『往生拾因』の中で、称名の念仏を高く評価している。

称名念仏の伝統は、比叡山の五会念仏が著名であり、円仁の時から、四種三昧の常行三昧に五会念仏が導入されたことが知られている。ゆえに、称名念仏と言えば比叡山の伝統が有名であるが、南都においても、称名念仏の伝統が存在した。比叡山ではその後、源信が登場し『往生要集』を述作し、観想念仏が中心になったように理解されがちであるが、実際には、称名念仏の伝統も、連綿として生き続けていたことに留意しなければならない。たとえば、良忍（一〇七三?～一一三二）の融通念仏は、十二世紀初頭からその存在が知られ、やがて融通念仏宗となるのであるが、その念仏は、音楽的な要素をもった称名念仏であった。この念仏は、時には大念仏と呼ばれ、現在に継承されている。

さて、光明山寺に隠棲し『往生拾因』を書いた永観は、観想と称名の念仏に新たな意味を見いだそうとした点で注目され、南都の浄土教学の展開の上では、外すことが出来ない。たとえば、次のような記述が、『往生拾因』の最末尾に見られる。

真言止観の行は　道　幽にして迷い易く　三論法相の教えは　理　奥にして悟り難し
勇猛精進の者にあらずんば　何ぞ之を修せん　聡明利智の者にあらずんば　誰か之を学ばん。（中略）今、念仏宗に至らば、行ずる所は仏号、行住坐臥を妨げず、期するところは極楽、道俗貴賤を選ばず。

（『浄土宗全書』一五、三九四上）

真言止観の行は迷い易く、三論法相の教えは悟りがたいと位置づけ、称名の念仏を易行の一つと捉え、仏号を唱える実践をしていたことが知られるのであり、念仏の実践という点では、その易行性にいち早く注目し、法然に先行すると位置づけられる。

二　中世南都の教学の展開

中世南都における教学の展開としては、律宗、三論宗、法相宗、華厳宗が知られるが、法相宗がもっとも注目されるので、まず法相宗から見ていこう。法相宗では、先に触れた中川実範がまず注目されるが、その次に登場して大きな影響を与えた人物は、菩提院蔵俊（一一〇四〜一一八〇）や解脱房貞慶（一一五五〜一二一三）である。蔵俊は出自が低かったが故に、死後になってようやく僧正位を贈られており、贈僧正と呼ばれるが、法相宗の学僧として著名であった。

さて貞慶は、南都の教学の振興及び行の復興の面で画期となる役割を果たした。まず教学的な面では、『成唯識論』の修学のために様々な著作を製作する活動の、その中心に存在した。

法相宗では、玄奘によって翻訳された『成唯識論』が、もっとも重要な典籍であり、その修学が求められた。もちろん、それ以外にも『瑜伽師地論』『解深密経』が重要なものとされたが、もっとも重視されたのは『成唯識論』であり、かつ慈恩大師基の『成唯識論述記』であった。因みに、法相宗の僧侶に修学すべき典籍として位置づけられたものが、『法相宗章疏』や『注進法相宗章疏』（大正蔵五五、所収）に挙げられているが、そこにはこれらの経論の他に、『顕揚聖教論』『阿毘達磨雑集論』『摂大乗論』『弁中辺論』に対する法相家の諸注釈書が挙げられている。

いずれにしろ、法相宗においては『成唯識論』十巻に対する修学が、もっとも重要なものと位置づけられ、様々な注釈書が、写本の形でまたは蔵経に収録された形で、現在に残る。その最初期のものが、貞慶によって編纂されたと考えられる『唯識論尋思鈔』であった。このように中世の初頭、法相宗の根幹をなす論書である『成唯識論』に対する研鑽が積まれていった。なお、貞慶の著作としては『唯識論尋思鈔』と、おそらくは別書として書かれた『別要』が存在する。実際の修学においては、問答形式が採用され、論題を設定し、その論題ごとに問題点を追求することが行われたと推定される。

論義と談義

さて、この問答の形式が「義を論ず」すなわち「論義」と呼ばれるのであるが、基本は質問者と答える者との間の一対一の問答であったと考えられる。「問う」という形で問題が掲げられ、それに対して「答える」という形で、回答が行われた。

そもそも問答による義理の解明は、早くインドに存在したものであり、また東アジアにおいては、儒教経典を天子が講説する際に既に見られたものであった。そのような点では、別段に目新しいものではない。とにかく、この形式が、仏教の義理をあきらかにするために採用され、定着していった。そして「論義」の特徴は、一対一の関係であることに存在するようである。

一方、院政期の頃から中世にかけての資料に「談義」と言う言葉も使われているのであるが、こちらの談義は文字通り「義を談ずる」であり、それは複数の人物が議論をしている場合を指すと考えられる。質問は一人から提示され、複数名が議論を進めつつ答えている。このような点から考えれば、談義は、複数人による質疑応答が「談義」と呼ばれたと推定される。

ところが、この談義は、やがて講義形式の講説をも示す言葉として使われるようになっていく。その最初の時期を特定することは困難であるが、江戸時代に檀林での修学が盛んに行われるようになると、能化と言われる檀林の指導者が、その所化である学生に、講義を行うことを指して「談義」と呼ぶ例が一般化している。

なお、檀林は、比叡山を拠点とした天台宗が地方に設けた学問寺の例が、その嚆矢の一つである。十三世紀の後半期に、すでに現在の滋賀県米原の柏原の成菩提院が天台宗の学問所として存在し、談所と呼ばれていたことを考えると、指導者が講義形式で授業を行い、聞き手の学生が質疑をするという、組織的な修学の体制が完成する檀林の中で、講義をも「談義」と呼ぶようになったのであろう。しかし、談義は、奈良の資料から見る限り、基本的には複数の僧侶による、質疑応答を中心とした学問的な研鑽を指すものであった。

少し、話がわき道にそれたので、元に戻そう。法相宗における修学の上で、重要な著作は、なんと言っても『成唯識論同学鈔』である。本書は、『成唯識論』に関連する問題をテーマごとに抜き出して、議論を進めた法相教学の指南書と位置づけられるものである。

本書は、『同学鈔』というタイトルのみ貞慶が付加したものと推定され、内実はほぼ貞慶の弟子になる良算（生没年不詳）が大部分を編集し、興玄（生没年不詳）が一部分、編集したものと考えられている。本書は、法相宗の教理の修学上、重要なもので、現在でも竪者（竪義論義を行う者）に選ばれた者が、その修学の際に使用する基本テキストとなっている。

内容は、論義形式の問答が大半を占め、一部分、談義に基づいたとの記載が見える。論義には一定の形式があり、まず質問の文章が「問う」から始まった。此処では問者と答者という名称を使いながら記述することにしよう。最初の問いは、テーマに即して短いものが多い。対して答者の答えは、その質問に簡潔に回答を与える形でなされる。ついで、問者は、その答えを受けながら、次なる「問い」を提示する。この時の問いは、比較的長い。具体的な例を出しながら、次の問いを行うのである。そして、答者は更に回答を与える。このような形式の問答が、質問によっても何度も繰り返されていった。

問答の形式

この問答には、伝統として一定の答え方が存在した。そもそも『倶舎論』巻十九には、問いの種類に応じて、四種類の応答のあることが明かされている。それは、無記に関する記述の中に登場するもので、「且らく問の四とは、一に、應さに一向記なるべし。二には應に分別記なるべし。三には應に反詰記なるべし。四には應に捨置記なるべし」（大正二九、一〇三上）との記述から導かれ、四記答と呼ばれた。それらは、引用の順の通りに、一向記、分別記、反詰記、捨置記の四つであったが、一向記は決定答とも呼ばれ、直ちに肯定して答えるもの、分別記は解義答とも呼ばれ、質問の意図を分別し、幾つかの場合に分けて答えるもの、反詰答は、反問または反詰して質問の意図を確かめて答えるもの、最後の捨置記は、置答とも呼ばれ、答えるべきでないものに対するもので、具体的には答えないこと、すなわち黙することで回答とするものであった。ちなみに最後の捨置の答えは、答えるべきでないから答えなかったと一般に言われるが、実際の問答の記録の上からは、分からずに答えなかったのか、捨置記であったのか、今となっては判断が付かない場合も時々見られる。

つぎに、問答のテーマ別の記録である『唯識論同学鈔』に徴してみれば、文章表現上の特徴も存在する。それが、「進めて云わく」や「之に付いて」などの文中に使用される用語である。「進めて云わく」は、問者が、再度、質問の意図を説明する場合に使用され、「之に付いて」は、ほぼ、「進めて云わく」の後に提示された経論の文章を受けて、何かを問者が述べる場合に使用されている。

いつの間にか、問答に特徴的な用語が形成されたと考えられるのであるが、もっとも興味深い表現は、「両方」である。これは「りょうよう」と読む伝統を持っているが、「両盈」や「両様」とも記され、どちらにも解釈される場合を示すものであった。実際には、どちらの立場に立って回答を与えても、矛盾が生じる場合を指すことになる。つまり「両方」の質問をすることができれば、回答者は、どのように答えても、その回答に矛盾を生じることになり、勝敗という点から見れば、問者に軍配が上がることになる。このように、論義は、義理を明らかにするだけではなく、問者と答者の間で、勝敗を競うような場合が見受けられ、いつの間にか、こちらの意味が付加されたのだろうと思われる。

さて、貞慶の活躍した時代には、格式の最も高い講として、法勝寺御八講や最勝講が存在した時代でもあった。そこでは論義が南都北嶺の僧侶の間で行われた。ここではその一例を法勝寺に行われた御八講の記録に探ってみよう。

四　法勝寺御八講・最勝講の記録から

法勝寺は白河天皇（在位一〇七三〜一〇八七、一〇五三〜一一二九）が京都、白川の地に創建した寺院である。この法勝寺において、天承元年（一一三一）より、白河上皇の命日に合わせて、七月三日から五日間に渡って『法華経』を講じる御八講が開催されるようになった。この法勝寺に行われた御八講（五日間に渡って朝座と有座の計十座が行われた）の問答に関する記録が、東大寺尊勝院に活躍した宗性（一二〇二〜一二七八）の手によって残された。それが『法勝寺御八講問答記』である（現在、東大寺図書館に写本として残る）。論義の記録は、「問答記」という名称で残され、論義が

「問答」として意識されていたことがよく分かる。また、論義のテーマごとに短く内容を纏めた資料として存在する。こちらは「短尺」（または「短釈」と記される）と呼ばれ、具体的な問答の内容と、典拠とされる経論を網羅的に引用して書き連ねた資料として存在した。

さて、『法勝寺御八講問答記』は、宗性が自らの勉学のために、各地を訪ねて法勝寺御八講の問答の記録を探し、自ら書写するとともに、他者にも書写してもらい残した記録である。法勝寺の御八講は、当時の三講の一つであり、宮中、仙洞の最勝講と並んで、もっとも格式の高い講の一つであった。講と呼ばれるのは、経典の講説と論義から構成された法会で、経典の講説が中心であることから命名されたものと思われる。そして、この『法勝寺御八講問答記』は問いが中心に書かれており、時に答えは、簡略にあるいは「答う」とのみしか記されず、具体的な返答の中身が存在しない場合が存在する。このことより、「問答記」は問者の修学のために編集された資料なのではないかと推定されている。時には答えがまったく記されていない場合もあり、先に述べた置答だったのか、あるいは講師が答えられなかったのか、不明とせざる得ない場合も、多く存在する。

この御八講の問答には基本的に一定の型が存在したことが知られている。まず、問われる質問は、二題であった。その内の一題は、経典の文言を提示し、それを契機にして、質問するものであった。このような論義は、経文に基づくので「文論義」と命名できる。もう一題は、経典の文句に基づくことはなく、すぐさま教理的な内容が問われた。こちらの論義は、教義に関する論義であることから、「義論義」と命名できる。

また論義そのものは、二問二答の形式を取った。定められた問者が質問をし、それに講師が答え、その答えを受けて、問者が再び質問して、その上で講師が再び答えるというものであった。実際の法会の上での遣り取りは、牒問牒答形式であったと推定され、講師は質問者の質問を繰り返してから答え、再問の時には、問者も自らの質問、講師の回答を繰り返して、それから新たに質問するものであったと考えられるが、「問答記」の上では、繰り返しは記されていない。さて、一例を天承元年の初日の問答に探ってみよう。（原漢文、書き下し文で掲げる。）

初日朝座無量義経講師法印権大僧都禅仁　問者厳意大法師

問う。経文。摩訶般若花厳海空、と云々。宗師は「花厳海空」の文を釈するに三釈有り。第三尺は如何が之を判ずるや。

答う。三尺という事、慥かには覚えず候。何なるべき事にか作らむ。慥かに所見有らば、進みて難ぜらるべし。進めて云く（玄第十）、初釈に云わく、「般若入法界理」、第二釈は「長時華厳」と云へり。第三尺は「第五時円頓法花教」と云へり。其の第三尺は明らかならず。今、経文は已説の経を挙げて此の如く云うなり。何ぞ法花に預からんや。況んや「菩薩歴劫修行を宣説する」をや。尓らば如何。

この問答は、御八講の初日の朝座であり、『法華経』の開経である『無量義経』が講じられ、その中の文言が問題とされている。『無量義経』の記述になる「次説方等十二部經摩訶般若華嚴海空、演説菩薩歴劫修行、而百千比丘萬億人天、無量得須陀洹、得斯陀含、得阿那含、得阿羅漢」（大正九、三百八十六中、以下、傍線は筆者）の記述を契機にし、華厳海空とはどのような意味かを質問した。禅仁は叡山天台の僧侶であるが、質問の意図を理解しなかったと見え、三つの解釈というのが分からないと答えた。そこで問者の厳意は、天台宗の依拠とする『法華玄義』第十下にある記述の「而言華厳海空者、若作寂滅道場之華厳、此非次第。今依法性論云、鈍根菩薩三處入法界。初則般若、次則法華、後則涅槃。因般若入法界、即是華厳海空。又華厳時節長。昔小機未入如聾如瘂。今聞、般若即能得入、即其義焉。（中略）又解、般若之後明華厳海空者、即是円頓法華教也。何者初成道時、純説円頓、爲不解者大機未濃、以三蔵方等般若、洮汰淳熟根利障除。堪聞圓頓、即説法華開佛知見、得入法界、与華厳斉。法性論中入者是也。」（大正三三、八〇八上）の記述を念頭に置いた問題であることを、「進めて云わく」で示した。そして第三尺が明らかではないとして、再び質問したのである。論点は、『法華玄義』では「円頓法華」と解釈しているが、「菩薩歴劫修行」と経典は述べているではないか（円頓と歴劫修行は矛盾する）という点にある。この後の講師の回答は、残念ながら記されていない。

また、宮中や仙洞で行われた最勝講の記録も、幸いにも宗性が写本の形で残してくれている（東大寺図書館所蔵、『最勝講問答記』）。最勝講は、義浄訳の『金光明最勝王経』十巻を、同じく朝座、夕座の計十座で講説し、論義が付随した法会であった。宗性の残した『最勝講問答記』から考察が可能であるが、基本的なところは、法勝寺御八講と変わらない。最勝講の場合は、第一問は、『金光明最勝王経』の経文の記述を念頭に質問をし、第二問目はいきなり教理的な議論に入っている。

法勝寺御八講や最勝講で行われる論義の問題は、主に、経論相互の記述の整合性を問うものが多いのであるが、それは、議論が会通を主なる目的としていたからではないかと考えられる。もちろん「両方」の問題も登場するが、基本は会通に存在したようである。

南都、北嶺の僧侶がともに出仕し、それぞれの講師の所属する教学に関連する、経論の整合性を問題とする議論が多いことから推定すれば、それは、南都北嶺の僧侶世界の融和を目指した行事であったということができるのか知れない。

五　教理的な新たな展開

しかし、問答形式の修学が、決して教義的な会通のみを目指していたのではないことは、別の資料から確認することができる。そこで、次に、中世の初頭に活躍した僧侶の一人として、法相宗内に良算とならぶ人物である良遍（一一九四〜一二五二）に焦点を当てて見てみよう。

そもそも、日本の法相宗においては、五重唯識観が観心門の要として説かれるが、その実践が悟りに至る重要な手段として位置づけられた。その背景には、遍計所執性（現実世界が存在すると誤って分別して捉え、それに執着する性質）、依他起性（他のものに依存して存在するという性質）、円成実性（どちらにも偏らない完成された性質）の三性説が存在する。この三性説は、インド・中国の唯識法相教学の中において重視されてきたものであったが、貞慶の頃から、その受け止め方に変化が生じている。

三性説とともに相無性（すがた形には固定的な実体はない）、性無性（本性にも固定的な実体はない）、勝義無性（真実にも固定的な実体がない）の三無性説も同様に重視されるように変化していったのである。その背景には、空の重視が存在することが推定されるのであるが、その契機に院政期の頃、日本に紹介された達磨禅の影響が考えられる。実際、貞慶は五代十国時代に活躍した永明延寿（九〇四〜九七五）の編纂した『宗鏡録』の影響を受けていたと推測される。たとえば、貞慶の著作である『勧誘同法記』の中には、「仏の聖教は、只だ一心を教うる種々の門なり」（鈴木・日本大蔵経六四、四上）との記述があり、明らかに『宗鏡録』の、仏の教えを一心に統合したことを受けた言及を行っている。

また、良遍も、三無性門に重点を置いたと理解されることがよくあるが、実際には彼の著作である『真心要決』においても『応理大乗伝通要録』においても、両者の立場を認めていることが確認される。すなわち次のような言及が、『応理大乗伝通要録』巻下に存在する。

三性門に約し依他起に約し不即門に約さば、一切の菩薩は皆な三祇を経、無性門に約し円成実に約し不離門

に約さば、一切の菩薩は一念に成仏せん。（鈴木日蔵六四、七二上）

良遍は三性門、三無性門の双方を認めており、それぞれの立場に立てば、「三祇の成仏」と「一念の成仏」との両者が是認されると主張している。つまり、どちらかのみに与したのではなく、両者を場合によって使い分け、併存させたところに、良遍の理解の特徴が有ったことが確認されるのである。それは、三性門と三無性門に約する二つの場合分けを前提としており、法相宗の教義として、三性説のみではなく、三無性説が同じく重視されて説示されるようになった点で、新しい展開であったということができる。

また、彼の著作である『真心要決』は、円爾弁円（一二〇二～一二八〇）が達磨禅を伝え、『宗鏡録』の講説を行っているのを風聞により得て、自ら法相宗との異同を考えて述作したものと伝える。この『真心要決』の中には、悟りの境地を「見ると雖も見ざるが如し、聞くと雖も聞かざるが如し」（大正七一、九六下）と述べる箇所がある。これは、無分別の境地を自らの言葉で表現するものと捉えられるが、法相宗の内部に、悟境を平易な言葉で表現するという新しい息吹も感じられる。しかも、これらの論述書は、すべて問答体で記されていることに注意しなければならない。

律宗の展開

次に注目される教学理解として、律宗における通別二受の創設が挙げられる。中世における律宗の復興運動は、早くに細川涼一、松尾剛次、大石雅章らによって精力的に明らかにされてきたが、律宗の復興運動の中心に存在した人物は、唐招提寺の覚盛であった。覚盛は興福寺に出家した僧侶であったが、やがて唐招提寺に入り、唐招提寺中興の祖となったが、その主張は三聚浄戒の授受で、菩薩の性質を持った比丘が誕生できるというものであった。その主著になる『菩薩戒通受遣疑鈔』は、つぎのような問答体から始まる。

問う。近世以来、遁世の輩、三聚三戒を受けて而も比丘衆と称し、五篇禁戒を持ちて以て菩薩法と為す事、新議に似たり。何の明據有らん。

答う。本論瑜伽中に菩薩大戒を説けり。攝律儀戒とは即ち七衆戒なり。方に此の戒を受くるに二つの軌則有り。一には通受、所謂、攝善攝生に通じ、正に受三戒を受く。是れ盡未來際にして唯だ菩薩法なり。七衆は別と雖も、羯磨に異なり無し。但だ隨相に至らば、所持は同じからず。謂わく、比丘は二百五十戒等を護持し、乃至、近事は五戒等を護持するは是なり。二には別受、所謂、攝善攝生に通じず、別に律儀を受く。是れ盡形壽にして聲聞法と同じきなり。（大正七四、四八中）

遁世の一門によって通受、別受と呼ばれる受戒方軌が始まったのではないか（新議に似たり）との疑問が提示され、それに覚盛が答える形式で論が展開していく。覚盛は、この受戒方軌は『瑜伽師地論』の誠説であると主張するが、実際には、歴史的には存在しない、新しい考え方であった。三聚浄戒は、本来、摂律儀戒、摂善法戒、摂衆生戒という菩薩戒である三戒を纏めた総称に過ぎず、またその授戒も、ただ三聚浄戒を得るだけのものに過ぎなかった。それを覚盛は、『瑜伽師地論』の記述を根拠に、具足戒の受得方軌の一つとして、新たに位置づけ直したのであった。

この授戒方軌で菩薩の具足戒が授かるとすると、実は菩薩戒としての三聚浄戒を授かる方軌が無くなってしまうという矛盾が発生するのであるが、覚盛がこの方軌を主張し始めた時には、まだその具体的な方法は固まっていなかった。覚盛も、この矛盾点は把握していたと思われ、『菩薩戒通受遣疑鈔』の中で、如法の具足戒授受が不可能な場合に限り、一度だけ授戒すれば良いと述べていた。しかも、授戒の方軌では、羯磨と呼ばれる中心的な部分と、護るべき具体的な戒条すなわち学処を授ける説相と呼ばれる二つの部分が重要になるのであるが、説相の部分では、あきらかに『梵網経』の十重戒を用いていたのである。

ところが、この形式が少しずつ変化していった。さらに、良遍と木幡観音院の真空廻心（一二〇四〜一二六八）が、この通別二受の受戒方軌に賛意を示してから、律宗の僧侶の中においては、現実のものとして定着するようになった。後の嘉暦二年（一三二七）、元休によって書かれた『徹底章』によれば、「良遍、真空は両寺（興福寺、東大寺）の碩学なり、学徒、多くは彼の門弟なり。（中略）故に両寺の学徒、難を加えること能わず。爾れより以来、通受の法則、相続して絶えること無きなり。」（鈴木・日本大蔵経六四、二五〇下）との記述を載せる。通受は、こうして律宗の門徒にまずは認められ、やがて東大寺、興福寺の律宗以外の僧侶からも認められることになった。

この律宗の中では、西大寺の叡尊も重要な役割を果たし、新たな律宗を大きな集団に発展させている。叡尊の段階では、通受は、三聚浄戒羯磨によって三聚浄戒を授け、具体的に護るべき学処を授ける説相の箇所で、『四分律』に説かれる四波羅夷法と『瑜伽師地論』に説かれる菩薩戒の重法である四他勝処法を授ける形式に変化している。また、新義を主張した律僧たちの拠点は、西大寺、東大寺戒壇院、そして唐招提寺と、奈良には三つが拠点となったが、それぞれが微妙な異なりを主張していたという。中世南都の教学が比較的自由に展開していたことが知られるのである。

三論宗・華厳宗の展開

最後に三論宗と華厳宗の展開について、触れておきたい。この二つの宗は、東大寺の中の院家が拠点となった。すなわち東南院が三論宗の、そして尊勝院及び戒壇院が、華厳宗の拠点となったのである。東南院には十三世紀の中葉、中道聖守（一二一九～一二九一）や真空廻心が登場し、三論の復興を推し進めた。真空は、後に木幡に移り、真言教学に傾倒するが、東大寺時代には三論の学匠として名高い。そして三論宗の修学の上でも、論義や談義形式の修学が行われ、そのための聖教の蓄積がなされた。

三論宗の教学振興の上で注目される資料が、『恵日古光鈔』である。本書は永村眞氏によって紹介された資料であるが、東大寺に写本としてのみ残る資料である。内容は、問答形式で、様々な三論宗に関わるテーマの論義がなされている。「問答記」が論義の問者の修学のために編纂された史料であろうと推測されることは先に触れたが、この『恵日古光鈔』は、答えの分量が、質問に比して非常に多い。このことから、本書は論義の際の講師の研鑽に資するための資料と推定されている。ここに三論宗においても、教学の研鑽が東南院を中心に進められたことが知られる。

一方、華厳宗は尊勝院を中心に教学の研鑽が積まれた。尊勝院には十三世紀の初頭に弁暁（一一三九～一二〇二）が院主として活躍し、東大寺の再建にも尽力している。重源とともに伊勢に参詣していることが知られる。また、弁暁は唱導の名手でもあり、その説草が今に伝わる。また、弁暁の後では、宗性が登場し、大きな役割を果たした。宗性は藤原隆兼の子息であり、学侶として、その実績を数多く残した。今まで触れてきた『法勝寺御八講問答記』や『最勝講問答記』を初めとして『弥勒如来感応抄』など、その著作は五〇〇部近くに登る。宗性は、当時の仏教界における学侶を代表する典型的人物であり、寺院の交衆として出世に繋がる法会に数多く出仕し、格式の高い三講における論義の判定役である証誠を務めた。しかし、その修学は、論義のための修学であり、天台、法相、華厳、三論等の伝統的な教学に、幅広く精通したことが知られる。しかし、独創的な教義展開はあまりなかったようである。

また、この後には、戒壇院に凝然（一二四〇～一三二一）が登場する。凝然は、戒壇院を復興した円照に師事し、十三世紀末から十四世紀初頭を代表する東大寺の学僧となった。その著作は、インド・中国・日本の仏教の歴史に関する『三国仏法伝通縁起』を初めとして、八宗に関する綱要書として『八宗綱要』『内典塵露章』を、華厳宗学に関連するものとして『五教章通路記』など大部のものを述作している。凝然の著作のうち、『五教章通路記』などの注釈書の末注は、基本的に問答体で書かれており、ここにも論義を初めとする問答の影響下に、注釈書が成立したことが分かる。

凝然の師であった円照（一二二一～一二七七）は、京都の東福寺に入った円爾弁円のもとで一夏、『宗鏡録』を学んでおり、円爾の禅の影響を受けている。そして、凝然も、円爾の紹介した『宗鏡録』に基づく禅宗の影響を受けたと推定される。彼の主著とされる『華厳宗要義』や『華厳法界義鏡』の中では、禅宗の典型とされる文章表現は避けられているが、修行のあり方としては、『宗鏡録』が是認した立場である「頓悟頓修」の存在を認めており、その影響を受けていると捉えることができる。

凝然の後、戒壇院には普一国師志玉（一三八三～一四六三）が登場する。志玉は金春禅竹（一四〇五～一四七一）との関係が知られ、禅竹の『六輪一路之記』に影響を与えたことが有名であるが、それに対する注釈書として『六輪注』を書いている。そこには『宗鏡録』よりは『六祖壇経』の影響が強く見られるようになる。南都に影響を与えた禅宗は、十四世紀になると、大きな変化があったようである。

また、華厳宗の教学的な研鑽は、この後、南都においては注目すべきものが知られていないが、一方で新義真言宗の拠点となる根来寺において、華厳宗学の研鑽が続けられていたことが、昨今の研究で明らかにされてきた。真言宗は、華厳宗と親近性があり、おそらくはそれが理由となって、華厳宗学の研鑽が真言寺院の中で継承されたものと思われる。

終わりに

中世、とくに室町時代に至るまでの前期を中心に、南都教学の展開に関して縷々、記してきた。教学的な理解に関しては、十二世紀に紹介された禅宗が、南都の諸宗の教学に影響を与えていたことは間違いない。南都の僧侶たちは、その初期には円爾の影響を、すなわち『宗鏡録』の影響を受けていたことが知られた。法相宗においても華厳宗においても、彼らは禅宗の影響を受けていたのである。

また、彼らの宗学の研鑽においては、問答が大きな意味を持っていた。それは、前代からの継承であるが、法会における唱導や論義が、その教学的な研鑽の背景として存在していたのである。また論義は一対一の問答であったと推定されるが、複数の者で交わされる問答は談義と呼ばれた。そして談義は、講義形式のものもやがて談義と呼ばれるようになっていったと思われるのである。

［参考文献］

横超慧日［一九七九］『中国仏教の研究』巻第三、法藏館

尾上寛仲［一九九九］『日本天台史』叡山学院

大隅和雄［二〇〇二］『日本の中世2　信心の世界、遁世者のこころ』中央公論新社

大隅和雄［二〇〇五］『中世仏教の思想と社会』歴史学叢書、名著刊行会

菊地大樹［二〇〇七］『中世仏教の原形と展開』吉川弘文館

北畠典生編著［一九九七］『日本中世の唯識思想』永田文昌堂

黒田俊雄〔一九七五〕『日本中世の国家と宗教』岩波書店
智山観学会編〔二〇〇〇〕『論義の研究』青史出版
智山伝法院編〔二〇〇五〕『智山の論義――伝法大会と冬報恩講――』智山伝法院選書11
マルティン・レップ・井上善幸編〔二〇一二〕『問答と論争の仏教――宗教的コミュニケーションの射程』法藏館
永村 眞〔二〇〇〇〕『中世寺院資料論』吉川弘文館
南都仏教研究会編〔一九九九〕『南都仏教』77、南都仏教研究会
蓑輪顕量〔二〇〇九〕『日本仏教の教理形成――法会に唱導と論義の研究』大蔵出版
同〔二〇一五〕『日本仏教史』春秋社
末木文美士〔一九九八〕『鎌倉仏教形成論 思想史の立場から』法藏館
同〔二〇〇八〕『鎌倉仏教展開論』トランスビュー
国立歴史民俗博物館編〔二〇〇四〕『中世寺院の姿とくらし 密教・禅僧・湯屋 歴博フォーラム』山川出版
永村 眞〔一九八九〕『中世東大寺の組織と経営』塙書房
同〔二〇〇〇〕『中世寺院資料論』吉川弘文館
原田正俊〔一九九八〕『日本中世の禅宗と社会』吉川弘文館
細川涼一〔一九八七〕『中世の律宗寺院と民衆』吉川弘文館
松尾剛次〔一九九五〕『勧進と破戒の中世史』吉川弘文館
同〔二〇〇三〕『中世の禅と律』吉川弘文館
蓑輪顕量〔一九九九〕『中世初期南都戒律復興の研究』法藏館
山本吉左右代表・仁和寺紺表紙小双紙研究会〔一九九五〕『守覚法親王の儀礼世界』三巻、勉誠社
横内裕人〔二〇〇八〕『日本中世の仏教と東アジア』塙書房

〔参考論文〕

阿部泰郎〔二〇〇二〕「真福寺聖教の形成と頼瑜の著作――能信を中心とする真義真言教学の伝流――」『新義真言教学の研究』頼瑜僧正七百年御遠忌記念論集

上島　享［一九九六］「中世前期の国家と仏教」『日本史研究』四〇三
同　［二〇〇二］「平安仏教」『日本の時代史』五「平安京」、吉川弘文館
同　［二〇〇四］「中世国家と寺社」『日本史講座』三「中世の形成」東京大学出版会
大石雅章［一九八八］「顕密体制内における禅・律・念仏の位置――王家の葬祭を通じて」『中世寺院史の研究』法藏館
尾上寛仲［一九七〇ａ］「関東の天台宗談義所（上）――仙波談義所を中心として――」『金沢文庫研究』一六―三、通巻一六七号
同　［一九七〇ｂ］「関東の天台宗談義所（中）――仙波談義所を中心として――」『金沢文庫研究』一六―四、通巻一六八号
同　［一九七〇ｃ］「関東の天台宗談義所（下）――仙波談義所を中心として――」『金沢文庫研究』一六―五、通巻一六九号
奥田正叡［二〇〇二］「近世日蓮宗檀林の変遷」『論叢』常照寺、京都
清原恵光［二〇一二］「天台の論義と看経行」、道元徹心編『天台――比叡に響く仏の声』龍谷大学仏教学叢書3、自照社、京都
楠　淳證［二〇〇四］「唯識論尋思鈔における仏果障義と成唯識論同学鈔」『龍谷大学論集』四六三
後藤康夫［一九九〇］「貞慶の『唯識論尋思鈔』に関する一考察」『印度学仏教学研究』三八―二
佐藤弘夫［二〇〇一］「研究史・中世仏教研究と顕密体制論」（『日本思想史学』三三）
城福雅信［一九八八］「『唯識論同学鈔』の編纂上の問題に関する一考察」『印度學佛教學研究』三六―二
末木文美士［二〇〇〇］「本覚思想と密教」『シリーズ密教4・日本の密教』春秋社
平　雅行［二〇〇四］「鎌倉仏教と顕密体制」国立歴史民族博物館編『中世寺院の姿とくらし――密教・禅僧・湯屋』山川出版社
永村　眞［一九八八］「論義と聖教――「慧日古光抄」を素材として」速見侑遍『院政期仏教の研究』吉川弘文館
同　［二〇〇八］「中世興福寺の学侶教育と法会」『唯識――こころの仏教』龍谷大学仏教学叢書通号1
同　［二〇〇七］「『南都仏教』再考」『論集鎌倉期の東大寺復興――重源上人とその周辺』ザ・グレイトブッダ・シンポジウム論集第五号、法藏館
野呂　靖［二〇一二］「智積院新文庫蔵『華厳五教章』注釈書類にみる中世後期の華厳学」『印度学仏教学研究』60―2
福井文雅［一九八四］「講経儀式の組織内容」牧田諦亮・福井文雅責任編集『敦煌と中国仏教』講座敦煌七、大東出版社
同　［一九七三］「都講の職能と起源――中国・インド交渉の一接点」『櫛田良洪博士頌寿記　高僧伝の研究』山喜房仏書林
蓑輪顕量［二〇〇六］「中世南都における三学の復興」『仏教学』四八
山岸常人［二〇〇二］「顕密仏教と浄土の世界」『日本の時代史7　院政の展開と内乱』吉川弘文館

［欧文］

Asuka sango［2015］, The Halo of Golden Light: Imperial Authority and Buddhist Ritual in Heian Japan, Hawaii Univ. press, Hawaii,（2015）forthcoming.

同　［2012］, “Buddhist Debate and Production and Transmission of ‘Shogyo’ in Medieval Japan”, Japanese Journal of Religious Studies, Nanzan shukyo bunka kenkyujo, Nagoya, vol. 39 no. 2, 2012, 241–273.

同　［2011］, “Making debate Hell: Knowledge and power in Japanese Buddhist ritual”, History of religions, vol. 50, no. 3, 2011, 283–314.

Kanno Hiroshi［2003］“Chinese Buddhism sutra Commentaries of the Early Period”, Annual Report of The International Research Institute for Advanced Buddhology at Soka University, Vol.6, Soka Univ., Tokyo, 2003, 301–320.

Paul Groner［2002］: Ryogen and Mount Hiei: Japanese Tendai in the Tenth Century（Kuroda Institute Studies in East Asian Buddhism 15）, University of Hawaii, Honolulu 2002.

室町期南都寺院における和書のひろがり

武井　和人

一　はじめに

こんにちの南都寺院に和書が多数蒐蔵されてゐるか、と問はれたならば、その答へは「否」であらう。ことを江戸期にまで時を遡及させたとしても、その答へが大きく変はるとは思へない。[注1]

むろん、南都寺院に伝存する和書が絶無であつたはずはない。一例を示せば、興福寺本『日本霊異記』（紙背が『衆経要集金蔵論』巻六であることを鑑みれば、むしろ仏書とみるべきであらうといふことも出来ようが）などがただちにその良き例としてあげられよう。また、伝源親行筆『新古今和歌集』（國學院大學現蔵、函架番号〔貴一五一一六〕）がかつて東大寺に所蔵されてゐたといふ伝承[注2]をここに加へても良い。

とはいへ、これらの事例を以て、南都寺院が大規模に和書を蒐集・蒐蔵してゐたとは、さすがにいへないだらう。さらにここに、例へば「歌書」といふ限定をつければ、挙例すら極めて難しくなるのが実際である。従つて、「和書の蒐書」といふ名におふ寺院の文庫は、（少なくとも現在においては）ない、と断言してまづは誤りあるまい（文庫全体ではなく、その文庫蔵書の一部としての蒐書といふことならば、薬師寺蔵『持明院家歌道書道聞書伝書』[注3]といつた、例外もあることはある）。

では、室町期においてはどうであつたか。やはり数としては少なかつたかもしれないけれども、それでも、ここ南都のいくつかの寺院（及びその周辺の人々）にあつては、和書の書写が相当程度なされ、かつ、（個々人の間で、といふ限定はつくかもしれないが）それなりに流通してゐたと思はれる形跡がある（繰り返しになるが、結果として蓄積されたそれらの典籍は、寺院そのものの蒐書といふよりも、寺院に住してゐた、ないし、関与してゐた人たち個人個人の蒐書とみる方が正しからうけれども）。

かつて小論の筆者は、南都蔵書群を京都蔵書群の〝ミラー〟として位置付けたことがある。[注4]それはややいひ過ぎだつたかもしれないけれども、〝ミラー〟としての役割を（大々的にとは到底いへないとしても）果たしてゐたことは確かである。しかしその時は、ただ単に〝ミラー〟として位置付けえたといふことで満足してしまひ、南都寺院における和書の蒐集・蒐蔵、また南都寺院相互の和書の流通、といふことにまでは、遺憾ながら思慮が及ばなかつた。

そこで小論では、南都寺院及びその住侶における和書の書写・蒐書といふ視点をもとに、その上で南都における和書の流通といふ視点をも加へて、先学の驥尾に付すばかりではあらうけれども、いくつかの事例に即してながめてみようと思ふ。

二　菩提山龍華樹院正暦寺

奈良市東南に位置する菩提山町、その山あひに、菩提山龍華樹院正暦寺といふ古刹がある。寺史を、『改定大和志料』により確認して置かう。

五ヶ谷村大字菩提山ニアリ。善無畏将来ステフ薬師仏ヲ本尊トナス。正暦三年《（九九二）》九条関白兼家ノ子兼俊大僧正ノ公家ニ奏請シテ創立スルトコロナリ。依テ正暦寺ト称シ、其ノ寺家ヲ報恩院ト云フ。其ノ盛時ニ当リテハ坊舎八十余ヲ有シ（中略）建保六年《（一二一八）》月輪禅定ノ子信円大僧正堂塔ノ頽廃ヲ興復シ、更ニ別院ヲ起シ正願院ト称シ、円内ニ明ノ相宗ヲ伝フ。是ヲ中興ノ本願トナス。延慶中大僧正慈信、寺領備中国金岡荘ヲ額安寺ニ寄進シ、其ノ伽藍ヲ再興セシコト彼ノ寺ノ古文書ニ見ユ。康正年間《（一四五五～五七）》伽藍火災ニ罹リ烏有ニ属シ、文明八年《（一四七六）》之ヲ建立セシガ、永正四年《（一五〇七）》火災ニ遭ヒ焦土トナリシモ、幸ニ本仏ハ其ノ難ヲ免レタリト云フ。[注5]

しかく度々の焼亡を経てゐるため、正暦寺にどれほどの典籍（特に外典、さらには和書）が蒐集・伝襲されてゐたか、うかがふ術は極めて乏しい。いま現在、正暦寺旧蔵本として広く著聞する典籍といへば、国立歴史民俗博物館現蔵『大安寺伽藍縁起幷流記資財帳』（H・七七）（大日本古文書・寧楽遺文等所収、重文）を僅かに挙例出来る程度である。

正暦寺に現蔵される主要な仏典・史料は、『正暦寺一千年の歴史』（非売品、正暦寺発行、一九九二・四）に掲出されてゐる。それらによる限り、寺宝に関する文書の記述で、中世の蒐蔵状況を物語るものは残念ながら僅かである。その中の一つ。

（略）代々天皇之綸旨院宣官符《府》等不知二其数一、復九条殿下ハ累世有御因縁一将《ハタ》其他三公九卿之請祈夫不遑二枚挙一、雖然別巻ニ謄書之部類、一昨応永十四年《（一四〇七）》十一月朔日為二山火一宝庫之内灰塵歎息不レ少也（略）

（『菩提山正暦寺原記』[注6]）

この記事とて専ら語るのは、あくまでも文書のことであつて、典籍ではない。けれども、想像をふくらます一つのよすがとはなりえよう。

ここに『改定大和志料』『正暦寺一千年の歴史』などには引かれてゐない史料が、いま一つ存する。それは、国立国会図書館に所蔵される『大和国正暦寺縁起』〔貴六―二、巻子二軸〕の下巻である。端作題に「大倭国添上郡正暦寺起縁《(ママ)》」とあり、奥に、

長徳二年《(九九六)》四月十五日知事位僧定〔内〕

従　儀　僧祥恵

（三行空白）

大威儀師和尚位　行完

従儀師和尚位　賢延

僧都伝燈和尚位　義秀

（二行空白）

龍華樹院宝庫[注7]

とある。間島由美子「国立国会図書館所蔵江戸期以前寺社縁起関係目録」（『参考書誌研究』四〇、一九九一・一一）は該書を「長徳2写」とするが、それぞれの署名の筆蹟が異なるところから自署と見做しえ[注8]、間島の説く如く、長徳鈔本である蓋然性は高からう。加へて、ほぼ全面にわたつて「正暦／寺印」なる方朱印が捺されてゐることも、まさしく平安期の筆写にかかるものであると見做す傍証たりえよう。

さて該書には、宝蔵の具体相がうかがへるなど、佚し難い記事が散見される。それらを摘記してみよう。

宝庫一宇（瓦葺泥塗長広共弐丈参尺高参丈在金堂□宝蔵者也）

（略）

寺宝

（略）

絵本尊

孔雀王壱軸

成道釈迦

文殊菩薩一軀

三国伝燈系譜壱軸

涅槃仏

しかし残念ながら、ここにも典籍の名は見えない。

三　報恩院尊俊（文筌）の書写・蒐書活動

室町後期、この正暦寺[注9]（報恩院）に、連歌・和歌に淫したと称してもあながちいひすぎではない一人の僧侶が突然現はれる。後の画僧文筌こと尊俊（一五〇六～一五七七）、その人である。

江戸初期に既に画人（文筌）として名を馳せたこともあり、まづ美術史の方で研究が始まり、その後、古典文学の領域でも研究が深められて来た。[注10]ただしこの時代、同名の者が他に二人ゐたり、[注11]尊俊その人の事蹟が必ずしも明確でなかつたりして、人物と事蹟の同定には注意を要するし、事実、研究史において混乱が起きてゐたこともあつた。

尊俊伝の基本的な史料は、狩野永納『本朝画伝』（元禄四年（一六九一）初刊、「本朝画史」と改題・補訂の上、元禄六年再刊[注12]）にほぼつくされる。

僧正尊俊住于和州菩提山報恩院能
仏像及雑画蓋其画学狩野元信之
筆法也俗呼菩提山古僧正俗姓出
於官家柳原為仁和寺院家住菩提
院其画後印文有文筌之字蓋別号
也余偶遊于菩提山寺中処見之龍
虎墨梅竹及半身達磨等皆有雅趣
尊俊初作倭歌兼倭字之書後注思
於図画其徳行有余技藝随之者乎

（元禄四年刊『本朝画伝』[注13]巻五・雑伝）

この尊俊が、菩提山に止住してゐたをり、和書（特に連歌・和歌にかかはる）の蒐集・書写を重ねてゐたことが、残された書写奥書より知られてゐる。秋山光夫（⑤）・堀部正二（①②③⑥⑧）・井上宗雄（④⑦）らが紹介したもの[注14]に、小論の筆者が新たに知り得たもの（⑧）を加へて、年代順にして以下に掲げておかう。

①西尾市岩瀬文庫蔵『藺塵』〔七五・一一四〕[注15]
【上冊末】大永二年（一五二二）七月五日／禅師尊俊
【下冊末】大永二年七月五日／内山上乗院之以本／写了／禅師尊俊
※印記「菩提山／報恩院」（朱双辺枠長方印、以下同様。上下冊トモニ有）あり

②西尾市岩瀬文庫蔵『一紙品定』〔二二一・一四九〕[注16]
大永三年（一五二三）癸未二月廿七日／以在本書写了／禅師尊俊生年十八
※印記「菩提山／報恩院」あり

③西尾市岩瀬文庫蔵『壁草』〔九六・一〇〕[注17]
大永三年五月十九日内／山上乗院之以本書写了／律師尊俊
※印記「菩提山／報恩院」あり

④国立歴史民俗博物館高松宮本『一人三臣和歌』〔H・六〇〇・七一三〕（上冊末[注18]）
本二云 享禄三年（一五三〇）庚寅十月五日以／他筆令書写畢穴賢〻〻／不可有外見者也／尊俊

⑤細川書肆旧蔵『宋雅千首[注19]』
享禄三年十月晦日以或證本令書写者也　尊俊[注20]

⑥陽明文庫蔵『雑秘抄』下〔一四一・五一〕
右此抄者於京都令恩借或秘本為／愚見四冊一日宛四日如此書写之功畢／朱点幷校合等数反沙汰之尤證本／無双之重宝也堅禁他見者也／享禄四年（一五三一）辛卯九月廿九日写之　尊俊[注21]

⑦国立歴史民俗博物館高松宮本『一人三臣和歌』（H・六〇〇・七一三）（下冊末）
本云天文二年（一五三三）癸巳十一月十三日書写之功畢／尊俊
⑧東京大学文学部国文学研究室蔵『為家卿千首』（中世・一一・一四・一九）
本云右一冊者　宮御方御本書写之／理覚院之手跡也〻〻仮名遣等／雖有不審先本之儘写了／天文十年（一五四一）三月廿九日／尊俊[注22]
⑨西尾市岩瀬文庫蔵『梅宗牧両吟朝何百韻注』（一一九・三四八）[注23]
天文十八年（一五四九）七月七日令書写了／尊俊
※印記「菩提山／報恩院」あり

先行研究で論じられてゐるやうに、これらの識語に関してはなほ考証すべきことがらが存する。少しくこの点を述べておきたい。

まづ「報恩院」であるが、醍醐寺のそれが著名であり、それ故一時期、混同されることもあつた。しかし、①②③⑨に見える印記「菩提山／報恩院」によつて、この尊俊の止住したのが紛ふかたなく正暦寺のそれであることが確定出来る。

①③に見える「内山上乗院」とは、内山永久寺の院家であつた上乗院のこと。堀部はこのことを根拠に「（尊俊ハ）菩提山から程遠くない同じ大和の……内山永久寺の上乗院の蔵本を屢〻借り来つて書写してゐる所から察するに、或は同寺の住侶に連歌を嗜むこと深い好士があつて、その提撕を受けること多かつたか」と推すが、よるべき見解だと思ふ。なほ、内山永久寺とのかかはりは、後文にて詳述する。

また堀部は、⑥に見える如く、尊俊が享禄四年に京都で典籍を書写したと推されること、一方、尊俊写かと堀部は見る大永六年写『連歌新式』[注24]に「仁和寺菩提院」の印記があることにより[注25]、「大永の末年か享禄の初年には京の仁和寺に居た」と推定した。

しかし、⑨に見える如く、天文十八年に尊俊が書写せしめたと覚しい『梅宗牧両吟朝何百韻注』に「菩提山報恩院」の印記があるので、堀部の推論は成り立ちにくい。従つて⑥は、たまたま在京の折書写したものなのであらう（あるいは、京の某に申請して借り受け書写した、といふ解釈も成り立ちうる）。

さらに、堀部も一部紹介してゐる通り、岩瀬文庫には、書写者の名こそないものの、「菩提山報恩院」の印記を持つ典籍が、上掲以外に二点存する。

(1)『和歌灌頂秘密抄』（七五・七二）※室町後期写

(2)『心敬法師庭訓』（七五・九八）※室町後期写、巻末に識語「主実胤（花押）」、表紙等に「印昭」云々の識語あり。ともに所持者か（実胤は書写者の可能性もある）。

この二点の典籍と尊俊との関係は明らかではないが、蒐蔵・伝襲に尊俊がなにらかのかかはりがあつたかとする堀部の推論（(1)に関して）は、検討に値する。

○

①③の識語に見える如く、尊俊が若年の折、内山永久寺上乗院（それ自体か、あるいは上乗院の住侶か、判別がつきにくい。後者か）の典籍を書写してゐることは、堀部によつて既に紹介されてゐるところである[注26]。さらに堀部は論を進め、以下の注目すべき点をも指摘してゐた。

(1)上乗院には、内山永久寺上乗院蔵書目録（古経堂旧蔵）によれば、聖教の蔵弆夥しく、従つて、篤学の緇徒が少なくなかつたらう。

(2)内山永久寺と菩提山は深い関係にあり、正暦寺を再興した信円は、両寺を兼帯した。

(1)に引かれる『内山永久寺上乗院蔵書目録』とは、現在、京都府立総合資料館に所蔵される『永久寺上乗院蔵書』[注27]のことであらう。確かに堀部のいふが如く、ここに見られる典籍はその殆どが聖教であるが、ごく僅かながらも和書と覚しきものを見出すことが出来る。その一例。

永久寺子院徳蔵院什物
弘法大師伝十巻　画従三位為信卿歟伝不知書浄弁ト云伝
巻物一巻　佐理卿極札有哥
飛雲鳥ノ子金銀砂子下絵アリ輪箔圭引軸子白木彫表紙唐紙裏砂子惣ウラ
砂子ニニ（ママ）カヘシトモナリ箱タカアリ蓋ウラ渡に都鳥ニ下ニ岩アリ呆私于ト云文字
切金ニテ入惣テ時代アリテ美麗ノ物ナリ

（墨付第二三丁表）

もとより、尊俊が書写した親本たる連歌書は、およそかかる「什物」とはなりえないものであるから、ここにその名が全く見えないことに、なにら訝しさはない。しかし恐らく、永久寺内には、「篤学の緇徒」個々人が所蔵する和書が相当程度あり、専ら個人的な繋がりで、書写・貸借が繰り返されてゐたであらうことを、僅かに想像しうるに過ぎない。

尊俊はまた、当然のことながら、興福寺の学侶とも学藝面で密接な交渉があったと思はれるが、確実な事蹟が確認できる文献上の徴証は数少ない。その中で、興福寺光明院実曉自筆『習見聴諺集』注28に見える以下の記述は貴重である。

○

夢想

此歌を上に置て一続卅一首興行之

君か代をいく千代かけて忘るなよなれしあつまの二世の契りを　菩提山之報恩院僧正　尊俊（ママ）

立春山き　消あへぬ雪の山のは出る日の光りとともに春や立らん

野　霞ミ　道しある世に立かへる春日野のおとろもかすミたなひきにけり　菩提山報恩院僧都　源俊　注30

雪中鶯か　神かきも春ハこえてやふる雪のしらゆふかけて鶯のなく

この「三十一首夢想続歌」（仮称）には、興福寺及びその周辺の「篤学の緇徒」が詠歌を寄せてゐて、往時の興福寺歌壇（これももとより仮称）の一端をここにうかがふことは許されよう。

四　尊俊蔵書の広がり――十市遠忠――

尊俊の蔵書がその後どのやうに流転したか。これも堀部が論じたことに尽きよう。即ち、仁和寺菩提院の蔵印あるに見て、……仁和寺に住したと認めて良い……岩瀬文庫所蔵の薗塵……など、尊俊の手写旧蔵なるものに「柳原庫」の蔵印がある……尊俊の晩年又は没後に……柳原家に入つた……仁和寺菩提院から出て柳原家に入つたのも、それらが尊俊の手沢本があつたからであらう……[注31]

尊俊と柳原家の関係は、さきに引いた『本朝画伝』に「俗姓出於官家柳原」とあつたところであり、この伝承は、かかる蔵書の伝襲を踏まへると、堀部が論ずる如く首肯されてしかるべきもののやうに思ふ。

しかし、

尊俊（正暦寺菩提山→仁和寺菩提院）→柳原家→岩瀬文庫

このやうな蔵書の伝襲の流れの他に、尊俊蔵書が南都においてどのやうに（または、どの程度）書写・享受されたのか、そのことを物語る資料はほとんど残されてゐない。唯一小論の筆者が知りえたものが、十市遠忠（一四九七〜一五四五）が尊俊書写本を親本として書写したと覚しき『一人三臣和歌』である。

東京大学史料編纂所に所蔵される『一人三臣詠鈔（一人三臣和歌）』（四一三一・四）に次のやうな奥書が存する。[注32]

本云
右者菩提山報恩院所持之本令
借用書写同加校畢仍竹薗仁写

置給詠抄云々
天文七年（一五三八）八月十五日
兵部少輔中原遠忠[注33]

近時別稿で、この「菩提山報恩院」を尊俊と同定し、『一人三臣和歌』の南都における流布に言及したこと[注34]があるが、やや敷衍してここに再述してみようと思ふ。

鎌倉期、正暦寺を再興した信円以来、正暦寺が興福寺・春日大社と密接な関係を有するやうになつたことは、諸論の指摘するところである。[注35]さらには、興福寺末寺とも位置付けられるやうになつてゐた。[注36]そして、文化的・政治的・寺務的な結びつきにとどまらず、経済的な結びつきもあつた。その一つが、木工の座である。一五世紀後半、南都において興福寺関係の領主の支配するものとして、以下の六座が知られてゐる。

興福寺座……………………寺門支配
釜口座（龍華院座トモ）…………大乗院門跡支配
菩提山座（大宅寺座トモ）………同上
同新座…………………………同上
一乗院座………………………一乗院門跡支配

この内、釜口座は釜口長岳寺、菩提山座は正暦寺の建築工事の独占を目的とするものであつた。[注37]遠忠と尊俊が具体的にどのやうな経緯で（あるいは、どの〝チャンネル〟を経由して）知ることとなり、また、どのやうな経緯で、遠忠が尊俊が書写したばかりの『一人三臣和歌』を借り受け転写するを得たのか、いまとなつては分らない。

たとへば、前述の二人とも興福寺と深く結びついてゐたこと、あるいは、遠忠が晩年築いた山城・龍王山城[注38]は、長岳寺後山に位置し、遠忠は長岳寺で釜口法楽和歌会を度々催してゐる[注39]といったことなどからして、興福寺を介さず、正暦寺・長岳寺の直接的な結びつきからといふ側面もあつたか、といつた程度の推測でとどめざるをえない。

『一人三臣和歌』の遠忠の書写奥書で、注目しておきたい言辞がある。それは「竹薗仁写置給詠抄云々」なる伝聞である。従来この言辞は、『一人三臣和歌』の成立圏が伏見宮であつたかとする伊藤説[注40]の根拠となつて来たものである。そのことの当否を判断する材料を持たないが、小論の筆者が何よりゆかしく思ふのは、かかる情報をどうやつて遠忠が知り得たのか、といふことである。

末尾「云々」を額面通り受け取れば、それは、尊俊よりもたらされた情報と見るのがまづは自然であらう。とすればことの必然として、では、尊俊はどうやつてこの情報を知り得たか、といふことにならう。といつたところで、小論の筆者は精々、伏見宮と柳原家との間を補助線で結ぶ程度のことしかなすすべがない。ただ事実として、尊俊は、宮家の典籍を貸借・転写しうる機会があつたことだけはどうやら確実である。といふのも、『一人三臣和歌』以外に、さきに掲出した尊俊書写奥書の内、「右一冊者　宮御方御本書写之／理覚院之手跡也」（⑧東京大学文学部国文学研究室蔵『為家卿千首』）といつた証言があるからである。

ここに名の見える「理覚院」は、冷泉為広の子、為和の弟で、三井寺子院の理覚院院主となつた応猷のことである。理覚院には相当数の歌書が存してをり、理覚院廃絶後、同院伝来の三井寺本が冷泉家に譲与されたことも知られてゐる。[注41]

このやうに、尊俊の書写活動のバックボーンには、京洛の宮家・貴族・寺院などに所蔵されてゐた厖大な典籍があつたことは間違ひなく、それらが尊俊の書写を通じて、菩提山にもたらされ、さらに、遠忠の如き好士によつて南都に流伝して行く、といつた構図がここに描けると思ふ。

五　遠忠蔵書と長岳寺

遠忠が蒐集・書写した厖大な蔵書は、遠忠没後、曲折はあつたもののその大半が興福寺明王院に移され、さらにその後、その過半が加賀前田家の蔵儲となつたことは、広く知られるところである。注42 小論では、従来指摘されることが少なかつた長岳寺における遠忠旧蔵書のことについて触れておきたい。

遠忠と長岳寺のことは、前節で少しく述べた。遠忠の蔵書の一部が、いつの頃からかは分らぬけど、長岳寺においても所蔵されてゐたことは明らかである。

寛政四年（一七九二）、老中松平定信は柴野栗山・屋代弘賢・住吉廣行らに命をくだし、山城・大和の古社寺宝物を調査せしめた。調査はその年の十一月・十二月にかけて行はれ、その折の報告書とでもいふべきものが、柴野・住吉によつて『寺社宝物展閲目録』としてまとめられ現存する。該書は、『続々群書類従』第十六・雑部他に収められ、特に、美術史研究で重要な史料として活用されてゐる文献である。

一行は、同年十一月二八日、長岳寺及びその塔頭である普賢院を訪れ、什物を調査してゐる。いま、『寺社宝物展閲目録』から典籍のみを摘記してみると、

釜口長岳寺

勧進帳一巻天文十九年勧進沙門福泉と有之
尊朝法親王真跡一巻
普賢院同所塔頭同日一覧
十市遠忠筆百人一首一冊
同伊勢物語一冊
古今集二冊上正般法師下浄弁律師[注43]

この内、遠忠とかかはりがありさうなのは、『百人一首』と『伊勢物語』である。

順序は逆になるが、『伊勢物語』についてさきに述べることとする。遠忠筆とされる古筆切に『伊勢物語』は報告されてゐない。[注44]しかしながら、京都女子大学図書館分館に遠忠筆と伝へる『伊勢物語』（KN九一三・三・三二・I六九）が所蔵される。書写年代は室町後期と見てよく、[注48]年代的には符合する。ただし私見による限り、遠忠筆とは見做しがたい筆跡である。また、古筆了雪（一六二二〜七五）の遠忠筆と鑑定する極札が添へられてゐる。従つて、遅くとも江戸初期には長岳寺を出てゐたと見る方が自然であつて、[注46]『寺社宝物展閲目録』がいふ普賢院所蔵伝遠忠筆『伊勢物語』とは、一応別の典籍と見ておくのが穏当であらう。結論としては、ここに見える伝遠忠筆『伊勢物語』の行方は杳として知られぬといふことに落ち着かざるを得ない。

いま一つの『百人一首』であるが、こちらはまだ考へるよすがが存する。久保木秀夫によれば、[注47]遠忠筆と伝へる百人一首切には以下の二点が存する。

①伏見宮旧蔵手鑑『筆林翠露』末（久保木云、東京大学史料編纂所蔵写真帳による由）所収。三七歌〜四〇上

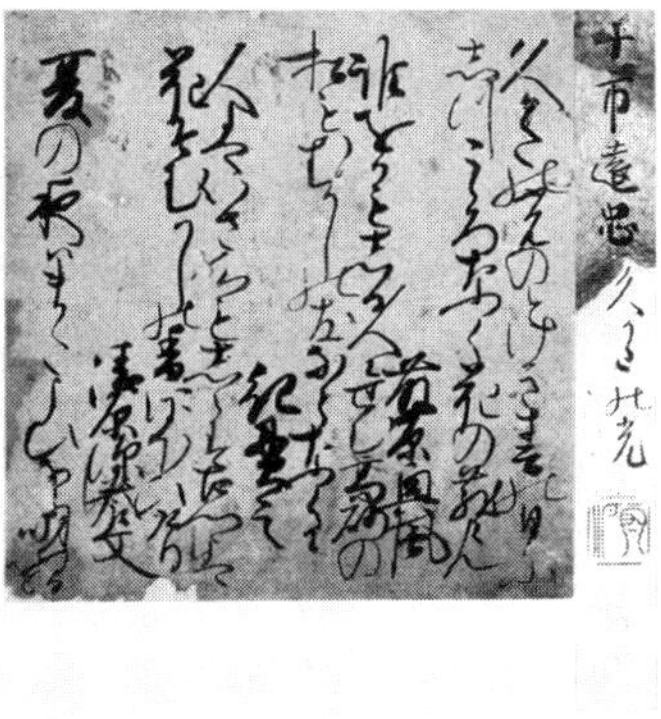

挿図１　伝遠忠筆百人一首切

句。寸法未詳、六半。十行。歌一首二行書。

②国立国会図書館蔵手鑑所収。一面十行、歌一首二行書。三三上句～三六上句。寸法未詳、六半。

六半といふ書型、一面行数などの一致から見て両切れはツレか。

②に関しては幸ひ、国立国会図書館デジタルコレクション・古典籍資料（貴重書等）に、全文の画像が公開されてゐて、容易に披見できる。函架番号〔WA四八・二〕。

速筆ながら、遠忠の書き癖がよく出てゐる「な」字が二行目・五行目に見え、遠忠筆（慎重を期せば〈遠忠様〉）と見て良いだらうと思ふ。古筆別家・了任（何代目かは未勘）の極めが添へられてゐるので、これも先に論じた伝遠忠筆『伊勢物語』と同様の疑念が生ずるが、極められた時期が特定出来ないので、辛うじて、長岳寺旧蔵書であつた可能性は残る。

遺憾ながら、長岳寺と遠忠関連典籍で、小論の筆者が知り得たものは僅かこれだけである。しかしこれがすべてであつたとも、到底思へない。博雅の教示を心より冀ふ次第である。

六　をはりに

いまとなつてはその全体像をしかとつきとめにくいけれども、ここまで見てきた断片的な事例を通してだけでも、室町期の南都において、（ある特定の、といふ限定を、遺憾ながら現状ではつける必要はあらうが）寺院・住侶を介して和書の流通が盛んになされてゐたといふことは、十分うかがふことが出来たかと思ふ。そしてその流通の場には、例へば十市遠忠の如き好士、理覚院の如き貴顕も密接にかかはつてゐた。即ち、南都寺院及びその周辺において、緇素をとはず、和書が活潑に流動・生成してゐたのである。

この蕪雑な小論を閉ぢるにあたり、いま一つ、小さな事例を紹介しておきたい。

第三節にて紹介した興福寺国宝館蔵実暁自筆『習見聴諺集』の巻一、前表紙見返しに書きつけられる雑然とした記事の中に、次の歌が見出せる。

谷川の木葉かくれのうもれ水なかるゝも行《ゆく》[注48]したるゝもゆく

同様の書き付けが同じ筆跡で他の巻にも見出されること、また本文の筆跡との酷似から見ても、書き付けの筆者を実暁その人と見てあやまたないと思ふ。

この歌の典拠は、『玉葉集』巻十八・釈教・二六一九番歌である。『新編国歌大観』『新編私家集大成』、岩佐美代子『玉葉和歌集全注釈下巻』（笠間書院、一九九六・九）他を検するも、他出は見出せず、典拠を『玉葉集』そのものと特定することが出来ようかと思ふ。むろん、実暁がこの歌を耳から聞いたにとどまり、書承ではない（即ち『玉葉集』を直接は披見してゐない）、といふ見方もありえよう（なかんづくこの歌が釈教歌ゆゑ、その可能性は大いにありうる）[注49]が、「行」に「ゆく」にわざわざ振りがなをふつてゐる（「ゆき」なるありうべき誤読を忌避するためか）ところから見て、書承としておくのがまづは穏当かと思ふ。

なにゆゑに実暁がこの歌をわざわざ『習見聴諺集』巻一の見返しに書きつけたのか、その意図は忖度しがたい。その詮索はいまおかざるをえないが、実暁の机辺に『玉葉集』（完本か零本かは分からぬが）が存してゐたであらうことがここに知れるを以て、そのころの南都における歌書の流布の一端をおしはかるには、十分かと思ふのである。

注

1 無論、南都寺院に和書の全く蒐蔵されざりしにはあらず。例へば、金沢市立玉川図書館近世史料館加越能文庫蔵『松雲公採集遺編類纂』（特一六・〇三・〇〇一）所収「東大寺等書籍目録」「興福寺寺中書籍目録」を一見せば、明らかなり。
2 拙稿「親行奥書本『新古今集』をめぐつて」（武井『中世古典籍学序説』〔和泉書院、二〇〇九・八〕所収）参看。
3 拙稿「薬師寺蔵「持明院家歌道書道聞書傳書」略目録（稿）」（『研究と資料』五九、二〇〇八・七）参看。武井『中世古典籍之研究』（新典社、二〇一五・九）再録。
4 拙稿「室町後期南都における和書の相承——一条兼良・実暁・十市遠忠をめぐつて——」（『中世文学』四八、二〇〇三・六）参看。「室町後期南都における和書の相承」と改題・補訂して、武井『中世古典籍学序説』再録。
5 『改定大和志料』上巻（天理時報社、一九四四・二）四三三〜四三四頁。
6 『正暦寺一千年の歴史』二六〇頁。該書は『改定大和志料』にも所掲さる。奥に「応永十六（一四〇九）己丑龍集夏四月如意日／興福寺住侶総珠院伝燈大和尚位尊胤（花押）」とあり。
7 原本未見。国立国会図書館デジタルコレクション所掲画像によれり。以下同様。
8 自署と覚しき箇所を掲ぐ。以て長徳鈔本たる徴証とせむ（挿図2　国会図書館蔵大和国正暦寺縁起）。

9　ただし、信円復興後の正暦寺の「宗教空間」は、以下の如く把握さるべしといふ（大原弘信・大原真弓「正暦寺一千年の歴史」〔『正暦寺一千年の歴史』所収〕）。

①正暦寺創建以来の真言密教を保持し続けし報恩院を中心とする院家群。正暦寺惣山の寺務を管轄し続けし伝統的空間。

②正願院を中心とする院家群。大乗院門跡支配の別院。正暦寺惣山の指導的立場にありし法相系空間。

③本堂東下の中尾谷。迎接院での浄土・舎利信仰に加へ、真言密教の学僧も住めり。

小論にて論ずる尊俊は、①に属すも、②とも密接な関係あり。後述。なほ、正暦寺現蔵和書資料を用ゐて文学を論ずるもの、なきにしもあらず。例へば、『伊勢曼荼羅』（西山克「鶴と酒甕――正暦寺本『伊勢曼荼羅』と縁起――」〔『日本文学』四一―七、一九九二・七〕）、なほ西山「胎金両部世界の旅人　テクスト3　伊勢参詣曼荼羅」〔『聖地の想像力　参詣曼荼羅を詠む』〈法藏館、一九九八・五〉所収〕も参看）。

10　秋山光夫「画僧文筌に就いて」（『日本美術協会報告』五七〔一九四〇・八〕、秋山『日本美術論攷』〈第一書房、一九四三・五〉再録）、堀部正二「画僧文筌伝拾遺」（『美術史学』八八〔一九四四・四〕、堀部『中世日本文学の書誌学的研究』〈全国書房、一九四八・六〉再録）、井上宗雄『中世歌壇史の研究　室町後期』（明治書院、一九七二・一二　改定新版＝一九八七・一二）、冷泉為人（勝彦）「正暦寺福寿院の永納画」（『大手前女子大学論集』一九〔一九八五・一二〕、『正暦寺一千年の歴史』〔正暦寺、一九九二・四〕再録）、乾安代「もうひとつの〈柳原家旧蔵本目録〉のことなど」（矢野貫一・長友千代治編『日本文学説林』〈和泉書院、一九八六・九〉所収）、拙稿「一条家関係者の記した奥書・識語・注記を持つ古典籍について」（『埼玉大学紀要〔人文科学篇〕』四一〔一九九三・三〕、武井『中世古典学の書誌学的研究』〈勉誠出版、一九九九・一〉再録）、山本啓介『詠歌としての和歌』（新典社、二〇〇九・一〔就中、三二六～三二九頁〕）、など。

11　注10に所掲せし先行研究によらば、「土佐一条家末裔」と自称せし者（『伊勢物語直解』識語他）、上冷泉為和弟なる東林院権少僧都（彰考館本『冷泉系図』）。なほ、国立公文書館内閣文庫蔵大乗院文書の内に、『享禄二年記』（古二四・四〇〇）あり。享禄二年十一月の日次記也。尊俊自筆と鑑せらる。前表紙（後補）に「東林院尊俊筆／享禄二年記／大乗院」と墨書あり。これも、彰考館本『冷泉系図』にていふ為和弟なりし者その人と見做すべき也。藤本了因『顕伝明名録』、如何なる根拠によるか定かならざれども、炯眼にも、「尊俊　菩提山僧正／―俊　東林院　『冷泉為広卿息』」（日本古典全集による）とし、この二人を別人と見做せり）、この二人の尊俊、他にあり。

12　初刊・再刊の経緯・関係性に就きては、土居次義「本朝画伝について」（『美術史』一三〔一九五四〕）、笠井昌昭・佐々木進・武

居明男訳注『訳注本朝画史』（同朋社出版、一九八五・六）参看。

13 東京藝術大学附属図書館蔵本〔R七二一・二、東京芸術大学附属図書館貴重資料データベース所掲画像によれり〕を以て引用せり。ただし、訓点は省けり。なほ、同じ板木を用ゐて刷れりといふ（『訳注本朝画史』）元禄六年再刊本とこの尊俊伝を比校するも、全く同一本文也。埋木等の修正は、この箇所に関する限り、無かりしとおぼゆ。

14 秋山・堀部・井上の論は、注10参看。

15 袋綴装二冊。上下冊とも同筆にて全巻一筆。題簽も同筆ならむ。原装歟。尊俊筆（鳥飼流の能筆也）と認むべし。以下掲ぐる岩瀬文庫蔵本に関する記述は、すべて文庫より頒布されし紙焼によれるものにて、原本未見。西尾市岩瀬文庫古典籍書誌データベースの記載も併せ参考にせしところもあり。

16 伊地知鐵男校『連歌論新集〔古典文庫一一三〕』（一九五六・一二）に翻刻せらる。袋綴装一冊。外題打ちつけ書（尊俊筆歟）。『薗塵』と同筆にて尊俊筆と認むべし。

17 岩瀬文庫本『壁草』に就きて、重松裕巳編『壁草〈大阪天満宮文庫本〉〔古典文庫三九八〕』（一九七九・一一）に詳らかなる書誌の報告あり。他に、伊地知鐵男「宗長の句集『壁草』その他についての覚書」（『国文学研究』七〔一九五二・二〕、『伊地知鐵男著作集Ⅱ〈連歌・連歌史〉』〔汲古書院、一九九六・一二〕再録）、岩下紀之「壁草諸本成立考」（『国文学研究』五一、一九七三・一〇）などにも言及あり。ただし、尊俊に関する指摘は存せず。袋綴装一冊。全巻一筆（題簽も）。尊俊筆と認むべし。

18 武井・酒井茂幸・山本啓介「国立歴史民俗博物館蔵高松宮本『一人三臣和歌』――釈文・略解題――」（『埼玉大学紀要　教養学部』五〇―二、二〇一五・三）参看。なほこの尊俊を、時期的近さより、『享禄二年記』（注11参看）の筆者東林院尊俊に擬することも、理屈の上では可也。しかれども、第四節にて引く遠忠書写奥書に見ゆる「右者菩提山報恩院所持之本」なる文言より、両尊俊の同一人たること、明白也。

19 秋山論文は書名を「詠千首和歌　宗雅《（ママ）》」とす。今通行のものに改む。ただし該書、現在所在不明。

20 「今春（武井云、一九四〇年）京都の細川書肆が東京日本橋高島屋階上の古書展観を催した際、墨付八十五枚の和歌写本一冊を陳列した。その末尾に「詠千首和歌宗雅」と記し、奥書に（略）と識し、この奥書十九字は尊俊即ち文筌の自筆であつた」（秋山『日本美術論攷』九三頁）。

21 高橋貞一「陽明文庫国書善本目録」（『陽明文庫蔵書解題　国書善本貴重漢籍』〔汲古書院〕所収）によれり。原本未見。

22 紙焼による。原本未見。袋綴装一冊。江戸中期写歟（国文学研究資料館「日本古典資料調査データベース」所掲「細目調査カード」

は「正徳・享保ゴロ（ママ）／（江戸中期）写」とす）。題簽に「為家卿千首」とあり。奥書の記載さる墨付の一丁前、表末尾に「桑門応猶在判」とあり。この「応猶」は、後文にて論ずるところとなる理覚院也。注41参看。佐藤恒雄『藤原為家研究』（笠間書院、二〇〇八・九）未掲載（二四三〜二四四頁）の伝本。なほ署名「尊俊」、東京大学ＯＰＡＣは「為俊」とするも、誤り也。前引「細目調査カード」は正しく「尊俊」とせり。

23 該書、堀部未見の由。ために、「菩提山／報恩院」の印記あるを確認するあたはざりし故に、前述の如き尊俊伝考証に誤りを招きしこと、惜しむべし。袋綴装一冊。尊俊筆『薗塵』『一紙品定』『壁草』とは本文筆跡、署名、ともに異なれり。書写奥書にあるが如く、全巻、尊俊の、某をして書写せしめたもの、と覚ゆ。蔵書印「菩提山／報恩院」、巻末に一顆存せり。

24 函架番号（一一〇・一四二）。この『連歌新式』に「朗俊」なる所持識語と覚しきもの存せり（墨付最終丁裏左下隅）。堀部云、「（朗俊ハ）尊俊よりこの書を付与されたその門弟であらう」と。この推定、蓋し誤りならむ。岩瀬文庫蔵『親王門室系譜』（一四三・八九）に「信遍大僧正／元名朗俊 上冷泉少将為親息 広橋内大臣兼勝公猶子 皆明寺禅宥僧正附法 元和三年五月廿六日直叙法眼十二歳 寛永十二年十二月五日任権僧正三十歳 十九年十二月廿二日転正僧正卅七歳 万治元年転大僧正」とあり、時代的に尊俊と直接のかかはり無きことを知る。朗俊の名は「仁和寺菩提院朗俊（花押）」（岩瀬文庫蔵『連歌事』（一三五・一〇六）、傍点引用者、以下同様）、「御室御本寄進朗俊之」（岩瀬文庫蔵『連歌聞書（宗碩五百箇条）』（一一一・九五）、余語敏男「『宗碩五百箇条』への成長」（『名古屋女子大学紀要 人文・社会編』四四〈一九九八・三〉）に詳細な書誌見ゆ）、「朗俊」（阪本龍門文庫蔵『管蠡抄』（三・二）、「龍門文庫善本叢刊」第三巻に全巻影印さる。朗俊署名の図版は『龍門文庫善本書目』一一三頁にも所掲さる。なほ、川瀬一馬「中世における金言集について」（『（青山女子短期大学）紀要』三〈一九五四・一一〉）は、朗俊署名を「室町末期以前の筆」とするも、賛同し難し）、「朗俊」（東京大学文学部国語研究室蔵（室町後期写）『尺素往来』（二二A・九八）（小川剛生「尺素往来の伝本と成立年代」（佐藤道生・高田信敬・中川博夫編『これからの国文学研究のために――池田利夫追悼論集』〈笠間書院、二〇一四・一〇〉所掲」による）など、他書にも散見さる。また、筆跡も、尊俊自筆たる『薗塵』『一紙品定』『壁草』と相当なる懸隔有り。故に、尊俊の文事とは一応切り離すべきものと覚ゆ。ただし、尊俊蔵書の一部に、仁和寺菩提院に移管され、後に朗俊の所持となりしものの存せしことは、略略正しからむ。

25 岩瀬文庫に、「仁和寺菩提院」なる印記を持つ典籍、他に数点あり。即ち、『和漢々和千句』（三八・二、江戸前期写）、『聖徳太子憲法』（四〇・一二五、文亀二年写歟）、『名所和歌抄出』（七〇・四九、室町写）、『連歌新式追加并新式今案等』（一一〇・一四二、大永六年写歟）、『当流歌之会作法』（一三五・一〇〇、室町末期写）、『連歌事』（一三五・一〇六、室町後期写）等也。これら

すべて尊俊にかかはりありとすること、もとより不確定也。

26 注10参看。

27 書名は「日本古典籍総合目録」の統一書名によれり。京都府立総合資料館における登録書名は「内山永久寺蔵書目録」。函架番号〔和・二六〇・四一〕。『国書総目録』「日本古典籍総合目録」等による限り孤本也。題簽「内山永久寺蔵書目録」（後補ナラム）、端作題「内山永久寺上乗院蔵書」。「古経／堂蔵」（方朱印、巻頭に一顆、鵜飼徹定旧蔵〔近代蔵書印譜・蔵書印提要による〕）、「聖華房」（長方朱印、巻頭に一顆、山田茂助旧蔵〔同前〕）、かかる二種の蔵書印あり。袋綴装一冊。墨付三九丁（以上、京都府立総合資料館より頒布されし画像データによれり）。書中に見ゆる最も新しき年時は「安永十年（一七八一）辛丑三月晦《?》日」（三丁表）なり。以て該書は、江戸後期（乃至末期）成立と見做すべきもの也。

28 実暁、及び『習見聴諺集』につきては、武井・矢野環「『習見聴諺集』攷――その書誌と伝来――」（『埼玉大学紀要 教養学部』三八―一〔二〇〇二・九〕、武井『中世古典籍学序説』再録）及び拙稿「室町後期南都における和書の相承――一条兼良・実暁・十市遠忠をめぐつて――」（『中世文学』四八〔二〇〇三・六〕、武井『中世古典籍学序説』再録）参看。興福寺国宝館に実暁自筆本存せり。「二条家文書」之内。

29 この尊俊の和歌を初めて見出せしは、井上宗雄也（『中世歌壇史の研究 室町後期』）。ただし、井上、実暁自筆本を忠実に書写せし尊経閣文庫蔵本によれり。

30 興福寺国宝館蔵実暁自筆本（巻六）によれり。なほ源俊は未勘。国立国会図書館蔵『古筆鑑』〔をニ―七〕（古筆了佐、慶安四年刊）四七丁裏に、「同ゝ（＝奈良興福寺僧ノ謂）菩提山僧正」として「山館灯 やまとをミ有ともしらぬ木隠の／すミかをみする夜半のともし火 源俊」と見ゆる「源俊」と同一人歟。

31 柳原家旧蔵書籍群の伝存過程に就きては、先駆的な業績として、乾安代「もうひとつの〈柳原家旧蔵本目録〉のことなど」（矢野貫一・長友千代治編『日本文学説林』〔和泉書院、一九八六・九〕所収）あり。また近時における総括的な業績として、吉岡眞之「柳原家旧蔵書籍群の現状とその目録――蔵書群の原形復元のための予備的考察――」（田島公編『禁裏・公家文庫研究』第五輯〔思文閣出版、二〇一五・三〕所収）あり。

32 遠忠の以下の奥書は、早く伊藤敬「三条西実隆と和歌――その二 雪玉集のこと――」（『語国文研究』三〇〔一九六五・三〕、再編の上、伊藤『室町時代和歌史論』〔新典社、二〇〇五・一一〕再録）にて、宮城県図書館伊達文庫蔵本〔伊・九一一・二五／一二〕の奥書を以て紹介さる。また、井上『中世歌壇史の研究 室町後期』にても重ねて紹介されしもの也。また、小論の筆者も拙著『中世古典籍学序説』にて書誌に言及しつつ引用せり。しかるに、伊藤・井上論にては奥書の引用は部分的、かつ、いづれの論におきても、菩提山報恩院への言及はなかりき（伊達文庫本の奥書の全文は、国文学研究資料館・日本古典資料調査データベースにて見るを得）。

33 かつて一見せし折のメモ（その要旨を拙著『中世古典籍学序説』に略述せしところ也）、及び、東京大学史料編纂所所蔵史料目録データベース所掲画像によれり。該本は、巻頭に「楽山亭文庫」（長円朱印、未勘）、巻末に「吏部大卿忠次」（長方青印）「文／庫」（円青印、陰刻）と三顆の蔵書印あり。後二者により、榊原忠次（一六〇五～一六六五）旧蔵書なるを知る。従ひて、同データベースは該本を「江戸末頃」の書写とするも、恐らくは誤りにて、江戸初期写と見做すべきもの也。なほ、遠忠の書写せし親本を、即ち、享禄三・天文二年尊俊書写本と直ちに断定することは憚らる。遠忠書写系統本に尊俊書写奥書が存せざるを以てしかいふ也。されど、時期的に略ゝ重なるゆゑ、全く別個に転写されし典籍ともおもはれず。

34 武井・酒井茂幸・山本啓介「国立歴史民俗博物館蔵高松宮本『一人三臣和歌』——釈文・略解題——」（『埼玉大学紀要　教養学部』五〇—二、二〇一五・三）にて、「尊俊といひ遠忠といひ、『一人三臣和歌』が成立してさほど時日を経ないころほひ、早くも大和の一隅で、書写が繰り返されてゐたといふことは、『一人三臣和歌』の流布・伝来を考へる上で、極めて貴重な示唆を我々に与へるものといへよう」と論ぜり。

35 大原弘信・大原真弓「正暦寺一千年の歴史」（『正暦寺一千年の歴史』所収）他。

36 その一例。『習見聴諺集』巻七に、「諸末寺別当等事……龍華院方／菩提山寺／……永内山久寺」と見ゆ。

37 興福寺関係の建築業者の座に関する研究は、早く、豊田武「興福寺をめぐる建築業者の座」（『歴史学研究』六—一〇〔一九三六〕、豊田『座の研究』〔吉川弘文館、一九八二・三〕再録）あり。小論は専ら大河直躬「釜口座、菩提山座について」（『日本建築学界論文報告集』五四、一九五七・六）によれり。

38 築城の時期は限定しがたきも、略天文初年かといはる。遠忠詠草類の記述と符合せり。注39参看。

39 「釜口愛染法楽十首」（『新編私家集大成』遠忠Ⅱ・二三四、遠忠Ⅳ・九五）、「長岳寺愛染法楽十首」（遠忠Ⅲ・二七三）、「釜口法楽十首」（遠忠Ⅴ・二二）等、見ゆ。いづれも天文初期の詠也。

40 注32所掲伊藤論。

41 藤本孝一「冷泉家時雨亭文庫蔵本の書誌学　その二十四、二十五　伝来の歴史（二十一、二十二）」（『冷泉家時雨亭叢書月報』八〇・八一、二〇〇八・四、六）参看。理覚院応猷は、『十市遠忠・李阿三十番歌合』（享禄二年〔一五二九〕冬、尊経閣文庫・早稲田大学

に遠忠自筆本あり。尊経閣本末尾に「右者享禄二冬両吟書之番仍両三度歌合共／皆以隠名者也　判理覚院」とあり）の判者たり。以て、享禄から天文期、理覚院と南都好士たちとの密なる結びつきのありしこと、明らかなり。なほ、冷泉家時雨亭文庫に所蔵さる理覚院文書は、「理覚院関係文書」として、『冷泉家時雨亭叢書　第五十一巻　冷泉家古文書』（朝日新聞社、一九九三・六）に収むれど（九四〜九七番文書）、応猷にかかはる無きを憾みとす。

42　武井『中世古典籍学序説』参看。なほ、遠忠の書写せし『一人三臣和歌』は、『松雲公採集遺編類纂』所収「興福寺之内明王院書籍之覚」（注1参看）に見えず。早く遠忠の手元を離れ、流伝せし歟。同様かと思はるる例は、なほ挙例することを得。例へば、慶應義塾大学附属図書館蔵『仙洞十人歌合』（六X・八三・一）に「右一帖以有本書写訖／尓時享禄弐年三月十七日　中原遠忠」なる本奥書あり（佐々木孝浩「中世歌合諸本の研究（四）――『仙洞十人歌合』について・附校本――」〔『斯道文庫論集』三五、二〇〇一・二〕による）。前掲「興福寺之内明王院書籍之覚」に『仙洞十人歌合』の名見えず。なほ、この遠忠の奥書、拙稿「十市遠忠書写伝領典籍集成稿」（武井『中世古典籍学序説』）に漏らせり。以てここに追補す。

43　続々群書類従本による。寓目せし二三の写本と比校するも、異同なし。

44　伊井春樹『古筆切提要』（淡交社、一九八四・一）、国文学研究資料館「古筆切所収情報データベース」、久保木秀夫「伝十市遠忠筆断簡類瞥見――老葉自注・享禄二年七月以降撰歌合・天文六年賀茂社法楽十首和歌・十番の物のあらそひ、ほか」（『中世後期南都蒐蔵古典籍の復元的研究』〔二〇〇六・三〕所収）によれる限りにおきては。

45　京都女子大学図書館ＯＰＡＣは「室町中期写」とするも、熟覧の限りにおいては肯じえず。

46　寺社が積極的にその筋に古筆鑑定を依頼せむとするには、なにらかの必然性のあるべきを、この典籍にそはみとめられ難き故を以てかくいふ也。もつとも、この『伊勢物語』、一旦長岳寺（ないし遠忠周辺）を出で、その間に極めのなされ、再度長岳寺に還流せしものと考ふることは可也。しかれども、かかる推測は放逸の誹りを免れること難からむ。

47　注44参看。

48　「行」の振りがな「ゆく」、原本のママ。

49　『玉葉集』に以下の左注あり。「これは、ある人おなじ社（＝石清水社）にこもりて念仏の数反はおほくくるこそすぐれたれと申す人侍りけるを、又しづかにひとつづつこそ申すべけれと申す人侍りければ、いづれかまことによきならんとおぼつかなくおもひてねたる夢にかく見えけるとなん」（新編国歌大観による）。かかる伝承を実暁の知り得しことは、ありうべきこと也。

中世における僧の外典学習
——仮託文献の内典化と修学——

鈴木　英之

一　はじめに

外典とは、仏教以外の典籍をあらわす言葉とされる。主に漢籍のことを指す場合が多いが、日本には、それ以外にも神道や陰陽道、雑書の類など、経論の範疇に含まれない様々な外典が存在していたことが知られている。これら外典と内典との、いわば中間に位置していると考えられるのが、仮託文献である。仮託文献とは、仏や菩薩、高僧などに作者を擬した書物のことである。仏教には、古来より様々な仮託文献が存在したが、とくに日本中世では、自宗や自流の権威や教学の正統性を保証するものとして仮託文献が盛んに用いられていた。ただし中世の仮託文献は、伝統的な仏教教理や祖師伝からしばしば逸脱し、現代の視点から見れば、文献学的にも教学的にも「外典」の範疇に含められるようなものも多い。だが、仏教を軸として、あらゆる思想や信仰が解釈されていた時代において、内典と外典の垣根は限りなく低く、中世において、仮託文献は宗教的な真実（「内典」）として時に強烈な存在感を示すことがあった。

ここで着目したいのが、浄土宗における仮託文献の受容である。浄土宗と仮託文献との関わりは深い。夙に了慧道光（一二四三～一三三〇）は、『漢語灯録』を編纂するにあたって、当時流布していた法然著作の真偽を検討し、『本願奥義』『金剛宝戒章』などの仮託文献を「偽書」と判断していた。

漢語語灯録十巻十七章幷拾遺語灯録上巻三章都是《テレ》二十章。此予《レ》二十年来偏索《ク》二此《ヲ》於華夷《ニ》一慎《テ》検《テ》二真偽《ヲ》一而所《ナリ》二撰集《スル》一也。此外《ノ》世間所《ニ》レ流《ル》本願奥義一巻・往生機品一巻称《スル》二黒谷作《ノト》一者《ノハ》即偽書也《ナリ》。又有《リ》下三部経《ノ》総章列《テ》二四十八願《ノ》名目《ヲ》一第十八願名《ヲル》二十念往生願《ノト》一者一巻及《ヒ》問決一巻・金剛宝戒章三巻上幷亦偽書也《ナリ》。上人与《ル》二鎮西《ニ》一書《ニ》曰《ク》、金剛宝戒章是《レ》偽書也《ナリ》。予不レ製《セ》二如《ノ》レ是《ノ》書《ヲ》一。釈迦弥陀《ヲ》以為《ト》二証明一〈云云〉況《ヤ》又拠《テ》レ理《ニ》而論《スルニ》、宝戒《ニハ》所《ス》レ述《ノ》乃是聖道法門而《ニシテ》非《コト》二上人之《ノ》所作《ニ》一者著明矣《ナリ》。今則管見《ノ》所レ及《フ》取捨如《シ》レ斯《ノ》。若有《ラハ》二升差一後賢糺《セ》レ之《ヲ》。又有《ラハ》二才遺一来哲続《ケ》レ之《ヲ》。注1

『漢語灯録』は、法然の遺文・著作を、法然の孫弟子にあたる道光が、文永十一年（一二七四）十二月に収集・編纂したものである。したがって、法然（一一三三～一二一二）の没後数十年が経過した頃には、宗祖に仮託した様々な偽書が、宗内に存在していたことがわかる。

その後、中世から近世にかけて、浄土宗学の中心にあったのが、了誉聖冏（一三四一～一四二〇）の浄土教学である。聖冏は、浄土宗鎮西流白旗派の学僧で、教相判釈説「二蔵三法輪」をうち立て、それを中心に後の浄土宗学の基礎を創りあげた。聖冏の新教学は、それまでの二祖三代の教学とは大きく異なっていたため、当初は宗徒の間でも、その受容には少なからぬ抵抗があった。そこで、新教学に対する疑念をぬぐい取り、宗義の根幹とするために、様々な仮託文献によって権威の向上が図られた。聖冏を取り巻く代表的な仮託文献には以下のようなものがある。

・菩提流支　　…『麒麟聖財立宗論』
・法然　　…『金剛宝戒章』『弥陀本願義疏』
・法然説・聖覚記　　…『浄土布薩式』『往生記』（※真偽両説あり）
・法然説・聖覚記・聖問図　　…『浄土略名目図』（※法然「建暦法語」が引用される）
・聖徳太子　　…『説法明眼論』
・聖覚　　…『四十八願釈』（※真偽両説あり）

「建暦法語」の引用という形を含めれば、『往生記』を除く全てが、何らかの形で版行されている。また、いずれも現存していることから、浄土宗において、いかに仮託文献が幅広く読まれ、珍重されてきたかがわかる。

次に掲げたのが『浄土正依経論書籍目録』（以下『書籍目録』）である。『書籍目録』は、法然の弟子・長西が撰述した『長西録』（『浄土依憑経律論章疏目録』）に付されるものである。後世付加されたもので、成立年・編者ともに未詳だが、聡誉酉迎（一四一八～五九）の著作が最も新しいものとして収載されていることから、十五世紀後半頃の成立と推測されている。[注2]

浄土正依経論書籍目録

白旗流

無量寿経上下	第四代康僧鎧訳	阿弥陀経一巻	羅什訳
観無量寿経一巻	畺良耶舎訳	称讃浄土仏摂受経	玄奘訳
		往生論	天親菩薩造。菩提流支訳

同論注解二巻　曇鸞大師
麒麟聖財論一部　流支造
略論安楽浄土義一巻　曇鸞
安楽集上下一巻　道綽禅師
観経疏四巻　善導大師
（中略）
三経私記一巻　法然上人
選択集上下　同
西方発心抄一巻　同
浄土布薩式上下　同
円頓十二門戒儀一巻　同
略戒儀一巻　同
（中略）
本願義疏一巻　同
金剛宝戒章三巻　同
金剛宝戒釈義章　同
（中略）
浄土三巻名目　弁阿上人
（中略）
述門論義一巻　良暁上人
（中略）
糅鈔四十八巻　了誉上人
二蔵二教略頌一巻　同
二蔵義三十巻　同
（中略）
名目図一巻　同
名目図見聞上下　同
（後略）

『書籍目録』では、冒頭に「白旗流」とあるように、浄土宗鎮西流の白旗派において依拠すべき経論が列挙される。浄土三部経からはじめて、曇鸞、道綽、善導ら中国の浄土祖師の著作、さらに日本の法然、弁阿（第二祖）、良忠（第三祖）、良暁（第四祖）、了誉聖冏（第七祖）、酉誉聖聡（第八祖）、聡誉酉迎（増上寺二世）の著作へとつづけられている。

興味深いことに、ここには、先に一覧で挙げた『麒麟聖財立宗論』『浄土布薩式』『弥陀本願義疏』『金剛宝戒章』『金剛宝戒釈義章』といった仮託文献が複数載せられている。つまり、十五世紀後半頃の白旗派において、仮託文献が「正依」の経論として、内典と同等の価値を有していたことがわかるのである。

先述の通り、中世において、仮託文献を経証として機能させることは何ら珍しいことではなく、たいていの宗派で見られた現象である。だが法然を宗祖とする浄土宗は歴史が浅く、また法然が中国やインドへの直接的な師資相承の系譜を持っていなかった点で、仮託文献を用いたインド・中国にまで遡り得る権威の獲得は、他宗よりも遙かに切実な課題だった。

さらに浄土宗における仮託文献の内典化が、中世だけではなく近世においても継続し、浄土宗義の修学に多大な影響を与えていたことも忘れてはならない。近世に入ると、仮託文献は、文字通り後世の仮託であることが明らかにされ、問題視されるようになる。同様の状況は浄土宗においても発生した。だが、他宗と決定的に異なるのが、仮託文献を権威の根幹とした教学が、近世にいたって宗学の中心となり、明治期にそれが廃止されるまで命脈を保ちつづけていたことである。同じ仮託文献に対して、中世、近世、近代の人々が、それぞれ讃仰したり、批判したり、無視したりする様からは、浄土教学のみならず、中世・近世の思想・特色を考える上でも重要な示唆を得ることができる。

そこで小稿では、浄土宗における仮託文献の位置付けについて概観したあと、特に聖冏の主著である『浄土略名目図』に着目して、仮託文献が、浄土宗内にいつ頃から存在し、どのように内典化され、修学されるに至ったのか、中世から近世に至るまで概観し、その特色と意義について論じていきたいと思う。[注3]

二　聖冏教学と仮託文献

浄土宗における仮託文献のほとんどが、聖冏教学の権威を高め、その正統性を保証するために用いられている。なかでも、教相判釈説「二蔵三法輪」（二蔵二教二頓判・二蔵二教判とも）の権威高揚を目指すものが多い。教相判釈説とは、自宗を中心として、世にある諸教を位置付け、自宗の優位性を内外に知らしめるために用いられる教説のことである。聖冏は、天台の五時八教や華厳の五経十宗など、先行する教相判釈説に匹敵する教説（二蔵三法輪）を示すことで、浄土宗の地位向上を図ったと考えられている。

聖冏が、二蔵三法輪について初めて述べたのが、永徳二年（一三八二）成立の『浄土略名目図』である。本書は聖冏の主要著作のひとつで、近世檀林教学において教科書的に用いられたことで知られる。題下に、

源空上人説　聖覚法印記　沙門了誉図[注4]

とあるように、宗祖・法然（源空上人）の説を、弟子である安居院聖覚が記録し、そこに聖冏が図示したという珍しい体裁を取る。本書は、中世から近世にかけての、浄土宗における仮託文献「内典化」の中心となった書物だった。

聖冏は『浄土略名目図』において、二蔵三法輪は自らの独創ではなく、法然やインドの菩提流支にまで遡る、三国伝来の正統的な教説だと主張した。聖冏がここで論拠としたのが、『浄土略名目図』に引用される「建暦法語」である。「建暦法語」とは、建暦元年（一二一一）の八月上旬に行われた法然の説法を、聖覚が記録したものと

される。聖冏の注釈によれば、

何況《ニヤ》建暦年中《ノ》法語《ハ》是《レ》聖覚法印《ノ》筆受也。若《シ》余人所伝用《ハ》レ之《ヲ》、聖覚《ノ》所記《ル》不レ可《カラ》レ不《ンハアル》レ信《セ》レ之《ヲ》者《ノ》歟。其上《ノ》聖覚《ハ》只《タ》其《ノ》筆受者也。正《ク》是《レ》高祖《ノ》御法語也。高祖亦非二私言《ニ》一。既《ニ》云二三蔵云《ト》一。即《チ》彼《ノ》聖財論《ノ》中《ニ》其《ノ》旨分明也。不《ル》レ及《ハ》二疑難《ニ》一者也云云[注5]

と、法然（「高祖」）が、菩提流支（「三蔵」）の所説にもとづいて述べたものとされる。

菩提流支の説とは、「聖財論」すなわち『麒麟聖財立宗論』のことをいう。『麒麟聖財立宗論』は、菩提流支仮託の浄土教学書で、やはり二蔵三法輪を説くことに特色がある。本書は『浄土略名目図』でもたびたび用いられ、

第二菩薩蔵二教〈宗祖三蔵云二満字教一。通途判教云二大乗一。是大乗聖道門也[注6]〉

などのように、「宗祖三蔵云」「三蔵曰」といった形で数箇所引用されている。つまり『浄土略名目図』とは、菩提流支・法然・聖覚という浄土祖師・先徳の権威を付与することによって、聖冏教学がインドより受け継がれた正統的なものであると宗の内外に宣言した書物であると言うことができるのである。

なお、『略名目図』の序文では、「建暦法語」に加えて、聖徳太子仮託の『説法明眼論』も長文に渡って引用されており[注7]、日本仏教流布の祖である聖徳太子の権威までもが、聖冏教学に付与されていたことがわかる。

聖冏は、この『浄土略名目図』を皮切りとして、二蔵三法輪を中心とした教学の整備に熱心に取り組み、教学書を次々と執筆した。とくに、主著である『釈浄土二蔵義』と『二蔵義見聞』では、上記の仮託文献が随所で経証として用いられており、聖冏が、仮託文献をまさに内典として扱い、権威の根幹として機能させていたことが

わかる。

さらに、聖冏の弟子で、浄土宗第八祖として知られる酉誉聖聡（一三六六～一四四〇）は、『弥陀本願義疏』を用いて、聖冏教学のより積極的な定着を図っていく。『弥陀本願義疏』は、法然に仮託された阿弥陀仏の四十八願に対する注釈書で、二蔵三法輪に関する記述を、第十八願の注釈と跋文に見ることができる。第十八願の注釈では、

光明寺一家ノ之意教相分明。所謂立テ二二蔵二教ヲ一摂ス二一代聖教ヲ一。故二蔵ノ中ニハ収二菩薩蔵一。又就二菩薩蔵一有レ漸有レ頓。漸頓ノ二教中言二頓教ノ摂ト一。知ヌ是レ実教也。[注8]

と、「光明寺」すなわち「善導」が、二蔵二教（二蔵三法輪）を用いて、釈迦の一代聖教を判釈したとされる。また跋文では、法然の夢中に善導があらわれ、二蔵三法輪を重視すべきだと述べた、との秘伝が語られている。[注9] 聖聡は、この跋文にもとづき、二蔵三法輪が、夢中に現れた善導から法然が受け継いだものであることを主張し、自著では「若依二此秘伝一者、上人直ニ承ル二光明大師ニ一御相承ノ名目也。[注10]」と、二蔵三法輪は、法然が光明大師（善導）から直接相承されたものだとして、その正統性を誇っていた。

この後、聖冏教学は、鎮西流白旗派の隆盛に伴って重要度が増していき、近世宗学の中心的な教理になる。それに伴って、仮託文献の地位も、ほぼ内典と同様の位置にまで向上していくことになるのである。

三　諸書における仮託文献の使用

仮託文献にもとづく聖冏教学の権威化は、対外的に浄土宗の優位性を示すために必要な行為であったが、同時

に、新たな教学に対する宗内の疑問や批判に対する反論という側面も大きかった。聖聡によれば、

有《ル》門弟等云《カク》、二蔵《ノ》名目《ハ》冏公《ノ》私《ノ》名目也《ト》云云　哀哉、可レ悲。管見狭小故《ノ》如レ是不レ見二重書一《ヲ》。声聞亦朦朧《トシテ》如レ是不レ聞二口伝一《ヲ》故加レ難作レ咲。還《テ》思《ニ》レ汝《ヲ》既《ニ》不レ見不レ聴。有《レトモ》二耳目一而如《シ》レ無《キカ》二耳目一。可レ恥可レ恥、可レ悲可レ悲已上[注11]

と、同じ白旗派の門弟の中には、聖冏が説く「二蔵名目」は、聖冏自らが創ったものではないかと疑い、全く耳をかさないものがいたという。ここでの「二蔵名目」とは、聖冏の二蔵三法輪のことを指すが、それは同時に、二蔵三法輪が依拠した仮託文献への疑いでもある。つまり、新教学の提唱当初から、聖冏が依拠した仮託文献の実在が疑われ、聖冏の創造ではないかと非難されていたというのである。

聖冏をとりまく仮託文献は、仮託という性格ゆえに、述作者・成立年ともに判然としない。またこれらの仮託文献の使用も、『説法明眼論』『金剛宝戒章』などの一部の著作を除いて、聖冏・聖聡著作にほぼ集中していることから、先行研究では、これら一連の仮託文献の成立に、あるいは両者が関与したのではないかとの推測もあった。

しかし、浄土宗における仮託文献に関して、先駆的な研究を行った服部英淳氏、望月信亨氏は、ともに、聖冏教学は、以前から存在した教説を承けたものであるとの見解を示している。

たとえば望月氏は、当初は「冏師の創意」を疑ったものの、

論者の中には冏師の唱道した新義新式は、悉く冏師の創意に成ったものだと考へる人もある。自分も最初は其の考を持ったが、併かし物には必ず由漸があって、さう突然に新しい学説が成立つものでない。まさか冏

師が自分で偽書を造って置いて、それを自分の著書に引用するほど不面目であったとは考へることが出来ぬ。（中略）冏師の新義新式は必ずしも其の創意に出でたものではなく、即ち大体に於て、先来の新派運動の主張を採択されたものといはねばならぬのである。[注12]

と、聖冏による偽書述作の可能性を否定し、聖冏以前から偽書が存在しており、聖冏の宣揚した浄土教学は、それ以前から存在していた教派運動を基にしているとの見解を示している。

望月氏は、論拠のひとつとして、西山証空（一一七七～一二四七）の『観経定善義他筆鈔』に、『麒麟聖財立宗論』が引用されていることを指摘する。論中に具体的な引用箇所は示されていないが、管見の限り、「三蔵大法師菩提流支聖財立宗論曰二」[注13]「菩提流支ノ聖財立宗論ニ曰」[注14]とある二箇所で、『麒麟聖財立宗論』からの引用が認められる。また『観経序文義他筆鈔』には、法然仮託『金剛宝戒章』が二箇所で引用されており、[注15]西山派においても、『金剛宝戒章』『麒麟聖財立宗論』といった仮託文献が用いられていたことがわかる。ただし『他筆抄』には門弟による加筆があることが知られており、十三世紀中頃まで『麒麟聖財立宗論』の成立を遡らせる論拠とするには心もとない。[注16]

そこで西山以外の、聖冏と同時代に活動した浄土僧の著作にまで探索の手を拡げてみると、果たして、名越派の学僧・良山妙観（一二九二～?）の著作に、仮託文献の引用を見出すことができた。

たとえば、良山『初学題額集』には、

続高僧伝六〈義解篇〉曰、曇鸞逢二中国〈天竺也〉三蔵菩提流支一。流支以二観経一授レ之曰、此大仙方。依レ之修行、当レ得レ解二脱生死一〈已上略抄〉。鸞尋頂受。瑞応伝〈如二下所引一〉、訳二天親浄土論一授レ鸞。或製二立宗論四巻、詳二聖浄二門一故、今号二宗祖三蔵一。（中略）立宗論曰、今此浄土宗、約二三法輪一、立二二蔵教一、惣摂二一代一云云[注17]

などと、『麒麟聖財立宗論』の引用が見られる。

また同じく『初学題額集』に「浄家所依経釈」として挙げた諸経論の中に、『麒麟聖財立宗論』『布薩戒儀』『金剛宝戒章』『弥陀本願義疏』といった仮託文献の名が列ねられていることは大いに注目される。

問。本抄順二余章一者、可レ挙二浄家所依経釈一。如何無哉。答。三経一論是也。所引要集文粗顕レ之。故不二別挙一。若委挙レ之者、

無量寿経二巻〈唐僧鎧訳〉 観無量寿経一巻〈畺良耶舎訳〉 阿弥陀経一巻〈羅什訳〉 浄土論一巻〈天親菩薩蔵 流支三蔵訳〉 十二礼〈龍樹菩薩蔵 禅那崛多三蔵訳〉 麒麟聖財論四巻〈流支造〉 浄土論註二巻〈曇鸞造〉 略論安楽土義一巻〈曇鸞造〉 安楽集二巻〈道綽造〉 観経疏四巻〈善導造〉 法事讃二巻〈善導〉 観念法門一巻〈善導〉 般舟讃一巻〈善導〉 礼讃一巻〈善導〉 臨終要決〈善導〉 群議論七巻〈懐感〉 五会法事讃一巻〈法照〉 大聖竹林寺記〈法照。已上唐国〉 往生要集三巻〈慧心〉 往生拾因一巻〈永観〉 選択集本末〈源空〉 浄土諸学抄一巻〈源空〉 三経私記各一巻〈源空〉 布薩戒儀 金剛宝戒章 語灯録七巻〈源空 仮字書〉 語灯録拾遺一巻〈源空 仮字書〉 弥陀本願義疏一巻〈源空〉[注18]

良山妙観は、十五世紀に活動した浄土宗名越派の学僧で、名越派中興の祖とされる人物である。多数の教学書をあらわして名越の教学を整備するとともに、聖冏・聖聡の属する白旗派と盛んに論争を行った。また名越三本

山のひとつ奥州如来寺を開山して、同派の教線拡大に尽くしたことで知られる。

『初学題額集』は、大日本仏教全書所収本の識語によれば、

応永二年十一月中旬始之。同三年甲申三月三日功了。
春秋五十二歳。拭㆓老眼㆒疏㆑之。期浄国沙門良山注19

と、応永三年（一三九六）三月、良山五十二歳の時の著作とされる。しかし、これは康永三年（一三四四）の誤写であると考えてよい。

良山の生年は、諸書に記される成立年と執筆時の年齢から計算すると、正応五年（一二九二）になる。

・『選択口筆』　正中元年（一三二四）三月　三十二歳
・『開題考文抄』　貞和五年（一三四九）五月　五十七歳
・『弥陀授記事』　観応三年（一三五二）正月　六十歳
・『果分考文抄助証』　延文三年（一三五八）五月　六十六歳注20

もし『初学題額集』が、識語通りに、応永三年（一三九六）の成立とすると、良山一〇四歳の著作となり、現実的な年齢とは考え難い。それゆえ、「応永三年」は、正応五年（一二九二）を生年として、良山五十二歳の年に当たる「康永三年」（一三四四）の誤写と考えるのが適当だろう。また康永三年の干支が識語と同じ「甲申」であること、応永三年の干支が「丙子」にあたり合致しないことからも、誤写であることが裏付けられる。

聖冏は、暦応四年（一三四一）年生まれで、『浄土略名目図』は、永徳二年（一三八二）成立、『釈浄土二蔵義』は至徳二年（一三八五）の成立となる。したがって、望月氏の見通しどおり、聖冏教学は、それ以前の諸説をもとに体系づくられたものであったことが確実視される。

良山は、他にも、貞和五年（一三四九）成立の『開題考文抄』でも、「菩提流支三蔵云」「菩提流支云」として『麒麟聖財立宗論』を引用し、延文三年（一三五八）成立の『果分考文抄助証』の冒頭では、『説法明眼論』を長文に渡って引用するなど、[注21]積極的に仮託文献を使用していた。

このように、聖冏を取り巻く仮託文献は、名越派の資料から、その多くが聖冏以前に成立が遡るものであることが明らかになった。仮託文献は、ともすればその使用を指摘するだけに止まる場合が多いが、仮託文献であっても内典として扱われている以上、様々な受容の姿や、教理的な変遷が存在する。良山の著作からは、聖冏教学の成り立ちや性格といったものを、より鮮明にうかがうことができるのである。

四　『浄土略名目図』における仮託文献の実在について

聖冏教学を彩る仮託文献の多くが、聖冏以前の比較的早い時期から存在していたことが確実とすると、聖冏教学自体の成り立ちについても、従来の論を考え直す必要が生まれる。ここからは、聖冏が二蔵三法輪を説いた初めての著作である『浄土略名目図』の成立について考えていきたい。

『浄土略名目図』は、先述の通り、法然の「建暦法語」を、聖覚が筆記したものに、聖冏が図を付したものとされる。これまで筆者は、『浄土略名目図』は、『麒麟聖財立宗論』をもとに、聖冏が概ね独創したものと考えていた。[注22]聖冏が図を付したとされる、聖覚筆記の「名目」（以下、『聖覚名目』）の実物を、管見の限り、見付けることができなかったためである。しかし、仮託文献の成立が聖冏以前に遡りうるとするならば、『聖覚名目』も一冊の書物として、聖冏以前から存在した可能性が浮上してくる。

『聖覚名目』の存在を匂わせる記述もある。聖聡は『浄土二蔵綱維義』で、

六、先師〈冏公和尚〉二蔵略名目図一巻。同二蔵二教略頌一巻。亦二蔵頌義三十巻、并見聞三巻。総合卅五巻、盛判《ニ》二釈《ス》二蔵二教《ヲ》一云云 上来経論釈別用二二蔵名目《ヲ》一。在文分明也已上 雖レ有二通別一釈二二蔵本文《ヲ》一已上畢《ヌ》。注23

と、聖冏の代表的著作「総合卅五巻」を挙げた上で、それとは別に「二蔵名目」を用いていたと指摘する。他に『浄土略名目図』の名が見えることから、「二蔵名目」が『聖覚名目』を指すことは明らかである。だが聖聡が、師・聖冏の後継者として聖冏教学を宣揚するため、実態のない『聖覚名目』の書名を書き連ねた可能性も否定できない。この記述だけを鵜呑みにして、容易く『聖覚名目』の実在を認める訳にはいかないだろう。

そこで聖冏・聖聡以外の資料も検討した結果、やはり、名越派の資料に『聖覚名目』実在の証拠となる記述を見出すことができた。

良山『開題考文抄』に、『麒麟聖財立宗論』の引用が、「菩提流支云」「菩提流支三蔵云」といった形でなされていることは先に触れた。注目すべきは、そのひとつに「聖覚勘文也」と傍注が記されていることである。つまり、この記述は、『麒麟聖財立宗論』から直接引用したものではなく、『聖覚名目』からの孫引きだと考えられるのである。

菩提流支三蔵云、聖覚勘文也 性則性ナカラ真如《ナリ》。相則相《ナカラ》真如《ナリ》。本《ヨリ》是不《レ》レ来《ラ》。今更不レ去《ラ》。穢刹浄刹、無二無別《ナリ》。若論《シセハ》二

教主《ヲ》一則毘盧遮那《ナリ》。亦受用身《ナリ》。具二足《ス》多身《ヲ》一。色空兼含《シテ》更無《シ》二三時一。亦無《シ》二三世《モ》一。一心性相《ナレハ》更無《シ》二別法一。万法皆空《ナリ》。諸法実相《ナリ》已上[注24]

『開題考文抄』の成立は、奥書によれば貞和五年（一三四九）。『浄土略名目図』を著した聖冏の生年は暦応四年（一三四一）だから、聖冏以前から「名目」が聖覚作として存在していた証拠となる。

また、『開題考文抄』の注釈書である聖観（良天）の『開題考文抄聞書』（一三八〇年、理本良栄書写奥）にも「名目」が数箇所で引用されている。

○大乗初分等者《ト》、名目《聖覚作》云、初分者、立下誘二引小乗一十地上。明二三乗行相断惑分際一文○大乗後分者、名目云、二漸教後分者、此大乗後教菩薩。（中略）已上菩薩十地也。六仏果十地云云（中略）○九十一之名等者、名目云、凡此教、大小合挙時、九十一地。皆流二入毘盧舎那智蔵大海一談也文（中略）○性頓下釈者、（中略）不レ断二煩悩得涅槃分一文 已上在二名目一云云[注25]

このうち、最初の「名目」引用の傍注に、やはり「聖覚作」と見え、名越派において、聖覚の著作としての『聖覚名目』が存在していたことがわかる。なお『開題考文抄聞書』の引用の中には、『浄土略名目図』に含まれない記述もあり、『浄土略名目図』の「略」とは、『聖覚名目』からの「略出」の意味だったことがわかる。つまり聖冏は、題下の署名通りに『聖覚名目』を所持し、それを略述したものに図を加えて『浄土略名目図』を編纂したと考えられるのである。

聖聡は、師・聖冏と仮託文献との出会いについて、『大経直談要註記』（永享五年〈一四三三〉成立）で、次のような記述を残している。

然《ルニ》先師〈了誉上人〉見《テ》二建暦元年八月上旬《ノ》名目《ヲ》一、偏《ニ》就《テ》レ彼《ニ》作二二蔵略名目並頌義《ヲ》一、偏《ニ》興二行《シ玉フ》二蔵《ノ》教相《ヲ》一。然始《ニ》不《ルノ》レ見二麒麟聖財論《ヲ》一之時、建暦名目《ニ》宗祖二蔵《ニ》曰《ト》書《キ》給《ヘトモ》未レ見二本文《ヲ》一云云　後《ニ》得《テ》二聖財論《ヲ》一即治定《シ》給《ヘリ》。弥《〱》以《テ》二蔵名《ノ》目依《ハテ》二代代御相伝《ニ》一光明大師定《メ》レ之《ヲ》給《ヘリト》　落泪《シ》給《ヘル》也。其《ノ》上猶見《テ》二義疏《ノ》相伝《ヲ》一、爾《モ》悲喜之御泪余《リ》レ袖《ニ》給《ヘリ》。今思《フニ》レ之《ヲ》亦愚袖《カモ》不レ乾《カ》。爰《ニ》知《ヌ》、先師《ハ》大権化《ナルコトヲ》云云[注26]

聖冏は、法然の「建暦法語」を筆記した『聖覚名目』(「建暦元年八月上旬ノ名目」)に従って『浄土略名目図』などの教理書を著した。だが当初は、『聖覚名目』に「宗祖二蔵」(菩提流支)の説が引用されていても、『麒麟聖財立宗論』を所持しておらず、典拠となる本文を確認することができなかった。その後、『麒麟聖財立宗論』を入手したことで、二蔵三法輪の正統を確信して涙を流したという。

筆者はこれまで、この記述全体が、聖聡による師・聖冏の説話化であり、フィクションではないかと考えていた。聖冏と『麒麟聖財立宗論』との出会いをつくりあげ、『弥陀本願義疏』(「義疏」)の相伝を加えて示すことで、聖聡が重視する『弥陀本願義疏』の権威の向上を狙ったものと考えたのである。その判断自体は間違っていないと思われるが、これまで判然としなかった『本願義疏』『聖覚名目』の成立や実在が明らかになってくると、説話と思えたエピソードが、実は、かなり事実を反映していたのではないかと思われるのである。[注27]

当然ながら、仮託文献の受容にも段階があり、必ずしも所依の文献全てが手元にあった上で教理書が作成された訳ではない。聖冏教学は、『聖覚名目』や『麒麟聖財立宗論』といった先徳の書籍を手に入れ、聖冏が確信を得るたびに論が深まり、形成されていったのである。こうした聖冏の姿からは、宗祖・法然が叡山黒谷の経蔵において、善導『観無量寿経疏』と出会うことで称名念仏を見出し、浄土門に帰入した姿が想起される。聖冏にとって、仮託文献との出会いは、歓喜の涙を流すほどの出来事であった。それは、あるいは宗祖の宗教体験にも等しい出来事だったのかもしれない。

五　『浄土略名目図』の修学について

聖冏・聖聡の属した鎮西流白旗派は、聖聡開基の芝・増上寺が徳川家の菩提寺となり、徳川家康の庇護を受けたことで大きな勢力を誇るようになった。浄土宗における僧侶育成プログラムである檀林教育では、関東十八檀林の第一となった増上寺の威光のもとで、聖冏教学は宗学の中心的な位置を占めるに至った。ここに仮託文献に依拠した教学書が、初学者の修学に欠かせない「内典」になったのである。

特に『浄土略名目図』の内典化は甚だしい。文久二年（一八六二）の序文を持つ『蓮門類聚経籍録』には、

> 浄土名目者、吉水大師一時之説。安居院法印聖覚所レ記也。冏公拠以著二図及見聞一、竟為二二蔵義之広釈一也。是以為二叢林学則一也亦久矣。故肇入二教黌一之徒、必先就レ此而学焉。[注28]

と、「浄土名目」が、「叢林の学則」（檀林教育における修学の規則）になって久しいことが述べられる。檀林教育によれば、初めて就学する者は、必ず最初に「浄土名目」を学ぶことが求められる。[注29]それは聖冏教学を学んだ上で、二祖三代（善導・法然・聖光・良忠）の教学に取り組むことを意味しており、聖冏教学によって宗学の枠組みが決められていたことがわかる。

『浄土略名目図』について、聖冏自身が著した注釈書に『浄土略名目図見聞』二巻がある。両書は一具のものとしてかなりの受容があったようで、古活字版（寛永元年本・寛永四年本）や、寛永刊本・正保刊本・慶安刊本など、近世初頭から多数の版本が認められる。注30 また『蓮門類聚経籍録』には、首書一巻・纂註二巻・序疏一巻・見聞頭書二巻・私記三巻・集註六巻・講習七巻・講義五巻など、多数の『浄土略名目図』の注釈書名が見られ、近世の檀林教育における『浄土略名目図』の影響力の大きさを知ることができる。

『浄土略名目図』を初めとした仮託文献の流布に力を注いだのが東暉（一六三三〜八二）である。東暉は、浄土宗名越派の学僧で、良定袋中のもとで出家・修学し、檀王法林寺の四世を務めたことで知られる。

東暉は、延宝年間に、『浄土略名目図』『浄土略名目図見聞』といった聖冏著作や、『麒麟聖財立宗論』などの仮託文献を積極的に開版した。東暉によれば、『浄土略名目図』『浄土略名目図見聞』は、初学者の聖冏教学理解のために用いられ、東暉自らも、「肆《ニ》予為《ニ》二初機《ノ》一誦《コト》レ之及《フニ》二数遍《ニ》一…」などと、「初機（初学者）」のために何度も『浄土略名目図見聞』をそらんじてみせたという（延宝三年〈一六七五〉刊・東暉跋）。また『麒麟聖財立宗論』（延宝四年〈一六七六〉刊・東暉跋）によれば「或時聚二初機《ノ》弟子一暫講《ク》レ之」とあるように、初学者を集めて『麒麟聖財立宗論』の講義を行っていたことが知られる。

東暉が、これら仮託文献の出版・講義に注力したのは、良山や良栄など、中世以来の名越派における仮託文献使用の伝統があったためだろう。また、東暉が師事した良定袋中が、仮託文献の注釈書を著したことも影響を与えていると考えられる。

良定袋中（一五五二〜一六三九）は、浄土宗鎮西流名越派の学僧で、『琉球神道記』などの著作で知られるが、聖冏教学が依拠する仮託文献について『麒麟論私釈』『説法明眼論端書』という二つの注釈書を著していた。『説法明眼論端書』は、聖徳太子仮託『説法明眼論』に対する注釈書、『麒麟論私釈』は『麒麟聖財立宗論』の注釈書である。ともに『浄土略名目図』に引用され、重要な位置を占める仮託文献である。『袋中上人伝』によれば、袋中は、二十五歳の時に増上寺に入り、

上人二十五歳の春武城の三縁山に入衆して蛍雪のつとめ倦むことなかりけれは、増上の主席その精専を感して白旗の伝流底を傾けて付与せられけり。[注31]

と、聖冏・聖聡の属した白旗派の奥旨を学んでいた。『浄土略名目図』を初めとした聖冏教学を学ぶ過程で、聖冏教学における『麒麟聖財立宗論』や『説法明眼論』の重要性に気づき、後に注釈書を執筆するに至ったものと考えられる。

なお東暉の頃には、すでに『麒麟聖財立宗論』が「偽論」として軽んじられる傾向があったことが知られる。『麒麟聖財立宗論』にある東暉の跋文には、

今此論者浄家之命脈華文深理不レ可二得《テ》而称一矣。爾有レ人不レ窮二素意一妄《リニ》曰《テ》二偽論《ト》一世《ニ》不レ賞。故《ニ》吾師袋中作二私釈一粗註二明之一。雖レ然略釈《ニシテ》而新学不レ能二通達一。至若近来所二版行《スル》一本末共《ニ》甚《ル》衍《ル》。奥《ニ》某悲《ミ》二此書《ノ》廃《ンコトヲ》一或時聚二初機《ノ》弟子一暫講《ク》レ之。随二己分《ニ》一改《テ》以《テ》重《テ》鏤《ム》レ梓《ニ》。志在二弘通一耳。

と、『麒麟聖財立宗論』は、浄土宗の命脈として深い教えを含んでいるにも関わらず、素意を窮めることなく、人々は妄りに「偽論」として批判する。だから師・袋中は自ら註釈書をあらわして深理を明らかにしたが、簡略な註釈であるため初学者では通達できない、その上、近頃版行されるものは本末共に非常に多い、そこでこの書

が廃れないように、初機の弟子を集めて短期間の講義を行い、『麒麟聖財立宗論』の弘通を志して版行したのだという。東暉が、初学者向けに『麒麟聖財立宗論』の講義を行い、さらに『麒麟聖財立宗論』『麒麟論私釈』を版行したのは、師・袋中も重視した『麒麟聖財立宗論』の価値を知らしめるため、また何より名越派における仮託文献使用の伝統を受け継いだためだった。こうした東暉の活動からは、近世においてもなお、教学上の価値を有していた仮託文献の受容と継承のあり方を窺い知ることができるのである。

六　仮託文献への批判

仮託文献の評価・真偽をめぐっては、宗内でも議論があった。先に見た東暉の跋からもうかがえるように、聖冏教学を取り巻く仮託文献は、近世に入ると偽書であると認識され、問題視されるようになったのである真撰説を唱えたのが、霊誉鸞宿（一六八五～一七五〇。知恩院五十世）である。鸞宿は、『弥陀本願義疏』の真偽について触れ、偽書説・真書説の二説を紹介した上で、

知。決《シテ》大師《ノ》口説、聖覚之執筆《コトヲ》矣。古来委不レ検二文義一。故妄説惟多。有智察焉《セヨ》。[注32]

と、大師（法然）の口説を聖覚が執筆したものであり、古来文義をしっかりと検討してこなかったから、『弥陀本願義疏』を偽書とする妄説が増えたのだとして、『弥陀本願義疏』を真撰と判断していた。鸞宿は、聖冏が拠点を置いた常福寺の三十九世も歴任しており、聖冏を特に肯定する立場にいたことも、真撰とする判断に影響を与えたものと考えられる。

一方、偽撰説を唱え、仮託文献を強く批判したのが、聖冏教学を推進していた、ほかならぬ増上寺の学僧たちだった。

十八世紀前半の増上寺における宗学の大家・白弁（生没年未詳）は、鸞宿の真撰説に私見を加え、『弥陀本願義疏』の引用が法然や良忠、道光ら祖師達の著作に見出せないこと、真撰説の根拠とされる記述が実は誤写であること、『本願義疏』の跋文に記された成立年時に矛盾点があることから、『弥陀本願義疏』を「偽選必矣」[注33]と、「偽撰」であると断じていた。

最も厳しい批判を行ったのが、増上寺四十五世・成誉大玄（一六八〇〜一七五六）である。大玄は、聖冏教学を重視するあまり、二祖三代（善導・法然・聖光・良忠）を軽視するようになった当時の風潮を危ぶみ、『浄土頌義探玄鈔』や『円布顕正記』『円戒帰元鈔』などを著して、聖冏教学を取り巻く仮託文献を、ことごとく「偽書」と断定していった。大玄は『浄土頌義探玄鈔』で、次のように仮託文献を位置付けている。

> 蓋シ偽者ニ先撰シテ二願疏ヲ一作リ二数多ノ邪説ヲ一認テ為二家珍ト一。然ルニ恐ルカ二人ノ多ク不ンコトヲレ信セ故ニ或ハ造リ二建語ヲ一或ハ造テ二麒麟及ヒ布式ヲ一而為ス二依憑ト一。
> 又タ復タ恐ル二人ノ不ンコトヲレ信セ故、託シテ二夢ノ告ニ一為シ二京師ノ伝説ト一飾ツテ二自己ノ非ヲ一成ス二所立ノ義ヲ一。[注34]

思うに、「偽者」は、まず最初に『弥陀本願義疏』を撰述し、数多の「邪説」をつくって自家の肝要としたが、人々に信用されないことを恐れ、『聖覚名目』（「建語」）、『麒麟聖財立宗論』（「麒麟」）『浄土布薩式』（「布式」）を「造」って依拠の経論とし、さらに善導と法然との二祖対面のエピソードを持ち出し、善導が夢中で聖冏教学重視を法然に告げたとすることよって自己の「非」を隠したのだという。『弥陀本願義疏』を、一連の仮託文献の根本とするか否かは検討の余地があるが、仮託文献や夢告といった中世的な要素を尽く否定していることは興味深い。

このように、最も聖冏教学を擁護し、修学を初学者に勧める立場にいた増上寺の僧侶で、しかも宗政・宗学の頂点にいた二人の学僧が、共に痛烈な批判を加えていることは注目されてよい。大玄も白弁も、近世の文献学的・合理的な思考に基づき、仮託文献や夢告などの中世的で非合理な要素は取り除くべきだと考えていた。だが自らが宗とする聖冏教学が、それらを権威の根幹にしていることは、近世の宗学者たちに、深刻な難題を突きつけていただろう。[注35]

この後、明治期に入り、宗学の二祖三代への回帰が志向され、聖冏教学は、修学対象としての役割を終えることとなった。また大正八年（一九一九）の聖冏五百回遠忌では、聖冏の鑽仰がなされながらも、二祖三代の教学から逸脱するとして、聖冏教学の不要論が仄めかされ、その後の聖冏評価の方向性が決定づけられた。[注36]ここに、聖冏教学を権威付け、内典化していた仮託文献は再び「外典」へと戻り、表舞台から姿を消すことになったのである。

七　おわりに

如上、聖冏を取り巻く仮託文献の検討から、浄土宗における外典（仮託文献）の内典化と修学の過程について、中世から近世にかけて概観した。鎮西流白旗派の了誉聖冏は、当時低迷していた宗の地位向上と教団の整備を図り、新たな教学（二蔵二法輪）を創りあげた。教学の宣揚には、先徳諸師に仮託された様々な文献が用いられ、それは時に、権威の根幹として、内典と同様の機能を発揮した。

これらの仮託文献は、成立年も著者も判然とせず、先行研究では、あるいは聖冏や聖聡の創造ではないかとの推測までなされていた。だが『麒麟聖財立宗論』『弥陀本願義疏』といった、聖冏教学と関わりの深い仮託文献が、十五世紀半ばに活躍した浄土宗名越派良山の著作に見出せることから、その成立が聖冏誕生以前に遡ることが確実となった。

これに加えて、聖冏の主著『浄土略名目図』に引用されながら、単独の書物としての存在が認められなかった『聖覚名目』の存在が、やはり名越派の文献に実在の証拠が確認できた。これらの検討により、聖冏教学が、それ以前の諸説（仮託文献）を参考にして、形成されたものであることが決定的になった。

その後、仮託文献は、聖冏が属した鎮西流白旗派の隆盛に伴い、内典としての価値を手に入れ、近世に至って檀林教学の中心を占めるようになる。今後は、仮託文献の持つ〈偽〉の要素に対する賛否両論含めて、通時代的な視点から、教学や宗政、出版に至るまでの多方面にわたる影響を丁寧に見ていくことが課題になるだろう。

偽書であることを指摘し、それに興じているだけでは研究の広がりは望めない。もし、仮託文献が、単に教学を権威付けるためだけに作成されたものならば、数百年に渡って命脈を保つことなどありえない。中世的な要素は、当然近世にも引き継がれていたし、また近世もそれだけで完結して成り立っている訳ではない。中世から近世、そして近代へと時代が推移していくにつれて、何が受け継がれ、切り捨てられ、変化していったのか、常に見極めていかなければならない。仮託文献を通じて、各時代の思考の特色が見えてくるのである。

注

1　了恵道光編『拾遺漢語灯録』巻上・道光跋文（『浄土宗全書』九、四六六頁上）。なお、文永十年成立の『和語灯録』の跋文によれば、「和語」の偽書があることも述べられている。法然にまつわる仮託文献については、望月信亨「法然上人の著作法語幷

に其の真偽（法然上人全集跋文）」（同『浄土教之研究』金尾文淵堂、一九二二・八）参照。

2 『大日本仏教全書』一、仏教書籍目録一、三五五～三五九頁。西迎は、下野国千葉氏出身の浄土僧で浄土宗第八祖・酉誉聖聡の甥に当たる。永享一一年（一四三九）には増上寺二世となった。

3 聖冏をとりまく仮託文献については、望月信亨「冏師の学風と其の由漸」（注1望月前掲書所収）、服部英淳「了誉聖冏の教学体系に関する述作解説」（『浄土宗全書』十二、山喜房、一九七二・二）、拙稿「中世浄土宗における仮託文献――聖冏・聖聡著作を中心に――」（『日本思想史学』第四六号、二〇一四・九）、拙著『中世学僧と神道――了誉聖冏の学問と思想』（勉誠出版、二〇一二・八）参照。筆者はこれまでに主要な仮託文献の翻刻紹介を行っている。併せて参照されたい。拙稿「菩提流支三蔵所造『麒麟聖財立宗論』解題・翻刻――中世浄土宗における仮託文献について――」（『論叢　アジアの文化と思想』第二〇号、二〇一一・一二）、「沙門源空記『弥陀本願義疏』解題・翻刻」（『論叢　アジアの文化と思想』第二一号、二〇一二・一二）、「袋中良定述『麒麟論私釈』解題・翻刻」（『論叢　アジアの文化と思想』第二二号、二〇一三・一二）、「聖覚法印作『四十八願釈』第一　解題・翻刻――第一願～第十二願――」（『論叢　アジアの文化と思想』第二三号、二〇一四・一二）、「聖覚法印作『四十八願釈』第二　解題・翻刻――第十三願～第十八願――」（『論叢　アジアの文化と思想』第二四号、二〇一五・一二）。

4 了誉聖冏『浄土略名目図』題下（『浄土宗全書』十二、六五八頁上）。

5 聖冏『二蔵義見聞』巻四（『浄土宗全書』十二、四二八頁下）。

6 聖冏『浄土略名目図』（『浄土宗全書』十二、六六五頁上）。

7 鈴木英之「聖冏教学における聖徳太子――『説法明眼論』の受容をめぐって――」（拙著『中世学僧と神道』勉誠出版、二〇一二・八）参照。

8 『弥陀本願義疏』（注3前掲「沙門源空記『弥陀本願義疏』解題・翻刻」、三一四頁）

9 『弥陀本願義疏』（注3前掲「沙門源空記『弥陀本願義疏』解題・翻刻」、三三五～六頁）。『弥陀本願義疏』の跋文については、注3前掲拙稿「中世浄土宗における仮託文献――聖冏・聖聡著作を中心に――」で詳細に論じている。

10 聖聡『浄土二蔵鋼維義』（『浄土宗全書』十二、五七四頁上）。

11 聖聡『浄土二蔵鋼維義』（『浄土宗全書』十二、五七四頁下）。『大経直談要註記』（『浄土宗全書』十三、四〇頁下）にも同文が見られる。

12 望月信亨「冏師の学風と其の由漸」（同『浄土教之研究』、一〇〇八～九頁）。

13　証空『観経定善義他筆鈔』巻上（『大日本仏教全書』五七、五三頁下）。『麒麟聖財立宗論』巻二からの引用（注3前掲「『麒麟聖財立宗論』解題・翻刻」、二二九頁）。

14　証空『観経定善義他筆鈔』巻下（『大日本仏教全書』五七、九一頁上）。『麒麟聖財立宗論』巻四からの引用（注3前掲「『麒麟聖財立宗論』解題・翻刻」、二二七頁）。

15　証空『観経序文義他筆鈔』巻第四（『大日本仏教全書』五七、一四頁上、二三頁上）。

16　証空『観経定善義他筆鈔』巻下では、『麒麟聖財立宗論』の引用は、『他筆抄』の異本には見えないとの後世の注（「私云下異無」）が付されている（『大日本仏教全書』五七、九一頁上）。証空の『麒麟聖財立宗論』所持の可否は、慎重に判断する必要があるだろう。

17　良山妙観『初学題額集』（『大日本仏教全書』三、一四一頁上下）。

18　良山妙観『初学題額集』（『大日本仏教全書』三、一三五頁下）。

19　良山妙観『初学題額集』（『大日本仏教全書』三、二二四頁上）。

20　良山妙観『選択口筆』（『続浄土宗全書』十、二二一頁下）、『開題考文抄』（『続浄土宗全書』十、二七二頁上）、『弥陀授記事』（『続浄土宗全書』十、四五二頁上）、『果分考文抄助証』（『続浄土宗全書』十、一六六頁下～一六七頁上）参照。要信『布薩帳中箋』（宝暦頃成立）には「初学題額集〈良山応永二十三年作。良栄等師。冏公同時之人〉」（『続浄土宗全書』十三、三一三頁上）などと見え、本書の成立年には混乱があるようだ。良山の没年は、康安元年（一三六一）とする説が多いが、根拠はよくわからない。『浄土伝燈総系譜』に「康安九年六月十六日寂」（『浄土宗全書』一九、一七頁）とあるのを、あるいは康安元年と判断したものか（康安は元年のみで改元）。なお『阿弥陀仏十劫成仏事』には「至徳第四花春日　良山在判」（『続浄土宗全書』十、三九六頁下）と見えることから、九十五歳という高齢ではあるが、至徳四年（一三八七）頃まで存命していた可能性もある。

21　良山『開題考文抄』中（『続浄土宗全書』十、二五〇頁上～二五一頁下）、同『果分考文抄助証』（『続浄土宗全書』十、一五八頁上）。『果分考文抄助証』では、冒頭に「上宮太子説法明眼論曰」として「釈法身品第十三」からの引用が認められる。

22　注7前掲「聖冏教学における聖徳太子――『説法明眼論』の受容をめぐって――」参照。『浄土宗大辞典』の「浄土略名目図」の項にも「この書は、撰号として源空上人説聖覚法印沙門了誉図とあるが、実際は聖冏（了誉）壮年時代の作である」などと、聖冏の偽作であるとの説が見られる。

23　西誉聖聡『浄土二蔵綱維義』（『浄土宗全書』十二、五七二頁下）。

24 良山妙観『開題考文抄』中（『続浄土宗全書』十、二五〇頁上）。
25 良天『開題考文抄聞書』（『続浄土宗全書』十、二九八頁下～二九九頁下）。
26 酉誉聖聡『大経直談要註記』巻三（『浄土宗全書』十三、四〇頁下）。
27 注3前掲拙稿「中世浄土宗における仮託文献――聖冏・聖聡著作を中心に――」参照。小稿において論を一部修正した。
28 『蓮門類聚経籍録』（『大日本仏教全書』一、仏教書籍目録一、四〇九頁）。
29 成誉大玄『蓮門学則』（大正八三、三三〇頁上）では、『浄土略名目図』『浄土略名目図見聞』『二蔵二教略頌』『釈浄土二蔵義』といった聖冏の代表的な教学書を学ぶべきことが述べられている。
30 近世初頭の『浄土略名目図』『浄土略名目図見聞』の版本については、和田恭幸「杉田勘兵衛刊本の一特色」（『国文学論叢』五二、龍谷大学国文学会、二〇〇七・二）参照。
31 『袋中上人伝』（『浄土宗全書』十七、七二八頁上）。
32 霊誉鸞宿『無量寿経諸解総目』（『続浄土宗全書』四、一七一頁上）。
33 白弁撰『無量寿経巻上集解』第一（『続浄土宗全書』一、八頁上下）。
34 成誉大玄『浄土頌義探玄鈔』巻中（『浄土宗全書』十二、六一八頁下）。大玄については、服部注3前掲論文、東海林良昌「随自顕宗・随他扶宗について――大玄『浄土頌義探玄鈔』を中心に――」（『佛教大学総合研究所紀要』十六、二〇〇九・三）など参照。
35 ただし大玄は、聖冏教学を批判する一方で、中世という時代において、浄土宗の地位向上のためには偽書の使用も仕方がなかったと一定の理解を示している。この微妙な感情の揺れについて考察することも、近世における偽書の受容を考える上で必要となるだろう。
36 服部淳一「『聖冏禅師五百年遠忌記念帖』における聖冏像」（『仏教論叢』四七、二〇〇三・三）参照。明治九年「浄土宗学制」における学科制則からは、聖冏著作の修学が外されている。

韻類書をめぐる断章
―五山僧習学の一面―

住吉　朋彦

一

室町期の建仁寺僧、東沼周曮の『流水集』巻五に、次のような文章がある。[注1]

韻書跋〈虎山和尚、以韻書兩部見惠季衡座元也。〉

廬陵劉辰翁韻書序云、氣者天地母、聲與氣同時而出者。其有以乎。

今觀虎山大和尚、開席于鹿苑之日、季衡公最前應命、而詣于函丈。爰大和尚、賜公以韻書、金紙而表褙者兩部。不亦榮哉。

夫大和尚、故將軍及今將軍之棣蕚、而其氣宇也侔覆燾。則向之所謂天地之母云者謂乎。而聲與氣同時而出者、公之於大和尚之謂乎。

吁、係是言之、斯兩部之寶書、天下之至寶也。十襲而祕焉、鼠子之牙、蠹魚之腹、其防之云（私意改行）。

韻書の跋〈虎山和尚、韻書両部を以て季衡座元に恵まるるなり。〉

廬陵劉辰翁の韻書の序に云はく、気は天地の母なり、声と気とは時を同じくして出づ、と。それゆへあるかな。今おもんみるに虎山大和尚、席を鹿苑に開く日、季衡公　最前に命に応じ、而して函丈に詣る。ここに大和尚、公に賜はるに韻書の、金紙にて表褙するもの両部を以てす。また栄えあらざらんや。

それ大和尚、故将軍及び今の将軍の棣蕚なり、而るにその気宇たるや覆燾を侔しくす。則ちさきに謂はゆる天地の母と云へるはその謂ひか。而して声と気とは時を同じくして出づとは、公の大和尚に於けるの謂ひか。ああ、これに係りて言はば、この両部の宝書、天下の至宝なり。十たび襲ねてこれを秘し、鼠子の牙、蠹魚の腹、それこれを防げと云ふ。

その大意をとれば、次のような内容であろう。

廬陵の人、劉辰翁の韻書の序に、次のように言う、気はこの世の母胎である、ことばの音[注2]は、その気と同時に生じたのである、と。語音とは、それほど由来の深いものである。

さて、虎山大和尚が相国寺鹿苑院の塔主となり説法を始めた日、季衡公は真っ先にお召しに応え、和尚に師事されたが、その時大和尚は、公に金箔を押して表装した韻書二部を賜った。実に栄えある慶事ではないか。この大和尚は、故将軍殿と、今の将軍殿のご兄弟に当たられ、その人物の大きさは、天下人にも等しい。とすれば、先ほどの序に述べていた天地の母というものは、大和尚のような存在がそれに当たられるのではないか。そして気とともに語音を生じたというのは、季衡公が虎山和尚に導かれて才能を発揮される、そのご様子に相応しいことばではなかろうか。

ああ、それを踏まえて言うならば、これら二部の貴書は天下の至宝である。末永く秘蔵し、鼠や紙魚の害を防いでほしいものである。

これは、泰初の元気とともに語音を生じたとする劉辰翁の説を借り、鹿苑院に住持したばかりの虎山和尚が、季衡公に韻書二部を授け薫育を始めた様子を擬えて讃え、件の韻書の跋としたものである。

虎山和尚、法諱は永隆。俗系は足利義満の子である。[注3] 跋中「故將軍及今將軍之棣蕚」と言うのは、足利義持、義教を兄に有つことを指す。虎山は応永十年（一四〇三）の生まれ、父義満の開いた相国寺に入って常徳院の徒弟となり、空谷明応に嗣法して臨済宗夢窓派の僧となった。嘉吉元年（一四四一）義満の塔所である鹿苑院の塔主を嗣ぎ、翌年相国寺住持の公帖を得たが、入寺せずに示寂した。前掲の跋が書かれたのは、嘉吉元年から間もない時期のことであろう。

季衡公とは、貴人の子弟と見られるが、詳細未詳、本跋の題注にあるように、この時、座元、即ち官刹の前班の首座の地位にある禅僧とのみ知られる。その地位から見て、季衡とは彼の道号であろう。この人物については、後段に再説したい。

劉辰翁、字は会孟。江西廬陵の人。宋景定三年（一二六二）科挙の廷試に進んで対策及第したが、宰相の賈似道に逆らって官途に就かず、在野のまま宋朝の滅亡を見る。元の世には隠居し処士として終わった。詩文の制作と批評に長け、『杜工部詩集』や『東坡先生詩』の批点者として広く五山僧に知られた人物でもある。

ここに劉辰翁の韻書の序として引用された文章は、黄公紹、熊忠編述の『古今韻会挙要』（以下「韻会」と略称）に附された序の、冒頭部に当たる。この序は〔元〕刊本以下、古活字本系統を除く全ての版種に備わっている。[注4] そこで、虎山和尚が季衡公に贈った韻書の、少なくとも一部はこの『韻会』であり、東沼の跋はそれに因んで撰文されたと推される。

『韻会』は、『広韻』系統の韻部に従いながらこれを合併し、南宋時代から通行した平水韻（一〇七韻）を採用する韻書で、もと宋末元初の処士黄公紹が編集し、字書、韻書を始めとする浩瀚な用例の収録を特色とした。この黄氏編集が浩瀚に過ぎたため、熊忠が、科挙に用いる『礼部韻略』の採録を中心に選字再編し、出版に供した書物である。[注5] 鎌倉末南北朝以降にわが国でも襲用され、元明版が多く伝存する他、応永五年（一三九八）には五山版が刊行されている。

禅僧がこの書を好んだ理由は様々に推測されるが、六経や正史、諸子、別集の古典を網羅した出処の掲示が、典拠の索引を容易にしていることから、五山文学に於ける、読書習学と作文注解の両面で、重用されたと考えられる。また、既に屢々言及されるが、[注6] 文明十八年（一四八六）亀泉集証が足利義政のために東求堂同仁斎に置いた五部の漢籍に含まれ（『蔭涼軒日録』同年三月二十八日条）、帝王の教養を支えるべき典籍として仮託され、その権威は俗家にも及んだ。

東沼の「韻書跋」の記述は、そうした『韻会』への依拠が、室町期禅林の貴種周辺で醸成されていたことをよく伝えており、貴重である。

二

東沼の「韻書跋」には続篇がある。同じく『流水集』巻五に、前篇に続け、次の文章を収録する。

又

故将軍玉季鹿苑虎山大和尚、稱左街之僧禒〔錄〕日、天下毳衲、望塵趨風。于時季衡公、應召而臻大和尚、咲譚之次、見惠羣玉之韻書。

夫公之爲人也、起自羣玉、而其先師牧潛禪師。廼天下無雙、比其德於玉、然則所謂瑩者瑛者、瓊者璿者、山玄者水蒼者。其有以哉。向之望塵趨風者、仰而羨俯、而羞焉耳矣。

然則茲書、其可珍藏而重也。予昨以公梯媒、忝冐位于千光王名藍、蓋霑一時之恩者邪。故於是乎跋焉（同）。

又

故将軍の玉季　鹿苑虎山大和尚、左街の僧録を称する日、天下の毳衲、塵を望み風に趨く。時に季衡公、召しに応じて大和尚に臻り、咲譚の次いで、群玉の韻書を恵まる。

それ公の人と為りや、群玉より起こり、而してその先師は牧潛禅師なり。廼ち天下に双びなく、その徳を玉に比ぶれば、しからば則ち、謂はゆる瑩なり瑛なり、瓊なり璿なり、山玄なり水蒼なり。それゆへあるかな。さきの塵を望み風に趨く者は、仰ぎて羨俯し、而してこれに羞づるのみならん。

然らば則ちこの書、それ珍蔵して重んずべし。予　昨に公の梯媒たるを以て、忝なくも位を千光王の名藍に冐す。蓋し一時の恩に霑ふ者か。故に是に跋す。

その大意は以下の通りであろう。

故将軍の末の弟君に当たられる、鹿苑院の虎山大和尚が、僧録司に就任された日、天下の僧侶たちは和尚を崇仰し、挙ってその教風に靡いた。この時に当たり季衡公が、お召しによって大和尚の房室に至り、親しく談笑を交わされた際、群玉と称すべき貴重な韻書を授けられた。

季衡公は、もと群玉と称される建仁寺より身を起こされた方で、その師は牧潜禅師である。公の人物は天下にならびなく、その人徳を玉に譬えれば、いわゆる瑩であり瑛であり、瓊であり璿であり、山玄であり水蒼と称すべきである。実に機縁の深いことだ。前に述べた、虎山大和尚に服する者たちは、公をも仰ぎ羨み、そして自ら恥じ入るであろう。

そう考えてみるとこの書物は、特に珍蔵し貴重すべきである。私はかつて、公の教導に当たった功績から、恐れ多くも名刹建仁寺住持の地位を辱めることとなった。時勢の恩沢に与った者と言わなくてはならない。

そうした経緯から、この書物に跋文を記すのである。

これは、玉を縁語とし、建仁寺出身の季衡が、鹿苑僧録の虎山永隆に依怙を被り、韻書を恵まれた顚末を、季衡との縁故を以て建仁寺住持となった、東沼周曮の綴った文章である。

まず縁語として用いられた「瑩」「瑛」「瓊」「璿」は、いずれも美玉の類であるが、「山玄」「水蒼」も、『礼記』玉藻篇に「君子無故、玉不去身、君子於玉比德焉。天子佩白玉而玄組綬、公侯佩山玄玉而朱組綬、大夫佩水蒼玉而純組綬（下略）」とある語で、山玄は公侯、水蒼は大夫の佩する玉の称であって、君子の徳の象徴である。

またこの後跋では、韻書贈与の一件と、建仁寺との関係が述べられる。これはまず、建仁寺を群玉府と美称する習慣に掛けたもので、千光国師明庵栄西を開山とすることから、「千光名藍」もその称謂である。跋を記した東沼は、同寺大統院内の嘉隠軒の徒。同軒は、足利義満の庶兄である柏庭清祖が構え、夢窓派の根拠地とした寮舎である。嘉隠軒と鹿苑院とは、寺門こそ異なれ、法系俗系の双方で結ばれていた。この嘉隠軒に学んだ東沼は、柏庭の直弟である游叟周藝に嗣法した。

後跋中、東沼は「昨」に建仁寺住持となったと述べているが、東沼は嘉吉二年（一四四二）、五十二歳で同寺第百五十八世を嗣いでいる。他の可能性もあるが、もし「昨」に「昨年」の意を汲めば、本跋は嘉吉三年の撰文ということになる。

建仁寺出身で、東沼の教導を得た季衡も、嘉隠軒の学侶であった可能性が高い。季衡の師を牧潜禅師と称するが、この名は『流水集』に頻出し、玉村竹二氏は游叟周藝を指すかと推量されている。[注7] これを是とすれば、季衡も東沼と同門ということになり、法系上の縁故は瞭然とする。なお系譜上、東沼の法弟に、道号不明の「周全」と称する者を登載するが、しかし人物の異同は定め難い。

現在、国立公文書館内閣文庫に、この嘉隠軒旧蔵の〔元〕刊本の『韻会』を収めている（別四九・八、二十冊）。[注8] 該本は毎冊首に方形陰刻「嘉隠」の朱印記を有ち、十数本を算える同版本の中に於いても、最早印の部に属する。また該本は近世以降、大統院の古澗慈稽に学んだ林羅山の所有に帰しているから、中世末まで大統院にあったことが伺える。これを俄かに季衡受贈本に比定することはできないが、前後両跋の記述と該本の伝来には、共通の背景を存するのであろう。

さて、後跋の「韻書」は、「玉」「群玉」の縁語に修飾される点から見て『韻会』ではなく『韻府群玉』（以下「韻府」と略称）を指すと思われる。『韻府』は元の陰時遇（字時夫）、陰幼達（字中夫）の兄弟（時遇が弟）が編集した、韻部に基づく類書で、南北朝以来五山禅林に流行した。同書は平水韻（一〇六韻）の下に文字注と韻藻を収めた編集である。韻藻とは、当該の字を末尾とする語の集成で、詩嚢を肥やし韻事に用いるための工夫である。同書ではその韻藻に、さらに典拠用例が附記されており、伝統的な四部分類では類書摘錦之属と見なされるに至った。同書が五山周辺の学藝に極めて大きな影響を有ったことには、贅言を要しないであろう。

東沼の前跋に見えた「韻書兩部」とは、『韻会』『韻府』それぞれ一部の意に解される。前者は類書の如き充実を特色とする韻書、後者は韻部によって編成された類書で、現行分類中の所属は異なるが、実践的、世俗的な編集の精神は極めて近く、私にこれを「韻類書」と総称している。[注9] 東沼二跋の言及は、我が室町期五山に於いても両書が双部と見なされ、官刹への出世を目前に控えた貴種出身の座元に対し、個人専用の両書が準備されたことを伝えており、五山僧の学問傾向、習学の階梯を知る上で、極めて意味深長である。

なお残念ながら、『韻府』の現存本中に、嘉隠軒周辺の使用を示す伝本は見出されない。

三

また同じく東福寺僧、季弘大叔の『蔗庵遺藁』には、次の文章がある。

書押韻集後

我友太極、遘世方擾、辟兵山中、杜絶人事、四換青黄。澄慮之暇、古策過目、聊以爲樂。餘無所用心、因出新機杼、作押韻一集、顯爲倡〔偈〕頌、詩章、聯句而設焉。

海東之州、只我禪苑之士、遊刄於詩、詩之製、不出於五七言、小律及聯句詩。然而詩自有詩語、聯句自有聯句語、睹於韋柳韓孟而可見焉。

古來押韻之作、不爲不夥、第止于詩家之語、不相渉於偈頌、以爲憾焉。大〔太〕極之此作也、偈頌以吾徒之先務、寘之於首。詩之與句、岐而作二而次焉。摘語太簡、觸類而分、可謂能知所擇焉。豈曰之小補矣哉。

余嘗聞之、好詩在好韻。凡從事於吟咏、毎若〔苦〕好韻之難得。是以冥捜窮日、而有章猶不成者、由用韻古人之不如焉。

此集一披展之頃、瞭瞭而體備矣。只能目常熟之、停思於其間、則無入而非古人之好處也。譬如開羣玉之府、圭璋琳璆、粲然陳列。庶幾其博施溥散、俾人人而沾其賜矣夫。文明壬辰仲秋。

押韻集の後に書す

我が友太極、世の方に擾るるに遘ひ、兵を山中に辟くるや、人事を杜絶し、四たび青黄を換ふ。澄慮の暇、古策に目を過ぎらしめ、聊か以て楽しみと為し、餘は心を用ひる所なし。因て新たに機杼を出し、押韻一集を作り、顓ら倡頌、詩章、聯句の為にして設く。

海東の州、只だ我が禅苑の士、刄を詩に遊ばしめ、詩の製れるや、五七言、小律及び聯句の詩より出でず。然れども詩に自ら詩語あり、聯句に自ら聯句の語あり、韋柳韓孟に睹、而して見るべし。

古来押韻の作、夥しからずとなさざるも、第だ詩家の語に止まり、偈頌に相ひ渉らざること、以て憾みとなす。太極の此の作や、偈頌は吾徒の先務たるを以て、これを首に寘く。詩と句と、岐けて二に作り、而して次ぐ。語を摘すること太だ簡にし、類に触れて分く、能く択ぶ所を知ると謂うべし。豈に小補ありと曰はざらんや。

余嘗て聞く、好詩は好韻にありと。凡そ吟咏に従事するに、毎に好韻の得難きに苦しむ。是を以て冥捜して日を窮め、しかれども章の猶ほ成らざるがごときは、韻を用ふること古人の如らざるに由る。

此集一たび披き展く頃、瞭瞭として体備はれり。只だ能く目して常に熟し、思ひをその間に停むれば、則ち入りて古人の好処に非ざることなきなり。譬へば羣玉の府を開けば、圭璋琳璆、粲然と陳列するが如し。庶幾はくはその博く施し溥く散じ、人人をしてその賜に沾はしめんことを。文明壬辰の仲秋。

次にその大意を示そう。

我が友人の太極は、世の戦乱に遭って兵を山中に避け、人事交際を絶って四年を過ごした。修禅の餘暇、古籍に目を通して楽しみとする他に、関心を寄せることがなかった。その成果として新たに工夫を編み出し、押韻集を作り、専ら偈頌、詩、聯句のために一部を設けた。日本ではただ、我ら禅林の文人は、作文の力を詩にのみ発揮し、その作品は五七言の絶句、律詩と排律の範囲を出ることがない。しかし詩には詩語、聯句には聯句の語というものがあることは、韋応物、柳宗元、韓愈、孟郊の作を見れば理解される。

昔から韻語集の作品は少なくないが、俗詩の作に止まって、偈頌に及んでいないことは残念である。太極のこのたびの作は、偈頌の制作は禅侶の先務であることから、これを初めに置いている。また詩と聯句とを二に分け、偈頌の次に置く。摘語の記事は簡要で、意味に従って分類しており、選んだ記事の内容がよく把握されている。どうして役に立たないということがあろうか。

嘗て私は次のように聞いた。好詩の優れた点は好き韻字の選択にあると。およそ詩作に携わっていると、いつも韻字を得ることに苦心する。そのような理由から闇雲に字を探して日を過ごし、それでも一章さえ成らないようなことがあるのは、韻の用い方が古人は異なっていたことに由る。

この押韻集を一たび開いてみると、目にもはっきりと体式が整っている。ただ目をさらして熟覧し、念慮を記事の上に置けば、それだけで古人の作の優れた部分に分け入ることとなる。それは例えば群玉の殿堂を開けば、圭璋、琳璆といった美玉が、輝きを放って敷き並べてあるような壮観である。本書が広く供され普く伝わり、一人一人がその恩恵を被ることを望みたい。文明四年壬辰の仲秋に記す。

これは、『碧山日録』の記者として名高い、太極蔵主の作った『押韻集』という編著を、交流のあった季弘大叔が紹介し、跋とした作品である。[注10]

太極は法諱未詳、応永二十八年（一四二一）生、臨済宗聖一派桂昌門派の人。古源邵下の法系を引き、東福寺桂昌庵内に霊隠軒を営んだ。応仁文明の乱が起こると、応仁二年（一四六八）八月、知己のある木幡に移住した。この年で『碧山日録』が途絶えるため、以後の動静は不明、本跋によって修禅と読書編集に費した生活の一斑が垣間見える。四たび青黄を換ふ、即ち糧食の旧米を新米に替えること四度に及んだというのであるから、文字通りに取れば文明三年（一四七一）または四年秋まで山中に在ったことになる。以後の経歴は知られない。

跋の著者季弘も『蔗庵日録』の記主として著名であるが、やはり応永二十八年（一四二一）の生まれで、太極と同年であった。聖一派の荘厳門派の人。太極と同じく雲章一慶に就くなど、学藝上の同輩でもある。応仁文明の乱が始まると南都に避難したが、ほどなく東福寺に戻っている。生涯栄達を求めなかった太極とは異なり、東福寺住持から、文明十六年（一四八四）には南禅寺の公帖を受けるに至り、長享元年（一四八七）に歿した。『蔗庵日録』は文明の後葉、堺での晩年の記録であり、『押韻集』のことは見えない。

さて今日、この『押韻集』の本文は伝わらないようである。しかしその内容は、跋の記述により、次のようなものであったと整理される。まず韻部に基づく編集である（「押韻之作」）。韻部に分け、韻字ごとに例句を集めたのであろう。次に、各韻字内の記事は、偈頌、詩、聯句の三段に分けられている（「偈頌以吾徒之先務、賓之於首。詩之與句、岐而作二而次焉」）。さらにその記事について、例語の掲出は簡要を宗とし、意義分類が加えられている（「摘語太簡、觸類而分」）。季弘はこのような編集内容を挙げ、その新機軸を謳っているのである。しかしその基本的な構造は、私にいわゆる韻類書と同様である。

『押韻集』のような和製の韻類書は、その基本的な発想を『韻府』に負っている。『押韻集』の場合、本文に就いてこれを確かめる術はないが、跋に「譬如開羣玉之府」としていることから推量される。『韻府』の影響は、その本文の引証や取材の他、その機軸を応用した同類の編著を、数多く導き出した点にも求められる。

またもう一点、『押韻集』の下敷きとされた書物が指摘できる。それは、虎関師錬の作った『聚分韻略』（以下「韻略」）である。『韻略』は、『広韻』二百六韻に沿い、同用、通用を合併した百十三韻の組織を持ち、韻部の中を、乾坤、時候、気形、支体、態藝、生植、食服、器財、光彩、数量、虚押、複用に分け、意義分類を加味した編集である。『押韻集』採用の韻部の数はわからないが、「觸類而分」とあるのは、韻部の下位の韻字に意義分類が施されている様を言うのであろう。こうした推量を加えるのは、同様の類例を存するからである。

東福寺不二庵の彭叔守仙に『増禅林集句韻』の編集がある。この作品は同類の和製韻類書中最大の規模を有ち、天文十八年（一五四九）から二十年の間に増修された。同書は『広韻』に基づく合併百十三韻の下、韻字に十二門の意義分類を加えたもので、全く『韻略』を下敷きとした編集である。韻字の意義分類は『韻略』独特の趣向であり、他に一百十三韻に基づく別編の『禅林集句韻』もあって、東福寺周辺でこのような編集が盛行した形跡がある。『増禅林集句韻』の自跋には「夫禅林集句韻者、我叢社無長無少、秘于篋笥輩惟夥矣」とあって、名称こそ異なるが、室町期に於ける同類書の簇生が指摘され、『押韻集』の背景には、嘗て東福寺の学問を領導した虎関『韻略』を敷衍する習慣が想定されるのである。

なお彭叔の『増禅林集句韻』は、『韻府』の記事の提要に続いて、内典、外典の当該句を増補する形であり、偈頌を大量に含んでいる。『押韻集』は、こうした偈頌収録の先蹤として影響を与えた可能性がある。また外典を詩と聯句に分けた点については、他に類例を聞かないため、同書の独自性が認められるであろう。

こうした韻類書の編集は、老成した文学僧により、その晩年近くまで孜々営々と続けられたのであり、五山禅林の学僧に於ける、生涯に渉った習学の跡を止めている。このように三篇の跋を見てくると、韻類書の伝承、増修の過程に五山文学の特色が胚胎し、近世に至る書物と学問の水脈を形成した様子が看取されよう。

注

1 建仁寺両足院蔵延徳三年（一四九一）月翁周鏡跋写本に拠り、玉村竹二氏『五山文学新集』第三巻（東京大学出版会、一九六九）の翻印を参考とした。

2 劉辰翁の序には「氣者天地母也。聲與氣同時而出。有聲卽有字、字又聲也」とあり、この「聲」は「字」と不即不離の事柄として説明され、字音一般を指している。つまり、漢語の最小単位に応ずる一音節、漢字に対応することばの音としての側面というほどの意であり、ここでは「ことばの音」或いは「語音」と訳した。

3 玉村竹二氏『五山禅僧伝記集成』（講談社、一九八三）参照。以下全般に渉る。

4 拙著『中世日本漢学の基礎研究　韻類編』（汲古書院、二〇一二）第一章参照。

5 花登正宏氏『古今韻会挙要研究　中国近世音韻史の一側面』（汲古書院、一九九七）参照。

6 救仁郷秀明氏「書斎考」（正木美術館編『水墨画・墨蹟の魅力』吉川弘文館、二〇〇八）、小川剛生氏「禁裏における名所歌集編纂とその意義――後陽成天皇撰『方輿勝覧集』を中心に――」（吉岡眞之、小川剛生両氏編『禁裏本と古典学』塙書房、二〇〇九）、同氏『足利義満』（中央公論新社、二〇一二）及び注4拙著、拙稿「『方輿勝覧』版本考」（『斯道文庫論集』第四十九輯、二〇一五）。

7 玉村氏注1著書、『流水集』解題。

8 注4拙著参照。

9 注4拙著及び拙稿「韻類書の効用――禅林類書試論――」（『室町時代研究』第三号、二〇一一）参照。

10 本篇については玉村竹二氏「『碧山日録』記主考」（『歴史地理』第八十八巻第二号、一九五七、『日本禅宗史論集　下之二』〈思文閣出版、一九七九〉再録）に言及紹介があり、本文の校訂を含め参考とした。

Ⅳ　伝授と新たな法の創生

真言密教の伝授・口伝と抄物・聞書

西　弥生

はじめに

真言密教を伝持する諸寺院においては、「鎮護国家」や「現世利益」をはじめとする世俗社会からの様々な所望に応じる中で、多彩な法会が勤修され脈々と相承されてきたが、法会の相承を支えたものは、代々重ねられてきた師資間の口伝の伝授にほかならない。

仁和寺御室法助（一二二七〜一二八四）が置文に認めた、「凡於真言教者、不似顕宗之儀、不師資口授者、雖有秘書・秘抄、更不能依用」との一節は、伝授という行為を重んじる、真言密教における基本的姿勢を端的に示している（年月日未詳「法助置文案」[注1]）。「口授」とは一般的には「直接に口で言って教えること」を意味し、「口伝」と同義とされる（『日本国語大辞典』）。真言密教においては、伝授や法会を通じて多くの「秘書」（秘すべき書物）・「秘抄」（秘すべき抄物）[注2]が生み出され代々相承されてきたが、「法助置文案」に見られる右の文言の意味するところは、「口授」すなわち様々な作法や所作等をめぐる口伝を師から直接授けられることなしに、これらの「秘書」・

「秘抄」に依拠することはできないということである。別言すれば、「秘書」・「秘抄」は「口授」があってはじめて機能し得るものだったのである。

真言密教において伝授が重視されていたことを示す一例として、「東宝記」第五「一当寺代々御修法勤例」に見られる次の記事が挙げられる。この記事には、暦仁元年（一二三八）十一月二十八日における東寺長者真恵による仁王経法の勤修の是非をめぐって、見解の相違が記されている。

道宝僧正奏状云、仁王経法者、根本大師御勤行之後、当流祖師聖宝僧正、観賢僧正、仁海、範俊、勝覚、厳覚、定海、寛信、元海、明海等、至保元三年代々同偏〔篇〕、小野流修之、而永暦元年、二品親王始令修給、是則代々御室、召小野法匠令習学、当流大事等給之間、為顕博学所令勤修給也、雖然於凡人者、曾無其例之處、去嘉禎四年、大僧正真恵○《為》寺務長者之時、於此法者、於東寺講堂被○《勤》修之條、為本儀、然者寺務長者当其仁之由、平申請之間、不及相承之沙汰、令勤行候畢、是則四条院御宇也、已非吉例、其後資被准的、良恵僧正、定親僧正、道勝、道融等、面々勤行、是非正道候歟、■已上道宝奏状、

この一件では、真言密教の二大法流である小野・広沢両流のうち、代々小野流が勤修してきた仁王経法について、広沢流の「凡人」が勤修したことが論点となっており、「不及相承之沙汰」とは仁王経法に関わる口伝の伝授を受けていないことを意味する。小野流の師からの「大事」相承を前提として、仁和寺御室が仁王経法を勤修してきたことに対し、それは博学たることを顕示するものとして勤修寺道宝は受け止め、批判も否定もしていない。しかしながら、広沢流の「凡人」による勤修の先例はかつてないと強く批判している。

つまり、この記事からは、仁王経法の勤修資格をめぐって二つの考え方があったことがわかる。一つは、仁王

経法の本来の勤修場所は東寺講堂であったという由緒を重んじ、東寺講堂での勤修を担うべきは東寺長者であるとする考え方で、もう一つは、仁王経法を代々勤修してきた小野流の口伝の相承者が勤修にあたるべきとする、法流優先主義に基づく考え方である。こうした二つの見解が衝突したが、結局、前者の論理に基づいて真恵による勤修がなされ、その後も広沢流の「凡人」による勤修が重ねられた。しかし、それに対して「非吉例」・「非正道」との批判がなされており、法会勤修の前提となる師資間の口伝の伝授が、真言密教の法脈に連なる諸僧の間でいかに重視されていたかがうかがえよう。

そこで本稿では、真言密教における「伝授」の内実や意義について、改めて考え直してみたい。まずは真言密教における基本的な伝授の流れをおさえておきたい。真言密教では十八道・金剛界・胎蔵界・護摩の伝授からなる四度加行に次いで伝法灌頂が行われ、伝法灌頂を受けた者に対して諸尊法伝授が行われる。[注3]真言密教を伝持する諸寺院は、教相（教義）と事相（教義に基づく実践）を柱に存続を遂げてきたが、平安院政期以降は特に「鎮護国家」と「現世利益」に対する社会的期待を背景に、その実現に直結する事相、特にその具体的表現である修法（祈禱）の勤修を前面に掲げて発展を図っていった。よって本稿においても、一連の伝授のうち特に諸尊法伝授のあり方に着目することとしたい。

具体的には、①真言密教において、諸尊法伝授はいかなる姿勢と心得のもとで行われたのか、②諸尊法伝授はいかなる媒体に基づいて行われ、その過程ではどのような聖教が生成されたのか、③寺院社会において真言密教の伝授という行為はいかなる社会的意味をもったのか、という三つの観点から論を進めていく。但し、本稿において、伝授の具体相について通時代的に論じることは難しいため、伝授の基本的なあり方が確立していたとみなされる鎌倉後期を中心に見ていきたい。

一　伝授に際しての心得

真言密教を伝える寺院社会では、法会の勤修や口伝の伝授などの営みに伴い、宗教的色彩を濃厚にもつ多彩な聖教が生み出されたが、それらの聖教は、単に法会の内容や師の教説を記録したものとしての現実的な役割を越えて、法流の相承を象徴するもの、相承の証として尊重されていた。その様子が具体的にうかがえるものとして、室町前期に成立した醍醐寺光明心院弘鑁撰「醍醐鈔[注4]」に次のような記事がある。

覚洞院勝賢御弟子実継云人アリキ、始勝賢此実継付法弟子思召、或時勝賢御病気アリ、其時既付法義治定アリ、爾御病気ヤカテ本復アリ、其後大事聖教申出、実継書写セラレタリ、或時実継書損紙端地吹落、其任取不上被置タリ、夫勝賢被御覧、加程無正體人付法思事、返々口惜事哉思召、彼人スサミテ成賢付法也、

この記事によれば、醍醐寺勝賢（一一三八~一一九六）は実継を正嫡とする心づもりをしていたようである。実継は勝賢から正嫡相承の「大事」に関する伝授を受けるにあたり、それを記す聖教を給わり書写していたと見られるが、書き損じの紙片が手元から下へ落ちたにもかかわらず放置していた実継の様子を目の当たりにした勝賢は、惜しみながらも実継を嫡弟とするのをとりやめ、成賢を正嫡としたという。つまり、たとえ小紙片であったにせよ、実継の対応は聖教の扱いに対する鄭重さに欠けるものと勝賢には映り、正嫡相承の資質の有無の判断につながったわけである。ここに記された出来事が実際にあったか否かを実証する術はなく、伝授を受けようとする者への誡めにすぎないかもしれないが、当時の寺院社会において、聖教およびそこに記された口伝がいかに重んじられ

ていたのかがうかがえよう。真言密教における法流の相承は、師資間における聖教の書写と伝授が媒介となっていた以上、聖教を尊重する姿勢が第一に求められたのは当然のことともいえる。

伝授に際しての受者側の姿勢に関し、以下に取り上げる延慶二年（一三〇九）五月二十二日「釼阿起請文」[注5]および正和五年（一三一六）三月二十二日「釼阿起請文」[注6]からも、諸尊法伝授を受けるにあたって師から求められた諸条件に対する受者釼阿の対応の一端が知られる。「御流相承血脈」によれば称名寺第二代釼阿（一二六一～一三三八）は、亀山天皇の皇子で下河原宮と称した益性より仁和寺御流の伝授を受け[注7]、その血脈に連なった。この御流の確立には仁和寺御室守覚が大きな役割を果したとされ[注8]、守覚の後、道法—道助—道深—法助—頼助—益助—益性—釼阿との流れで鎌倉に伝えられた。本章で取り上げる「釼阿起請文」二通からは、益性から釼阿への諸尊法伝授が行われる前提条件として、両者の間でいかなる約束が交わされたかを読み取ることができる。伝授をめぐる誓約事項は、伝授の媒体・方法や伝授内容とも密接に関わるものであることから、以下、煩雑ながら両起請文の全文を順に検討していきたい。

1　延慶二年五月二十二日「釼阿起請文」の条文

延慶二年（一三〇九）五月二十二日「釼阿起請文」は、「自下河原宮（益性）返給起請文事」、「所授賜尊法作法等事」との文言から始まる（以下、起請文Aとする）。益性は諸尊法を釼阿に伝授するに先立って、守るべき条々を記した起請文の提出を釼阿に求めたものと見られる。益性からの指示に従って釼阿は起請文を認め、益性はその内容を確認した上で釼阿に返却したのであろう。以下、五箇条からなる起請文の内容を順に見ていきたい。（①～⑤までの番号は便宜上、筆者が付したものである。）

①「一、不漏一紙半紙、可奉返御門跡事、」

諸尊法伝授が行われる際、受者は伝授の媒体とされる次第を予め書写した上で伝授の場に臨み、師僧から口伝を授けられるのが通例であった。釼阿が益性より伝授された聖教を列記した「御流作法」[注9]によれば、「法金剛院理趣三昧開白導師次第」・「法金剛院理趣三昧結願導師次第」以下、釼阿は延慶二年、一〇六帖にわたる多くの次第に基づく伝授を受けていることが知られる。伝授に先立って釼阿はこれらの次第を益性より借用・書写し、伝授の場で授けられた口伝を書き入れていったと推察され、それらの次第を含め借用した聖教は、一期ののちは一紙・半紙たりとも手元にのこさず、全て「御門跡」（仁和寺上乗院）に返上することを誓言した条文として①は理解される。なお、冒頭に「心中誓願条々事」との文言をもつ同年十月二十七日「釼阿起請文」[注10]にも「所賜預御次第、不可他散事」との一箇条があり、益性が次第の散失に少なからぬ注意を払っていたことがうかがえる。

②「一、雖奉返正本、若有写本、同可副進事、」

師僧や代々祖師の手になる「正本」が法流相承の証として重んじられ、書写した後に返上が求められたことは①の条文の通りであるが、伝授を受けるにあたっての約束事項として、作成した「写本」の返進も合わせて求められた。「写本」であっても万一散失した場合、法流内で代々相承されてきた秘事が漏れ広がることを危惧し、「正本」と「写本」との一体的な返上が伝授にあたっての条件とされたのであろう。

③「一、仮名注、同可返事、」

先述の通り、伝授に先立って受者は諸尊法次第等を書写し、伝授の場では、法流において代々相承されてきた要語・要文の訓読についても師僧から口伝を授けられる。したがって、次第本に書き込まれた仮名の注記・傍注も本文と同様に重んじられていたことから、一期ののちは返上するよう求められたと理解される。

④「一、縦為一事一言、不可抄留事、」

益性から借用した聖教から文言を抄出し、そのまま手元に留め置くことは一切しないと誓言した条文である。

⑤「一、雖一両説、以御流口決、不○〈可〉授門弟事、」

御流の口決を益性の許可なく門弟に伝授しないことを誓った条文である。門弟の資質に応じて口伝を伝授し、特に嫡弟と定めた者に対して正嫡相承の口伝を伝授するのは真言密教における通例であったが、御流においては伝授を媒介とする口伝の拡散に慎重な姿勢をとっていたことがうかがえる。

なお、納富常天氏によれば、「このような益性の姿勢は、東国における仁和寺御流の純粋性を保つ大きな要因になったが、その反面あまりにも閉鎖的になった関係から、自らその発展を阻害したことはいうまでもない」と指摘されており[注11]、伝授を通じた一門の拡大に対して必ずしも積極的でなかった様子は⑤の条文にも表れているといえよう。

以上が延慶二年五月二十二日「釼阿起請文」から知られる、伝授をめぐる誓約事項である。

2　正和五年三月二十二日「釼阿起請文」の条文

「敬白　起請文條々事」との一文から始まる正和五年（一三一六）三月二十二日「釼阿起請文」（以下、起請文Bとする）も、起請文Aと同様に御流の伝授に関する誓約が記されるが、「秘抄（鈔）」をはじめとする諸尊法次第についての具体的な記述が含まれる点で注目される。なお、以下の①～⑥のうち、⑥は紙背に記されている。

①「一、秘抄（鈔）廿二帖、不可授門弟事、」

仁和寺御室守覚が醍醐寺勝賢から受けた小野流の伝授に基づいて撰述した諸尊法次第である「秘抄《鈔》」に関しては、益性の許可なく門弟に対して伝授しないことを誓約した条文である。金沢文庫所蔵の「秘抄《鈔》」巻十には、釼阿自筆の奥書として、

延慶三年五月廿一日、下賜　上乗院宮御秘本、書写交点畢、　　釼阿（花押）
翌日、奉伝受了、

とあり[注12]、この起請文に先立つ延慶三年（一三一〇）に「秘抄《鈔》」の伝授を受けていたことが確かめられる。なお、（年未詳）三月十四日「益性法親王書状」にも、「但秘抄《鈔》并重書等事、雖為寵愛法器弟子、容易不可被授之、若一人為法命相続可被付属者、雖隔堺、愚僧存命者、可被示合」との文言が見られ[注13]、「秘抄《鈔》」およびその他の重書については、いかに寵愛し資質を備えた弟子であっても容易に伝授しないようにという益性の諫言がある。また、法流相承のため嫡弟に伝授を行う場合には、益性存命中は事前に互いに示し合わせることも釼阿に要求している。この書状も右の条文①と密接に関わるものとして位置づけられる。

②「一、四巻二帖重抄、同不可授門弟事、」
勧修寺興然（一一二〇~一二〇三）によって撰述された、小野流の諸尊法次第である「四巻」も、「秘抄《鈔》」と同様に勝手に門弟への伝授をしないことを誓った条文である。

③「一、野月・沢見等御流方事、随御免一人に授人候者、可授其仁候由、兼可申案内事、」
「野月抄」と「沢抄」はともに仁和寺御室守覚によって撰述された諸尊法次第で、前者は醍醐寺勝賢から守覚に伝授された小野流の諸尊法次第を、後者は永厳から覚成へ、覚成から守覚へと相承された諸尊法をめぐる口伝

を類聚したものである。いずれも「御流方」の聖教として重んじられ、特定の一門弟に伝授する場合は事前に益性に申し出ることを誓言している。

なお、関連するものとして、延慶二年十月二十七日「釼阿起請文」にも、「一、紕返之時、以所心之門弟一両、可進納」とのごとく、御流の次第を返上する際には門弟両名をもって返納することを述べた一箇条が見られる。つまり次第返納の機会は、釼阿が正嫡候補として見込んだ門弟を益性に引きあわせる場としても意味があったのであろう。

以上、①~③はいずれも釼阿による御流聖教の自由な伝授が禁じられていたことを示す条文であり、後代への相承も制約される中、限定された師資関係のもとで書写および伝授がなされていたことがわかる。

④「一、至閉眼之期、所労危覚候者、当寺老僧之上衆両三、亦極楽寺長老等ニ御聖教等事可取進之由、可申置事、」

所労により臨終間近と認識した折には、称名寺の老僧および極楽寺の長老等に対し、御流聖教を返上するようあらかじめ申し置きしておくことを誓った条文である。[注14] 万一の危急により自身による確実な返納ができない場合に備え、こうした取り決めがなされたのであろう。

⑤「一、御聖教悉加封納、可調置事、」

御流の聖教には全て封をして保管することを誓った一文であり、これは散逸を防ぐための管理方法に他ならない。

⑥「一、同法中重書悉伝受共、強不可自称事、」

一門内で御流の重書の伝授を受けた旨を自称しないことを誓言した条文である。御流の口伝を相承していると「自称」されることで、意図せぬ口伝の拡散につながってしまう可能性を御流側は危惧していたのかもしれない。

以上、二通の「鈒阿起請文」を中心に伝授をめぐる誓約事項や受者側の心得について概観してきた。ここに記された内容は、真言密教の諸流や他の師資関係に必ずしも全て当てはまるとは限らず、益性から鈒阿に対する伝授に際しての厳格な制約事項は、小野・広沢両流を統合し頂点たる立場と権威を志向していた御流の特殊性を濃厚に反映したものでもあろう。しかしながら、聖教を媒体として一対一の師資関係のもとで行われる真言密教の伝授にあたって、受者側にも然るべき姿勢が求められたことについてはいずれの法流にも共通する。秘事性の強弱に関しては、時代により、また個々の法流や師資関係により差があったにせよ、法流の存続を支えたのは口伝や聖教を重んじる姿勢に他ならない。各法流における伝授媒体や伝授内容は、伝授に際しての様々な心得と密接に絡み合っていたことを再確認した上で、次章以下では伝授の具体相について検討していきたい。

二　伝授と「抄物」

本章では、伝授に対する姿勢や心得をふまえた上で、諸尊法伝授はいかなる仕組みや内容をもって行われたのかを考察したい。検討素材としては、諸尊法の次第や作法・所作などが類聚され、伝授の媒体として用いられた「抄物」をとりあげることとする。

建武五年《（マヽ）》六月二十六日「鈒阿置文」には、[注15]「尊法事《於》野月・沢見両部者、可授之、於秘抄《（鈔）》者、縦雖有法器仁、不可被授、任誓状可被返進門跡」との一節がある。これも益性の誡めをふまえたもので、前掲の起請文Bのうち③の条文とも関連性がみとめられる。鈒阿が「野月抄」および「沢見抄」を門弟に伝授することは御流から認められていたが、「秘抄《（鈔）》」に関してはたとえ資質の見込まれる門弟に対してであっても口伝の伝授が許されておらず、一期ののちは上乗院門跡への返上を求められていたことがこの置文から知られる。つまり、「野月抄」・「沢見抄」と「秘抄《(鈔)》」とでは位置づけや扱い方に違いがみられるのである。

また、同置文には、「重書事授与、当流仁及懇望者、於臨終印明一巻、三宝院勝賢之説者、雖被免、於自餘者、可被返進門跡、委令細々旨、以口伝命訖云々、下河原宮《(益性)》御誡如此」との記述も見られる。益性の戒めにより、御流の受法を懇望する者に対する重書の伝授については、「臨終印明一巻」および「三宝院勝賢之説」の伝授であれば許可するが、その他の重書に関しては上乗院門跡に返上することとされており、抄物が果たした機能や期待された役割は一律ではなかったことがわかる。但し、各抄物の位置づけ方については、真言密教の諸流において必ずしも共通認識があったわけではない。

仁和寺とともに真言密教の事相の主力をなしたのは醍醐寺である。[注16] 醍醐寺の中核的法流である三宝院流の場合、いかなる抄物に基づいて諸尊法伝授がなされていたのであろうか。三宝院流における諸尊法伝授の媒体として用いられた書物を列記した「当流伝受書籍目録」（「醍醐寺史料」四六九函二二八号）がある。康正元年（一四五五）十二月十二日の奥書には妙法院賢長の自筆本をもって書写したと記され、[注17] 室町前期の三宝院流における伝授がいかなる抄物に依拠して行われていたのかが本目録から知られる。

本目録には、「当流《(三宝院流)》伝受書籍」としてまず「初重普通伝受」・「二重諸尊法」を筆頭に（いずれも成賢撰「薄草紙」）が掲げられ、以下「秘鈔白表紙　北院御作　守覚法親王 覚洞院勝賢僧正御口授、」、「玄秘鈔根本巻物 勝倶胝院実運僧都作」、「伝法灌頂私記三宝院権僧正勝覚作 三巻」、「結縁灌頂記」、「厚双子又号無名抄、清書本 松橋元海僧都作、」、「瑜祇経一部十二品一巻」、「御遺告」との書名が列記されている。これらは「已上伝受分」とあることから、三宝院流における伝授必須の書籍として扱われていたとみなされる。

続けて、「金宝抄十帖勝倶胝院作、伝受有無 可依所意、」、「諸尊要抄十五帖寛命阿闍梨作 勝倶胝院再治也、」、「伝受集四帖」、「松橋厚双子」、「遍口鈔一帖道教僧都抄也、」、「実帰鈔一帖深賢法印抄也、」、「二四字一帖」との書名が列挙されており、[注18] これらも随時伝授されていたとみなされる。

「薄草紙」が最初に挙げられているのは、三宝院流における伝授の媒体として重視されていたことを示すものであろう。前掲の「釼阿起請文」からは「秘抄(鈔)」がとりわけ重んじられ、特別な扱いがなされていた様子が見られたが、ここでは「薄草紙」が筆頭に、それに次いで「秘鈔」が掲げられている点が注目される。

「薄草紙」は、行者としても師僧としても活躍し、三宝院流の基礎確立に多大な貢献をした成賢によって撰述された抄物である。したがって、祖師の手になる抄物として後代に至るまで重んじられたのも当然のことではあるが、三宝院流の他の祖師によって撰述された抄物も存在する中で、「薄草紙」が「伝受書籍」の筆頭に掲げられていることには相応の理由があったと推察される。「初重」に収められた諸尊法の目録である「普通可授法」(室町前期写、「醍醐寺史料」一〇八函四二号―二)によれば、「本云、是ハ未灌頂人ニ可授法也、遍智院権僧正成賢記録也」とある。全く灌頂を受けていない段階で諸尊法伝授が許されるとは考え難く、他流において既に伝法灌頂を受けた履歴があるのであれば、三宝院流の伝法灌頂を受けずとも「初重」に関しては伝授が認められたということであろう。それに対し、「二重」は三宝院流の伝法灌頂を受けた者にのみ伝授されたものと理解される。

「薄草紙」の次に挙げられている「秘鈔」については、頼瑜が醍醐寺報恩院憲深(一一九二～一二六三、成賢の門弟)から伝授された「秘鈔」をめぐり、口伝を撰述した「秘鈔問答」に、次のような一節がある(第十一末「円満金剛」)。

予(頼瑜)先師(憲深)僧正御房台蔵重受之時、御門弟僧綱・凡僧数輩列座、彼等人起去之後、檀波羅蜜秘印被授之、斯則此秘鈔被秘蔵也、仍南都中道上人(聖守)・高野空教上人(玄智)等遂伝法節之後、秘鈔伝受申請時、不被出御本、各以本大法・秘法外尊被授之云云、醍醐寺遂伝法之中、蓮蔵院(実深)・宝池院(定済)両僧正、松橋法印(浄真)・弘義律師外不被授之、予雖不遂伝法、賜彼御本畢、式部律師遂伝法隔数年之後、雖申入伝受、不賜御本、而木幡廻心房本伝写以彼本遂伝受畢、

頼瑜が憲深から「秘鈔」の伝授を受けたのは、それまで胎蔵界の伝授に同席していた憲深の門弟数名が辞去してからであったという。また、「秘鈔」の伝授を申請し許可されたとしても、大法・秘法以外の諸尊法に限っての伝授とされる場合があったほか、三宝院流の伝授を既に受けているにもかかわらず、伝授に先立って書写するにあたって「御本」（勝賢自筆本カ）の借用が認められない場合もあった。三宝院流において、「秘鈔」は少なくとも「薄草紙」初重と異なる扱いがなされていたことが知られる。

こうした事例からも、法流に伝わる抄物が全て同列に位置づけられていたのではなく、受者の資質や立場によっても伝授の条件に差が付されていたことがうかがわれるが、「薄草紙」と「秘鈔」の内容自体にはいかなる違いがあるのであろうか。そこで、両書に共通して所収される阿弥陀法の記述に基づき、以下、A～Cとして内容を比較検討する。

A：成賢撰「薄草紙」（『大正新修大蔵経』第七八巻所収本）初重第一「阿弥陀小野」・「阿弥陀道場観」

B：同「薄草紙」二重第一「阿弥陀」（『大正新修大蔵経』第七八巻所収本）

C：守覚撰「秘鈔」巻第一「阿弥陀法」（同右）

以下、それぞれに記される阿弥陀法の次第のうち、特に「道場観」をめぐる記述に注目してみたい。[注19]

A：「薄草紙」初重に記される道場観

（傍線筆者付す。二重線は「変成」の起点・終点、単線は「変成」の過程を示す。）

1　道場観如来拳印、

観想壇上有𑖦𑖽字、変成金色孔雀王、上有𑖮𑖿𑖨𑖱𑖾字成蓮花、上有𑖁字、成円明月輪、月輪上有𑖮𑖿𑖨𑖱𑖾字、変成開敷紅蓮花、以獨股金剛杵為其莖也、其蓮花変成無量寿如来、身色紅頗梨色、放大光明、結等持印、具無盡荘厳、菩薩聖衆前後囲繞、七處加持如常、

観想により壇上の「𑖦𑖽字」が「金色孔雀王」、「蓮花」、「円明月輪」、「開敷紅蓮花」を経て「無量寿如来」となるまでの「変成」の流れが簡潔に示されている。柴田賢龍氏によれば、この道場観は「石山道場観集から終の一部を除いて採録されたもの」とされる。[注20] なお、本項の末尾には以下のような二様の道場観が付記されている。

2　心前有𑖮𑖿𑖨𑖱𑖾字、変成極楽浄土宝池、中有𑖮𑖿𑖨𑖱𑖾字変成蓮花座、座上有𑖮𑖿𑖨𑖱𑖾字、変成開敷紅蓮花以一古為茎、此蓮花変成阿弥陀如来儀形如常、色相光明功徳荘厳、能々可観之、七處加持如常、

3　観想心前有𑖮𑖿𑖨𑖱𑖾字成極楽世界、其宝池中有𑖮𑖿𑖨𑖱𑖾成蓮花座、座上有𑖮𑖿𑖨𑖱𑖾成開敷紅蓮花、以一古為茎、此蓮華変成阿弥陀如来、結妙観察智定印、身色如閻浮檀金、放無量光明照十方世界、念仏衆生、光中有無量化仏、観音勢至等菩薩聖衆前後囲繞、

1を主軸とし、2・3を付加する形で伝授されていた可能性も想定される。

B：「薄草紙」二重に記される道場観

観想、心前有𑖮𑖿𑖨𑖱𑖾字、成八葉大蓮花、遍法界即極楽世界、其中有𑖁字、変成五峯八柱宝樓閣、此宮殿中有𑖮𑖿𑖨𑖱𑖾字成大蓮花、蓮花上有曼荼羅、曼荼羅上有𑖁字、成満月輪、満月輪亦有𑖮𑖿𑖨𑖱𑖾字、成八葉蓮花、上有𑖮𑖿𑖨𑖱𑖾字、放大光明、遍照法界、其中有情遇此光者、皆無不得罪障消滅、此字変成八葉紅蓮花、以五鈷為茎、立横五鈷上、其

蓮花遍満法界亦放大光明、光明中有無量化仏、説法利生、此蓮花変成観自在王如来、身量広大無量由旬、結妙観察智印、身色如閻浮檀金、従諸毛孔流出無量光明、項背有円光、円光中有無量化仏、観音勢至等二十五菩薩、乃至無量無邊菩薩聖衆眷属前後囲繞、亦其極楽世界以七宝為地、水鳥樹林皆演法音（七處加持如常、）

観想による変成過程が「初重」に比してより詳細に語られている。「二重」にのみに見られる記述は、三宝院流の伝法灌頂を受けた者のみに伝授が許可された事項とみなされる。

C：「秘鈔」に記される道場観

1 観想、心前有𑖮𑖿𑖨𑖱𑖾字、成八葉大蓮花、遍法界、即極楽世界、其中有𑖀𑖾字、変成五峯八柱宝楼閣、此宮殿中有𑖮𑖿𑖨𑖱𑖾字成大輪蓮花、蓮花上有曼荼羅、曼荼羅上有𑖀字、成満月輪、満月輪亦有𑖮𑖿𑖨𑖱𑖾字、成八葉蓮花、上有𑖮𑖿𑖨𑖱𑖾字、放大光明、遍照法界、其中有情遇此光者、皆無不得罪障消滅、此字変成八葉紅蓮花、以五鈷為茎、立横五鈷上（有口決、）其蓮花遍満法界、亦放大光明、光明中有無量化仏、説法利生、此蓮花変成観自在王如来、身量広大無量由旬、結妙観察智印、身色如閻浮檀金、従諸毛孔流出無量光明、頂背有円光、円光中有無量化仏、観音勢至等二十五菩薩、乃至無量無邊菩薩聖衆眷属前後囲繞、亦其極楽世界、以七宝為地、水鳥樹林皆演法音、

2 石山道場観

結如来拳印、観想壇上有𑖀字、変成金色孔雀王、孔雀王上有𑖮𑖿𑖨𑖱𑖾字、成蓮花臺、臺上有𑖀字、成円明月輪、月輪上有𑖮𑖿𑖨𑖱𑖾字、字変成開敷紅蓮花、以獨股金剛杵為其茎也、其蓮花変成無量寿如来云云、身色紅頗梨色、放大光明、結等持印、具無盡荘厳、観音勢至左右侍立、無量菩薩聖衆前後囲繞云云、

「薄草紙」（初重・二重）と「秘鈔」の記述を比較してみると、A—1とC—2は内容がかなり近似しており、「薄草紙」初重にも「秘鈔」にも石山内供淳祐の説が取り込まれている。

また、BとC—1も大部分の記述が重なっており、三宝院流において伝法灌頂を受けた者のみに伝授が許可されていた口伝が「秘鈔」に収録されていることになる。つまり、阿弥陀法の道場観に関していえば、「薄草紙」は三宝院流独自と思われる口伝と、諸流で共有された口伝とに分類されて初重・二重にそれぞれ収められているが、「秘鈔」にはそのような切り分けがなされず、両方が混在する形で構成されているということである。内容面では、「薄草紙」と「秘鈔」との間には重複する記述も見られるが、伝授に際しての扱われ方や位置づけが必ずしも同列でなかった内実として、それぞれの抄物に異なる機能が期待されていたことが想定される。

「薄草紙」のうち特に初重に関して三宝院流の未灌頂者にも伝授が許可されていたことは、門徒の拡大にも繫がったと考えられる。「薄草紙」を先述した醍醐寺成賢（一一六二～一二三一）は四十三名の付法弟子をもち、三宝院流代々の先例に比して多くの門弟を育成し、師僧としての貢献も顕著である。[注21] 後述するが、成賢入滅後も「成賢門徒」は寺院社会において勢力を保っていたが、成賢の直接の付法弟子ではないと思われる者も含まれる「成賢門徒」が一定の社会的影響力を持ち続けた理由の一つとして、伝授を受けるにあたっての条件が比較的緩やかな「薄草紙」初重による口伝の共有もあったのではなかろうか。

一方、先学によって指摘されてきたように、守覚は小野・広沢両流を相承し、真言宗の統轄を志向していた。その過程で生み出された「秘抄《（鈔）》」に関して、益性が書写・伝授をめぐる諸々の条件を付したことは、鎌倉における御流の権威性の維持や上昇を目指す意識に基づくものと考えられる。このことは、「薄草紙」が三宝院流および「東寺一門」の拡大に一役買ったであろうことと対照的といえる。

以上のように、真言密教においては、不特定の対象に無条件で伝授が許可されることは決してなかった。諸尊法伝授の拠り所とされた抄物にはそれぞれの社会的機能が付与され、それに応じた秘事性も付された。そして、受者の希望に応じて伝授が許可される抄物は、必然的に多数の共有者を生み、法流の拡大に繋がる場合もあったと想定される。一方、受者の資質等に基づいて伝授の可否が決定される抄物は、師資間の関係性の濃淡を大きく左右するものであり、法流内における秩序の形成にも少なからず影響を及ぼしたと考えられる。諸尊法伝授に関わる多様な抄物の間で内容を比較し、諸尊法の次第や所作等の記述に重複が見られたとしても、それらの抄物には必ずしも並列に位置づけられていたわけではなく、各々に与えられた社会的機能があり、その機能に即した扱いがなされていたのであって、一律にとらえることはできない。平安院政期から鎌倉前期にかけて、「秘鈔」や「薄草紙」を含めて次々に抄物が生み出されたが、それらの抄物の果たした個々の役割については、各法流の内実のみならず、「東寺一門」全体の実態もふまえた上で今後も検討していくべき課題であるといえる。

三　伝授と「聞書」

諸尊法伝授の媒体とされる抄物の内容と位置づけについてこれまで検討してきたが、本章では、諸尊法をめぐる口伝がどれほどの期間でいかに伝授されたのか、一例を辿る中で具体的な伝授の様相を見ていきたい。

師僧から弟子僧へと一対一で行われる伝授の実態を探るにあたり、本稿で検討素材とするのは「聞書」である。永村眞氏によれば、「聞書」とは、「密教の相承にあたり、師資間で口授により秘法伝授がなされたが、師僧が語る教説を弟子が筆録したもの」と定義されており[注22]、本稿でもこの定義に基づいて「聞書」を扱うこととする。

南北朝時代成立「慈尊院伝受私記」（国立歴史民俗博物館蔵）は、勧修寺興然（一一二〇〜一二〇三）撰「四巻」に基づいて行われた諸尊法伝授に伴って、延元元年（一三三六）に生成された記録である。本書は「慈尊院伝受私記四巻書一部」との内題をもち、奥書には「延元々年建武三年也、九月丙子二日、四巻書一部於慈尊院奉伝受了、金剛仏子良済受生卅九」とある。良済は延元元年七月二十四日より勧修寺慈尊院において、「四巻」に沿って諸尊法伝授を受け始め、同年九月には完了している。良済自筆の本史料は袋綴装にされ、内容としては「四巻」の本文を引用しつつ、伝授の場において師僧から得た口伝を筆録する形式がとられている。内題等に「聞書」と明記されていないものの、内容的に判断して「聞書」に分類することができ、伝授の一連の過程を辿ることのできる史料である。

表1 「四巻」の構成

巻一	転法輪、仏眼、金輪、大仏頂、如法愛染王、染愛王二頭、五大虚空蔵、弥勒、円満金剛、七星如意輪、八字文殊并鎮家、六字文殊、五字文殊、一字文殊、太無、大金剛輪、許可
巻二	法花経法、仁王経法、宝篋印経法、孔雀経法、普賢延命、光明真言法、理趣経法并理趣三昧、宝樓閣法、守護経法、六字法、請雨経法、止雨経法、延命法、無垢浄光、五秘密、如法尊勝、後七日、随求法、心経法、転経御修法、護摩壇作法、并護摩作法、尊勝法、仏舎利法、大勝金剛法、晦日御念誦、宝珠法、十八日観音供、遺告口伝、菩提場法、出生無辺法、釈迦法、多宝法
巻三	薬師、不動〈附八千枚并鎮〉、降三世、軍荼利、大威徳附烏翅事并転法輪、金剛薬叉、烏枢沙摩、無能勝、阿弥陀、聖観音、千手并愛法、千臂観音、馬頭、十一面、准胝、不空羂索、如意輪、金剛童子、三衣印并三衣一印、袈裟著印、若寝臥時作法、金剛薩埵、般若菩薩、地鎮小野口伝并鎮壇、那羅延天、摩利支天、北斗、金翅鳥王、蘘麌梨童女、白衣、葉衣鎮、多羅尊、菴摩觫、青頸観音、毘沙門、吉祥天、訶利帝母、呪賊経、宝蔵天、北斗支度又法并元神事、聖天
巻四	求聞持并口伝、羅刹天、童子経書写作法、十五童子供、小野円護、随求書写様、新仏始事、御衣木加持、加持妊者帯事、小児湯加持、牛黄加持并符事、加持飲食作法、願書作法、治小児夜啼法、手水加持、御加持作法、鑄仏作法、斎秘法、水天法、馬鳴法、妙見法、弁財法、地天、功徳天、柴手水、略念誦、炎魔天、護摩并口伝、曼荼羅供、時食作法、易産[illegible]

伝授の媒体とされた「四巻」の構成は表1に、「四巻」に基づいて良済が受けた伝授の流れについては表2に示した通りである。永村眞氏によれば、南北朝時代以降、抄物は付法の場で用いられる伝授の媒体としての本来の役割を次第に失っていき、特定の法流に相承された修法群を象徴するものとして、抄物自体が秘書として伝授・相承の対象とされたという。そして、室町時代以降になると、抄物は一流伝授の媒体として一括して授けられ、伝授のための次第本という役割は見られなくなるという傾向を指摘されている。[注23]「慈尊院伝受私記」からは、伝授内容の浅深はさておき一尊法ず

表2 「慈尊院伝受私記」にみる諸尊法伝受過程（延元元年）

月日	伝受した修法	備考
七月二十四日	転法輪法	「四巻書第一巻」の伝受開始。
七月二十五日	大輪明王護摩	「仏眼已下、表上段悉受之」とあり。
	金輪	
	大仏頂	
七月二十六日	如法愛染王法	「表下段」とあり。
七月二十七日	如法愛染王法（続き）	
七月二十八日	大仏頂法	「大仏頂以下裏上段」とあり。
	五大虚空蔵法	
	弥勒法	
七月二十九日	七星如意輪法	「并下段、至大金剛輪法、同廿九日伝受了」とあり。
	八字文殊法	
	太元法	「同廿八日」とあるが「同廿九日」の誤りカ。
	大金剛輪法	
八月一日	「小嶋第九秘印両種」	
八月二日	「許可已下印信」	「第一巻伝受畢」とあり。
八月四日	法花法	「四巻書第二巻」の伝受開始。
	仁王経法	
	宝篋印経法	
	孔雀経法	
八月五日	普賢延命法	
	光明真言法	
八月六日	理趣経法	「下段、始理趣経法ヨリ至六字法伝受之」とあり。
	宝楼閣法	
	守護経法	
	六字法	
八月七日	請雨経法	「已下ノ々（下）段悉受之」とあり。
	止雨風法	
八月八日	五秘密法	
八月九日	如法尊勝	
八月十日	後七日法	「裏上段、至随求法受之畢」とあり。
	随求法	
八月十二日	心経法	「下段悉受之」とあり。
	尊勝法	
	晦日御念誦	
	尺迦法	
八月十四日	薬師法	「四巻書第三巻」伝受開始。「表上段悉奉受之」とあり。
	不動法	
	降三世法	
	軍荼利法	
	大威徳法	
	金剛薬叉法	
八月十七日	阿弥陀法	「裏上段悉伝受之」とあり。
	千手愛法	

	馬頭法	
	准胝法	
	如意輪法	
八月二十三日	金剛童子法	
	三衣印	
	般若菩薩法	
	鎮壇	
	呪賊経法	
八月二十五日	不詳（星供関係カ）	「星供ノ時ニ此呪ヲ誦スル也」とあり。

	青頸	
	毘沙門	
	北斗法	
	聖天	
八月二十六日	蘘麌梨童女	
	童子経書写作法	「四巻書第四巻」の伝受開始。「上段悉奉受之、第四巻ニハ裏無之」とあり。
	牛王加持作法	
九月三日	柴手水法	「第四巻下段悉受之」とあり。
	炎魔天供	

つ伝授が進められた一連の経緯が確認でき、諸尊法伝授の形態や抄物の役割が変遷していく過渡期にありつつも、従来からの伝授のあり方が少なくとも形式的には維持されていた様子がうかがえる。[注24]

良済に対する「四巻」の伝授が開始された延元元年（一三三六）七月二十四日、「四巻」の最初に配される転法輪法の伝授が行われた。「慈尊院伝受私記」には次のように記されている。

転法輪法師口無之尊也、

此尊弥勒菩薩教令輪身也、理趣経ノ纔発心転法輪菩薩也、付彼経行之、異説多雖載之、落居ハ本願阿闍梨大輪明王護摩次第也云々、

尋申云、所持護摩次第中ニ大金剛輪法ヲ見ルニ、万タラ同之、於同尊ニ依相応本尊ノ種子ヲ改歟、

仰云、内證一躰事ハ無子細歟、然而此護摩ハ付理趣経、彼ノ大金剛輪法ハ儀軌諸説ニ付也、仍儀軌諸説真言ノ

初字ヲ為種子懺悔滅罪ニ修之、　私云、当□裏ノ下段大金剛輪法在之、

転法輪法は「師口」（興然授、栄然撰）に記載のない修法である。まず、転法輪法の本尊については諸説あるが、理趣経に基づき弥勒菩薩を本尊とし、「大輪明王護摩次第」に拠って修するとの説が示される。続いて良済は、所持する「護摩次第」に転法輪法と大金剛法の曼荼羅が同じとされる理由を問うている。それに対し、弥勒と大金剛輪とが異名同体の尊であることは問題ないが、転法輪護摩は理趣経に、大金剛輪法は儀軌の諸説に依拠するという師の回答がなされ、本尊をめぐる基本的な教説が示されている。この問答に続けて、次の一節が記される。

金銅筒（墨合点）文、仰云、後小野僧正（弘真）金銅筒ト苦練木ノ筒トヲ二ッ持シ給ヘリ、金銅筒ヲハ本所勧修寺伝之、苦練木ノ筒ヲハ万タラ寺ニ付テ仁和寺御室御所進之、醍醐・仁ノ此法ヲ修時ハ自御室御所範俊僧正所進之筒ヲ申出テ行之、而ニ御所ニ別ノ苦練木ノ筒又在之歟、或時ハ別筒ヲ被出行之、故ニ醍醐流ニハ範俊僧正所進之筒ヲ見知ルヲ為随分口伝也、□□（知）此法ハ広沢并醍醐流、範俊僧正相伝也、

（以下略）

右の記事は、転法輪法に用いる「金銅筒」をめぐる師説である。後小野僧正弘真は「金銅筒」と「苦練木ノ筒」の二種を所持しており、前者は勧修寺に、後者は曼荼羅寺所伝・仁和寺御室所進のものという。醍醐寺・仁和寺が転法輪法を勤修する時には「範俊僧正所進之筒」を申請して修すること、「醍醐流」ではこの「範俊僧正所進之筒」に関する知見を「随分口伝」としていること、転法輪法は広沢・醍醐両流および範俊相伝の修法であることが説かれている。なお、引き続き種子等をめぐる師の教説が記されているが、ここでは割愛することとしたい。

上記のごとく伝授は問答も交えつつ行われ、作法・所作をめぐる口伝やそれを支える教義のほか、道具の由緒等も含めて「師説」が示されている。守覚撰「追記」によれば、「東寺門流元高祖大師之伝宝雖為一珠、末資之慢執相分、而小野・広沢之後、既及十餘流、因茲時去風移、師説相継之印璽区也、（中略）於経説・軌説・師説之三意、若皆有相違之時、只捨経軌之二説、可守師説之旨云云」とある。法流分派の過程で様々な口伝が生み出されたが、「経説」・「軌説」・「師説」に相違が見られる場合、「経説」・「軌説」に優先して「師説」に従うべきとしている。伝授の場で師僧から授けられる「師説」は、門弟にとって大きな意味をもっていたのである。先の転法輪法をめぐる「師説」では、「筒」をめぐる醍醐寺・仁和寺・勧修寺・曼荼羅寺の関わりや転法輪法を相承する法流についてもふれられており、簡略であるにせよ、事相面における真言宗内の秩序について、伝授の場で師僧から弟子僧へと伝えられていたことがわかる。翌々日である七月二十六日に行われた如法愛染王法の伝授に関する記事からも、如意宝珠をめぐる「当流」（勧修寺流）と「醍醐流」それぞれ独自の口伝が師僧から示され、他流に対する意識も含めて師僧から弟子僧へと受け継がれていた様子が見受けられる。

以上は「四巻」に基づく伝授過程のごく一部を取り上げたにすぎないが、一尊ずつ師説が語られながら伝授が進められ、約一ヶ月少々の期間で「四巻」の伝授が完了している。成賢撰「薄草紙」に基づいて報恩院憲深から諸尊法伝授を受けた際に頼瑜が撰述した「薄草子口決」も諸尊法に関わる口伝を体系化した抄物で、伝授の場で頼瑜が聞いた師憲深の口伝が、師資間の問答形式で筆録されている。「薄草子口決」の方が「慈尊院伝受私記」よりも質量ともに充実した内容をもつが、諸尊法伝授に伴って生み出されたものとして、「慈尊院伝受私記」と「薄草子口決」は生成の契機を一にする。修法の効験の有無や大小は、勧修者やその属する法流の社会的評価に関わるものであった以上、他流との勧修のすみ分けや競合意識は必然的に生じるわけで、諸尊法の由緒に加えて、真言宗内の秩序をめぐる社会的意識も、伝授の場で諸尊法の次第・作法等に関する口伝と一体的に師資相承されていた。その一端が「聞書」としての「慈尊院伝受私記」にも表れているのであって、中世真言密教における伝授の実相を語るものとして注目しておきたい。

四　口伝の「面受」と門徒存続

伝授の場で師資相承される口伝には、法流の正嫡にのみ授けられるものとそうでないものとに分別されており、こうした仕組みのもとで嫡庶の序列意識が生まれ維持されることによって、法流は存続し発展を遂げてきた。法流内の序列意識や他流との関係性、真言宗内の秩序意識を反映した口伝およびそれを筆録したものは、単に伝授の媒体や所産としての宗教的機能にとどまらず、寺院社会特有の社会的機能を濃厚に負って生まれたものといえる。

真言密教において、師僧からの「口授」なしに法流の秘書に依拠することは許されていなかったことは本稿の冒頭で述べた通りである。そこで本章では、師資間において一対一で行われた口伝の「面受」（「面授」）が、一門の存続と発展にいかなる社会的意味をもっていたのか、具体的に見ていくこととする。以下、一例として、鎌倉中期の三宝院流に注目してみたい。

「薄草紙」を撰述した醍醐寺成賢は道教を正嫡に定め、寛喜三年（一二三一）に入滅した。しかしながら、道教はその数年後である嘉禎二年（一二三六）に早世した。それを受け、三宝院流を率いる立場に立つこととなったのは、本来は成賢の庶弟の一人にすぎなかった憲深（一一九二～一二六三）である。

建長三年（一二五一）六月、憲深は醍醐寺座主職に就いた。[注25] 在任期間は次代座主実深が就任した同七年（一二五五）正月までと思われる。[注26] 憲深が座主に補任された背景については、「文永寺解云、第卅四権僧正勝尊○以前三代非三宝院之本流、非分依令執務、首尾十二ヶ年間、門跡之訴訟強々而不止、寺務之喧嘩連々而無絶、為建長三年相当先院御宇、依申開子細、忽改勝尊之寺務、忝被返付当門跡了、于時憲深法印依為門徒中知法之透〔秀〕逸、被撰補寺務了」とされている（『醍醐寺新要録』巻第十四「座主相論篇」）。醍醐寺座主は代々三宝院流から補任されることが先例となっていたが、貞永元年（一二三二）六月から建長三年（一二五一）六月にかけて、金剛王院流の賢海、実賢、勝尊が三代続けて座主に就き、これに対して三宝院流側から反発が生じて寺内では相論が展開されていた。[注27]

座主職をめぐる三宝院流と金剛王院流とのこうした確執の中、仏法に精通した逸材として座主に補任されたのが憲深であった。早世した道教は三宝院流の中で正嫡のみが代々相承してきた口伝を相承し、道教の撰述にかかる「遍口鈔」にも正嫡相承の秘事が記されている。[注28] それに対し憲深は、当然のことながら「遍口鈔」に収められた正嫡相承の口伝も成賢から授けられていなかった。「醍醐鈔」には、「報恩院憲深初発心小禅師時、殊外貧者御坐、遍知院（成賢）代盛出世・房官・児侍晴々敷故、日中有斟酌、夜々有御出、御伝受等アリ、又雨ナト時《日》御出仕時御供者無、サスカ唐笠ナト我サシ玉ワス、ツ井地フチ伝アリキ玉フ故、異名犬走禅師ナト申ケルトカヤ」とある。「殊外貧者」であった憲深は、当時華々しく活躍していた師成賢に遠慮して日中ではなく夜間に伝授を求めるなど、成賢の門下ではむしろ影に隠れた存在で、「犬走禅師」との異名をも付されていたという。それにもかかわらず、憲深は後に三宝院流を牽引する立場におかれるに至ったわけであるが、「知法之透〔秀〕逸」との高い評価にはいかなる根拠があったのであろうか。

憲深に対する醍醐寺内の評価を考えるにあたって軽視しえないのは、当時における「成賢門徒」の存在である。寛元二年（一二四四）五月日「醍醐寺衆徒等重解」によれば、「凡成賢僧正入滅之後、背次第相承之伝来、賢海僧正俄自補寺務職之以来、成賢之門徒、亡先途失面目之條、綷舊于世上畢」とあり、[注29] 賢海以来、先例に反して座主職を占めてきた金剛王院流に対し、反発があったことは先に言及した通りであるが、「成賢之門徒」として異議を唱えている点が注目される。三宝院流のみならず醍醐寺の発展に大きく寄与してきた成賢の功績をふまえると、先例に背いた金剛王院流からの座主補任は「成賢之門徒」にとっては受け入れがたいことだったのであろう。建長年中（一二四九～一二五六）に出されたと見られる「成賢門徒等申文」によれば、[注30]醍醐寺内の荒廃を歎いた「故成賢僧正門徒等」は、座主職を三宝院流から補任する従来のあり方に戻すことと寺院修造とをこれまで公家に要望してきたものの、一向に対応がなされないことを歎いている。このように、「成賢門徒」を称する寺僧集団の存在は、入滅後も成賢が権威的存在として社会的影響力を持ち続けていたことを示している。

憲深が座主に推挙されたことは、「成賢門徒」の中で憲深が評価されたからに他ならないが、その直接的な理由としては、「今憲深専当其仁之故者、先故成賢僧正門徒之中、現在之輩等、或於憲深、雖為上﨟、隠遁之間、無其望云々、或已移他流、不専当流云々、或雖為門流、已為憲深之下﨟、後進之上、於先師僧正、直不被授灌頂、受法又然也、於憲深者、直遂入壇面受口決」とある（『醍醐寺新要録』巻第十四「座主相論篇」[注31]）。「故成賢僧正門徒之中」における「現在之輩」のうち、成賢から直々に灌頂を授かり受法した者が不在である状況下、憲深が成賢に直接入壇し口決を「面受」していたことは、座主補任につながる重要な要件として「成賢門徒」中で受けとめられていたことがわかる。

それでは、正嫡相承の口伝を授かっていない事実を補えるだけの条件として、憲深は成賢からいかなる口伝を「面受」していたのであろうか。まず、憲深自身が撰述した「宗骨鈔」は、真言密教の事相・教相の要諦を記したものである。[注32]「委旨在面授、是則為末世鈍機注記之」との憲深奥書があるように、成賢から「面授」された口伝が筆録されている。

本書は、「真言異名事」、「雑部真言事」、「𑖀字萬法総體事」、「𑖮𑖳𑖽字六大具足事、吽字三部五部具足事、吽字五智具足事、吽字五転横竪具足事、吽字即身六大具足事、吽字風大両部具足事、吽字萬法開発事、吽字自證化他説

法恒爾不断事」、「修行間所起魔界対治事」、「𑖎字因業不可得事」、「真言行人魔界即仏界用心事」、「九重月輪観事」、「四曼各具四身事」、「流来生死大事」との十項から構成されている。そこで、これらのうち真言密教の根本思想をなす「𑖀字」について説く、「𑖀字萬法総體事」の概要を見ていくことにしたい。

まず、𑖀字とは「萬法」の根源であり、「法界」そのものを形で表現したものであるとする。「萬法」の生成・消滅も𑖀字との縁によるものである。したがって、有形・無形のもの全ては𑖀字の「当体」であり、諸々の「言音」・「名字」も𑖀字の「声字」である。「五大」（地・水・火・風・空）の音韻および「六塵」（眼・耳・鼻・舌・身・意）の文字も「悉曇四十七言」に漏れることはない。これらの悉曇は𑖀字から生まれたものであり、「草木国土」も「人天鬼畜」も𑖀字とともに存在する。「悉曇四十七言」は𑖀字を「本源」とすることから、三界所有の言語はみな「𑖀字言語」であり、十界所有の音声はみな「𑖀字声字」である。以上の内容が「𑖀字萬法総體事」の骨子である。続いて空海撰「声字実相義」・「吽字義」を引用しつつ𑖀字の意義がさらに語られており、「𑖀字萬法総體事」は教相の色彩を濃厚にもつ内容となっている。

𑖀字をめぐる口伝は頼瑜撰「薄草子口決」にも見られ（第十二「諸菩薩下」等）、事相を教学的に裏づけるものとして諸尊法伝授の場においても師資相承されて重んじられていたことがわかる。平安院政期以降、事相と教相とは分けて認識されるに至り、それぞれの体系化に頼瑜も大きな役割を果たした。しかしながら、本来一体であった事・教両相は体系化が進んでからも厳密に分化し得るものではなく、[注33]伝授される口伝やそれを筆録した聖教も、事相・教相のいずれかに軸足を据えてはいても、実態として諸尊法伝授は両相を行き来しながら進められていた様子がうかがえる。

成賢と憲深との繋がりを示すもう一例として、成賢撰「薄草紙」に基づいて新たに生み出された抄物である「薄草子口決」がある。[注34]「薄草子口決」は憲深自身による撰述ではないが、本書に筆録された憲深の口伝は、かつて憲深が成賢から伝授されていた内容が基礎となっていると考えられる。「薄草子口決」第二十（「醍醐寺史料」四四三函一号―一二）には、[注35]弘長二年（一二六二）の頼瑜による奥書に続き、「書本奥被加御記云、三年四月三日加一見了、伝法院闍梨者一山之英傑也、依有事縁、時々来住弊房、同宿学侶随機仰指授、属餘暇、諸尊瑜伽等、任先師一重目録普通可授目録也、伝受之、即本経儀軌等、為補助口決披覧之、所注記既及廿巻歟、夫諸尊之瑜伽者一門之修行也、末世之機根専可楽求之、今所草緝、定為利物方軌歟、末資誰人不庶幾哉、珍重々々矣、東山隠老憲ー」との憲深による添書がある。門弟が撰述した抄物に師僧が添書をするのは通例とは限らず、むしろ稀有な例といえる。憲深によるこの添書は、精力的に抄物の撰述に取り組む頼瑜の学才に対する高い評価を示したものである。それと同時に、憲深の口伝を収録した「薄草子口決」と「薄草紙」との一体性は、成賢と憲深との師資関係の証ともなったはずであり、「薄草子口決」の成立は、憲深が成賢からの「面受」を遂げていたことが前提としてあることを顕示する意図もあって、憲深は敢えて添書をしたのではなかろうか。[注36]

以上のように、憲深は事・教両相にわたる口伝を成賢より「面受」しており、このことは「成賢門徒」の中で憲深が「知法之透〔秀〕逸」と評価される重要な根拠となった。醍醐寺は「鎮護国家」や「現世利益」をはじめとする世俗社会からの期待に応じて教相よりも事相を前面に押し出し、事相の具体的表現である修法にとりわけ力を注いでいた。事相に関わる成賢の口伝を直接相承していることは、醍醐寺および三宝院流の存続・発展や社会的評価に直結するため、憲深は成賢の正嫡ではないながらも「成賢門徒」における逸材とされ、三宝院流および醍醐寺を牽引する立場におかれることとなった。事相に軸足を据えた口伝のみならず、事相の次第や作法・所作を裏づける教相面の口伝を成賢から「面受」していたことは、三宝院流正嫡に代わる憲深の資質を保証する要件として、「成賢門徒」内で認識されていたのではなかろうか。このように、師僧からの口伝の「面受」は真言密教の相承という宗教的な意味にとどまらず、門徒内における秩序形成や一門の存続・発展にとっても大きな影響力と社会的意義をもっていたといえる。

おわりに

本稿では、仁和寺益性から法流の伝授を受けた釼阿の手になる起請文を糸口として、真言密教の法流に連なる寺僧が「伝授」に際して求められた心得の一例と、伝授にあたって媒体とされた「抄物」の位置づけや機能、師から伝授された口伝を筆録した「聞書」の内実について検討した。それをふまえ、一門の存続や拡大における「面受」の社会的意義についても考察した。しかしながら、古代・中世の寺院社会で諸宗を兼学していた多くの寺僧にとって、真言密教の「伝授」を受けることがいかなる社会的意味をもっていたのかについては検討が不十分であり、今後の課題とせざるを得ない。

こうした課題に取り組むにあたり、一つの手がかりとなるのは東大寺東南院聖珍の存在である。伏見天皇の皇子であり醍醐寺阿弥陀院聖尋の付法を受けた東南院聖珍は、文和三年（一三五四）に東寺長者に補任され、応安七年（一三七四）には醍醐寺座主にも補任されている。頼瑜撰「秘鈔問答」を書写した聖珍は巻第一の奥書に、「貞治五年（一三六六）十二月十九日記之、東寺沙門聖珍」と記しており、この「東寺沙門」という自称表現から、聖珍が「東寺一門」に属しているとの意識をもっていたことがうかがえる。[注37]

聖珍と比較的近い時期に東南院から醍醐寺座主が補任された一例としては、聖忠が挙げられる。これらの東大寺僧に対して醍醐寺側がいかなる認識をもっていたのかについては、正和二年（一三一三）から同末年にかけて東大寺と醍醐寺との間で展開された本末関係をめぐる相論の過程で出された「醍醐寺重陳状」に、[注38]「醍醐寺僧等自元為吾寺（醍醐寺）真言宗之由事、聖兼・聖忠等東大寺僧等皆来当寺（醍醐寺）受真言、然則東大寺僧当寺（醍醐寺）真言宗僧也」との記述が見られる。

聖忠等をはじめとする東大寺僧に対して醍醐寺側は、これらの東大寺僧が醍醐寺に来寺し受法したことをもって「吾寺《醍醐寺》真言宗僧」・「当寺《醍醐寺》真言宗僧」としてみなし、醍醐寺座主および東寺長者として受容したのであり、決して他寺僧として受け入れたわけではなかった。東南院からの醍醐寺座主および東寺長者の輩出の背景には、出自の高さという世俗的要件に加え、東南院の開祖聖宝が醍醐寺開祖であるという縁故や由緒もあろう。しかし、それだけでなく、「伝授」という社会的行為が「東寺一門」における内部秩序の形成や、「東寺一門」の拡大を支えた根本的要件としてあった。中世の聖俗両社会において「東寺一門」および「真言宗」という概念がいかに認識されていたのか、またその中で、師資関係の根本にある「伝授」という行為がいかなる社会的役割を果たしていたのかについては、今後の課題として検討を重ねていきたい。

注

1 『鎌倉遺文』一五一四五号。

2 ここでは守覚が撰述した「秘抄（鈔）」を意味するのではなく、秘すべき抄物という一般的な意味でとらえるのが妥当であろう。

3 永村眞氏「『院家』と『法流』――おもに醍醐寺報恩院を通して――」（稲垣栄三氏編『醍醐寺の密教と社会』山喜房仏書林、一九九一年）。

4 『カリフォルニア大学所蔵　梅尾コレクション顕密典籍文書集成』第九巻、事相篇三、平河出版社、一九八一年所収。

5 金沢文庫古文書一九二五号。

6 金沢文庫古文書一九二七号。

7 益性については、「仁和寺諸院家記」（恵山書写本）上「上乗院」の項に「二品親王益性　申下河原宮、亀山院御子、益助僧正付法」とある。東国に下向したのちは鎌倉遺身院を活動拠点とした。釼阿の受法および同時代における称名寺の組織や実態については、納富常天氏『金沢文庫資料の研究』（法藏館、一九八二年）、福島金治氏『金沢北条氏と称名寺』（吉川弘文館、一九九七年）を、鎌倉における仁和寺御流の広まりについては福島金治氏「仁和寺御流の鎌倉伝播――鎌倉佐々目遺身院とその役割――」（阿部泰郎氏・山崎誠氏編『守覚法親王と仁和寺御流の文献学的研究【論文篇】』勉誠出版、一九九八年）がある。

8 前掲『守覚法親王と仁和寺御流の文献学的研究【論文篇】』のほか、近年では稲葉伸道氏「弘長三年東寺観智院金剛蔵所蔵「仁和寺興隆倹約等條々」について――鎌倉中期の仁和寺御室――」（『名古屋大学文学部研究論集』史学五九、二〇一三年）がある。

9 金沢文庫所蔵、三〇六箱三号。神奈川県立金沢文庫特別展図録『仁和寺御流の聖教――京・鎌倉の交流――』（一九九六年）三二頁に一部掲載されている。端裏に「御流作法一百六帖」、内題に「御流作法書写分自下河原宮御所降賜分」とある。

10 金沢文庫古文書一九二六号。

11 納富常天氏前掲書『金沢文庫資料の研究』三九四・三九五頁による。なお、納富氏によるこの指摘は「釼阿起請文案」（金沢文庫古文書一九二八号）に基づくものである。

12 金沢文庫所蔵史料一二四箱。

13 金沢文庫古文書二一二六号。

14 和島芳男氏「中世における極楽・称名二寺の関係」（『金沢文庫研究』八四号、一九六二年）および福島金治氏前掲書第二章第四節「金沢称名寺の寺院組織」も参照。

15 金沢文庫古文書一九三〇号。

16 南北朝時代における著名な学僧である東寺観智院杲宝は、その著作である「我慢抄」において、「夫仁和・醍醐両寺者、在東寺左右住持大師遺法、共法　朝廷之護持、同祈萬国之利安、喩如車両輪、亦似鳥二翼」と述べ、仁和寺・醍醐寺を東寺の左右に位置づけ、鎮護国家の主力を担っていたとする認識を示している。

17 奥書に、「妙法院賢長僧正以自筆本令書写云々、以定与法印本書写之云々、康正元年（一四五五）十二月十二日　金剛仏子重賀」、「以中性院重賀法印本令書写云々、文明三年（一四七一）三月七日　大法師賢真」「文明十一年（一四七九）九月十六日　金剛仏子賢怡」、「于時文明十五暦（一四八三）三月二日、以西光院賢怡僧都本書写之、権僧正（花押）」とある。

18 本目録には「厚双子」が重複して挙げられているが、「伝受分」に含まれる「厚双子又号無名抄、清書本松橋元海僧都作、」は三宝院流開祖である定海の口説を門弟である元海が撰述したものであり、後者の「松橋厚双子」は元海の口説を一海が撰述したものとみなされる。

19　『密教大辞典』（法藏館、一九三一年）の「厚双紙」の項を参照。

20　『大正新修大蔵経』第七八巻所収の「薄草紙」の底本は「醍醐三宝院蔵古写本」、「秘鈔」の底本は「仁和寺塔頭蔵古写本」とある。「秘抄」の内容について、『大正新修大蔵経本』所収本と称名寺蔵本とを比較検討された福島金治氏前掲論文によれば、醍醐寺勝賢の自筆本を祖本とする前者は「醍醐寺系御流」の「秘抄」であるのに対し、益性が伝授に用いた後者は「仁和寺御流」の「秘抄」であって、両者の内容は異なっていることを指摘されている。そこで、本稿において「薄草紙」と「秘鈔」の阿弥陀道場観に関する記述内容を比較するにあたっては、両方とも『大正新修大蔵経』所収本に拠ることとし、醍醐寺において伝えられていた内容の比較検討を行った。

21　柴田賢龍氏『訳注 薄草子口決――注釈篇――』（文政堂、二〇〇三年）による。石山内供淳祐撰「要尊道場観」上に所収される「阿弥陀」の項には、「結如来拳印、観壇上有𑖮𑖿𑖨𑖱𑖾字変成金色孔雀王、孔雀王有𑖮𑖿𑖨𑖱𑖾字成蓮葉臺、臺上有𑖀字、成円明月輪、上有𑖮𑖿𑖨𑖱𑖾字、字変成開敷紅蓮花、以獨股金剛杵為其莖也、其蓮花変成無量寿如来、身色紅頗梨色、放大光明、結等持印、具無盡荘厳、観音勢至左右侍立、無量菩薩聖衆前後囲繞云々」とのごとく、ほぼ同様の記述が確認できる。

22　拙稿「醍醐寺成賢と密教修法」（『日本歴史』第六七六号、二〇〇四年九月）。なお、三宝院流の代々祖師の付法弟子の人数は、定海が十五名、元海が八名、実運が八名、勝賢が十九名である。

23　永村眞氏「遍智院成賢の教説と聖教――聞書・口決・抄物――」（同氏編『醍醐寺の歴史と文化財』勉誠出版、二〇一一年）。

24　永村眞氏「中世醍醐寺の聖教――『目録』と『抄物』――」（頼富本宏博士還暦記念論文集『マンダラの諸相と文化 上――金剛界の巻』法藏館、二〇〇五年）。

江戸時代成立のした後代の史料ではあるが、元は醍醐寺金剛王院に伝来した「本鈔伝授目録」（「醍醐寺史料」六三七函一七号）によれば、文化五年（一八〇八）における澄意奥書のあとに貼られた付箋に、同じく澄意の筆跡で、「静遍僧都記曰、抑秘鈔以下尊法并諸作法等、首尾十箇年之間、一々面受口訣者、於師前即別紙註付之云云、先徳明匠既十餘箇年漸得学習、今時人○《多クハ》一年之間相承之、頗容易之至、須思其大幸、假令倉卒遂希望、而心存古風、必莫生軽忽之念、又覚洞院直弟之外、舊不及披露、白表紙既然矣、況於本抄伏宜尊信之而已、文化五年七月十七日　金三流正統権僧正澄意識」とある。静遍（一一六五～一二二三）の手になる記録によれば、元来は十余年の歳月を費やして、諸尊法等をめぐる口伝の「面受」が一尊法ずつなされていたという。このように、かつては伝授に長い年月を要したが、澄意を含む「今時人」の多くは一年間でたやすく伝授を完了しており、澄意は自らの浴している恩恵に対する謝意を表しているとともに、「古風」に対する尊崇の念を示している。付箋に記された短文ではあるが、伝授の方法・内容が時代を経る中で変遷を遂げてきたことがうかがえる一節である。

25 『醍醐寺新要録』巻第十四「座主次第篇」。

26 『醍醐寺新要録』巻第十四「座主次第篇」によれば、憲深の座主在任期間として「寺務四ヶ年建長三・四・五・六、」とあり（「第卅五代憲深」の項）、次代座主実深の補任に関しては「建長七年（一二五五）正月十一日宣下」とある（「第卅六代実深」の項）。

27 醍醐寺座主職をめぐる三宝院流と金剛王院流との対立については、藤井雅子氏『中世醍醐寺と真言密教』（勉誠出版、二〇〇八年）第一部第一章「三宝院・三宝院流と醍醐寺座主」に詳しい。

28 『大正新修大蔵経』第七八巻所収。

29 『鎌倉遺文』六三二六号。

30 『鎌倉遺文』八〇四六号。

31 「一停廃非分之座主被返付于本門跡事」の項（九四五頁）を参照。

32 本稿では、高野山大学栂尾祥雲氏蔵写本を底本とする『真言宗全書』第二十二（真言宗全書刊行会発行、一九七七年復刊）所収本に基づいて検討した。

33 栂尾祥雲氏「高野教学史一班」（『密教研究』二二巻六〇号、一九三六年）および高井観海氏「真言教学史上より見たる興教大師の位置」（『真言教理の研究』法藏館、一九八六年）によれば、事相と教相とが分けて認識されるにようになったのは興教大師覚鑁の時代、すなわち平安院政期においてであるとされる。

34 頼瑜による「薄草子口決」の撰述については、拙著『中世密教寺院と修法』（勉誠出版、二〇〇八年）第三部第二章「修法と『抄物』――頼瑜撰『薄草子口決』を素材として――」で検討している。

35 東大寺東南院聖忠による正安元年（一二九九）の書写奥書をもつ。

36 その他、憲深からの事相伝授に伴って頼瑜が撰述した抄物としては、「十八道口決」・「野金鈔」・「野胎鈔」・「護摩口決」がある。

37 「東寺一門」としての意識の萌芽・形成過程をめぐっては、拙稿「中世寺院社会における「東寺」意識」（『史学』第八一巻第一・二号、二〇一二年）および拙稿「醍醐寺勝賢と「東寺」意識」（『古文書研究』第七八号、二〇一四年）において検討している。

38 東寺所蔵「醍醐寺所進具書案」（東京大学史料編纂所所蔵影写本）による。

〔付記〕本稿執筆にあたり、史料閲覧に際して格別の御高配を賜りました醍醐寺当局に心より御礼申し上げます。

中世歌学秘伝と歌学書の創出と伝授

――『和歌古今灌頂巻』『悦目抄』を中心に――

舘野　文昭

はじめに

遊戯として起こった和歌という文芸が、権威性・相承性・精神性を内包する「道」として認識されるようになった――いわゆる「歌道」なるものが出現した――のは院政期のことである。時を同じくして、代々歌道を事とする歌道師範家（以下本稿では「歌道家」とする）が成立し、その当主が歌壇の指導的役割を果たすようになった。[注1]平安末期、六条藤家と御子左家が力を持ち、この両家は歌壇の覇権をめぐり相争った。その後六条藤家は衰退し、鎌倉期には御子左家が支配的地位を得るようになる。しかし鎌倉時代後期になると、御子左家が二条・京極・冷泉の三家に分立して互いに対立する。京極家、次いで二条家は滅びて、冷泉家のみが中世を生き残ることとなるが、二条家の歌学を継承する者は途絶えず、冷泉家と二条派の対立構図は続く。このような歌道家同士の対立は、中世歌壇史の一つの軸となっている。歌道家に属する歌人たちは、相対する歌道家（流派）に対して優位にありたいと考えていたことは想像に難くない。現に、こうした状況の中で創出された歌学書には、そ

の撰述者の連なる歌道家が、他家に対して優越的・正統的であることを示すための記述が間々見られる。[注2]

ところで、歌道の成立とともに歌学を門弟に伝授するという営為が一般化する。そうした中で、普通に伝授される歌学知とは別に、特別な者にしか伝授しない、上級かつ秘密の歌学知が生まれる。歌学秘伝の誕生である。重要な知を秘するのは、歌道家が自家説を権威化し他家に対して優位に立つために行うものであろう。けれども鎌倉後期以降は、先述の歌道家の当主の与り知らぬ所で秘伝が成立し、授受がなされた。[注3]歌道家周辺に流派と呼ぶべき集団がいくつも成立し、その流派同士の対立に伴い、自流を拡大し、他流に超越せんとして、数多くの歌学秘伝が創出され、伝授されたと思しい。[注4]その痕跡は現在に残る多くの歌学秘伝書から見て取ることが出来る。[注5]伝授は書伝や切紙の形で行われることもあったが、口伝という形式で行われるケースもやはり多かったものと考えられる。即ち、口伝の形でのみ授受されたためテキスト化されることが無かった秘伝や、テキスト化されたものの現在に至るまでの過程で失われてしまった秘伝も、やはり数多くあったものと思われる。現存資料から窺える以上に、中世において歌学秘伝が盛行していたであろうことは間違いない。そう考えると、歌学秘伝の伝授が中世和歌史において重要な一面であることは疑えない。

口伝がテキスト化されていない以上、歌学秘伝の研究は、残された歌学秘伝書の具体的なテキスト分析から行うことになる。実際、幾人もの先学により、歌学秘伝書の研究は積み重ねられている。[注6]しかしながら依然として十分に研究が為されているとは言えず、中世の歌学秘伝の実態に関しては不明な部分が多い。

研究の進展を妨げる要因はいくつか考えられる。第一に秘伝書の多くが「偽書」という形をとるという点である。源経信（一〇一六～一〇九七）・藤原基俊（一〇五六～一一四二）・藤原定家（一一六二～一二四一）・藤原家隆（一一五八～一二三七）といった和歌史上の有名人の作という形をとるが、[注7]実際は仮託であり、彼らの真作の歌学書では無く、その成立事情を明確にし得ないのである。素性の明らかな真作の歌学書と比べて、研究の俎上に上せにくいことは疑えない。もっとも近年は「偽書」を製作するという行為を文化史的に位置づけようとする試みにより、歌学秘伝の書物群にも光が当てられることも増えた。[注8] しかしそこでも「偽書」を生み出す文化的枠組みの方に注意が向けられることが多く、個々のテキストの分析的読解まで為されることは少ない。

第二にその諸本の複雑さが挙げられる。テキストを読解する前提として、その諸本を調査して、依拠すべき本文を整定する必要があろう。しかし、歌学秘伝の書物群は、その伝本状況が複雑なケースが多い。相承の過程で本文が変容しやすく、伝本ごとに内容の出入が大きいのである。伝本同士の関係も複雑で、諸本の線条的系統図を描くことが不可能な書目も多い。そもそも諸本間のどこまでを同一書目として、どこからを別書目とするかという見極めも容易では無いのである。歌学秘伝の問題を最も精力的に考究した三輪正胤氏の一連の研究[注9]は、様々な歌学秘伝書の諸本を博捜し、その生成と変容について考察した金字塔的な研究であることは間違いないが、それでも猶明らかになっていない点は多いのである。

第三にその内容の難解さが挙げられる。歌学秘伝の諸書を繙くと、正統な歌道家の説とは乖離した歌学知が多く含まれている。具体的に言うと密教や神道などの影響を受けた秘儀が展開されるのだが、その意図するところを正確に理解するのが難しい。荒唐無稽としか言いようの無い言説が含まれているため、非合理的・神秘的な書であるという印象が強く、和歌研究者によって考察の対象とされることはあまり無い。

以上のような事情により、歌学秘伝書の研究は一部の限られた研究者によって進められており、新規の研究者の参入が難しいのである。しかし、研究の重要性は先述の通りで、今後より多くの研究者により、多角的に個々の歌学秘伝書の読解が進められる必要がある。

本稿はその一階梯として、歌学秘伝書の本文を具体的に見ることで、中世における歌学秘伝と歌学書の有様について考えるものである。但し、紙幅に限りがあり、歌学秘伝の豊穣な世界全体を論ずることは出来ないので、それは今後の課題として、ここでは『和歌古今灌頂巻』と『悦目抄』という鎌倉後期頃成立の密教思想の影響下に成った歌学秘伝書を取り上げて検討してみたい。密教思想の影響が見られる歌学書は数多く存するが、『和歌古今灌頂巻』は密教色がとりわけ強い歌学書で、そのひとつの典型と言える書である。一方『悦目抄』は鎌倉後期に成立したと考えられる歌学秘伝書の中で、最も現存伝本が多く、中世を通して広範に流布し、影響力も大きかったと考えられる書物で、歌学秘伝の盛行を象徴する歌学書なのである。この両書の分析を通じて、歌学秘伝と歌学書の創出と伝授の一端を探りたい。

一　歌学秘伝と仏教・密教

1　『奥義抄』下巻余について

まず鎌倉期歌学秘伝を考察するに当たって、その前史として、『奥義抄』下巻余を取り上げる。これを起点として、歌学秘伝と仏教・密教との結びつきについても確認したい。

藤原清輔（一一〇八～一一七七）は平安時代末期を代表する歌人の一人であり、同時代の歌壇において指導的立場にあった人物である。清輔は祖父顕季（一〇五五～一一二三）、父顕輔（一〇九〇～一一五五）と続く六条藤家という歌道家に生まれ、その累代の歌学を継承している。その著作である『奥義抄』は、崇徳天皇、後に二条天皇に献上されたとされる歌学書である。上中下の三巻からなる書であるが、下巻の後に「下巻余」と称する部分を持つ。その「下巻余」の冒頭には次のような文言が見える。[注10]

於此巻者、和歌肝心目足也。非灌頂之人者、輒不可開。件灌頂選器量及年臈可授之。

玉津島姫明神御守護巻也。可慎、々々。

ここには、この巻（＝下巻余）はとりわけ大事なものであるので、「灌頂之人」でなければ開いてはいけないと記されている。「灌頂之人」というのは灌頂を授けられた人ということであろうが、灌頂は、歌人として高い能力を有しており、歌道に入ってからの経験年数の長い人を選んで授けるものであるという。さらに歌神である玉津島の姫明神（衣通姫）により守護される巻であることも示される。要するに、下巻余は上中下三巻とは異なる位相を持つ権威的な巻で、そこで開陳される歌学知は、通常の弟子には授けられないものであり、即ち秘伝であることが示されている訳である。『奥義抄』下巻余は、特別優れた歌人にしか与えられない書であり、逆にこれを所持し得た者は必然的に歌道において選ばれた者（＝灌頂之人）ということになる。歌学においては普通に伝授される知識があり、それとは別に特別な者にのみ授ける秘伝がある、という清輔の認識を読み取ることが出来よう。

自らの持つ知識を門弟に伝授する方法としては、知識を口頭で授ける口伝と、知識を記した書物を執筆してそれを授ける書伝とがある。書物は、仮にそれが特定の人物に与えるために著されたものであったとしても、そのメディアとしての性格から、そこに文字として記される知識は、その書を読む全ての他者が享受することが出来る。そこにおいて知は不特定多数の対象に開かれることになる。一方口伝というのは、対象を限定して知識を授ける方法である。口伝のみで伝えられた知識は、文字として遺されることが無い訳だから、口伝を受けた者以外その知を享受することが出来ないことになる。書伝よりも口伝の方が、秘密の保全性において勝っており、当然のことながら特別な相手だけに授ける秘説の伝授は、書伝では無く口伝こそが相応しいのは明らかである。知の秘奥は書物の形では無く口伝によって授けられるものという認識は、恐らく当時の人々の間で共有されていたものと思われる。しかしながら、『奥義抄』下巻余はそれが秘説であることを明示しながらも、書物としてテキスト化された形をとっている。口伝によって伝えられるべき知識を書伝によって伝えている訳であるが、この下巻余における知識が、問答形式という記述スタイルで開陳されているという点は注意したい。この『奥義抄』下巻余の内容は「かひや」「ひたち帯」といった和歌に関する難義語や「誹諧歌」「譬喩歌」といった歌体等計二十四項目についての注説であるが、全ての項目が問答形式で記述されている。下巻余冒頭項目である「かひや」項の冒頭を示すと次の通りである。

問云、古歌にかひやがしたとよめるは何事ぞ。
答云、かひやとはゐなかに魚とるとてすること也。河もしは江などにすと云ふ物をたてまはして、口を一つあけて其内に、さゝの枝おどろなどとりおきたれば、あたゝまりにつきて、うをのあつまるをとる也。鳥などいりぬれば魚のおどろきてうすれば、その上にたかくやをつくりおほひて、みもりとて人をすゑて鳥をもおはす。…（後略）

このように、問題となる語について、問者の問が記され、それに対する答えを記すという形で知識が語られる。『奥義抄』中下巻の釈部の一部に右の如く問答形式で記される注説があるが、下巻余ではその全体が問答形式となっている点が特筆すべきである。問答形式で書かれる学書は、問者（門弟）と答者（師匠）の一対一のやりとりの記録であり、口伝の有様をテキスト化したものと言える。[注11]『奥義抄』下巻余それ自体は書物の形をとるけれども、それが問答形式をとることにより、口伝による伝授と同等な、重要な秘説であることが示唆されていると言えよう。書物という形をとりながら、その秘伝的権威は保持されているのである。実際、『古今和歌集序聞書（三流抄）』『和歌無底抄』所収古今序注等、以後の秘伝的な歌学書・注釈書の中には問答形式で著されるものが間々見られるが、やはりその内容の秘伝性を強調するためであろう。[注12]

2　歌道と仏道

さて、先に見た通り、清輔は「灌頂」という語を用いていた。灌頂とは、「頭頂に水を灌《そそ》ぐ」ことを意味する仏教語であり、如来の五智を象徴する水を弟子の頂に注ぐ、密教における重要な儀式で、師より資へと授けられるものである。[注13] 清輔は、和歌の道というものを仏道に比肩し得る道と捉え、和歌における師弟関係を、仏道における師弟関係に擬していると言えよう。

歌道を仏道とを同様なものとする認識は、ひとり清輔だけのものでは無い。平安末期の歌壇において、清輔と双璧を為した歌人が藤原俊成（一一一四〜一二〇四）である。俊成は六条藤家と対立した歌道家である御子左家の基盤を作った人物である。御子左家は藤原道長男の御子左民部卿長家（一〇〇五〜一〇六四）を祖とする世系であるが、和歌の家としての御子左家は、当代きっての歌人であった藤原基俊の弟子となりその歌学を継承した俊成に始まる。その俊成の著作である『古来風体抄』の序文には、彼が和歌と仏教とを価値的に同等なものと捉えようとしていたことが窺える文言が存する。[注14]

さて、かの止観にも、まづ仏の法を伝へ給へる次第を明かして、法の道の伝はれることを人に知らしめ給へるものなり。大覚世尊、法を大迦葉に付け給へり。迦葉、阿難に付く。かくのごとく次第に伝へて、師子にいたるまで廿三人なり。この法を付くる次第を聞くに尊さも起こるやうに、歌も昔より伝はりて、撰集といふもの出で来て、万葉集より始まりて、古今、後撰、拾遺などの歌のありさまにて、深く心を得べきなり。

このように、和歌の歴史が、仏法が相伝される次第に擬えられている。[注15] 俊成も清輔同様、和歌における師弟関係と仏教における師弟関係とを同質なものと見ようとしていたものと思量される。何れも自らが事とする和歌の道を権威化しようという意図によるものと見て良いだろう。院政期に現れた二つの歌道家の当主は、ともに仏教を歌道の権威高揚のために利用していたことになる。院政期には狂言綺語たる詩歌をもって仏縁をなすという思想により、和歌と仏教との結びつきは確固たるものとなっていた。[注16] そのため、歌道と仏道とを同一視する考え方は、それほど違和感無く受け入れられたものと見られる。

院政期は、歌道と歌道家の成立期ということが出来るが、歌道が重んぜらるべき「道」たり得るためには、盤石な権威を持つ「道」である仏道に擬えられるという過程が必要だったのである。三輪正胤氏は中世の歌学秘伝伝授の史的展開について三期に分けて論じているが、その第一期を「灌頂伝授期」として位置づけている。[注17] 歌学秘伝の歴史は密教的要素を取り入れることから始まっているのである。密教は仏教における秘密の教えである。歌道が仏教の権威を借りることによって、「道」として認識されるようになったという経緯を鑑みれば、それは必然的なものであったと考えられる。

以下、『和歌古今灌頂巻』と『悦目抄』という、密教思想の影響の見られる鎌倉期成立の歌学書を見てゆく。

二　為顕流『和歌古今灌頂巻』

1　神宮文庫蔵『和歌古今灌頂巻』について

まず神宮文庫蔵『和歌古今灌頂巻』（後補外題、以下『和歌古今灌頂巻』とする）という書を見たい。本書は上中下の三巻からなる。江戸時代中期の写本であるが、鎌倉時代後期には成っていたと見られる歌学書で、定家作を装う仮託偽書である。[注18] 下巻に付される「古今相承血脈譜」（後述）に為顕の名が見えることから、為顕流の伝書と判断出来る。藤原為顕（生没年未詳）は、藤原為家（一一九八〜一二七五）の三男（あるいは五男とも）で、関東で活躍したと思しく、真言密教や伊勢神道などとの交流から一流派をなした人である。為顕が本書の製作にどこまで関与しているのかは定かでは無いが、二条家・京極家・冷泉家等の、京都歌壇で影響力を持った正統な歌道家からはやや隔たったところで成立した書であることは間違いない。[注19]

2 灌頂伝授次第の創出

『和歌古今灌頂巻』は冒頭に灌頂伝授の儀式次第を記す。繰り返すが、灌頂とは密教において重要な儀式である。清輔は秘説の授与を許される優れた弟子を「灌頂之人」と呼んでいたが、実際に六条藤家において、歌道の門弟に対して、密教における灌頂の儀式を擬した神秘的な儀式を行っていたかどうかは、具体的資料が無く不明である。鎌倉期以降は権威ある歌道家として、御子左家が支配的になるが、やはりそこでもそうした儀式を行っていたことを示す資料を確認することは出来ない。少なくとも歌道家嫡流の人物が著した歌学書では灌頂伝授の儀式次第が記されることは無い。[注20]

一方、歌学秘伝の秘伝書類に目を転ずると、和歌灌頂の次第や灌頂の場の様相について具体的に記す書物も現れる。『和歌古今灌頂巻』の他にも、『和歌灌頂伝』、『古今和歌集灌頂口伝』所収「古今相伝灌頂次第」、『金玉双義』（『玉伝深秘巻』の異本）等がある。何れも為顕流の伝書とされるものであり、他流において製作された書物には基本的に見られない。具体的作法を伴うものとしての和歌灌頂は、為顕流の者が自流の拡大と権威化のために案出した方法だったらしい。また、ここで挙げた四書に見える次第はそれぞれ異なっている。それぞれの書の製作者、成立の場、伝授対象の違い等が反映されているものと考えられる。

さて、本書の本文は「そもそも、和歌の道に志す人は、必ず先哲の跡をまなぶべし。しかるに作法あり。これを灌頂と名づくべし」と始まり、以下にその灌頂がどのような作法によって行われるべきか、具体的に記される。順に見てゆこう。[注21]

此灌頂於《を》撰与《せんと》ハン授者ハ、先ヅ清所ヲ示シ、精進潔斎シテ、諸ノ哥仙於《を》安置シ多伝末津連《たてまつれ》。花於《を》作懺悔《ささげ》、香ヲ焼、荘厳美ヲ調ヘヨ。

先ずは灌頂を授ける師が、場と身を清めて、歌仙（の画像）を安置し、香華を備えて場を荘厳すべきことが述べられる。猶、引用部には単に「諸の歌仙」とあり、具体的な歌仙名が挙がっていないが、『和歌灌頂伝』には「和歌の五仏」として、人丸・赤人・猿丸太夫・小町が、「和歌の証滅」として住吉明神と聖徳太子の名が挙げられているので、[注22]『和歌古今灌頂巻』が想定している「諸ノ歌仙」も同様なものであろう。歌仙の安置は密教における灌頂の際に、堂内に真言八祖の画像を設えるのに相応するものと考えられる。[注23]

次いで、師と弟子が取るべき所作が記される。[注24]

①其時師先道場へ入テ、事之由ヲ敬白シテ立テ、第子ヲ呼可《べし》。畏テ入手《て》、師之左ニ座セヨ。師三礼シテ本座ニ着ス。②次窃ニ三首ノ本哥ヲセト（「示」脱カ）云々。八雲・難波・若々仍《の》哥ヲ詠ジテ、三遍之後、③第子之頭ベニ花ヲソソゲ。④其時弟子三遍礼シテ、即席ニ立テ三首ノ本哥ヲ詠ズベシ。各々一度。⑤師第子ニ私ノ哥ヲ呼可《べし》。第子始ハ式題セヨ。次ニ哥ヲ取出シテ膝ヲ着テ指上ヨ。師是ヲ取テ詠ズベシ。

⑥次、和謌之仙、受性于天、其才卓爾、其鋒森然、三十一字、詞華露鮮、四百余歳、来葉風伝、斯道宗匠、我朝前賢。湿而無緇、鑽之弥堅、鳳毛少匹、麟角猶専、既謂独歩、誰敢比肩。

⑦師席於《を》下テ三首ノ本謌ヲ三遍可詠之。⑧其後、弟子席ヨリ下リテ、師ニ向テ三礼ヲシテ膝ヲ着テ、灌頂之作法ヲコフベシ。此ノ時受《〔授〕カ》テ謂ク、「此灌頂ハ是和哥之深義也。聊爾不可為」トテ、此巻ヲ三度ヒタヒニ当ヲ。⑨即是於《を》得テ、一々之事於《を》習フベシ。先名許ヲ授ク可《べき》也。

一、大和謌　二、六義六体　三、三曲　四、五句の五名体　五、日戸丸次第　六、言実体　七、五輪五仏和歌同体　八、父母二謌　九、三鳥三無　十、一松一草

可受之。迷前ニハ綺語妄語之罪ニナシ、悟ノ前ニハ法喜禅喜ノアヂワヒト成ル者也。

以下、道場内の座席の配置が不明であり、文意の不明瞭な点もあり、師資の動きを正確に把握することは出来ないが、適宜言葉を補って大凡の内容を確認したい。

①まず師が、次いで師に呼ばれた弟子が灌頂を行う場に入る。師は三礼をして本来の座に着く。②師が弟子に三首の本歌なるものを示す。三首の本歌とは、歌学における根本的古典である『古今集』の仮名序にある三首の歌、即ち素戔嗚尊が詠んだという「八雲立つ出雲八重垣妻籠めに八重垣作るその八重垣を」の歌、王仁が仁徳天皇に献上したという伝承を持つ「難波津に咲くやこの花冬籠り今を春へと咲くやこの花」の歌、そして柿本人麿作と伝えられる「ほのぼのと明石の浦の朝霧に島隠れゆく船をしぞ思ふ」の三首のことである。この三首は和歌史上重要な歌として認識されていたようである。師はこの三首を三回繰り返し詠んで後、③弟子の頭に花をそそぐ。④その時、弟子は三度礼をして（師から頭に花をそそいでもらうために）席に上り、三首の本歌を各々一度詠む。⑤その後師は、弟子自身の和歌の提出を乞う。それに対して弟子は始めは頭を下げて会釈（式題）し、その

後に自らの和歌（懐紙）を取り出し、膝を着いて高く上げ、師がそれを取って詠ずる。⑥続いて歌仙をたたえる讃が唱えられる。[注25]⑦その後に再び師が席を下りて三首の本歌を三度詠む。⑧続いて弟子も席を下りて、師に対して三礼して、膝を着いて「灌頂の作法」（巻子か）を乞う。これを授ける際、師は「この灌頂は和歌の深義であり、軽々しく扱ってはいけない」と言って、この巻（前記の「灌頂の作法」と同じものを指すか）を三度（弟子の）額に当てる。[注26]⑨以上のような次第を経て、ようやく秘説の伝授が行われることになるが、まずは秘伝の名目だけ（右の「一、大和歌〜十、一松一草」）が授けられ、その後に各々の秘説の内容が具体的に伝授されるという。[注27]

密教における灌頂には種類がさまざまあり、一概に比較することは出来ないが、⑥のように讃が唱えられる点などは密教儀式とも共通している。[注28]また三首の本歌が繰り返し詠まれるのは、密教の儀式において真言が唱えられるのに相当しよう。[注29]③の行為は、花を「頂に灌ぐ」ものであり、灌頂の儀の肝要となるものであると思われる。あるいは密教の灌頂の際に行われる「投華得仏」（花を曼荼羅上に投げ、落ちた所の尊と結縁する）の儀の影響を見ても良いかもしてない。

以上のように『和歌古今灌頂巻』の冒頭には、和歌灌頂の、物々しくも煩雑な儀式次第が具体的に記されているのである。密教の灌頂の次第の影響を受けながらも独自の展開を見せていることが窺えよう。

本書の巻頭に記されることによって、和歌灌頂の次第自体が、秘伝として伝授される歌学知として機能してる訳である。実際にここに記される次第によって歌道の師資の間で灌頂伝授が行われることもあったのかも知れない。しかし現実にかくのごとき和歌灌頂の儀式がどれだけ行われていたのかは資料に乏しく不明である。むしろこれは、儀式を再現するための記録というよりも、こうした次第を事細かに設定することにより、以下に授けられる歌学知が、このような厳格な次第を経なければ伝授され得ないものであるということを強調し、記される説を権威化せんとする意図を読み取るべきだろう。

3　『和歌古今灌頂巻』創出の思想基盤と歌学知

さて、このような次第を経た上で伝授される知とは如何なるものであったのだろうか。まず冒頭の「一、大和歌」項目は次のように始まる。

一、大和謌ト者、心詞ヲ共ニ信ベテ、大キニ和クル哥ト云ヘリ。爰ニ種々ノ秘々多之。「大」トハ「一人」ト作レリ。「和」トハ「口千八」ト作レリ。「哥」ト云字ヲ「コトバ」トヨメリ。「一人ノコトバヲヤワラグ」ト云ヘリ。誰人ゾヤ。又云、「口」ト云字ヲ「オサム」トヨメリ。文集ニ云、口《ヲサムル》家ヲ者於《（を）》号賢者ト云ヘリ。又「千」、此文字ヲ「カズ〳〵」トヨメリ。史記ニ云、堯舜之恵ミ調《トトノフル》千《カズ〳〵》量リトヨメリ。又「八」トハ「円満ノ義」ナリ。止観ニ云、八ト云ハ満足之義也ト云々。然則和ノ一字ヲ「カズ〳〵オサメ円満ス」トツクレリ。…（以下略）

通常「大和歌」という語については、大和とは日本の異称であり、日本の歌である故に「大和歌」と称されるものとして理解される。しかし、右に引いた説によると、「大和歌」という三字の意義はそんな単純なものでは無いらしい。「大和歌」は「大」「和」「歌」の三字からなるが、「大」字を「一人」と、「和」字を「口千八」と分解して、「歌」字を「ことば」とよみ、「大和歌」という語は「一人のことばをやはらぐ」という意味であるということが記される。続いて「口千八（＝和）」という文字列について解説が為される。「口」は「おさめる」、「千」は「かずかず」、「八」は「満足」という意味であるという。具体的に典拠を示しながら説明されているけれども、「大和歌」に右のような意味は無く、典拠も捏造である。ここで展開されている説は、全て正統な歌学においては見ることの出来ない説である。
以降も、右のごとく秘説が論述される訳であるが、次のような、仏教、就中密教の影響を色濃く受けた説が多く見られる。

（前略）…又云、大和哥ト者真言ヨリ出タリ。然者、序ニ「アサカヤマノ詞」トイヘルハ「𑖀字、大和ノコトバ」ト云ヘリ。𑖀字ヲオキ〔「ホ」脱カ〕ニヤハラグルトヨメリ。此𑖀字ナクハ、イカデカ和謌ヲ可造立乎。和歌之五句ハ即五体五輪也。五大ト云ハ、地大・水大・火大・風大・空大也。然者謌之五句五大ハ即無始本有之仏大也。詠花詠月是皆本有之徳用奈梨《なり》。六塵悉ク文字ノ職色、職声、是又無為常位ノ儀也ナリ。然者和哥之成六義六体ト。…（以下略）

意図するところが摑み難い部分もあるが、ここで確認しておきたいのは次の二点である。まず、梵字の𑖀（阿）字が強調されているという点である。これは一切のものが阿字に含まれるとする密教的思想（阿字本不生[注30]）を背景としていることは間違いない。それから、和歌と仏教との付会である。和歌は五七五七七の五句からなるが、その五句を五大に、また六義・六体を六塵に結びつける。このような付会は本書にはこの他にも数多く確認出来る。また、密教の強い影響が見える言説も多く見られる。[注31]和歌というものが密教の秘奥と通ずる旨が主張されており、仏教、特に密教思想を基盤として創出された書であると言える。

総じて、この書が伝える歌学知は、非合理的な牽強付会と言わざるを得ない説で満ち溢れているのである。今述べたような仏教的付会は、和歌の実作とは無関係の内容である。以下も密教的言辞が続くが、歌論歌学書が一般的に述べるような、本歌取りの方法論・題詠論や歌語の使用法、どのような歌を詠むべきなのか、といった実作のための知識を、『和歌古今灌頂』という歌学書から得ることは出来ないのである。
しかしながら、この種の歌学書の伝本は意外に多く、中世において一定の価値を有していたものと思量される。この書は詠歌という行為を仏教的営為として位置づけているのが受け入れられたものと思われる。即ち中世の人々は詠歌に信仰的意義づけを求めていたということであろう。

4 『和歌古今灌頂巻』所収「古今相承血脈譜」

先に述べた通り、神宮文庫蔵『和歌古今灌頂巻』下巻には「古今相承血脈譜」と称する相伝系譜が付されている。以下、「古今相承血脈」とそれに続く文和二年（一三五三）の和阿の奥書を掲げる。

血脈譜の後に「古今文字読…和阿判」という奥書があるが、上巻・中巻にもほぼ同文の奥書が見える。この奥書によると、和阿[注32]から、その弟子である厳専なる僧に伝授されたらしい。奥書は、この書が、本来は子孫にのみ伝えるもので、他家の者には与えるべきでは無いものであることを示し、さらに、子孫であっても和歌の器量に乏しい者には伝授してはいけないものであり、器量のある弟子一人のみに授ける秘すべき伝書（一子相伝の書）であるということを主張する。まるで歌道家の当主が自らの高弟に対して記したような奥書であるが、伝授者の和阿も、被伝授者の厳専も、伝未詳の人物であり、中央の歌壇史に名を残すような人物では無い[注33]。歌道家嫡流とは直接的には関わりが無く、当時の京都歌壇においてさしたる権威を有していたとは思えない人物同士の間でこの書の授受が行われているのである。それにも関わらず、授者の和阿はあたかも自らが権威ある歌道家の正統な継承者であるかのように振る舞っている点は注意されよう。

血脈譜の内容を見ると、源俊頼（一〇五五～一一二九）と俊成が師弟関係であり、親子の契約を結んでいたという記述があるが、史実では無い。故にこの系譜が偽作であり、実際に御子左家嫡流において相伝されたものでは無いこと

古今相承血脈譜
永承元年（一〇四六）〈戊酉〉九月十三日御託宣

不住人丸
〔賀茂明神之御託宣云〕

〔延喜十三年（九一三）出現ト云々〕

権大納言正二位民部卿源経信
宇多天皇御子一品式部卿敦実親王第四孫

従四位上土佐守源俊頼
経信子

皇太后宮大夫藤原俊成
〔俊頼与俊成有師弟之儀其上依有親子契約也〕

二条中納言藤原定家
俊成子

右衛門督藤原為家
定家子

侍従　藤原為顕
為家子

侍従　藤原為清
為顕子

為家　為氏　為与
為顕ハ為氏ノ五男也

古今文字読、烏菟蘭菊并灌頂血脈授之給畢。於彼秘抄者不可出他家。雖然依有師弟之契約、于僧厳専者也。凡此秘抄者縦雖為子孫、非器量不可授之、志深重器量仁出来者、一人可授之。此旨一塵不可背。穴賢々々。可秘々々而已。文和弐年九月日　和阿判

は明らかである。しかし、御子左流代々に相伝された秘伝であることが偽装されており、ここで伝授される説は、俊成から定家、定家から為家にと一子相伝で伝えられたものので、実子であっても能力の無い場合は授けることが許されない重要な歌学知であるということが主張されている点は重要である。即ち、この書を手にした歌人は、御子左家の系譜に連なることになる。和阿が歌道家の当主の如く振る舞えたのはこうした意識からであろう。このような書を伝授されることにより、歌道家とは無関係な者でも歌道家に連なることが出来る。即

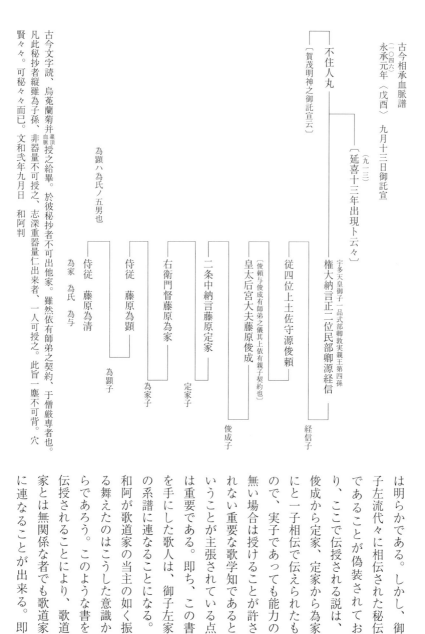

ち、この類の書の流布の背景に、当時の人々が詠歌に対する仏教的、信仰的な意味を求めていたという点に加えて、歌道家に連なりたいという願望があったのだろう。

三　為世流『悦目抄』

1　思想的基盤――跋文から

先に見た『和歌古今灌頂巻』と同様に鎌倉後期に成立し、それ以上に流布して重んじられていたと見られる秘伝書の一つとして、『悦目抄』がある。この書は現存伝本が頗る多いということで知られる歌学書である。多くは近世期の書写本であるが、室町期の書写本も少なからず確認することが出来、室町期の年号を記す本奥書を持つ伝本も多い。同時代には様々な歌学秘伝の書が成立したが、『悦目抄』はそうした秘伝書類の中では、中世において最も流布した歌学書の一つと見て良いだろう。

『悦目抄』は藤原基俊に仮託された歌学秘伝の偽書である。伝本により書名も様々である。これは、はじめは無名の秘書であったものが、享受の過程で様々な名称で呼ばれるようになったということを示していると考えられる。二条為世（一二五〇～一三三八）がその相伝に関与していたことを偽装しており、為世流の書と見做される。

その内容は、『和歌三重大事』という歌学書を基に、『八雲御抄』『十訓抄』『簸河上』といった既存の書を抄出引用することにより増補を加えて成った書であり、『悦目抄』独自の内容というのは殆ど無い。しかしその跋文については、既存の他書の引用では無く、『悦目抄』の一特色ということが出来る。その跋文から『悦目抄』がどのような思想基盤の基に成っているのか考察したい。以下、跋文を私に三段落に分けて見てゆく。[注34]

〈第一段〉

抑和歌は前後の二句あり。是則定恵の二法、天地の二なり。三重の次第をたてゝ、迷の前には三毒・三悪趣となり、覚りの前には三身・三徳となる。四病八病をきらへるは、人間の四苦八苦をいとふ義也。五句をわかち、六義をしめすは、五体六根を表す。九品十体をあらわすは九識九尊十界十如を表する故也。三十一字にかぎれるは、如来の相好を表する也。故、眼耳鼻舌身意を六義にあつ。

和歌の前句後句（上句下句）は、それぞれ禅定・智恵の二法、また天と地の二者であると説き、以下、和歌に纏わる数字を冠する語彙について、数字を冠する仏教語と結びつけて説明する。付会の具体的内容は先に取り上げた『和歌古今灌頂巻』とは異なるけれども、同一の思想的基盤の上に成っていることは疑いない。また、傍線を付した部分は『和歌古今灌頂巻』の灌頂次第の末尾にあった「迷の前には、綺語妄語の罪になし、悟の前には、法喜禅喜のあぢはひとなるものなり」という文言と通底する。

和歌と仏教の密接な関係を述べた第一段を受けて、次のように説く。

〈第二段　略本は第二段全体を脱するが、A歌のみ存する。〉

然れば我等衆生の胸の間に八葉の蓮華在之。其蓮華の上に阿字有。𑖀字は是三世諸仏、一切衆生の本性也。本有内証、九識の心理、法然自覚の五部の仏智、法仏能生の本源、万法所帰の惣体也。凡三部四重の聖、𑖀の心地より縁起し、十三大院の諸尊、𑖀一法より出生す。故に恒沙之万徳も一心の本源に具し、曼荼の荘厳も五色の𑖀字にをさまる。万法是真如也。𑖀字の変ぜざる事なし。故に真如是万法也。随縁阿字相といへる、此心なるべし。又𑖀字第一命、遍出情非情といへる、何物か此一理をはなれたる物あらんや。されば、

津の国のなにはの事もおしなべてあしのゆかりのみのりとぞきく（A）

この段の冒頭に「胸中に八葉蓮華がありその上に阿字がある」と述べられるが、これは胸中に阿字を観想する阿字観の修法のことであろう。そして以下に述べられるのは、一切のものが梵字の阿字に収まるという阿字本不生の密教思想であることは容易に読み取れよう。これも、『和歌古今灌頂巻』に見られた思想である。

この段の最後に典拠未詳の和歌（A歌）が引かれる。これは阿字本不生の思想を説いた歌である。第二句「なにはの事」は、和歌を含意する「難波の言《こと》」と「何はの事」とを懸け、第四句の「あし」は「難波」の縁語である「葦」と、「阿字」とを懸けているものと考えられる。「難波の言」とは、直接的には『古今集』仮名序にある「難波津に咲くやこの花冬籠り今を春へと咲くやこの花」の歌のことを指す。この「難波津に」歌は、『和歌古今灌頂巻』においても三首の本歌の内の一つとして重要な扱いを受けていたことからもわかるように、和歌という文芸を象徴する和歌であるから、「難波の言」は和歌という文芸自体を指す語と見て良いだろう。[注35]「何はの事」は、ありとあらゆることの意である。このA歌は「ありとあらゆることは等しく阿字の縁であり仏法に通じている。和歌という文芸も必然的に阿字の縁であり仏法に通ずるものである」、ということを説いた和歌であると考えられる。

これを受けて、跋文は次のように続く。

〈第三段〉

又、

津の国のなにはの事か法ならん（「ぬ」カ）あそびたはぶれまでとこそきけ（B）

此歌を見侍れば、仏も歌をよみ給ひ、神も納受し給ふことわりなりけり。然れば歌道は愚戯遊とおもふとも、いまめかしく申すに似て侍れど、深く此ことわりを思ひつゞけ給ひて、一首二首をし給ふとも、三十七尊の仏達、三十一字を文々句々につかさどり給ひて、法性随縁の月、無明の雲におほはれんをもあきらかに照し、三諦則是の花、穚縵の嵐に散りかふ事を観じつゝ、今生百年の間には和歌の浦の玉をもてあそび、当来には吉野初瀬の花をあらためて、宝池の蓮に遊びて光を放たん事はうたがひ有るべからずとなん。

前段の末尾に引用したA歌を受けて、B歌の引用が為される。前後の文脈から、B歌の第二句「なにはの事」についても先のA歌と同様に、「難波の言（＝和歌）」と「何はの事（＝あらゆること）」とを懸けていると見たい。「（仏の教えによると）ありとあらゆることが仏法であり、とりもなおさず（遊び戯れの一種である）和歌という文芸もまた仏法である。だから（今生では和歌を詠んで）遊び戯れて、（来世の往生を）待ちなさいと聞いている」と、和歌が仏法に通ずることを説く歌として解釈出来る。[注36]

B歌を受けて、以下和歌が、無明の煩悩を散らし、来世での極楽往生に導くものであるということが説かれる。

以上の通り、この跋文全体の趣旨は、詠歌の仏教的、信仰的意義づけである。『悦目抄』は、『和歌古今灌頂巻』と思想的基盤を共有していると言える。[注37]

2　相伝奥書

先に述べたように『悦目抄』は為世流の伝書である。巻末に基俊の識語を記し、それに続いて、以下のように、俊成、俊成女、妙阿（伝未詳）、為氏（一二二二～一二八六）を経て為世へと至る相伝奥書が付されている。

師匠より相伝之秘書一巻奉譲候。御心得のためにて候。是は羽林より外は、人に名をだにも聞かせず候。ふかく箱のそこにかくして披露あるまじく候。あなかしこ。〳〵。／釈阿《五条三位入道俊成》　在判

としごろあさからずこの道に心ざしある時に、いまだ家の人にも名をだにもきかせず候を、ゆるし奉り候。子一人の外はゆるさるまじく候也。歌の秘書おほしといえども、これほどのふかきあさき心得やすき物は候はず候。住吉玉津嶋の御利生とおもはせ給ひて、あなかしこ、〳〵。披露なく秘しおもはれ候べし。

／藤原氏《俊成女こしべの禅尼》　在判

此書は子より外にゆづるまじき秘書にて候を、一子もなき故に、きやうどのを子として譲奉る。是を御覧ぜんたびごとに思ひ出で、後世とぶらひ、いきて候はん程はびんぎのとぶらひ有るべき由を申され候し時に、のこりなくゆづり奉るところ也。あなかしこ、〳〵。／弘安五年《(一二八二)》三月廿日　妙阿　在判

此書を相伝せんとて起請文を書侍り。然は左右なくかきうつさせ許す事は候まじく候。無心に人書写すべからず。然間、かやうにおく書にかき侍る物なり。穴賢、々々

為氏　在判

立申起請文事

右件本者上秘抄、非実子者、不可相承。但道重ぜんこと千顆万顆の玉のごとくにし、心ざしを深くせん事一入再入の紅よりもはなはだしくて、器量たくみにして、一字に万字を照す人あらば可伝之。此道をたゝざらしめんがため也。次に家をまもり、詞をおもくして、千金を荷ひて須達長者如来を敬ひ、半偈を求めて雪山童子江にて全身をすてんがごとくならん人には伝ふべし。若此外の人に伝之者、住吉、玉津嶋、人丸、赤人、殊下照姫、素戔嗚尊のにくみを蒙りて、今生には永々求るところの六義にまよひ、後生には必ずいとふ所の三途に堕落せん。仍起請文之状如件

当家相伝之秘書輙不可相伝之由、雖被書置之、依仰悉書進之畢。努々莫及外見給而已。／正安元年（一二九九）二月十七日　前大納言為世　在判

ここで強調されているのが、この書は本来は実子でなければ相伝し得ない秘書であるという点と、これが御子左家嫡流たる二条家の為氏、為世と相伝されてきた、正統な書であるということである。無論これは偽作であり、この書の相伝に為世は関わっているとは考えられないが、この相伝奥書により、『悦目抄』は由緒正しい歌学秘伝の書として機能することになる。これは『和歌古今灌頂巻』における血脈譜に相当するものだろう。この書を相伝することにより、歌道家の系譜に連なったという意識を得ることが出来る。

『悦目抄』の伝本は非常に多いが、その諸本の、中世の年記を持つ奥書を見ると、歌壇史に名を残す歌人の名も見られる一方で、無名の歌人の名も多く見出し得る。『日本歌学大系』第四巻所収本文は応永三十二年（一四二五）本奥書室町後期頃写本[注38]を底本とするが、同本では為世の奥書の後に、以下のような奥書が続く。

此書者累代相伝之秘書也。うとき人には名をだにも聞ず候へ共、豊葦原の言葉に志不浅見えられ候之間、無残奉授之候。穴賢子、一人の外はゆるすまじき也。／文保三年（一三一九）六月十四日　宮内卿律師伊黒（「憲」カ）　在判
此草御所持本内々受。無類本者哉。／于時応永三十二年六月日　為良顕書之。／右筆　良雄春秋六十
此本者為世卿之御自筆、恐天下無双、於歌道ハ重宝不可過之。将又無相伝人者不可有外見而已。

まず「宮内卿律師伊黒（「憲」カ）」[注39]なる人物が文保三年に某に対して伝授を行っている。この伊黒（「憲」カ）なる人物は、和歌史に名を遺す人物では無い。そうした人物が歌道家の当主であるかの如き相伝奥書を記しているのは、先に見た『和

歌古今灌頂巻』と同様の構造である。その後に良顕という人物の為に、その右筆である良雄という人物が『悦目抄』を書写したことが示される。良顕・良雄も、ともに先の伊黒同様に、和歌史的に無名な人物である。

もう一つ注目すべき例を挙げる。東京大学国文学研究室蔵『悦目抄』（中古・一一・二一四、綴葉装一帖、〔江戸初期頃〕写、略本系）は、前記の基俊から為世に至る相伝の奥書を記した後に、次の奥書を記す。

右之秘書者、非実子者不可相伝之由、委手継之状ニ見タリ。雖然、貴殿与累年師弟契約甚深故、且者感其志、且者現当二世之思形見。雖為悪筆、任愚本書写進覧候。此内少々落字、潮（〔胡〕カ）乱之儀大。以他本可有御清書候。偏両神御利生と被思召、御秘蔵肝要ニ候。穴賢々々。／天文十七年（一五四八）八月日　波多上総介鑑秀　在判

竹田津六郎左衛門尉殿

波多上総介鑑秀なる人物と竹田津六郎左衛門尉なる人物との間には和歌における師弟関係が成立しており、伝授が為されたことが示されている。所引の奥書は本奥書であるけれども、ここに登場する「鑑秀」並びに「竹田津六郎左衛門尉」という人名は耳慣れない名であり、後人が仮託する程権威があるとは思われない。故に右に見る両者の間の歌道の師弟関係、及び天文十七年の『悦目抄』伝授は実際にあったものと見て間違いない。ではここに名の見える両人物は何者であろうか。竹田津は豊前の地名であり、竹田津氏はここを苗字の地とする武士であろう。「大蔵姓竹田津氏家譜」[注40]に「則廉六郎左衛門尉」という人物が見える。大友宗麟（一五三〇～一五八七）の家臣で、永禄四年（一五六一）十月に、門司城の合戦において戦死したと伝えられる人物で、年代的にも符合する。伝授者の鑑秀については未勘であるが、「鑑」字は大友義鑑（一五〇二～五〇、宗麟父）の偏諱であろうから、やはりこの時期の

大友家の臣と見て間違いない。この奥書は戦国期の九州地方における歌壇活動の一面を示す資料となるとともに、『悦目抄』盛行の一端が地方武士によって担われていたことを物語るものである。

文中の「手継之状」が、基俊から為世に至る一連の奥書自体を言っているのか、別途添えられた文書があったのかは判然としないけれど、一連の相伝奥書を踏まえて記されていることは明らかであり、戦国期の九州の武家の間で『悦目抄』が極めて権威ある秘伝書として授受されていたことがわかる。鑑秀は歌道家とは無縁で、和歌史において全く無名の存在である。[注41] しかし『悦目抄』という歌道家において実子のみに相伝されるべき秘書を得ることにより、歌道の権威者となり、歌道の師となる資格を得ていたものと考えられる。

以上のように、『和歌古今灌頂巻』と同様、歌道家に連なりたいという、歌詠む人々の願望が本書流行の背景にあったのは疑い無い。同時に、先に見た『和歌古今灌頂巻』の例と併せて、非歌道家の人間が歌道における「師」たり得る根拠として、歌学秘伝が機能していたことが知られるのである。

3　実用書としての性格

『悦目抄』という歌学書が、前述の『和歌古今灌頂巻』と思想基盤を共有する歌学秘伝書であることを確認した。歌道家における一子相伝の秘書を装うことにより権威拡大を図っている点も共通である。

それでは『悦目抄』の伝える歌学も、『和歌古今灌頂巻』のそれと同様に、実作とは無縁の非合理的な秘伝的言説で溢れているのかというと、むしろ逆である。『悦目抄』は外郭こそ密教思想で塗り固められているものの、その内実は非秘伝的・合理的・実用的な内容を中心に構成されている。

例えば、次のような記述がある。

一、ものをかなに書くべきやう、いろはにいはく、
いろはにほへと　ちりぬるをわか　よたれそつねな　らむうゐのおく　やまけふこえて　あさきゆめみし
ゑひもせす
一、文字づかひ
上にかくい　下にかくひ　口合に書ゐ　上に書くわ　下に書くは　上に書くお　下に書くを　上に書くう
下に書くふ　上に書くえ　下に書くへ　口合に書くゑ
これらはおのがしやうによらばいづくもあれくるしからず。

『悦目抄』は四十七の仮名文字を挙げ、「い」「ひ」「ゐ」、「わ」「は」、「お」「を」、「う」「ふ」、「え」「へ」「ゑ」の仮名遣いについて説明する。これは和歌を詠む者がまず身につけておくべき知識である。和歌は仮名で書かれるものであり、和歌を詠む者は必然的に仮名について知っていなければならないからである。
また、和歌の初学者に向けてのの心覚え的な言説も多い。

一、歌をよまん時には、病・嫌ひ物有りと思ふべからず。初よりきらひ物を心にかけつれば、歌つゞまりて聞ゆ。何となく思ふ事なくよみて後に、よくなほしよみと、のふべきなり。（※この条略本には見えず）
一、歌をば必ず上の句からよまんと思ふべからず。上よりよまる、歌もあり。中よりよまる、歌もあり。すそよりよまる、歌もあるを、よまれぬ所よりよまんとすれば、終日終夜案ずれども出でこぬものなり。縁の字にても詞にてもまうけたらん物をあて、見るに、はまりてあらばいで来たらん所をたねとしてよみつくもの也。秘事也。大方めづらしき種出で来たるをば、草子、巻物に注付て可置也。忘れじれう也なり。可秘之。

様々な禁則等を気にするあまり自由に和歌を詠むことが出来なくなってしまうこと、また初句から順に詠むことに拘りすぎて詠作が進まなくなってしまうこと、というのは初学者が陥りがちな状況であると言って良いだろう。そんな初学者にとって、右の記述は極めて合理的で有益な内容であったろうことは想像に難くない。『悦目抄』の内容は、このような、実際に和歌を詠むに際して有用であると思しき記述が中心となる。[注42]

そう考えると和歌の初学者にとって、『悦目抄』は実用性の高い歌学書なのである。そしてその実用性こそが、この書が広範に流布した最大の理由だったのではないだろうか。『悦目抄』の比較的初期の享受としては、冷泉為秀（~一三七二）の門弟として知られる南北朝期武家歌人京極高秀（~一三九一）が本書を抄出して『或秘書之抄出』という歌学書を撰述しているが、その抄出動機について、奥書で「依有大用之条々抄出（役に立つくだりがあるので抄出した）」と述べる。[注43]『悦目抄』が実用書として享受されている例である。

『悦目抄』は、地方武士等、和歌文化の中心たる公家文化圏から離れたところで生活する歌人たちの支持を得て広範に流布したものと思われる。歌人として高い実力を有してはいなかった彼らが『悦目抄』という歌学書に引き付けられたのは、「詠歌の信仰的意義づけ」・「歌道師範家へ連なることが出来る」という点以上に、「詠歌技術を上達させたいという世俗的な欲求を満たしてくれるもの」だった、ということが大きかったのであろう。さらにいえば、創出者も実用的な享受を意図してこの書を製作したのではないだろうか。

四　生活と文化の歴史としての歌学秘伝——本稿の結びとして

以上、やや雑然と述べ来たったが、本稿において『和歌古今灌頂巻』と『悦目抄』を通して見てきたことを総合すると以下のようなことが言えよう。

鎌倉後期に歌道家嫡流からやや隔たった所で成立した諸流派は、自流の権威化と正統性を主張するために様々な歌学秘伝の説と、それらの説を記した歌学書を創出した。中世は宗教と信仰の時代であり、人々は和歌を詠むという行為にも信仰的意義を求めていた。そうした需要から、密教思想を基盤とした歌学知が秘伝として作り出され、伝授がなされた。

また、中世は地方でも歌壇が成立し、和歌の裾野が広がった時代である。中世に新たに和歌を詠むようになった層の人々は歌道の権威である歌道家に連なりたいという願望を持っていた。秘伝の創出者は、歌学秘伝によって伝えられる知識や書物が、歌道家嫡流において相承されたものであることを偽装することにより彼らの受容に応えた。その説なり書物なりを有することにより、被伝授者は歌道家の道統に連なることになり、それにより弟子に秘説や秘書を授ける資格を得ることになる。かくして、歌道家とは無縁の人々、しかも中央の歌壇に何ら影響力を持たない人同士の間でも歌道の師弟関係が成立することになる。

歌学秘伝とそれに関連して生み出される偽書の世界については、荒唐無稽・非合理的・神秘的といった側面ばかりが強調されることが多い。最も流布した偽書である『悦目抄』も、跋文等にはそうした要素が強く出ているからそれは決して間違いでは無い。しかしその本文が伝える歌学知は、詠歌に当たって有用なものが中心であった。一口に歌学秘伝書の偽書と言っても、そのあり方は一様では無い。歌学秘伝を論ずる場合、『悦目抄』に見られるような合理的・実用的な要素も全く無視すべきでは無いだろう。

意味あいは少し異なるが、歌学秘伝の実用性という問題を考えたとき、『古今和歌集灌頂口伝』上所収「古今相伝灌頂次第」に次のような記述があるのが注目される。注44

伝供菓子六合、内赤三合、白三合。

本尊前、金銭九文、銭賃拾貫文。染物五。小袖五。絹十疋。布五端。太刀一腰。刀一腰。弓箭一具。檀紙十帖。厚紙卅帖。雑紙五十帖。扇三本。

師前、銭五貫。染物三。小袖二。絹五疋。馬一疋。太刀一。刀一腰。檀紙五帖。厚紙十帖。雑紙卅帖。白米五斗。帯一尺。

白布三、一ヲバ本尊御前ヲツ、ムベシ。一端ヲバ師下ニ敷ク。一端ヲバ弟子敷也。


灌頂伝授にあたって、本尊[注45]の前、師前に数多の供え物が要求されている。これは伝授を受ける代価として被伝授者（弟子）から伝授者（師）へと与えられる御礼であろう。こういうことは他の歌学書にはあまり具体的に記されはしないけれども、歌学秘伝や歌学書の伝授には、このような経済的要素が少なからずあると考えて良いだろう。ここにおいて歌学知と歌学秘伝書は極めて実利的な機能を果たしている。歌学秘伝は優れて文化的営為であるが、伝授者・非伝授者の生活にも直接的に関わってくる要素を内包する。即ち、中世における歌学秘伝の歴史とは、生活と文化の歴史の一齣と見做し得るのである。

注

1 小西甚一氏『中世の文藝 「道」という理念』（講談社学術文庫、一九九七）参照。同書は和歌において「子が親の藝統を継承してゆく慣わし、現代でも家元制度において公認されるところであるが、その源流は俊成・定家あたりに在るといえよう」とする。

2 例えば二条為世『和歌庭訓』には御子左嫡子としての立場から、対立する京極為兼や冷泉為相を批判した文言が見える。

3 そうした秘伝の一部は歌道家にも流入していたと思しい。冷泉家時雨亭文庫蔵『私所持和歌草子目録』は文保頃の冷泉家の蔵書目録と目されるが、その「抄物」部には、為顕流歌学秘伝と関連すると思しき書目名が列挙されている。片桐洋一氏『中世古今集注釈書解題　五』（赤尾照文堂、一九八六）参照。

4　三輪正胤氏『歌学秘伝の研究』（風間書房、一九九四）及び同氏「和歌灌頂の諸書をめぐって」（『日本古典偽書叢刊』第一巻、現代思想社、二〇〇五）参照。三輪氏は家隆流、六条家流、為氏・為世流、為相流、為実流、為顕流、為兼流といった諸流派を挙げる。本稿ではこれらの緒流派で生成した秘伝性を帯びた歌学書を「歌学秘伝書」と総称する。

5　三輪氏前掲書参照。

6　新井栄蔵氏の「古今和歌集灌頂秘書と仏教教理――古今伝授私稿――」（『奈良女子大学研究年報』二六、一九八三）ほか一連の古今伝受研究、井上宗雄氏『中世歌壇史の研究　南北朝期〔改訂新版〕』（明治書院、一九八七）、片桐洋一氏『中世古今集注釈書解題』全六巻七冊（赤尾照文堂、一九七一～一九八七）、三輪正胤氏による前掲書を中心とする一連の歌学秘伝研究、石神秀美氏「玉伝深秘巻解題稿」（『斯道文庫論集』二六、一九九二）「古今灌頂解題稿」（『斯道文庫論集』二八、一九九三）等。本稿は全般に亘りこれらの諸論に負うところが大きい。

7　伝経信作『和歌知顕集』、伝基俊作『悦目抄』『和歌無底抄』、伝俊成作『和歌肝要』、伝家隆作『和歌口伝抄』等。定家偽書としては鵜鷺系歌論書（『桐火桶』『愚見抄』『愚秘抄』『三五記』）が有名である。猶、これらは一口に偽書と言っても、その成立圏は様々であり、中には歌道家の周辺で製作された可能性の高いものもある。その成立と享受については、各々個別の検討を要すると思われる。

8　小川豊生氏『中世日本の神話・文字・身体』（森話社、二〇一四）第Ⅴ部第二章「偽書のトポス」第三章「儀礼空間の中の書物」等。偽書に対する関心の高まりについては、『日本古典偽書叢刊』全三巻（現代思想社、二〇〇四～五）の刊行がその象徴と言える。

9　三輪氏前掲書等。

10　引用は『日本歌学大系』に拠る。

11　東野泰子氏「『奥義抄』下巻余の特立意図――清輔歌学における口伝」（『神女大国文』一三、二〇〇二）参照。

12　猶、『後鳥羽院御口伝』『和歌手習口伝』といった「口伝」の名を冠する歌学書も多いが、その書が「口伝」、即ち重要な秘説を記す学書であることを主張する題と言えよう。これも問答形式の記述スタイルとともに、本来文字テキスト化されるべきでは無い重要な秘説を、その秘伝的権威を損なわずに文字テキスト化するための創意と言って良いだろう。

13 灌頂については『灌頂』（智山伝法院選書第八号、二〇〇一）が参考になる。

14 引用は『歌論歌学集成』に拠る。

15 但し、ここで仏法相承に喩えられているのはあくまで和歌の歴史であって、歌道相伝の歴史ではないというのは、一応注意しておきたい。これは未だ一般的には、歌学が和歌の道の中で代々相承されるものとして捉えられていなかったことの現れと言えるかも知れない。俊成は基俊から歌学を伝えられてはいたけれど、それが遙か昔から相承され、後世に伝えてゆくべきものであるという認識をどこまで持っていたのかは別途検討する必要がある。

16 和歌における狂言綺語観については、『和歌文学大辞典』（古典ライブラリー、二〇一四）の「狂言綺語」項（檜垣孝氏執筆）に要を得たまとめがある。

17 三輪氏は第二期として「切紙伝授期」、第三期として「神道伝授期」を設定する。三輪氏前掲書参照。

18 各巻に「聖暦乙丑三春之天　藤原朝臣《定家》　判」とある。『和歌古今灌頂巻』については三輪氏前掲書並びに同氏「和歌灌頂の諸書をめぐって」（注4所掲）に詳しい。

19 猶、『和歌古今灌頂巻』自体は神宮文庫本のみの孤本であるが、本書の影響下に成立したと思われる類似の歌学秘伝書は数多く確認することが出来る。石神秀美氏はそれらの諸伝本を「古今灌頂」と概括し、四類に分類し、諸本の項目の出入りについて整理している。前掲注6「古今灌頂解題稿」参照。

20 「灌頂」という言葉自体が用いられなかった訳では無い。冷泉為相周辺で成立した可能性のある『愚見抄』には「有心体ながらも、理世、撫民体といはるべきさまあり。これ歌の灌頂なるによりて、くはしくは載せず」という文言がある。ここでいう「灌頂」は「秘奥」「奥義」「深義」等と同義であり、具体的作法を伴うものでは無い。

21 引用は三輪氏前掲書所収の翻刻による。読解に当たっては『日本古典偽書叢刊』第一巻所収の註釈も適宜参照した。

22 『和歌灌頂伝』は三輪正胤氏「家隆仮託書の検討「和歌知顕集」「和歌口伝抄」をめぐつて――」（『大阪府立大学紀要（人文・社会科学）』一六、一九六八）に三手文庫本の翻刻が収められる。

23 内田啓一氏「灌頂と真言八祖画像」（森雅秀氏編『アジアの灌頂儀礼』法藏館、二〇一四）参照。

24 師資の挙動を具体的に記すのが、『和歌古今灌頂巻』所収の灌頂儀式次第の特徴である。引用本文の①～⑨は引用者が便宜的に付した。

25 『日本古典偽書叢刊』補注に、『人丸講式』に見える讃詞と文意が殆ど同じであるという指摘がある。

26　本文は「受テ謂ク」とあるが、以下の言葉は受者よりも授者が言うに相応しい言葉であることを考慮して、「受」を「授」として解釈した。

27　この十項目の内、「九、三鳥三木」と「十、一松一草」に関する説は本書に記されない。

28　密教における灌頂儀礼については注13所掲『灌頂』参照。

29　このような和歌を陀羅尼と同一のものとする思想については、山田昭全氏「和歌即陀羅尼観の展開」（『山田昭全著作集第3巻　釈教歌の展開』おうふう、二〇一二）参照。

30　「密教では、梵字の阿という字の字義を、根本で不生の実在を意味するとし、あらゆる物事は本来的に真実なるものであり、宗教的にみれば、すべて大日如来の自内証にほかならない、とする意」（中村元氏『広説佛教語大辞典』）

31　『和歌古今灌頂巻』に見える注説と宗教典籍との比較検討は別途行われる必要があろう。猶、海野圭介氏「和歌注釈と室町の学問」（『中世文学』六一、二〇一六）において『和歌古今灌頂巻』と『五智蔵秘抄』なる密教典籍との密接な関係が示された。

32　阿号を称していることからすると浄土宗僧または時宗僧か。

33　井上宗雄氏前掲書を見ても、和阿について本書に関する事績以外の記述は見られない。井上氏も指摘するように、和阿が血脈譜に名の見える御子左流の庶流である為清から直接本書を伝授された可能性はあるが、為清とて中央の歌壇においてはさしたる影響力を持った歌人ではない。猶為清は本書では為顕の子とするが、『尊卑分脈』には二条為藤男として「為清」の名が見える。

34　引用は『日本歌学大系』に拠る。猶、『悦目抄』には大別して広本（歌学大系本等）と略本（版本等）とがあり、恐らく広本の方が原型に近いものと思われる。『悦目抄』は諸本間の異同が多く、諸伝本の整理は今後の課題である。

35　「しきしまや　大和しまねの　…（中略）…　あやなさに　なにはの事も　津のくにの　…（後略）」（久安百首・短歌・九〇一・藤原顕広（俊成）／長秋詠藻・一〇〇／新勅撰集・一三四一）の傍線部の句も和歌の意を懸けていよう（中川博夫氏『新勅撰和歌集』（和歌文学大系6）の同歌の脚注参照）。また『新古今和歌集』真名序に、和歌を「難波津之遺流」と表現し、歌学秘伝書では『和歌灌頂伝』に「…されば、八雲の詠、難波のことの葉よりこのかた、みそもじあまり一文字に定て思ひを二五三七の句にのべ…」（注22所掲の三輪氏翻刻に拠る）とあるのも注目される。

36　猶、このB歌は『後拾遺集』（釈教・一一九七）に「書写のひじり《(性空)》結縁経供養し侍けるに、人人あまたふせおくりはべりけるなかに、おもふ心やありけん、しばしとらざりければよめる」という詞書を伴って見える遊女宮木の和歌である。『後拾遺集』の詞書からこの和歌Bを解釈した場合、第二句の「なにはの事」の懸詞は、地名「難波」と「何は」を懸けているに過ぎず、

37 先掲の「難波津に」歌を踏まえた表現とは解し難い。また第四句は、表現自体は『法華経』方便品の、「乃至童子戯、聚沙為仏塔、如是諸人等、皆已成仏道」に基づくと思われるが、「あそびたはぶれ」とは遊女としての「遊び戯れ」であり、「和歌」のことでは無い。なお、第四句は本来は、「あそびたはぶれまで」と読み、「あらゆることが仏法である。遊び戯れまでも仏法であると仏の教えにあると聞いている」という意で解釈されるべき和歌である。古歌について、本来とは別の意味づけ・解釈が為されている。

38 為世流『悦目抄』の影響を受けて、為世流とは対立する流派において『和歌無底抄』という歌学書が作られたと考えられる。本文に改変が見られるものの、『和歌無底抄』においても、この『悦目抄』の跋文が取り入れられている。自流拡大の為には、詠歌の仏教的裏付けの明示は欠かせなかったのだろう。『和歌無底抄』については拙稿「『和歌無底抄』諸本の考察」(『斯道文庫論集』四九、二〇一五)を参照されたい。

39 慶應義塾大学附属研究所斯道文庫蔵久曾神昇氏旧蔵本。

40 国立公文書館内閣文庫蔵本(二〇一―七四六)『群書類従』所収本ほか数本の伝本も、為世奥書に続いて同じ本奥書を持つが、署名を「伊憲」とする。「伊黒」はあるいは「伊憲」か。いずれにせよ、和歌事績未詳である。

41 大分市竹田津毅之助氏所蔵。芥川龍男氏・福川一徳氏編校訂『竹田津文書・岐部文書』(西国武士関係史料集三十七、文献出版、二〇〇〇)所収。

42 天文二十四年(一五五五)四月二十五日『今伊勢社奉納百首』(書陵部蔵、二〇六―七二〇)に「鑑秀」という名が見えるが、同一人か否かは未詳。井上宗雄氏『中世歌壇史の研究　室町後期〔改訂新版〕』(明治書院、一九八七)参照。

43 猶、本稿が引いた内容は、最初の「ものをかなに書くべきやう」の項を除いて、『悦目抄』の原拠となった『和歌三重大事』に同様の記述が見える。また、『悦目抄』には順徳院『八雲御抄』、真観『簸河上』という歌学書に依拠した記述が見られるが、両書は歌壇史上重要な位置づけが為される書であり、決して荒唐無稽な歌学書ではないことも付言しておく。

44 拙稿「南北朝期歌学書生成の一様相――『或秘書之抄出』を材に――」(『三田国文』五八、二〇一三)参照。

45 引用は片桐氏『中世古今集注釈書解題　五』に拠る。

同書は本尊として「住吉大明神」、「天照太神」、「柿本大夫人丸」を挙げる。

※和歌の引用は『新編国歌大観』に拠る。本文の引用に際しては一部私に表記・句読を改めた。

式盤を用いる密教修法の成立と展開

西岡　芳文

一　陰陽道と式盤

陰陽道とは、大陸渡来の卜占や祭祀の技術を使って、人々や社会集団の安泰をはかるための技術体系であった。陰陽五行思想にもとづくこうした技術は、かなり古くから日本列島に渡来していたものと見られるが、七世紀後半に律令国家体制が成立すると、朝廷の一部署として「陰陽寮」が設置され、そこに属する陰陽博士・陰陽師と呼ばれる技術官僚が、技術体系を管理し、天皇や国家の安泰を維持するために働くことになった。陰陽寮が担当するさまざまな技術は、天災・人災を予知し、「怪異」の吉凶を占い、解除・呪禁のための祭祀を執行して悪霊の跳梁を防ぐことに主眼が置かれた。陰陽寮が担当し、継承するこうした日本独自の技術体系は「陰陽道」と呼ばれ、暦道や天文道とならんで一般社会からは特殊技能をもった超能力者の集団と見なされていたのである。

国家組織の中の陰陽寮に属する陰陽師の定員は、学生を含めても二十名程度に過ぎず、暦道や天文道の人数を含めても百名に満たなかった。九世紀ごろから陰陽寮は賀茂・安倍の二家が独占的な世襲体制に移行し、それとともに民間で独自に活動する陰陽師があらわれるようになる。中には僧侶の姿をした「法師陰陽師」の存在も記録されている。伝説的な陰陽師である安倍晴明と蘆屋道満のような人物像の形成は、こうした事情を反映している。

平安時代の陰陽師の姿は藤原明衡の『新猿楽記』（十君夫）に活写されている。賀茂道世という仮名の陰陽師は、六壬式占を自在にあやつり、式神を駆使し、呪符づくりや「祭祀解除」の術に秀でていた。また天文や宿曜の知識も兼ね備え、人間と鬼神の世界を自由に移動できたというのである。

平安時代以降の陰陽師が超能力者として世間から畏怖・期待されていた大きな理由は、彼らが「式占」という当時の先端技術によって、予知能力をもっていたためであった。

式占と式盤

陰陽師が職掌とした「式占」とは、「式盤」という特殊な用具を使って、未来の出来事や過去の変異の原因を占断する占いの一分野である。漢代の中国で体系化され、太一・遁甲・六壬の三種類があった。太一・遁甲はいわゆる魔方陣の空間にあたる九宮を、暦に従って飛び動く神々の位置に基づいて占うもので、兵占によく用いられた。六壬は、小さな面積の式盤の中に、北辰を中心にする全宇宙の星宿を取り込んだもので、暦注によって十干十二支の配当を算出し、五行相生・相剋の原理に基づいて吉凶を占うというものである。唐令で「士庶通用」と定められ、民間での使用が認められていたことから、日本でも式占といえばもっぱら六壬占が普及することになった。

中世の人々にとって、「怪異」と呼ばれる日常的でない事件・現象がおこったとき、その原因をさぐり、今後の展開の吉凶を占うことが必要とされた。六壬式占は、事件の発生日時によって演算し、結果を出す。そのため、原則として誰が占っても同じ結果がでるので、客観的・科学的な予知技術として信頼されたのであろう。[注1]

平安時代には、天皇や国家の安危にかかわる「怪異」が発生したとき、紫宸殿に連なる廊の一角に、神祇官と陰陽寮の官人を呼んで、それぞれに亀卜と式占で吉凶を問う「軒廊御卜」という儀式が定例化した。上は天皇・摂関家から、下は一般庶民にいたるまで、占いはほとんど六壬式占が用いられた。今日の感覚からすると意外なことに、『周易』による占い（易筮）は、敬して遠ざけられるあまり、ほとんど実用的には使われていない。

こうして、六壬式占の盛行とともに、式盤も広く用いられたものと考えられるが、文献にも絵画にも、式盤をとりあげた事例はほとんど見当たらない。大江匡房ほどの学者は式盤に関する知識をもっていたらしいが（江談抄）、一般人には陰陽師の特殊技術として秘匿されていたようである。

式盤と式神

式盤は、中国においては漢代古墓を中心に、実際の出土品がある。日本で式占が盛行した時代より千年以上古い時代の事例なので、ただちにこれを日本の陰陽道の式盤に引き移して参照することはできないが、基本的な構造は歴史を超えて共通している。[注2]

式盤は天盤・地盤からなり、古代中国の天円地方の宇宙観によって、天は丸く、地は正方形に表される。天盤の中央には北斗七星が置かれ、周囲に各月を司る十二月将と干支が配置される。地盤は正方形を対角線で分割し、対角線上に四門（鬼門・地戸・人門・天門）を配し、干支・二十八宿をめぐらす。六朝時代から外周に三十六禽という動物の名前を配置するようになったようである。平安時代の陰陽師が式占を行うとき「十二神将を進退し、三十六禽を前後す」（新猿楽記）と描写されるのは、式盤に祭られるこうした異風な神格を示しているものと考えられる。

『今昔物語集』や『大鏡』によると、安倍清明は「職神」を召し使ってさまざまな超能力を発揮したという。『源平盛衰記』によれば、清明の職神は十二神将のことで、京都の一条戻橋の下に密かに封じ込めていたものという。

陰陽道の十二神将は、月を司る十二月将と天界に位置する十二天将という二組の神将があり、いずれも十二支に配当され、吉凶の属性をもっている。唐風の武装形といい、薬師十二神将と区別がつきにくいことから、一般には同一視されるようになったようである。

式盤に祭られる二十八宿・三十六禽もまた式神と見られたようだが、いずれも身近にふれる機会の少ない尊格でもあり、それほど世に流布することはなかった。

式盤を祭る修法

中国では「三式」と呼ばれる三種類の式占のほかに、「雷公式」と呼ばれる式占があったという。雷公式は皇帝専用とされ、一般庶民はこの式盤を持つことさえ厳禁されていたので、いまではその実態が分らなくなっている。日本の律令でも「太一雷公式」を私家にたもつことを禁止している。

式盤（栻）という占具は、元来中国南方にルーツがあったらしい。式盤には「楓天棗地」という別称があり、天盤は楓（フウノキ・トウカエデ）、地盤は棗（ナツメ）を用材として作られる決まりであった。南方に産する「楓木」は、黄帝にとらえられた蚩尤にはめられた桎梏が化したものといい（山海経・大荒南経[注3]）、落雷を受けた楓木からコブが成長して人間のような形の「楓人」となり、言葉を発するようになる。越人の巫者がそれを用いていろいろな神怪をなし（南方草木状[注4]）、これを用材にした式盤が霊験あらたかであるともいう（朝野僉載[注5]）。

雷公式という式占は、こうした式盤の神秘性を継承したものと考えられる。『永楽大典』（巻一九七八二）に収録された『小法局式』という佚書は、雷公式の内容を知るわずかな手がかりと考えられるが、それによると、式盤の形状は六壬式とほとんど同じで、卜占よりもむしろ式盤を祭る儀式に重点がおかれていたらしい。そこでは「醮」という道教的な修法によって式盤を作って祭り、五色の線を用いて十二神将をはじめあらゆる天界の星宿を式盤に封じ込め、霊力を付与するのであった。

中国の皇帝にしか許されていなかったこの厳格な雷公式が、日本にもたらされた確証はない。しかし唐令に明記されている雷公式の存在そのものが知識として輸入されたことは確かであり、日本でも雷公式盤の祭祀が行われた可能性は考えられる。

聖天式法やダキニ式法・都表如意輪式法においては、式盤に呪符をはさみ、五色線で盤を封じる修法が記録されているが、これは雷公式の作法と共通している。また、式盤状の二枚の土器を合わせて呪物を封じて埋められた中世の出土品[注6]や、奥三河の花祭の太夫家に伝わる『天盤地盤法』という作法次第[注7]も、式盤祭祀の流れに属するものと見ることができそうである。

二　陰陽道と密教修法

陰陽道が宗教か否かという問いは、常にくり返される根源的な問題である。陰陽道は、除災招福の現世利益はもたらすものの、独自の教義・教団を形成したことは一度もない。陰陽寮の官人たちも、本務を全うした後は、仏門に入って来世の安穏を願うのが一般的であった。その意味では、陰陽道は単にひとつの技術体系であったようにも見える。

陰陽道の除災技術を貪欲に摂取し、宗教体系に組み込んだのは、むしろ平安時代の密教であった。密教は固有のインド天文学に発する宿曜占の技術をもち、星宿法や地鎮法など、天地にまたがる除災招福の修法を生み出していた。真言密教の祖師の中には、唐代の一行阿闍梨（六八三〜七二七）のように天文暦法の学問にすぐれ、太一・遁甲式占の書物をあらわした人物もあって、中国古来の天文知識を密教に受け入れる条件は整っていた。

式占と密教の融合は、中国ですでに発生していた可能性は高いが、中国密教の資料が少ないこともあって、その実態は定かではない。中世の日本でもてはやされた、陰陽道的色彩の強い密教修法は、平安時代後期、いわゆる院政時代に、権力者の趣向によって次々と創出されていったものが多いようである。東密（真言密教）の北斗法・妙見菩薩法が台密（天台密教）に取り入れられ、特に三井寺系の寺門派において「尊星王法」という秘法が生み出され、さらに六観音と妙見菩薩を合成したような六字明王が創り出されたのも十一世紀末、白河上皇の帰依を受けた醍醐寺の範俊の周辺であったかという。さらに台密では六字明王を主尊とする六字河臨法という秘法の成立をみる。この修法は川に浮かべた船の上を壇場とし、中臣祓を奏上し、呪詛の人形を流す作法など、大幅に陰陽道的要素を取り入れている。[注8]

範俊の周辺では、北宋滅亡と同時期の大治二年（一一二七）に、肥前国神崎庄から献上された「鯨珠」を用いた如意宝珠法が創案され、弘法大師に仮託された『廿五箇条御遺告』をとりまく秘密の修法が急速に整備されている。[注9] 緊迫する大陸の情勢を背景に、日本密教が中国密教のくびきを外れて、独自の自己展開能力を発揮できるようになったこの時期から、多岐に分かれた密教諸流が競って意楽《いぎょう》による新規の修法を開発したものであろう。そして保元平治の乱、源平合戦から蒙古襲来、南北朝内乱へと続く二百年に及ぶ内憂外患の中で、効験をあらわした修法が体系化されて成長を続けたものと考えられる。式盤を取り入れた修法もまたその一つであったように思われる。

「聖天（歓喜天）式法」

称名寺聖教を探索していくと、「式法」とか「盤法」と称する修法に関する資料が見出される。まず注目されるのは「聖天式法」の存在である。[注10]

弘安四年（一二八一）の源阿の奥書を有する一連の聖天・歓喜天関係の次第書によれば、式盤を本尊として、玉女や月建（式占で使用する暦学上の月の異名）を礼拝し、式盤に祭られる八方天・二十八宿・三十六禽・北斗などの尊格の名号を読み上げて祭るというものである。式盤には「八牒」と呼ばれる呪符をはさみ、五色の糸で盤を封じて調伏などの祈願を行うという。聖天式法は『聖歓喜天式法』（大正新修大蔵経一二七五号所収）によって概要が知られるところであるが、それに用いられる式盤は、式占の式盤とは異なり、天盤には主尊の四歓喜天（日王・愛王・月愛・議特）、地盤には八方天（帝釈天・火天・炎魔天・羅刹天・水天・風天・毘沙門天・大自在天）が描かれていたらしい。地盤の二十八宿・三十六禽は式占と同じ形式である。称名寺聖教に残る「八牒」の秘伝や具体的な図像の作例は、他に類のない珍しい遺例と言えるかも知れない。

高野山や木下翔逅コレクション（神奈川県立近代美術館所蔵）に残る「歓喜天曼荼羅」の図像は、四葉蓮華の中に四歓喜天を描き、外院に十二天の三昧耶形を配置する特異な作例であるが、四歓喜天の姿は『聖歓喜天式法』に記述される像容と一致しており、聖天式法の本尊を静的に具現化したものであることが分かる。現在ではこの修法は消滅しているようであるが、中世にはある程度流布していたことがうかがわれる。[注11]

「五大虚空蔵式法」

『五大虚空蔵菩薩速疾大神験秘密式経』（大正蔵一一四九号）によれば、五大虚空蔵菩薩にも式法があったことが知られる。この経典によると、白檀ないし柏桂の木材を用いて直径二寸五分~三寸で厚さ一寸三分の天盤、方六~七寸で厚さ八部~一寸の地盤を作る。天盤の地は青色で、東南西北中央の五面にそれぞれ福智虚空蔵・能満虚空蔵・施願虚空蔵・無垢虚空蔵・解脱虚空蔵の姿を描き、頂上には北斗の化身である「七星王」の姿を置く。地盤の内院には黄色地の上に八方天と四天王を、中院には青色地に二十八宿、外院には赤色地に三十六禽を描くという。愛敬・増益・調伏・息災など、祈願の目的に応じて天盤を回転させて、相応する天盤の五菩薩と地盤の八天を向き合わせて用いるという。

この式法に関する遺品は今のところ知られていないが、東寺や高雄神護寺に古い作例のある五大虚空蔵菩薩像の造立背景をうかがう上でも興味深い。

「都表如意輪法」

『五十巻抄』巻二十九には「都表如意輪法」に二種類の式法を収録している。一つは『大神力無比速疾大験如意輪菩薩金輪頂王秘密呪式経』に基づくもので、四重の式盤から構成される。天盤は径四寸高一寸五分、地盤第一は方八寸高三寸、第二は方一尺高四分、第三は一尺二寸高五分に作る。天盤東方には白身菩薩、東南方に羂索観音、西方に多羅菩薩、西北方に千手観音、東北方に弁事明王、中央に如意輪観音を置き、天頂に七星を表す。地盤第一には十二天、四角に四天王、第二に七曜二十八宿三十六禽を配置し、四角に地水火風の半身像を描くという。

もう一つの方式は『与願金剛軌』によるものといい、天盤東方に聖者如意輪、南方に金剛蔵王、西方に弁事明王、北方に執金剛神を配置する。天地盤の合わさるところに八道輪を描き、訶梨諦母を描くともいう。

この式法も、祈願の筋に応じて天盤の仏と地盤の天部を向かい合わせて修するものである。称名寺聖教にも欠損はあるが、この修法の次第を記した資料があり、聖天式法と同様の「八牒」や「天巾」「地巾」という呪符をはさんで五色線で盤を封じる作法や、反閉の足運びを示した図が収録されている。

如意輪観音は、梵文の本説が知られず、観音菩薩と如意宝珠を合体させて中国で成立した尊格であろうと推定されており、道教的、あるいは陰陽道的な作法が顕著に取り込まれている。

「五大尊式法」

五大明王を主尊とする式法もあったらしい。東寺観智院金剛蔵聖教には『五大尊式経』と題する単独の枡形聖教も伝来するが、その大要は『五十巻鈔』第三十七に収録されている。天盤の中央に不動明王を置き、東方降三世明王から右回りに軍荼利・大威徳・金剛夜叉明王を配置し、天頂に北斗七星を描く。地盤には八天を配置し、その周りを七曜・二十八宿・三十六禽が取り巻く。これも祈願の趣旨に応じて、天盤の明王と地盤の八天を適宜向き合わせて修するものである。

このように、天地盤の形式は共通するが、そこにさまざまな尊格を描き、符呪や反閉などの陰陽道的作法を取り込みながら、現世利益を祈願する修法が平安時代後期には次々と創案され、実用に供されていたらしい。その中で、最も体系化され、広く流布したのが吒枳尼天を主尊とする式法、すなわち「頓成悉地法」であった。

三　ダキニ天の式法

狐（野干）を眷属とするダキニ天にも式盤を用いる修法があった。ダキニ天の信仰は、平安時代後期にはかなり広範に流布し、稲荷社とからめた素朴な求愛・増福の信仰として民間で行われていた。これには符呪や祭文などに陰陽道や神道の要素が取り込まれており、仏法（内法）とは異なった祭祀形態をもつところから「外法」とも呼ばれた。

仁和寺聖教に残る保延五年（一一三九）の奥書をもつ『吒枳尼変現諸躰経』には、毘沙門天と習合した四臂の「多聞吒枳尼」を主尊とし、天盤・地盤に四使者・八大童子・十二神・二十八宿・三十六禽を配置した特有の式盤を本尊として修する「多聞吒枳尼法」の次第が詳述されている。盤に人骨を封じて効験の増進を図るなど、仏教とはかけ離れた邪法的な要素も濃厚である。眷属の種類や式盤の形状は、鎌倉時代以降の文献にみられるものとほぼ一致している。[注12]

しかし「多聞吒枳尼」という男身の姿をした主尊は、後に体系化されるダキニ法にはほとんど継承されず、端厳美麗な狐に乗った女神である吒枳尼天がもてはやされるようになると、その姿を消していくのである。

「頓成悉地法」とその系譜

称名寺聖教の中に「頓成悉地法」という標題をもつ小型の枡形次第書の一群があり、吒枳尼天を祭る式法のまとまった資料として注目される。文字通りすみやかにすべての祈願を成就するというこの修法では、天地人の三重の盤を用いる。『盤法本尊図』[注13]に収録される挿図入りの説明によると、天盤には辰狐王菩薩（吒枳尼天）、円筒形の人盤側面には四使者、地盤上面に八大童子、側面に十二支・廿八宿・卅六禽、底面裏に五帝龍王と堅牢地神が描かれていたようである。天巾・地巾あるいは天トラエン・地トラエンという呪符を盤にはさみ、五色線で盤を封じて祈願するなど、そのやりかたは歓喜天など他の式法と類似している。

頓成悉地法の血脈は、真言六祖の金剛智から青龍寺の珍賀へ伝わり、空海と同船の入唐僧という円賀が日本にもたらし、観宿から如空・神護寺鑒教に伝えられたという（頓成悉地口決問答[注14]）。珍賀から空海への継承を記す別本（吒枳尼血脈）[注15]もあるが、他の盤法の系譜も合わせて考えると、金剛智から空海を媒介としないで日本に伝来したというところに、これらの修法の独自性の主張があり、一面の怪しさを漂わせている。

それに続く系譜では、還俗した高僧として名高い高向公輔や、三善清行・吉野山日蔵など、陰陽道に長じた人物が加わり、寛助（悉地院）から覚鑁・基舜へと続くあたりから実在性が高くなるようである。称名寺の釼阿が秀範から伝受された極秘の口伝によると、頓成悉地の盤法は「最極秘密、世に習ひ絶へたる法」で、これによって覚鑁が鳥羽上皇の莫大な帰依を受け、弟子の基舜も「世途豊饒」であった（頓成悉地法事）[注16]。その後は憚るところがあり、この修法は潜伏したかたちで継承されることになったという。

権力者に愛されたダキニ法

ダキニ法は富と権力をたちまちに手に入れられる秘法であると見られていた。そのため、古来、聖俗両界にわたって、ダキニ法との関係がささやかれる有名人は多い。仁海・覚鑁・平清盛・文観・後醍醐天皇・足利直義・細川清氏など、そうそうたる顔ぶれが並んでいる。虚実の度合いはさまざまであろうが、ダキニの修法が社会から悪いイメージで見られていたことは確かである。急速に権力を手中にし、かつ急激に没落した人物にからめて、ダキニ法の怖さが強調されたようである。[注17]

ダキニ法の極致は、天皇即位の際に密かに行われた「輪王灌頂」である。中世の天皇が始めて高御座に登る直前、摂関家の長者が密かに新天皇に秘印と真言を授けるという秘儀であるが、この秘印と真言がダキニ法（盤法）そのものなのである。ダキニ法の五種の印明（印契と真言）を結び、「四海領掌印」「七道印」を結んで国土全体の支配を固めたあと、十善戒を保つことを誓い、法華経の偈を唱えて即位に至る。

このような即位灌頂は秘儀であるため、創始の年代や事情は明らかではない。正応元年（一二八八）の伏見天皇即位の際に行われたのが確実な事例とされるが、寺家側の伝承では治暦四年（一〇六八）の後三条天皇の即位に起源を遡らせているらしい。称名寺の釼阿が輪王灌頂の一式を伝授された鎌倉時代末期には、天皇即位のときに当然実修される儀礼となっていたのである。釼阿が得た秘伝によると「輪王灌頂」は「盤法ノ肝心」で、「在家・出家ノ人共ニ修行スベキ也」（頓成悉地法事）とあって、天皇一人に限らず、一般の僧俗の間にもこの秘法がひそかに流布していたことがうかがわれる。

時代は下って、康安元年（一三六一）に細川清氏がダキニ天に捧げたという願文は、「四海を管領し、子孫永く栄花に誇るべきこと」という箇条から始まっている（太平記・巻三六）。南北朝時代になると、幕府執事級の人物でも、「四海を領掌」する天皇と同様の輪王灌頂を修するようになったらしい。

四　「称名寺聖教」の中の盤法関係資料

称名寺聖教に含まれる盤法関係資料は、おおよそ四つのグループに分けられる。まず聖天式法関係は、弘安四年（一二八一）九〜十一月に称名寺の源阿が写した円寛・行暹と写し継がれた歓喜天関係聖教一結の中に含まれるものである。源阿は釼阿とほぼ同世代の称名寺の学僧である。

次にダキニ法関係は、秀範・釼阿の筆になるものがかなりの数量を占めている。本文を秀範が書き、外題を釼阿が記したものもかなりあり、両僧が協力してこれらの秘伝を写し集めたもののようである。年齢的には秀範は釼阿の十六才年下にあたるが、「神祇灌頂血脈[注18]」では、円海から伝授を受けた秀範が、釼阿へと伝授し、釼阿は什尊、什尊は貞我へと血脈をつないでいる。

称名寺本のダキニ関係聖教には、詳しい奥書がほとんど書かれていないので、どういうルートでこうした秘伝が入手できたのか謎であるが、釼阿に代わって秀範が外部で伝授を受け、それを釼阿が受けるという手続で、称名寺に秘法が導入されたのであろう。

釼阿の有力な門弟であった熈允（什尊）の写本も多い。釼阿・秀範本をまるごと写して副本を作ったものもあるが、原本が見当たらないものも多数ある。これも釼阿の主導の下で、熈允が分担して、外部で写し集めてきた聖教であったのかも知れない。什尊が延文四年（一三五九）に、外護者を失って窮乏する称名寺の復興を祈って辰狐王菩薩の社殿を建立したときの願文は、実際に称名寺でダキニ天を祭った事例として注目されよう。[注19]

この他、安房国清澄山の寂澄が写した吒枳尼法の写本[注20]は、極めて現世利益的な修法を具体的に記している点で興味深い。清澄山は日蓮を生み出した天台系の霊場であり、称名寺には、寂澄および清澄山にかかわる聖教も比較的まとまって伝わっているので、そうした聖教と一緒にもたらされたものと考えられる。

体系化されたダキニ法

鎌倉時代の末には、ダキニ法が体系化され、伝授に数日を要する大規模な修法となっていた。鎌倉幕府滅亡後に称名寺の三代長老となる湛睿が、元亨二年（一三二二）に称名寺で受法した伝受記から、最も体系化されたダキニ法の構成が知られる。[注21]それによれば、当時のダキニ法は四部（四重）で構成されていた。

第一部では、ダキニ法の趣旨と修法の大要を記した「祭祀」に属する六帖の聖教（『頓成悉地祭祀法』『極大秘密陀羅尼』『開眼作法』『大呪』『頓成悉地法敬重施深義』『本尊図』）が伝えられ、続く第二部では具体的な修法の次第二種（『頓成悉地法〈平座〉』『頓成悉地法〈鑒教〉』）が伝授された。

ダキニ法の眼目である「盤法」は、第三部で伝授された。六帖の聖教（『頓成悉地盤法次第』『頓成悉地口伝集』『盤法本尊図』『盤封次第』『頓成悉地法敬重施深義』『頓成悉地法口決問答』）は、盤法の次第・本尊・口伝の詳細を記述したもので、称名寺聖教にほぼ完全な形で残るほかには、知られていない貴重な資料である。

そして最終日に第四部として、ダキニ法の究極と言うべき天皇即位に用いられた「輪王灌頂」（高御座作法）が、四帖の聖教（『da-ki-ni』『即位』『頓成悉地法事』『頓成悉地大事等』）として伝授されて完成となる。

湛睿の覚書によれば、これらの附法は西院流の「別相伝」として行われたものという。真言密教諸流の中でも最も体系化され、テキストも整備された西院流は、『西院八結』と総称される多岐にわたる内容をもった根本聖教を有するが、現在知られる『西院八結』の能禅方・元瑜方いずれの聖教群にも、これらのダキニ法にかかわる聖教は含まれていない。また、称名寺聖教以外では、わずかに叡山文庫・真福寺聖教・東大寺に『頓成悉地法』ないし『頓成悉地祭祀法』一帖の写本の存在が知られるだけである。近年調査が進展しつつある全国各地の寺院聖教類を通覧しても、管見の限り、一連のダキニ法の聖教を見つけることはできなかった。

こうした伝来の状況を見ると、室町時代以降、「外法」のレッテルを貼られたダキニ法の伝授は途絶え、聖教も湮滅することになったものと推定される。

なお、他の真言密教諸流の中では、保寿院流の『諸尊法目録』[注22]の「天等部」に「吒枳尼」一帖が収録されている。しかしこれは、天部をまつる一般の諸尊法と同様に吒枳尼天を祭る次第を記しただけのもので、そこには式法や即位灌頂など、ダキニ法の奥秘の部分は全く含まれていない。

むすび――ダキニ法から稲荷信仰へ

歓喜天・如意輪観音など数ある盤法の中で、なぜダキニ天の盤法が特に即位灌頂という重大な儀式に採用されたのであろうか。現世利益に即効性のある密教修法の本尊としては歓喜天・弁才天がよく知られているが、それらの化身は象や龍蛇など、中世の日本で身近には感ずることのできない動物であった。ところがダキニ天の化身(使者)は野干(キツネ)とされている。これは人間社会と自然界の中間にあたる領域に棲息する実在の動物であり、供物を屋外の野干に施すなど、容易に動物までも修法に組み入れることができたため、最も現実的な修法としてダキニ法が採用されたのかも知れない。増益を求める欲張った修法には、ダキニ天・歓喜天・弁才天を合わせて祭る「三天合行法」というものもある。

仏教寺院では、ダキニ天を稲荷社の祭神(本尊)として祭っている。寺院系の稲荷社としては、豊川稲荷(愛知県、曹洞宗)と最上稲荷(岡山県、日蓮宗)が有名であり全国に分社が広まっており、臨済宗や浄土宗の寺院でもダキニ天を祭るところがあるが、いずれも『法華経』や『大般若経』などの経典読誦の功力によってダキニの障碍の力を抑え、利益を導こうとする方法を用いており、中世のダキニ法とは全く祭祀の方法が異なる。

それに対して、密教の本流である真言宗や天台宗に属する大きな稲荷社を聞かないのは不思議である。ダキニ天が余りに障碍の力が強いため、ふつうの行者では祭りきれないというのが大きな理由であるらしい。

稲荷神社の祭神とされる、稲束を天秤竿の両端に吊り下げた老翁の神像は、吒枳尼天曼荼羅の中では、八大童子の一人として描かれる。日本古来の稲荷神としては、老翁の姿が相応しいのであろうが、仏教の吒枳尼天と習合したとき、その図像は眷属(八大童子)の一体として取り込まれたのであった。

稲荷社の元祖とされる伏見稲荷大社は、もともと渡来人の秦氏が祭っていた神で、空海が東寺を真言密教の中心として整備したとき、地主神の一つとして崇敬したという所縁があったという。現在でも伏見稲荷の神幸祭は、東寺の門前に神輿を安置して、東寺供僧の法楽を受けるという儀式が定例として行われている。

天皇と国家の安穏を祈る役割を果たした東寺との関係で、もともとローカルな神であった稲荷信仰がダキニ天と結びつき、ついには天皇即位の儀式の中で重要な役割をもつようになったのかも知れない。ダキニ法の成立から稲荷信仰へと展開する歴史的様相は、中世文化の一つの大きなテーマであることは間違いない。

注

1 西岡芳文「六壬式占と軒廊御卜」（今谷明編『王権と神祇』思文閣出版、二〇〇二年）

2 厳敦傑「跋六壬式盤」（『文物参考資料』一九五八年七号）・同氏「式盤綜述」（『東洋の科学と技術』同朋舎出版、一九八二年）

3 「有宋山者（中略）有木生山上、名曰楓木、楓木蚩尤所棄其桎梏、是謂楓木」

4 「五嶺之間多楓木、俊久則生瘿瘤、一夕遇暴雷驟雨、其樹贅暗長三五尺、謂之楓人、越巫之作術、有神通之験」

5 「江東江西山中多有楓木、人於楓樹下生、似人形長三四尺、夜雷雨即長与樹斉、見人即縮依旧、曽有人合笠、於明日看笠子、挂在樹頭上、旱時欲雨、以竹束其頭禊之即雨、人取以式盤、極神験、楓木（天カ）棗地是也」

6 『神奈川県鎌倉市由比ガ浜中世集団墓地遺跡（No.三七二）発掘調査報告書』（博通、二〇一五年）

7 愛知県豊根村守屋家伝来『天盤地盤法』（大永五年〈一五二五〉奥書。名古屋市博物館特別展図録『奥三河のくらしと花祭・田楽』二〇一三年、一〇七頁掲載）

8 津田徹英「禹歩・反閇と尊星王・六字明王の図像」（『日本宗教文化史研究』四、一九九八年）

9 上川通夫「如意宝珠法の成立」（同氏『日本中世仏教形成史論』校倉書房、二〇〇七年、所収。初出二〇〇四年）

10 以下、称名寺聖教に含まれる式法関係資料は、西岡編『陰陽道×密教』（神奈川県立金沢文庫展示図録、二〇〇七年）および、西岡「金沢称名寺における頓成悉地法」（『金沢文庫研究』三二〇号、二〇〇八年）に翻刻を収録している。

11 向坂卓也「神奈川県立近代美術館所蔵歓喜天曼荼羅について」（『金沢文庫研究』三三三号、二〇一四年）

12 阿部泰郎「宝珠と王権」（『岩波講座・東洋思想』第十六巻〈日本思想2〉、岩波書店、一九八九年）。入江多美「輪王寺蔵『伊頭那（飯縄）曼荼羅図』と仁和寺蔵『多聞吒枳尼経』について」（『歴史と文化』一七号〈栃木県歴史文化研究会〉、二〇〇八年）なお、山口県下松市多聞院所蔵・山口県指定文化財の「須弥山図」という立体工芸品は、天盤にあたる部分に毘沙門天らしき像容が見られるところから、多聞吒枳尼天の式盤である可能性が高い。これは現存する唯一の密教修法用の式盤と見られる。（本品の詳細な調査報告は公表されていないが、臼杵華臣他編『防長の歴史と美術』〈学研、一九八三年〉に鮮明な画像が掲載される）

13　金沢文庫文書紙背聖教。『陰陽道×密教』所収翻刻二九号。またほぼ同内容の別本『相承番図』（称名寺聖教三一六函二〇号、未刊。長野市立博物館展示図録『狐にまつわる神々』図版15に一部掲載）もある。
14　称名寺聖教三三七函一〇三号、『陰陽道×密教』所収翻刻二八号
15　称名寺聖教四〇一函二四号、『陰陽道×密教』所収翻刻三二号
16　称名寺聖教二九六函二七号、『陰陽道×密教』所収翻刻一四号
17　西岡芳文「ダキニ法の成立と展開」（『朱』五七号、伏見稲荷大社、二〇一四年）
18　『金沢文庫古文書』六七五四号
19　什尊願文『金沢文庫古文書』六一四九号
20　称名寺聖教一二〇函一六号、『陰陽道×密教』所収翻刻三三号
21　「諸法伝授記（仮題）」（金沢文庫文書〈未翻刻〉。西岡「金沢称名寺における頓成悉地法」に翻刻を収録）
22　称名寺聖教三一八函五七号・三三八函二五号。

＊本稿は、金沢文庫企画展図録『陰陽道×密教』（二〇〇七年）の総説をもとに増補改訂したものである。称名寺聖教に含まれる関係史料については、未公刊のものを含めて、別途まとめて公開する予定である。

戦国期における兵法書の伝授と密教僧・修験者

福島　金治

はじめに

中世の兵法書は『兵法秘術一巻之書』や『訓閲集』[注1]を中心に研究されてきた。島田貞一氏は、『兵法秘術一巻之書』は密教呪術を基本とし、大江維時・大江匡房から源義家に伝来した書で鎌倉末期には成立していたとした。[注2]石岡久夫氏は小笠原家伝来の『訓閲集』を中心に中世の兵学全体を概観し、[注3]島田勇雄・郷田雪枝両氏は『訓閲集』の武者言葉の国語学的研究を行った。その中で島田氏は『訓閲集』は日取・雲気による敵情察知など易学的要素や異常事態での呪文などが主体で戦術論はみられないとし、[注4]兵法理論上の価値は近世初頭には消滅したと評価され、[注5]郷田氏は武者言葉が戦場詞主体であることを指摘している。島田氏の指摘は朝倉孝景条々の「可勝合戦、可執城責等之時、撰吉日、調方角、遁時日事口惜候」の一節とも見合い、[注7]小和田哲男氏が当時の兵法は陰陽道と修験道をミックスしたようなものだとされたのと対応している。[注8]その後、大谷節子氏は「張良一巻書」のみえる文献を博捜し、『兵法秘術一巻之書』が『訓閲集』に一部取り込まれ広く流布していた様相を明らかにされ、[注9]岸田裕之氏は毛利輝元書写本『張良師伝一巻書』を通して、同書を所持することは当主の権力の所在を明確にし領国の安定に寄与するものだったと指摘された。[注10]

本稿は島津家の兵法書を検討するが、島津氏の合戦と兵法には以下のような特徴がみられる。

①雲の観察　天文一一年（一五四二）、島津日新と貴久が大隅国小浜に発向した際、「蜘蛛ノ霊瑞アリ、誠哉十方ノ諸仏土羅刹不現身トハ此事ソト宣ヒテ打立玉ヒケル」と雲をみて勝利したとある（「箕輪伊賀記」、旧前二―二四二四）。

②稲荷信仰　天文二三年、大隅国岩剱城攻めの際、「其夜餅田原より蒲生堺迄稲荷火見得候」と合戦の目印に「稲荷火」がみえる（「岩剱合戦日記」、旧前二―二七五二）。

③兵法　天正一四年（一五八六）、大友方の志賀氏の城を攻めた際、家臣野村某らに「納兵道密法之針於其城矣」とある（「義久公御譜中」、旧後二―一九二）。

①は『訓閲集』等の兵法書の活用、②は祖先神の稲荷との関係、[注11]③は専門の軍師と兵法書の存在が想定される。

そこで、島津氏の兵法をみると、合戦などでの意思決定に際し修験者が鬮を引いており、筆者は鬮は守護の意志を神意で合理化するものとした。[注12]鬮の事例は根井浄氏と[注13]永松敦氏により検討され、家臣伊集院氏らが修験系の兵法書を相伝したことなどが指摘され、[注14]永松氏は兵法書について天文年間の貴久期に画期があることを指摘された。[注15]その後、筆者は坊津一乗院の聖教類の調査を通して、[注16]その中に島津家文書の兵法書[注17]と共通する集団がみえることに気づいた。島津家文書の兵法書を密教聖教との関係から再検討することで、兵法書の聖教としての性格や伝授の様相をより具体的に示すことができるのではと思うようになった。これにより、石岡氏が指摘された近世薩摩藩に伝わる合伝流兵法と島津日新以来の兵法[注18]の間の断絶や家の継承と兵法書の伝授などの実態解明の糸口になると考えている。そこで、島津家における兵法書の位置と軍配者、流儀、聖教の俗人への伝授と兵法書への転換等を中心に検討してみたい。

なお、『旧記雑録前編』『旧記雑録後編』は「旧前」「旧後」、『島津家文書目録　Ⅲ』は「島」、『坊津一乗院聖教類等目録』は「坊」の略称に史料番号を付して示しておいた。

一　島津家の兵法書と「家」の継承

まず、兵法書の相伝が家の継承とどのように関わるのか検討してみたい。島津家の重宝類の目録には、①永禄六年七月七日の島津家重物目録（旧後一―二五六）、②文禄四年霜月五日の島津氏重物目録がある（旧後二―一六二一～一六二三）。①には高崎播磨守ら六名が連署し[注19]、近世島津家につづく相州家の家臣が確認したものだった。①②は旗・刀・丹後局縫阿弥陀などが共通し継承関係が認められる。兵法書等は、①に「御重書」等とともに「御兵書以上十六巻」がみえる。「御重書」には「綸旨幷御内書、殊尊氏将軍御判形多々有」と注記されており家伝文書が主体だった。一方、②は三つの目録からなり、Aに「御内状箱一ツ」「役人状箱一ツ」「御家図之葛箱一ツ」に「馬書箱一」、Bに「御内書十六有」「諸日記二通」とともに「兵法切紙十四之内ニ一巻書有」とみえる。「兵法切紙」は「十四之内」の表記から切紙一四種を一結としたものでそのなかに「一巻書」があった。これは『兵法秘術一巻之書』とみられる。同書は兵法書の一結に組み入れられていた。Cにみえる「兵法抜書一巻」は抄出本だろう。以上のことから、兵法書は家伝の重物で切紙の一結と抄出本があった。文禄年間には重物は三種に分けられ、兵法書は家伝文書・系図や刀剣等と同等のものとして位置づけられていた。兵法書は家の由緒を確認するものの一つだったのである。

ところで、島津家の家督は、室町期は奥州家だったが、一六世紀初頭に相州家が薩州家との抗争を経て家を継承した。[注20]その相州家自体も、祖とされる忠良は伊作善久の子で、母が相州家島津運久に再嫁してその養嗣子となることで相州家を継承した。[注21]永禄六年の目録に櫛間院給分坪付がみえるのは、伊作久逸・善久父子が文明年間に日向櫛間院に移された後にこれを失っていることをみると、坪付は給人との関係を示すものとして重要だったのだろう（旧後一―二五六）。伊作家の由緒が相州家に継承された事情を示すものと思われる。

兵法書も奥州家から相州家に伝承されており、「軍敗八陣書」「軍敗略暦書」「軍敗暦事」にその伝承過程がうかがえる。[注22]その部分は以下のようにある。

①「軍敗八陣書」（島一―二九九八）

委ク八陣八卦ノ通書記、在口伝、

此書、従二位中納言大江匡房卿授源義家、其後大江広元朝臣授源頼朝云云、

嶋津陸奥守藤原忠國

嶋津伯耆守藤原豊久

村田越前守藤原経重

嶋津相模守藤原忠良

河田駿河守水原氏義朗

佐々宇津狩野介藤原祐朗

石坂牛之介藤原久朗
壱岐加賀允日下部秀盛

②「軍敗略暦書」（島一三〇五二）

文明十四年壬寅六月吉日　豊久判

此書、従二位中納言大江匡房卿授源義家、其後大江広元朝臣授右大将頼朝云云、藤原忠國舎弟豊久伝之、従豊久村田左衛門尉藤原経尭相伝之、又経尭、三原下総守藤原重隆相伝、

①は陣形に関する口伝、②は合戦の日取りを暦から解説したもので、大江匡房から源義家へ、やがて大江広元から源頼朝に伝授され、島津氏に伝来した。源頼朝由来を強調したこの二書は、①は守護忠国から弟豊久へ、そして村田経重・島津忠良と伝授された。河田義朗ら四名はその継承者ということだろう。②には文明一四年（一四八二）の豊久の署判があり、村田経尭・三原重隆と相伝された。なお、②系のもう一本の「軍敗暦事」は島津忠国・村田経尭・伊集院忠朗と相伝され、永禄一〇年（一五六七）に河田義照へ伝授された（島一三〇一五）。

相伝者をみよう。豊久は守護の先兵として日向国三俣下城に配置された（旧前二・一四九六）。文明九年、忠昌を頂点におく一揆を御一家・庶家が結んだ際の契状に忠国の兄弟季久・豊久・有久はみえない（旧前二・一五一六）。一方、文明一六年に伊作久逸と新納忠続との合戦がおきると豊久は新納氏救援に派遣され戦死した。『文明記』には「伯州・末広十郎三郎・入田・片野坂討死ス」とある（旧前二・一五七九）。末広某は守護が編成した末吉衆の一人だったから（旧前二・一四九六）、豊久は忠昌の名代のような立場だったのであろう。

村田経尭をみよう。文明二年、忠国の没後は立久がつぎ、立久の跡は被官梶原氏娘との子忠昌がついだ（旧前二・一四九六）。当時の老中村田経安の姉妹は立久の側室で（旧前二―一七一二）、経安の子が経尭である。[注23] 経安は

忠昌の後見のような存在だった。延徳元年（一四八九）から翌年には上洛し在京交渉を担っている。[注24] しかし、明応四年（一四九五）に忠昌は経安を殺害する（『旧典抜書』等）。その後、村田氏は永正五年（一五〇八）の守護忠治の代始の寄合の座定にみえない。一方、相州家への家督移譲の時期の大永七年（一五二七）の老中連署坪付には村田経董があらわれてくる（旧前二・二〇八六）。村田氏は奥州家の弱体化のなかで相州家へ仕え先を代えたのだろう。この間、村田氏関係かと思われるものに藤原経通相伝の刑部侍郎武案撰「刑罰治国慮理撫民武用記注上」がある[注25]（島一三〇六九）。「歓久」の手沢銘があり、伝授奥書は以下のようである。

文明十七年乙巳八月十日　　藤原経通（花押）
薩州冠嶽山住持歓久ヨリ存畢、

冠嶽山はいちき串木野市にある修験の山で鎮国寺があり、[注26] 歓久はその住持だった。[注27] 本宗家伝来の兵法書は村田氏を媒介に相州家に伝来したのである。

村田氏は相州家の家臣三原重隆と伊集院忠朗に「軍敗略暦書」も伝授した。両者は、天文八年（一五三九）に島津貴久が薩摩国市来に発向した際、「箕輪伊賀自記」に「又四郎忠将ヲ大将トシテ、伊集院大和守（忠朗）・三原下総守（重隆）ヲ武将」とみえ、城の受取に際し忠朗が「大平ノ時（吐気）ヲ作」したとある（旧記前二・二三七一）。三原氏は伊作氏の譜代被官と伝え軍配者だった。[注28] 伊集院忠朗は老中で、永禄六年（一五六三）の「新儀九字抜書」や「鍬初之抜書」に忠朗と島津忠平（後の義弘）が連名でみえる（島一三〇二三・一三〇二五）。このころ、島津氏は日向国の北原氏を攻略中で、永禄六年二月には小林での戦闘を占う鬮を霧嶋権現でひいた（旧記後一・二四八）。合戦後、忠平は飯野に移る（旧後二・二四九）。忠平・忠朗連名のこの兵法書はこの時期のもので、軍配者のマニュアルだったろう。

最後に、河田義朗ら四名をみよう。河田義朗は義久に仕える修験者で兵法者だった。[注29] 天正四年（一五七六）の日向高原城の落城の際、『新納忠元勲功記』には「於三ツ山城、川田駿河守義朗勝吐気被為執行候」とあり勝吐気の役を担った（旧後一―八五〇）。豊臣政権下の天正一六年五月六日の島津義弘書状は川田義朗に宛てて「家内之祈念」を要請している（旧後二―四五二）。家の安寧にかかわる祈禱を担っていた。佐々宇津祐朗は伊東氏の通字「祐」の一字が見え、石坂久朗は石坂氏が北郷氏の家臣に見えるから、日向所縁のものだろう（『本藩人物志』）。壱岐秀盛は『壱岐賀州年代記』の記主本人かその近親者だろう。『年代記』は伊東氏方の合戦の記録で、伊東氏没落前後に島津方に移ったとみられよう（旧記後二・八六等）。この四名は、他に「唐流兵道三略抜書符」「唐流敦生騎当千軍記事」にみえ（島一三〇一七・一三〇二二）、「唐流」を伝授されていた。[注31] 石坂・壱岐両名連署のものには「エヒス勧請作法」と「真言呪」がある（島一三〇〇二・一三〇三〇）。前者は和歌で口伝を伝授する内容となっている。島津氏に仕える修験系の軍師が共有した兵法は唐流で、奥州家からの伝授書が基本となっていた。推測になるが、大江維時が入唐して兵法を伝授され、それを伝法したことで「唐流」の呼称が生じたのではなかろうか。

この他、奥州家関連の兵法書には山田忠尚がみえる。山田忠尚は『山田聖栄自記』の記主で、同書は島津忠久の源頼朝庶長子説がみえることで知られる。[注32] 同書は島津家歴代の兵事・故実・儀礼に詳しく、守護忠国は上洛を希望しながら没したと晩年の様子を具体的に記しており忠国の側にあったようだ。忠尚は寛正七年（一四六六）に「張陣図」（島一三〇六〇）、文明七年に「和朝兵具起并法量」、同九年に「八陣之法」、同一一年に「諸軍敗聞書」を所持している（島一三〇四〇・一三〇〇八・一三〇九五）。その来由について、「諸軍敗聞書」には「于時観応三年同六月二日、鎌倉大蔵谷上総守殿御所ニテ、彼弓法ノ巻物ウツシ畢」と、観応三年（一三五二）に鎌倉大蔵谷にあった「上総守」御所での伝授が起源と記す。鎌倉大蔵谷は将軍御所界隈で、[注33] 同年二月、足利尊氏は弟直義を鎌倉で殺害するが、『太平記』にはこのころの尊氏方に「今川上総守」が見える。前記の「上総守」は今川範氏だろう。注34 山田氏相伝のこの兵法書は今川範氏ゆかりとするものだった。今川了俊著『了俊大双紙』には、兵法書は「四十二ヶ条」（『兵法秘術一巻之書』）が一般的で、今川家にも「御家日記」があるがすべて相伝しているかは疑わしいとある（『続群書類従』第二四輯下）。今川家には幾種かの兵法書があるものの了俊自体がすべてを把握していない。そうした家伝書の一つだったのだろう。

島津家の兵法書は奥州家忠国由来のものを核とし、村田氏を媒介に相州家に伝来した。その流派は唐流とよばれ、頼朝や今川家など鎌倉ゆかりの伝承をもつものも入っていた。

二　坊津一乗院の僧頼政の唐流伝授とその継承

兵法書には、僧から僧、俗人から俗人への伝授のほかに、僧から俗人への伝授がある。密教僧の聖教伝授との関係から俗人への兵法伝授について検討してみたい。そもそも、『訓閲集』「軍配袍大事巻下」に「右条大事口伝／唯受一人／光明元年二月吉　頼義判」とあるように、兵法書そのものが密教の伝授様式を継承したものだった。注35 そこで、僧から僧への伝授分をみると、文明一一年（一四七九）に勢鑁が定快に伝授した「馬前知死期大事」がある（島一三〇〇一）。兵馬の死期に関する秘伝と呪からなる。また、応永三一年（一四二四）に宥玄は「敵之頸捨方」を書写している（島一三一〇四）。兵法書は聖教の一つでもあった。注36

僧から俗人への伝授には坊津一乗院の頼政が深く関与していた。頼政は明応七年（一四九八）に「団扇引導」と「団扇大事」を相州家忠幸に伝授した（島一三〇五一・一三〇一二）。「団扇大事」は軍配の伝授で摩利支天の真言が文中にあり兵法の極意とされたとみられる。「団扇大事」には右のA本と、忠幸から忠良へ伝授したB本がある（島一三〇〇三）。両者の伝授奥書は以下のようである。

A　明応七年戊午九月六日己亥金曜斗宿彼岸
・権大僧都法印大和尚位頼政示之、
・奉授嶋津相模守藤原朝臣忠幸
・奉伝授島津陸奥守藤原朝臣貴久
　・比志嶋源左衛門尉源姓國親示之、
　・岡村伊豆守平重年
天正三年乙亥林鐘吉祥日

B永正十四年四月吉日
授島津三郎左衛門尉忠良畢、
嶋津相模守忠幸示之、

Aにみえる「示之」は印信等で使用される表現でBに踏襲された。Aは頼政から友久の子忠幸、忠幸の養嗣子忠良、忠良の子貴久と伝授された。Bは永正一四年（一五一七）に忠幸から忠良への伝授である。忠幸は後に運久という。名乗りの変化をみておきたい。

①「忠幸」　延徳二年（一四九〇）一二月二四日の田布施諏訪大明神棟札に大壇主に友久と忠幸とみえる（旧前二・一六九七）。Aはこの後のことで、明応七年（一四九八）には相模守であった。

②「一瓢」 永正一〇年（一五一三）八月二一日島津一瓢売券（旧前二・一八四二）、「空山日記」享禄二年（一五二九）七月一六日条にみえる（旧前二・二一五五）。

③「運久」 天文三年（一五三四）閏正月二一日島津運久書状に「三郎左衛門尉運久」とある（旧前二・二〇〇三）。

忠幸は法名を一瓢というが、運久と名乗るのは出家して後に還俗してからであった。①期の島津家老臣連署日付次第には「一、忠幸様御ひたいめされ候御祝之事」とみえ、守護忠治・忠隆の代には相州家を代表していた（旧前二・一九三八）。しかし、相州家当主を経歴していたはずなのに③期に「前相模守」の呼称は使用していない。一方、忠良は明応元年（一四九二）に伊作善久の子として生まれ、善久が明応三年に没した後に母が再嫁した運久の跡を嗣いだと伝える（旧前二・一七一五等）。永正一三年の犬追物手組にみえる「嶋津三郎左衛門尉」は忠良かもしれない（旧前二・一八八一）。忠幸は忠良を家嫡にすえた段階で出家しており、忠良が相州家家督を嗣ぐなかで還俗し運久と名乗り相州家の家嫡の呼称を使用していた。この事情から、「団扇大事」は忠幸から忠良への相州家の家督継承を裏打ちするものでもあったろう。注37

やがて、A本は比志嶋国親から岡村重年へと伝授された。聖教の伝授が世俗の兵法書の伝授へすがたを変えた。兵法書の伝授の根源は頼政にある。

頼政は、薩摩国郡山の生、文明元年（一四六九）の頼憲死去後に一乗院住持となり、島津忠昌・忠治父子と昵懇の関係を築き、永正七年（一五一〇）に忠治が鹿児島に足利義教の弟大覚寺義昭供養の大興寺を開くと開山となり、大永元年（一五二一）に没した。注38 忠昌・忠治との関係は、明応九年（一五〇〇）、島津忠昌納経大随求陀羅尼の梵字を頼政が書き（旧前二―一七七三）、大興寺建立の際の坊津一乗院・伊集院荘厳寺・鹿児島大興寺の一味契状は頼政が作成し忠治が証判を加えた。その内容は、大興寺開山に頼政がつくこと、三寺の門流は良範・頼憲・頼政が正統であることを認証するとある（旧前二—一八二四）。頼政の地位は自身の門流と守護忠昌・忠治の保護によって裏打ちされていた[注39]。

頼政が伝えた兵法書には「唐流兵道星供秘伝法」がある（島一三五〇〇）。表紙に「広沢　伝灯主義朗」、内題に「唐流兵道星供　御流也／伝灯主義朗」とある。河田義朗の手沢本で「広沢」「御流」に属した。京都仁和寺御流の兵法書で唐流と呼ばれていた。ただし、聖教が兵法書に転換した経緯、御流とされる内在的根拠の検討は今後の課題である。現状では平安末・鎌倉期の御流聖教に右の書目はみあたらない[注40]。坊津一乗院が仁和寺末であることをみると（『三国名勝図会』）、御流聖教が伝授されるなかで生まれた可能性がある。一方、「唐流兵道星供秘伝法」の文末には「伝灯阿闍梨頼政法印／伝授経尭／相伝義元／伝授快宗律師／相伝義照」とある。これは、頼政から村田経尭に伝授され河田義元に伝授されたものと、頼政から快宗・河田義照へ伝授された二系を合体したものと考えられる。その理由は、河田義照手沢本「唐流兵道六蹈秘法下巻」の文末に「伝灯主権律師快宗和尚／伝灯主兵道一流之源義照／於此六蹈三巻者無一流之極仁、不可見者也、況伝受之事不可言云云」とあるからである[注41]（島一三四九二）。

頼政以後をみると、村田経尭が「伝灯主」となり、頼政が伝授者にみえなくなる。河田義照手沢本「唐流兵道虎巻下次第」には「伝灯主　藤原経尭／源義元／快宗律師／源義照」とみえ（島一三四九三）、河田義朗手沢本「唐流兵書虎巻中巻」も同様である（島一三四九九）。唐流には他に河田義朗手沢本「唐流兵道荒神供表白」（島一三四九四）、河田義照らの「唐流鞍馬九字作法」（島一三四八九）、手沢者不明の「唐流兵道最初加行之次第」（島一三四九六）があり、これらは一結の兵法書として伝授されたと判断される。伝授の方法は踏襲されながら、一六世紀後半になると河田義朗を中心に伝授されるようになった。

一方、唐流を強調したものと思われるものに「大唐流」があり、「大唐流兵道極意稲荷秘作法」「大唐流兵道荒神供表白馬」がある（島一三四九〇・一三一二四）。後者の表紙には「正伝灯義朗」の手沢銘があり、文末に「藤原忠朗示之／水原氏義朗／永禄元年戊申八月時平吉日」とある。伊集院忠朗からの伝授を示し、唐流の正統を意味する兵法書だったのだろう。

河田義朗は唐流以外のものも伝授され、自身を「伝灯主」「主官」などと記している。[注42]「伝灯主」には「虚空蔵薩埵秘法」など（島一三四八二）、「伝灯主」と「官主」を併記するのは天正一三年（一五八五）の「阿遮羅明王法」（島一三五〇二）、「主官」のみは「天扇勝箭両表白」である（島一三四九七）。「伝灯主」は師資相承を背景に使用した文言とみられるが、「主官」はなじみが薄い。[注43]ただし、「主官」は『文殊師利菩薩及諸仙所説吉凶時日善悪宿曜経』に「其神如蟹故、名蟹宮、主官府口舌之事」の例があることをみれば、[注44]「官府口舌の事を主る」という意味から島津氏の意思を伝える立場という意味で使ったのだろう。「主官」とある「天扇勝箭両表白」の神文には霧島・鵜戸・金峰・白山・白鳥とともに「桜島大権現当御鎮守」とみえる。島津氏領国の代表的な信仰の場を列記しており、修験道との関連が想定されよう。河田義朗は唐流とともに修験系の兵法書を相伝していた。

頼政の伝授した唐流は仁和寺御流に由来するとされた。それは村田経尭から伊集院忠朗らへ伝授されるなかで、密教の形式は継承されながら世俗の被伝授者が「伝灯主」となった。頼政は後景に退き、島津氏側近の河田義朗が相伝する秘儀に変じたのである。

三　島津氏家督相伝の兵法書

最後に島津氏家督自身に伝授された兵法書を検討してみたい。

忠良には先の「団扇大事」が知られるが、『西藩烈士干城録』には岩切信朗（可楽）が「以兵法、事梅岳君」とあり忠良の軍師とされる。実際、九月二三日付貴久宛て島津日新（忠良）書状には、「陣取相定候之由、千秋万歳候、殊正宮御くし目出候之通、一段大慶候」と陣取決定と正八幡宮の鬮が同じだったことを喜んでおり、貴久のもとに岩切可楽を派遣するとある（旧前二―二七五四）。兵法書には岩切可楽から岩切可春へ伝授された「不動之御滝印呪」が伝来しており（島一三四八四）、岩切可楽は修験者だったろう。岩切氏の兵法の由緒は、天正一二年（一五八四）に三原昌安（重益）[注45]が岩切信朗へ宛てた書状にみえる（旧後一―一四三三）。それによれば、岩切氏は一五世紀中期の忠国の代に可楽の祖父が仕え、伊作教久の死去後に若年の犬安丸があったため、忠国の三男亀房（久逸）が家を継承した際、可楽の祖父が亀房の御乳人となり伊作家に入ったとある。岩切氏も奥州家から伊作家に移り、忠良側近の被官となった一族だった。

貴久には天文一七年（一五四八）に舜誉が伝授した一結がある。「軍術真言呪」には「御伝授貴久／天文十七季十二月十三日／権律師舜誉」とある（島一三〇五〇）。同一の文言は「兵書武知初行法則」「武知初行法則法則」「兵法団扇ノ大事」、御起請文にもあり、一結のものと判断される（島一三〇八七・一三〇八八・一三〇〇七・一三一〇二）。書名に「軍術」「兵書」「兵法」とあって聖教より兵法書の趣が濃厚となっているが、「武智初行法則」には白楽天から頼朝までの伝授につづいて次の血脈がある（島一三〇八六）。

玄賀――法印宥阿――法印頼真――覚阿――律師豪雅――法印清存――
澄恵――順海――慶俊――舜誉――貴久

舜誉までは師資相承で伝授されてきたものだった。頼真は永正四年（一五〇七）に頼政から坊津一乗院で「弁才天六重大事」を伝授された[注46]（坊・コ二四〇―三二一）。また、慶俊は伊集院稲荷御正体銘に次のようにみえる（旧前二―二二九八）。

御稲荷大明神御本地
大壇越島津　藤原」朝臣相州忠良并貴久
願主石見坊慶俊
天文丙申《（五年）》肆月廿一日
権大僧都頼盛敬白

慶俊は忠良・貴久父子の依頼に応えて伊集院稲荷の御正体を奉納した僧だった。[注47]その他は不明だが、玄賀は頼真から考えて一五世紀中期の人と考えられ、以降、法印・律師とあり僧の間で伝授されたとみてよい。「血脈」「初行法則」等の文言から、先述の一結の兵法書は聖教として師資相承で伝授されていた。兵法書には聖教から転換したものがあったとみてよい。

また、貴久へは天文二四年（一五五五）三月の「訓閲集」「訓閲集軍術」「訓閲集天之巻」があり、『訓閲集』が集中的に伝授された[注48]（島一三〇三九・一三〇一一・一三〇四一）。「訓閲集軍術」は「従三位《小笠原大膳大夫》頼氏朝臣／伊与守《小笠原》氏隆朝臣／吉胤《初倉新六》／与一《小笠原》保貞」と小笠原氏からの正統な伝授を記した後に、[注49]「当山捨身求菩提行者／法印聖観房」による貴久への伝授識語がある。聖観房は修験者となろう。永松氏はこの記載から豊前国求菩提山のみならず九州一円の修験者と関係を深めていたとされた。[注50]より正確に言えば、南九州内にある「当山」は求菩提山の拠点で、ここを媒介により広い修験者のネットワークにつながっていたとみられる。「当山」とはどこだろう。「山本氏日記」によれば、天文二四年、貴久は大隅に出陣し三月二四日に吉田に陣をはった（旧後一・一三）。出陣に際し、二月六日に宇津瀬大明神に祈願したが、その願文は「曽於郡花林寺」にあった（旧後一・九）。宇津瀬大明神は鹿児島の宇治瀬神社で、『三国名勝図会』によれば、宇治瀬神社は鹿児島の地主神で錦江湾内の宇治瀬に由来するとある。[注51]花林寺は霧嶋山をさすから、「当山」は霧島山の可能性が高く鹿児島の地主神はその末社の関係になっていた。

同じころ、義辰（義久）は天文二三年に正八幡宮社家沢永存から剣術の「新当流」一結を伝授された。当時、島津氏は岩剱合戦で祁答院・蒲生氏を排除して大隅半島西部の要所をおさえ、大隅正八幡宮を支配下においた。沢永存から義辰への伝授は岩剱城攻めにかかる時期で、正八幡宮側が島津氏側についたことを示している。表紙には「義辰」の手沢銘があり「天文廿三年八月彼岸中日」の日付がある。一結の内訳は、「新当流神根元太刀」「観念太刀」「摩利支天大根本巻」「新根本書」「根本之次第」からなる（島一二六七七〜一二六八〇・一二六八二）。新当流は香取社・鹿島社の武芸を大成した武道で、[注52]「新当流神根元太刀」に次の血脈がある。

天真正――飯篠長識入道――井守悦入道――沢永存（花押）――授与島津又三郎

飯篠長識入道は、天真正伝香取神道流（新当流）の開祖飯篠長威の系譜にある人物だろう。[注53]沢永存のころに関東から伝授されたものが義久に伝授されたことになる。

翌天文二四年二月、貴久は霧島社に出陣祈願を行い（霧島神社文書）、四月には蒲生への出軍などを占う鬮を大隅正八幡宮内林性坊で引いた（旧後一・一二三・一二四）。島津氏の鬮を引く者は、右のような家督一族と保護関係を築いた存在だった。[注54]

こうしたなか、弘治二年（一五五六）にも『訓閲集』の伝授が集中的に行われた。「訓閲集抜書」には「弘治二年卯月十八日、書写畢」とあり（島一三〇四八）、これと同一日付で書写人を記さないものが一括して書写された。[注55]全体で一結とみられ、他に「天全集」「一字金輪之相伝」「軍陣肴組ノ内抜書」「日取」「日取書抜書」「日取巻」「上帯之事」「軍神祭文」がある[注56]（島一三〇四五～一三〇四七、一三〇六一・一三〇二八・一三〇三八・一三〇九四・一三〇八三）。このうち、「天全集」は『訓閲集』の「相伝目録」に書名がみえ、その一結に属すると確認できる。[注57]また、「軍陣肴組ノ内抜書」には「白旗天主　経基在判」と源経基由来の兵法書で、文中に「抑彼相伝ハ源朝臣今ニ至テ相伝アルヘシ」とみえる。『訓閲集』は「八陣」に「右条之軍術、六孫王以来、武家下々伝当家所明白也、可守炳戒、／貞観二年二月吉日／六孫王経基」とあるように源経基を根源としていた。[注58]この点からも『訓閲集』関係の一結とみられる。この時期、「山本氏日記」によれば同年三月に貴久・義久父子は蒲生に出陣した（旧後一・五三）。一結の兵法書は貴久・義久、またはその周辺の親密な関係者に伝授したものだろう。[注59]

義久・義弘兄弟には兵法ゆかりの京都の寺社との檀那関係がみられる。愛宕山については、元亀三年（一五七二）八月、義久は愛宕山長床坊に御札と御本尊像を拝領したお礼として銀二〇〇両を寄進した（旧後一―六三五）。また、長床坊の下向は『上井覚兼日記』にくわしい。天正一一年（一五八三）正月一八日、長床坊の使僧が鹿児島城に来臨し小刀を義久に届けた。四月一日、長床坊の上洛に際して覚兼は餞別に沈五両を献上した。翌天正一二年正月二七日条には、長床坊は前年に御札賦りを行っていたとある。二月六日条によれば、札のことで下向していたのが下之坊福寿院だったとある。義久と愛宕山の関係は、天正一二年三月一七日の島津義久願文に愛宕山の勝軍地蔵への信仰を述べ、「願主義久者、三所和光并大郎房利生翅下生立」と合戦での勝利を祈願し、末尾に「下之坊福寿院／代官隅州住人快法上人」とある（旧後一―一三九二）。愛宕山長床坊が島津氏を檀那とし、使者として取り次いだのが下之坊福寿院、領国内での代官が大隅国の快法だった。

快法は不明だが、一乗院に連なる僧には平等王院快瑜をはじめ「快」のつく僧が多い。[注60] 快法と類似の僧をみると、町田久倍書下に快宝がみえる（旧後一―一四〇六）。

「正文在末吉蓮光坊」
彼快宝上人開門ニ法華為奉納、其許被致越着、従夫根占可有渡海、路次等之儀、尖ニ罷通度由、彼仁念望之
故、壱簡如件、
「朱カキ」
「天正十二」
三月廿六日　　町田出羽守
　　　　　　　　久倍（花押）
頴娃
根占役人中

この文書は、快宝が薩摩国開聞社に『法華経』を奉納した後に大隅の根占に渡るための通行許可証で、港を管轄する頴娃・根占の役人に伝達された。『三国名勝図会』には、開聞社について「此縁起に諸本ありて、其内瑞応院第三十七世住持快宝が所記の本、尤も詳なり」とみえ、瑞応院住持快宝は「開聞社縁起」の作成者であった。瑞応院は同社の別当寺で一乗院の末寺だった。一乗院につらなる快宝は、某所から開聞へ、そして大隅へと移っていた。快法や快宝は真言僧で修験を兼ねていたのだろう。こうした環境からか、義久に伝授された「真言呪」は「尊海示之／増舜示之／　御伝授　義久」と僧からの伝授がみえる（島一三〇一九）。尊海は日向飯野狗留孫山権現社の寛正四年（一四六三）六月一五日の鰐口銘に「座主尊海並勧進十方檀那」とみえる（『三国名勝図会』）。右の尊海はこの人物ではあるまいか。修験も学んだ密教僧に伝来した兵法書が義久に伝授されていた。

愛宕山に関わる兵法書には愛宕山太郎坊との関係がみられる。「天狗之書」（仮題）には愛宕山太郎坊の関係書で、次のような識語がある（島一三一二五）。

紀州根来寺歓喜坊ヨリ／受与出羽国住侶心順坊ニ示之、／又心順ヨリ伝之、
　藤原久応
　藤原久近
天正十五年二月吉日

藤原久応・久近は不明。根来寺の歓喜坊から出羽の心順坊へ、やがて藤原久応・久近に伝授された。藤原久近の手沢本には他に「勝軍地蔵之秘法」がある（島一二九九五）。愛宕の勝軍地蔵に関する兵法書と類推される。愛宕とともにあったのが鞍馬寺の兵法書である。鞍馬寺も島津氏と檀那関係があった。天正九年（一五八一）八月、義久は鞍馬寺妙法坊に御本尊像の御札を拝受し返礼している（旧後一―一二一五）。『上井覚兼日記』天正一二年七月二六日条には、泉長坊が覚兼を訪れ鞍馬寺妙法坊からの書状と扇子を手渡したとある。

修験による兵法伝授は義弘にも行われ、次の識語にうかがえる（旧後一―一三九四）。

「一巻之書在包紙」
志布志ヒリヤウ権現ニ、為嶋津兵庫頭忠平（義弘）代内小野沢相模坊参詣祈念砌、従天狗直給一巻也、
　天正十二年甲申二月十五日

伝授された「一巻之書」は『兵法秘術一巻之書』だろう。「一巻之書」は、小野沢相模坊が志布志ヒリヤウ権現に義弘のかわりに参詣した際に天狗から拝領したという。志布志の波上権現は蛭子神社とよばれたから、ヒリヤウ権現は波上権現のことだろうか。律宗寺院宝満寺の鎮守で志布志港の入口の権現島にあった。[注61] 小野沢相模坊は修験者だろう。『兵法秘術一巻之書』は修験の兵法書として単独でも相承されていた。

最後に、先述の藤原久近は飯綱社の秘法も伝授されていた。信濃飯縄社（飯綱社）に連なる兵法書には、「飯綱大明神湧出之法」「飯縄十二壇秘法」「飯縄平座法」「吒枳尼枳宇賀神之法」がある（島一一三四八八・一一三五〇一・一一三四八五・一一三四八三）。「飯綱大明神湧出之法」「飯縄十二壇秘法」は慶長三年（一五九八）に書写され、「飯綱大明神湧出之法」は藤原房秀・藤原久近の連名で「右、此法不可有他見、可秘々々、初本者古損テ依印明見不、今新六十七歳シ書之」と、秘伝書で本が傷んだため再び書写したとある。[注62] 藤原久近らは修験者で愛宕・飯綱の兵法を伝授されていた。

これらの兵法書は島津氏の家中ではどのように位置付けられていただろうか。上井覚兼は「伊勢守心得書」に軍配書の伝授・学習の基本的態度を以下のように記している。[注63]

御当家之一流之軍敗、四十二ヶ条之面目、如形相受候、吉兆と凶兆も、信も不信とに有事にて候間、忝も愛宕・飯縄・鞍馬毘沙門法、此法諸法を伝、不似なから、朝夕垢離閼迦之水を掬、香花を棚上に備へ、花皿をもてならし、法花を持経し、般若勝軍法・金剛経・諸仏経を看読す、

覚兼は島津氏の老中で軍団を率いる地頭で軍配者だった。兵法というものは「四十二ヶ条」すなわち『兵法秘術一巻之書』の伝授を基礎とし、その基盤に愛宕・飯縄・鞍馬毘沙門法の兵法があり、それをささえる日常的信

仰態度は法華経・般若勝軍法・金剛経・諸仏経の読経にあると考えていた。右の内容は義久・義弘らに確認できることであり、領国内の密教僧や修験者からの伝授によって支えられていた。

おわりに

島津家伝来の兵法書は奥州家の忠国由来のものを核とし、村田氏を媒介に相州家に伝来した。その中心は「唐流」とよばれ鎌倉や源氏に由来するものとされ、坊津一乗院の頼政ゆかりのもので仁和寺御流に属すとされた。これらは村田経尭・伊集院忠朗・河田義朗らに伝授されるなかで、世俗の河田義朗を相伝主とする秘儀に変化した。一方、忠良・貴久・義久・義弘の家督とその兵法書をみると、『訓閲集』の所持とともに、後代になるにしたがって修験の要素が強くなり、愛宕・鞍馬と直結し領国内の修験を基盤におくものとなった。また、『訓閲集』も一結で伝授され、『兵法秘術一巻之書』もその一結に組み入れられる一方、戦国末期には兵法の基本とされて地頭等の基本書に位置づけられた。こうしたなか、兵法伝授の中心をになっていた密教僧は後景に退き、俗人がその師資相承の伝統を継承しながら宗匠となる伝授に衣替えしていった。そして、島津氏の家督は伝授の総括的な受け手に変じたのである。

その結果、家督は兵法の伝授者になっていった。「慶長十三年戊申卯月庚申四日　龍伯印」の年紀・位署のある「軍陣気之巻」「雲気論」「真言呪」は、「吉備大臣岐柏ヨリ我等迄五十一代」と吉備真備が入唐して伝授されてから義久まで五一代とあり、宇津尾九兵衛に伝授された（島一三〇一〇・一三〇五四・一三一〇九）。宇津尾氏は織豊大名堀氏の家臣に見え領国内の者ではない。[注64] この時期の島津氏当主は家久であり、晩年の義久は兵法の管理者・伝授者の側面をもっていた。

さらに、光久の代になると、寛文五年（一六六五）正月一日に「当家軍術水神作法」など一結の兵法書が野村景綱から光久に伝授された（島一一九八三）。表紙には「源光久」とあり、ほとんどに「当家軍術」が冠せられている。『本藩人物志』によれば、野村氏は伊東氏旧臣で義弘の家臣に転じた。やがて、野村良綱は岩切雅楽介・町田越中から兵道を伝授され、子の充綱は志和屋左京の兵道の弟子となり光久へ伝授したという。島津家の兵学書の大成はこのような系譜をもつものだった。岩切氏はみえるものの、村田・河田・伊集院氏や密教僧はみえない。近世大名家の兵学書は、その前史を追いやり、家の権威と一体のものとして立ち現れることとなった。[注65] この時期に合伝流兵法が移入されてくることは、奇妙な一致というしかない。

注

1 眞鍋竹治郎『皇国軍学秘伝　源家訓閲集』（一九三八年）、赤羽根大介校訂『上泉信綱伝新陰流軍学「訓閲集」』（二〇〇八年）。

2 「太平記に見えた子房の一巻の秘書」（『日本歴史』九四、一九五六年）

3 『日本兵法史　上』（一九七二年）

4 「兵法諸流と武者言葉との関係についての試論――小笠原流古伝書および末書について――」（『神戸大学文学部紀要』三、一九七三年）。他に、島田勇雄「兵法諸流と武者言葉との関係についての試論――小笠原流庶流系小池貞成について――」（『水門―言葉と歴史―』一〇、一九七七年）、郷田雪枝「『訓閲集軍詞之乾坤之伝記』の成立について」（『水門―言葉と歴史―』一一、一九七八年）がある。

5 島田勇雄「兵法諸流と武者言葉との関係についての試論――小笠原流系『訓閲集』を中心に――」（『近代』五〇、一九七五年）

6 「伝授物における本文研究について」（『水門―言葉と歴史―』一二、一九八〇年）。この他、「武者言葉集『訓閲集軍詞之詞』について」（『甲南国文』二五、一九七八年）がある。

7 「朝倉孝景条々」（『中世法制史料集』第三巻）三三二六頁

8 『軍師・参謀』(一九九〇年)四二頁
9 『『張良一巻書』伝授譚考――謡曲『鞍馬天狗』の背景――」(『室町芸文論攷』、一九九一年)
10 「毛利元就と『張良か一巻之書』」(『龍谷大学論集』四七四・四七五、二〇一〇年)
11 慶長の役での泗川合戦での白狐・赤狐の話が著名で、(慶長三年)一一月五日島津龍伯書状にみえる(旧後三―五五五)。谷山初七郎『島津義弘公記』(一九一八年、『島津中興記』収録、一九七九年、六五三頁)。
12 拙稿「戦国大名島津氏と老中」(『戦国大名島津氏の領国形成』一九八八年)
13 『修験道とキリシタン』(一九八八年)
14 永松敦「島津貴久の宗教政策」(『九州史学』一〇六、一九九三年)、同「島津義久と修験道」(『西南地域史研究』九、一九九四年)、同『狩猟民族と修験道』(一九九三年)。
15 永松前掲注14『九州史学』論文。
16 拙稿「密教聖教の伝授・集積と隔地間交流――『坊津一乗院聖教類等』の検討を通して――」(『九州史学』一六〇、二〇一一年)、同『坊津一乗院聖教類等目録』(南さつま市坊津歴史資料センター輝津館、二〇一五年)。
17 山本博文編『島津家文書目録 Ⅲ』(二〇〇〇年)
18 「合伝流兵法学の成立と伝統」(『日本兵学史 下』一九七二年)
19 『西藩烈士干城録』によれば、高崎播磨守は高崎能宗か。天文年間に高崎能名が伊作地頭で、その子が能宗とある。
20 山口研一「戦国期島津氏の家督相続と老中制」(『青山学院大学文学部紀要』二八、一九八六年、新名一仁編『薩摩島津氏』二〇一四年に収録)
21 新名一仁「室町期島津氏領国の解体過程」(『室町期島津氏領国の政治構造』二〇一五年)
22 「軍敗略暦書」の内容は「軍敗暦書」と同一である。
23 拙稿「戦国大名島津氏と老中」(『戦国大名島津氏の領国形成』一九八八年)。『西藩烈士干城録』には、村田氏は菊池氏一族で経安の祖父の代に島津氏に仕え、経安の殺害後に経尭は肥後に出奔し貴久代に復権したとある。
24 延徳元年(一四八九)一一月一七日、近衛政家を訪問し(『後法興院記』)、翌延徳二年正月一〇日には勧修寺親長らと和歌会に列席している(『親長卿記』)。
25 経通の「経」は村田氏の通字であることから推定した。

26 『日本歴史地名大系 47 鹿児島県』（一九九八年）

27 花林寺頼継私覚書には、永禄九年（一五六六）、貴久が霧島社へ所領を寄進するに際し頼継の弟子冠嶽社和光院頼重が使者だったとある（旧後一―三五七）。頼重は天文二〇年（一五五一）の勝手大明神棟札に貴久らとともにみえる（旧前二―二六六三）。冠嶽社鎮国寺と霧島社花林寺は同一門流にあった。

28 『西藩烈士干城録』には、三原氏は菊池氏一族で伊作家に仕えたとある。

29 永松前掲注14『西南地域史研究』論文。『西藩烈士干城録』には、河田氏は義近・義元・義秀・義朗とつづき、兵法について「義朗学兵法於伊集院忠朗、或曰、義朗学兵法於岩切信朗」とある。

30 応永三四年（一四二七）の犬追物手組に佐々宇津伊豆守がみえる（『日向記』、『宮崎県史叢書』、一九九九年）。

31 「夜通之大事 七之内」は表紙に「秀盛」とあり、文中に四名の名がみえる（島一―三〇〇四）。『島津家文書目録』のタイトルは「七通之法抜書」。

32 『薩摩国阿多郡史料 山田聖栄自記』（鹿児島県史料集Ⅶ、一九六七年、五味克夫解題）

33 『角川日本地名大辞典 14 神奈川県』（一九八四年）

34 『太平記 三』（日本古典文学大系、一九六二年）。観応二年（一三五一）の薩多山合戦で「今川上総守」（一六〇頁）、延文四年（一三五九）の南朝攻撃では「今河上総介」とみえる（二八二頁）。本来は「上総介」だが（『尊卑分脈』第三巻）、『太平記』の表記から範氏と判断される。

35 内閣文庫本。石井行雄・近藤浩之両氏から提供いただいた。

36 僧から僧への伝授本には、他に文明八年（一四七六）の「兵法三箇大事」（島一―三〇七〇）、同一〇年の「敵ヲ腫スル大事」（島一―三一〇六）がある。

37 忠良について、大永五年（一五二五）とされる嵐浦書状の「金吾」は忠良に比定されてきた（旧前二―二〇〇四）。忠良は相模守を継承していないことになる。しかし、同年の島津忠朝書状には「鹿児島家督之儀、相州嫡男虎寿丸殿」とあり、この相模守は忠良である（旧前二―二〇一〇）。忠良の相模守継承には不明な点が多い。

38 『花尾社伝記』（『鹿児島県史料 旧記雑録拾遺 伊地知季安資料集八』、二〇〇九年）。五味克夫「坊津一乗院跡と一乗院関係史料」（『一乗院跡』坊津町埋蔵文化財報告書一、一九八二年）。花尾社は島津相州家の祖廟（『三国名勝図会』第一巻）。

39 「御代看経事」に伊作大汝八幡とともに大興寺伊集院大明神がみえる（島一―三二一四）。大興寺は島津家の鎮護祈禱の場だった。

40　阿部泰郎・山崎誠編『守覚法親王と仁和寺御流の文献学的研究』（一九九八年）、阿部泰郎・福島金治・山崎誠編『金沢文庫蔵御流聖教』（二〇〇〇年）。
41　この五名を記すものは他に「摩利支天法」がある（島一三〇三五）。
42　この他、河田義朗の伝授本には「地蔵菩薩法」がある（島一三四九八）。
43　諸橋轍次編『大漢和辞典』に「官主」はみえない。
44　『大正新修大蔵経』第二一巻
45　島津忠良の側近で、没年は不詳（『本藩人物志』）。
46　頼真という僧は琉球臨海寺の住持にもいる（住持次第、『琉球国由来記』）。
47　頼盛は、天文五年七月二三日田布施池辺村諏訪社御神体銘に忠良・貴久とともにみえる（旧前二・二一八三）。
48　「訓閲集軍術」のもう一本（島一三〇四二）は「訓閲集天之巻」（島一三〇四一）と同じで、他に同名の一本がある（島一三〇一一）。
49　前注1『源家訓閲集』
50　永松前掲注14「九州史学」論文。
51　『三国名勝図会』第一巻一九一頁。
52　魚住孝至「東アジアにおける武術の交流と展開」（『武道・スポーツ科学研究所年報』一一、二〇〇五年）。「摩利支天大根本巻」には「仁安二年二九日　源ノ沙那王丸／建長五年五月五日　相州住奥山之念阿弥」などとあり、源義経はじめ東国由来の伝授の記録がみえる（島一二六七九）。
53　太田亮『姓氏家系大辞典』。『武術流祖録』に「天真正伝神道流　飯篠長威斎」、『武芸小伝』の塚原卜伝に「父塚原土佐守、従飯篠長威、得天真正伝」とみえる（『古事類苑　44　武芸部』一九六九年）。なお、新当流は永禄一〇年（一五六七）に佐藤秀家が安楽下総介に伝授している（旧後一―五六三）。
54　天文二四年三月五日に書写された「梁武帝軍勝巻第十」は、正八幡宮関係者からの伝授かもしれない（島一三〇四四）。
55　「訓閲集抜書」は他に三本ある（島一三〇四九・一三〇五三・一三〇五九）。
56　「天全集」は他に一本ある（島一三〇五八）。また、「天全集第二」は弘治三年二月にも書写された（島一三〇四三）。
57　前注1『源家訓閲集』

58 前注1『源家訓閲集』

59 『訓閲集』の一本とみられる「兵法秘軍暦」は、清和天皇・貞能親王・経基・多田満仲・源頼信・源頼義・源義家・小笠原頼氏・小笠原成家・小笠原成隆・小笠原氏隆・平高繁・源貞能・源長誉の相伝とある（島一―二九九九）。真鍋氏紹介本と高繁以下が異なる。『訓閲集』の一本とみられる「雲気論　坤」は慶長四年（一五九九）に金蔵坊から惟新（義弘）に相伝された（島一―三〇〇六）。金蔵坊も修験者だろう。

60 『坊津一乗院聖教類等目録』

61 『日本歴史地名大系　47　鹿児島県の地名』（一九九八年）

62 飯縄社の兵法書には河田義照の「智羅天秘法」もある（島一―三四七七）。内題は「飯縄智羅天頓成秘術法」、表紙に「義照」とあり、元亀四年（一五七三）二月に「下大隅早崎惣陣伝受之」とある。『年代記』には同年「九月廿四日、垂水・牛祢ノ間早崎ニ着陣、義久御座此ノ手合ニ被攻落小浜栫」とみえる（旧後一・六七四）。下大隅の伊地知氏との合戦の最中に伝授された。

63 『上井覚兼日記』下・二〇八頁

64 太田亮『姓氏家系大辞典』

65 慶長年間のころ、弓道の「日置流弩条々」（島一―二七四八）、剣術の「示現流」が加わってくる（島一―二七一二）

V 知識伝授の場と学習技法

談義所における聖教と談義書の形成

渡辺　麻里子

中世において天台宗では、知識を伝授する場所として談義所寺院が数多く存在していた。そこではどのように学僧が学んでいたのか、どのように聖教は集積されていたのか、どのように談義書が形成されていたのか、これらの点について論じてみたい。

一　談義所と談義書

談義所とは、学僧が修学する場として機能した寺院のことで、いわば比叡山に対する支校（分校）として機能した。[注1]談義所は、談所・談処ともいい、また時代が下ると檀林などともいった。学僧たちは、比叡山で行われる論義や堅義に備えるために、談義所において学問の研鑽につとめた。

談義所の所在地は、北は陸奥国津軽の「津軽談所」から九州肥後国「法談所」に至るまで、日本全国に及んでいる。尾上寛仲氏は、存在が確認出来る天台談義所として六十数箇寺を挙げたが、寺院資料調査の進展によって資料が発見されるのに従って、今後数を増すことが予想される。また従来指摘されている六十余箇寺のうち、関東には三十八箇寺が所在するなど関東に集中しているが、これら関東の談義所は「関東天台」と総称されていた。

天台宗で記録上最も古い談義所は、長野県北佐久郡に所在する津金寺である。日光山輪王寺天海蔵『玄義第四料簡抄』の奥書に、「于時建治二年丙子（一二七六）四月廿六日、於信州佐久郡津金寺談義処書了。高応之」と記されているものが、天台寺院の中で、文献上最も古く「談義所（処）」と称していることが確認できる例として知られている。津金寺は、穏海の著作『津金寺名目（穏海名目）』で著名である。この書は、応安六年（一三七三）に穏海が戸隠権現に参籠し、天台宗の大綱を一帖にした現図の名目を感得して、それを書物に著したとされる。この書は後に津金寺に入室する尊舜がその解説書（『津金寺名目（尊舜名目）』）を記して天台宗で長く重用された。他に鎌倉時代に談義所として存在した記録では、上野国左貫談所の正応六年（一二九三）、下総国談義処（龍角寺）の永仁四年（一二九六）などが確認されている。また日蓮宗では、日順の『表白』に見える、文保二年（一三一八）十一月の「重須談所」が古い例である。

他の談義所としては、比叡山にほど近い滋賀県米原市に所在する成菩提院（近江国柏原談義所）が著名である。第一世貞舜、第二世慶舜ともに著名な学頭で、貞舜は天台の基本書とされる『天台名目類聚抄』を著し、慶舜の著作で『法華経』の注釈書である『衣内抄』は関東天台において貴重書とされた。また関東には著名な談義所が多く集まっていて、武蔵国仙波無量寿寺（北院・仏蔵房・仏蔵院とも）・中院（仏地房・仏地院とも）、武蔵国金《かな》鑽《さな》談所、常陸国中郡月山寺、同じく常陸国逢善寺などが挙げられる。仙波無量寿寺の中興である尊海（一二五三～一三三二）は恵心杉生《すぎう》（椙生とも）流の僧で、仙波公の要請で仏地院（中院）と仏蔵院（北院のちに喜多院）を建立、これらはこの後、関東天台の中心となった。仏蔵房北院は、慈恵講・楞厳《りょうごん》講・山王祭礼・観音講など多くの論義法会を行い、著名な学僧を輩出した。第六世の穏海は、信濃国津金寺談義所で『津金寺名目』を著し、十四世実海（一四六〇～一五三三）は講義を盛んに行って『轍塵抄』など多くの著書を著した。武蔵国では他に、河田谷泉福寺や、金鑽大光普照寺などが著名であった。常陸国では中郡月山寺、下野国では二宮宗光寺が有名である。月山寺では『鷲林拾葉鈔』『二帖抄見聞』を著した尊舜などがいた。関東天台と称されるこれらの寺院においては、盛んに談義が行われており、全国から学僧たちが、書物を入れる笈を背負って学びに来た。また仙波談所では、日蓮宗の学生たちが多く学んでいて、天台宗に限らずに門戸を開いていたことが知られている。

談義所の組織は、教授する側の「能化」と、学ぶ側の「所化」から形成され、能化の筆頭を学頭といった。所化は講義を受講すると同時に、滞在期間中に談義所において許可された典籍の書写を行うなどして学問を深めた。談義所の規模は様々であるが、武蔵国金鑽談所（大光普照寺）を例に挙げると、永徳三年（一三八三）当時、能化が三人に所化が六十余人いたという。常陸国月山寺でも、永禄十二年（一五六九）に「所化衆五十人」の記録があり、他の著名な談義所もこれに準じた規模であったと推測される。

談義所の講義は、夏安居の期間の、四月十六日～七月十五日にかけて、休日なく行われていた。『三大部盧談』や『例講問答』などといった談義書には談義の日付が記されているため、開講の状況が確認できる。まれに休講になる日が確認できるのだが、その理由として、論義をしていた場所のすぐ近くで火事があった、倒木があり争論になった、講師が病気になった、法要が重なり講師となるべき学頭がすべて出払ってしまった、などといった事情が記されている。こうした特別な事情の無い場合以外は、基本的に休み無く毎日行われていたのである。談義所の運営規定は厳しく定められていた。実際の「法度」と言われる規程は、中世のものも残っている。例えば、成菩提院蔵『年中雑々』（天文三年〈一五三四〉極月日）の「条々」によれば、「二日続不可乞暇ヲ事但帰国・病気・旦那ノ所用除之」として、二日続けての欠席を認めないことや、「談義ノ出仕ニ檜傘・管（ママ）傘等不可着事」など服装に関する規定、「於談義所高声不可雑談事」や「談義ノ間ニ不可雑談ス事、并無用ノ立居スル事」などふるまいに至るまで、まるで現在の学校の校則のように細かく記されているのである。

談義においては、所化が能化による談義を書き留め、それらを所化同士で整理してから能化の添削を受けたようである。能化の確認を終えて一書ができあがる。談義書は、あくまでも談義によるものが主であるため、談義書の著者は、「○○著」ではなく「○○談」と記されることが多い。例えば『法華経』の注釈書として著名な『鷲林拾葉鈔』の場合、版本の内題下には「尊舜談」と記されている。

他に、談義書としては、能化が自分の手控え用に作成した書や、所化が記録したままと思われるものなどもあって、多様なものが存在している。『三大部盧談』では、同じ講義を受けたものと思われる書冊が確認されている。同じ日付で見出しが同じ、つまり解説箇所が同じため、同じ講義を受講しているものと推測されるのである。しかし記録内容には差があり、同じ講義の受講者でも筆録状況が異なるのである。

談義の内容は、『法華経』や『三大部』の注釈の他に、論義の題目ごとに解説したものなどもある。中世における天台談義所が何をどのように教えていたのか、カリキュラムの詳細や内容についてはまだ明らかでは無い点も多いが[注2]、蔵書の内容から、談義所はどこでも全く同じ事を教えているのではなく、それぞれ特徴があった可能性を考えている。例えば、武蔵国仙波談義所の場合、『法華経』の注釈書で『法華経』の要点を論義問答で示した概説書である『三百帖』を有し、この書を踏まえて談義が行われたり、仙波での論義の際に、『三百帖』を論拠にした解説が行われることがあった。月山寺尊舜の著作には「仙波三百帖論義」の結果を引用することがしばしばあり、『三百帖』は仙波談義所の看板であったと考えられる。同様に常陸国月山寺では、『直雑』(『雑々私用抄』)を所蔵しており、これが月山寺の特長でもあった。近江国成菩提院は、『伊賀抄』を有していた。こうした談義所の特性は談義にも活かされ、そのために学僧は、談義所一箇所で学問を終えず、数箇所回り、談義所ごとに特化された学問を修めつつ学問を究めようとしたものと思われる。

二　談義所のネットワークと学僧や談義書の移動

談義所においては、多くの本や人の交流があった。本節では談義書の移動について述べてみたい。学問の志を持つ学僧は、優れた学頭の講義や談義所に蔵される本を求めて、距離の遠さを厭わず移動し、談義に参じている。そして一定期間の修学のあと、自分で書き留めた講義のノートや、滞在期間中に書写を許され転写した書物を、出身地へと持ち帰っていった。また談義を行う能化僧自身が移動することもあり、その場合は移動に書物を伴ったこともある。こうして談義所は、本と人を密接につなぐ交流点となったのである。こうした談義所間の人や本の交流について具体的に検討したい。

所化が書写した本が移動することは、諸書から確認できる。一例として『法華経』の注釈書である『一乗拾玉抄』に注目してみよう。『一乗拾玉抄』は、長享二年（一四八八）に周防国氷上山興隆寺にて叡海が類聚したものである。興隆寺は大内氏の氏寺で、『一乗拾玉抄』の編纂は、文明十四年（一四八二）から延徳二年（一四九〇）にかけて、興隆寺版『法華経』の出版事業が行われている最中に行われたものである。この『一乗拾玉抄』は、談義所のネットワークに導かれて日本全国を移動した。周防国で成立した五年後の明応二年（一四九三）には常陸国の天台談義所にあって、伝海という僧に書写された。また伝海は、奥州津軽郡猿賀出身の僧で常陸国の談義所に学んでいた源栄にこの書を書写させた。源栄が帰郷する際には持ち帰ったことが推測される。つまり周防国で生まれた『一乗拾玉抄』は、常陸の談義所を経由して、奥州津軽郡猿賀の地まで旅をしたのである。また身延山久遠寺には、天台寺院で遊学し、仙波北院や成菩提院、園城寺などで書写して持ち帰った天台談義書が多く遺されている。このように所化が学んだ書籍を書写して持ち帰り、それによって移動した典籍が数多く存在するのである。

次に、学僧の移動について注目したい。学僧は自身の学問を形成するために、一箇所の談義所ではなく、数箇所において修学している場合が多い。まず関東天台で活躍した尊舜を紹介しておこう。尊舜（一四五一~一五一四）は、恵心杉生流を代表する学僧で、檀那流にも通じていた。『鷲林拾葉鈔』『二帖抄見聞』『津金寺名目（尊舜名目）』など尊舜の著述は、後の学僧に大きな影響を与え、天台教学史上における重要性が指摘されている。[注3] 尊舜の六十四歳の生涯は、[注4]大きく四期に分けられる。第一期は常陸国月山寺第二世尊栄（尊叡）のもとで受戒し学問に励んだ時代である。月山寺は、中興開祖の光栄以来、恵心杉生流の談義所として発展した寺院で、まず尊栄に天台学の基本を学んだ。第二期は信濃国津金寺で学頭として活躍した時代で、津金寺では最終的に学頭にまでなっている。第三期は再び常陸国月山寺に戻って講義を行った時代、第四期はその後常陸国千妙寺に移り、千妙寺八世となってから亡くなるまで、講義・著作に励んだ時代である。こうして尊舜は、その活躍の場を移しながら、学問を形成していったのである。

次に、近江柏原談所の第二世慶舜の場合についても見ておこう。慶舜は、『相伝法門私見聞』や『法華直談私類聚抄』（いずれも慶舜談、春海筆録）などで著名な学僧である。慶舜の経歴はこれまで不詳の点が多かったが、『瑜祇経抄』[注5]（叡山天海蔵、大森医王院蔵）の上巻奥書や『名別義通口決抄』[注6]の奥書から生年が応安五年（一三七二）であること、また出家は、『如法経筆立作法』[注7]の奥書によって康応元年（一三八九）十八歳の年と判明した。出家後の慶舜は、二十三歳ごろ、上野国渋河談所[注8]で学んでいる。上野渋河談所とは、威徳山無量寿院真光寺（群馬県渋川市所在）のことで、応永年間（一三九四~一四二八）頃、金鑚談所二世心源の弟子である叡海が開山し、白井長尾氏の庇護で発展した寺である。『法華玄義伊賀抄』[注9]奥書には、以下の様に記す。

于時明徳第五（一三九四）暦甲戌八月三日於上野国渋河談所書写畢。
請後見加添削者也。　右筆美濃国横蔵寺住侶貞海生年廿三才

（第一・一之一奥書）

応永元年甲戌（一三九四）九月廿三日於上野国群馬郡渋河之談義所聞書畢。慶舜　（第一・一之三奥書）

二十三歳頃の慶舜は、美濃国横蔵寺住侶貞海と共に、関東の上野国渋河談所において勉学に励んでいたのである。[注10]二十七歳頃には美濃国横蔵寺で学んでいる。成菩提院蔵『行用抄弁財天』の奥書には、「応永五年戊寅（一三九八）正月十三日於美濃国大野郡横蔵寺大西坊賜師御本書写畢。／右筆遍照金剛慶舜」とあり、慶舜が右筆として『行用抄』の書写をしていることが確認できる。横蔵寺（岐阜県揖斐郡谷汲村神原所在）は、延暦二十年（八〇一）桓武天皇の勅願により最澄が創建した天台宗の古刹である。寺伝によれば、最澄自ら、霊木で二体の薬師如来像を彫り、一体を延暦寺に、一体を当寺に祀った。元亀の法難（元亀二年〈一五七一〉、いわゆる織田信長の延暦寺焼き討ち）の後の比叡山再興の際、当寺の本尊が延暦寺に移されたという。

二十九歳の慶舜は、近江国坂田郡の清瀧寺で勉学していたらしい。清瀧寺万徳坊は、成菩提院中興開山貞舜が開いた談義所で、後に慶舜が成菩提院二世になることにつながるものと思われる。成菩提院蔵『慶舜弟子分交名』には、慶舜の弟子分として、「応永十九年（一四一二）二月廿三日」に、「純慶」を含む六名の弟子の名を記す。初代代貞舜が在世中の時期に、慶舜は四十一歳ですでに成菩提院にいたのである。また応永二十二年（一四一五）に『穴太授法日記』、同年に『授法日記西山方』[注11]、応永二十三年に『義科講案立抄名別義通』を著している。四十八歳になると比叡山西塔に上がってさらに修学に努めた。『顕密二宗本地三身釈山王院』[注12]の奥書には次のように記す。

奉詵融賢法印遂写功訖。則達年来所智者也。比叡山延暦寺西塔住侶慶舜

応永廿八年辛丑（一四二一）卯月十三日於比叡山宝幢院西谷南尾書写畢。後見之憚不及言語、雖然依難背貴命拭老眼写之了。冀依書写功師長父母恩所知識等一切令霊出三界之客舎入四徳之本宮而已。

応永二十八年以下の部分は別筆の可能性もあるが、一時期西塔にいたことは確かである。このような経歴か

ら、談義所を遍歴しながら学問を形成していったことがうかがわれるのである。

またもう一例挙げておこう。後に日蓮宗に転宗して身延山第十二世となる泰芸（日意）[注13]は、寛正六～七年（一四六五～六）二十二～三歳の時には比叡山、文正二年（一四六七）二十四歳には近江国柏原談義所で学んでいる。泰芸が訪れた文正二年の柏原成菩提院は、第三世春海が学頭であった。成菩提院蔵『春海弟子分交名』の「応仁元年（一四六七）八月廿七日条」に記される弟子名中に、「泰芸」の名が確認できる。泰芸は成菩提院において、春海より恵心流七箇口伝法門を授かり、身延文庫蔵『一流相伝法門見聞』（上下二冊、所蔵番号、当山第十二世日意B46、以下B46と略す）の奥書には、上下巻ともに、「応仁元年丁亥（一四六七）八月廿七日授泰芸訖／法印春海示」とあって、春海から『一流相伝法門』を授かったこともわかる。その後、文明二年（一四七〇）二十七歳から、一時期、若狭国小浜普門寺堂にいる時期を挟み、二十九歳までを武蔵国金鑽談義所で修学した。このように泰芸の場合は、比叡山・近江国柏原談義所（成菩提院）・若狭小浜普門寺堂・武蔵国金鑽談義所をめぐったことが判明している。以上、尊舜と慶舜、および泰芸の三例を挙げたが、他にもこうした例は多く挙げられる。このようにして学僧は、複数の談義所を移動しながら修学し、学問を大成させているのである。

さて、学僧が移動する際には、本も一緒に移動する場合も多くあった。園城寺（三井寺）は、文禄四年（一五九五）十一月、突如豊臣秀吉によって三年の間闕所となる。慶長三年（一五九八）に闕所が解けると、失われた堂塔の再建と同時に、学問や法会の復興のために碩学が招かれた。近江国柏原成菩提院の真祐と、関東から常陸国千妙寺の亮澄である。亮澄は、この移動の際に多くの書物を持って移動してきたものと思われ、近年園城寺において確認された「千妙寺」の奥書のある『沙石集』は、この折に一緒に来たものと判断される。

こうして学僧と一緒に書籍が移動することは、軋轢を生じることにもなった。先に触れた泰芸の場合、金鑽栄源は、文明二年から四年（泰芸二十七歳から二十九歳）にかけて、唯授一人の三重相伝を全て泰芸に授けている。

三重相伝とは、初重（初度）＝教重、二重＝行重、三重＝証重の三重である。

この三重相伝については、泰芸が伝授された書物が多く身延文庫に所蔵されているため、具体的に内容が明らかになる。まず初重は、『初発真住抄』（日意B63）に「初発真住抄伊賀抄教重」とあるのが該当する。奥書に「文明貳年庚寅六月七日　栄舜／武州金鑚宮談所一乗院／写書仕了／奉授之、泰芸了／栄舜（花押）」とあり、文明二年（一四七〇）六月に栄舜から初重の相承を授けられたことがわかる。また『一流相伝法門私見聞』（B44）の表紙には「一流相伝法門私見聞上　二帖内　初度　泰芸」、内題下には、「文明二年庚寅十月十四日ヨリ始之」、奥書に「文明二年庚寅十月晦日結願畢／泰芸生年廿七臈十一」とあって、文明二年十月に、恵心流相伝の初重を授かったことがわかる。[注14]

翌文明三年は、二重の相伝を次々に栄源から授かっている。八月三日に『二秘聞書』（B50）、『塔中口授』（B53）、『中行伝』（B68）、『中行伝抄』（B69）などを授かる。いずれも恵心流の七箇口伝法門の書である。『二秘聞書』は表紙に「第二重」、内題に「第二重聞書」、奥書に「文明三年辛卯八月三日授泰芸　栄源（花押）」と記す。『塔中口授』は内題に「第二重血脈事」と記す。『中行伝』は、内題に「第二重七箇大事口伝」とあり、七箇口伝の二重の相承と知る。『中行伝抄』は、表紙に「相伝之本書也／第二重　泰芸」と記す。続いて十月廿八日には、俊範の七箇口伝法門の相承、『恵心流内証相承法門集』を承ける。この本は、俊範が、東陽房忠尋の秘決草をもとに後嵯峨院に奏達し、勅命によって心聡が記したものという。こうして文明三年、二十八歳の泰芸は、二重相伝の多くを授かったのであった。

翌文明四年四月、二十九歳の泰芸は、天台の論義書『被接義私鈔』を類聚する傍ら、いよいよ恵心流口伝の最奥義、第三重の相伝を承ける。『深秘見聞』は、表紙に「証重　唯授一人／第三重」と記した「師資相承唯授一人」の相承である。また別に授かった『重授口伝』も表紙に「第三重已後伝授一段深秘云々」と記し、第三重の書である。奥書は以下のように記す。

心源授宥京、々々授心豪、々々授心仙。爰栄源雖無一分之解心仙法印依羽州下向、授此次第相承之血譜、可専法蔵之由、師命忝之間、令領受了。但此本者同明房ヨリ被譲与了。泰芸依此一流志深、遠境令下向之条、感歎之余、三ヶ年之内三重相承、如形令免許了。于時文明四年卯月上旬帰国之間、以此重授令授与処也。於栄源雖其憚多之、且感善志且思相続授之者也。付弟一人之外、努々不可授之。穴賢々々。　栄源（花押）

まず、「心源―宥京―心豪―心仙―栄源」と相承の血脈が示され、次に泰芸に伝授した経緯を記す。栄源は、遠方より学びに来た泰芸が志高く熱心に学ぶ姿に感歎し、唯授一人の相伝を許可することを決め、三年の間に三重の相承を伝授した。文明四年（一四七二）四月、泰芸が帰国するにあたって最後の三重の相承を伝授すると、三年に渡った金鑽での栄源のもとでの学問が修了する。泰芸は、唯授一人の第三重相伝を伝授されて、天台教学を究めた一流の学匠となったのである。

しかし日朝の伝記によると、この後泰芸は日蓮宗に転宗して日朝の弟子となり、身延山を継いで身延山第十二世日意となる。その事情は「十二代円教院日意上人伝[注15]」に詳しい。優秀な学僧であった泰芸は、天台の論義の席で弁説を振るって活躍していた。研鑽に励む中、「竊ニ至テ二慈覚大師理同事勝之説一ニ、疑滞不レ少。」と、慈覚大師円仁の「理同事勝」の説に疑問を感じるが、その疑問が長らく解決できずにいたという。泰芸は比叡山でも満足のいく回答が得られないまま悩んでいた。そんなある時、夢中に一人の僧（日朝）が現れ、身延の山主である私と語り合おうと呼びかけてきた。そこで泰芸が夢に従って実際に身延を訪ねると、日朝はすでに待ち構えていた。「先挙二一問一ヲ、法戦三昼夜、師豁然トシテ滌二蕩シ故垢一ヲ、深入二至微一ニ、具ニ識二慈覚之謬錯一ヲ。更シテ二歩ヲ別頭ノ芳区一ニ、真理悟徹シテ感涙無レ已コト。」迎え入れてくれた日朝に、泰芸は早速、長年解けなかった疑問を次々に尋ね、法論は三日三晩に及んだ。日朝は、微細に慈覚大師の説の錯誤を説き明かし、日朝の説く真理によって全ての疑問を解決することができた。感激した泰芸は、今までの天台の学問を捨てて日朝と師資の契りを結んだ、というのである。

それに怒ったのが比叡山で、身延山攻めが行われた。その戦乱によって身延では多くの伽藍が焼け、犠牲者も多く出たが身延山は屈しなかったという。この記事はあくまでも日蓮宗側の伝記によるものであるが、天台の秘書の流出は、大変衝撃的な事件であったことは間違いない。こうして泰芸（日意）の転宗・移動に伴って、泰芸が相伝した貴重な天台書目が身延山に移動し、所蔵されることになったのである。

三　談義所の蔵書

このように集積された蔵書は全体でどのようになり、中世の談義所にはどのような蔵書があったのだろうか。全体像を直接知ることのできる資料は少ない。蔵書目録は種々あるが、談義所当時の蔵書を直接示すものと考えにくいものばかりである。また近世に入ると蔵書目録（旧蔵）がいくつか散見される。
天台宗の場合、比叡山は一五七一年の元亀の法難により多くの書物が失われ、後に天海によって、比叡山本を書写して各談義所に所蔵されていた本を再収集し、叡山蔵書の再形成が行われる。これによって各談義所にもともとあった本が移動した。さらにこの天海蔵書は三分されて、その一つが寛永寺に所蔵されるがこれが近世期および幕末の戦乱と火事で焼失してしまう。[注16]
このようにして天台宗の談義所の蔵書は、なかなか談義所寺院ごとの蔵書の全体像をつかむことが難しい。そこで視点を変えて、一人の学僧が一代に記した蔵書という観点から考えてみることにしたい。談義を多く行い著作の多い学僧尊舜に注目し、尊舜の著作を一覧してみることとする。

〈付表〉尊舜著作分類別一覧

『渋谷目録』に従って分類し、一部、私に改めた。
※は現物未見、◆は従来の目録類にないもの。「1……」「i……」は書写伝領書目の通番。

分類			著述書目	年記等
Ⅰ顕教部	（ア）法華経・三大部		『鷲林拾葉鈔』1	永正六～九年（一五〇九～一二）尊舜記之／尊舜生年六十二
			『尊談』2	尊談／尊舜御直筆
			『輔行序記私聞書』3	尊談
			『玄義私類聚』（玄義大綱見聞）4	尊舜撰
			『文句略大綱私見聞』（文句大綱見聞）5	尊舜談
			『止観略大綱見聞』（摩訶止観見聞）6	尊舜法印御談／月山寺尊舜之御談義
			『摩訶止観見聞添註』7	月山寺尊舜談、青柳山高観添註
			『止観法花大意』8◆	尊舜御談
	（イ）諸経注釈			
	（ウ）諸論注釈			
	（エ）中国天台		『円頓者見聞』9	永正九年（一五一二）以前、尊舜法印御談
			『十不二門私見聞』10	尊舜法印御談
	（オ）教義部			
	（カ）中古天台			
	（1）名目		『天台円宗四教五時津金寺名目』11	尊舜御談
			『性宗名目』12	尊舜集之
	（2）論義			
	a宗要			
	b義科	①教相義	『権乗下種』13	尊談
		②十如是義	『精義鈔仏果空不空』14	尊舜法印御談
		③十二因縁義		
		④二諦義	『二諦義超登十地　椿堂』15	尊舜法印直筆
		⑤眷属義	『眷属妙義一仏始終』16	尊舜
		⑥五味義	『五味義精義』17◆	法印尊舜談
		⑦三周義	『三周義精案』18	尊舜談

⑧即身成仏義	『即身義精抄』19	尊舜談
	『即身義私海中権実』20	尊舜法印御口筆
	『龍女分極』21	尊談
	『即身成仏義案立』22	長享二年（一四八八）八月尊舜椿堂所立稽古
	（『即身成仏義得略譜』i	長享三年（一四八九）卯月十七日尊舜生卅九写）
⑨嘱累義	『嘱累義案立経中末』23	明応七年（一四九八）九月三日楞厳講用意尊舜抄
	『経中経末』24	明応八年（一四九九）霜月以前、尊舜談
	『嘱累義案立』25	尊舜談／尊舜案立
	『嘱累義精談』26	尊舜法印精談／黒子千妙寺亮尊法印御談
	『嘱累義案立』27◆	尊舜私
⑩三身義	『新成顕本』（精義鈔）28	尊舜精／尊舜法印御精談／尊舜談／尊談
⑪六即義	『梨耶一念』29	尊舜
	『梨耶一念精書』30	延徳伍年（一四九三）五月六日以前、尊舜談
	『智水窮源抄元品能治』31	竪者尊舜関東下向時…祭礼所立・尊談
	『草木成仏』32	亮尊法印御談・尊舜法印御談・月山寺尊談
	『文義集』33◆	尊談
	（『梨耶一念（六即義私鈔）』ii	明応三年（一四九四）三月十三日執筆尊舜、上川普門寺祭礼用意書写畢）
	（『六即義抄梨耶一念』iii	長享元年（一四八七）三月十五日執筆尊舜之）
⑫四種三昧義	『四種三昧義二界増減』34	明応七年（一四九八）以前、中郡月山寺尊舜法印之御談
	『義科集弥陀報応』35	月山寺尊舜法印御精談
	『四種三昧義弥陀報応』36	尊談・尊舜精
⑬三観義	※『三惑同時断』37	尊舜御精談
	※『爾前一心三観事』38	尊舜談
⑭被接義	『一生破無明』39	尊舜御談
	『被接義案立』40	尊談也
	『被接深奥抄』41	尊談
	『五時被接事』42	尊舜談
	『本教惑尽不尽』43	尊談
⑮名別義通義	『法門綱見集名別義通』44	月山寺尊舜談精
	『名別義通』45	尊談
⑯仏土義		

⑰十妙義	『十妙義私案立本時四教』46	尊舜
	『十妙義精抄』47◆	常州中郡庄磯部月山寺第四（　）祖尊舜法印御精談
⑱一乗義		
⑲仏性義	『無情有情成仏』48	月山寺住持尊舜法印草
⑳菩薩義		
㉑七聖義		
㉒九品往生義	（『九品往生義案立五逆謗法』iv	伝領尊舜）
c 問要	『尊談』49	尊舜談
	『尊談』50	尊舜談
	『尊談』51	尊談
	『問要抄』52	尊舜法印御談
	『問要集』53◆	尊舜御談
	『問要私』54◆	尊舜談也
	（『問要賢林廿六ヶ條』v	関東尊舜住山之時聞書訖）
	（『文義集』vi	明静院賢慶口作、尊舜聞書）
（3）口伝	『一流相伝法門見聞（二帖抄見聞）』55	明応十年（一五〇一）十月、尊舜法印……類聚之
	『天台伝南岳心要見聞』56	尊舜談
（4）雑部	『教観大綱聞書』57	尊舜法印之御談也
	※『伝聞鈔』58	尊舜談
Ⅱ 円戒部	※『円頓戒口決』59	尊舜
	（※『円頓授戒灌頂記』vii	明応八年（一四九九）六月日賜寺戸御本、敬以書写之記。遍照尊舜）
Ⅲ 念仏部		
Ⅳ 密教部	『十八道見聞』60	常州黒子千妙寺亮尊法印御談也
	※『三昧流四度聞書』61	永正七年（一五一〇）八月常州黒子千妙寺集古記諸抄記之　亮尊
	（『八千枚秘記』viii	文明十年（一四七八）八月、尊舜大徳依御所望……注之畢（豪恵））
Ⅴ 音義悉曇部		
Ⅵ 法要故実部		
Ⅶ 神道部		

Ⅷ　修験道部		
Ⅸ　史伝部		
Ⅹ　記録部		
Ⅺ　法則表白　諷誦願文類	『諷誦拾葉抄』62 ※『覚要抄』63	常州黒子東叡山千妙寺第八世亮尊僧正御口作ナリ 千妙寺亮尊撰
Ⅻ　雑部		

以上が、尊舜の著作を『渋谷目録』に従って分類し、一覧を作成してみたものである。全体で、著作が六十三点、書写伝領本が八点にも及ぶ。学僧一人の著書が、これほどまで広範にわたるのである。書目を見ると、『法華経』および『三大部』の注釈が多く、尊舜の伝記に、人の求めに応じて三大部の講義を行ったとあるのに一致する。また論義の義科や問要の関係書目が多い。義科の内容は、即身成仏義・嘱累義・六即義・被接義などに集中している。三昧流の灌頂道場である千妙寺に移ってからは、密教関係書や法則表白・諷誦願文類なども著している。

また、これらの著作に引用している書目も厖大で、その博識は大変なものがある。引用書目を確認すると、天台の著名な先師先徳の著作をはじめとして、同時代の学僧の著作物も引用される。また『論語』などの漢籍や、『平家物語』などの文学書、和歌連歌に至るまで様々な書物が例証として用いられている。そうした書目も談義所の蔵書に含まれていた可能性が考えられる。

以上、一人の学僧の著作と引用書目から、談義所の蔵書を検討してみた。学僧の著作物は、談義所の蔵書の全体像を考える上で、実に貴重な資料である。まだ検討の及ばない書目も多くあり、今後の分析が必要である。

四　蔵書の収集と維持管理

中世本の入手は大変重要かつ困難な問題であった。本の披見や書写は、限られた者にしか許されず、書写の許可を得ることは極めて大変なことであった。本の奥書などから知られるその労苦は並大抵のことではない。

一例を挙げてみよう。常陸国月山寺第二世の尊栄（一四二〇または二一〜一四八五…）は、比叡山において、直海撰『天台直雑（雑々私用抄）』[注17]を懇望する。『天台直雑』は、天台恵心流の直兼の弟子、比叡山横川戒心谷聖行房直海が編集した、南北朝〜室町時代の天台論義書である。問要に相当する内容を広範に収集整理した書で、義科・宗要に該当しないため「雑々」と称されるが、口決・口伝の基礎ともいうべき重要な内容が多く含まれていて重要である。奥書には、尊栄が本書を入手した経緯が、以下の様に記される。

于時宝徳三年辛未（一四五一）二月晦日

於山門首楞厳院樺尾谷月輪房持仏堂御前東向学窓書之畢。右筆幸海。

右此抄者、戒心谷聖行房直海法印一流秘蔵之義註之故、予多年望之云、終不叶。然者、捧随分之施物、且者山王大師祈之、漸感得之。然則許師識之。既及誓文状免許之畢。仍我非不弟一人不可許之。深心願々々々。付中、此御書者、直海之重々之御ヲキテ有之云々。仍深秘之々々々。（巻一末）

右此抄者、忝杉生恵心流之奥書、直海法印御撰。我三十歳而卯歳、令登山己巳歳、若干之捧物書之也。法身隠顕、雖書之末不書歎之処、六十六歳為竪義令登山、阿閦仏之問要末蓮乗院御本書之、令下山綴一帖也。可秘々々。（巻二十四末）

これらの記事によると、尊栄は長年、直海法印一流秘蔵の書である『天台直雑』の書写を願っていた。宝徳三年に初めて三十歳で比叡山に登山した折に、「随分の施物」と山王大師への祈りにより、許可を得て、右筆幸海に書写させた。しかしこの時二十四巻全部を得られなかった。第十八帖を欠くことを長年嘆き、文明十六年（一四八四）六十六歳に、竪義のために再び登山した折り、ようやく得ることが出来たという。この間、実に三十六年である。

これだけ苦労して入手した本であるから、当然、弟子には大切にするようにとの言辞を遺すことになる。「右此抄者、忝直海法印御類聚、杉生一流之明筆也。自付弟外者、不可免許可秘云々。」（巻十五）、「末代学者、可為唯授一人、不可及他見、留贈後賢共期仏恵。」（巻二十三）、「縦雖投珍財、不可免許、返々不可他見他言耳云々。」（巻十八）などと、大切にするよう命ずる言辞が、ほぼ巻ごとに記されているのである。巻十八には、珍財を投じられたとしても伝授を許さないようにと記されるが、これは例えば、巻一の奥書に「随分之施物」を行ったこと、巻二十四に「若干之捧物」をしたことが記されているように、自分自身が本の入手のために行ったことであり、現実的な忠言であった。

また許可が得られても、書写する作業も容易ではなかった。書写者は、本の奥書に様々な雑感を記すが、その中には例えば、「于時延宝八庚申歳（一六八〇）霜月十二日、扣《タタ》二イテ硯氷一、灯火ニ書畢[注18]」とある。つまり、十二月の寒さで硯の水が凍るのを割りながら書写したというのである。この他にも、先の尊舜も、「涕二老眼涙一、染二菟毫一、拭二残暑汗一、刻二鳥跡一」（『鷲林拾葉鈔』）として、六十二歳の自分が、老眼の涙を流して筆をとり、残暑の汗を拭いながら字を書いたと、その労苦を述べている。他にも「写し終わると明け方の鶏の声が聞こえた」、つまり徹夜で書写したなど、書写活動の厳しさを述べたものが見いだせる。こうした厳しい条件の中、少しずつ知識を集積する努力をし続けていたのである。

ようやく入手できた談義書も、維持管理をするための困難さがあった。長い間の変遷によって、管理が行き届かなくなり破損・散逸するなど正しく後世に伝えるためには様々な困難があった。例えば『三大部廬談』を例に考えると、本書はその内容の複雑さ故に、成立当初からその全体像がわかりにくく、管理が難しい書物であった。そのことは、現在の蔵書の状態を確認した時に、冊順が様々であることからもうかがえる。

廬談の管理問題は、近世初期にはすでに起きていたようで、その解決を試みたのが斑鳩寺の寂阿であった。寂阿の伝は、『三大部序注』を承応二年（一六五三）に書写している他、詳しくはわからない。[注19] その寂阿は、『三大部廬談』全百三十一冊について全冊の内容を点検し、重複を整理し、入れ替えが必要なものは入れ替え、合冊すべきものはするなどの精査をした上で、目録を作成している。その目録をここに紹介する。

叡山文庫戒光院蔵『三大部見聞述聞目録』写一冊（戒光院（和）・内・六・五八・九九）は、寸法は、二八・四×二〇・二糎。丁数は一五丁。表紙は香色無地で、装訂は袋綴。外題に「三大部見述目録」とあり、表紙に「二柱軒／寂阿」と書入あり、内題に「三大部述聞巻数」とする。

本書の末尾、尾題の後には本書を編纂した事情が詳細に記される。長文のためⅠ～Ⅷに分けて説明することにする。

Ⅰ　三大部見聞述聞都合百卅一巻

但往古ノ写本百卅五巻也。爾トモ

玄七述聞切レテ別巻ト成リタルヲ今ハ合シテ為二一冊一ト。

玄六述聞ニ往古ノ本重本有之。今除レ之。

文十見聞ニ纔ニ三紙有ルヲ第九ニ合シテ為二一冊一ト。

止五見聞切レテ半分止ノ述聞ニ入ルヲ今合シテ為二見聞一冊一ト。

古ノ分四冊往古ノ写本ヨリ減レスル之者也。故ニ今般調巻ノ時減二四冊一ヲ為二百卅一冊一ト。

又山門東西両塔ノ本調巻不レ斉カラ増減有之。故ニ今般予所持ノ本京都往古ノ本ノ如ク調巻シテ而モ減二四冊一ヲ者也。四冊ハ古ニ一々挙テレ之示ス。

Ⅰの部分には、もと百三十五冊であった『三大部廬談（三大部見聞述聞）』を百三十一冊に直した事情を記す。例えば、『玄義述聞』第七は、綴じが切れて離れたために別冊の扱いになっていたものをもとの一冊に合わせ、そのために冊数としては一冊減ったこと、『玄義述聞』第六は、重本があったために除き、一冊を減じたこと、『文句述聞』第十は、わずかに三紙しかないので、一冊に独立させずに第九に入れて一冊を減じたこと、『止観見聞』第五の半分が『止観述聞』の中に入れられていたのを『止観見聞』に戻して一冊に合わせたために、一冊を減じたこと、これらの理由から、総数百三十五冊を四冊減じて百三十一冊としたことなどを説明する。

Ⅱ　又山門三塔ノ新本或ハ以二述聞一ヲ入レ二見聞ノ内一ニ以二見聞一ヲ入二述聞ノ内一ニ。或ハ古来一冊ノ本紛乱シテ成リ二二冊一ト第六ヲ為ル二第七一ト等ノ類甚不レ少。今般調巻ノ時講談ノ年号日付或ハ本ノ為体ヲ以テ互ニ交雑シテ正レ之。此目録ノ内ニ当二其ノ巻一ニ指南有レ之。猶見述之内未決ノ本ヲハ任二写本一ニ入レ置ク者也。京都往古ノ写本於二蔵庫ノ内一ニ久歴二星霜一表紙等紛乱シテ見聞述聞ノ異難レ弁。或ハ乱脱シテ一巻ノ本成ル二両冊一ト等謬リ校正之一ヲ者無レ之故ニ如レ此歟。見者察之。

Ⅱでは、『見聞』と『述聞』の混乱を正したことを述べる。本来見聞にあるべき書が述聞に入っていたり、その逆があったりしたため、それを内容や前後のつながりを検討して直したという。

Ⅲ　又見聞ノ内題ノ処ニ本書聞書ト有ルハ是顕幸ノ筆記ト見タリ。三大部倶ニ爾リ。玄見ノ内ニ横川澄全ノ筆記同直海ノ筆記有之。供ニ廬山寺明道(導)上人談レ之。
文句見聞自二第一一至二第三一三井寺勧学院ノ一代尊契《ケイ》講談都合六冊有之日諦ノ筆記也。
又止観第五見聞ニ顕幸ノ筆記ニ非ル。本雑シテ有之一。

Ⅲには、談義者および筆者の異なるものが混在していることについて説明をしている。「本書聞書」とするものは基本的には顕幸の筆記であること、ただし『玄義見聞』の中には、横川澄全の筆記や、同じく横川直海の筆記も混ざっていることを述べる。これらは筆者は異なるがすべて廬山寺明道上人（明導照源）の談義であるとする。しかし『文句見聞』には、三井寺勧学院尊契の講談、日諦の筆記であるものが第一から第三の間に六冊混ざっていること、『止観見聞』第五には、顕幸の筆記ではないものが混ざっていることを指摘する。

Ⅳ　又通二シテ三大部一ニ奥談ト云本多交雑シテ有之。京都猪熊奥之坊歟ト見タリ。実談ハ実蔵坊歟。

Ⅳでは、いわゆる『廬談』ではない本の混入を指摘する。「奥談」（猪熊奥之坊での談義）や実蔵坊の談義である「実談」の混入について説明する。

Ⅴ　又見聞ノ内顕幸ノ筆記ト述聞ハ多分同聴異述ノ筆記也。講談ノ年号日付ヲ以テ思ニ爾見タリ。故ニ述聞ハ顕幸ノ筆記ニ非スト見タリ。止十述聞ノ終リノ奥書ヲ見ルニ止観一部ノ述聞ハ澄空ノ筆記歟。

続いてⅤは、『三大部見聞』中、「顕幸筆記」とするものに対し、『三大部述聞』には、同じ日付けの同じ講義を異なる筆者が筆録した記録があることを指摘する。『止観見聞』第十の奥書を見ると、澄空の筆記かと思われ、『止観見聞』のうち一部分は、澄空による筆録と判断されるという。

Ⅵ　又此目録ニ頭ニ△如此有ルハ古本見聞述聞入レ替リタル本ニ如レノ此印シヲナス。□如レ此有ルハ本ノ口ニ巻付無キ本ヲ今目録ニ載ル時私ニ部ノ名巻ノ名ヲ書付ルヲ如レク此印シヲナス。○頭ニ如レ此アルハ見聞述聞ノ間未決ニシテ任二写本一入二置ク之ヲ一如レノ此印シヲナス。

続くⅥでは、この目録における記号についての説明を行っている。「玄義第一聞書」「文句第一聞書」などという目録の見出し一行ごとに、朱で「・」「△」「○」などの印が入れられ、また「玄義第六」のように、文字を囲んだものがある。こうした記号の意味を解説している。△は、古本（書写した原本）の内容を精査した結果、見聞と述聞が入れ替わっているもの。明確に根拠を示し、本来あるべき位置に戻したものに△を付している。また○を付したものは、見聞と述聞の判断がつかないために、保留にしたものである。文字を□で囲ったものは、原本の頭に題名が付されていなかったために、寂阿が内容を検討し、「文句一（～十）」などと、仮題を付したものである。原本に題が付されていたものと区別するために、□で囲んでそれとわかるようにした、という。

Ⅶ　廬山寺ヲハ号二ス浄聖院明道上人（ママ）一ト。見聞ノ筆者顕幸ヲハ号二ス実蔵坊一ト。　義例猪熊抄奥ニ爾見タリ。

Ⅶは、号についてである。廬山寺は、浄聖院明道上人と号する。見聞して筆録した顕幸は、「実蔵坊」と号している。これらの情報は、『義例猪熊抄』の奥書に依ったという。

Ⅷ　又問要作リ之、巻都百十一巻有之。一々之巻ノ下ニ問要也ト以レ朱書之。所謂玄見奥談　玄六述　玄七述
止一見奥談　止一見奥談　止五見本奥談　止五見末奥談　止六見奥談　止一見嵯峨殿御談　止一見十義　止十述

また中に、問要の書が混在している。それらについては、目録の見出題の下に「問要」と記してそれとわかるようにした。問要と朱書したものは、右の十一巻である、として朱書した一覧を挙げる。

慶安中於山門西塔院三大部見聞述聞分部捐浄貲令人傭書交講肆之暇手自書之古本紛失猶有闕本脱落晩還郷里見述之間混乱正之重本除之。調巻為一百三十一巻書目録一貼留贈後学也。

寛文元年（一六六一）九月日　播陽斑鳩寺仏餉院寂阿　［（朱印）播州斑鳩仏餉院］

そして最後に奥書を記す。寛文元年（一六六一）に、播州斑鳩寺仏餉院寂阿が記したことを記す。もとの本は、比叡山の西塔院が所蔵する『三大部見聞』『三大部述聞』で、講義の合間に人に手伝わせて書写した。原本は紛失や欠落・脱落があるが、郷里でよく検証すると、内部に様々な混乱が見いだされた。そこでこの度は百三十一巻に整理し直し、目録を一冊、後学のために作成したという。

本目録はこのように内容を精査した結果、「奥談」や「実談」の混入や『述聞』と『見聞』の弁別などを行っ

ているのである。そしてその精査の結果を、各冊ごとに記して目録としているのである。

『三大部盧談』は天台宗でも重書とされ、のちに天海がこの本を書写することについて、目録管理を義務づけた。その書類は、叡山文庫生源寺蔵[注20]に残されており、天海の署名・割印まで押されていることから、その重要度がうかがえる。しかし一方で構成の複雑さから管理の難しい本でもあった。維持していくために、こうした整理を行いつつ、守り伝えられたのであった。

五 おわりに

以上、談義所における談義書の諸相を述べてきた。談義所の蔵書形成や全体像については、未解明の点が多い。しかしながら、寺院資料を一点ずつ調査する中で、様々なことが明らかになってきている。今後は、蔵書の資料調査から判明する状況の分析と、著作の内容分析の両面からさらに調査研究を進め、談義所の実態に迫っていきたいと考えている。歴史・教学・文学などといったあらゆる角度からの調査研究が急務である。

注

1 談義所については、尾上寛仲「関東の天台宗談義所（上～下）――仙波談義所を中心として――」（『金澤文庫研究』一六―三～五〈一六七～一六九〉、一九七〇年三～五月、尾上寛仲『日本天台史の研究』山喜房佛書林、二〇一四年、再録）、内山純子『月山寺磯部談義所』（月山寺、二〇〇二年）、山口興順「武蔵国金鑽談所について」（『天台学報』四〇、一九九八年一一月）などを参照した。

2 日蓮宗の場合は、影山堯雄『諸檀林並親師法縁』（題経寺内諸檀林並親師法縁刊行会、一九一八年初版、一九八八年復刻）、「中村檀林と常円寺」（都守基一『恵雲院日圓上人と中村檀林』正東山日本寺、二〇〇四年）などに研究がある。

3　島地大等『天台教学史』（四五二頁）、硲慈弘『日本佛教の開展とその基調』下、附録「日本天台典籍解題」の「法華鷲林拾葉鈔」の項などに詳しい。

4　永井義憲「『法華経鷲林拾葉鈔』解題」（臨川書店、一九九一年）、内山純子「月山寺の歴史」（『月山寺史』月山寺、二〇〇四年）、同『月山寺磯部談義所』（茨城県郷土文化顕彰会、二〇〇二年）、同『中世常陸国天台宗の高僧の足跡』（茨城県郷土文化顕彰会、一九九六年）、吉田一徳「関東に於ける天台談所の業績（上）」（『歴史地理』九〇・一〈五五三〉、一九六一年六月）、などを参照した。

5　叡山文庫天海蔵・内・二〇・五・三三八。大森医王院蔵本もあり。

6　叡山文庫真如蔵・内・一三・五・八五二。

7　成菩提院蔵

8　渋川談所については、山口興順「上野国渋川談所について」（『天台学報』四二、二〇〇〇年一一月）に詳しい。

9　叡山文庫真如蔵・内・三・八六・二〇四。

10　尾上寛仲氏や野本覚成氏は、『伊賀抄』の書写奥書から金鑽談所での修学も可能性を指摘するが、原本を見ると書写奥書ではなく伝領奥書と思われることと、書写年齢が出家前の十一歳であることから、筆者は慶舜の金鑽での修学は不審と考えている。叡山文庫真如蔵『摩訶止観伊賀抄』巻一之一の題下には、「永徳元年（一三八一）十一月二十六日始之。武州金鑽宮談所」と記し、巻一之五の題下には「永徳二年（一三八二）慶舜」と記す。『法華玄義伊賀抄』（叡山文庫真如蔵・内・三・八六・二〇六）には、「〔第三末〕法華玄義第三抄／武州児玉郡金鑽宮談書写而巳《ママ》／伝領慶舜」「〔第六末〕嘉慶三年（一三八九）卯月八日於武州児玉郡金鑽談所書而已　心俊」「〔第八末〕明徳元年（一三九〇）十二月二十四日見聞畢　心俊」と記す。また『渋谷目録』二〇五頁上には『宗要集二乗帖』という書物に関して、「一巻〔表〕九帖内　慶舜、〔奥〕於武州児玉郡金鑽談所書写巳……、足利時代写」とある。『渋谷目録』は、渋谷亮泰編『昭和現存天台書籍綜合目録』上下・増補索引（法蔵館、一九七八年）のこと。以下『渋谷目録』と略す。

11　『授法日記西山方』浅草寺大森医王院蔵一三。

12　叡山文庫真如蔵・内・八・七四・一六九七。

13　桑名貫正「開山円教院日意上人伝」『本山妙傳寺資料鑑』（本山妙傳寺、一九九六年）に、妙伝寺資料と身延文庫蔵の日意関係資料を博捜した、詳細な伝記と年譜が記されている。

14　身延文庫蔵『一流相伝法門私見聞』には栄源からの伝授は記されないが、桑名氏（前掲注13）によれば、妙傳寺三世日肝の

「初重目録」では栄源からの相承が確認できるとのことである。

15 『本化別頭別祖統記』巻十四（列伝）祖山（『日蓮宗全書』所収）。享保十六年（一七三一）、六牙院日潮著。

16 日蓮宗の学僧は、中世の比叡山や関東などの天台談義所で学び、書物を書写して持ち帰った。それらは身延山久遠寺「身延文庫」に所蔵され、身延文庫蔵書は『身延文庫典籍目録』上中下（身延山久遠寺、二〇〇三～五年）によって一覧が可能である。また寛永寺の蔵書については、近世中期の蔵書目録（叡山文庫真如蔵および寛永寺蔵『東叡山本坊文庫惣目録』）がある。これによれば「法華経註釈見聞類」の部類に『法華文段経但開結共』『法華経要解』『法花論』以下全三十六点、「法華談義類」に、『法華直談』『法華鷲林』『法華轍塵』以下全十五点、「法華経類」に『三百帖』『三百帖見聞』『十軸抄』以下全二十一点所蔵するなど、現在知られるような著名な談義書を悉く所蔵していたことが確認できる。

17 『天台直雑』については『正続天台宗全書目録解題』三九頁、野本覚成執筆「天台直雑一　解題」に詳しい。

18 叡山文庫生源寺蔵『枕月集』、生源寺蔵・内・六・二六三・二二四。

19 寂阿の伝については、『渋谷目録』二四頁下段の『三大部序注』に「（奥書）本云承応元年（一六五二）四月三日於三井寺止観義例講談之砌書写之　舜海／承応二年　寂阿写」と記事がある他、不詳である。

20 叡山文庫生源寺蔵『本書見聞述聞并巻数目録』写一冊（生源寺〈追記〉内・一・三八・一三四六A）。綴目に割印がある。寛永十九年の奥書がある。天海の指示で転写したものでさらに転写が重ねられていく。成田教道「日蓮関係典籍・雑書に関するノート」（『興風』二十、平成二十年十二月）にその事情が詳しい。寛永十六年（一六三九）、天海の請いに応じ家光が幕下に命じて、当時頂妙寺に蔵してあった三大部の『述聞』『見聞』を書写し、日光輪王寺の宝物とすべく布達したという。頂妙寺においても門外不出の重書であり、比叡山の僧がわざわざ頂妙寺へ出掛けて書写したとされている。

称名寺の神祇書形成の一端

高橋　悠介

一　はじめに

金沢北条氏ゆかりの称名寺には複数の神祇書が伝わり、寺院圏における中世神道説の展開を物語る貴重な資料となっている。その中に、密教の灌頂になぞらえた神祇灌頂という儀礼に伴って伝授された枡型折本の一群がある。その神祇灌頂については不明な点が多いが、称名寺聖教『天照念誦秘口決』では、愛染の三昧地に入った十一面観音が本尊像とされており、三昧耶形として円鏡が用いられている。また、『𑖕𑖾𑖕𑖾《ジャクジャク》次第』『𑖕𑖾𑖕𑖾口決』は、内容上も神祇書の記事と有機的な関連がうかがえる神祇灌頂の次第・口決と目され、ここでも円鏡・月輪が三昧耶形とされている。『𑖕𑖾𑖕𑖾口決』では、神祇灌頂の道場観が国土生成と重ね合わせられ、さらには神鏡を祀る温明殿や、御裳濯川・二見浦といった伊勢神宮をめぐる世界とも重ねて観念することが説かれている。円鏡をもとに、天照大神＝内侍所を中心とした神々が観念されたようであり、天岩戸籠もりの際の鏡鑄造と関わる日前国懸の神が、内侍所の鏡と共に重視されている。また、天岩戸神話を『瑜祇経』の世界観から解釈し、天岩戸から出現し世界を照らした天照大神を愛染明王の相貌としているのは、愛染の三昧地に入った十一面観音という本尊像と関わる口決とみられる。

本稿では、称名寺聖教に拠りながら、こうした儀礼に伴って伝授された神祇書のありようを考察するが、まず神鏡を主題として扱う『天照大神宝鏡等私』の位相について考えてみる。続いて称名寺二世釼阿に多くの神祇書を伝授した秀範の自筆の神祇書『日本得名』と『諸社口決』を中心に、神鏡説や神社での観想作法を検討し、個々の主題は異なりながらも、相互に関係する記事が少しずつうかがえる神祇書群の特色をみておく。最後に、神祇灌頂の本尊像の背景とも関わる『異本大事』を取り上げ、元来神祇とは関わりない十一面観音法を説く聖教を転用して神道説を作り上げた過程を確認し、灌頂儀礼と連動した神祇書の形成の一端を考えてみたい。

二　真言密教の宝鏡説と日前宮

称名寺聖教に伝わる多くの神祇書のうち、『日本書紀』そのものに基づく記事が引かれるものは少ないが、その一つに金沢貞将書状を紙背として書かれた神祇書『天照大神宝鏡等私』（金沢文庫古文書七七九の裏側、表紙は四三七函一三一、鎌倉後期写）が挙げられる。金沢文庫図録『金沢文庫の中世神道資料』（一九九六年）に画像と翻刻が紹介されたもので、現状は書状を復元した形態となっているが、神祇書としては一五・九×一一・七糎程の折本である。表紙左下には朱で合点を打ち、「三ー内」と墨書してあるので、もとは三帖一結の構成で伝授された中の一帖であったと思われる。私に段落を分け、その構成を示すならば、以下のようになる。

1、「或王代記」の抜書（日神としての天照大神）

2、「日本紀」の抜書他（宝鏡奉斎の神勅と、崇神朝における鏡・釼の新造、三宝物説等）
3、「或日記」の抜書（天徳四年の内裏焼亡の際の神鏡の奇瑞）
4、成尊撰『真言付法纂要抄』の抜書
（4の途中から中欠）
5、「或抄雅西」の抜書（空海による密教請来の際の、天照大神による天岩戸籠もりの託宣）
6、「私云」として始まる私注

1は「或王代記云」として始まり、伊勢大神宮に祀られる天照大神が光輝く日神であることを、伊弉諾・伊弉冊の子として生まれた際の神話叙述を通して描く。「或王代記」が何を指すかは不詳だが、引用の中、「是神《ノ》生而《ムマレテ》花明彩照徹《サカヘアキラカニイロヒカリトホルリツカウノ》六合之内《ニ》一、故二神《ニソノ》喜《ヨロコヒテ》曰《ク》、吾息《ワカコ》雖《トモ》レ多《オホシト》、未《タ》有《スレ》若《ノ》レ此《ノ》一霊《レイ》異之兒《コ》一、不宜《スク》久留《クラ》一此国《ニ》一、則送《チテ》於天《ニ》一、而授《サツクルニ》以《テス》天上文《ノフン》事云々」という記事は、『日本書紀』神代巻上の「此子光華明彩、照二徹六合之内一、故二神喜曰、吾息雖レ多、未レ有二若レ此霊異之児一、不レ宜三久留二此国一、自当下早送二于天一、而授以中天上之事上」[注1]という部分と近い。

2は「又云、日本紀云《ニク》」として始まり、前半では、天照大神が天忍穂耳尊に下した、いわゆる「宝鏡奉斎の神勅」（同床共殿の神勅）と、天児屋根命・太玉尊に下した、いわゆる「侍殿防護の神勅」（ただし、本書では「同持《クチ》殿内《ノニ》一、善為《クス》防護《クマモリト》」）を、『日本書紀』から抜書する。「至《テ》○崇神天-皇之朝《テウニ》」から始まる後半は、崇神天皇の代に神威を畏れ、神鏡と同殿することができなくなったため、斎部氏をして、石凝姥神の裔、天目一箇神の裔の二氏を率いて、更に鏡を鑄、釼を造らしめて、護身の御璽《シルシ》としたといい、これが今、践祚の日に献る所の神璽の鏡・釼であるという。天照大神の岩戸籠もりの際に、日の像《みかた》の鏡を鑄たのが石凝姥神、同じく雑《くさぐさ》の刀《たち》・斧・

鉄《くろがね》の鐸《さなき》を造ったのが天目一箇神であり、その後裔が鏡・剱を新造したとする記事である。これは『日本書紀』ではなく、『古語拾遺』を源流とする記事とみられる。『古語拾遺』では、鏡・剱を新造する代わりに、倭の笠縫邑に磯城の神籬《ひもろき》を立てて、天照大神と草薙剣を遷し奉ったとされるが、その部分までは本書には引かれていない。また、『書紀』にも『古語拾遺』にも見られない記事として、神璽・宝剱・内侍所を「三ノ宝物」とし、神璽とは印鎰で、鑄た時に東南の角が欠けたことを都の東南に当たる奥州と結びつける解釈などが続く。ここで宝鏡は、径八尺の鏡とされている（『扶桑略記』天徳四年九月二十四日条等では、径八寸許とされている）。

3は、

或日記云、天徳四年九月廿三日子魁、大内焼失、内侍所令メ懸ラ南殿櫻杪コスエニ一給フ、光明赫奕トシテ如シ朝日ノ一、小野宮殿実頼、突ツキ右膝ヒサヲ一、展テ左ノ袖ヲ一、奉ルニ移シ神鏡ヲ一、奉ル入レ太政官ノ朝所ヘ一云々、

が記事全文である。この説話は、その初期形態が大江匡房の『江家次第』巻第十一・内侍所御神楽事に短い形でみえるのをはじめ諸書にうかがえるが、[注2]『天照大神宝鏡等私』の記事は延慶本『平家物語』第六本や『直幹申文絵詞』等により近い（『撰集抄』巻第九（ただし略本は同話を欠く）もこれら両者と近い本文を有するが、『天照大神宝鏡等私』本文は『撰集抄』より延慶本『平家物語』と『直幹申文絵詞』に近い）。延慶本『平家物語』第六本廿五「内侍所由来事」の当該箇所は以下の通りである。

……邑上天皇ノ御宇天徳四年九月廿三日ノ子時ニ、内裏中裏初テ焼亡在ケリ、（中略）内侍モ女官モ参アワスシテ、賢所ヲモ出シ奉ラス、小野宮殿忩キ参セ給テ、内侍所既ニ焼サセ給ヌ、世ハ今ハカウニコソ有ケレト思食

テ、御涙ヲ流サセ給ケル程ニ、南殿ノ桜木ノ梢ニ懸ラセ給タリケリ、光明赫奕トシテ朝日ノ山ノ葉ヨリ出タルカ如シ、世ハ未失サリケリト思食レケルニヤ、悦ノ御涙カキアヘサセ給ワス、右ノ御膝ヲ地ニツキ、左ノ御袖ヲヒロケテ申給ケルハ、昔天照大神百皇ヲ守ラントト云御誓有ケリ、其御誓アラタマリ給ワスハ、神鏡 実頼カ袖ニ宿ラセ給へ、ト申サセ給ケル御詞モ未終一ラケルニ、桜ノ梢ヨリ御袖ニ飛入セ給ニケリ、ヤカテ御袖ニ裹奉テ、御先進セテ主上ノ御在所大政官ノ朝所《アイタン》ヘソ渡シ奉ラセ給ケル、

天照大神による百王守護の誓いにふれるのは『平家物語』『直幹申文絵詞』『撰集抄』に共通しているが、『天照大神宝鏡等私』は百王守護の誓いにはふれず、内裏焼失記事も簡略である。しかし、鏡の「光明赫奕」たることが「朝日」のようであったことや、右膝を突き左の袖を広げたという実頼の所作、神鏡を太政官の朝所に渡したことなどは『平家物語』『直幹申文絵詞』の表現と共通している。なお、延慶本『平家物語』では、内侍所の鏡が天照大神の岩戸籠もりの際に鋳造されたことを、同時に造られた紀伊国日前国懸の鏡と共に記し、いわゆる「宝鏡奉斎の神勅」を引き、また崇神天皇の時代に至り別の御殿に祝い奉るようになった経緯などを述べた後、この天徳四年の内裏焼亡時の奇瑞を記している。崇神朝に同殿が解消された後、近来より温明殿で祀られるようになったとする延慶本の記事は、天岩戸籠もりの際に造られた鏡が温明殿で祀られているかのように読めなくもないが、『古語拾遺』では石凝姥神の裔が新造した鏡の方が践祚に関わる宝物とされており、『天照大神宝鏡等私』も『古語拾遺』に近いという違いはある。しかし、「宝鏡奉斎の神勅」や崇神朝における同殿解消の経緯と共に、天徳四年の奇瑞を語る点は共通しており、『天照大神宝鏡等私』は延慶本の一連の記事が形成される背景を考える上でも示唆的な資料である。なお、冨倉徳次郎氏や中村義雄氏は、『直幹申文絵詞』について『平家物語』を抄出した本文とみるが[注3]、水原一氏は本来個立した説話であった神鏡霊異譚が両者にそれぞれ採り入れられ

たとしている。[注4]『天照大神宝鏡等私』は、後者の説の有効性をより高める資料と言えよう。

4〜6は、1〜3とは異なり、真言僧による神祇説という特色がはっきりみられるものである。4の本文は、

小野纂要ニハ、遍照金剛鎮ニ住日域ニ一、増ト金輪聖王ノ福ヲ一矣、神ヲ号天照、

だけで、これに続く中欠部分が見当たらないが、東密小野流の成尊が康平三年（一〇六〇）に東宮（後の後三条天皇）に撰進した『真言付法纂要抄』の末尾近くの

又昔威光菩薩〈摩利支天即／大日化身也〉常居二日宮一、除二阿修羅王難一。今遍照金剛、鎮住二日域一、増二金輪聖王福一。神号二天照尊一、刹名二大日本国一乎。自然之理、立二自然名一。


という記事を引いたものである。この記事が天照大神・大日如来同体説の展開に大きな役割を果たしたことについては、伊藤聡氏に詳しい。[注5]空海が日本に住して真言密教の礎を築いたことを、皇運の増進や、（大日如来と重ね合わされる）天照大神の号と結びつける内容は、次の「或抄雅西」の抜書の内容とも直接関連している。

5は、「或抄雅西云」として始まる。雅西（〜一二〇一、金剛王院流雅西方の祖）の撰とされる抄物の引用のようで、空海による秘教（真言密教）請来の際の、天照大神の託宣が紹介されている。それによれば、天照大神はこれまで日本を守護してきた役割を真言密教に譲り、今は安心して天岩戸を閉じて籠居しようと託宣したという。

6の私注は、

私云、普曜経ニハ観音現ス日天子ト一、今天照尊号ヲ日神ト一、サナ實智ノ円鏡成スルコト神鏡カ迹之中ニ垂迹ヲ一、應徳不可不アル仰一、外ニハ日前宮、内ニハ観音供、内外相應、昼夜鎮護而已、

という記事で、この後「一交了」として本書は終わる。最初に『普曜経』に基づき、観音が日天子（天照大神を含意していると思われる）と現ずることを説いており、天照大神を日神と号すとした上で、「サナ」即ち毘盧遮那実智の円鏡の垂迹が神鏡であるとする。また、（鏡を祀る）日前宮と宮中仁寿殿における観音供について[注6]、「内外相応」して昼夜、（日本を）鎮護しているという。日前宮については、『古語拾遺』に、天照大神の天岩戸籠もりの際、日の像《みかた》の鏡を鋳造させたところ、はじめに鋳たものが心にかなわず、次に鋳た鏡の形が美麗であったという記事があり、前者が「紀伊国日前神」、後者が「伊勢大神」であると注されている。『小右記』寛弘二年十一月十七日条所引『清慎公記』（藤原実頼の日記）佚文には、天徳四年の火災の際の鏡の状況について「恐所雖レ在二火灰燼之中一、曾不二焼損一云々、〈鏡三面中、伊勢太神、紀伊国日前国懸云々〉、如二件説一似二三面一」としており、天徳当時は宮中にも、日前国懸の鏡とされるものが天照大神の鏡と共に安置されていたようである。「外ニハ日前宮」は、こうした宮中の鏡ではなく紀伊国の日前宮を指す表現だが、神話上でも歴史的にも内侍所の神鏡と密接に関わってきたのが日前宮の鏡であった。

伊藤聡氏は、勝覚の『伝授記』（一一一五年）にみえる仁海の孫弟子の定賢（一〇二四〜一一〇〇）の口伝の中で、観音供本尊とその持物の鏡、内侍所の鏡、宝珠が結び付いていることを指摘しているが[注7]、『天照大神宝鏡等私』で日前宮と共に観音供に言及する点には、そうした背景が考えられよう。静遍が承元三年（一二〇九）に遍智院成賢から受けた三宝院流の口伝をまとめた『三角院物語』（称名寺聖教三一二函一二、鎌倉後期）も、観音供を「温明殿御同体」としており、神祇書では後述する『大神宮宀一長谷秘決』（称名寺聖教三一七函三二、鎌倉後期）にも、二

間観音を伊勢神宮の本地仏とした上で、持物の鏡を内侍所の鏡と一体視する記事がある。

『天照大神宝鏡等私』は、称名寺の主立った神祇書の折本と比べると、縦寸はほぼ同じものが釼阿手沢本にも後述の素睿書写本にも見出せるが、横寸が小さく、やや縦長であり、本書を含む一結の全体像や伝授環境も不詳である。しかし、本書が「神鏡」を主題とした神祇書で、末尾で「日前宮」の鏡にふれている点は、後述する『日本得名』を考える上でも、称名寺の神祇書にみえる神道説や神祇灌頂における鏡の意義を考える上でも、大いに気になるのである。

三　秀範筆・釼阿手沢の神祇書

称名寺の神祇書がどのような環境で成立し、伝授されたのかを考える上で、とりわけ注目されてきたのが、円海から相承を受け、これを称名寺二世釼阿に伝えたことが知られる秀範である。秀範は多くの足跡を残しているが、室生寺での活動も知られ、御流神道の祖とも目されている。秀範の名が『神祇灌頂血脈』のうちの1本の末尾にみえることは、これと末尾以外をほぼ同じくする血脈と共に一具の書として釼阿から素睿に伝授されたと思われる『異本大事』『大神宮本縁』『伊勢大神宮御躰』や、その周辺の同型の神祇書の伝授経緯をも物語っている。津田徹英氏は、称名寺の釼阿のもとに伝来した神道関係の枡形折本について、「室生寺において蓄積・伝承されていたものが円海・秀範を介して釼阿に相承されたとみることが可能なように思われる」とし、釼阿が秀範から神祇灌頂を受けた時期を、同じく秀範からの伝授が確認できる正和元年（一三一二）から文保二年（一三一八）にかけての頃と推測している。[注8]
『神祇灌頂血脈』は、「天照大神」以下地神五代から始まって人代に至り、「神ム天皇」以下「サカノ天皇」まで歴代天皇を列記し、そして「サカノ天皇」の隣に弘法大師を配して、「弘法大師　真雅僧正　源仁僧都　益信僧正」以下、「寛平法王（宇多）　寛空　元杲　仁海　義範　勝覚　定海　一海　房海　実印　浄真　覚賢　頼明　覚吽実尊　性遍　円海　秀範」という相承で終わるという、観念的な面の強い血脈である（素睿本は仁海の後の成尊を脱落させておらず、性遍までで終わる）。「天照大神」の下に〈大日／尺迦〉と注記してあるのは、大日如来から始まる通常の密教の相承を、大日如来の同体説をふまえ、天照大神からと読み替えたものと思われる。松橋流の血脈を踏襲した本血脈の作為については、櫛田良洪・伊藤聡両氏が指摘する所であり、『大神宮宀一長谷秘決』の相承次第とも共通する「性遍　円海　秀範」以前に、同内容の実質的な伝授があったかどうかは疑問がある。

この「円海—秀範」及びその周辺の人脈と関係書については、納冨常天氏が称名寺聖教を博捜した後、[注9]牧野和夫氏が精力的に追求されている。[注10]これらに追加できる新出資料はないが、近年、筆跡に注目することで、秀範自筆の神祇書として称名寺聖教中に『大神宮宀一長谷秘決』（二本存するうち、三一七函三二）に加え、『日本得名』（二九五函四—三）と、応長二年（三二）二月の奥書を持つ『諸社口決』（三四六函に素睿書写本も存在するが（一部は紙背の金沢文庫文書を復元する形で別置）、四一八函三二・四二六函七〇が秀範の筆跡）も見出すことができた。[注11]『日本得名』は『大神宮宀一長谷秘決』とほぼ同寸の一六・二×一三・七糎の折本、秀範本『諸社口決』各帖は一五・五×一三・六糎程の折本である。

秀範の筆跡を示すものとしては、『辰菩薩口傳』（称名寺聖教三一七函四八）・『辰菩薩口傳上口決秘』（同三一七函四九）という本文同筆の一結などがある。後者末尾には「于時正和三祀二月日以厳師雑記／令口筆了、　金剛資秀範／一交了」という奥書があり、秀範自筆本と認められるが、『日本得名』と『諸社口決』の本文はこれらと同筆である。『辰菩薩口傳』『辰菩薩口傳上口決秘』共、本文は秀範、表紙の外題は釼阿が書いているが、[注12]『大神宮宀一長谷秘決』（三一七函三二）も同様に本文は秀範、表紙の外題は釼阿の筆、また『日本得名』も外題「日本得意」は釼阿の筆跡であり、表紙右下には釼阿の梵字署名も備わる。『諸社口決』の外題も、「決」の最後の一画を右に払う書き方など、釼阿の書く「決」に通じる特徴があり、津田徹英氏が釼阿手沢本としたのも、おそらくこの点と装訂等に基づく総合的判断であろう。伝授する側が伝授内容に関わる本文を書き、伝授される側が外題を記したものと思われる。

称名寺の一連の神祇書については、『日本記三輪流』（真福寺蔵本・石川透氏蔵本）や、神宮文庫蔵・道祥写『神道切紙』、國學院大學図書館宮地直一コレクション蔵『諸大事』（真福寺四世政祝の切紙を整理した本の転写本[注13]）などが、関連記事を含む資料として知られている。秀範筆の『諸社口決』については、称名寺聖教四一八函三二に四帖からなる口決のうちの二・三・四が備わり、神宮文庫蔵『神道切紙』と國學院大學図書館蔵『諸大事』の「諸社口決」にも対応する記事がみえる。以前そのうちの「二」を後欠として紹介したが[注14]、その後、四二六函七〇に接続する同筆の部分を見出すことができたので、秀範筆本の二・三・四が完存していることになる。國學院大學図書館蔵『諸大事』には「應長二年二月日記之　金剛資秀範」とあり[注15]、称名寺聖教の秀範筆本の末尾は「應長二年二月日記之／一交了」とするのみだが、応長二年二月に秀範が書写したそのものと考えられる[注16]。『日本記三輪流』等のような切紙を類聚した本ではなく、各口決ないし大事が個別の枡形折本として現存している珍しい例であり、しかも秀範その人の手になる貴重な神祇書である。

なお、『諸社口決』二の後半（四二六函七〇）は、折本の裏側に朱点を打って「ミサキノ事」と題し、「日天子ヨリ始メテ諸社皆以烏ヲ為使者ト、日在三足烏云々、三足ハ一佛二明三弁亠朱也、……」と秀範の筆跡で本文が続くが、これは真福寺蔵『日本記三輪流』の「五、御前ノ事」にほぼ対応する本文である（『日本記三輪流』の当該条末尾の「大師御入定、勤行、向南方、阿弥陀供養法給ヘリ、可思也云々」に対応する本文は四二六函七〇にはないが、四一八函三二の裏面にある）。金沢文庫文書二八四二を紙背とする素睿書写本の『諸社口決』二の末尾にも「・ミサキノ事」以下の記事があり、『日本記三輪流』「五、御前ノ事」の内容は、本来『諸社口決』二の一部であったとみられる。神宮文庫の『神道切紙』の場合は、「諸社口決」二の末尾と、「伊勢大事」の巻の「御前事」の両方にほぼ同文がみられることから、あるいは『諸社口決』の一部が独立した記事になっていったような経緯も考えられよう。

『日本得名』については、古く櫛田良洪氏が梗概のみ紹介しており[注17]、また同書と『神祇秘抄』を合わせた高野山三宝院文庫本が『神道大系 論説編一 真言神道（上）』に紹介されているが、称名寺本はより古い鎌倉後期の写本であり、末尾に独自記事がある。

本書には本文と同筆で朱の注記が施されているが、その中に定仙（一二三一～一三〇二）の名がみえることにも注意しておきたい。それは、「定仙云、国相ハ真言師也、仍御本地十一面也、此尊ハ住二胎蔵蘇悉地院一」という注記である。定仙は鎌倉亀谷の清涼寺（釈迦堂）に住した僧で、多くの法流を受法しており[注18]、その一端は釼阿が書写した定仙撰『仙芥集』三十二帖によくうかがえる。秀範と定仙の交流の中でこうした神道説が語られ、それが釼阿にも伝えられたとみられる。なお定仙には、実賢—勝円—定仙という金剛王院流の血脈を引く中で書写している聖教が複数あり、建治三年（一二七七）には勝円と共に鶴岡八幡宮で能作性宝珠を制作し（『某宝次第酉酉』）、その前年十二月には『御遺告』や「避蛇法」などに関する勝円の口伝をまとめている（『白表紙作法上下口伝』[注19]）。

四　秀範伝授の神祇書間の関連性

『日本得名』に示される神道説については、紀伊国日前宮の神主国相（国相は国造の転じた表記か）の相伝する秘説という形式を取っている点が、まず注目される。即ち、その本文は、

∴（朱）日本得名事
紀伊《ノ》国由良《ノ》日前宮《ノ》神主国-相者《ハ》、天御中主神《アメミナカヌシノミコトノ》三男《ノ神》・《高》産霊神《ミムスヒノミコトノ》（朱注傍記：天神第三尊ノ化生ノ神也）後胤
也、伝《テ》二神道秘曲《ヲ》一、代々奉守日前《ヲ》一、伝二彼秘曲一人《ニハ》、有二第一《ノ》不思議一、謂必有《クス》二一《ノ》霊蛇一、纏《ヒ玉フ》二彼《ノ》髻《ニ》一、即-是《レ》日
前《ノ》神体、天照大神《ノ》尊親也、然《ニ》彼《ノ》国相伝云《カニク》、

として始まる。縄文時代の土偶には頭上に蛇を載せたものがあるが、それはともかく、この神主の不思議な姿を理解する上で、建治元年（一二七五）、稲荷法橋経尊が北条実時に献じた本が知られる『名語記』の「ヨタ」の項が参考になる。[注20]

ヨタ
問、紀伊国日前宮ト申ス社ニ、神主職ヲハ紀ノ國造トナツケ、ソノツキノツカサニテ、神殿ノアツカリヲ、ヨタトナツク如何、
ヨタノ字、イマタツハヒラカニセス、世ノハシマリヨリ相伝シタル神官ナレハ与太歟、昔ハ生蛇ヲモト、リニマトヒツキタリケルカ、末代ハ世間ノ厳重ミナ陵遅シテ、イマハ蛇ノ形ヲ木ニテツクリテ、モト、リニツケタリト申ス、[注21]

日前宮の神主は、かつては生きた蛇を髻にまとわせていたが、末代の今はそれを象った木の蛇を髻に付けているというのである。この神主国相の伝にも、神鏡をめぐる説がみえるが、まずは日本の国号を、諾冊二神と天照

大神からなる三部大日の本国と説いた上で、日神の鏡の前に鋳た鏡ということから日前宮の名称を説明し、伊勢の皇大神宮の「御霊体」としての円満の鏡に言及する。次に、崇神天皇の時代に別殿とした鏡が十八ヶ所の遷宮を経て、垂仁天皇の時代に伊勢に鎮座するまでの経緯を述べ、その十八ヶ所を金剛頂会十八会と解釈する。そして伊勢に留まった理由を、日本開闢の時の「天サチホコ」が立て納められている地であり、蓋見浦（二見浦）の海底に大日本国と銘のある独古（独鈷）形の金札があることから説明する。最後に、 (吽）字すなわち衆生の神識を神と号すといい、神を意密とする大神宮啓白文を引き、伊勢内宮の神体は衆生の心蓮たる八葉蓮華の上に居す金色の蛇形であり、蛇も 字の形をしているという深秘を述べて終わる。

このうち、神鏡が伊勢に留まった理由の二つ目は、

二《ニハ》、彼《ノ》国《ニ》有浦一、俗《ハ》誤《アヤマテ》云《イヘトモ》二蓋見浦《ノ》一《ト》、真実《ニハ》札《フタ》レ見《ミ》也、札《トハ》者彼《ノ》海底《ニ》有金札一、形《チ》独古《ニシテ》、列二三十七尊《ノ》種子《ヲ》一、彼《ノ》
札《ノ》上《ニハ》銘《セリ》二大日本国《ト》一、

という記事だが、これは『大神宮宀一長谷秘決』（三一七函二二）に「又、二見ノ浦ノ印文ノ在所口決有之」とふれられる口決そのものと見て良いのではないだろうか。両者が、本文は秀範、外題は釼阿の手になる同寸の折本で、毎半葉七行の神祇書という共通性を持ち、こうした内容上の関連性も有しているとすれば、一結の伝授書であった可能性は充分想定できよう。

『日本得名』と『諸社口決』にも、内容上の関連性が認められる。『日本得名』では、

三部大日《ノ》本国《ナリ》、故《ニ》号二日本《ト》一、其《ノ》三部《ト》者、イサナキ、イサナミ、天照大神《ノ》三神《ナリ》

とするが、素睿書写本の『諸社口決』一に相当する帖（三四六函七〇）を見ると、まず大日如来の本国なる故に日本国と名付くとした上で、「日天子者、即チ三部大日、此三部ノ大日ノ内證意密者、又伊勢乃至諸社也」という記事があり、諸冊二神にはふれないものの、「三部大日」という特徴的な語がみえる。そして、『日本得名』には

国ノ三鏡即ハチ此三神ノ三形ナリ、天地人三才、両部蘇悉ノ地・深秘ナルヲ乎、（中略）次円満鏡ハ、彼皇大神宮ノ御霊体、不二円明ノ心鏡、浄二天地一ヲ、備ヘル二両部一ヲ諸仏ノ神智、衆生ノ父母ナリ

というが、これは『諸社口決』一の「大師云、伊勢大神宮者、三千世界ノ中心ノ諸佛如来ノ神智、一切衆生ノ父母也、故天地人三才、倶ニ我國ヲ為本一ト、以諸州一ヲ為末一ト也」という記事と部分的に共通性がある。また、最も特徴的な関連点は、『日本得名』で独古＝金札を三部大日と結び付ける

金《コカネハ》胎蔵、種子ハ金界、独古形ハ独一法界不二妙成就也

という本文に施された朱の傍注である。「金《コカネハ》台《（胎蔵）》目」の左右に「𑖀」「鳥居」、また「種子ハ金界」の右に「𑖪𑖽」「御性躰」、そして「独古形」の右に「𑖮𑖳𑖽」「神躰」と傍記されている。この傍注の意味は『日本得名』を読むだけでは判然としないが、『諸社口決』が神社における「鳥居」「円鏡」「神躰」の三者に対する印明と深義を記し、これらを仏教的に意義付けていることに対応する注記なのである。『諸社口決』一では、鳥居に𑖀（阿）字、円鏡に𑖪𑖽（鑁）字、神躰に𑖮𑖳𑖽（吽）字を配しており、この円鏡を「御性躰」と見なせば一致する。以前にも書いた

が、『諸社口決』は伊勢灌頂と呼ばれる社参作法の形成を考える上で重要であり、『日本得名』にみえる伊勢の蛇形神体観もまた伊勢灌頂における重要な観想である。ともあれ、称名寺に伝来した一連の折紙の神祇書には、個々の主題は異なりながらも、相互に関係する記事が少しずつみえるという特色があるのである。

五 『異本大事』の本文形成と仁和寺能任

このように相互に少しずつ関わり合っている秀範周辺の神祇説の全体像は複雑な様相にみえるが、骨格をなすような思想を考える時、こうした神祇書が伝授された神祇灌頂のあり方は大きな示唆を与えるだろう。その神祇灌頂自体の内容については、従来、『天照念誦秘口決』（称名寺聖教二九六函一五）や、神祇灌頂の印信『天子紹運印信』（同二九六函一七）が手がかりとされてきたが、近年、熙允（後の称名寺五世什尊）の手になる『〓〓《ジャクジャク》次第』（同四二三函七四）『〓〓口決』（同三三七函一五三・一五四他）という資料も見出され、さらに見通しが開けてきた。[注22]『天照念誦秘口決』によれば、愛染の三昧地に入った十一面観音が本尊像とされており、三昧耶形として円鏡が用いられている。伊藤聡氏は、「恐らくこれにより、十一面＝愛染（本尊）と天照大神（円鏡）の同体が象徴されているのである」と解釈している。[注23]『天照念誦秘口決』では、「円鏡」の下に「普賢満月寶珠也、又最初一轉月躰也」と注しているが、『〓〓次第』でも三昧耶形を「月輪、又円鏡」としている。そして『〓〓口決』には、「正クハ壇上者、温明殿ノ御坐也」とし、神々の配置に二説を挙げるが、一つは鏡＝月輪の中を五院に分け、内侍所を中央に、その後ろに丹生大明神、左に大社、右に八幡、前に日前国懸を配する五院構成で、もう一説は内侍所と日前国懸の鏡＝月輪を配するものである。神道灌頂において、鏡が神祇と関わる象徴的な意味を持ったことを示している。

愛染の三昧地に入った十一面観音という本尊像については、称名寺の一連の神祇書の中、『大神宮本縁』『大神宮宀一長谷秘決』『伊勢大神宮御体』『異本大事』などの記事とも有機的な関連を有している。この像容は天地開闢神話とも関係付けられており、『大神宮本縁』では天地開闢の際に天照大神に代わって愛染明王を思わせる「六臂咲怒之王」が登場し、これを金輪王と称している。また、『大神宮宀一長谷秘決』でも、長谷寺の本尊十一面観音を天照大神の本地とした後、この本尊の図像的特色にふれ、十一面観音が愛染明王の三昧地に入り日天子として現れる相を示しているとする。『伊勢大神宮御体』に描かれる奥沙本尊＝天照大神も愛染明王の六臂を持つとされているが、一方で、その持物は『長谷寺密奏記』に描かれる長谷寺の十一面観音像と一致することが指摘されている。[注24]こうした天照大神・愛染明王・十一面観音合尊ともいうべき奥沙本尊について、習合の背景を解く神祇書が、素睿書写本の『異本大事』（三四六函二一）で、そこには『大神宮本縁』にみえるような一字金輪等との関係をも絡めた複雑な教説が展開されている。

その『異本大事』の内容がどのようにして成立したのかについては、本文の一部が『愛染十一面法』（称名寺聖教三三五函一三、鎌倉後期写）と近いことから、『愛染十一面法』のような内容を持つ聖教を元にして、神道説を組み立てた可能性が指摘できる。『愛染十一面法』は、三〇・〇×四七・〇糎の料紙を上下で半折し、さらに四つに折った折紙であり、畳んだ状態で表紙となる部分の左上に外題「愛染十一面法」、その左下に梵字「訶」字を書いている。その内容は神祇にふれる要素はなく、本文冒頭は以下の通りである。

十一面法　愛染与十一面同相
以一字金輪為本尊、即十一面観音躰也、諸佛成道、顕内證理為機、轉法輪以顕理、偏為大日轉法輪邊為尺迦、二尊合為金輪、依之大日自々在天降、尺迦自人間登忉利天、合為金輪、是即観自在成道轉法輪義也、即為機一、四種法輪、経云、金剛界、大菩薩輪、通調伏歟一切義成就輪、降三世教令輪也、仍示降三世躰ノ大自在天、女天降伏也、歓喜天ノ男天ト者大自在天也、女天者十一面也、是非應化躰一、真実観音一躰迷悟二心也、元品躰為男天、大悲躰為女天、歓喜天者大悲成就義也、即愛染義也、仍此天證得躰為愛染王也、即大勝金剛也、即五種相應之躰也、（後略）

一方、『異本大事』は、冒頭こそ「異本云、天照者即奥沙本尊也、大日観音並居者、一尊二尊合義也、十一面也」と始まるが、これに続く部分は「十一面法、以一字金輪為本尊、即十一面観音躰也」以下、『愛染十一面法』の右の引用文とかなり近い。素睿は「輪」を「〇」と表記する特徴があるが、それは別として、前半については「偏為大日」を『異本大事』は「邊ヲ為大日一」とし、『異本大事』には「大菩薩輪」の右傍注がないことなど、小異があるのみである。ただし、引用末尾の「即大勝金剛也」以下が変わってきており、『異本大事』では「即大勝金剛也、即阿弥陀也、□（即カ）十一面観音也、仍日本霊所霊地悉観音利生砌也、即五種相應之躰也」としている。また、『愛染十一面法』でこの後、十一面観音の各面を息災・増益・降伏・鉤召・敬愛に配当し、各面相と色に言及する部分は、『異本大事』では簡略で、『愛染十一面法』が続けて仏部・蓮華部・金剛部の三部への配当を説く記事も、『異本大事』にはみられない。そして、『愛染十一面法』末尾は、

白川院御時、竹人法愛染王与千手合行、此即十一面付歟、此者宗大事也、努々不可及他見者也、仁和寺能任大夫所傳之口決也、本云、元久元年三月日記之、

となっているが、『異本大事』はこの部分を

白川院御時、竹人法愛染王与千手合行、此即十一面付歟、此ハ宗大事也、不可及他見、仁和寺能任傳也、於宀一山可修之、非叶授者不可知者也、

とし、さらに伊勢の諸別宮等の本地説を加え、伊勢の内宮・外宮と諸別宮を種字で表した曼荼羅図を付ける形で終わっている。両者の関係は、もともと神祇に関わる要素がなかった『愛染十一面法』の一部を改訂・増補することで、愛染・十一面観音を天照大神＝奥沙本尊と関係付け、そこに伊勢の内外宮曼荼羅をも加えた、と考えるのが自然であろう。

そこで問題になるのが、『愛染十一面法』『異本大事』両者の末尾にその名がみえる「仁和寺能任大夫」で、『愛染十一面法』に元久元年（一二〇四）の本奥書があるのも注目される。真福寺蔵『日本記三輪流』では「奥砂本尊事」が『異本大事』相当部分で、そこでは「仁和寺ノ能仁」としているが、能任の表記の方が良さそうである。『血脈類集記』第七によれば、能任は仁和寺真乗院開祖の印性（一一三一〜一二〇七）の弟子で、太夫阿闍梨とも称されている。称名寺聖教『瑜祇灌頂作法私記』（三一三函八三）や『（瑜祇）（灌頂）汀言』（三二八函一四）の血脈にも、「興然　顕位　能任」と続く形でその名がみえている。前者には、大日から始まる血脈が付いており、その末尾は「興然　顕位　能任　寛―　憲静」となっている。この血脈に続いて

書本云、／建久九年十一月六日、神護寺／僧房書之畢、今不用作法、且／相互依有求法志、以予傳受蜜／法授与之次、傳授此法畢、即印信／有之、　能任四十四記之／又云、／嘉禄三年五月十八日、於仁和寺真乗／院部屋傳受了、不用作法、師七十四／寛―四十六／弘長三年二月六日傳受了、金剛資憲静四十九／師八十二

という奥書があり、能任が建久九年（一一九八）に四十四歳であったことがわかる。元久元年（一二〇四）には、五十歳という計算になる。『瑜祇灌頂血脈』（三五三函三二）では、能任の後、「能任　寛位　源俊　朗源　尭忍　源阿」と続いており、『瑜祇灌頂作法私記』の「寛―」も寛位とみられる。嘉禄三年（一二二七）に仁和寺真乗院で寛位に伝授したのは七十を超える高齢になってからのことで、さらに弘長三年（一二六三）には寛位が憲静に伝授している。愛染明王の典拠となる『瑜祇経』と関わる瑜祇灌頂の血脈に能任が出てくること、そして瑜祇灌頂が寛位・憲静といった鎌倉に所縁のある僧に継承されていることは、神道説にも関与したと覚しき先述の定仙が『仙芥集』で「願行《（憲静）》上人云」として寛位に言及していることと合わせて注意されよう。注25

仁和寺僧の名は、称名寺の神祇書のうち、『大神宮亠一長谷秘決』にもみえている。同書末尾には、「上件大事ハ仁和寺菩提院了遍僧正御伝也」とあり、その了遍から実叡、性遍、或人（円海カ）、秀範と相伝された大事であることが記されている。了遍（一二三三~一三一一）は、仁和寺菩提院の行遍に師事し灌頂を受け、法助からも重受し、菩提院流の祖となった僧である。能任はこの了遍とも時代が異なっており、関係も見出し難いが、これら一連の神祇書の中に仁和寺の僧の名が二名もみえることは、合わせて注意しておきたい。ただし、了遍の関与がどの程度なのかは、慎重に考えた方が良いだろう。『愛染十一面法』の記事が元久元年（一二〇四）に能任の口決を記したものと認めて良いかどうかも検討が必要だが、そう仮定した場合、能任が神道説を作った訳ではなく、能任の口決を転用して、天照大神などをめぐる教説と関係づける形で神祇書ができている過程がみえてきたからである。『異本大事』の「於亠一山可修之」という記事からみても、これら一連の神祇書の組織化には、やはり室生寺という場と円海・秀範両者の関与が大きかったものと考えられよう。

注

1 新日本古典文学全集『日本書紀』（小学館）。

2 久保田淳「二つの説話絵巻――「なよ竹物語絵巻」と「直幹申文絵詞」」（『日本絵巻大成』二〇、中央公論社、一九七八年八月）。

3 『平家物語全注釈』下巻（角川書店、一九六八年）、中村義雄「直幹申文絵詞の詞書について」（『新修日本絵巻物全集』三〇、角川書店、一九八〇年）。

4 水原一「天徳内裏焼亡と神鏡霊威――撰集抄・直幹申文絵巻との関連」（『延慶本平家物語論考』中道館、一九七九年六月）。

5 伊藤聡『中世天照大神信仰の研究』（法蔵館、二〇一一年）第二部第二章「二間観音と天照大神」。

6 仁寿殿観音供については、斎木涼子「11世紀における天皇権威の変化――内侍所神鏡と伊勢神宮託宣」（『古代文化』六〇―四、二〇〇九年三月）・同「仏教的天皇像と神仏習合――仁寿殿観音像・即位灌頂」（『ヒストリア』二一九、二〇一〇年三月）に詳しい。

7 前掲、伊藤聡『中世天照大神信仰の研究』。

8 図録『金沢文庫の中世神道資料』（神奈川県立金沢文庫、一九九六年）。

9 納冨常天『金沢文庫資料の研究 稀覯資料篇』（法蔵館、一九九五年）「東山太子堂白毫寺と忍性供養塔」の附録年表に詳しい。

10 多数の論文に上るが、牧野和夫『日本中世の説話・書物のネットワーク』（和泉書院、二〇〇九年）にその一端がうかがえる。

11 拙稿「金沢文庫の中世神道資料『日本得名』――翻刻・解題」（『金沢文庫研究』三二九、二〇一二年一〇月）、同「金沢文庫の中世神道資料『諸社口決』一結――翻刻」（『金沢文庫研究』三三五、二〇一五年一〇月）。論述の都合上、一部本論文と重なる点があることを付言する。

12 図録『陰陽道×密教』（神奈川県立金沢文庫、二〇〇七年）に、西岡芳文氏による指摘がある。

13 『真福寺善本叢刊 第七巻 中世日本紀集』（臨川書店、一九九九年）、牧野和夫「『〔日本記抄〕』翻印・略解――『日本記三輪流』系神祇書の一伝本」（『実践国文学』五一、一九九七年三月）、大東敬明「神道切紙と寺社圏――國學院大學図書館所蔵『諸大事』を通路として」（『アジア遊学』一七四〈中世寺社の空間・テクスト・技芸〉二〇一四年七月）等参照。

14 注11前掲拙稿。

15 大東敬明氏の御教示による。

16　『諸社口決』を紹介した注11前掲拙稿では、応長二年二月の奥書を本奥書としたが、書写奥書と考えて問題ないため、ここに訂正する。

17　『真言密教成立過程の研究』（山喜房佛書林、一九六四年）第三章「神道思想の受容」二七八頁以降。

18　定仙については、大八木隆祥「定仙攷――称名寺聖教を中心に」（『豊山教学大会紀要』四〇、豊山教学振興会、二〇一二年三月）・同「定仙について――親玄からの受法、定仙大和尚塔と定禅」（『大正大学綜合佛教研究所年報』三六、二〇一四年三月）に詳しい。

19　拙稿「建治三年の宝珠制作」（『日本仏教綜合研究』一三、二〇一五年五月）・同「『某宝次第酉酉』――翻刻・解題」（『金沢文庫研究』三三六、二〇一六年三月）。

20　西岡芳文氏のご教示による。

21　『名語記』（勉誠社、一九八三年）。

22　拙稿「金沢文庫の中世神道資料『jaH-jaH 次第』『jaH-jaH 口決』――翻刻・解題」（『金沢文庫研究』三二六、二〇一一年三月）。

23　前掲、伊藤聡『中世天照大神信仰の研究』第二部付論「称名寺の中世神道聖教」。

24　横田隆志「速成就院伝来『長谷寺密奏記』と奥砂子平法」（『金沢文庫研究』三二九、二〇一二年十月）。

25　なお、意教上人頼賢の相承した仁寛所伝の瑜祇大事が、定仙に相承されている一方（『水丁鉤鏁次第秘決』、称名寺聖教二九五函八）、秀範・円海にも伝えられていることを牧野和夫氏が指摘している（『金沢文庫研究』二八〇、一九八八年三月）。

琉球における漢籍受容と漢文の学習

高津　孝

はじめに

近世琉球には社会階層を異にする三つの士族文化が併存して存在した。首里《しゅり》士族、那覇《なは》士族、久米村《くめむら》士族の文化である。首里は琉球王国の首都であり、琉球の政治文化の中心として栄えた都市である。王子、按司《あじ》、地頭の上級士、王府に仕える中下層の官吏階層である下級士が居住した。階層的には異なるが文化的にまとめて首里士族と呼ぶ。那覇は、中国、日本などと結ぶ交易港である。交易に関連した役人層が居住した。薩摩在番《ざいばん》が居住していたこともあり、大和の文化にも精通する人材が求められた。久米村は、現在の那覇市の久米一帯の地域で、十五世紀前後から福建系の渡来人が居住する地域であり、自らは「唐営《とうえい》（栄）」と称していた。彼らはその出身、技能を活用して、中国との貿易に従事する職能集団として、琉球社会の中で大きな位置を占めてきた。[注1]

一　楚南家文書

楚南《そなん》家文書とは、琉球の久米村士族楚南家に伝来した蔵書で、現在、法政大学沖縄文化研究所に所蔵されている。筆者は、平成五年（一九九三）に調査を許可され、現在、うるま市図書館長の榮野川敦（当時、琉球大学附属図書館職員）とともに調査に当たり、目録を作成し、『琉球列島宗教関係資料漢籍目録』（榕樹社、一九九四年）に収録公刊した。当時の調査は極めて限定されたもので、永く非公開であった楚南家文書について、目録を作成するという目的で、漢籍に限定して調査の許可が得られたものであった。調査も高津、榮野川の二人が二日間で行うという慌ただしいものであった。また、当時の楚南家文書は、未修復の段階で、破損甚だしく、虫害も著しく、ページをめくることが困難な資料も多かった。表は、当時の調査結果に基づいて作成された蔵書目録から書名のみを抽出したものである。昨年、再度、楚南家文書を調査する機会に恵まれたが、当時とは異なり、修復を完了して、どのページも問題なく閲覧できる状態であった。再調査の結果に基づく、改訂、増補を加えた蔵書目録は今後公刊の予定である。

楚南家文書の所蔵者であった楚南家は、久米村士族楚南家の一支流である。楚南家の家譜である「魏姓家譜支流」[注2]は七世の魏良珠に始まる小宗である。元祖は首里の応氏大嶺親雲上安憲で、四世の高嶺親方士哲の時に、琉球王の命令で、明代に中国から移民してきたと伝承される久米村三十六姓の欠を補うために魏姓を下賜されたという。楚南家文書は、書物に記された所持者の人名から、複数人の所持本が含まれていることが判明する。最も多いのが、十世の魏掌政[注3]のもので、朱あるいは墨の「魏掌政」木印が押されているか、「魏掌政」「孝友軒」と墨書されたものである。十八点（1、2、3、4、6、9、10、17、18、35、39、40、42、48、49、59、60、61）

ある。「楚南　孝友堂」墨書のある35も魏掌政所持本の可能性がある。魏掌政の父である九世の魏学源[注4]のものは、45、46、47、50で、「楚南親雲上」と墨書のある51も魏学源所持本の可能性がある。このほか、「楚南／魏宜昌」「魏宜昌」の墨書のあるものが、34、64である。34には「□格官生　林老師先生給予看者也」との墨書があり、また、「林世功」墨書あるいは印のあるものが、四点（26、29、33、43）あるので、「林老師」は官生（北京の国子監への琉球留学生）であった林世功（一八四一～八〇）と推定され、林世功所持本は楚南家の魏宜昌を経て、楚南家文書に入ったのであろう。このほか、「久米村御物」の墨書のある六点（53～58）、「尾富祖／淑徳堂」の墨書のある二点（11、13）、「鄭宗書」墨書、「経徳堂」印のある14、「名護記／立雪堂」墨書のある32、「親里記／聚徳堂」墨書のある65、「孫鼎臣」墨書のある66がある。したがって、楚南家文書は基本的に楚南家十世魏掌政の蔵書を中心として、父である九世魏学源の蔵書を加え、何らかの経路を経て入手した琉球知識人の蔵書を加えたものであると言える。

楚南家文書漢籍目録は、中国古典籍を分類する場合の分類基準である四部分類に従って分類されている。四部とは、経部・史部・子部・集部を指す。経部は、儒教の経典及びその注釈書、文字学の書物等を収め、史部は、歴史書、地理書を中心に政治、法律関係の書物、図書目録を収め、子部は、哲学、思想の書物、天文学、医学など理学の書物、占いなどの術数の書物、芸術、宗教、雑記、類書などの書物を収め、集部は、文学作品や評論の書物を収める。

楚南家文書漢籍目録（法政大學沖縄文化研究所）

經部

1、易經大全會解四巻首一巻　清來爾縄撰　清朱采治・朱之澄編　康熙五十八年序刊本　霞漳廣學堂藏板　二册

2、易經大全會解四巻首一巻闕巻四　清來爾縄撰　清朱采治・朱之澄編　康熙五十八年序刊本　二册

3、易經精華六巻末一巻　清薛嘉穎編　道光元年光韙堂刊本　六册

4、書經體註大全合纂六巻首一巻存巻一之三　清錢希祥編　清范翔鑑定　康熙五十七年重刊本　見古所藏板　二册

5、書經精華六巻闕巻二　清薛嘉穎編　五册

6、重訂詩經衍義合參集註　存巻首一巻國風巻一・二小雅巻四・五　明江環撰　清呉士玉訂正　康熙三十一年序刊本　文林堂梓行　二册

7、詩經精華十巻　清薛嘉穎編　道光五年自序刊本　五册

8、春秋三十巻　刊本　十六册

9、漱芳軒合纂四書體註　大學一巻中庸一巻論語十巻孟子七巻　清范翔撰　嘉慶二十年刊本　集古堂藏板　六册

10、漱芳軒合纂四書體註　大學一巻中庸一巻論語十巻孟子七巻　清范翔撰　道光十七年刊本　集古堂藏板　六册

11、漱芳軒合纂四書體註　中庸一巻　清范翔撰　刊本　一册

12、漱芳軒合纂四書體註　論語十巻存巻一之五　清范翔撰　刊本　一册

13、漱芳軒合纂四書體註　孟子七巻存巻六・七　清范翔撰　刊本　一册

14、漱芳軒合纂四書體註　孟子七巻　清范翔撰　刊本　四册

15、古文孝經一巻　漢孔安國傳　明治十三年刊（東京、小泉堂）一册

16、古文孝經一巻　漢孔安國傳　明治十三年刊（東京、小泉堂）一册

17、較正官音仕途必需雅俗便覧二巻首一巻　清張錫捷撰　刊本　泉郡以文居梓行　一册

18、新刻官音彙解釋義音註二巻　清蔡奭伯撰　萬有樓重刊本　一册

19、新刻官話彙解便覧二巻存巻上巻　清蔡奭伯撰　刊本　一册

20、三字經訓詁一巻　清王相撰　刊本　一册

史部

21、綱鑑易知録九十二巻明鑑易知録十五巻　清呉乘權等編　三讓堂刊本　四十七册

22、國語二十一巻　呉韋昭注　宋宋庠補音　刊本　六册

23、戰國策十巻　宋鮑彪校注　元呉師道重校　刊本　八册

24、克復金陵奏稿一巻坿二巻　清曾國藩撰　寫本　二册

25、鼓山志十四巻首一巻　清黄任撰　清刊本　六册

26、廿一史約編八巻首一巻存巻一・首　清鄭元慶撰　刊本　魚計亭藏板　一册

27、歴代帝王紀要二巻坿一巻　清王天煇編　刊本　一册

子部

28、育英源一巻附五巻　咸豐七年重刊本　一册

29、新刊醫林狀元壽世保元十巻存巻八　明龔廷賢撰　周亮登校　刊本　一册

30、引痘略一巻　清邱熺撰　寫本　一册

31、廸吉全書　清薛長庚撰　寫本　二冊

32、中西關係論三巻　美國林樂知撰　日本廣部精點　明治十二・十三年刊（東京、青山堂）　五冊

33、暗室燈二巻闕上巻　清闕名撰　刊本　一冊

34、増訂立命功過格二巻首一巻末一巻　清寶鋆鑑定　同治六年序刊本　一冊

35、經餘必讀八巻續編八巻三集四巻　清雷琳等輯　三集　清趙在翰輯　嘉慶八年序刊本　八冊

36、事類賦三十巻存巻五之三十　宋呉淑撰　明華麟祥校刊本　五冊

37、新刻幼學須知直解四巻　明程登吉撰　刊本　靈蘭堂梓　二冊

集部

38、唐詩紀百七十巻目録三十四巻存巻二十四之三十一・四十四之五十五　明黄徳水、呉琯編　刊本　三冊

39、唐詩解五十巻存巻一之六・十一之二十・三十一之三十四・三十九之五十　明唐汝詢編　刊本　七冊

40、古唐詩合解十二巻存巻一之三・七之九・十之十二　清王堯衢編　輯瑞堂刊本　三冊

41、尺牘合璧二巻　清鄭文煥撰　寫本　一冊

42、今古奇觀四十巻存巻五之七・十一之十四・十八之二十・二十八之三十・三十八之四十　明抱甕老人輯　刊本　五冊

43、西漢演義六巻闕巻五第一・二葉巻六尾　刊本　三冊

44、増評補像全圖金玉縁百二十回首一巻存回九之三十二・四十九之六十四・首　清曹霑撰　清高鶚續　光緒三十四年石印本　求不負齋印行　六冊

琉球人の編著作

45、二集歴代寶案目録二巻　琉球程順則等編　寫本　乾坤二冊

46、歴代表文集一巻　寫本　一冊

47、表文　寫本　一冊

48、表集　寫本　一冊

49、頒賜遺詔謝表　寫本　六冊

50、福建進京水陸路程　寫本　一冊

51、海路無恙　寫本　一冊

52、請封表　寫本　一冊

53、推朔望法　寫本　一冊

54、求節氣　寫本　一冊

55、四行立成　寫本　一冊

56、太陽均度立成　寫本　一冊

57、太陰均度立成　寫本　一冊

58、黄赤道差加減時分立成　寫本　一冊

59、琉球詩録四巻　琉球阮宣詔・鄭學楷・向克秀・東國興撰　清孫衣言評定　道光二十四年孫衣言序刊本　一冊

60、琉球詩録四巻　琉球阮宣詔・鄭學楷・向克秀・東國興撰　清孫衣言評定道光二十四年孫衣言序刊本　一冊

61、琉球詩課四巻　琉球阮宣詔・鄭學楷・向克秀・東國興撰　清孫衣言評定　道光二十四年孫衣言序刊本　一冊

62、琉球詩課四巻　琉球阮宣詔・鄭學楷・向克秀・東國興撰　清孫衣言評定　道光二十四年孫衣言序刊本　一冊

63、琉球詩録二巻　琉球林世功林世忠撰　清徐幹評定　同治十二年孫衣言序刊本　一冊

64、官話　寫本　一冊

二　久米村士族の蔵書

以下、楚南家文書漢籍目録（以下、楚南家目録という）に収録された書物について解説を加える。経部において特徴的であるのは、9から14番の『漱芳軒合纂四書體註』である。『四書體註』は琉球において特別な意味を持つ書物である。乾隆二十七年（一七六二）宝暦十二年）、薩摩へ向かっていた琉球船が流されて土佐に漂着し、土佐の藩儒戸部良煕が漂流した琉球人の尋問にあたった。その筆記録『大島筆記』巻下には、こう言う。[注5]

「琉球の學校、小學四書六經を業とす、近頃までは備旨と云書を用ひ居たるが、近年四書體註わたり、是が集註の昭考に簡明な末疏じやとて、今は是を用ゆと照屋里之子云えり。……學校あまり大なるとは聞えず、聖堂と並び立り。……學校の名は明倫堂と云、王子以下誰にても就學ある事也。學校にあらずして自宅にて講ずる者もあり、王子按司三司官などへ出講する事もある也。國王の侍讀は各別也。久米村の學官は本唐の通りに直讀に教る也。夫を講官より國讀に通ずる様にも教る也。點本は薩摩の僧文之が點を用ゆ。傍より琉球朱子學なりやと問えるに、甚怪めたる様子なり。子細は本唐も琉球も學業と云へば、小學・四書集註章句・五經集傳より外はなく、何學と云様なる名目はなき故也。良煕近思録學術の大事なる由を演説す」。

この琉球船の責任者は、潮平親雲上、翁姓、名は士璉、名乗りは盛成で首里赤平の人である。[注6]琉球の首都である首里に国学が設置されたのは一七九八年であることから、この文章中の「学校」は、久米村の明倫堂を指す。文中の「照屋里之子」は久米村の出身者であろう。久米村に明倫堂という学校が作られたのは、一七一八年のことで、そこでは、中国との朝貢関係に付随する種々の業務、外交交渉を遂行する高度の能力を有する人材が育成された。この記録から、久米村士族の教育機関である明倫堂では、最初、中国で出版された『備旨』が用いられ[注7]、一七六二年頃には、『四書体註』が用いられたことが分かる。

『備旨』『四書体註』は、共に南宋の朱熹の『四書集註』に基づき、その注を更に詳細に敷衍した科挙の受験参考書である。一般に挙業書と呼ばれ、中国の学術の分野に於いての評価は低い。そのため、中国の著名な蔵書家たちの所蔵の対象とはならず、中国の代表的な図書館などに収蔵されることも多くない。『備旨』は、明・鄧林の著作である『四書備旨』あるいは『四書補註備旨』で、様々なテキストがある。一番よく見られるのは明・鄧林撰、清・杜定基増訂『新訂四書補注備旨』十巻で、乾隆四十四年（一七七九）杜定基序を有するテキストが同治年間以降、様々な書肆から出版されている。袖珍版もあり、また、明治二十九年の東京博文館大橋新太郎・銅版印本（東京大学総合図書館所蔵）もある。[注8]鄧林は、号退庵、広東・新会の人である。洪武二十九年（一三九六）の挙人（郷試の合格者）で、著書に『退庵遺稾』七巻がある。[注9]『新訂四書補注備旨』は、頁の下三分の二に朱熹『四書集注』の経文、注文をそのまま載せ、経文の語句に逐語的に鄧林の注釈を施し、頁の上三分の一に各章、各節の要旨をまとめた章旨、節旨や語句、人名の説明を載せる。四書の要点が簡便に分かる構成になっている。

『四書体註』は、清・范翔撰『漱芳軒合纂四書體註』である。著者の范翔については未詳。康熙三十一年（一六九二）の范翔の自序が付されている。漱芳軒は范翔の書斎の名である。『漱芳軒合纂四書體註』は、『新訂四書補注備旨』とは異なり、朱熹『四書集注』の経文、注文は頁の下三分の一に縮小され、頁の上三分の二に、各章、節の要旨のほか、有名人の四書についての注釈、評論、解説を集成して掲載している。「合纂」と称する所以である。

この『漱芳軒合纂四書體註』が、乾隆二十七年（一七六二）に近いころ、琉球に伝わり、それ以前に使用されていた『四書備旨』に代わり、久米村の明倫堂において教科書として用いられたのである。その後、琉球では一七九八年に最高学府である国学が首里に設置された。国学では漢籍を専門に学ぶ学生に対して試験を行い、『四書体註』『五経体註』『二十一史』から出題されたことが知られている（後述）。琉球の士族社会において『四書体註』は極めて大きな意味を持ってたのである。

楚南家文書に含まれる『漱芳軒合纂四書體註』は、うち二点に封面が残っており、書誌的情報が判明する。一点の封面は、「嘉慶廿孟夏新鐫／茗溪范紫登參訂／四書體註／字遵／部頒正韻　集古堂藏板」で、嘉慶二十年（一八一五）夏に、集古堂という書店から出版されたものであることが分かる。もう一点の封面（挿図1）は、「道光丁酉孟春新鐫／茗溪范紫登參訂　校對／無訛／銅版四書體註／字遵／部頒正韻　集古堂藏板」で、道光十七年（一八三七）に同じく集古堂という書店から出版されたものであることが分かる。朱文印「魏掌政」[注10]は、本書の所持者で楚南家の一員である。

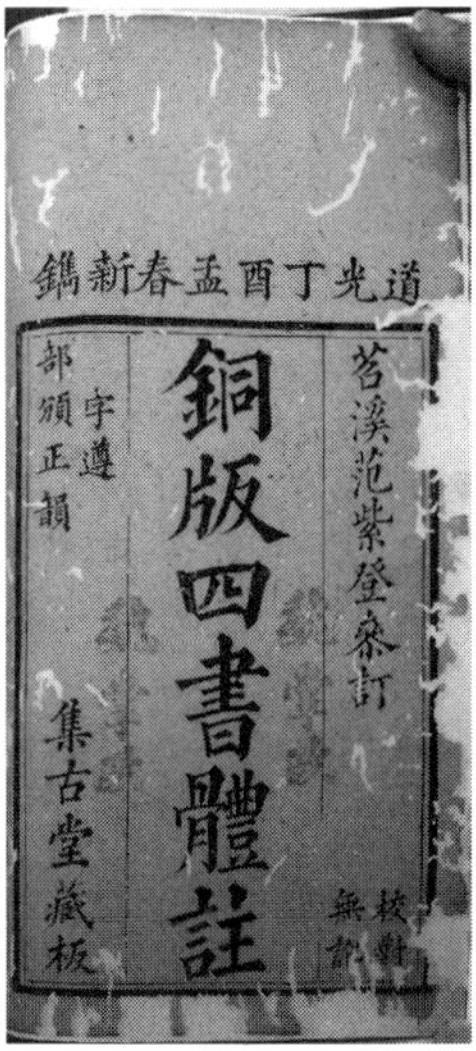

挿図1　『漱芳軒合纂四書體註』封面（法政大学沖縄文化研究所所蔵）

挿図2は、魏掌政所持本の『大学』巻頭であるが、朱点が施され、詳細な注記がなされ、真摯な学習の痕跡が見て取れる。ここで重要なポイントは、中国古典文に訓読の記号が施されている点である。中国人の後裔であり、教育の過程で、高度な中国語学教育、中国古典教育を施される久米村士族であるが、彼らは全面的に中国語で中国古典を学んでいたわけではないことが、この資料から見て取れる。前述の『大島筆記』巻下には「學校にあらずして自宅にて講ずる者もあり、王子按司三司官などへ出講する事もある也。國王の侍讀は各別也。久米村の學官は本唐の通りに直讀に教る也。夫を講官より國讀に通ずる様にも教る也」とあり、久米村では、基本的に中国音を用いて中国古典の学習が行われていたが、首里に出講し、王子、按司、三司官や国王に経書を講ずる場合、訓読を用いていたというのであろう。したがって、久米村でも訓読は並行して行われており、おそらく、初学の段階では訓読から始めたのではないかと推定される。

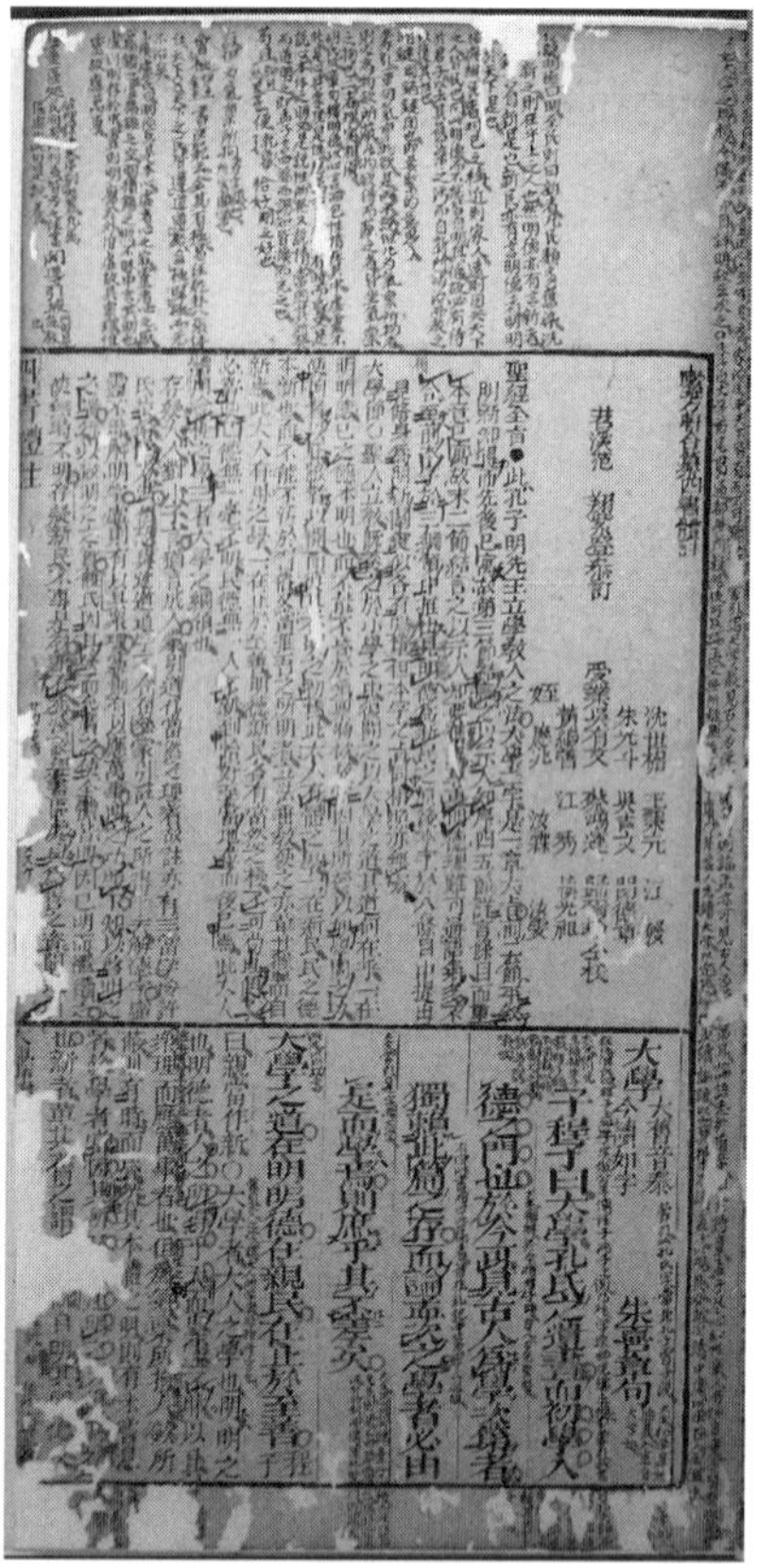

挿図２　『漱芳軒合纂四書體註』大学・巻頭
（法政大学沖縄文化研究所所蔵）

楚南家文書中には含まれていないが、琉球ではどのような訓点本が使用されていたのか。これについては、前述の『大島筆記』巻下に「點本は薩摩の僧文之が點を用ゆ」とあるように、文之点という特殊な訓読テキスト『四書集注』を用いていたことが知られており、石垣市の八重山博物館に所蔵される琉球時代の八重山士族の蔵書に見つかっている。[注11] 文之点『四書集註』は鹿児島にいた桂庵玄樹（一四二七〜一五〇八）という禅宗僧侶の点本を、桂庵玄樹三世の弟子文之玄昌（一五五五〜一六二〇）が整理を加えやや簡略にしたものを、文之玄昌の門人泊如竹（一五七〇〜一六五五）が跋を加え刊行したテキストである。[注12] 日本最初の訓点本『四書集註』の刊行として有名である。

桂庵玄樹は、朱子学に精通し儒仏不二を説いた京都の禅僧岐陽方秀（一三六一〜一四二四）の和訓を受けて、博士家の古点法に代わる新しい訓読法を記した『桂庵和尚家法倭点』を著している。桂庵点は、門人の月渚玄得、その門人の一翁玄心を経て文之玄昌に伝わり、薩摩の文之玄昌の『四書集註』点本が、その門人泊如竹により寛永二年

（一六二五）跋を付して京都で刊行された。『和刻本漢籍分類目録』によれば、以後このテキストは、寛永八年（一六三一）、寛永二十年（一六四三）、慶安二年（一六四九）、三年（一六五〇）、万治二年（一六五九）と重刻されている。[注13] 八重山博物館には五部の『四書集註』が所蔵されているが、版心その他から、うち二部は確実に文之点「四書集註」であることが分かる。ともに『四書集註』の訓点附刻本、九行十七字、版心「大魁四書集註」であり、一本は巻末に図を伴う。文之点と琉球との関係を考える場合、最も重要な指摘を行っているのは『三国名勝図会』である。『三国名勝図会』六十巻は、薩摩、大隅及び日向（一部）の三国の自然、寺社、物産について記述した地誌で、天保十四年（一八四三）薩摩藩主島津斉興の時代に編纂された。『三国名勝図会』巻五十如竹翁伝には、次のように言う。[注14]

先是琉球經書を讀む、皆漢音を用て、和讀を知らず、翁授くるに文之點の四書を以てす、是より琉球始めて和讀を知り、今に至て國中十分の八は、文之點の四書を用ゆといふ。

さらに、その割注にかく言う。

天保十三年壬寅、中山王尚育、賀慶使を江都に遣す、大坂に於て琉球人、文之點の四書を買ひ歸ること、數十百部に至る、當時文之點の板行四書小き故、買ひ盡せしかば、新に板に摺らしめて買ひしなり、是琉球は、文之點を尊ぶ故なりとぞ、翁の文之點を琉球に弘めし證を見るべし、其和漢音讀法の如き、久米村の學校は、唐音和讀兼習ふといへども、其外首里都及び國中は、和讀の訓點本をもちゆといふ。

如竹は、寛永九年（一六三二）から三年間琉球に滞在したのであるが、寛永二年跋刊本或いは八年刊の文之点『四書集註』を携えていったことは確実であろう。この時、中山王尚育が如竹に師事したことが、文之点の琉球における地位を決定したものと思われる。
しかしながら、八重山博物館の蔵書においても、『四書集注』五部のうち、三部は文之点ではないことから考えると、琉球王国では公的には文之点を推奨していたが、現実には文之点以降に出版された様々な訓読本『四書集注』が流入していたと考えられる。たとえば、琉球に対して最も接触の深かった薩摩藩で刊行された『四書集注』は、山崎闇斎の点本であり、琉球王の摂政であった浦添按司朝憙の跋文を有するものである。[注15]
また、大正五年、沖縄を訪れて書物の調査にあたった武藤長平が、その「琉球訪書志」（大正六年十二月一日稿歴史地理）[注16]で、「琉球板の『四書集註』及び『四書俚諺鈔』の板木が尚侯爵邸にあり、『童子摭談』の板木が浦添家にあるに關はらず、其等の書籍が一向琉球に殘つて居ないのは遺憾に思ふ」と述べており、琉球王のもとには『四書集註』及び『四書俚諺鈔』の版木の存在したことが分かるのである。この時、武藤長平が尚家家扶の伊是名朝睦から譲られた琉球版『論語集注』は、現在、琉球大学附属図書館に所蔵されているが、訓点のないテキストである。[注17]一方、『四書俚諺鈔』は、毛利貞斎『四書俚諺鈔』で、四書の訓点付きテキストに平易な仮名抄を加えたもので、元禄十二年（一六九九）に出版されて以降、日本で非常に流行した。琉球社会においては、強い中国志向を有した久米村の士族が中国士大夫の教養に準拠した学問を行ったのに対し、それ以外の士族は江戸時代の日本と共通した漢籍文化の中にあり、四書の学習も、訓点テキストを用い、毛利貞斎『四書俚諺鈔』のような平易な仮名抄を利用していたのであろう。
先に触れたが、首里に琉球の最高学府である国学が設置されたのは、一七九八年、十八世紀の最末期である。そこでは、試験に際して、講談学生に対しては、『四書体註』『五経体註』『二十一史』から出題があり、官話詩文学生に対しては、『尊駕』『白姓』『人中画』『四書体註』から出題があったという。[注18]講談学生は行政文書を学ぶ学生、官話詩文学生は中国語と中国詩文を学ぶ学生である。

『五経体註』は、『四書体註』と同じ形式の『五経』に対する詳しい注釈書で、科挙の受験参考書である。楚南家目録1、2、4、6番が『五経体註』に当たる。[注19]

国学の講談学生が学ばねばならなかった『二十一史』は、『史記』『漢書』から『元史』に至る二十一種の「正史」、政府編纂の王朝史であるが、これらはあまりに膨大な書物であり、全てを学ぶことは中国の士大夫にとっても困難なことであった。したがって、琉球人が学んだのは実際には、楚南家目録21番の『綱鑑易知録』に代表される科挙受験用の簡便な参考書であった。『綱鑑易知録』九十二巻は、清・呉乗権等によって編纂された三皇五帝の神話時代から、元朝までの歴史書である。これに朱國標等編『明鑑易知録』十五巻を加えて、清朝以前の全ての歴史書のダイジェスト版が完成することになるのである。「綱」は、南宋・朱熹『資治通鑑綱目』を意味し、「鑑」は北宋・司馬光『資治通鑑』を意味する。「綱鑑」と題される歴史ダイジェストの起源は、戦国時代の始まり（紀元前四〇三）から五代の終わり（九五九）までの歴史を編年体にまとめた北宋・司馬光『資治通鑑』に始まる。その後、南宋の朱熹及び弟子たちによって、『資治通鑑』に基づき、朱熹の歴史観を反映させた更に簡便な『資治通鑑綱目』が編纂された。これ以降、非常に複雑な経過を経て、科挙受験参考書としての膨大な通鑑系俗書が生み出されていく。[注20]『綱鑑易知録』はその最終形態の一つである。

国学の官話詩文学生が学ばねばならなった『尊駕』『白姓』『人中画』は、いずれも中国語会話の教科書である。中国は方言差の大きい広大な領域を支配するため、官僚の使用する言葉として標準的言語「官話」を形成した。琉球人たちは、官話を学習するため彼ら独自の官話教科書を作成した。それが琉球官話と呼ばれるテキスト群である。簡単な単語集である『官話』『官話三字口』、会話例文集である『学官話』『尊駕』『官話問答便語』、そして単語集と会話例文集を合わせた『廣應官話』、対話文であるが物語形式となっている『白姓』、更に中国の白話小説を官話の文体に改変して琉球官話テキストとした『人中画』[注21]、また、外交の場における想定問答集『条款官話』などがある。楚南家文書にはこうした琉球官話のテキストはわずかに64番『官話』しか含まれていない。しかし、実は、『人中画』の例に見られるように、明清の白話小説は、官話に比べると硬い文章ではあるが、中国会話を学ぶためのテキストでもあった。したがって、楚南家目録42の明・抱甕老人輯『今古奇觀』、43の『西漢演義』、44の清・曹霑撰、清・高鶚續『増評補像全圖金玉縁』は中国語学習のテキストでもあった。『今古奇觀』は、明代の短篇白話小説集、『西漢演義』は前漢を扱った明代の長篇白話歴史小説、『金玉縁』は清朝の長篇白話小説『紅楼夢』である。

また、楚南家目録17清・張錫捷撰『較正官音仕途必需雅俗便覧』、18清・蔡奭伯撰『新刻官音彙解釋義音註』、19清・蔡奭伯撰『新刻官話彙解便覧』は、いずれも中国人が官話を学習するための官話語彙集であるが、琉球人にとっても官話学習のテキストとなるものである。

楚南家目録31清・薛長庚撰『廸吉全書』は暦関連の書物である。これに対応するものとして楚南家目録の琉球人編著作53から58の文書六点『推朔望法』『求節氣』『四行立成』『太陽均度立成』『太陰均度立成』『黄赤道差加減時分立成』がある。これらはいずれも表紙に「久米村御物」と墨書され（挿図３）、久米村で非常に重要な書物として保持されてきたことが分かる。楚南家文書に含まれる経緯は不明であるが、楚南家の一員には暦学に詳しい人物がいた可能性はある。琉球では、一六七四年以降、中国に人を派遣して暦法を学ばせ、中国暦を参考にして独自に暦書を作成、刊行していた[注22]。出版された琉球版暦書としては清朝後期のも

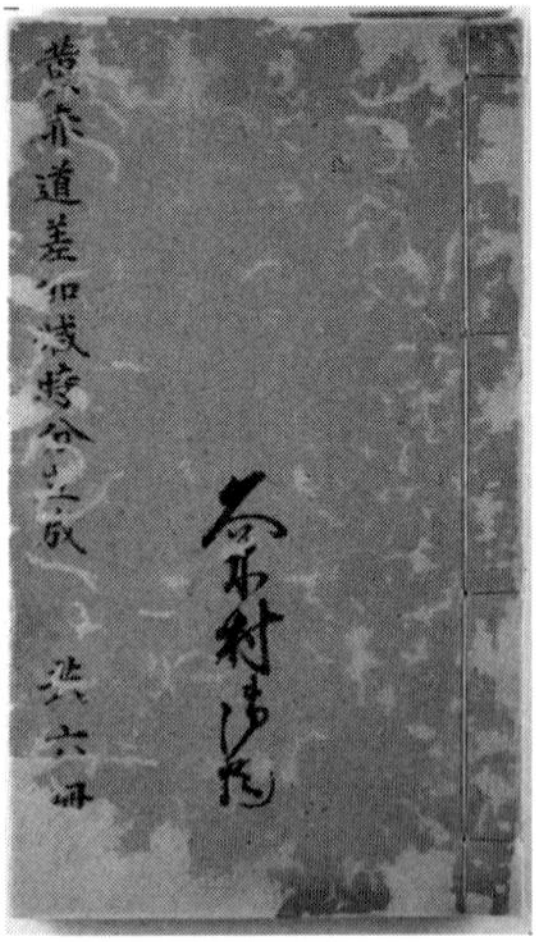

挿図３『黄赤道差加減時分立成』表紙（法政大学沖縄文化研究所所蔵）

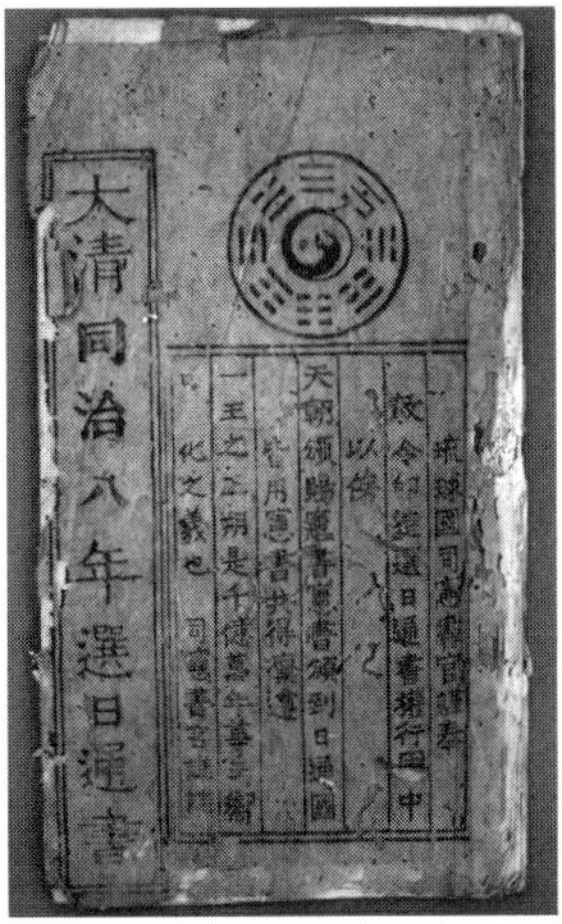

挿図４「大清同治八年選日通書」（琉球暦）（久米島博物館所蔵）

のが残されている。挿図４は久米島に保存された同治八年（一八六九）刊の琉球暦「大清同治八年選日通書」で、表紙にはっきりと「琉球国」と記されている。

また、国学では、官話詩文学生は詩作が義務付けられており、その際のテキストとして『唐詩合解』が用いられていたという。[注23] 楚南家目録の40清・王堯衢編『古唐詩合解』十二巻は、唐詩十二巻と付録としての古詩（唐以前の詩）四巻からなる書物で、現存は唐詩の部分のみである。これは琉球人にとっての漢詩作成の教科書である。このほか、楚南家目録には、唐詩の選集としての明・黄徳水、呉琯編『唐詩紀』[注24]や、唐詩の解説書としての明・唐汝詢編『唐詩解』が見えている。また、琉球人著作中の琉球・阮宣詔・鄭學楷・向克秀・東國興撰『琉球詩録』四巻、琉球・阮宣詔・鄭學楷・向克秀・東國興撰『琉球詩課』四巻は、北京の国子監に留学した琉球官生《かんしょう》たちが北京で作った詩を刊行した琉球人漢詩集である。

三　那覇士族の教養

那覇士族のまとまった蔵書は、現在見つかっていない。しかしながら、彼らの教養のあり方を示す著名な資料として「阿嘉直識遺言書」という資料が存在する。以下、簡略にその内容について紹介する。[注25]「阿嘉直識遺言書」は、原題を「阿嘉親雲上直識恩息松兼直秀へ相教へ候遺言の条々」という。原本は、残念ながら第二次世界大戦で焼失したが、『東恩納寛惇全集』巻五にも収録され広く利用されている。「阿嘉直識遺言書」は、十八世紀後半の那覇の知識人が息子のために書いた遺言書であるが、当時の那覇士族にとって立身出世のために必要な教養が何であったのかについて実に懇切丁寧に述べられており、当時の琉球社会の一面を知るための格好の資料となっている。

阿嘉直識は、尚敬王九年（一七二一）の生まれで、尚穆王三十三年（一七八四）に没した。遺言書は彼が五十八歳の時に、当時六歳の息子松金直秀にむけて書かれたものである。阿嘉直識は、那覇士族であるが、近世に入ると那覇士族の社会的地位は低下し、当時、那覇士族は士族の家同士の間で官職についての厳しい競争のなかにあった。それゆえ、こうした遺言書を残し、子孫に身につけておくべき文化資本について述べているのである。とりわけ、阿嘉直識は、十五歳で父親を亡くし、一門の中に指南を受けるべき人がなかったことから、文化資本を身につけることの重要性を自身の経験から痛感していた。

文化資本である学問教養は大きく漢学と和学の二つに分けられる。遺言書前段第五条には、学問は漢学と和学に分かれること、良い先生に就いて学ぶことの重要性が説かれる。文化資本へのアクセスは、まず第一に家庭教育、家の学が出発点になるが、早くに親を亡くし文化資本としての教養の習得に苦労した阿嘉直識はこの時既に五十八歳で、六歳の息子に教育を自ら施す時間の少なさを強く懸念している。良い先生に就くことを強調しているのも、これによる。実は、漢学、和学は学ぶべき「芸能」の一部であって、阿嘉直識は、学ぶべき芸能全体を三段階に分けて考えていた。遺言書前段第九条には、士族として学ぶべきことのヒエラルキーを、（一）漢学・和学・書札の法式・文書書付の類、（二）古実方・仕付方・謡の稽古、（三）活花・茶道・示現流、と述べている。那覇士族は、薩摩との交易に関係し、薩摩より派遣された在番奉行の接待役を務めねばならなかったことから、大和の武士階層と共通する教養を有することが強くもとめられたのである。それでは、漢学を中心として具体的に諸芸能の中身を見ていこう。遺言書前段第六条は、前半に漢学、後半に和学の具体的内容を記述するものである。まず、前半は以下の通りである。

一　漢書の講談は、十五歳より二十五歳まで、諸事の稽古方かけて、六諭・小学・四書精を出して相学び、成るべくは、古文・詩経まで、あらあらにても、断絶なく相学ぶべく候。

第一に挙げられる「六諭」は、『六諭衍義』を指す。『六諭衍義』は、明の太祖の六諭（六条の教え）を清の范鋐が白話で解説した書物である。[注26]『六諭衍義』には、琉球の程順則によって刊行された琉球版が存在する。程順則（一六六三～一七三五）は、近世琉球を代表する政治家、文化人であり、『六諭衍義』の琉球社会への導入は、彼に始まるものであり、その福建での出版も彼が資金を提供したものである。[注27]享保四年（一七一九）、琉球を支配していた薩摩藩の藩主島津吉貴より、徳川幕府に『六諭衍義』（康熙四七年刊本）が献上される。その後、幕府の命により、荻生徂徠が訓点を施した『六諭衍義』（享保六年〈一七二一〉）、室鳩巣による日本語訳の『六諭衍義大意』（享保七年〈一七二二〉）が刊行され、江戸時代日本で広く普及した。

次に挙げる「小学」は、南宋・朱熹撰『小学』六篇で、朱熹の友人の劉子澄らが朱熹の依頼を受けて編集したものである。内篇四篇、外篇二篇に分かれ、内篇は『尚書』『儀礼』『周礼』『礼記』『孝経』『左伝』『論語』『孟子』『弟子職』等の書物からの抜き書き、外篇は宋人の言行を載せる。江戸時代、日本で最もよく行われたのは、明・陳選の注を加えた『小学句読』というテキストであり、刊刻は極めて多い。[注28]現在、八重山博物館には、琉球王国時代に遡る『小学』が所蔵されているが、すべて『小学句読』の和刻本乃至その写本と考えられる。

次に「四書」であるが、前述のように、琉球においてはとりわけ文之点『四書集註』が尊重された。

また、「古文」「詩経」であるが、一般的に「古文」とは、唐宋代に形成された散文の文体をさすが、この場合は、おそらく書名で『古文真宝』を指すと考えられる。『古文真宝』は、中国の詩文を集めた書物で、元の黄堅の編という。前後二集に分かれ、前集は、漢から宋代までの詩を中心に編纂されており、後集は戦国末から宋までの古文を中心に編纂されている。初学者用のテキストとして著名な詩文が集められており、江戸時代には広く行われた。一方、中国では俗書として顧みられることなく失われた。儒教の古典のうち、古代の歌謡を集めた最古の詩集『詩経』と合わせ、基本的な詩歌、散文の学習を目的としたものであろう。久米島、石垣島には、「魁本大字諸儒箋解古文真宝後集」二巻という江戸時代の和刻本が残されている。

遺言書前段第六条の後半、和学については、次のように述べている。

歌書は、詠歌大概・秀歌大略・百人一首・十五ヶ条これある三部の抄にて候。三代集とは、古今集・後撰集・拾遺集を中候。家の三代集とは、千載集（俊成卿撰）・新勅撰（定家卿撰）・続後撰集（為家卿撰）、祖師三代の集にて候故、家の三代集と云ふ。家の集とは、為家卿集・草庵集にて候。和歌の庭訓（定家卿作）・毎月抄右の諸抄、二条家の眼目にて信仰仕る事にて候間、常々熟覧いたすべく候。聴雪集（俗に雪置と号す）、（上同）・初学和歌式・八重垣・萩のしをり・浜の真砂・秋のねさめ・和歌道しるべ・または愚問賢註・井蛙抄、是等の諸抄を以て、歌のよみかた稽古執行いたすべく候。和書は、伊勢物語・源氏物語・徒然草などの書、精を出し、和漢共に、月にねり、歳にきたひ、年々歳々に怠らざる様に、気根を養ひ随分相励み相学ぶべき事。

和学は、基本的に和歌を詠むための学問で、藤原俊成、藤原定家を出した御子左家の嫡流である二条家の学を継いでいる。『三部抄』は、藤原定家の歌論書『詠歌大概』、秀歌選の『秀歌之体大略』『百人一首』、秀歌ではない歌を集めた『未来記・雨中吟』からなり、歌学の基本図書である。これに勅撰集の三代集、御子左家の三人が勅撰集編者となった家の三代集、そして、藤原為家の私家集『為家集』、頓阿の私家集『草庵集』、三条西実隆の私家集『聴雪集』を必読文献とする。さらに歌学の書物として、藤原定家『和歌庭訓』『毎月抄』、有賀長伯『初学和歌式』（元禄九刊）、『和歌八重垣』（元禄十三刊）などや頓阿、二条良基『愚問賢註』、頓阿『井蛙抄』が挙げられる。また、『伊勢物語』『源氏物語』などの物語、随筆の『徒然草』は、和歌を詠むための教養を身につけるためのものであろう。

遺言書前段第七条の「字書は、尊朝親王御染筆・雲洲往来・平家灌頂巻、其外にも数々手本うつしおき候間、彼の御流をまなび候て、手習精入るべく候。」は、書道の手習いを言うものである。「彼の御流」は、御家流を指す。江戸時代日本で、幕府の文教政策によって広く普及した和様書道の流派「青蓮院流」のことである。近世琉球の行政文書は基本的に御家流で書かれている。尊朝法親王（一五五二～一五九七）は、青蓮院流の書道の名手である。『雲州往来』は、平安時代の藤原明衡によって作られた書簡集で、二百余通の書簡を収め、『明衡往来』とも言う。こうした往来物と呼ばれる書簡例文集は手習いの初等教科書として用いられた。「平家灌頂巻」は『平家物語』の一段であるが、書道の手本として用いられたのであろう。

四　首里士族の教養

首里士族の蔵書は現在残されたものが見つかっておらず、また、教養についても、明確に述べた資料が存在しない。しかし、一八〇三年の首里士族の楊文鳳が薩摩の石塚崔高の質問に答えた『琉館筆譚』という資料が残されている。[注29]その中で、石塚崔高の質問「学校では子弟に書物の読み方を教えるのに、中国音で読むのですか」に対し、楊文鳳は、首里の学校では日本の訓読記号に従って、文章を転倒して読むこと、しかし、久米村の学校では中国語で教育しているが、訓読も行われていること、国王の命令や民間の手紙類は日本と変わらないこと、中国への外交文書は中国の書法によっていることを回答している。注30

久米村の学校は明倫堂で、享保三年(一七一八)に設置されたものである。「首里の学校」とは、ここでは首里の国学(寛政十年〈一七九八〉設置)を指す。久米村の教育方針が中国語、日本語併存であるのに対して、その他の地域では日本式の訓読法が一般に行われていたことを言う。おそらく、首里士族の教養は、那覇士族ほどは日本的ではなく、しかし、久米村士族ほどは中国的ではなかったと推定されるのである。

まとめ

琉球には、階層、職能を異にする三つの士族集団が存在した。首里士族、那覇士族、久米村士族である。その階層、職能に応じて、その文化、身につけるべき教養にも差異が存在した。中国系居留民の子孫で、琉球王国における中国との貿易、外交を担当する久米村士族は、訓読を用いた漢学の学習から、中国語を用いた学習に進み、高度な儒教の素養を身につける必要があった。一方、那覇士族は、薩摩側との交流の必要性から、訓読によって中国系の漢学を修め、さらに日本の武士階層が有した和学(和歌、御家流書道)をも修得する必要があった。首里士族は、那覇士族、久米村士族ほどは特化していなかったと推定される。

注

1 『琉球一件帳』（一八二〇年前後）によれば、首里の上級士は、二七三家、下級士は一二二四家、那覇・久米村の下級士は一八一家、泊村の下級士は二二八家。一九〇三年で、久米村の下級士は五九二家（沖縄県統計書）であった。泊村士族のまとまった蔵書、学問を示す資料は発見されておらず、不明な点が多いが、おそらく、首里の下級士に近いものであったろうと推定される。梅木哲人「近世琉球士族社会の構成」（『沖縄文化研究』十八、一九九二年）参照。また、琉球知識人の漢籍学習については、楚南家文書を利用した水上雅晴「琉球中央士族の漢籍学習について：楚南家本を中心とする初歩的考察」（『沖縄文化研究』四一、二〇一五年）参照。

2 『那覇市史　資料編　第1巻6　家譜資料二（上）』（那覇市企画部市史編集室、一九八〇年）に活字化されて掲載されている。

3 魏掌政は家譜によれば、十世で、道光六年（一八二六）に生まれ、道光三十年（一八五〇）通事に抜擢され、咸豊六年（一八五六）には都通事に昇格している。歿年は不明。

4 魏学源は家譜によれば、九世で、乾隆五十八年（一七九三）生まれ、歿年は道光二十三年（一八四三）である。道光三年に都通事となり、二十一年には正議大夫に昇格している。嘉慶二十年（一八一五）に中国に渡り、『大清律例』を学び四年後帰国、道光十一年（一八三一）『新集科律』を鄭良弼とともに完成させている。道光十七年（一八三七）中国に渡り、翌年北京に謝恩使節の一員として向かい、二十年（一八四〇）に帰国している。同年、四年一貢となった朝貢船派遣を旧来の二年一貢に戻してもらうため、使節の一員として再び中国に渡り、交渉が成功して翌年帰国している。

5 『大島筆記』下、雑話上。『海表叢書』巻三（更生閣書店、一九二八年）による。

6 『大島筆記』上、琉人漂着次第。

7 「備旨」については、真境名安興『沖縄教育史要』（『真境名安興全集』第二巻、那覇、琉球新報社、一九九三年）第三篇第三章の注に「四書備旨四冊のことであることが平等学校公事帳で分った」とある。

8 京都大学人文科学研究所東アジア人文情報学研究センター「全國漢籍データベース」による。

9 『四庫全書総目』巻一五七・集部・別集類存目二「退庵遺稾七巻」。

10 注3参照。

11 「石垣市立八重山博物館所蔵漢籍について」（『鹿大史学』第四一号、一九九四年）参照。

12 川瀬一馬「近世初期に於ける經書の訓點に就いて——桂庵點・文之點・道春點をめぐりて——」（川瀬一馬『日本書誌學之研

究』東京、講談社、一九四三年）。

13 長澤規矩也『和刻本漢籍分類目録』（東京、汲古書院、一九七六年、増補補正版、二〇〇六年）。

14 『三国名勝図会』（東京、西郷活版印刷所、一九〇五年）巻五〇如竹翁伝。

15 天保十三年（一八四二）、徳川家慶の将軍就任の慶賀使が派遣される。この時の慶賀使は、正使が浦添朝憙（尚元魯）、副使が座喜味盛普であった。一行は天保十三年六月三日那覇を出航、十一月八日に江戸に到着し、島津斉興、斉彬に拝謁し、十二月十九日に江戸を発っている。江戸滞在中に、浦添朝憙（尚元魯）は島津斉彬に面会し、范文正公筆「伯夷頌」を献上し、また、島津斉彬の依頼により、弘化二年（一八四五）刊薩摩府学版『四書集註』（山崎闇斎点）に跋文（天保十四年）を草している。

16 武藤長平「琉球訪書志」（『西南文運史論』東京、岡書院、一九二六年）。

17 琉球版と推定される『四書集註』は、『大學章句』（琉球大学附属図書館）『論語集註』（琉球大学附属図書館、東洋文庫）『孟子集註』（残闕本、那覇市歴史博物館）が現存している。

18 真境名安興『沖縄教育史要』第三編近世期第三章第一節国学に「講談学生は（一）四書体註（凡一枚半）五経の中詩経衍義・書経体註・易経会解・礼記陳浩註・春秋胡伝等（凡一枚半）及び二十一史の中（凡一枚）から訓点を為さしむるものと（二）論文・呈文・咨文・録文の中から師匠の選定に依って文章を起稿（三枚位）せしむるものである。官話詩文学生は、（一）官音（四声句読）を以て尊駕白姓（書名）及び人中話（書名）の中から朗読（一枚位）せしむるものと（二）四書体註（凡一枚半）の中から訓点を施さしむるもの及び（三）詩作とがある」。また、「国学の教科書は初めは主として四書・五経・唐詩合解などを用ゐてゐたが、後年になって更に支那の呈文・咨文・録文・論文等の諸科が加へられたやうである」という。注7参照。

19 国立国会図書館に所蔵されている『五経体註』では、清・來爾繩撰『易經大全會解』四巻、清・錢希祥撰『書經體註大全合參』六巻、清・陳世楷撰『詩經融註大全體要』八巻、清・范翔撰『漱芳軒合纂禮記體註』四巻、晉・杜預註、宋・林堯叟註、唐・陸德明音義、明・鍾惺等評點『春秋左氏傳』五十巻がワンセットである。

20 中砂明徳『中国近世の福建人　士大夫と出版人』（名古屋大学出版会、二〇一二年）参照。

21 『京都大学文学研究科蔵 琉球写本『人中畫』四巻付『白姓』』（臨川書店、二〇一三年）参照。

22 『球陽』尚貞王六年「印造暦書通行国中」。高津孝『博物学と書物の東アジア――薩摩・琉球と海域交流――』（榕樹書林、二〇一〇年）第二部第一章「琉球の出版文化」参照。

23 注18参照。

24　楚南家文書の『唐詩紀』は、清朝の著名な蔵書家である法式善（一七五三～一八一三）の旧蔵本で、「詩龕／書畫印」「存素／堂／珍藏」「瀛式／善鑒／藏印」の印が押されている。

25　『東恩納寛惇全集』巻五、第一書房、一九七八年。また、高津孝「琉球における書物受容と教養」（島村幸一編『琉球　交叉する歴史と文化』勉誠出版、二〇一四年）において詳細な分析を行ったので、参照されたい。

26　酒井忠夫『増補　中国善書の研究』上下（酒井忠夫著作集１・２）国書刊行会、一九九九～二〇〇〇年。

27　程順則（一六六三～一七三五）は、久米村程氏の七世で、字は寵文、号は念庵、名護親方と呼ばれた。一七〇六年には進貢正議大夫として北京に行き、帰国時に福州で『六諭衍義』『指南広義』を出版して持ち帰った。詩集に『雪堂燕遊草』がある。

28　注13参照。

29　『琉館筆譚』は石塚崔高の編で、薩摩の琉球館を訪れ、琉球から薩摩に来ていた楊文鳳と筆談を行った記録である。岩本真理「『琉館筆譚』翻字、注釈」（『人文研究』大阪市立大学大学院文学研究科紀要六四、二〇一三年）による。

30　「石曰『學校教子弟讀書、用華音讀否』。楊曰『讀法依日本用鈎挑廻環、顛倒讀之、實字先讀、虛字後讀。但久米村亦有學校、多歴年所子弟皆學中國言語、讀書亦用華音、然日本讀法不廢也。國王命令及民家通用書柬等式、與日本不異。惟通中國書柬表文、一依中國書法』」。

キリシタン版の刊行と日本語学習

白井　純

一　宣教師たちの日本語学習

十六世紀半ばの日本に来航し、日本語を学習してキリスト教を布教したイエズス会宣教師たちの日本語観には共通した特徴があった。

この国語（日本語）はある点では不完全なものである。何となれば、名詞は格による変化を欠き、単数複数の別及び性の別を持たず、動詞は人称及び単数複数の別を欠き、その他にもヨーロッパの言語には見られない欠陥 defectos があるからである。しかしながら、他方では甚だ豊富 muy copiosa であり典雅 elegante である。

これは宣教師ジョアン・ロドリゲス João Rodrigues Tçuzzu が「日本大文典」で説明する日本語の特徴[注1]だが、ヨーロッパの言語との相違を説きつつ日本語の豊富さ、典雅さを強調する姿勢は他の宣教師にも共通している。ロドリゲスは日本語について当時最高の知識を有した宣教師であり、「日本教会史」の編集者として知られ、実務家としても有能でイエズス会の通訳（通詞）や会計担当者（プロクラドール）も兼任した。彼の著作である「日本大文典よりの抜粋にして日本語の基礎を初めて学ぶ人のための日本語小文典」（通称「日本小文典」）*Arte Breve da Lingoa Iapoa*（一六二〇年刊、マカオ）[注2]には、「日本語の学習と教授にふさわしいと思われる方法について」と題された章があり、そのなかで、日本語を学ぶ方法が二つあると解説されている。その一つは「この地（日本）の人々と日常的に交際してこのことばを用い、……自然にこれを習得する方法」、もう一つは「外国語を短期間で習得したいと願う人のために広く一般に行なわれている方法」、つまり「良き教師の指導のもとで文法書を用い文法規則から始め、同時に誤りのない美しいことばのこめられている書物の講義を受け、作文をし、学習にふさわしい訓練を受ける方法」である。

ロドリゲスは第一の方法について、「確実で、日本語らしく話せるようにもなる」が「時間を多く必要」とし、「通常より短い期間で日本語に熟達してわれわれの任務を果せるようにはなれない」という。では、第二の「文法書を用い文法規則から入る方法」はどうか。「この人たちが成人で、学問の経験を有するのが通例」であるという条件のもとでは「第一の方法ほど時間を費すことなく日本語の規則を習得」できるとする。

ここでいう「文法書」とは、具体的には言語学習のための文法書であり、当時のヨーロッパではラテン語学の伝統のもと、宣教師たちも母国語でないラテン語を学習によって習得していた。そこで使われたのがラテン文典であり、ラテン語辞書（ラテン語と諸言語の対訳辞書）であるから、その学習の枠組みを利用すれば、対象言語を日本語に置き換えることで、既知の言語と比較対照しながら学習を進めることができる、というのである。

宣教師たちの日本語学習は、何も無いところから始まったのではなく、良くも悪くもラテン語学を中心とするヨーロッパの言語学の知識に強く根ざしていたが、ロドリゲスは第二の方法を手放しで褒めることはしていない。むしろ、「第二の方法によってはついに日本語で熟達できず、かえって才能の点ではこの人たちに遠く及ばない人たちが第一の方法で熟達している」と認識し、教育に適した教科書（文典）と学習法の構築を目指すというのがロドリゲスの立場であり、「日本小文典」出版の意義であった。

ロドリゲス「日本小文典」と「日本大文典」（一六〇四〜〇八年刊、長崎）は同じ著者による文法書でありながら、前者が教育用教科書、後者が詳細な文法書として異なった性格をもつ。このことは文献の表題にも現れているが、「日本小文典」の冒頭にある「読者へ」のなかでは、「日本大文典」の「正確かつ確実な事柄を数多く知ってもらう」という性格が「日本語を初めて学ぶ人には、前著に示した多岐にわたる規範・規則も混乱の種となるおそれがある」ため、「われわれの意図するところは、初めて日本語の基礎を学ぶ人にやさしい手ほどきを提供すること」だと宣言していることからも明らかだろう。

「日本小文典」には「日本語の概観」という章も立てられ、日本語の特徴が五つ挙がっている。

1.「こゑ」と「よみ」すなわち漢字の音読みと訓読みについて
2.話し言葉と書き言葉の相違について
3.形態変化つまり名詞の曲用や動詞の屈折がないことについて
4.漢文と和文の語順の相違について
5.敬語について

網羅的ではないが、日本語学習のうえで重要となる点[注3]を強調したものである。これらの実際はキリシタン版の日本語として具体的に現れてくるから、日本語学（日本語史）の観点から、ここにロドリゲスが挙げた特徴について検討することにしたい。

二　キリシタン版研究の動向と課題

キリシタン版とは、日本でキリスト教の布教活動を行った修道会が出版した書物をいうが、その内容を、日本国内で出版された、日本語による、または日本語を含む著述に限定する立場や、中心的な役割を果たしたイエズス会だけでなくドミニコ会を含め、修道会が活動した日本国外の拠点や、外国語で出版した書物も含む立場もあり、どこまでをキリシタン版とするのかは一定していない。

日本国内のキリスト教の勢力は、江戸時代はじめの禁教政策によって壊滅的な打撃を受け、文献の大半は亡失した。現在、キリシタン版がイタリア、ポルトガル、スペインといった伝統的なカトリックの地域の図書館に多く所蔵されるのは、キリシタン版が出版された時代に国外に持ち出され、極東におけるカトリックの宣教活動の象徴としてバチカンや各地の修道院、大学、図書館、収集家に大切に保管されてきたものである。

キリシタン版は、とくに日本語学（日本語史）にとって重要な文献でありつづけているが、その理由は第一に、ローマ字表記された日本語が、音韻史研究にとって格好の資料であるためである。また、口語文献は文法研究に有益な情報を提供し、「デウス」「インヘルノ」「アンジョ」など本語（原語）や「御大切」「自然」などの独特なキリシタン用語とその文体が注目されてきた。[注4] ローマ字本に比べて研究の遅れていた国字本の研究も、表記論を中心に成果が現れている。

キリシタン版には修道会の宣教師たちの日本語研究の成果である辞書と文法書が含まれ、日本語で出版されたテキストをあわせ、言語研究の様々な側面をみることができる。日本人が分析的に母国語をみるという視点を持たなかった時代に、外国人による外から観察した日本語の分析とその結果を反映した日本語表現をもつというキリシタン版の希有な特徴は、日本語教育学史の創始としても注目すべきであり、ロドリゲス「日本小文典」の「日本語の学習と教授にふさわしいと思われる方法について」は、それ自体が優れた日本語教育学理論となっている。[注5]

近年では、キリシタン版の成立にかかわる時代背景についての研究が進み、金属活字を用いた印刷物としての特徴が言語表現に与える影響についての検討も進んでいる。それにより、これまで言語上の規範の問題として扱われてきた課題が、実は印刷技法上の習慣や方針の影響を受けており、ヨーロッパの印刷技術史をふまえて説明すべき問題であることが明らかになってきた。また、辞書の特徴についても、日本の古辞書とだけ比較するのではなく、ヨーロッパの先行辞書の影響をふまえて再検討することが必要となっている。それまで日本には例のない文法書や辞書が宣教師たちの独学の成果なのではなく、ラテン文典やラテン語辞書など外国語文献の影響を強く受けているのは明らかであるが、具体的にどの版に依拠するのか、重版や改版が盛んなヨーロッパの出版状況をふまえた研究が望まれる。

したがって、キリシタンの日本語学習の実際を理解するためには、キリシタン版に現れた言語的特徴を、ヨーロッパの言語的・文化的状況と、宣教師たちの布教という実用的な目的意識をふまえて分析し、評価することが必要となる。こうした視点を「宣教に伴う言語学」Missionary Linguisticsといい、これは日本語だけでなくヨーロッパの言語（とくにロマンス語、ラテン語）とアフリカ、インド、東南アジア、中国、南米など、宣教師たちの布教活動があった地域で不可避に起こる言語接触や言語学習、言語教育の事例としてとらえようとする立場である。キリシタン版は日本語学（日本語史）だけの課題なのではなく、言語学、歴史学にとっての共通課題として再評価される。いわば、これまで日本語を中心としてキリシタン版を評価していた視点を改め、キリシタン版の側から、対象言語の一つとして日本語を捉え直す試みである。

このことは日本語学（日本語史）だけで完遂する課題ではなく、外国語の知識と共に諸分野との連携が不可欠な分野だが、本稿で紹介する宣教師たちの日本語学習のあり方にも寄り添うものである。そこには言語の相違を反映してヨーロッパの影響を強く受けた部分と日本独自の部分があり、これらが複雑に相補うことで宣教師たちの日本語学習と日本語表現を形成している。

三　キリシタン版と日本語学習の関係

1　キリシタン版概説

日本国内のキリシタン版[注6]の出版は一五九〇年頃に始まり、加津佐、天草、長崎と拠点を移動させながら一六一一〜一三年まで続いた。これより前に、イエズス会によってリスボン、ゴア、マカオで関係文献が出版されている。また、一六二〇年にマカオでロドリゲス「日本小文典」が出版されたが、内容上、一六〇四〜〇八年に日本で出版された「日本大文典」と強い関係をもつためあわせてキリシタン版に含めることが多い。日本でのイエズス会の出版が一五九〇年頃に始まったのは、天正遣欧使節が日本に戻る際にヨーロッパからプレス式活字印刷機とローマ字活字および仮名活字を持ち帰った[注7]からであり、そのことによりヨーロッパの金属活字印刷技法を日本で再現することが可能になったからである。

十五世紀半ばに金属活字印刷が開発されて以来、ヨーロッパでは活字本が爆発的に普及していたから、宣教師たちが日本で布教活動を行うために必要となる宗教文献をこの技術によって出版しようとしたのは発想として当然であった。そのため、ローマ字もしくは国字（漢字と仮名）の金属活字を用いたキリシタン版には、後期の国字本で一部木活字が使われたが、日本の伝統的な印刷技法である整版が採用されることはなかった。

キリシタン文献の内容は次のとおり分類できる。分類の根拠は内容、文体、使用活字である。文献の名称は豊島編（二〇一三：附録１）を参考とし、資料名の前に同目録番号を示した。所蔵機関は割愛する。出版地は、一五九一年が加津佐、一五九二年から一五九七年が天草、一五九八年以降が長崎だとみられている。

(1)口語によるローマ字世俗文献

14天草本平家物語（一五九二）、14天草本伊曽保物語（一五九三）、14金句集（同）

(2)文語によるローマ字宗教文献

10サントスの御作業（一五九一）、11ドチリナキリシタン（同）、12ヒイデスの導師（一五九二）、17コンテムツスムンヂ（一五九六）、26ドチリナキリシタン（一六〇〇）、35スピリツアル修業（一六〇七）

(3)文語による国字世俗文献

29朗詠雑筆（一六〇〇）、39太平記抜書（一六一一～一二か）

(4)文語による国字宗教文献

9どちりいなきりしたん（一五九一）、13ばうちずもの授けやう（一五九三）、21さるばとるむんち（一五九八）、24ぎやどぺかどる（一五九九）、27どちりなきりしたん（一六〇〇）、28おらしよの翻訳（一六〇〇）

(5)語学書

15天草版ラテン文典（一五九四）、16羅葡日辞書（一五九五）、22落葉集（一五九八）、31日葡辞書（一六〇三～一六〇四）、32日本大文典（一六〇四～〇八）、41日本小文典（一六二〇、マカオ）

(6)外国語文献

18霊操（一五九六）、19精神生活綱要（一五九六）、20ナバルスの告解提要（一五九七）、33サカラメンタ

提要（34日本語附録）（一六〇五）、36フロスクリ（聖教精華）（一六一〇）

(7)写本

1エボラ屏風文書、2バレト写本（一五九一）、3平家物語難語句解、4講義要綱（ラテン語）、5講義要綱（日本語）、6スピリツアル修業鈔、7スピリツアル修業、8葡羅辞典（一六〇六～〇七）

以上のうち(1)～(6)が、断簡を除いた主要なキリシタン版である。[注8] なお、イエズス会関係者の原田アントニオによって一六一〇年に京都で出版された「こんてむつすむん地」は、内容はトマス・ア・ケンピス **Thomas a Kempis** の「キリストに倣いて」*De Imitatione Christi et Contemptu Omnium Vanitatum Mundi* の翻訳で、イエズス会のローマ字本「コンテムツスムンヂ」*Contemptus mundi jenbu*（一五九六年刊、天草）と比較されるべき純然たるキリシタン物であり、活字デザインや印刷物としての雰囲気もキリシタン版に近いが、印刷にすべて木活字を使うと、活字の利用方法がキリシタン版とは異なることから、キリシタン版よりも古活字版に近いと考えられる。[注9] また、「太平記抜書」の出版年代は不明であり、一六一一年から一三年（一四年に宣教師が国外追放となる）とする見方と、もっと前とする見方がある。一六一一年以降とする理由は、出版許可者の活動時期との関係、および印刷物としての品質の劣化が「ひですの経」（一六一一年刊、長崎）に比べて著しいということであり、「ひですの経」の表紙の裏打ちに「太平記抜書」の反故紙が利用されていること、両書で粗悪な木活字が使い回されることを理由にそれより前の印刷とする立場と対立している。ただし、当時のヨーロッパの印刷物は印刷と製本が別々で、必ずしも印刷直後に製本されたわけではなかったから、「天草版ラテン文典」（一五九四年刊、天草）に「ぎやどぺかどる」（一五九九年刊、長崎）の反故紙が利用される[注10]など類例には事欠かず、先後関係の根拠としては認められそうにない。

2　世俗文献からみた日本語学習

宣教師たちの日本語学習に関係が深いのは、前節の分類では「(1)口語によるローマ字世俗文献」と、「(5)語学書」である。(2)～(4)の文語文献にも日本語学習の成果が現れており、そういう意味では間接的にその内容を知る手かがりとなるが、直接的には表題に「日本の言葉とイストリア（歴史）を習い知らんと欲する人のために世話に和らげたる平家の物語」と題された「天草本平家物語」*Nifon no cotobato Historia uo narai xiran to fossuru fito no tame ni xeua ni yauaraguetaru feige no monogatari*（一五九二年刊、天草）であり、それと合冊された「天草本伊曽保物語」*Esopono fabulas. Latin uo vaxite Nippon no cuchito nasu mono nari*（一五九三年刊、天草）である。

「天草本平家物語」は当時の口語体で翻訳されている。原典は文語体で書かれた日本の古典である「平家物語」であり、その意味で国字本の「太平記抜書」（一六一一～一二年刊か、長崎）と同じ性格をもつが、「太平記抜書」が文字通りの抜き書き（仏教に関する重要部分を削除しているため、物語としての通読が難しい）であるのに対し、「天草本平家物語」は口語体で、それまでの「平家物語」にない特徴を備え、当時にあって数少ない口語文献として日本語学（日本語史）の分野から注目されてきた。

「平家物語」や「太平記」が軍記物語の傑作であることは言うまでもなく、「日本小文典」の著者ロドリゲスも先に紹介した「日本語の学習と教授にふさわしいと思われる方法について」で、四つあるクラスの上から二番目のクラスのテキストに「平家物語」*Feikemonogatari* と「保元平治物語」*Fôghen Feigi monogatari* を挙げ「この分野で最高かつ最も美しい文体」としている。最上位のクラスには「太平記」*Taifeiki* を挙げ「日本で最も荘重にして崇高な文体」としており、キリシタン版としてキリスト教に直接関係のない日本の古典を出版したのは、学習用テキストとして位置づけるためだったと考えてよい。なお、最も低いクラスには「文体が平易で通常の会話体に最も近い」ことを理由に「舞」*May* および「草子」*Sôxi* が挙げられ、その上のクラスには「撰集抄」*Xenjuxo* と「発心集」*Foxinjŭ* が挙げられている。これらの日本の文献は「日葡辞書」にも用例が採取され、宣教師たちの日本語学習に利用されていたであろうことが窺える。

口語体に翻訳された「天草本平家物語」について、ロドリゲス「日本小文典」は以下のように説明している。

生徒が学習に用いる書物は、たとえ文章体で訳してあっても、けっしてわれわれの書物を日本語に訳したものであってはならない。われらのものの考え方から見れば適切であっても表現が〔日本語として〕ふさわしくないからである。また会話体による対話形式の書物、例えば会話体で書かれ **Monogatari**（物語）の書名で刊行されている書物であってもならない。ましてやわが会の日本人が日本語の古典作品を会話体にまとめたもの、例えばわれわれの文字〔ラテン文字〕で印刷されている会話体の **May**（舞）や会話体の **Feikemonogatari**（平家物語）、あるいは会話体で書かれた対話書、文章体の日本語で書かれた書物を会話体に換えたものであってはならない。そもそもこうしたものがつくられたのは、文章体のことばを学ぶ際にいくつかの困難が生じたためと、生徒が文章体のことばから日常用いるのに適した表現を抽き出すことができなかったためである。しかしここでは、日本語がわかり告解を聴くことだけを目的とする人びとは考慮に入れていない。そうした人びとは自分のできる方法で学べばよいのであって、われわれが対象として考えているのは、日本語に熟達して、説教をし文章を綴り異教徒のなかで神の掟の導き手となるつもりの人びとである。

ここでロドリゲスが念頭に置いているのは、宗教書を日本語で著述する一部の宣教師を意識した水準であり、彼らが拠るべきは日本の原典である。したがって、キリシタン版として最初期に刊行された「天草本平家物語」は日本語能力の低い宣教師たちの学習用テキストとして役立ったと想像できる。一方、「太平記抜書」は原典の抜き書きであり、ロドリゲスのいう高い要求には合致するものの、出版時期が日本国内の活動の末期にあたっており実用上はあまり役に立たなかっただろう。この文献は粗雑な木活字を含み印刷物としての出来が良くないという問題を抱えているが、言語学習の典型として、文法書、辞書、テキストの完備に拘るという伝統に従ったとすれば、需要や出来はともかく出版することで体裁を整えるという意味があったかもしれない。

なお、「天草本伊曽保物語」も学習用テキストとしての特徴は「天草本平家物語」と同じで、ロドリゲスのいう「会話体で書かれ Monogatari（物語）の書名で刊行されている書物」が相当するのだろうが[注11]、ギリシア語の原典をもつ古典で、ラテン語をはじめ各国語で翻訳出版され人気があったテキストとして知られている。内容上はキリスト教に無関係であるにもかかわらず宣教師たちが日本語で翻訳出版したのは、短く内容理解が容易という特徴が学習用テキストとして好適だったためだが、ヨーロッパの活字印刷の伝統からみても全く違和感はない。

また、ロドリゲスは「Buppô（仏法）と言われる書物を学習者のための講読に用いるようなこともしてはならない」とし、その理由を「文体が晦渋難解で日本語として通常用いられることはない」としている。また「中国の道徳書も、学習者が熟達するまで講読に用いてはならない」のは「文体が日本語として非常に晦渋かつ特異なもの」だからという。ともに漢文訓読体を指すと思われるが、キリスト教の教義に反するからではなく、日本語として特殊だからだというのがその理由である。

3　語学書からみた日本語学習

⑴文法書

①「天草版ラテン文典」

「天草版ラテン文典」*Emmanuelis Aluari e societate Iesu, de Institutione Grammatica libri tres, Coniugationibus Accessit*

Interpretatio Iapponica（イエズス会のマノエル・アルバレス、文法の教程について三部より成る書、活用形に日本語訳付き）（一五九四年刊、天草）はその名前のとおり、イエズス会士アルバレス Manuel Alvares の「ラテン文典」*De Institutione Grammatica* に基づいて、日本語の例文を加えたものである。[注12] ラテン文法にしたがって「主格」から「奪格」まで六格あり、さらに「単数」と「複数」に分かれている。

「天草版ラテン文典」は名詞 Dominus（主人）の曲用表から開始し、この体裁は一般的なラテン文典に一致する（Dominus は名詞第二変化）。

Numero sing.（単数名詞）

Nominatiuo（主格）	Dominus.	Aruji, aruiua, arujiua, ga, no, yori.（主、あるいは、主は、が、の、より）
Genitiuo（属格）	Domini.	Arujino, ga.（主の、が）
Datiuo（与格）	Domino.	Arujini, ye.（主に、へ）
Accusatiuo（対格）	Dominum.	Arujiuo.（主を）
Vocatiuo（呼格）	ô Domine.	Aruji ARUIUA, icani aruji.（主あるいは如何に主）
Ablatiuo（奪格）	Domino.	Aruji yori, cara, ni.（主より、から、に）

Plus.（複数）

（省略）

書名にあるように「天草版ラテン文典」の原典となったアルバレス「ラテン文典」*De Institutione Grammatica libri tres*（初版一五七二年刊、リスボン）は、一年後に出た抄本が「天草版ラテン文典」の直接的な原典だとされている。[注13] アルバレス「ラテン文典」は出版後ただちにイエズス会の標準的なラテン語教科書の位置を占めており、しかもポルトガル語やスペイン語など他言語による用例を加えた版も登場していた。ポルトガル語母語話者が中心となる日本イエズス会宣教師たちにとって、ラテン語は学習によって習得した言語、日本語は宣教のため習得すべき言語であったが、ラテン文典中心の文語文法にとっては、ポルトガル語などヨーロッパの諸言語や日本語は俗語・口語として位置づけられる。その意味では、日本語は文法書が初めて対応する俗語ではなかった。したがって、日本語の文法を記述するにあたってアルバレス「ラテン文典」とその関連書が参照されたのは当然の成り行きであり、また日本語を学習する宣教師たちにとっても、ラテン語学習の知識が活かされるということで理解しやすい方法であった。

②「日本大文典」

ロドリゲス「日本大文典」*Arte da Lingoa de Iapam*（一六〇四〜〇八年刊、長崎）は詳細な記述に特徴のある日本語文法書で、第一部は形態論（名詞の曲用や動詞の屈折）、第二部は統語論（シンタックス、構文論）、第三部は日本語を使って活動するうえでの雑多とも思える知識（物の数え方、官位の体系、書状の書き方など）から構成される。[注14] 文法記述の基本はラテン文法に従ったもので、第一部の冒頭は曲用表から開始し、**Aruji**（主）の格変化として説明される。

Declinação pera todos os nomes substantiuos, & pronomes primitiuos.（実名詞及び原形代名詞の全部に通ずる転尾）

Nominatiuo. **Aruji, l, Arujiua, ga, no, yori. Senhor, ou dono.**（主、あるいは、主は、が、の、より、Senhor もしくは殿）

Genitiuo. **Arujino, ga.**（主の、が）

Datiuo. **Arujini, ye.**（主に、へ）

Accusatiuo. **Arujiuo, uoba, ua, ga.**（主を、をば、は、が）

Vocatiuo. **Aruji, icani Aruji.**（主、如何に主）

Ablatiuo.　Arujiyori, cara, ni.（主より、から、に）

Numero plural（複数）

（略）

当時の日本には「てには」「てにをは」という考え方があったから、ロドリゲスも助辞particulaという概念を用い、また日本人の理解の仕方としても挙げているが[注15]、「日本大文典」の格の説明は従来の日本語の説明には全く類を見ず、理解不足からラテン語およびヨーロッパの言語の曲用や文法的「数」の枠組みをそのまま日本語に用いたようにすら見える。しかし、ロドリゲスが理解不足からこうした記述を行ったのではないことは、曲用表に続いて、

日本語の実名詞および原形代名詞は、「こゑ」Coyeであっても「よみ」Yomiであっても、ラテン語のように格によって転尾するという事はなく、無転尾である。そうして格辞といふ特別の助辞があり、それを名詞に後置したものがラテン語の諸格に相当する。また、同一の語形が単数にも複数にも使われるが、複数は上掲の転尾表にみられるように、外の助辞を補って示すこともある。

のように、日本語を「無転尾」とすることからも明らかである。ラテン文法の影響はあるとしても、直後に「格によって転尾する事はなく、無転尾である」と説明するなら、そのことの説明は曲用表よりも前にあることが望ましい。なお、ここでいう「格辞」artigoはポルトガル語で「冠詞」を意味する。

ロドリゲスの文典が「天草版ラテン文典」やアルバレス「ラテン文典」の影響を受けているのは明らかだが、品詞としてラテン文典にない「助辞」「冠詞」を立てている（その結果、ロドリゲスの文典では、ラテン語の八品詞＋日本語の助辞＋ポルトガル語の冠詞、の一〇品詞となる）。この「冠詞」の導入は十六世紀のバロスによるポルトガル語文法書（一五四〇年刊）の影響[注16]と考えられている。ラテン語文法書を中心としながら母国語文法書の知識

も利用するイエズス会の特徴がみえており、このことも「宣教と言語学」にとっては重要な課題である。

③「日本小文典」

ロドリゲス「日本小文典」は、既にみたように冒頭に日本語概説、続いて日本語学習の方法を説き、さらに続いて日本語の正書法と文字に基づく発音法の問題を挙げている。「われわれの文字で日本語を書き表わすための表記法について」の始めには次のように言う。

日本語の学習を始めるわが会〔イエズス会〕のヨーロッパ人は、最初から日本語を文字で表わしたり発音したりしなければならない。したがってなによりも必要なことは、日本語をわれわれの文字〔ラテン文字〕で書き表わすための表記法と、その表記による音節を日本語の音で発音する方法一般とに関する知識を持つことである。そこで〔大〕文典の要約である本書では、まず初めに、われわれの文字によって的確に日本語を書き表すことのできる表記法と、これに関する二、三の問題点とについて述べることとする。

この正書法にかかわる内容は「日本大文典」では第一巻の半ばに「日本語品詞論」の一部として説明されていた。同時代のヨーロッパのスペイン語文典やポルトガル語文典にも正書法から始まる例があるというが、[注17]氏も指摘するとおり文語であるラテン語に対して俗語・口語文典であることに注目すべきであり、「日本小文典」はこの系列に連なる実用文典としての一面をもつ。

したがって、「日本小文典」は曲用について始めに、

日本語は名詞・代名詞の曲用がなく、同一の語形が単数も複数も表わす。格と数は名詞〔・代名詞〕のつぎに一種の小辞つまり冠詞をおいてその違いを示す。これはラテン語・ポルトガル語・カスティリャ語の格形に相当するもので、つぎに示す曲用に見るとおりである。ただし主格形と呼格形は小辞を伴うことなく単

数・複数のいずれにも用いることが非常に多い。

とした後、それぞれの接辞の説明を行い、続いて名詞「人」を例として曲用の表を挙げている。

NVMERO SINGVLAR

Nominatiuo.	Fito, l, Fitoua, fitoga.（人、あるいは、人は、人が）	Homen, o homen
Genit.	Fitono, l, fitoga.（人の、あるいは、人が）	Do homem.
Dat.	Fitoni, l, fitoye.（人に、あるいは、人へ）	Ao homẽ, pera o homẽ
Accusat.	Fitouo, l, fitouoba.（人を、あるいは、人をば）	O homem.
Vocat.	Fito, l, icanifito.（人、あるいは、如何に人）	Ó homem.
Ablat.	Fitoyori, fitocara, fitoni（人より、人から、人に）	Do homem.

NVMERO PLVRAL.

（略）

「日本大文典」に比べて「日本小文典」の名詞の曲用論は言語の相違をふまえた説明となっており理解しやすい。「日本大文典」には先行する宣教師たちの文法書（写本）を受け継いだ部分があり[注18]、こうした説明の転換はそれに由来するともみられる。

アルバレス「ラテン文典」を出発点とし、「天草版ラテン文典」を仲介としてロドリゲス「日本大文典」に至るとすれば、「日本大文典」がなぜ曲用という考え方を、不適切とも思える方法で日本語に適用したのか、その理由が見えてくる。「日本小文典」はそこから一歩踏み出し、日本語の学習用・教育用文典として最適な記述を追究したものとして評価できる。

(2)辞書

キリシタン版の辞書として、イエズス会の「羅葡日対訳辞書」、「日葡辞書」、「落葉集」がある。バレト「葡羅辞書」も写本であるが規模が大きく貴重であり、独立した辞書ではないが文献に付属する語彙集である「やわらげ」「字集」も辞書成立との関係が問題となるだろう。[注19] またドミニコ会による「日西辞書」(一六三〇年刊、マニラ)、「西日辞書」(一六三二年成立写本)、「羅西日辞書」(一六三二年刊、ローマ)もあるが、ここでは割愛する。[注20]

①「羅葡日辞書」と「日葡辞書」

「羅葡日対訳辞書」*Dictionarium Latino Lusitanicum, ac Iaponicum, ex Ambrosii Calepini volumine depromptum*(一五九五年刊、天草)は十六世紀にヨーロッパで普及していたカレピヌスのラテン語辞典(一五七〇年、一五八〇年リヨン版)とカルドーゾの「羅葡辞典」(一五七〇年コインブラ版)を原典として編集されている。ラテン語で見出しを立て、外国語で注を加えた形式で、ラテン語、ポルトガル語、日本語の三言語の辞書であるが、ラテン語見出しの選択に先行辞書の強い影響を読み取ることができる。日本語学(日本語史)の立場から日本語部分の語彙についての研究がなされ、逆引き索引をもとに利用されているが、近年はヨーロッパのラテン語辞書史に加えるべき辞書として注目されている、「宣教と言語学」を象徴する辞書である。[注21]

「日葡辞書」*Vocabulario da lingoa de Iapam com a declaração em Portugues*(一六〇三~〇四年刊、長崎)はローマ字表記の日本語で見出しを立て、ポルトガル語を中心にローマ字表記の日本語も交えて注釈を付けたもので、本篇と補遺あわせて三万項目を超える規模の大きな辞書であり、ポルトガル語部分が日本語に翻訳された『邦訳日葡辞書』を利用することが、中世語、近世語の研究に不可欠となっている。キリシタン版の辞書として先行する「羅葡日辞書」の影響を受ける部分が無いではないが、そもそもの成立過程が異なるため、それほど強い相関関係を持つわけではない。語形については辞書であるため規範性が強く、一部に問題はあるとしても四つ仮名や開合を区別しており、資料的な価値は高い。[注22]

ところで、イエズス会の文法書と辞書がポルトガル語で出版されたことは、ラテン語中心だったヨーロッパの情勢、とくにカトリックの組織にあっては奇異なことである。岸本（二〇〇三）によれば、「羅葡日辞書」「天草版ラテン文典」では補助的なポルトガル語が「日葡辞書」「日本大文典」では主要言語となっているが、宣教師マノエル・バレト **Manoel Barreto** による「葡羅辞書」*Vocabulario Lusitanico Latino*（一六〇六〜〇七年成立写本）にはポルトガル語偏愛の姿勢がみえ、また組織としてポルトガル母語話者が多くを占めることなど、日本イエズス会とポルトガル語は強く結びついている。当時のヨーロッパにおいてポルトガル語は印刷されることがない格下の言語とみられるが、キリシタン版の「日葡辞書」「日本大文典」の特殊性はそうした情勢をふまえて考えるべきだという。こうした問題は、キリシタン版の本語（日本語に翻訳する際に外国語としての語形を残した語彙）において、ラテン語、スペイン語、ポルトガル語のどの語形を優先するのか、翻訳の原典としてどの言語の版を優先するのか、という問題にもつながる興味深い視点である。

辞書の語形を日本語学（日本語史）の研究に利用することは多いが、キリシタン版として、また辞書として、そこに現れる語形をどう評価するのかは難しい問題である。もとより外国語の正書法が介在するローマ字表記を発音記号の如く取り扱う姿勢[注23]に問題のあることは言うまでも無いが、どこまでが言語上の規範なのか実態なのか、あるいは、口語と文語の相違によるものなのかを見極めることは難しい。ことに活字印刷されたキリシタン版では、印刷にあたっての組版方針がどこまで介入しているかも問題となる。ローマ字表記は日本に伝統がなく、ラテン・アルファベットを用いるヨーロッパの活字印刷の伝統が介入しやすく、キリシタン語学研究者が直面する難しい課題[注24]となっている。

②「落葉集」

「落葉集」（一五九八年刊、長崎）はキリシタン版の漢字辞書で、日本の「節用集」の影響を受けた漢語彙集の「本篇」、和訓とそれに対応する漢字表記の「色葉字集」、日本の「和玉篇」の影響を受けた「小玉篇」の三部構成であり、「小玉篇」は少し遅れて成立した。漢字学習の伝統はヨーロッパには無く、中国での布教の経験もあっただろうが、体裁そのものは日本の先行辞書を参考としている。

キリシタン版としての特徴は漢字と「こゑ」と「よみ」の対応である。ロドリゲスが注目した漢字の「こゑ」と「よみ」は漢字の訓と音に対応し、「本篇」では漢字の右に「こゑ」、左に「よみ」を配置、「色葉字集」では漢字の右に「よみ」、左に「こゑ」を配置する。一つの漢字に複数の「よみ」が存在する場合（大半が該当する）には、「よみ」の一つを漢字の左右に配置し、残りを漢字の下に配置する。最優先される「よみ」は基本的に一定であり、この工夫によって「本篇」と「色葉字集」は相互参照が可能となり、索引的な機能も兼ね備える掲出形式となっているのは、日本の辞書にない特徴である。

この最優先される「よみ」について、「定訓」という考え方[注25]が提唱されている。それが「落葉集」の左右の傍訓として現れると考えるなら大概は一致している。その一致率は九割を超えており、[注26]漢字辞書で所要の漢字を探すうえでは都合が良い。さらに、追加編集された部首引きの「小玉篇」でも同じ定訓が採用されることで、漢字の形（部首）から所要の漢字を探し、「こゑ」と「よみ」を知ったうえで「本篇」と「色葉字集」を利用するということが可能となった。この索引的な機能の実装は、実用性を重視する「宣教と言語学」の一側面を象徴する。

右落葉集ハ字のこゑを用ひていろはをついで色葉字集ハよみを以て記すれば讀こゑを知て字のすがたをしら

ざる時の所用をなすといへども文字のかたちを見て其よみこゑをしるに道なき便として右両篇の内より今又
此せばき玉篇をあみ畢

「小玉篇」の序文によれば、「こゑ」や「よみ」が分かっている場合にはそれを頼りに検索すればよいが、「かたち」しか分からない場合に利用する手段が必要であるから、「右両篇の内」から「小玉篇」を編集したという。以下に「裁」の例を示す。

	分類	傍音	傍訓	他訓
本篇	さ部	さい	たつ	つかさとる
色葉字集	た部	さい	たつ	つくる・たゞす、わかつ
小玉篇	衣部	さい	たつ	ことハる・わかつ・たゞす・つくる
	戈部	さい	たつ	たゞす・のこる・ことハる・わづかに

「小玉篇」で二箇所に掲載されるのは、「裁」を構成する部分として「衣」と「戈」を見いだせるからであり、そのどちらからも同じ傍訓が得られる（他訓は異なることも多い）。傍訓「たつ」から「色葉字集」を検索でき、傍音「さい」から「本篇」で「裁」を上字にもつ漢語を検索できる。

現代の漢和辞典であれば、所要の漢字は音訓もしくは部首から検索するのが一般的である。「落葉集」でいう「かたち」はその意味で部首に相当するが、「小玉篇」の部首は中国やその影響を受けた日本の漢字辞書の伝統とは異なり、行草体の見た目の形による分類を採用している。[注27] したがって伝統的な部首にはない部立てになり、部首は一〇四部（欠番含む）と、「類少字」という他に分類しない漢字を集めた一部から構成される。部首の排列には意義分類を用い、さらに各漢字の部首配属については一つの漢字を二つ以上の部首に掲載することが少なくない。このことは分類の未熟というよりは、分類可能な部首に複数挙げておくことで所要文字の探索をより容易にする工夫だとみられる。「類少字」内部も同じ形をもつ漢字が連続している部分があり、特定の形に属さない、あるいは属しても数が少ない漢字を意識的にまとめることで、部首が増えすぎてかえって分かりにくくなることを抑制しているが、これは漢字辞書としては異例なほど掲載字種が少ないこととも関係している。

採録された漢字は最大の「小玉篇」で約二一〇〇字種であり、その多くは「本篇」と「色葉字集」の漢字語彙を解体して得られる単漢字、「色葉字集」掲載の単漢字から構成されている。「小玉篇」は「和玉篇」に比べて規模は小さいが、教養としての漢字知識を示すのではなく実用的な漢字を中心に掲載しているのは、「和玉篇」のような特定の辞書から掲載すべき漢字を選択的に抜きだしたというより、主要部分を同じ「落葉集」のなかから再構成した結果である。[注28] このことは、そもそも金属活字で多くの漢字活字を用意するのが困難であるという技術的な問題も無視できないが、多くの漢字のなかから常用的漢字とそれに対応する常用訓を固定し、その範囲でキリシタン版の印刷を行うという表記上の方針としても理解できる。

漢字の「かたち」と定訓をキーとする「落葉集」の検索は、合理性ということでは大きな成果を挙げた。漢字についての知識に乏しい宣教師たちの利用を想定すれば、たとえこうした特徴が従来の中国辞書、日本辞書にはみられない特徴であっても大きな問題とはならず、むしろ伝統によらない近代的な合理性が良い方向に作用しただろう。表音文字であるラテン・アルファベットとは異なる文字体系で、しかも漢字と漢語と和語が複雑に結びつくという日本語独特の漢字表記について、「落葉集」は辞書の体裁こそ先行する日本辞書を参考としているが、「かたち」と「こゑ」と「よみ」の対応という理解に基づく独自の工夫をみせている。

此のような多様性は、漢字の上にも無数にあって、書くことを学ぶのは不可能であるし、人に見せられるような書物を著すことができるようになるとは、我等の何ぴとにも不可能である。

これは「日本巡察記」[注29]に残されたヴァリニャーノの述懐である。「落葉集」の水準はこうした予測を良い意味で裏切り、それがラテン語学の焼き直しだけではないことをよく示しているが、実際に日本語を漢字表記する場合にどういった結果になるだろうか。そのことはキリシタン版の文語文献の漢字表記の特徴をみることで評価すべきだろう。

4 文語文献からみた日本語学習

(1)定訓に基づく漢字表記の整理と限界

キリシタン版の漢字表記で「落葉集」にみられた定訓の考え方が利用されている。豊島（二〇〇九）は「キリシタン文献の漢字整理（制限的表記規範）は、漢字表記→語が「定訓」・語→漢字表記が「固定表記」として、表記と語を双方向い制限的に結びつける存在であるが、それは漢字制限ではない」という。[注30] このことはキリシタン語学にとって画期的な発見であり、宣教師たちの日本語学習が実践的な運用と深く結びつき、学習者として日本語を理解することから進んで、日本語を積極的に整理して運用する次の段階に達したことを示している。

「落葉集」で約二三〇〇字種だった漢字活字は、翌年出版されたキリシタン版国字本で最大規模の「ぎやどぺかどる」（一五九九年刊、長崎）では僅かに五〇字種が追加されたに過ぎない。[注31] この五〇字種のうち、和語（和訓）を表記するために追加された漢字は二〇字種ほどだが、そのうち五字種を除いて「落葉集」にない和訓に対応しており、漢字活字の不足により新たに追加したものである。問題となるのは「落葉集」で既に別の漢字で対応していながら追加された漢字であり、これらは明らかに定訓違反を犯したものだが、総行数六八〇〇行に及ぶ「ぎやどぺかどる」で定訓違反を起こすのが僅か五字種で、延べ例数もあわせて一〇例に満たないという事実は、定訓に基づく漢字整理が徹底していたことを示している。漢語では僅か一回の利用であっても「落葉集」に無い漢字を使うことは避けておらず、単純な漢字制限を行ったわけでないことも分かるが、「落葉集」にない和訓については仮名表記されることも多く、この措置が定訓の維持を可能にしている。

こうした漢字整理が、同じ母型から複数の活字を製造するという金属活字の特徴を反映したものであることは間違いない。活字製作の段階で漢字整理を徹底し、なるべく少ない種類の活字で間に合わせようとする合理性がみえている。

ところが、数多くある和訓の一つを特別なものとして扱うやり方は理論的には成立するが、常に実態に適合するとは思われない。ある漢字には有力な和訓が複数存在する一方、漢語には現れても和訓の表記には利用しがたい漢字もある。「本篇」で掲載した漢語を構成する個々の漢字を「色葉字集」や「小玉篇」で掲載するにあたって、さほど用いられないにもかかわらず定訓として掲載される和訓がある一方、一つの漢字に重要な和訓が二つあっても定訓として扱われるのは一つだけということもある。

漢字と和語との複雑で一定でない関係について、宣教師たちは合理性を根拠とした漢字整理を行い「ぎやどぺかどる」で成果を挙げたが、それが可能だったのは、「ぎやどぺかどる」の外国語原典[注32]の翻訳だからであり、漢字表記についても自由になる部分が大きかったからである。そのことが問題となるのは、キリシタン版のうち日本語に原典を持ち、高度な日本語学習のために準備された「朗詠雑筆」「太平記抜書」である。

「朗詠雑筆」（一六〇〇年刊、長崎）は日本や中国の古典である「和漢朗詠集」「九相歌」「雑筆抄」「勧学文」などをあわせたテキストで、漢文が大部分を占めることから、「落葉集」に加えて大幅に漢字の字種を追加している。このこと自体は漢文を活字印刷するために必要なことであるが、そこで追加された漢字が「こゑ」から「よみ」の転換を経て後続の文献で和訓の表記に流用された結果、定訓に反するという事態を引き起こした。

例えば和語の接続詞「また」は「落葉集」で「又」、「ぎやどぺかどる」でも「又」だが、「ひですの経」（一六一一年刊、長崎）では「又」と「亦」の表記がある。[注33]これらの表記は日本語として誤っているわけではないが、キリシタン版の定訓には反する。「亦」は「朗詠雑筆」の漢文脈に現れ、それを「ひですの経」で利用しても日本語として誤りではない。この定訓違反が印刷段階での漢字活字の有無によって起こる問題だとすれば、キリシタン版の漢字使用は金属活字印刷という物理的、技術的な要因の影響を受けていたことになる。具体的な例の一部を紹介する。

和語	小玉篇	ぎや	ひです
わたり	渡	渡	航
なぞらへ	准	なぞらへ	擬
すぶる	部	｜	統
ふす	臥・伏	臥・伏	俯
くちばし	｜	くちばし	嘴
てだて	「行」他訓	｜	行て

「ぎやどぺかどる」は「小玉篇」に従うか仮名表記をとるが、「ひですの経」では定訓によらない漢字表記をすることがある。注意すべきは、これらの漢字表記が当時の日本語表記として常識を欠くものではなく、一部はイエズス会日本コレジヨの教科書「講義要綱」などのキリシタン文献の写本にすら類例をみるということであって、むしろ「小玉篇」「ぎやどぺかどる」の定訓に基づく漢字表記は統制されすぎており、日本の漢字表記の実態をそのまま反映したものではないということである。

「太平記抜書」は日本語の原典を印刷することの問題が直接的に影響しており、原典[注34]に忠実であろうとすれば、その原典の表記の不統一（日本語として誤っているわけではない）をそのまま引き受けることで、キリシタン版としての漢字整理に混乱を招き入れてしまう。しかも「太平記」は固有名詞を中心に特殊な漢字が多いという特徴があり、日本国内におけるイエズス会の活動低下により金属活字の鋳造が難しかったのか、大量の粗悪な木活字が追加される事態を招いた。追加される漢字の多くが木活字であるという特徴は「ひですの経」にもみえており、このことは「小玉篇」が金属活字で印刷され、定訓に従う限り金属活字が準備されていたことと密接に関係している。定訓に基づくキリシタン版の漢字整理は、最終段階では木活字の大量導入によって綻びをみせている。日本語学習の成果を盛り込んだ辞書で漢字表記を整理し、テキストで実践するという合理的な出版活動が、他ならぬ日本の原典を出版することで限界を露呈したことは皮肉であった。

(2)敬語法の整理がもたらす新たな用法

ロドリゲスが日本語の特徴の一つとして挙げた敬語については、「日本大文典」で詳しく紹介されているが[注35]、第二巻の「動詞に接続する尊敬及び卑下の助辞に就いて」で動詞に接続する助動詞「(ら)る」「(さ)せらる」、敬語補助動詞「給ふ」、その併用である「させ給ふ」の敬意の度合いの違いが紹介されている。それによれば、「(ら)る」は「話しことば及び書きことばにおいて低い程度の敬意」、「(さ)せらる」は話しことばにおいて最も高い程度の敬意」、「給ふ」「させ給ふ」は「書きことばにおいて最も高い程度の敬意を示す」とある。

キリシタン版「サントスの御作業のうち抜書」(一五九一年刊、加津佐)はロドリゲスの説明のとおり、主語の内容に対応する敬意として「(さ)せらる」＞「給ふ」＞「(ら)る」のように階層化されている(「(さ)せらる」は少なく、「(さ)せ給ふ」は殆ど無い[注36])。このことは「給ふ」と「(ら)る」の敬意の違いが明らかでなかった日本語の実態とは著しい相違を示している。また、ロドリゲスが「給ふ」と並んで「最も高い程度の敬意」とした「させ給ふ」がキリシタン版で殆ど用いられないことも日本の文献とは異なる特徴である。

そもそもキリシタン版の、神と人との著しい対称関係という文脈に、日本語で二重敬語として高い敬意を持つとされる「(さ) せ給ふ」を用いないのは不思議ではあるが、その理由は、「(さ) せ給ふ」の「(さ) す」が使役の助動詞である可能性を排除できず、軍記物語など日本の文献では構文や文脈の情報があっても文意が明瞭でないという文法的課題があることを考慮したためとみられる。宣教師たちの日本語学習が日本語の模倣に始まり、最終的には敬語表現が抱える文法的課題について独自の解決方法を以て、敬語表現としては「(さ) せ給ふ」を放棄して「給ふ」に一本化したという事情があった。[注37] 尊敬の助動詞「(ら) る」も受身の助動詞「(ら) る」と形態的に見分けがつかないという、使役「(さ) す」と似たような事情があるから、こうした問題がキリシタン版の独特な敬語に結びついたのだろう。

敬語法の整理は、キリシタン版が新たな用法を獲得する契機ともなった。先に示した「天草版ラテン文典」や「日本大文典」「日本小文典」の曲用表では、主格には無標（格助詞なし）、助詞「は・が・の」と並んで助詞「より」を挙げているが、助詞「は」はともかく助詞「より」が主格助詞だとは考えにくい。同じ曲用表では奪格にも「より」を挙げているが、こちらは動作の起点を表すという通常の用法である。

文法書の説明を裏付けるように、キリシタン版には「より」を主格助詞として用いた例が多い。[注38]

是即ち、デウスより直に与へ給ふ三の善なり　（どちりなきりしたん9ウ14）

悪人より仕掛くる難儀難艱を逃るる為には、ただ堪忍するよりほか別の道なし　（コンテムツスムンヂ138−11）

これに似た用法は日本側の文献にもあるものの、軍記物「平家物語」であれば「太宰府」「三井寺」「公家」「関白殿」など、すべて場所名を起源とする名詞に下接しており、場所と人物との境界がはっきりしないため動作の起点を表す奪格（場所を表す）との区別が曖昧である。その点で、キリシタン版の用法は明確に場所ではない名詞に助詞「より」が下接しており、日本側の文献とは異なっている。

日本側の文献で主格助詞「より」が発達しなかったのは、奪格と形態上は兼用であり、区別できない場合が少なくないという事情もあっただろう。その問題は、敬語法において助動詞「(ら)る」が同じ形態で受身も表すという問題とも関係している。

南院より当時の僧、天台座主に補せらるる時　(延慶本平家物語第二本3オ1)

この例では、「南院が当寺の僧を天台座主に任命なさった」なのか、「南院から当寺の僧が天台座主に任命された」のか格関係が曖昧である。助動詞「(ら)る」が同じ形態で受身と尊敬を兼ねるために起こる問題だが、このことが助詞「より」の解釈にも影響している。[注39]

キリシタン版では、敬語表現の階層的利用と、敬語補助動詞「給ふ」の積極的利用によって助動詞「(ら)る」の解釈の幅が狭まり、結果として助詞「より」の主格用法に道が開けた。助詞「より」の主格用法が日本の軍記物に萌芽とみられる用法をもちながらも発達しなかった理由は、助動詞「(ら)る」の両義性の問題を解決できなかったためである。

キリシタン版の日本語には、日本語文法のもつ曖昧な部分を理解し、問題の解消のために独自の変化を遂げた部分があった。このこともまた、「宣教と言語学」がもつ一つの側面ということになるだろう。

三　おわりに

本稿では「宣教と言語学」という視点からキリシタン版の刊行と日本語学習について紹介した。こうした立場は丸山(二〇〇〇)の、

「キリシタン文献」には少なくとも次の三つの角度から光を当ててみる必要がある。

① (16・17世紀の)ラテン語・ポルトガル語語学書成立の背景

②同時代のアフリカ・ブラジル・インド、そして日本における（ポルトガル語で書かれた）現地語文法書・辞書成立の背景

③中世日本語の姿

これまで日本においては主として上記③の観点から研究がすすめられていたが、こうした語学書が、同時代のヨーロッパにおける語学書の構成に倣って（世界各地の現地語について）書かれているからには、上記①、②の観点を研究に導入することは不可欠である。

というまとめに尽きる。キリシタン版は主に日本語学（日本語史）の視点からキリシタン語学として研究が進められ、現在でも日本語史を研究するための重要資料として位置付けられている。しかし、ともすればその利用態度は都合の良い部分を恣意的に切り出し、自説を補強する材料にするというものではなかったか。キリシタン版を理解するためにラテン語を中心とするヨーロッパの語学書や辞書あるいは印刷技術史をふまえた資料批判が不可欠であるのは言うまでもなく、世界各地で布教活動を行いヨーロッパの言語とは異なる特徴をもつ多くの言語と接触していたイエズス会の活動という視点からもキリシタン版を読み解く手がかりが得られることは、本稿でも重ねて強調したとおりである。

豊島編（二〇一三）はこうした立場から、歴史学、日本語学（日本語史）を中心とする研究者がそれぞれの専門分野から多角的にキリシタン文献を論じた「宣教と言語学」を象徴する研究書である。本稿によって宣教師たちのキリシタン版の刊行と日本語学習に関心を持っていただけたなら、ぜひご一読いただくようお薦めしたい。

本稿を執筆するにあたって多くの参考文献に改めて目を通したが、引用にあたっては現在の入手性も考慮し、論文集がある場合にはそれを優先し、初出論文を一々挙げることはしなかった。煩雑を避け読者の理解を容易にするためにも、代表的と思われる著作や論文を優先した部分がある。複製本・注釈本の解説にも優れた論考は少

なくないが紹介できなかった。詳しくはそれらのキリシタン語学の蓄積に直接あたって確認していただきたい。

本稿は科研費若手研究（Ｂ）（課題番号：二四七二〇二〇五）の助成を受けたものです。

注

1 ロドリゲス「日本大文典」冒頭の「本文典の論述を理解し易からしめんが為の例言数則（忠告）」の一節。翻訳は土井（一九五五）を参考とした。本稿では歴史的文献の翻訳の引用にあたって表記を一部改めた部分がある。

2 ロドリゲス「日本小文典」の引用は池上（一九九三）の翻訳によった。「日本小文典」については池上（一九九三）に解説があるほか、福島（一九六九：一六五）、松岡（一九九一）、日埜（一九九三）、豊島（一九六九）などの研究がある。

3 言語の相違は外国人が日本語を学ぶ際に問題となるが、日本人が外国語（ラテン語やポルトガル語）を学ぶ際にもやはり問題となる。高瀬（二〇〇一：二六七）が紹介する一六〇六年頃のヴァリニャーノによる「マカオ・コレジオ院長の規則」では、日本人イルマンがポルトガル語に上達するためには「名詞の前に置く冠詞の違い、動詞に用いる時制の多様性、さらには性の違い、名詞の単数・複数の違いを特に理解させること」が重要であるという。

4 キリシタン版の用語「自然」は鈴木（一九六九）の指摘するように訳語として不自然であるが、そのことを西洋思想論との関係から論じたものに折井（二〇〇五）がある。

5 日本語教育史の観点から「日本小文典」を扱った最近の研究に足立（二〇〇三）がある。

6 キリシタン版の概説的紹介は、新村（一九四二）、土井（一九六三、一九七一）、福島（一九七三）、森田（一九六五）、ラウレス（一九八五）、小島（一九九四）などがあり、新出資料を増補しつつ研究の動向をふまえた解説が行われてきた。近年では、豊島編（二〇一三）の附録として文献目録（ラウレス目録番号との対照付き）がある。詳しくはこれらを参照していただきたいが、本稿の読者のために主要部分を簡単に解説する。

7 キリシタン版の金属活字は、従来からヨーロッパに先例のあるローマ字活字は舶来とされてきたが、豊島（二〇一〇）によって、一五八六年にリスボンで出版された「日本のカテキズモ」の表紙に漢字活字で「世主子満理阿」（ぜすすまりあ）と印刷されていることを根拠として、前期の漢字・仮名活字も舶来であることが明らかになった。

8 本稿では詳しく紹介できないが、(7)の写本はキリシタン文献としてよく知られる代表的なもので、実際には多くの写本が国内外の図書館に存在する。川口（二〇一五）はそうした埋もれた写本を発掘し、四つ仮名など音韻表記史上の問題についての資料を提供しようとする試みの一つである。

9 白井（二〇一五）を参照。

10 豊島（二〇一三：二八五）を参照。

11 「日葡辞書」「日本大文典」の例文として引用された「黒船物語」「死神物語」などは散佚してしまったが、「伊曽保物語」と同じく会話体の物語だったかもしれない。「日本大文典」には、これらの物語が養方軒パウロによって編集されたことが示されている。森田（一九九三：五六五）参照。

12 キリシタン版の文法書についての概説的な紹介として松岡（一九九一）がある。

13 詳しくは豊島（二〇一三：二八七）を参照。但し、小鹿原（二〇一五：一二五）では初版を原本として扱っている。また同氏は「日本大文典」の「語根」という用語に新エスパーニャ（メキシコ）文典の影響があったと主張するが、豊島（二〇一六）により否定されている。

14 ロドリゲス「日本大文典」の最近のまとまった成果として馬場（一九九九、二〇一五）、小鹿原（二〇一五）がある。

15 詳しくは土井（一九七一：一七三）を参照。主格には格助詞の無い形態が挙がっており、他の箇所では対格にもみられるとされている。この格助詞の欠落については安田（二〇〇三）を参照。

16 丸山（二〇〇〇）、豊島（二〇一三：二五四）を参照。

17 豊島（一九八九）を参照。

18 豊島（一九九九）を参照。

19 この分野の研究に山田（一九八九、二〇〇四）がある。

20 詳しくは大塚（一九九六：二一九）を参照。

21 詳しくは原田（二〇一一）、岸本（二〇〇五）を参照。

22 「日葡辞書」の代表的な研究として森田（一九九三）がある。

23 こうしたローマ字表音主義的立場の先駆的な研究に橋本（一九二八）がある。竹村（二〇一一、二〇一二）は精密な研究であるが原則としてこの立場であって、ヨーロッパにおけるローマ字正書法、印刷技術史をふまえた分析を重視する研究動向と対立している。

24 このことについて豊島（二〇一五）は、キリシタン版の辞書についての研究動向を論じつつ、「問題は、この種の、「正規化」「統一」を試みながらも果たせなかったものは果たしてこれに限るのかが不明な事であって、他にも、印刷時に何かの正規化を行ない、しかもそれが内容を理解しない過剰な統一ではなかったか、或いは逆に、単なる統一不足・未了が、見掛け上の「使い分け」を生み出しているのではないか、という疑念が払拭出来ないのである。」と結んでいる。

25 山田俊雄（一九七一b）は「その字を指し示すに援用できて、十分その機能がみとめられるレベルに達している語を、その字の定訓といふ」と定義し、「落葉集」においてはそのことが左右傍訓の統一として現れているとする。

26 白井（二〇一二）を参照。

27 「落葉集」の部首については、山田（一九七一a）、白井（二〇〇二）、村井（二〇〇三）がある。

28 白井（二〇〇二）を参照。

29 松田毅一他訳／ヴァリニャーノ著（一九七三：九三）を参照。

30 この内容の初出は豊島（二〇〇二）を参照。

31 詳しくは豊島（二〇〇二）、白井（二〇一三：二二）を参照。

32 キリシタン版「ぎやどぺかどる」はスペインのドミニコ会士ルイス・デ・グラナダ Luis de Granada の *Guia de Pecadores* が原典。

33 白井（二〇一三：二一四）を参照。

34 「太平記抜書」の原典については、高橋（一九六二）、原田（一九七六）、大塚（一九九六：一八三）を参照。「慶長八年古活字版」が有力とされている。

35 土井（一九七一：二八九）を参照。

36 白井（二〇〇一a）を参照。

37 白井（二〇〇三）を参照。ロドリゲス「日本大文典」も、「これらの助辞（「(さ)せらる」のこと、白井注）と複合した動詞は正しくは敬語動詞であるけれども、往々にして動作を行わしめるという意の使役動詞となる事がある。……かかる動詞を使役動詞の意味に使おうとする場合に疑問の起こらないようにするためには、別の言い方をしたほうがよい」と、この問題をふまえた説明をしている。

38 白井（二〇〇一b）を参照。

39 当時の格表示の通例からみれば、「当時の僧」が対格だとしてこれを無標にしたまま「南院」に主格助詞を用いることは無かっただろうから、格関係は曖昧ではないかもしれない。しかし、「当時の僧」が省略された場合の格関係の理解が困難であることは言うまでも無い。

［参考文献］

足立志麻（二〇〇三）「キリシタン宣教師の日本語学習――その学習法から学ぶべきこと――」『福岡ＹＷＣＡ日本語教育論文集』一〇

池上岑夫（一九九三）『ロドリゲス　日本語小文典』岩波文庫

大塚光信（一九九六）『抄物きりしたん資料私注』

小鹿原敏夫（二〇一五）『ロドリゲス日本大文典の研究』和泉書院

折井善果（二〇〇五）「キリシタン文学における「自然」――スペイン語原典における「偶然（acaso）」の翻訳を手がかりに――」『比較思想研究』三二

カルロス・アスンサン／豊島正之（二〇一二）（翻刻・解説）『天草版ラテン文典』八木書店

川口敦子（二〇一五）「キリシタン手稿類のヅ表記とその周辺」『国語国文』八四―四

岸本恵実（二〇〇五）「キリシタン版『羅葡日辞書』とその原典」国語語彙史研究会編『国語語彙史の研究』二四、和泉書院、所収

岸本恵実（二〇一三）「キリシタン語学の辞書」豊島正之編『キリシタンと出版』八木書店、所収

小島幸枝（一九九四）『キリシタン文献の国語学的研究』武蔵野書院

白井純（二〇〇一a）「キリシタン文献の上位待遇表現について――版本『サントスの御作業』を中心として――」『北海道大学文学研究科紀要』一〇四

白井純（二〇〇一b）「助詞ヨリ／カラの主格標示用法について――キリシタン文献を中心として――」『国語学』五二―三、国語学会

白井純（二〇〇二）「落葉集の掲出文字種について――ＪＩＳ漢字との比較を含めて――」『国語国文研究』一二〇

白井純（二〇〇三）「キリシタン宗教文献に於ける使役と尊敬――（サ）セ給フ・（サ）セラル表現について――」『国語と国文学』八〇―六

白井純（二〇一二）「キリシタンの日本語学習」修剛・李運博編『新時代的世界日語教育研究』高等教育出版社、所収

白井純（二〇一三）「キリシタン語学全般」豊島正之編『キリシタンと出版』八木書店、所収

白井純（二〇一五）「原田版「こんてむつすむん地」の版式について」『訓点語と訓点資料』一三五
新村出（一九四一）『日本吉利支丹文化史』東京地人書館（『新村出全集　第六巻』筑摩書房〈一九七三〉に再録）
鈴木広光（一九八九）「自然と（acaso）――キリシタン宗教書における訳語採用の一例――」『名古屋大学国語国文学』六五
高瀬弘一郎（二〇〇二）『キリシタン時代の文化と諸相』八木書店
高橋貞一（一九六二）「キリシタン版太平記抜書」『京都市立西京高等学校研究紀要人文科学』九
竹村明日香（二〇一二）「ローマ字本キリシタン資料のオ段合拗音表記――抄物の表記との対照を通して――」『語文』九六
竹村明日香（二〇一三）「『日葡辞書』の開拗長音」『国語国文』八一―三
土井忠生（一九五五）『日本大文典』三省堂
土井忠生（一九六三）『吉利支丹文献考』三省堂
土井忠生（一九七一）『吉利支丹語学の研究　新版』三省堂
豊島正之（一九八九）「ロドリゲス大文典から小文典へ」『国語国文研究』八三
豊島正之（二〇〇二）「キリシタン版の漢字整理について」『国語と国文学』七九―一一
豊島正之（二〇〇九）「キリシタン版の文字と版式」『活字印刷の文化史』勉誠出版
豊島正之（二〇一〇）「前期キリシタン版の漢字活字に就て」『国語と国文学』八七―三
豊島正之（二〇一二）『天草版ラテン文典』八木書店
豊島正之編（二〇一三）『キリシタンと出版』八木書店
豊島正之（二〇一三）「文法書」豊島正之編『キリシタンと出版』八木書店、所収
豊島正之（二〇一五）「キリシタン版の辞書」『文学』一六―五
豊島正之（二〇一六）「キリシタン文献に見える「語根」に就て」『国語と国文学』九三―六
橋本進吉（一九二八）「文禄元年天草版　吉利支丹教義の研究」東洋文庫論叢九（『橋本進吉著作集』岩波書店〈一九八三〉に再録）
馬場良二（一九九九）『ジョアン・ロドリゲスの「エレガント」』風間書房
馬場良二（二〇一五）『João Rodriguez「ARTE GRANDE」の成立と分析』風間書房
原田福次（一九七六）「キリシタン版『太平記抜書』の底本について」野田寿雄教授退官記念論文集刊行会編『日本文学新見――研究と資料――』笠間書院、所収

原田裕司（二〇一一）『キリシタン版『羅葡日辞書』の原典「カレピーヌス」ラテン語辞典の系譜』私家版
日埜博司編訳／ジョアン・ロドリゲス著（一九九三）『日本小文典』新人物往来社
福島邦道（一九七三）『キリシタン資料と国語研究』笠間書院
福島邦道（一九八三）『続キリシタン資料と国語研究』笠間書院
福島邦道（一九八九）『J・ロドリゲス　日本小文典』笠間書院
松岡洸司（一九九一）『キリシタン語学――16世紀における――』ゆまに書房
松田毅一他訳／ヴァリニャーノ著（一九七三）『日本巡察記』東洋文庫二二九、平凡社
丸山徹（二〇〇〇）「ザビエルとロドリゲス――16・17世紀イエズス会の言語研究」『南山ヨーロッパ研究センター報』六
村井宏栄（二〇〇三）「『落葉集』小玉編の部首立て」『三重大学日本語学文学』一四
森田武（一九八五）『室町時代語論攷』三省堂
森田武（一九九三）『日葡辞書提要』清文堂
安田章（二〇〇三）「格助詞の潜在」『国語国文』七二―四
山田健三（一九八九）「『ぎやどぺかどる』の字集にみるキリシタンによる漢字学習の成長」『名古屋大学国語国文学』六四
山田健三（二〇〇四）「キリシタン・ローマ字文献のグロッサリー」田島毓堂編『語彙研究の課題』和泉書院、所収
山田俊雄（一九七一a）「落葉集小玉篇に見える漢字字体認識の一端」『国語学』八四、国語学会
山田俊雄（一九七一b）「漢字の定訓の関する試論――キリシタン版落葉集小玉篇を資料として」『成城国文学論集』四、成城大学大学院文学研究科
J．ラウレス（一九八五）『吉利支丹文庫　新訂第3版』臨川書店

ま

前田綱紀　95, 101, 102, 103

『弥陀本願義疏』 312, 314, 317, 320, 325, 329, 330, 332
源兼光　22, 34, 85
源親行　228, 241, 256, 285
源経信　108, 384, 398, 411
源遠章　71, 77, 78
源俊頼　397, 398
源光行　13, 228, 232–235, 242, 256
源義家　432, 435, 436, 456
源頼朝　37, 89, 126, 435, 436, 438, 439, 444
源頼政　439–444, 451
明経博士　41, 48, 54
明法博士　48, 207

宗尊親王　40, 81, 82, 83, 90
村上天皇　138, 139, 237, 263
村田経尭　436, 442, 443, 451, 453

『蒙求和歌』　233, 235, 256
文章道　12, 36, 69, 82, 88–91, 93
文章博士　22–26, 34, 45, 48, 53–56, 70, 72–77, 79–85, 87–91, 93
『文選』　84, 143, 231

や

益性　355–361, 366, 378, 379, 381
『八雲御抄』　248, 249, 399, 414

維摩会　108, 263
酉迎　312, 313, 333
『瑜伽師地論』　267, 277, 278
『瑜祇灌頂作法私記』　500, 501
『瑜祇経』　483, 501

四辻善成　13, 140, 149, 229, 253, 255

ら

頼瑜　282, 362, 363, 372, 376–378, 382
『落葉集』　542, 544–548, 556
『琉球神道記』　327
『流水集』　336, 339, 342
良栄　324, 327, 334
了慧道光　311, 330, 507, 508, 511
良算　269, 275
良山妙観　319–323, 327, 332, 334, 335, 364, 365
『令集解』 205–208, 210, 212, 213, 216–221, 224, 227
良忠　313, 326, 330
良定袋中　327–329, 335
良遍　265, 275, 276, 278
了誉聖冏　311–320, 322–335
林世功　506, 508

冷泉家　97, 298, 309, 383, 391, 410
冷泉為相　410–412
霊誉鸞宿　329, 330, 335
『連歌新式』　293, 306

六条藤家　383, 386, 389, 391
ロドリゲス，ジョアン　526–528, 530, 531, 534–536, 538–541, 544, 550, 555, 556
論義（議）　9, 13, 21, 35, 45, 48, 53, 55, 261–263, 268, 269, 271, 272, 274, 279–281, 313, 459–462, 467, 468, 470, 473, 474
『論語義疏』　13, 205–222, 224–226
『論語集解叙鈔』　210–213, 217, 220
『論語総略』　210–213, 217, 218, 220, 221, 226

わ

『和歌灌頂伝』　391, 392, 413
『和歌古今灌頂巻』 383, 386, 390–392, 394, 395, 397, 399–402, 404, 406, 408, 412, 413
『和歌三重大事』　399, 414
『和歌庭訓』　410, 521
『和歌無底抄』　389, 411, 414
『和玉篇』　544, 546

仁和寺西院流 9

年号勘申 84, 85, 87

能化 461, 462, 463
能任 15, 497, 499–501

は

白居易 13, 182–184, 191–201, 203, 204
『白氏文集』 9, 12, 13, 143, 182–185, 187, 188, 190–194, 196, 199–202
白弁 330, 331, 335
範俊 352, 371, 420

比叡山 266, 269, 459, 460, 465, 466, 468, 469, 474, 475, 479, 482
東坊城秀長 48, 140
『光源氏物語抄』 230–237, 242, 252, 256

「秘鈔」 362, 363, 365–367, 381
『被接義私鈔』 467
『簸河上』 399, 414
日野流 22, 26, 71
広橋家 9, 97, 140

伏見天皇 23, 24, 155, 156, 378, 425
藤原顕輔 246, 386
藤原明衡 74, 416, 521
藤原家隆 384, 411
藤原兼実 31–34, 74, 88, 89, 120–130, 132–134, 136, 137, 142–145
藤原清輔 244, 245, 248, 257, 386, 387, 389–391
藤原定家 78, 98, 100, 106, 110–112, 114, 128, 185, 236, 384, 391, 398, 410, 411, 520, 521
藤原式家 19, 72–78, 81, 88, 89
藤原茂範 12, 23, 72, 81–84, 86, 90, 93
藤原資実 22, 23, 26, 85, 88
藤原孝範 23, 72, 73, 76–78, 80–83, 85, 91
藤原忠実 108, 121, 125, 190
藤原忠通 121, 122, 124–126, 130, 136, 145, 146
藤原為顕 352, 390, 391, 398, 411, 413
藤原為家 77, 292, 298, 391, 398, 520, 521
藤原親経 22, 26, 35, 72, 85, 89
藤原経範 23, 24, 42, 72, 73, 76–83, 86, 92, 93, 236
藤原経光 9, 23, 86, 190
藤原俊経 22, 72, 73, 85
藤原俊成 128, 244–246, 248, 257, 389, 390, 397, 398, 402, 410–413, 520
藤原長倫 23, 73, 74, 76, 78, 86, 91
藤原永範 22, 71–75, 77, 80, 82, 84, 85, 87, 88
藤原南家 12, 19, 22–26, 70–78, 80–84, 88–91
藤原信盛 23, 73, 79, 86
藤原範光 22, 26, 85, 89
藤原広範 36, 72, 83, 84, 205, 408, 423
藤原北家 70, 71, 74, 79, 88, 89
藤原道長 53, 89, 136, 145, 188, 205, 222, 389
藤原光兼 23, 72, 73, 76–79, 86, 92
藤原光範 22, 72, 73, 77, 82, 85, 89
藤原基俊 113, 384, 389, 399, 402, 405, 406, 411, 412
藤原(松殿)基房 32, 75, 88, 89, 121, 122, 126, 130, 131, 135–137, 145, 149
藤原(二条)良実 40, 41, 403, 122, 131, 135, 136
藤原良通 31, 33, 34, 39, 122, 127–129, 133, 134, 146, 147
藤原頼長 21, 124, 137
藤原頼範 22, 26, 71, 72, 77, 82, 85
『文苑英華』 198, 199, 203

『平家物語』 473, 486, 487, 521, 534–536, 551
『兵法秘術一巻之書』 432, 434, 439, 449–451
弁暁 279

法助 351, 355, 501
『法勝寺御八講問答記』 271, 272, 279
北条時宗 40, 413
法然 127, 267, 311–317, 319, 322, 325, 326, 329, 330, 333, 400
『北山抄』 35, 101
『法華経』 264, 271, 273, 414, 429, 448, 460, 462, 463, 473
北京三会 264
法勝寺 83, 264, 271, 272, 274
法性寺流 125, 146
『本朝書籍目録』 12, 153–158, 160–162, 164, 166, 168, 171, 177–181

た

大学寮　12, 19–22, 26, 27, 30–39, 41–43, 45, 47–52, 54–59, 61–69, 78, 193
『大経直談要註記』　324, 333, 335
泰芸　466–469
大玄　330, 331, 335
醍醐寺　50, 140, 265, 292, 354, 358, 361, 362, 366, 371–375, 377–382, 420
対策　22, 24, 25, 69, 75, 78, 83, 90, 91, 338
『大神宮⼇一長谷秘決』　489, 491, 495, 498, 501
『大神宮本縁』　490, 498
『太平記』　84, 438, 454, 534, 549
平清盛　126, 425
平重盛　32, 37
平信範　22, 121
平基親　31, 32, 70, 91
高倉天皇　22, 26, 31, 32, 62
ダキニ(天)法　11, 14, 423–429
太政官　19, 20, 31–33, 36, 39–41, 47, 52, 57–63, 65, 67, 69, 486, 487
談義　13, 15, 64, 83, 112, 261, 263, 268, 269, 279, 281
談義所(檀林)　11, 15, 459–466, 469, 473, 480–482
檀那流　464

『中右記』　108, 190
『聴雪集』　521
廟堂院　21, 37
『勅撰作者部類』　165
直講　19, 33, 41, 47, 48, 55, 56, 60, 61
鎮西流白旗派　→白旗派

『津金寺名目』　460, 464
土御門天皇　22, 26, 127

程順則　508, 519, 525
『天台直雑(雑々私用抄)』　474, 482
『天台名目類聚抄』　460

洞院公賢　44, 110, 138
『桃華蘂葉』　123, 132, 140–142, 145
東暉　327–329
東沼周曮　336, 339, 341–343
唐招提寺　265, 276–278
唐鈔本　183, 187, 205–207, 209, 219–221
『唐摭言』　195, 196, 198, 203
東大寺　45, 46, 264–266, 271, 278–280, 285, 378, 379, 382, 428
東福寺　280, 343, 346, 347
唐流　15, 438, 439, 442, 443, 451
十市遠忠　295–302, 307–309
頓阿　521
『頓成悉地祭祀法』　427, 428

な

『直幹申文絵詞』　486, 487
中川実範　265–267
中原師茂　44, 48, 51
中原師名　154, 155, 163
中原師尚　32, 34
名越派　319, 320, 322–324, 327, 329, 332
南都の教学　13, 261, 265, 267, 278
南都三会　263–265

仁王経法　352, 353, 368, 369
『二十一史』　511, 514, 515
二条家　12, 96, 97, 105, 135–137, 140, 141, 148, 149, 383, 391, 404, 520
二条為氏　398, 402–404, 411
二条為世　399, 402, 404–406, 410, 411, 414
二条良基　122, 136, 139–141, 149, 159, 243, 249, 521
『日葡辞書』　8, 535, 542, 543, 555
『日本記三輪流』　492, 493, 500
『日本国見在書目録』　188, 212, 221
『日本小文典』　527, 528, 530, 531, 534, 535, 540, 541, 551, 554
『日本書紀』　137, 484–486
『日本大文典』　526, 528, 531, 538–541, 543, 550, 551, 555, 556
『日本得名』　484, 490, 491, 493, 495–497
仁和寺　9, 11, 15, 153, 154, 159, 162, 163, 167, 170, 282, 290, 293, 296, 306, 351, 352, 355, 356, 358, 361, 371, 372, 378, 380, 381, 424, 442, 443, 451, 497, 499–501
　仁和寺御流　11, 355, 357, 442, 443, 451

『拾芥抄』 65
『習見聴諺集』 295, 302, 308
秀才 24, 26, 34, 62, 63
『袖中抄』 246, 248, 249, 256
秀範 15, 425–427, 484, 490–493, 495, 497, 501, 503
『聚分韻略』 14, 347
『鷲林拾葉鈔』 461, 462, 464, 475
守覚 282, 355, 358, 361, 363, 366, 372, 379
儒卿 12, 70, 76, 77, 79, 80, 84, 85, 87, 89, 90
修験道 432, 443, 453
『授法日記西山方』 465, 481
『入木抄』 125, 146
春海 464, 466
淳祐 366, 381
勝覚 352, 361, 489, 491
聖覚 228, 255, 312, 315, 316, 322–324, 326, 329, 334
『聖覚名目』 322–325, 330, 332
証空 319, 334
貞慶 267–269, 271, 275
勝賢 354, 358, 361, 363, 381
成賢 354, 361–363, 366, 372–377, 489
聖光 326, 330
省試 21, 43, 66
貞舜 460, 465
聖聡 313, 317, 318, 320, 323–326, 328, 332, 333, 335
唱導 261, 279, 281
聖徳太子 93, 157, 261, 306, 312, 316, 327, 334, 392
『浄土頌義探玄鈔』 330, 335
『浄土正依経論書籍目録』 312, 313
『浄土布薩式』 312, 314, 330
『浄土略名目図』 312, 314–316, 322–328, 332, 333, 335
称名寺 10, 15, 355, 359, 425–427, 483, 484, 490, 492, 493, 497, 498, 501
称名念仏 13, 266, 326
聖武天皇 236, 238, 261
『成唯識論』 267–269
正暦寺 14, 286–289, 292, 294, 296–298, 304
『初学題額集』 319, 320, 321, 334
『諸家名記』 159–162, 164, 166–168
助教 19, 33, 41, 46, 48, 51, 56
所化 461–463
『諸社口決』 484, 491–493, 495–497, 503
白河天皇／上皇 271, 420
白旗派 311, 313, 314, 317, 318, 320, 326, 328, 331, 332
信円 287, 294, 297
仁海 352, 425, 489, 491
神祇灌頂 15, 426, 483, 484, 490, 497
『神祇灌頂血脈』 490
『心敬法師庭訓』 293
進士 26, 187
『信西入道蔵書目録』 154

『水原抄』 228, 252
菅原章長 26, 64
菅原淳高 23, 72, 73, 76, 81, 82, 85, 86, 91
菅原在章 23, 81, 86, 87
菅原在茂 22, 34, 56, 73–75, 85
菅原在高 22, 26, 72, 85, 86
菅原為学 26, 64, 65
菅原為長 43, 72, 73, 76, 77, 80, 85–87
菅原良頼 23, 72, 73, 79, 86
『宗鏡録』 275, 276, 280, 281

『政事要略』 219, 220
摂関家 20, 80, 82, 88, 89, 121, 123, 124, 131, 145, 146, 149, 417, 425
『説法明眼論』 312, 316, 318, 322, 327, 328, 334
『仙芥集』 493, 501
宣教師 11, 15, 526, 527, 529–531, 533–536, 538, 541, 543, 546–548, 551, 553
『撰集抄』 486, 487, 535
善導 313, 317, 320, 326, 330

宗祇 103, 110, 114, 119, 144
宗性 271, 272, 274, 279
『漱芳軒合纂四書體註』 509–512
即位灌頂 14, 141, 149, 425, 428
尊栄 464, 474
尊円法親王 125, 146
尊俊 14, 289–299, 304, 306–308
尊舜 460–462, 464, 466, 469–473, 475
尊朝法親王 300, 521

『古語拾遺』 486, 487, 489
『古今相承血脈譜』 391, 397
『古今著聞集』 130
御斎会 33, 62, 67, 263
後嵯峨天皇／院 23, 39–43, 81–83, 110, 125
虎山永隆 336–341
後三条天皇 426, 488
『護持正法章』 265
『後拾遺集』 413
御請 264
後白河院／法皇 31, 32, 37, 89, 121, 155
五摂家 82, 88, 122, 144
後醍醐天皇 24, 137–139, 425
『五智蔵秘抄』 413
『後鳥羽院口伝』 127
『後鳥羽院御口伝』 411
『後二条師通記』 189, 191
近衛家 88, 95, 97, 121, 122, 125, 126, 128, 130, 136, 143–145, 223
近衛兼経 82, 131, 190
近衛基実 121, 122, 126, 136
近衛基通 88, 89, 121, 122, 126, 127
御八講 271–274
後花園天皇 25, 55, 62
後深草天皇 23, 39, 40, 62, 82, 83
『金剛場陀羅尼』 140
『金剛宝戒章』 311, 312, 314, 318, 319, 320
『金光明最勝王経』 274

さ

『西宮記』 35, 101
最勝会 263, 264
最勝講 271, 272, 274
『最勝講問答記』 274, 279
最澄 465
策試 22, 23, 25, 62, 63
策労 69, 77, 78, 80, 90
三講 264, 272, 279
『三五記』 411
『三国仏法伝通縁起』 280
『三国名勝図会』 442, 446, 448, 454, 455, 513, 524
『珊瑚秘抄』 229, 243, 256
三条実継 100
三条西公条 98, 100, 101, 110, 111, 114, 116–119
三条西実枝 116, 123
三条西実隆 65, 94, 98–101, 103, 109–112, 114, 117, 119, 142, 143, 307, 521
『三代実録』 50
『三大部』 462, 473
『三大部見聞』 478, 479
『三大部見聞述聞目録』 476
『三大部述聞』 478, 479
『三大部序注』 476, 482
『三大部廬談(三大部見聞述聞)』 461, 462, 476, 477, 480
『三長記』 130, 147
三道竪義 21, 34, 35, 45, 48
『三百帖』 462, 482
三宝院流 9, 50, 140, 361–363, 365, 366, 373–375, 377, 380–382, 489, 493

慈円 121, 126, 146
『止観見聞』 477, 478
『止観述聞』 477
『史記』 81, 515
師資相承 8–11, 14, 15, 314, 372, 373, 376, 443–445, 451
史生 49–52, 54, 57–59, 63, 66
四条天皇 23, 38, 39, 81
『四書集註』 510, 512–514, 519, 524
『四書体註』 510, 511, 514, 515
『四書備旨』 510, 511
『四書俚諺鈔』 514
実海 460
実曉 295, 302, 307, 309
『執政所抄』 101, 124
侍読 22, 23, 26, 81–83, 90, 193
『渋谷目録』 470, 473, 481, 482
島津貴久 433, 437, 440, 444–447, 451, 453–455
島津忠国 436, 438, 439, 444, 451
『持明院家歌道書道聞書伝書』 286
『紫明抄』 230–235, 239, 241, 242, 252, 256
寂阿 476, 479, 482
『釈浄土二蔵義』 316, 322, 335
釈奠 12, 19–21, 27, 30–36, 39–68, 78
『拾芥記』 64, 66

歌道家　383–386, 389–391, 397–399, 404, 406, 409–411
金沢貞顕　194
『果分考文抄助証』　321, 322, 334
亀山天皇　23, 42, 355
河内方　13, 228, 229, 233–235, 241, 242, 252
閑院(大)内裏　37–39, 67
勧学院　21–25
『観経序文義他筆鈔』　319, 334
『観経定善義他筆鈔』　319, 334
『官職秘抄』　70, 71, 91
観想念仏　266
関東天台　460, 461, 464

偽書　14, 311, 319, 329, 330, 332, 333, 335, 384, 385, 391, 399, 409, 411
亀泉集証　339
木曽義仲　88, 121
北畠親房　91, 165
旧鈔本　13, 182, 183, 191, 193, 194, 200–202, 205, 206, 208–220, 222, 226
行阿　13, 228–230, 232–237, 239, 241–246, 250, 253, 255, 256
京極為兼　410, 411
凝然　280
『玉葉集』　302, 309
清原家　10, 52, 55, 62, 96, 97
清原教隆　10, 83, 237
清原頼業　32, 34
『魚秘抄』　123, 124, 136, 143, 145
キリシタン版　15, 526, 528–531, 533–535, 542–544, 546–556
『麒麟聖財立宗論』　312, 314, 316, 319, 320, 322, 323, 325, 327–330, 332, 334
『麒麟論私釈』　327, 329
『訓閲集』　11, 432, 433, 439, 445–447, 451, 452, 456

空海　376, 424, 425, 429, 485, 488
『愚管記』　45, 46, 48, 64
『愚管抄』　64, 122, 146
『愚見抄』　411, 412
公請　70, 264, 265
九条家　12, 13, 78, 80, 88, 120–123, 125–129, 131–137, 140, 144–148, 174, 177
九条教家　125, 146
九条教実　122, 131–136, 148
九条道家　12, 36, 38, 80, 92, 122–125, 128–137, 146
九条良経　122–125, 127–130, 133, 134, 139, 145–147

家司　36, 66, 80, 88, 89, 96, 101, 124, 130, 140, 146
慶舜　460, 464, 465, 466, 481
外記局　20, 37, 51, 52, 54, 55, 63, 67
釼阿　10, 355–360, 362, 378, 380, 425–427, 484, 490–493, 495
厳覚　265, 352
『玄義見聞』　478
『玄義述聞』　477
元亀の法難　465, 469
顕幸　477–479
『源語秘訣』　141
『源氏物語』　13, 100, 101, 103, 136, 137, 140, 143, 254, 256, 521
顕昭　244, 246, 247
憲静　500, 501
憲深　9, 362, 363, 372–377, 382
『原中最秘抄』　12, 13, 136, 228, 229, 231, 232, 234–237, 239, 241–243, 246, 248–255, 257
建仁寺　336, 341, 342
『建武年中行事』　139
『顕揚聖教論』　268
「建暦法語」　312, 315, 316, 322, 325

『孝経』　262, 519
『江家次第』　35, 50, 486
興玄　269
孔子廟　12, 58
『江談抄』　417
興福寺　148, 263–265, 276, 278, 295, 297–299, 302, 307–309
後柏原天皇　25, 26, 59
『五教章通路記』　280
『五経体註』　511, 514, 515, 524
古今伝授　103, 114
『古今和歌集』　103, 393, 401
『古今和歌集灌頂口伝』　391, 409
『古今和歌集序聞書(三流抄)』　388

用　語　索　引

あ

足利義教　154, 338, 441
足利義満　111, 338, 341
『天照大神宝鏡等私』　484, 486–490
『天照念誦秘口決』　483, 497
安元(三年の)大火　21, 27, 30, 31, 62

『伊賀抄』　462, 481
『伊勢大神宮御体』　498
『伊勢物語』　103, 300, 301, 309, 521
『(天草本)伊曽保物語」　534, 536
一条家経　122, 133, 136, 137
一条内実　122, 133, 137
一条兼良　12, 122, 124, 137, 141–144, 159
一条実経　122, 124, 131–137, 139
『一乗拾玉抄』　463
一条経嗣　122, 139–141, 149, 159, 161, 166–168
一条経通　122, 138, 139, 437, 453
一条冬良　122, 142, 143
『一人三臣和歌』　291, 292, 296–298, 308, 309
稲荷信仰　11, 428–430, 433
『猪隈(熊)関白記』　35, 88, 190
『異本大事』　484, 490, 497–501

『薄草紙』
361–364, 366, 367, 372, 373, 376, 377, 381
内論義　21, 35, 42

永観　46, 266, 320
栄源　466–468, 481, 482
慧萼　13, 182–184, 187, 192, 194, 197, 199–201
恵心流　460, 464, 466, 467, 474
『悦目抄』　14, 383, 386, 390, 399, 402, 404–409, 411, 413, 414
円海　426, 490, 491, 501, 503
円爾弁円　276, 280
『園太暦』　44, 47, 66, 138
延暦寺　189, 264, 465

御家流(青蓮院流)　521, 522
『押韻集』　346, 347
『奥義抄』　386, 387, 388
応仁(文明の)乱
30, 61, 65, 141, 142, 144, 147, 148, 150, 346
応猷　298, 308, 309
『応理大乗伝通要録』　275
大江家／大江氏　23, 26, 71–76, 191–193, 202
大江維時　432, 438
大江広元　435, 436
大江匡衡　110, 192
大江匡房　157, 191, 417, 432, 435, 436, 486
『大島筆記』　509, 511, 512
『大間成文抄』　138, 139
小野流　352, 353, 358, 488
穏海　460
園城寺　264, 463, 466
穏座　27–29, 34, 35, 45, 47–49, 53–56, 61
陰陽道　11, 14, 96, 104, 310, 415, 417–420, 423–425, 430–432

か

『開題考文抄』　321–324, 334, 335
『河海抄』　13, 229–235, 239–243, 245, 246, 248–254, 256, 257
家学　8, 10–12, 19, 30, 66, 68, 89, 91, 96, 120, 228, 255
学頭　460, 461, 463, 464, 466
覚鑁　382, 425
花山院師継　41, 81, 82
梶原性全　10, 194
仮託文献　14, 310–312, 314–320, 322–333, 335

執筆者一覧

井原今朝男	日本中世史	国立歴史民俗博物館 ・総合研究大学院大学名誉教授
久保木秀夫	日本中古中世文学	鶴見大学准教授
白井　純	中世日本語史	信州大学准教授
菅原　正子	日本中世史・文化史	学習院女子大学非常勤講師
鈴木　英之	日本思想史	早稲田大学非常勤講師
住吉　朋彦	中世日本漢学	慶應義塾大学斯道文庫
髙田　宗平	日本古代中世漢籍受容史・漢学史	大阪府立大学客員研究員
高津　孝	中国古典文学	鹿児島大学教授
高橋　悠介	日本中世文学	慶應義塾大学斯道文庫
武井　和人	中世古典籍学	埼玉大学大学院教授
舘野　文昭	日本中世文学	東京家政大学非常勤講師
陳　翀	中国文学・文献学	広島大学大学院准教授
永井　晋	日本中世史	神奈川県立歴史博物館企画普及課長
西　弥生	日本中世史	日本女子大学非常勤講師
西岡　芳文	日本中世史	神奈川県立金沢文庫
福島　金治	日本中世史	愛知学院大学教授
松本　大	日本中古文学	奈良大学講師
蓑輪　顕量	日本仏教・仏教学	東京大学大学院教授
渡辺　滋	日本古代史	山口県立大学准教授
渡辺麻里子	日本中世文学	弘前大学教授

学芸と文芸　〈生活と文化の歴史学 9〉

2016年8月10日　発行

編　者　福島　金治

発行者　黒澤　廣

発行所　竹林舎
112-0013
東京都文京区音羽1-15-12-411
電話 03(5977)8871　FAX03(5977)8879

印刷　シナノ書籍印刷株式会社

ISBN 978-4-902084-29-0